빅데이터 분석기사 필기

최종 점검 **모의고사** + 2~8회 **기출복원문제** 수록

김민지 지음

최고의 적중률로 **최적합** 합격을 보장하는

Big Data Analysis Certificate 유료/무료 동영상 강의

BM (주)도서출판 성안당

도서 A/S 안내

성안당에서 발행하는 모든 도서는 저자와 출판사, 그리고 독자가 함께 만들어 나갑니다.

좋은 책을 펴내기 위해 많은 노력을 기울이고 있습니다. 혹시라도 내용상의 오류나 오탈자 등이 발견되면 **"좋은 책은 나라의 보배"**로서 우리 모두가 함께 만들어 간다는 마음으로 연락주시기 바랍니다. 수정 보완하여 더 나은 책이 되도록 최선을 다하겠습니다.

성안당은 늘 독자 여러분들의 소중한 의견을 기다리고 있습니다. 좋은 의견을 보내주시는 분께는 성안당 쇼핑몰의 포인트(3,000포인트)를 적립해 드립니다.

잘못 만들어진 책이나 부록 등이 파손된 경우에는 교환해 드립니다.

저자 문의 e-mail : kmj@snmtec.co.kr(김민지)

본서 기획자 e-mail : coh@cyber.co.kr(최옥현)

홈페이지 : http://www.cyber.co.kr 전화 : 031) 950-6300

머리말

코로나 19 팬데믹 이전에도 미래는 늘 예측 불허의 영역이었지만, 앞으로 다가올 미래는 더욱 미지의 영역으로 남아버린 듯합니다. 그럼에도 늘 그랬듯이 우리는 변화에 적응해나가며 생존하고, 다가오는 미래가 분명하지 않음에도 지금 이 순간을 열심히 살아가고 있습니다.

이 힘든 와중에 본 책을 펼치신 독자 여러분께서도 데이터 분석을 통해 지금보다 나은 미래를 준비하고자 하는 마음이 아닐까 싶습니다. 저 또한 현재 비즈니스를 진행하면서 많은 변화를 겪고 있고, 그 변화를 대응하고 대비하는 관점에서 데이터 분석의 가치를 더욱 깨달으며 최선을 다해 본 책을 집필하였습니다.

진화론 창시자 찰스 다윈은 말했습니다.
“살아남는 종은 가장 강한 종도, 가장 똑똑한 종도 아닌 변화에 가장 잘 적응하는 종이다.”

전공대로, 경력대로, 해왔던 대로만 해야 하는 세상은 지나갔습니다.
안전함을 보장해 줄 수 있는 것은 이제 그 무엇도 없습니다.
파도에 휩쓸리기 이전에 그 파도에 두 발을 단단히 딛고 흐름을 탈 줄 아는 것이야말로 미래를 준비하고 나의 가치를 올릴 수 있는 유일한 방법입니다. 그 가치의 중심에는 데이터를 통해 세상을 읽어내는 현명한 눈과 문제를 해결할 수 있는 부지런한 손이 반드시 수반되어야 할 것입니다.

쉽지는 않을 것입니다. 꽤 오랜 시간과 노력이 걸릴 것입니다. 하지만 과정의 기쁨은 확실할 것입니다. 저와 독자 여러분 모두 그 기쁨의 결실을 맺길 간절히 바랍니다.

저자 김민지

유료 동영상 강의 안내

❶ 성안당 e러닝(https://bm.cyber.co.kr) 사이트에 접속하여 회원가입 후 로그인한 후 "빅데이터분석기사"를 입력하고 돋보기 모양의 검색 버튼을 클릭합니다.

❷ 빅데이터분석기사 필기 및 필기+실기 동영상강의를 선택하여 학습할 수 있습니다.

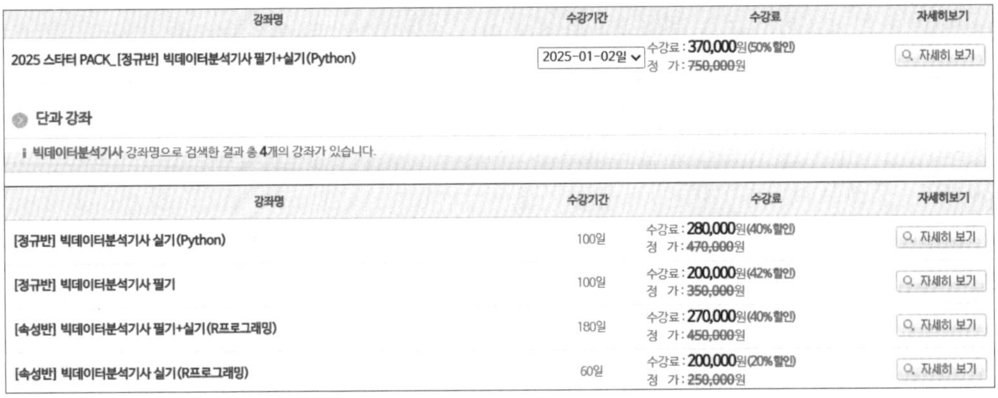

강좌명	수강기간	수강료	자세히보기
2025 스타터 PACK_[정규반] 빅데이터분석기사 필기+실기(Python)	2025-01-02일	수강료 : 370,000원(50% 할인) 정 가 : ~~750,000~~원	자세히 보기

단과 강좌

빅데이터분석기사 강좌명으로 검색한 결과 총 4개의 강좌가 있습니다.

강좌명	수강기간	수강료	자세히보기
[정규반] 빅데이터분석기사 실기(Python)	100일	수강료 : 280,000원(40% 할인) 정 가 : ~~470,000~~원	자세히 보기
[정규반] 빅데이터분석기사 필기	100일	수강료 : 200,000원(42% 할인) 정 가 : ~~350,000~~원	자세히 보기
[속성반] 빅데이터분석기사 필기+실기(R프로그래밍)	180일	수강료 : 270,000원(40% 할인) 정 가 : ~~450,000~~원	자세히 보기
[속성반] 빅데이터분석기사 실기(R프로그래밍)	60일	수강료 : 200,000원(20% 할인) 정 가 : ~~250,000~~원	자세히 보기

❸ 강좌소개 / 커리큘럼 / 강사소개 / 교재소개를 각각 클릭하여 자세한 세부 내용을 확인할 수 있습니다.

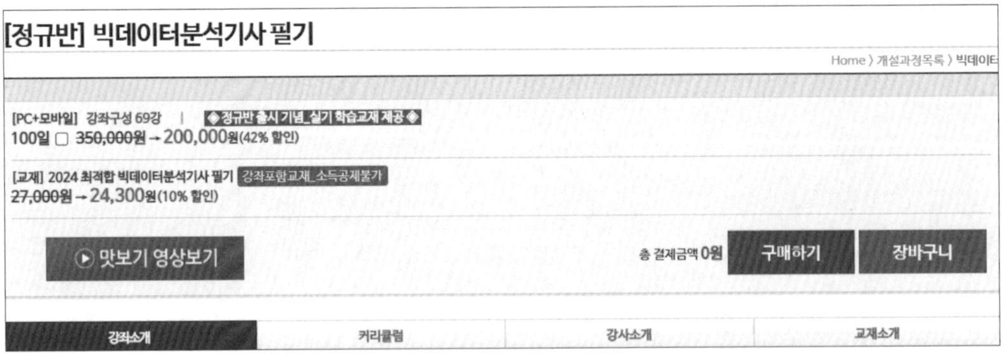

무료 동영상 강의 및 강사용 PPT 자료 안내

1. 무료 동영상 강의

과목별 실력점검문제에는 저자 직강의 무료 동영상 강의가 제공됩니다. 아래의 QR 코드를 스캔하거나 URL을 브라우저(네이버, 다음, 마이크로소프트 엣지, 크롬 등)에 입력하여 학습할 수 있습니다.

http://m.site.naver.com/13pr1

※ 무료 동영상 강의 관련 문의는 담당자 이메일이나 사무실로 연락해 주세요.

ccd770@hanmail.net 031-950-6361

2. 강사용 PPT 자료

강사분들을 위한 강의용 PPT 자료는 성안당 도서몰(https://www.cyber.co.kr/shop) 사이트의 [강의자료]에서 [전문가 등급 변환 요청 게시판]을 이용해 신청한 후 다운로드해 주십시오.

시험안내

1. 빅데이터분석기사란?

- 빅데이터 이해를 기반으로 빅데이터 분석 기획, 빅데이터 수집 · 저장 · 처리, 빅데이터 분석 및 시각화를 수행하는 실무자를 말한다.
- 대용량의 데이터 집합으로부터 유용한 정보를 찾고 결과를 예측하기 위해 목적에 따라 분석기술과 방법론을 기반으로 정형/비정형 대용량 데이터를 구축, 탐색, 분석하고 시각화를 수행하는 업무를 수행한다.
- 전 세계적으로 빅데이터가 미래 성장 동력으로 인식돼, 각국 정부에서는 관련 기업 투자를 끌어내는 등 국가 · 기업의 주요 전략 분야로 부상하고 있다.
- 국가와 기업의 경쟁력 확보를 위해 빅데이터 분석 전문가의 수요는 증가하고 있으나, 수요 대비 공급 부족으로 인력 확보에 어려움이 높은 실정이다. 이에 정부 차원에서 빅데이터 분석 전문가 양성과 함께 체계적으로 역량을 검증할 수 있는 국가기술자격 수요가 높은 편이다.

2. 검정 방법 및 합격기준

구분	검정 방법	문제 수	시험시간	합격기준
필기	객관식 (4지선다형)	80문제 (과목당 20문제)	120분	과목당 100점 만점 – 전 과목 40점 이상 – 전 과목 평균 60점 이상
실기	통합형 (필답형, 작업형)		180분	100점 만점에 60점 이상

※ 필기시험 면제 기간은 필기합격자 발표일로부터 2년

(다만, 발표일부터 2년 동안 검정이 2회 미만으로 시행된 경우에는 그다음 회차 필기시험 1회를 면제)

3. 시행처 및 시험접수

데이터자격검정(www.dataq.or.kr) 사이트에서 시험 접수 및 시험 일정을 확인합니다.

4. 출제기준

필기과목명	문제 수	주요 항목	세부 항목	세세 항목
1. 빅데이터 분석 기획	20	빅데이터의 이해	빅데이터 개요 및 활용	• 빅데이터의 특징 • 빅데이터의 가치 • 데이터 산업의 이해 • 빅데이터 조직 및 인력
			빅데이터 기술 및 제도	• 빅데이터 플랫폼 • 빅데이터와 인공지능 • 개인정보 법 · 제도 • 개인정보 활용
		데이터분석 계획	분석 방안 수립	• 분석 로드맵 설정 • 분석 문제 정의 • 데이터 분석 방안
			분석 작업 계획	• 데이터 확보 계획 • 분석 절차 및 작업 계획
		데이터 수집 및 저장 계획	데이터 수집 및 전환	• 데이터 수집 • 데이터 유형 및 속성 파악 • 데이터 변환 • 데이터 비식별화 • 데이터 품질 검증
			데이터 적재 및 저장	• 데이터 적재 • 데이터 저장
2. 빅데이터 탐색	20	데이터 전처리	데이터 정제	• 데이터 정제 • 데이터 결측값 처리 • 데이터 이상값 처리
			분석 변수 처리	• 변수 선택 • 차원 축소 • 파생변수 생성 • 변수 변환 • 불균형 데이터 처리
		데이터 탐색	데이터 탐색 기초	• 데이터 탐색 개요 • 상관관계 분석 • 기초통계량 추출 및 이해 • 시각적 데이터 탐색
			고급 데이터 탐색	• 시공간 데이터 탐색 • 다변량 데이터 탐색 • 비정형 데이터 탐색
		통계기법 이해	기술통계	• 데이터 요약 • 표본 추출 • 확률분포 • 표본분포
			추론통계	• 점추정 • 구간추정 • 가설검정

필기과목명	문제 수	주요 항목	세부 항목	세세 항목
3. 빅데이터 모델링	20	분석모형 설계	분석 절차 수립	• 분석모형 선정 • 분석모형 정의 • 분석모형 구축 절차
			분석 환경 구축	• 분석 도구 선정 • 데이터 분할
		분석기법 적용	분석기법	• 회귀분석 • 로지스틱 회귀분석 • 의사결정나무 • 인공신경망 • 서포트벡터머신 • 연관성분석 • 군집분석
			고급 분석기법	• 범주형 자료 분석 • 다변량 분석 • 시계열 분석 • 베이지안 기법 • 딥러닝 분석 • 비정형 데이터 분석 • 앙상블 분석 • 비모수 통계
4. 빅데이터 결과 해석	20	분석모형 평가 및 개선	분석모형 평가	• 평가 지표 • 분석모형 진단 • 교차 검증 • 모수 유의성 검정 • 적합도 검정
			분석모형 개선	• 과대적합 방지 • 매개변수 최적화 • 분석모형 융합 • 최종모형 선정
		분석결과 해석 및 활용	분석결과 해석	• 분석모형 해석 • 비즈니스 기여도 평가
			분석결과 시각화	• 시공간 시각화 • 관계 시각화 • 비교 시각화 • 인포그래픽
			분석결과 활용	• 분석모형 전개 • 분석결과 활용 시나리오 개발 • 분석모형 모니터링 • 분석모형 리모델링

이 책의 특징

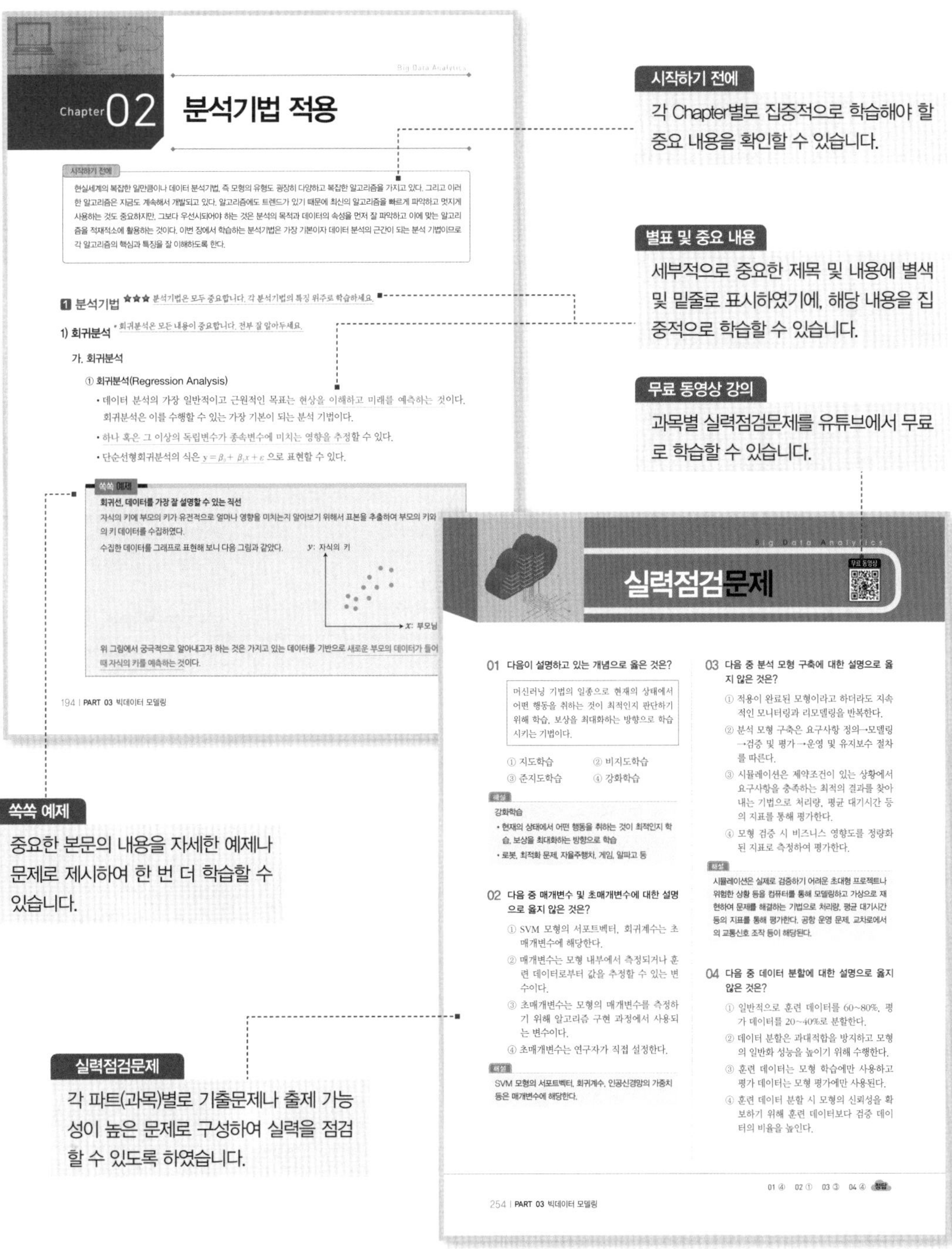
Big Data Analytics

Chapter 02 분석기법 적용

시작하기 전에

현실세계의 복잡한 일만큼이나 데이터 분석기법, 즉 모형의 유형도 굉장히 다양하고 복잡한 알고리즘을 가지고 있다. 그리고 이러한 알고리즘은 지금도 계속해서 개발되고 있다. 알고리즘에도 트렌드가 있기 때문에 최신의 알고리즘을 빠르게 파악하고 멋지게 사용하는 것도 중요하지만, 그보다 우선시되어야 하는 것은 분석의 목적과 데이터의 속성을 먼저 잘 파악하고 이에 맞는 알고리즘을 적재적소에 활용하는 것이다. 이번 장에서 학습하는 분석기법은 가장 기본이자 데이터 분석의 근간이 되는 분석 기법이므로 각 알고리즘의 핵심과 특징을 잘 이해하도록 한다.

1 분석기법 ★★★ 분석기법은 모두 중요합니다. 각 분석기법의 특징 위주로 학습하세요.

1) 회귀분석 • 회귀분석은 모든 내용이 중요합니다. 전부 잘 알아두세요.

가. 회귀분석

① 회귀분석(Regression Analysis)

- 데이터 분석의 가장 일반적이고 근원적인 목표는 현상을 이해하고 미래를 예측하는 것이다. 회귀분석은 이를 수행할 수 있는 가장 기본이 되는 분석 기법이다.
- 하나 혹은 그 이상의 독립변수가 종속변수에 미치는 영향을 추정할 수 있다.
- 단순선형회귀분석의 식은 $y = \beta_0 + \beta_1 x + \varepsilon$ 으로 표현할 수 있다.

쏙쏙 예제

회귀선, 데이터를 가장 잘 설명할 수 있는 직선

자식의 키에 부모의 키가 유전적으로 얼마나 영향을 미치는지 알아보기 위해서 표본을 추출하여 부모의 키와 의 키 데이터를 수집하였다.

수집한 데이터를 그래프로 표현해 보니 다음 그림과 같았다.

위 그림에서 궁극적으로 알아내고자 하는 것은 가지고 있는 데이터를 기반으로 새로운 부모의 데이터가 들어 때 자식의 키를 예측하는 것이다.

194 | PART 03 빅데이터 모델링

실력점검문제

무료 동영상

01 다음이 설명하고 있는 개념으로 옳은 것은?

머신러닝 기법의 일종으로 현재의 상태에서 어떤 행동을 취하는 것이 최적인지 판단하기 위해 학습, 보상을 최대화하는 방향으로 학습시키는 기법이다.

① 지도학습 ② 비지도학습
③ 준지도학습 ④ 강화학습

해설
강화학습
- 현재의 상태에서 어떤 행동을 취하는 것이 최적인지 학습, 보상을 최대화하는 방향으로 학습
- 로봇, 최적화 문제, 자율주행차, 게임, 알파고 등

02 다음 중 매개변수 및 초매개변수에 대한 설명으로 옳지 않은 것은?

① SVM 모형의 서포트벡터, 회귀계수는 초매개변수에 해당한다.
② 매개변수는 모형 내부에서 측정되거나 훈련 데이터로부터 값을 추정할 수 있는 변수이다.
③ 초매개변수는 모형의 매개변수를 측정하기 위해 알고리즘 구현 과정에서 사용되는 변수이다.
④ 초매개변수는 연구자가 직접 설정한다.

해설
SVM 모형의 서포트벡터, 회귀계수, 인공신경망의 가중치 등은 매개변수에 해당한다.

03 다음 중 분석 모형 구축에 대한 설명으로 옳지 않은 것은?

① 적용이 완료된 모형이라고 하더라도 지속적인 모니터링과 리모델링을 반복한다.
② 분석 모형 구축은 요구사항 정의→모델링→검증 및 평가→운영 및 유지보수 절차를 따른다.
③ 시뮬레이션은 제약조건이 있는 상황에서 요구사항을 충족하는 최적의 결과를 찾아내는 기법으로 처리량, 평균 대기시간 등의 지표를 통해 평가한다.
④ 모형 검증 시 비즈니스 영향도를 정량화된 지표로 측정하여 평가한다.

해설
시뮬레이션은 실제로 검증하기 어려운 초대형 프로젝트나 위험한 상황 등을 컴퓨터를 통해 모델링하고 가상으로 재현하여 문제를 해결하는 기법으로 처리량, 평균 대기시간 등의 지표를 통해 평가한다. 공항 운영 문제, 교차로에서의 교통신호 조작 등이 해당된다.

04 다음 중 데이터 분할에 대한 설명으로 옳지 않은 것은?

① 일반적으로 훈련 데이터를 60~80%, 평가 데이터를 20~40%로 분할한다.
② 데이터 분할은 과대적합을 방지하고 모형의 일반화 성능을 높이기 위해 수행한다.
③ 훈련 데이터는 모형 학습에만 사용하고 평가 데이터는 모형 평가에만 사용된다.
④ 훈련 데이터 분할 시 모형의 신뢰성을 확보하기 위해 훈련 데이터보다 검증 데이터의 비율을 높인다.

01 ④ 02 ① 03 ③ 04 ④ 정답

254 | PART 03 빅데이터 모델링

시작하기 전에

각 Chapter별로 집중적으로 학습해야 할 중요 내용을 확인할 수 있습니다.

별표 및 중요 내용

세부적으로 중요한 제목 및 내용에 별색 및 밑줄로 표시하였기에, 해당 내용을 집중적으로 학습할 수 있습니다.

무료 동영상 강의

과목별 실력점검문제를 유튜브에서 무료로 학습할 수 있습니다.

쏙쏙 예제

중요한 본문의 내용을 자세한 예제나 문제로 제시하여 한 번 더 학습할 수 있습니다.

실력점검문제

각 파트(과목)별로 기출문제나 출제 가능성이 높은 문제로 구성하여 실력을 점검할 수 있도록 하였습니다.

Big Data Analytics

최종점검 모의고사

01 정형, 반정형, 비정형 데이터에 대한 설명으로 옳은 것은?

① 정형 데이터는 정형화된 스키마가 있는 데이터로서 연산이 가능하다.
② 기업에서 수집되는 데이터 대부분은 정형 데이터이다.
③ 정량적 데이터와 정성적 데이터는 모두 객관적인 내용을 내포하고 있다.
④ 이미지, 음성, HTML은 비정형 데이터에 해당한다.

해설
② 기업에서 수집되는 데이터 대부분은 비정형 데이터이며, 비정형 데이터를 얼마나 잘 처리하는지에 따라 데이터 활용 가치가 높아진다.
③ 정량적 데이터는 주로 객관적인 내용을, 정성적 데이터는 주로 주관적인 내용을 내포하고 있다.
④ 이미지, 음성, 비디오는 비정형 데이터이며 HTML, XML, JSON은 반정형 데이터에 해당한다.

02 지식의 특성에 대한 설명으로 옳지 않은 것은?

① 지식은 암묵지와 형식지로 구분할 수 있으며, 암묵지는 개인에게 체화되어 있는 무형의 지식으로 다른 사람과 공유할 수 없는 지식을 의미한다.
② 강의, 책, 제품 매뉴얼 등은 형식지에 해당된다.
③ 암묵지와 형식지는 내면화, 공통화, 표출화, 연결화 단계를 지속적으로 거치며 상호 작용한다.
④ 표출화는 형식지가 상호 결합하면서 새로운 형식지를 창출하는 단계이다.

해설
표출화는 개인의 암묵지를 형식지로 표현하는 단계이며, 형식지가 상호 결합하면서 새로운 형식지를 창출하는 단계는 연결화에 해당된다.

03 다음 중 빅데이터의 특징인 3V에 해당하지 않는 것은?

① Volume ② Velocity
③ Value ④ Variety

해설
빅데이터의 특징인 3V는 데이터의 규모(Volume), 다양성(Variety), 속도(Velocity)를 의미한다.

04 분석 가치 에스컬레이터에 대한 설명으로 옳지 않은 것은?

① 미국의 정보기술 연구 및 자문회사인 가트너가 데이터 분석의 가치를 4단계로 구분한 것이 분석 가치 에스컬레이터이다.
② 각 단계는 분리된 과정이며 개별적으로 이루어질 수 있다.
③ 데이터를 기반으로 '왜(Why)'에 초점을 두어 분석하는 것은 진단 분석 단계이다.
④ 처방 분석은 가장 가치가 높고 어려운 분석에 해당한다.

해설
분석 가치 4단계는 '묘사 분석→진단 분석→예... 방 분석'으로 이루어지며 각 단계는 분리된 과... 지표에 대한 묘사와 진단이 선행되어야 예측과 ... 어질 수 있다.

01 ① 02 ④ 03 ③ 04 ...

최종점검 모의고사

각 과목별 중요 내용과 실력점검문제로 학습한 내용을 최종점검 모의고사를 풀어봄으로써 최종적으로 실력을 점검하고 시험 준비를 할 수 있습니다.

Big Data Analytics

2024년 8회 기출복원문제

01 다음 중 빅데이터의 특징 5V에 대한 설명으로 옳은 것은?

① Variety : 데이터의 양이 많다.
② Volume : 데이터가 다양하다.
③ Velocity : 데이터가 실시간으로 변한다.
④ Veracity : 데이터의 가치가 무궁무진하다.

해설
빅데이터의 5V 중 Velocity는 데이터가 실시간으로 빠르게 생성, 변화하는 특성을 의미한다. Variety는 데이터의 유형과 형식의 다양성을, Volume은 데이터의 양을, Veracity는 데이터의 신뢰성과 정확성을 나타낸다.

02 다음 보기에서 설명하고 있는 내용으로 가장 적절한 것은?

수집한 데이터를 저장, 처리하고 분석할 수 있도록 포괄적으로 지원한다.

① 빅데이터 마이닝
② 빅데이터 플랫폼
③ 빅데이터 처리기술
④ 빅데이터 탐색기술

해설
설명에서 수집한 데이터를 저장, 처리, 분석할 수 있도록 포괄적으로 지원하는 것을 나타내는 용어는 '빅데이터 플랫폼'이다. 빅데이터 플랫폼은 데이터 수집에서부터 분석까지 전반적인 과정을 지원하는 인프라로, 대규모 데이터를 처리하는 데 필수적이다.

03 다음 중 빅데이터 분석 방법론의 데이터 분석 단계에서 수행하는 작업으로 옳지 않은 것은?

① 평가용 데이터 준비
② 데이터 모델링
③ 데이터 확인 및 추출
④ 모델링 적용 및 운영 방안

해설
데이터 분석 단계에서는 분석에 필요한 데이터를 준비하고 모델링을 수행하며, 데이터를 확인 및 추출하는 작업이 포함된다. 반면, 모델링 적용 및 운영 방안은 분석 결과를 실제 비즈니스에 적용하는 마지막 단계에 해당한다.

04 다음 중 가역 데이터와 불가역 데이터에 대한 설명으로 옳지 않은 것은?

① 가역 데이터는 원본 데이터가 변경되는 경우 변경사항을 반영할 수 있다.
② 불가역 데이터는 생산된 데이터의 원본으로 환원이 불가능한 데이터이다.
③ 가역 데이터는 생산된 데이터의 원본으로 일정 수준 환원이 가능한 데이터이다.
④ 불가역 데이터는 원본 데이터의 내용이 변경되는 경우 변경사항을 반영할 수 있다.

해설
가역 데이터는 원본 데이터의 변경사항을 반영할 수 있는 데이터로, 수정과 복원이 가능하다. 불가역 데이터는 원본으로 되돌리거나 수정할 수 없기 때문에, 원본 데이터의 변경사항을 반영하지 못한다.

정답 01 ③ 02 ② 03 ④ 04 ④

기출복원문제

최근 기출문제를 풀어봄으로써 출제경향을 확인하고 마지막 점검을 할 수 있습니다.

목차

PART 01 빅데이터 분석 기획

Chapter 01 **빅데이터의 이해** ···· 16
1 빅데이터 개요 및 활용 ···· 16
2 빅데이터 기술 및 제도 ···· 37

Chapter 02 **데이터 분석 계획** ···· 58
1 분석 방안 수립 ···· 58
2 분석 작업 계획 ···· 70

Chapter 03 **데이터 수집 및 저장 계획** ···· 73
1 데이터 수집 및 전환 ···· 73
2 데이터 적재 및 저장 ···· 89
| 실력점검문제 | ···· 99

PART 02 빅데이터 탐색

Chapter 01 **데이터 전처리** ···· 108
1 데이터 정제 ···· 108
2 분석 변수 처리 ···· 116

Chapter 02 **데이터 탐색** ···· 134
1 데이터 탐색 기초 ···· 134
2 고급 데이터 탐색 ···· 144

Chapter 03 **통계기법 이해** ······ 149
1 기술통계 ······ 149
2 추론통계 ······ 167
| **실력점검문제** | ······ 177

PART 03 빅데이터 모델링

Chapter 01 **분석 모형 설계** ······ 186
1 분석 절차 수립 ······ 186
2 분석 환경 구축 ······ 191

Chapter 02 **분석기법 적용** ······ 194
1 분석기법 ······ 194
2 고급 분석기법 ······ 229
| **실력점검문제** | ······ 254

PART 04 빅데이터 결과 해석

Chapter 01 **분석 모형 평가 및 개선** ······ 264
1 분석 모형 평가 ······ 264
2 분석 모형 개선 ······ 278

Chapter 02 **분석 결과 해석 및 활용** ······ 289
1 분석 결과 해석 ······ 289
2 분석 결과 시각화 ······ 291
3 분석 결과 활용 ······ 301
| **실력점검문제** | ······ 305

PART 05 최종점검 모의고사 314

PART 06 기출복원문제

- 2021년 2회 기출복원문제 ········ 332
- 2021년 3회 기출복원문제 ········ 347
- 2022년 4회 기출복원문제 ········ 361
- 2022년 5회 기출복원문제 ········ 377
- 2023년 6회 기출복원문제 ········ 393
- 2023년 7회 기출복원문제 ········ 409
- 2024년 8회 기출복원문제 ········ 426

Big Data Analytics

학습목표

1파트는 기초적이지만 빅데이터의 주요 개념들과 빅데이터 분석을 성공적으로 수행하기 위한 기획 방안을 다룹니다. 또한 데이터 분석에 있어서 반드시 고려해야 할 개인정보보호법과 데이터 수집 및 저장 처리 기술을 학습합니다.

방대한 이론을 포함하고 있지만 반복되는 핵심적인 내용을 파악하고 중요도를 기준으로 공부한다면 고득점을 얻어낼 수 있는 과목입니다. 즉, 처음부터 모든 내용을 다 암기하려고 하는 것보다는 우선순위 순으로 먼저 공부하고 나머지 부분은 책 읽듯이 자연스럽게 반복 학습하는 것을 추천합니다.

자 그럼, 빅데이터 분석기사 필기 합격을 위한 몸풀기! 함께 시작해봅시다.

PART

01

빅데이터 분석 기획

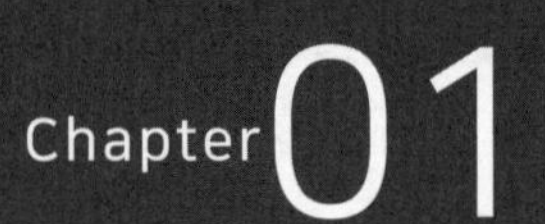

Chapter 01 빅데이터의 이해

시작하기 전에

전기, 석유, 컴퓨터, 인터넷과 같이 인류의 역사에 거대한 변혁을 일으킨 자원과 기술들이 있다. 그렇다면 이미 많은 것이 발달한 현대 사회에서 그 다음은 무엇인가? 다시 한번 인류의 역사에 변혁을 일으킬 자원과 기술은 무엇일까?

바로 지금 배우고 있는 '데이터(Data)'다.

개개인은 숨쉬듯 데이터를 만들어내는 하나의 데이터 창고가 될 것이며, 제품과 서비스는 물론 삶에서 연속적으로 이루어지는 의사결정 또한 데이터를 기반으로 이루어질 것이다.

그렇다면 빅데이터는 무엇인가? 큰 규모의 데이터를 의미하는 것인가? 그리 간단히 정의할 수는 없을 것이다. 본 단원에서는 데이터가 어떻게 빅데이터가 되었는지, 그리고 그 빅데이터가 정확히 무엇인지, 성공적인 데이터 분석을 위해 어떤 부분을 고려해야 하는지 학습하도록 한다.

1 빅데이터 개요 및 활용

1) 데이터 개요

가. 데이터 정의 및 특징

① 데이터 정의

- 데이터(Data)는 이론을 수립하는 데 기초가 되는 사실, 또는 바탕이 되는 자료이다.
- 관찰, 실험, 조사로 얻은 객관적인 사실이나 자료를 의미하며 컴퓨터에서는 컴퓨터가 처리할 수 있는 문자, 숫자, 소리, 이미지 따위의 형태로 된 자료를 의미한다.
- 데이터의 정의가 '정보'가 아닌 '자료'임을 유의한다. 데이터는 데이터 자체로서는 큰 의미를 가지지 않는다. 석유를 가공하여 다양한 형태로 우리 일상생활에서 사용하듯이 데이터가 데이터로서 기능을 하기 위해서는 적절하게 가공되어 정보로서 역할을 해야 한다.

쏙쏙 예제

실생활의 데이터 종류는 무궁무진하다.

- CRM(Customer Relation Management): 고객 관리 데이터
- 주식 가격 데이터
- 웹 트래픽 데이터
- 댓글, 좋아요 수
- 미세먼지 측정 데이터
- SNS 데이터
- 이미지, 영상, 음성 데이터

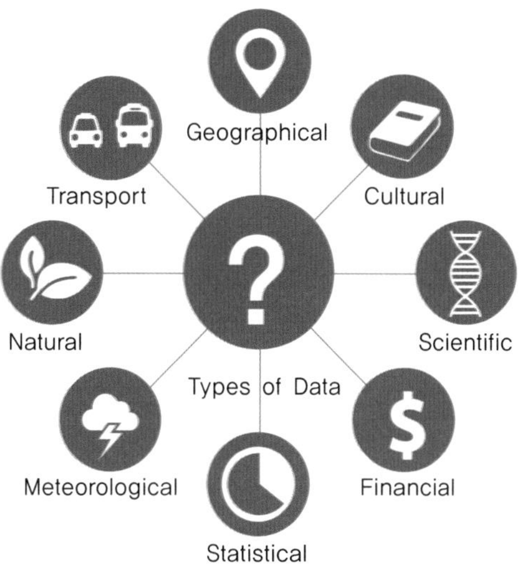

▲ 다양한 유형의 데이터

② 데이터 특성

• 데이터의 존재적 특성과 당위적 특성은 다음과 같다.

[데이터 특성-1]

특성	설명
존재적 특성	객관적 사실로서 가공하기 전의 순수한 수치나 기호
당위적 특성	추론, 추정, 예측, 즉 정보화 될 수 있는 근거

＊ 당위 : 마땅히 그렇게 하거나 되어야 하는 것

• 데이터는 기록, 보관, 유통, 활용의 단계를 거친다.

[데이터 특성-2]

특성	설명
기록(수집)	데이터는 일정한 형식에 맞춰 기록되어야 한다.
보관(저장)	기록된 데이터는 저장되어 일정한 기간 동안 보관되어야 한다.
유통(통신)	데이터는 적절한 매체를 통해 공유 및 유통되어야 한다.
활용(분석)	데이터는 가공을 통해 정보로 활용되어야 한다.

나. 데이터 구분

① 데이터 구분

• 데이터는 정량적 데이터와 정성적 데이터로 구분할 수 있다.

[데이터 구분]

특성	설명	예시
정량적 데이터 (Quantitative Data)	– 현상을 측정하여 수치화 할 수 있는 데이터 – 정해진 형식과 구조가 존재 (정형 데이터) – 객관적 수치 및 기호	– 3분기 A제품 매출량 25% 증가 – 미세먼지 수치 $32\mu g/m^3$ – 만족도 조사 결과 2.8/5.0
정성적 데이터 (Qualitative Data)	– 현상을 언어나 문자로 기술하는 데이터 – 특정 구조로 정의하기 어려움 (비정형 데이터) – 주로 주관적 언어	– 매출 증가 – 미세먼지 수치 심각 – 만족도 하락

- 실생활에서는 정량적 데이터보다 정성적 데이터의 수가 압도적으로 많다.
- 정성적 데이터는 분석하기 용이한 정량적 데이터로 변환해야 한다.

② 데이터 유형 ★★★ 각 데이터의 특징과 예시를 같이 알아두세요.

- 데이터는 구조와 속성에 따라 정형, 반정형, 비정형 데이터로 구분된다.
- 데이터의 유형에 따라 데이터 분석 기법이 달라지므로 유형을 파악하는 것은 중요하다.

[데이터 유형]

<table>
<tr><th>특성</th><th>설명</th></tr>
<tr><td>정형 데이터 (Structured Data)</td><td>– 정형화된 스키마(구조)가 있는 데이터
* 스키마(Schema) : 계획이나 도식, 데이터베이스를 구성하는 레코드의 크기, 키(key)의 정의, 레코드 간 관계를 정의한 것
– 고정된 필드에 저장된 데이터
– 관계형 데이터베이스, 엑셀 등에 저장되는 일반적인 데이터
– 주로 연산 가능한 데이터</td></tr>
<tr><td>반정형 데이터 (Semi-structured Data)</td><td>– 정형화되어 있지는 않지만 구조에 대한 메타 정보가 있는 데이터
– 데이터 구조와 필드가 유연
– 연산 불가능
예 HTML, XML, JSON 등

[반정형 데이터 예시]
<table>
<tr><th>형식</th><th>특징</th></tr>
<tr><td>HTML</td><td>– HyperText Markup Language의 약자
– 웹 페이지를 만들 때 사용되는 문서 형식</td></tr>
<tr><td>XML</td><td>– eXtensible Markup Language의 약자
– HTML보다 홈페이지 구축 기능, 검색 기능 등이 향상되었고 클라이언트 시스템의 복잡한 데이터 처리를 쉽게 한다. 구조화된 데이터베이스 활용</td></tr>
<tr><td>JSON</td><td>– JavaScript Object Notation의 약자
– 〈키-값〉으로 이루어진 데이터 오브젝트를 전달하기 위해 텍스트를 사용하는 개방형 표준 포맷</td></tr>
</table></td></tr>
</table>

비정형 데이터 (Unstructured Data)	– 정형화된 스키마와 고정된 필드가 없는 데이터 – 수집된 데이터 각각이 하나의 개별적인 데이터 객체로 구분 – 비정형 데이터 처리 기술이 발달하면서 비정형 데이터 활용성 증가 – 텍스트 문서, 이미지, 동영상, 음성 등

쏙쏙 예제

같은 학생 정보 데이터를 어떤 방식으로 표현하는지에 따라 다음과 같이 구성할 수 있다. 비정형 데이터는 특정한 형식 없이 텍스트를 쭉 나열하였고, 반정형 데이터는 〈〉 기호를 통해서 데이터를 설명하고 있는 메타데이터를 추가하였다. 정형 데이터는 조직 내에서 가장 흔히 볼 수 있는 데이터로 각 변수(ID, Name, Age, Degree)를 구분하고 일정한 스키마를 가진 데이터로 표현하였다.

비정형 데이터(Unstructured Data)

The university has 5600 students. John's ID is number 1, he is 18 years old and already holds a B.Sc. degree. David's ID is number 2, he is 31 years old and holds a Ph.D. degree. Robert's ID is number 3, he is 51 years old and also holds the same degree as David, a Ph.D. degree

반정형 데이터(Semi-structured data)

```
〈University〉
  〈Student ID="1"〉
    〈Name〉John〈/Name〉
    〈Age〉18〈/Age〉
    〈Degree〉B.Sc.〈/Degree〉
  〈/Student〉
  〈Student ID="2"〉
    〈Name〉David〈/Name〉
    〈Age〉31〈/Age〉
    〈Degree〉Ph.D.〈/Degree〉
  〈/Student〉
  ....
〈/University〉
```

정형 데이터(Structured data)

ID	Name	Age	Degree
1	John	18	B.Sc.
2	David	31	Ph.D.
3	Robert	51	Ph.D.
4	Rick	26	M.Sc.
5	Michael	19	B.Sc.

다. 데이터와 정보

① 데이터와 정보

• 데이터는 가공 및 처리 절차를 거쳐 정보로 변환된다.

쏙쏙 예제

• 데이터: 대한민국 19세 남학생의 신장 조사 결과(10,000건의 데이터 축적)

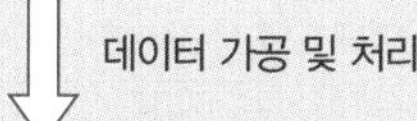

• 정보: 2022년 대한민국 19세 남학생의 신장은 평균 173.7센티미터이며 표준편차는 4.82센티미터이다. (데이터 가공 후 정보로서 역할)

• 가공된 데이터, 즉 정보는 다양한 분야에서 목적에 맞게 활용될 수 있다.

② DIKW 피라미드 ★★ 각 계층의 특징과 예시를 같이 알아두세요.

- 데이터를 가공하여 정보로 변환하는 것을 넘어, 지식과 지혜를 얻는 과정을 DIKW 피라미드 계층 구조로 표현할 수 있다.
- 데이터–정보–지식–지혜는 아래 그림과 같은 피라미드 구조를 가졌다고 해서 DIKW 피라미드 혹은 지식 피라미드라고 불리며, 데이터에서 지혜로 올라갈수록 가치가 상승한다고 해서 가치 위계 모형이라고도 불린다. 이 모형은 데이터, 정보, 지식, 지혜 사이의 관계에 대한 개괄적인 모습을 보여주는 데 자주 사용된다.
- 이러한 계층적 이해를 통해 필요한 데이터를 확보, 가공, 적용하는 과정을 수행할 수 있다.

[DIKW 피라미드]

요소	설명
데이터(Data)	– 객관적 사실로서 가공하기 전의 순수한 수치나 기호 – 수집의 대상
정보(Information)	– 데이터의 가공, 처리와 데이터 간 연속 관계 속에서 의미가 도출되는 것
지식(Knowledge)	– 획득된 다양한 정보를 구조화하여 유의미한 정보로 분류하고 일반화한 결과물 – 배움의 대상
지혜(Wisdom)	– 개인의 경험이 기반이 되고, 왜(Why)에 대한 답을 제시할 수 있는 통찰력에 기반한 결과물 – 배움과 실천의 대상

쏙쏙 예제

A 지역은 종종 홍수가 발생해 지역 주민들의 농사와 삶에 피해를 입히고 있는 상황이지만, A 지역 주민의 해결 노하우를 통해 피해를 최소화하고 있다. 이를 DIKW 피라미드 구조로 표현하면 다음과 같다.

[DIKW 사례]

피라미드 요소	설명
데이터(Data)	일별 강수량 데이터
정보(Information)	데이터에 지역, 기후 반복 주기, 최댓값 등의 규칙을 찾아 지역별 연간 최대 강수량 정보 추출

지식(Knowledge)	추출한 정보에 A 지역의 지형 특징, 배수 시설 등의 기존 정보를 결합하여 A 지역 수해 대책 매뉴얼 도출
지혜(Wisdom)	지역 피해를 최소화하기 위한 배수 시설 개선, 가계 대책 등 실천적 통찰력 적용

라. 데이터 지식 경영

지식 경영(Knowledge Management)은 조직에서 지식을 창출, 저장, 공유, 적용하려고 개발한 일련의 비즈니스 프로세스이다. 데이터를 통해 습득하고 창출한 지식을 조직 내에서 공유를 통해 최종적으로 조직의 능력을 향상시키는 것이 목적이다.

① 암묵지와 형식지 ★

- 지식을 공유하기 위해서는 먼저 개인이 데이터를 통해 지식을 습득하고 창출한 후에, 그 지식을 특정한 형태(문서, 발화 등)로 조직과 공유해야 한다.
- 지식은 암묵지와 형식지로 구분할 수 있으며, 조직 차원에서 조직원 개인의 지식을 공유하고 발전시키는 데에 관심을 둔 경영학 분야에서는 암묵지와 형식지의 상호작용에 주목한다.

[암묵지와 형식지]

구분	설명
암묵지 (Tacit Knowledge)	– 학습과 경험을 통해 개인에게 체화 되어 있지만, 무형의 지식으로 다른 사람과 공유 불가능 예 운동, 데이터 분석, 프레젠테이션 스킬 등
형식지 (Explicit Knowledge)	– 특정 매체를 통해 형상화된 유형의 지식으로 다른 사람과 공유 가능 예 강의, 책, 매뉴얼 등

② 지식창조 매커니즘

암묵지와 형식지는 지속적인 상호 작용을 거쳐 지식 창조 매커니즘을 구축한다.

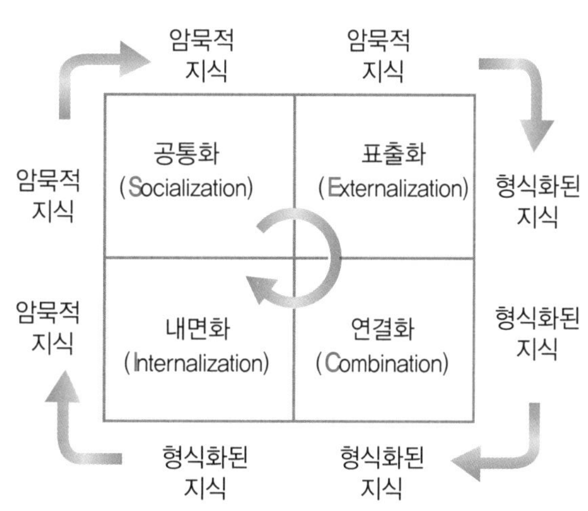

[지식창조 매커니즘 요소]

상호작용	내용
내면화	– 형식지를 통해 지식이 개인의 암묵지로 체화되는 단계
공통화	– 다른 사람과의 상호작용을 통해 한 차원 높은 암묵지로 발전시키는 단계
표출화	– 개인의 암묵지를 형식지로 표현하는 단계
연결화	– 형식지가 상호 결합하면서 새로운 형식지를 창출하는 단계

2) 빅데이터 개요 및 특징

가. 빅데이터 개념

① 빅데이터 개념 ★★★

• 디지털 경제의 확산으로 과거 아날로그 환경에서 생성되던 데이터들에 비해 규모, 유형, 주기 등 모든 측면에서 이전과 비교할 수 없는 데이터 혁명을 의미한다.

• 기존 데이터베이스가 처리할 수 없는 대량의 정형 또는 비정형 데이터를 분석하고 가치를 추출하는 일련의 과정을 의미하기도 한다.

[데이터와 빅데이터 비교]

구분	기존 데이터	빅데이터
규모	KB, MB, GB 데이터	일반적으로 TB 크기 이상의 데이터
유형	정형 데이터	정형, 반정형, 비정형 데이터
주기	데이터 생성, 수집, 저장, 활용되는 속도에 제한이 있다.	데이터 생성, 수집, 저장, 활용이 실시간으로 이루어지기도 한다.

② 빅데이터 크기 ★★★ 데이터의 크기를 묻는 기출문제가 출제되었습니다. 순서대로 암기하세요.

데이터의 크기는 지속적으로 증가하고 있으며, 일반적으로 빅데이터는 수십 테라 바이트 이상의 데이터를 의미한다.

[데이터 크기]

기호	이름	크기
KB	킬로바이트	$1KB=10^3Bytes$
MB	메가바이트	$1MB=10^3KB=10^6Bytes$
GB	기가바이트	$1GB=10^3MB=10^9Bytes$

TB	테라바이트	1TB=10^3GB=10^{12}Bytes
PB	페타바이트	1PB=10^3TB=10^{15}Bytes
EB	엑사바이트	1EB=10^3PB=10^{18}Bytes
ZB	제타바이트	1ZB=10^3EB=10^{21}Bytes
YB	요타바이트	1YB=10^3ZB=10^{24}Bytes

*참고로 읽고 넘어가세요.

쏙쏙 예제

- 비트(Bit, Binary Digit) : 컴퓨터가 사용하는 가장 작은 정보의 단위이며 비트는 0이나 1의 값을 가질 수 있다.
- 바이트(Byte) : 컴퓨터의 기억장치의 크기를 나타내는 단위이며 1Byte는 8Bit로 구성되어 있다. 1Byte는 한 개의 문자 정도를 표현할 수 있다. 1,024Byte는 1KB이다.

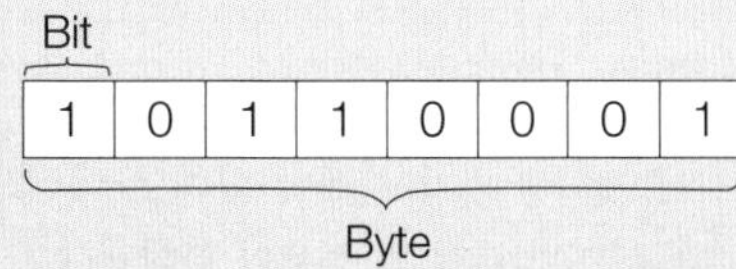

기호	이름	크기	예시
KB	킬로바이트	1KB=10^3Bytes	1KB→한 문단, 간단한 말 50KB→카카오톡 사진 한 장
MB	메가바이트	1MB=10^3KB=10^6Bytes	1MB→좀 두꺼운 백과사전 한 권 4MB→고화질 사진 한 장
GB	기가바이트	1GB=10^3MB=10^9Bytes	1.25GB→5G통신 기술로 1초에 전송할 수 있는 데이터 최대치
TB	테라바이트	1TB=10^3GB=10^{12}Bytes	1TB→가정용 컴퓨터에 널리 쓰이는 저장장치, 책 450만 권
PB	페타바이트	1PB=10^3TB=10^{15}Bytes	1PB→종이 5,000억 장 2PB→미국의 모든 연구 자료 총합
EB	엑사바이트	1EB=10^3PB=10^{18}Bytes	5EB→지금까지 인류가 말한 모든 단어를 디지털화
ZB	제타바이트	1ZB=10^3EB=10^{21}Bytes	1.14ZB→매월 유튜브에서 시청되는 모든 영상들의 데이터 총합
YB	요타바이트	1YB=10^3ZB=10^{24}Bytes	1YB→미국 국가정보기관에서 가지고 있는 데이터의 총합

나. 빅데이터 등장 배경

① 빅데이터 등장 배경

• 빅데이터는 단순히 데이터의 규모와 유형이 변화한 것뿐만 아니라 인프라, 기술, 사람들의 인식 변화 등 많은 요소들이 변화하고 변화된 각 요소가 서로 연계되면서 등장하였다.

• 수집, 저장, 통신, 분석의 측면에서 어떤 변화가 빅데이터 시대를 도래하였는지 파악하는 것은 중요하다.

[빅데이터 등장 배경]

특성	설명
수집	– 수집할 수 있는 데이터의 양과 형태가 다양화되고, 다양한 데이터를 수집할 수 있는 처리 기술이 발달했다.
저장	– 데이터를 저장할 수 있는 하드웨어의 가격이 내려가고, 클라우드 컴퓨팅을 통해 데이터 저장 공간의 가용성이 확장됐다.
통신	– 통신 기술의 발달로 데이터를 처리하는 속도가 증가하면서 데이터 활용성이 높아졌다.
분석	– 오픈소스 프로그램 및 데이터 개방 확대로 데이터 분석 및 활용의 접근성이 높아지고, 전 산업에 걸쳐 데이터 분석 및 적용이 확대됐다.

② 빅데이터 등장 후 변화

• 빅데이터 시대가 도래하면서 데이터를 바라보고 다루는 관점에 차이가 발생했는데, 진체적인 추세의 차이가 발생한 것이지 항상 고정된 것은 아니다.

• 가능한 한 많은 데이터들을 모아 데이터 내부의 패턴과 정보를 발견하고, 특정 현상의 발생 가능성을 포착하여 대응하는 방식으로 변화하고 있다.

[빅데이터 등장 후 변화]

변화	등장 전	등장 후
처리 시점	사전 처리(Pre- Processing)	사후 처리(Post- Processing)
처리 범주	표본조사	전수조사
가치 판단 기준	데이터의 질	데이터의 양
분석 방향	이론적 인과관계	상관관계

다. 빅데이터 특징 ★★★ 순서대로 암기하세요.

① 빅데이터 특징

빅데이터의 특징을 전통적으로 3V(Volume, Variety, Velocity)라고 표현했지만, 최근에는 순서대로 Value, Veracity, Validity, Volatility가 추가되어 7V라고도 표현한다.

[빅데이터 특징]

특징	설명
규모 (Volume)	– 생성되고 활용할 수 있는 데이터의 양이 기하급수적으로 많다. – 네트워크 속도 상승, 하드웨어 가격 하락, 데이터 수집 채널의 다각화 등의 원인이 데이터 규모를 확대하였다.
다양성 (Variety)	– 데이터의 처리와 활용의 관점에서 다룰 수 있는 데이터의 종류가 다양해졌다. – 이전에는 정형 데이터만을 다루었다면 최근에는 비정형 데이터의 처리와 활용이 증가하고 있다.
속도 (Velocity)	– 데이터의 수집/저장/분석/활용 측면에서 이를 처리하는 속도가 증가하였다. – 센서, 스트리밍, 실시간 정보 생성 속도 증가에 따라 처리 속도가 더욱 더 가속화되고 있다.
가치 (Value)	– 데이터를 통해 얻을 수 있는 가치의 영역이 확대되었다. – 다른 데이터와 연계 시 데이터 가치는 더욱 더 상승할 수 있다.
신뢰성 (Veracity)	– 방대한 데이터에서 노이즈 및 오류 제거를 통해 활용 데이터에 대한 품질과 신뢰성 제고 요구가 증가하고 있다. – 데이터 신뢰성, 타당성 등을 보장해야 한다.
정확성 (Validity)	– 데이터의 유효성과 정확성 제고 요구가 증가하고 있다. – 데이터의 정확성이 보장되지 않으면 분석되는 결과는 의미가 없다.
휘발성 (Volatility)	– 데이터가 의미가 있는 기간을 의미한다. – 데이터가 장기적인 관점에서 얼마나 유효하고 활용될 수 있을지에 관한 사항이다.

3) 빅데이터 가치 및 영향

가. 빅데이터 가치

① 빅데이터 가치

- 빅데이터의 궁극적인 가치는 방대한 데이터 속에서 현상을 이해하고 문제를 해결하며, 더 나아가 새로운 가치를 창출할 수 있다는 것이다.
- 하지만 빅데이터의 가치를 정량화된 지표로 측정하는 것은 어려운 일이다.

[빅데이터 가치 측정이 어려운 원인]

원인	설명
데이터 활용 다양화	– 데이터의 재사용, 재조합 등 데이터의 활용이 다양화되면서 그 목적을 뚜렷하게 규정할 수 없다. – 특정 데이터를 언제/어디서/누가 활용할 지 알 수가 없다.
새로운 가치 창출	– 데이터의 가공 목적에 따라 가치 창출이 상이하다. – 사전에 가치를 측정하기 어렵다.

분석 기술 발전	– 현재 가치가 없다고 판단하더라도 새로운 분석 기술에 따라 가치가 창출될 수 있다.

• 정확한 빅데이터 가치 측정의 어려움이 존재하지만, 다양한 측면에서 빅데이터의 가치를 발견할 수 있다.

[빅데이터 가치]

가치	설명
사회 경제적 가치	– 데이터를 통해 문제를 해결하고 새로운 가치를 창출하여 사회 및 경제 발전에 기여
미래 예측	– 현실 세계의 데이터를 기반으로 기존의 패턴을 찾아내어 미래 예측 – 수요 예측, 판매량 예측, 기후 예측 등
리스크 관리	– 현상 파악 및 미래 예측을 통해 위험 징후 포착 및 리스크 관리 – 리스크를 사전에 인지하고 분석하여 빠른 의사결정과 실시간 대응 – 보안, 불량률, 범죄 등
제품 및 서비스 개발	– 데이터 분석을 통해 사용자 중심 제품 및 서비스 개발 가능 – 개인 맞춤 솔루션 제공 가능 – 트렌드 변화 분석을 통한 제품 경쟁력 확보
데이터 융합	– 전 산업 분야 데이터 사업 응용 가능 – 타 분야와의 융합을 통한 새로운 가치 창출 및 융합 생태계 확장

② 분석 가치 에스컬레이터 ★★ 기출문제입니다. DIKW 피라미드와 같이 연계하여 학습하세요.

• 미국의 정보기술 연구 및 자문회사인 가트너(Gartner)는 데이터 분석의 가치를 4단계로 구분하여 제시했다.

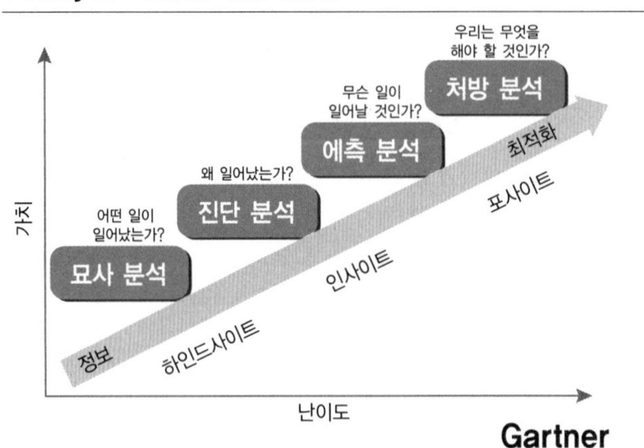

[분석 가치 에스컬레이터]

단계	설명
묘사 분석 (Descriptive Analysis)	– 분석의 가장 기본적 지표 – 현상을 이해하고 기술(Description)적으로 파악하는 단계 예 월별 매출, 고객 불만 건수 등
진단 분석 (Diagnostic Analysis)	– 묘사 단계에서 찾아낸 분석 내용의 원인을 이해하는 과정 – 데이터를 기반으로 왜 발생했는지 이유를 확인 예 분기 단위로 매출 차이가 왜 발생했는지 원인 분석, 고객 불만 건수가 왜 증가했는지 원인 분석
예측 분석 (Predictive Analysis)	– 데이터를 기반으로 미래 예측 – 미래 예측을 통해 리스크 관리 및 선제 대응 방안 구축 예 특정 분기의 매출이 증가할 것인지, 감소할 것인지 분석, 단어 패턴 분석을 통해 고객 이탈 가능성 확인
처방 분석 (Prescriptive Analysis)	– 예측 결과를 통해 최적의 의사결정을 내리는 과정 – 가장 가치가 높고 어려운 부분에 해당 예 매출 감소 대응을 위한 마케팅 예산 재편성, 고객 이탈을 막을 수 있는 최적 시점의 탐색

- x축의 오른쪽으로 갈수록 분석의 난이도가 높아지지만 분석을 통해 얻을 수 있는 가치도 높아진다.
- 각 단계는 분리된 과정이 아니며, 지표에 대한 묘사와 진단이 선행되어야 예측과 처방이 이루어질 수 있다.

나. 빅데이터 영향

① 빅데이터 영향

빅데이터 분석은 특정 분야 및 사람의 전유물이 아니라 정부, 기업, 개인에게 많은 영향을 미치며 활용할 수 있는 범위가 더욱 넓어지고 있다.

[빅데이터 영향]

대상	설명
정부	– 데이터 분석을 통해 사회 현상을 파악하고 공공의 문제를 해결 – 사회 관계망 분석, 시스템 분석 등을 통해 미래 대응 수단 제공 – 공공 데이터를 개방하여 데이터 기반 기술 및 사회 형성을 위한 참여 유도
기업	– 데이터 분석을 통해 사용자 기반 제품 및 서비스 개발 – 기존 산업에 데이터를 연결하여 비즈니스 모델 혁신 및 신사업 발굴 – 미래 예측을 통한 리스크 관리, 원가 절감 등을 통해 경쟁 우위 확보
개인	– 개인화, 지능화에 초점이 맞춰진 제품 및 서비스 수혜 – 낮아진 데이터 접근성으로 인해 개인 데이터 활용성 증가

PART 01 PART 02 PART 03 PART 04 PART 05 PART 06

② 빅데이터 산업 발전

데이터 산업은 데이터 처리, 통합, 분석, 연결, 권리 시대로 변모해 왔으며 관련 법과 제도 및 인프라도 함께 발전해 왔다.

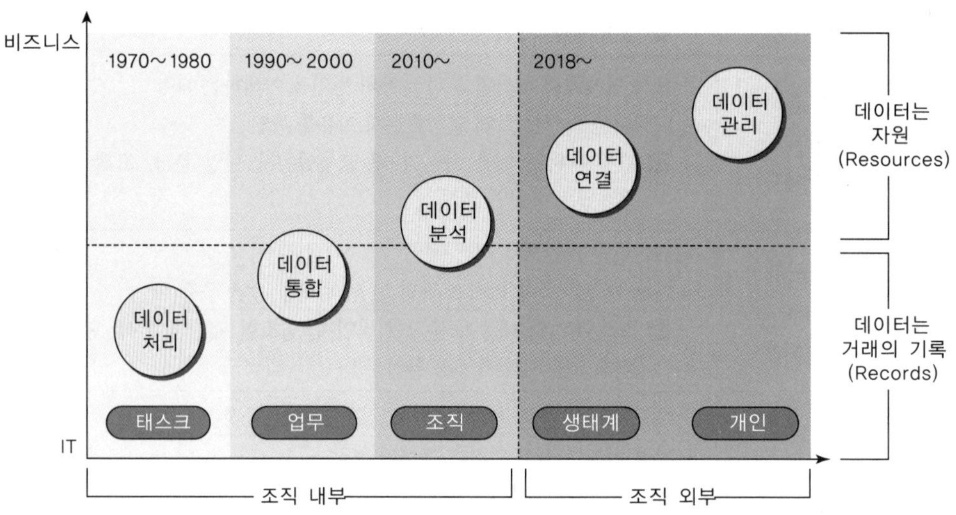

[빅데이터 산업 발전]

발전	설명
처리	– 데이터는 업무 처리의 대상 – 데이터 처리 후 파일 형태로 보관 – 기업 및 기관은 전자 데이터 처리 시스템을 도입하여 업무에 적용 – 경영관리, 회계, 영업 등 활용
통합	– 데이터가 증가하면서 데이터베이스 관리 시스템, 데이터 모델링 등 활용 – 전사적 데이터 통합의 필요성 증가 – 데이터 웨어하우스, 데이터 마트 등 데이터 처리 및 활용 관련 기술 발달
분석	– 모바일 기기 보급, 센서 확대, 소셜 네트워크 사용 등으로 대규모 데이터 등장 – 데이터의 수집, 저장, 처리, 분석을 용이하게 할 수 있는 빅데이터 플랫폼 발달 – 데이터 개방, 무료 분석 도구 등 데이터 접근성이 높아지면서 데이터 활용 증가 – 인공지능 기술 상용화 – 데이터를 처리 대상에서 자원의 개념으로 확장
연결	– 사물인터넷(Internet of Things) 보급 – 산업 간 융합, 기업 간 연결, 사람과 사물의 연결 등 데이터 기반 사회 형성 – 데이터 융합 서비스 제공
권리	– 중앙 집중화되어 있는 데이터를 개개인이 관리하고 인지할 수 있도록 데이터 주권 개편 – 데이터의 공정한 사용 보장, 데이터 독점 방지 – 데이터 3법, 마이 데이터 등

③ 빅데이터 산업 활용

- 전 산업 분야에서 생성되는 데이터는 각각 활용할 수 있는 분야가 무궁무진하다.
- 한국은 통신 및 제조업과 같이 데이터 생산량이 많은 산업이 발달해 데이터 잠재력이 크지만, 법과 제도 및 공급 능력은 상대적으로 부족한 실정이다.

[빅데이터 산업별 활용 예시]

산업	활용
제조	– 스마트 팩토리, 업무 자동화 등을 통한 공정 프로세스 혁신 및 완제품 품질 향상 – AI 시스템을 통해 이상 징후 모니터링 및 리스크 선제 대응 가능
의료	– 개인 의료 데이터 공유 및 통합을 통해 개인 편의성 및 업무 효율 극대화 – 원격 진료, 개인 맞춤화 솔루션 제공 가능
교육	– 교육 플랫폼을 통한 교육의 접근성과 품질 향상 – 개인 맞춤화 교육, 개인 교육 수준을 정밀하게 판단 가능
물류	– 수요 예측, 물품 배치 최적화 등 유통 체계의 효율 극대화
소비	– 개인 생활 패턴 및 거래 트랜잭션 분석 등을 통한 마케팅 전략
예술	– 예술과 기술을 결합하여 창작의 범위 확대 – 미디어 파사드, 디지털 영상 결합, AR/VR 결합 등
과학기술	– 대규모 과학기술 빅데이터 공유 및 활용 플랫폼 구축 – 혁신 기술 개발 및 활용

다. 빅데이터 위기 요인

① 빅데이터 위기 요인 및 통제 방안 ★★

- 빅데이터 분석을 통해 적절한 가치를 추출하고 활용하기 위해서는 빅데이터로 인해 발생할 수 있는 위기 요인을 잘 파악하고 적절히 대응해야 한다.
- 개인정보에 관한 빅데이터 위기 요인은 개개인의 삶에 큰 영향을 끼칠 수 있으므로 법과 제도적으로 장치가 잘 마련되는 것이 중요한 과제이다.
- 빅데이터 위기 요인들을 통제할 수 있는 방안을 고려하여 위기 발생의 사전 대응과 신속한 사후 처리를 수행해야 한다.

[빅데이터 위기 요인]

위기 요인	설명
사생활 침해	– 개인정보가 포함된 데이터가 노출되어 악용될 경우 사생활 침해 및 범죄 노출 예 SNS상의 개인의 데이터 공유, 행정력을 통한 고의적 누출

책임 원칙 훼손	- 예측 기술의 명목 하에 분석 대상이 되는 사람들의 잠재적 위협 가능성 증가 예 범죄 예측 프로그램, 신용도
데이터 오용	- 잘못된 데이터 사용으로 인한 오류 발생 - 불순한 의도의 데이터 조작 및 오용
추천 알고리즘	- 정보 편식 - 확증 편향 심화(뉴스, 논설 등)

[빅데이터 통제 방안]

위기 요인	통제 방안
사생활 침해	- 개인정보 사용자의 피해 책임 강화 - 사용 주체가 적극적인 보호 장치 마련 - 관련 법과 처벌 수위 강화
책임 원칙 훼손	- 예측 프로그램의 남용 및 오용 제지 - 책임 원칙 강화 - 피해자 구제 대책 마련
데이터 오용	- 알고리즘 접근권 제공 - 알고리즈미스트 전문가 양성 * 알고리즈미스트(Algorithmist) : 알고리즘 해석을 통해 피해자를 구제하고 돕는 인력
추천 알고리즘	- 데이터 리터러시, 비판적 사고 훈련 * 데이터 리터러시(Data Literacy) : 데이터를 제대로 이해하고 활용할 수 있는 능력

• 각 위기 요인과 통제 방안이 반드시 1:1로만 대응되는 것은 아니며, 기본적인 통제 방안을 준수하고 활용하여 발생할 수 있는 위기 요인을 예측하고 통제하는 노력이 필요하다.

4) 빅데이터 조직 및 인력

가. 빅데이터 도입

① 빅데이터 도입 3요소

조직 내 빅데이터를 잘 도입하여 활용하기 위해서는 자원, 기술, 인력의 3요소를 갖추어야 한다.

[빅데이터 활용 3요소]

요소	활용
자원(Resource)	- 빅데이터 분석을 위한 데이터 유무 - 조직 내 도메인 비즈니스의 진행 상태

기술(Technology)	– 빅데이터 수집, 저장, 처리, 분석의 플랫폼 구축 – 데이터 처리, 인공지능 기술 적용 가능성 등
인력(People)	– 데이터 엔지니어, 데이터 과학자, 알고리즘 분석가 등 필요 인력 확보 유무 – 전사적 데이터 기반 의사결정 문화 정착 유무

② 빅데이터 활용 단계

- 조직 내에서 빅데이터를 잘 활용하기 위해서는 조직의 현주소를 잘 파악하고 필요한 사항을 준비해야 한다.
- 조직 내 빅데이터 활용 단계는 도입→구축→운영으로 구분된다.

[빅데이터 활용 단계]

단계	활용
도입	– 빅데이터 시스템 구축을 위한 도입 기획 방안 수립 – 시스템 도입의 필요 기술 검토, 조직 구성 방안, 예산 확보 및 편성
구축	– 빅데이터 분석 요구사항 정의, 수집, 저장, 처리, 분석 단계 수행 및 확립 – 빅데이터 분석 플랫폼 구축
운영	– 빅데이터 분석 플랫폼 운영 – 빅데이터 운영 조직, 예산 고려, 유지보수

나. 빅데이터 분석 준비도

① 분석 준비도 평가 항목

- 조직 내 빅데이터 분석을 위한 준비도를 평가하기 위해서는 총 6가지 항목을 사용한다.
- 분석 업무, 인력 및 조직, 분석 기법, 분석 데이터, 분석 문화, IT 인프라 등이 있다.

① 분석 업무	② 인력 및 조직	③ 분석 기법
• 현상 분석 업무 • 예측, 시뮬레이션, 최적화 • 분석 업무 정기적 개선	• 분석 전문가 직무 존재 • 전문가 교육 훈련 프로그램 • 전사 총괄 조직 유무 • 관리자, 경영진 분석 업무 이해	• 업무별 적합한 분석기법 • 효과성 평가, 정기적 개선
④ 분석 데이터	**⑤ 분석 문화**	**⑥ IT 인프라**
• 충분성, 신뢰성, 적시성 • 외부 데이터 활용 체계	• 분석 기반 의사결정 문화 • 관리자의 데이터 중시 정도 • 데이터 공유 및 협업 문화	• 데이터 통합 • ETL/EAI 등 데이터 수집, 유통 • 분석 전용 서버 및 스토리지 • 통계, 빅데이터, 시각화 분석

② 분석 성숙도 평가 항목

비즈니스, 조직 역량, 정보기술 3가지 항목의 성숙도 평가에 따라 도입→활용→확산→최적화 단계로 구분할 수 있다.

도입	활용	확산	최적화
분석 시작 환경과 시스템 구축	분석 결과를 실제 업무에 적용	전사차원에서 분석 관리 및 공유	분석을 넘어 혁신 및 성과 향상 기여

[성숙도 평가 지표]

단계	설명	비즈니스	조직 역량	정보 기술
도입	– 분석 시작 – 환경 및 시스템 구축	– 실적 분석 – 통계 활용	– 일부 부서에서 수행 담당자 역량에 의존	– DW, DM, ETL, EAI, OLAP
활용	– 분석 결과를 실제 업무에 적용	– 미래 결과 예측 – 시뮬레이션	– 전문 담당 부서 – 분석 기법 도입 – 담당 관리자가 수행	– 실시간 대시보드 – 통제 분석 환경
확산	– 전사 차원에서 분석 관리 및 공유	– 전사적 관리 – 실시간 분석 – 프로세스 혁신 – 이벤트 관리	– 전사 모든 부서 수행 – 분석 조직 운영 – 데이터 전문가 배치	– 빅데이터 관리 환경 보유 – 비주얼 분석 – 분석 전용 서버
최적화	– 분석을 넘어 혁신 및 성과 향상 기여	– 외부 환경 분석 활용 – 최적화 업무 – 실시간 분석 – 비즈니스 혁신 – 신사업 발굴	– 데이터 사이언스 전문가 조직 존재 – 경영진 분석 활용 – 비즈니스 전략 연계	– 분석 협업 – 프로세스 내재화 – 인공지능 등 기술 적극 활용

③ 분석 수준 지표 측정★

분석 수준을 준비도와 성숙도의 지표에 따라 4분면으로 구분할 수 있다.

[분석 수준 지표 측정]

유형	성숙도/준비도	설명
준비	성숙도 낮음/준비도 낮음	– 데이터, 인력, 분석 업무, 기법 등이 적용되지 않아 사전 준비가 필요
정착	성숙도 낮음/준비도 높음	– 성숙도는 높으나 내부에서 각 항목들을 제한적으로 사용
도입	성숙도 높음/준비도 낮음	– 분석업무, 기법 등은 부족하지만 준비도가 높아 도입 가능
확산	성숙도 높음/준비도 높음	– 데이터, 인력, 분석 업무, 기법 등이 모두 높은 수준이며, 지속적 확산

다. 빅데이터 조직

① 빅데이터 조직 설계 절차 * 읽고 넘어가세요.

빅데이터 조직을 설계하기 위해 일반적으로 다음과 같은 절차를 따른다.

[빅데이터 조직 설계 절차]

<table>
<tr><th>순서</th><th>절차</th><th colspan="4">설명</th></tr>
<tr><td>1</td><td>비즈니스 전략 수립</td><td colspan="4">– 빅데이터 기반 비즈니스 전략 수립
– 신사업 발굴 기회 탐색 및 도출</td></tr>
<tr><td rowspan="6">2</td><td rowspan="6">전사적 조직 구조 설계</td><td colspan="4">– 전사적 관점의 조직 구조 설계
– 업무 범위, 조직 유형, 보고 체계 고려</td></tr>
<tr><td>요소</td><td colspan="3">설명</td></tr>
<tr><td rowspan="3">업무 범위</td><td colspan="3">– 성공적인 비즈니스 목표 달성을 위하여 수직적 업무와 수평적 업무의 범위 고려</td></tr>
<tr><td>수직 업무 범위</td><td colspan="2">경영, 예산, 리스크 관리, 비즈니스 우선순위 결정</td></tr>
<tr><td>수평 업무 범위</td><td colspan="2">각 직무 단위별 업무 프로세스</td></tr>
<tr><td>조직 유형</td><td colspan="3">– 조직 내 상황과 수준을 고려하여 조직 구조 설계
– 집중 구조, 기능 구조, 분산 구조로 분류</td></tr>
<tr><td></td><td></td><td>보고 체계</td><td colspan="3">– 부서 보고체계 수립</td></tr>
<tr><td>3</td><td>핵심 업무 프로세스 파악</td><td colspan="4">– 업무 효율화 및 최적화를 위한 업무 프로세스 수립
– 조직 내 협업을 위한 업무 공유 채널 수립</td></tr>
</table>

<table>
<tr><td>4</td><td>팀 조직
구조 설계</td><td>– 팀 조직 구조를 성공적으로 설계하기 위해 다음의 5가지 요소 고려
<table>
<tr><th>요소</th><th>설명</th></tr>
<tr><td>공식화</td><td>– 업무의 수행 절차, 수행 방법, 결과물 등의 기준을 사전에 정의하고 공유하여 공식화</td></tr>
<tr><td>분업화</td><td>– 업무 특성에 맞는 업무 분업
– 수평적 분업과 수직적 분업</td></tr>
<tr><td>직무
전문화</td><td>– 전체적인 과업을 효율적으로 수행하기 위해 직무를 나누고 관리</td></tr>
<tr><td>관리 범위</td><td>– 조직 관리를 위한 관리자 업무, 관리 체계, 조직의 수 등 고려</td></tr>
<tr><td>의사소통 및
조정</td><td>– 업무 수행 시 의사소통은 업무의 지시, 보고, 피드백 등 수직적인 활동과 문제 해결을 위한 협업 등 수평적 활동으로 구분</td></tr>
</table></td></tr>
<tr><td>5</td><td>핵심 인력
배치</td><td>– 각 직무의 핵심 인력 선발 및 배치</td></tr>
<tr><td>6</td><td>역할 및
책임 할당</td><td>– 업무에 대한 적절한 역할과 책임을 할당
– 향후 인력 선발에 참조</td></tr>
<tr><td>7</td><td>성과 측정
기준 수립</td><td>– 객관적이고 합리적인 목표 평가 기준 수립</td></tr>
<tr><td>8</td><td>역량 교육
및 훈련</td><td>– 지속적인 역량 강화를 위하여 교육 계획을 수립하고 훈련을 수행</td></tr>
</table>

② 빅데이터 조직 유형★

빅데이터 조직 구조의 유형은 집중형, 기능형, 분산형 구조가 있다.

[빅데이터 조직 유형]

유형	설명	구조
집중형	– 전사 분석 업무를 별도의 전담 조직에서 집중적으로 수행 – 전담 조직이 분석의 우선순위 및 기법을 결정해서 진행 – 현업 업무 부서의 분석 업무와 중복 및 이원화 가능성이 높다.	CxO 부서 1 / 부서 2 / DS CoE

기능형	– 가장 일반적인 형태로 별도의 분석 전담 조직이 없고, 현업 부서에서 분석 수행 – 비즈니스에 적용할 전사적 핵심 분석이 어렵다. – 현업 부서에서 일반적이고 국한된 분석을 수행	CxO 부서1 부서2 부서3
분산형	– 분석 전문 인력을 현업 부서에 배치하여 분석 업무 수행 – 분석 결과를 현업에 빠르게 적용 가능 – 비즈니스에 적용할 전사적 핵심 분석 가능 – 베스트 프랙티스(모범 사례) 공유 가능 – 중복 및 이원화 방지를 위해 부서 분석 업무와 역할 분담의 명확한 정의 필요 * DSCoE(Data Science Center of Excellence : 데이터 사이언스 전문가 조직)	CxO 부서1 부서2 부서3 DS CoE DS CoE DS CoE DS CoE

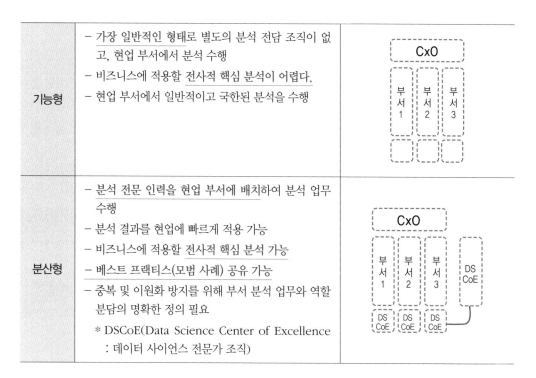

③ 데이터 과학자 역량

★★ 소프트 스킬과 하드 스킬을 구분하는 것과 데이터 과학자에게 더욱 강조 받는 역량은 소프트 스킬이라는 것을 기억하세요.

- 데이터 과학(데이터 사이언스)은 다양한 데이터로부터 지식과 가치를 도출하는데 과학적 방법론, 프로세스, 알고리즘, 시스템을 동원하는 융합 분야이다.
- 데이터 과학을 전문적으로 다루는 데이터 과학자(데이터 사이언티스트)는 성공적인 데이터 분석을 수행하기 위해서 하드 스킬과 소프트 스킬 역량을 갖추고 있어야 한다.
- 데이터 과학자에게는 소프트 스킬이 더욱 강조되고 데이터 엔지니어에게는 하드 스킬이 더욱 강조된다.

[데이터 과학자 역량]

구분	설명
소프트 스킬 (Soft Skill)	– 통찰력: 창의적 사고, 호기심, 논리적 비판 능력 – 의사소통능력: 다분야 간 협력 가능한 커뮤니케이션 능력 – 프레젠테이션 능력: 분석 결과를 설득할 수 있는 능력(스토리텔링, 시각화 등)
하드 스킬 (Hard Skill)	– 빅데이터 이론: 빅데이터 관련 이론(통계, 수학, 분석 기법 등) 및 기술의 숙련도 – IT 역량: IT 지식 및 프로그래밍 능력, 데이터 및 시스템 관리 능력

라. 데이터 거버넌스

*개념 위주로 알아두세요.

① 데이터 거버넌스(Data Governance)

- '거버넌스(Governance)' 용어는 다양한 학문 분야에서 서로 다른 맥락으로 쓰이고 있어 정의에 대한 명확한 합의는 이루어지지 않았다. 보통 '관리 체계'라고 해석한다.
- 데이터 거버넌스는 조직 내 성공적인 데이터 비즈니스를 위해 데이터 관리 체계를 수립하여 데이터 조직과 프로세스를 관리하는 것을 의미한다.
- 데이터 거버넌스 항목은 원칙, 조직, 프로세스이다.

① 원칙	② 조직	③ 프로세스
• 데이터를 유지, 관리하기 위한 지침과 가이드 • 품질 기준, 보안, 변경 관리	• 데이터를 관리할 조직의 역할과 책임 • 데이터 관리자, 데이터베이스 관리자, 데이터 아키텍트	• 데이터 관리를 위한 활동과 체계 • 작업 절차, 모니터링 활동 등

② 데이터 거버넌스 주요 기능

데이터 거버넌스의 주요 기능은 데이터 품질 관리, 메타데이터 관리, 데이터 주기 관리, 데이터 보안 및 프라이버시다.

[데이터 거버넌스 주요 기능]

기능	설명
데이터 품질 관리	– 데이터 프로파일링 및 데이터 정제와 같은 작업을 포함
메타데이터 관리	– 메타데이터를 관리하여 데이터를 정확하게 탐색하고 사용할 수 있도록 관리
데이터 주기 관리	– 데이터 생성, 수집, 저장, 처리, 분석, 폐기까지 데이터의 전체적 주기 관리
데이터 보안 및 프라이버시	– 사용자의 역할을 기반으로 필요한 데이터 보호 수준을 정의

③ 데이터 거버넌스 체계 항목 ★

데이터 거버넌스 체계 항목은 데이터 표준화, 데이터 관리 체계, 데이터 저장소 관리, 표준화 활동이다.

[데이터 거버넌스 체계 항목]

항목	설명
데이터 표준화	– 데이터 표준 용어 설명, 명명 규칙, 메타데이터 구축, 데이터 사전 구축 – 데이터 표준 준수 진단, 논리 및 물리 모델 표준에 맞는지 검증

데이터 관리 체계	– 메타데이터와 데이터 사전의 관리 – 데이터 생명주기 관리 – 조직별 역할과 책임 준비
데이터 저장소 관리	– 전사 차원의 저장소 구성 – 데이터 구조 변경에 따른 사전 영향 평가
표준화 활동	– 데이터 거버넌스 체계 구축 이후 표준 준수 여부를 주기적으로 점검 및 모니터링 실시

2 빅데이터 기술 및 제도

1) 빅데이터 플랫폼

가. 빅데이터 분석 과정

① 빅데이터 분석 과정 및 처리 기술★★★ 빅데이터 분석 과정의 순서를 꼭 알아두세요.

빅데이터 분석 과정은 일반적으로 데이터 수집→저장→처리→가공→분석의 절차를 따른다.

절차	설명
수집	– 데이터 유형(정형, 반정형, 비정형)에 맞는 수집 기술 선택 – ETL, 로그 수집기, 크롤링(Crawling), API 등 다양한 수집 방법 탐색
저장	– 물리적 저장 및 클라우드 저장 방식 선택 – RDBMS, NoSQL 등 다양한 저장 기술 탐색
처리	– 데이터를 효과적으로 처리할 수 있는 방법 선택 – 분산 병렬 처리 방식, 인 메모리(In– Memory) 방식 등
가공	– 분석 목적에 맞게 데이터 가공 – 전체 과정에서 일반적으로 가장 많은 시간이 소요되고 중요한 단계 – 데이터 전처리, 데이터 정제 및 변환 등
분석	– 분석 목적 및 데이터 특성에 맞는 분석 기법 선택 – 통계분석, 데이터 마이닝, 텍스트 마이닝, 인공지능 등 분석 방법 탐색 – 처리 및 분석 결과를 시각화하여 목적에 맞게 효율적으로 사용

나. 빅데이터 플랫폼

① 빅데이터 플랫폼(Bigdata Platform)

- 플랫폼(Platform)은 문맥에 따라 다양한 뜻으로 해석될 수 있지만, 여기서 사용되는 의미는 컴퓨팅 플랫폼(Computing Platform)으로 해석하는 것이 좋다.
- 컴퓨팅 플랫폼은 응용 소프트웨어를 실행하기 위해 쓰이는 하드웨어와 소프트웨어의 결합이다. 즉, 특정 목적을 가지고 있는 소프트웨어를 구동할 수 있는 기반이다.
- 빅데이터 플랫폼은 빅데이터 수집, 저장, 처리, 가공, 분석 처리 기술을 구동할 수 있는 기반 환경이다.
- 방대한 양의 데이터와 다양한 유형의 데이터는 처리 복잡도와 컴퓨팅 부하를 증가시킨다. 또한 비즈니스 환경이 빠르게 변화하면서 신속성과 유연성을 확보하기 위해 빅데이터 플랫폼이 등장하게 되었다.

쏙쏙 예제

서울시가 주관하는 S-Data(Smart Seoul Data)는 과학 행정 및 도시 문제 해결을 위해 구축된 대규모 빅데이터 플랫폼이다. 서울 전역 1만 개의 IoT 센서와 518종의 시스템 행정 데이터를 수집하여 빅데이터 플랫폼을 통해 대규모의 데이터 거버넌스와 빅데이터 인프라를 구축하는 것이 목표이다.

② 하둡 에코시스템(Hadoop Ecosystem)

★★★ 하둡 에코시스템은 중요한 개념입니다. 세부적인 내용까지 모두 암기하기보단 용어와 정의를 매칭할 수 있을 정도로 암기하세요.

- 하둡 에코시스템은 기존 데이터들을 비용 대비 효율적으로 처리할 수 있는 기술의 집합체이며 대표적인 빅데이터 플랫폼이다.
- 야후에서 최초로 개발했으며, 지금은 아파치 소프트웨어 재단에서 관리한다.

  * 아파치(Apache): 오픈소스 소프트웨어 그룹
- Hadoop은 High-Availability Distributed Object-Oriented Platform의 줄임말이며, 이미지는 노란 코끼리를 의미하는데 개발자 자녀의 장난감에서 이름을 차용했다고 전해진다.
- 하둡 에코시스템은 하둡 분산 파일 시스템과 맵리듀스로 시작되었다.

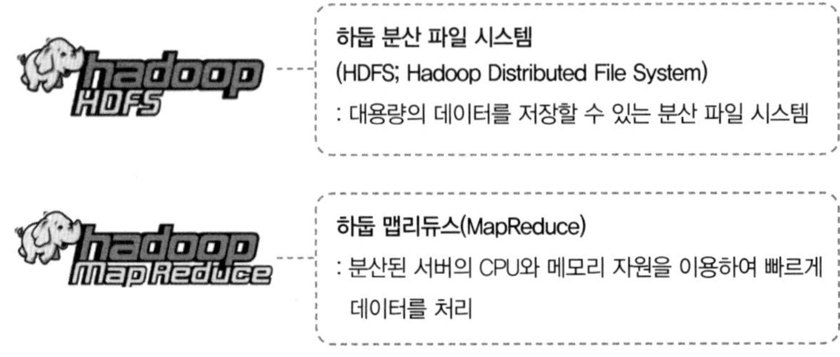

hadoop HDFS
하둡 분산 파일 시스템
(HDFS; Hadoop Distributed File System)
: 대용량의 데이터를 저장할 수 있는 분산 파일 시스템
hadoop MapReduce
하둡 맵리듀스(MapReduce)
: 분산된 서버의 CPU와 메모리 자원을 이용하여 빠르게 데이터를 처리

• 그 후 수집, 저장, 처리, 분석, 관리 등 여러 솔루션이 개발되어 하둡 에코 시스템이 형성되었다.

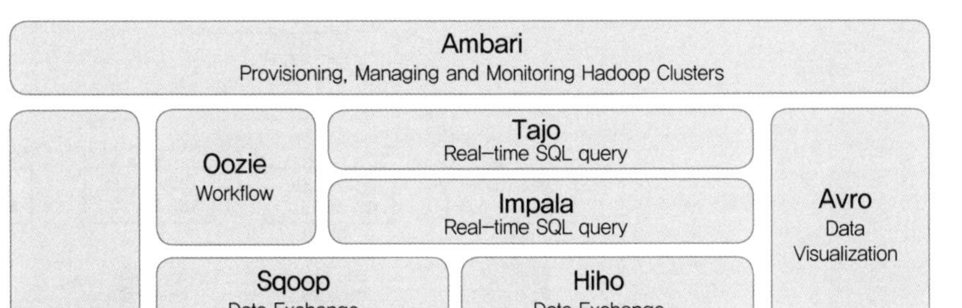

[하둡 에코시스템 프로그램]

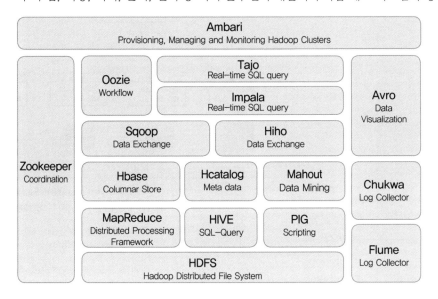

구분	기술	설명
정형 데이터 수집	스쿱 (Sqoop)	- 대용량 데이터 전송 솔루션 - HDFS, RDBMS, DW, NoSQL 등 다양한 저장소에 데이터 전송 - 상용 RDBMS(Oracle, MS-SQL, DB2), 오픈 소스 RDBMS (MySQL) 지원
	히호 (Hiho)	- 대용량 데이터 전송 솔루션 - Oracle, MySQL의 데이터 전송만 지원
비정형 데이터 수집	척와(Chukwa)	- 분산 환경에서 생성되는 데이터를 HDFS에 안정적으로 저장
	플럼(Flume)	- 척와와 유사하지만 전체 데이터의 흐름을 관리하는 마스터 서버가 있어 데이터 관리가 편리
	스크리브 (Scribe)	- 페이스북에서 개발한 데이터 수집 플랫폼 - HDFS 외 다양한 저장소 활용 가능
데이터 저장	하둡 분산 파일 시스템 (Hadoop Distributed File System; HDFS)	- 하둡 네트워크에 연결된 기기에 데이터를 저장하는 분산형 파일 시스템 - 데이터들을 여러 서버에 중복해서 저장함으로써 데이터 안정성 보장

<table>
<tr><td rowspan="3">데이터 저장</td><td>하둡 분산 파일 시스템(Hadoop Distributed File System; HDFS)</td><td><table>
<tr><td>네임 노드(Name Node)</td><td>- 마스터 서버(Master Server)이며 HDFS의 메타데이터를 포함하고 있다.
- 클라이언트가 네임 노드를 이용하여 파일에 접근할 수 있다.
- 데이터 노드가 정상적으로 작동하는지 확인한다.</td></tr>
<tr><td>데이터 노드(Data Node)</td><td>- 슬레이브 서버(Slave Server)이며 주기적으로 네임 노드에 블록 정보를 전송한다.</td></tr>
</table>
<table>
<tr><td>특징</td><td>- HDFS는 데이터를 저장하면, 다수의 노드에 복제 데이터도 함께 저장되어 데이터 유실 방지
- 저장 및 저장된 파일을 조회하려면 스트리밍 방식으로 데이터 접근
- 데이터는 수정할 수 없고 읽기만 가능하여 데이터 무결성 유지
- 데이터 수정은 불가능하지만 파일 이동, 삭제, 복사할 수 있는 인터페이스 제공</td></tr>
</table></td></tr>
<tr><td>HBase</td><td>- HDFS의 칼럼 기반 데이터베이스
- 실시간 랜덤 조회 및 업데이트 가능
- HBase는 비동기적으로 업데이트 가능</td></tr>
<tr><td>Tajo</td><td>- 고려대학교에서 개발한 하둡 기반의 DW 시스템
- HDFS를 사용하되, SQL을 통해 실시간 데이터 조회 가능</td></tr>
</table>

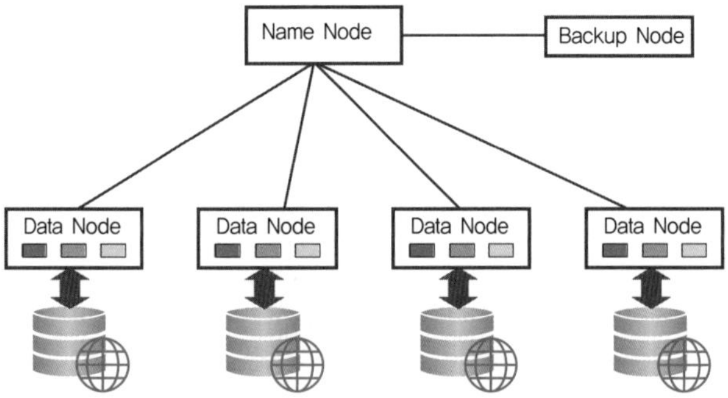

<table>
<tr><td rowspan="2">데이터
처리</td><td>맵리듀스
(MapReduce)</td><td>- 대용량의 데이터 처리를 위한 분산 프로그래밍 모델
- 맵리듀스 프레임워크를 이용하면 대규모 분산 컴퓨팅 환경에서 대용량의 데이터를 병렬로 분석 가능 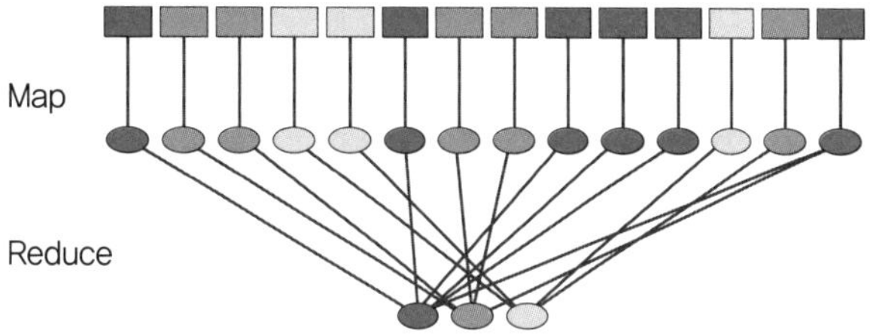
Map
Reduce
- 맵(Map)→셔플(Shuffle)→리듀스(Reduce) 순서대로 데이터 처리
<table>
<tr><td>맵(Map)</td><td>흩어져 있는 대용량의 데이터를 연관성 있는 데이터로 분류, Key- Value의 형태로 저장</td></tr>
<tr><td>셔플(Shuffle)</td><td>데이터를 통합하여 처리</td></tr>
<tr><td>리듀스
(Reduce)</td><td>맵에서 출력된 데이터에서 중복 데이터를 제거하고 원하는 데이터를 추출</td></tr>
</table></td></tr>
<tr><td>아파치 스파크
(Apach Spark)</td><td>- 실시간 분산형 컴퓨팅 플랫폼으로 인메모리(In-Memory) 방식으로 처리하여 속도가 빠르다.</td></tr>
<tr><td rowspan="2">데이터
가공</td><td>피그
(Pig)</td><td>- 아파치 하둡(Apache Hadoop)을 이용하여 맵리듀스 사용
- 맵리듀스 API를 단순화시키고 SQL과 유사한 형태로 설계
- 자체 스크립트 언어인 피그 라틴(Pig Latin)언어 제공</td></tr>
<tr><td>아파치 하이브
(Apache Hive)</td><td>- 데이터 요약, 질의 및 분석 기능 제공
- 페이스북에서 개발
- Hive QL언어 제공, 쿼리를 빠르게 하기 위해 인덱스 기능 제공</td></tr>
<tr><td rowspan="3">데이터
분석</td><td>머하웃
(Mahout)</td><td>- 데이터 마이닝 알고리즘을 사용할 수 있는 오픈 소스
- 기계학습용 라이브러리
- 회귀, 분류, 군집, 추천 알고리즘, 차원 축소 등 주요 알고리즘 제공</td></tr>
<tr><td>임팔라
(Impala)</td><td>- 아파치 하둡 위에 실행되는 쿼리 엔진
- 맵리듀스를 사용하지 않고 자체 개발 엔진 사용</td></tr>
<tr><td>아파치 하둡
(Apache Hadoop)</td><td>- 클라우드 플랫폼 위에서 클러스터를 구성해 데이터 분석</td></tr>
</table>

데이터 관리	우지(Oozie)	– 하둡의 잡(Job)을 관리하기 위한 스케줄링 시스템
	주키퍼 (Zookeeper)	– 분산 환경에서 서버 간 서비스를 분산하여 한 곳에 부하가 집중되지 않도록 관리 – 하나의 서버에서 처리한 결과를 다른 서버들과 동기화(데이터 안정성 보장)
	얀(Yarn)	– 자원관리와 작업 스케쥴링 담당

2) 빅데이터와 인공지능

가. 인공지능

① 인공지능(Artificial Intelligence)

- 인공지능은 인간의 학습능력, 추론능력, 지각능력을 인공적으로 구현하려는 컴퓨터 과학의 세부 분야 중 하나이다.
- 1956년 미국 컴퓨터 연구자 John Maccarthy가 처음으로 AI 용어를 정의하였다.
- 인공지능은 활용 영역에 따라 General AI와 Narrow AI로 분류할 수 있다.

[인공지능 유형]

General AI	– 인간이 하는 행동을 할 수 있고, 인간보다 뛰어난 능력을 가지고 있다. – 대화, 판단, 게임 모두 할 수 있다.
Narrow AI	– 한 가지의 특정 기능을 처리할 수 있다. 예 영상 인식 처리, 얼굴 인식 기능, 추천 알고리즘 등

② 인공지능과 빅데이터 관계

- 인공지능과 빅데이터는 상호보완의 관계로, 인공지능의 구현 완성도는 양질의 빅데이터와 직결되며, 빅데이터는 인공지능을 통해 문제 해결 완성도를 높인다.
- 1950년도에 등장한 인공지능은 몇 번의 암흑기를 거쳤지만, 최근 빅데이터 처리 기술이 발달하고 기존의 기계가 인지하지 못했던 많은 정보들을 분석할 수 있게 되어 폭발적인 성장을 하고 있다.

나. 머신러닝 및 딥러닝

① 머신러닝(Machine Learning)

★★★ 지도학습, 비지도학습 개념을 잘 알아두세요.

- 인공지능이 특정 기능을 구현하기 위해서는 인공지능을 학습 시키는 기술이 필요하다.

- 인공지능을 학습 시키는 기술을 기계학습, 즉 머신러닝으로 총칭한다. 전통적인 프로그래밍의 목적은 규칙과 데이터를 가지고 해답을 찾는 것이 주 목적이었다면, 머신러닝은 데이터와 해답을 가지고 규칙(패턴)을 찾는 것이 주 목적이다.

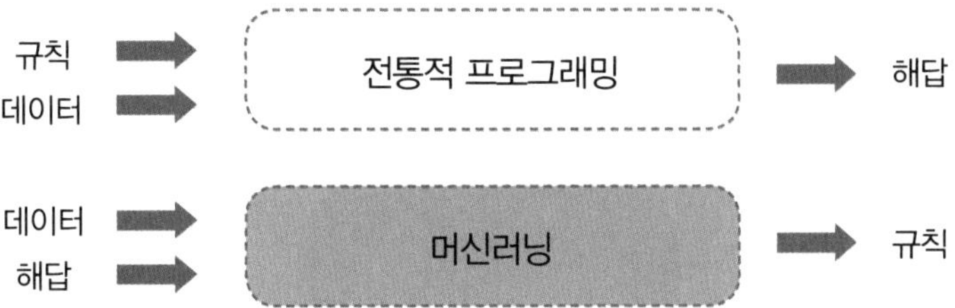

- 머신러닝 기법은 학습 방법론에 따라 구분된다.

[머신러닝 기법]

구분	설명
지도학습 (Supervised Learning)	– 입력 값에 대한 라벨(Label)이 정해져 있는 상태로 학습 – 기계가 자율적으로 판단하는 것이 아닌 확률 및 통계 기반 학습 – 분류(Classification), 회귀(Regression) 등 예 이미지 인식, 음성 인식, 불량 예측, 가격 예측 등
비지도학습 (Unsupervised Learning)	– 입력 값에 대한 라벨(Label)이 정해여 있지 않는 상태로 학습 – 데이터로부터 패턴이나 형태를 발견 – 데이터 마이닝 성격이 강하다. – 군집(Clustering), GAN(Generative Adversarial Network) 등 예 고객 세분화, 이상징후 탐지, 시뮬레이션 데이터 생성 등
준지도학습 (Semi-supervised Learning)	– 라벨이 표시되어 있는 데이터와 표시되어 있지 않은 데이터를 모두 사용하여 학습 – 라벨이 없는 데이터에 적은 양의 라벨이 있는 데이터를 사용할 경우 정확도가 향상되는 경향이 있다.
강화학습 (Reinforcement Learning)	– 행동 심리학의 영향으로, 현재의 상태를 인식하여 선택 가능한 행동들 중 보상을 최대화하는 행동 혹은 순서를 선택 Agent / Environment / state s_t / reward r_t / r_{t+2} / s_{t+2} / action a_t AlphaGo 예 알파고, 게임, 공급망 최적화 등

② 딥러닝(Deep Learning)

- 딥러닝은 머신러닝의 일종으로 컴퓨터가 대용량의 데이터 속에서 스스로 학습할 수 있다.
- 딥러닝은 기존 통계 기법 및 머신러닝 방법으로 해결하지 못했던 문제들을 깊은 은닉층을 기반으로 하는 구조를 병행하여 스스로 데이터를 학습하고 문제를 해결한다.

★★★ 개인정보보호 파트는 중요한 부분입니다. 잘 알아두세요.

3) 개인정보보호법 및 제도

가. 개인정보보호

① 개인정보

- 개인정보는 살아 있는 개인에 관한 정보로서 개인을 식별할 수 있는 정보이다.
- 해당 단일 정보만으로는 특정 개인을 알아볼 수 없더라도 다른 정보와 쉽게 결합하여 알아볼 수 있는 정보를 포함한다.
- 성명, 전화번호, 주민등록번호, 주소, 운전면허번호, 학번, 사번, 질병 등

② 개인정보 vs 가명정보 vs 익명정보

개인정보, 가명정보, 익명정보의 구분을 명확히 하여 활용 가능 범위를 규정해야 한다.

[개인정보, 가명정보, 익명정보 용어 구분]

정보	설명	활용 가능 범위
개인정보	– 특정 개인에 관한 정보 – 개인 식별 가능	– 사전적이고 구체적인 동의를 받은 범위 내에서 활용 가능
가명정보	– 추가 정보의 사용 없이는 특정 개인을 알아볼 수 없게 조치한 정보	– 다음 목적에 동의 없이 활용 가능 1. 통계작성(상업적 목적 포함) 2. 연구(산업적 연구 포함) 3. 공익적 기록 보전 목적
익명정보	– 더 이상 개인을 알아볼 수 없게 조치 – 복원 불가능	– 제한 없이 자유롭게 활용

③ 개인정보보호

- 개인정보보호는 정보 주체(개인)의 개인정보 자기 결정권을 철저히 보장하는 활동을 의미한다.
- 개인정보 자기 결정권은 자신에 관한 정보가 언제, 어떻게, 그리고 어느 범위까지 타인에게 전달되고 이용될 수 있는지를 그 정보의 주체가 스스로 결정할 수 있는 권리이다.
- 개인정보는 빅데이터 시대 핵심 인프라로, 유출 시 피해가 심각하여 개인정보보호의 필요성이 더욱 증가하고 있다.

④ 개인정보보호 관련 용어

개인정보보호 관련 제도 및 법령을 이해하기 위해 용어를 명확히 정의하는 것은 중요하다.

[개인정보보호 관련 용어]

용어	설명
개인정보	– 살아 있는 개인에 관한 정보로 개인을 식별할 수 있는 정보 – 해당 정보만으로는 특정 개인을 알아볼 수 없더라도 다른 정보와 쉽게 결합하여 알아볼 수 있는 정보
가명처리	– 개인정보의 일부를 삭제하거나 일부 또는 전부를 대체하는 것 – 추가 정보 없이는 특정 개인을 알아볼 수 없도록 처리하는 것
개인정보의 처리	– 개인정보의 수집, 생성, 연계, 연동, 기록, 저장, 보유, 가공, 편집, 검색, 출력, 정정, 복구, 이용, 제공, 공개, 파기, 그 밖에 이와 유사한 행위
정보 주체	– 정보의 주체
개인정보 파일	– 개인정보를 쉽게 검색할 수 있도록 일정한 규칙에 따라 체계적으로 배열하거나 구성한 개인정보의 집합물
개인정보 처리자(사용자)	– 업무를 목적으로 개인정보 파일을 운용하는 공공기관, 법인, 단체 및 개인

⑤ 마이 데이터(My Data)

- 마이 데이터는 개인이 자신의 정보를 관리, 통제할 뿐만 아니라 개인정보를 신용이나 자산관리 등에 능동적으로 활용하는 것을 의미한다.
- 개인이 지정하는 제3자에게 데이터 전송이 가능하다.

[마이 데이터 구성요소]

구분	원칙
데이터 권한	– 개인이 개인 데이터의 접근, 이동, 활용 등에 대한 통제권 및 자기 결정권을 가져야 한다.

PART 01 PART 02 PART 03 PART 04 PART 05 PART 06

데이터 제공	– 개인 데이터를 보유한 기관은 개인이 요구할 때, 개인 데이터를 안전한 환경에서 쉽게 접근하여 이용할 수 있는 형식으로 제공해야 한다.
데이터 활용	– 개인의 요청 및 승인(동의)에 의한 데이터의 자유로운 이동과 제3자 접근이 가능하여야 하며, 그 활용 결과를 개인이 투명하게 알 수 있어야 한다.

• 금융 기관 등은 개인의 동의 하에 데이터를 제공받아 맞춤형 자산 관리 등의 서비스를 제공 가능하다.

*** 모든 법 및 가이드라인은 상세하게 외우지 말고, 핵심적인 개념을 파악한 후 여러 번 읽어보세요.**

나. 개인정보보호 가이드라인

① 개인정보보호 가이드라인

• 한국 방송통신위원회, 한국 인터넷진흥원에서 개인정보보호 가이드라인을 제정하고 발표했다.

• 조직 내부의 정보보안 방침과 개인정보보호법에 위배되지 않도록 개인정보보호 가이드라인을 점검한다.

• 데이터 외부 반출 시, 가이드라인의 규칙을 준수한다.

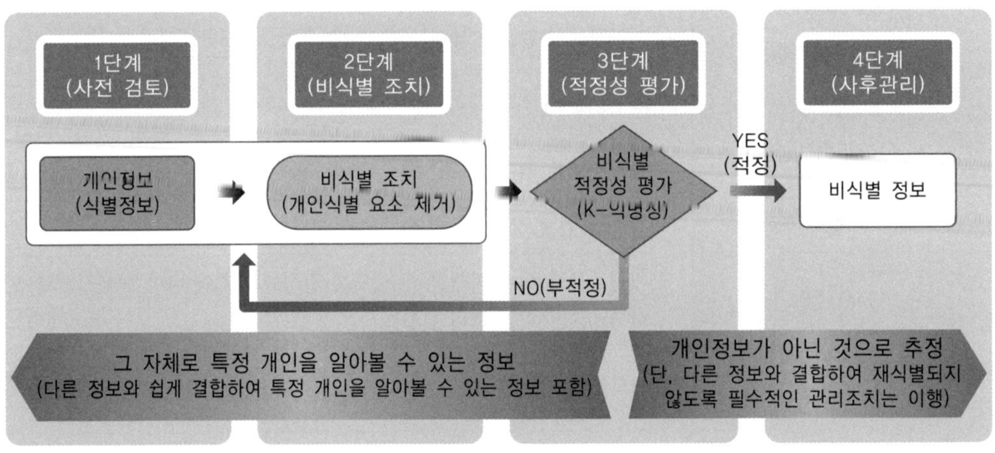

[개인정보보호 가이드라인]

구분	주요 내용
비식별화	– 개인정보가 포함된 공개 정보 및 이용 내역 정보는 비식별화 조치를 취한 후 수집, 저장, 조합, 분석 및 제3자 제공 등이 가능하다.
재식별 시 조치 사항	– 빅데이터 처리 과정 및 생성정보에 개인정보가 재식별될 경우, 즉시 파기하거나 추가적인 비식별화 조치를 하도록 한다.
민감정보 및 비밀정보 처리	– 특정 개인의 사상, 신념, 정치적 견해 등 민감정보의 생성을 목적으로 정보의 수집, 이용, 저장, 조합, 분석 등의 처리를 금지한다.

<table>
<tr><td rowspan="3">투명성 확보</td><td colspan="2">– 비식별화 조치 후 빅데이터 처리 사실, 목적, 수집 출처 및 정보 활용 거부권 행사 방법 등을 이용자에게 투명하게 공개한다.</td></tr>
<tr><td>개인정보 취급방침</td><td>– 비식별화 조치 후 빅데이터의 처리 사실, 목적 등을 이용자에게 공개하고 '정보활용 거부 페이지 링크'를 제공하여 이용자가 거부권을 행사할 수 있도록 조치한다.</td></tr>
<tr><td>수집 출처 고지</td><td>– 이용자 이외의 자로부터 수집한 개인정보 처리 시 '수집 출처, 목적, 개인정보 처리 정지 요구권'을 이용자에게 고지한다.</td></tr>
<tr><td>기술적, 관리적 보호조치</td><td colspan="2">– 비식별화 조치가 취해진 정보를 저장 관리하고 있는 정보 시스템에 대한 기술적, 관리적 보호조치를 적용한다.</td></tr>
</table>

다. 개인정보보호 관련 법령

① 개인정보보호 관련 법령

- 개인정보보호 관련 법령으로는 개인정보보호법, 정보통신망법, 신용정보법 등이 있다.
- 데이터 3법에 해당한다.

[개인정보보호 관련 법령]

법령	설명
개인정보보호법	– 개인정보 처리 과정상의 정보 주체와 개인정보 처리자의 권리, 의무 등을 규정한다.
정보통신망법	– '정보통신망 이용촉진 및 정보보호 등에 관한 법률'의 약칭 – 정보통신망을 통하여 수집, 처리, 보관, 이용되는 개인정보의 보호 등을 규정한다.
신용정보법	– '신용정보의 이용 및 보호에 관한 법률'의 약칭 – 개인 신용정보의 취급 단계별 보호조치 및 의무사항에 관해 규정한다.

② 데이터 3법

- 데이터 3법은 데이터 이용을 활성화하는 '개인정보보호법', '정보통신망법', '신용정보법' 등 3가지 법률을 통칭한다.
- 가명정보 개념을 도입하고, 데이터 활용에 따른 개인정보 처리자의 책임 강화, 모호한 '개인정보' 판단 기준의 명확화, 관련 법률의 유사·중복 규정을 정비하고 추진체계를 일원화하는 등 개인정보 보호 체계 등을 효율화 시켰다.

개정 전	
개인정보 이용 시 사전에 동의 받아야 함	
개정 후	
개인정보보호법	[모든 사항에서의 개인정보] – 개인정보 관련 개념을 개인정보, 가명정보, 익명정보로 구분 – 가명정보를 통계 작성, 연구, 공익적 기록보존 목적을 처리할 수 있도록 허용 – 가명정보 이용 시 안전장치 및 통제 수단 마련 – 분산된 개인정보보호 감독기관을 개인정보보호위원회로 일원화 – 개인정보보호위원회는 국무총리 소속 중앙행정기관으로 격상
정보통신망법	[온라인 상의 개인정보] – 융합산업 활성화를 위해 개인정보 수집 이용 – 개인정보보호 관련 사항을 개인정보보호법으로 이관 – 온라인상 개인정보보호 관련 규제 및 감독 주체를 개인정보보호위원회로 변경
신용정보법	[신용거래에서의 개인정보] – 가명정보 개념을 도입해 빅데이터 분석 및 이용의 법적 근거 마련 – 가명정보는 통계 작성, 연구, 공익적 기록보존 목적을 처리할 수 있도록 신용정보 주체의 동의 없이 이용, 제공 가능

③ 개인정보보호법 주요사항

주요사항	설명
개요	– 당사자의 동의 없는 개인정보 수집 및 활용 및 제3자 제공 등을 금지하는 등 개인정보 보호를 강화한 내용을 담아 제정한 법률
개인정보의 범위	– 어떤 정보가 개인정보에 해당하는지는 그 정보가 특정 개인을 알아볼 수 있게 하는 다른 정보와 쉽게 결합할 수 있는가에 따라 결정
개인정보의 수집	– 개인정보처리자는 다음 어느 하나에 해당하는 경우에는 개인정보를 수집할 수 있으며, 수집 목적의 범위에서 이용 가능 1. 정보 주체의 동의를 받은 경우 2. 법률에 특별한 규정이 있거나 법령상 의무를 준수하기 위하여 불가피한 경우 3. 공공기관이 법령 등에서 정하는 소관 업무의 수행을 위하여 불가피한 경우 4. 정보주체와의 계약 체결 및 이행을 위하여 불가피하게 필요한 경우 5. 정보 주체 또는 그 법정 대리인이 의사표시를 할 수 없는 상태에 있거나 주소불명 등으로 사전 동의를 받을 수 없는 경우로서 명백히 정보 주체 또는 제3자의 급박한 생명, 신체, 재산의 이익을 위하여 필요하다고 인정되는 경우 6. 개인정보처리자의 정당한 이익을 달성하기 위하여 필요한 경우로서 명백하게 정보 주체의 권리보다 우선하는 경우, 이 경우 개인정보처리자의 정당한 이익과 상당한 관련이 있고 합리적인 범위를 초과하지 아니하는 경우에 한함

수집 및 이용 시 고지사항	– 개인정보의 수집, 이용을 위해 정보 주체의 동의를 받을 때 고지사항 1. 개인정보의 수집, 이용 목적 2. 수집하려는 개인정보의 항목 3. 개인정보의 보유 및 이용 기간 4. 동의를 거부할 권리가 있다는 사실 및 동의 거부에 따른 불이익이 있는 경우에는 그 불이익의 내용
수집 제한	– 개인정보처리자는 개인정보를 수집하는 경우에는 그 목적에 필요한 최소한의 개인정보를 수집하여야 한다. 이 경우 최소한의 개인정보 수집이라는 입증 책임은 개인정보처리자가 부담한다. – 개인정보처리자는 정보 주체의 동의를 받아 개인정보를 수집하는 경우 필요한 최소한의 정보 외의 개인정보 수집에는 동의하지 아니할 수 있다는 사실을 구체적으로 알리고 개인정보를 수집하여야 한다. – 개인정보처리자는 정보 주체가 필요한 최소한의 정보 외의 개인정보 수집에 동의하지 아니한다는 이유로 정보 주체에게 재화 또는 서비스의 제공을 거부하여서는 아니 된다.
개인정보의 제3자 제공	– 개인정보처리자는 다음과 같은 경우에 정보 주체의 개인정보를 제3자에게 제공할 수 있다. 1. 정보 주체의 동의를 받은 경우 2. 개인정보를 수집한 목적 범위에서 개인정보를 제공하는 경우
개인정보의 처리 위탁	– 일정한 내용을 기재한 문서에 의하여 업무 위탁이 이루어져야 한다. – 위탁하는 업무의 내용과 수탁자를 정보 주체에게 알려야 하는 바, 개인정보 처리 방침에 해당 내용을 추가하여 공개하거나, 사업장 등의 보기 쉬운 장소에 게시하는 방법 등을 시행해야 한다. – 수탁자에 대한 교육 및 감독 의무를 부담하게 된다. – 수탁자가 위탁 받은 업무와 관련하여 개인정보를 처리하는 과정에서 개인정보보호법을 위반하여 발생한 손해배상책임에 대하여는 수탁자를 개인정보처리자의 소속직원으로 본다. – 손해가 발생한 경우 정보 주체의 손해배상 청구에 대해 위탁자가 책임을 질 수 있다.
개인정보의 파기	– 개인정보처리자는 보유 기간의 경과, 개인정보의 처리 목적 달성 등 그 개인정보가 불필요하게 되었을 때는 지체 없이 그 개인정보를 파기해야 한다. 다만, 다른 법령에 따라 보존하여야 하는 경우에는 그러하지 아니하다. – 개인정보처리자가 개인정보를 파기할 때에는 복구 또는 재생되지 아니하도록 조치하여야 한다. – 개인정보처리자가 개인정보를 파기하지 아니하고 보존하여야 하는 경우에는 해당 개인정보 또는 개인정보 파일을 다른 개인정보와 분리하여 저장, 관리하여야 한다. – 개인정보의 파기방법 및 절차 등에 필요한 사항은 대통령령으로 정한다.

개인정보 유출 통지	- 개인정보처리자는 개인정보가 유출되었음을 알게 되었을 때에는 지체없이 해당 정보 주체에게 다음의 사실을 알려야 한다. 1. 유출된 개인정보의 항목 2. 유출된 시점과 그 경위 3. 유출로 인하여 발생할 수 있는 피해를 최소화하기 위하여 정보 주체가 할 수 있는 방법 등에 관한 정보 4. 개인정보처리자의 대응조치 및 피해 구제절차 5. 정보 주체에게 피해가 발생한 경우 신고 등을 접수할 수 있는 담당부서 및 연락처

④ 정보통신망법 주요사항

* 정보통신망법과 신용정보법은 읽고 넘어가세요.

주요사항	설명
개요	- 정보통신망의 개발과 보급 등 이용 촉진과 함께 통신망을 통해 활용되고 있는 정보보호에 관해 규정한 법률
개인정보 처리위탁	- 원칙적으로는 개인정보 처리 위탁을 받는 자, 개인정보 처리 위탁을 하는 업무의 내용을 이용자에게 알리고 동의를 받아야 한다. - 단, 정보통신서비스 제공자 등은 정보통신서비스의 제공에 관한 계약을 이행하고 이용자의 편의 증진 등을 위하여 필요한 경우에는 고지절차와 동의절차를 거치지 않고, 이용자에게 이에 관해 알리거나 개인정보 처리방침 등에 이를 공개할 수 있다. - 만일 제3자에게 네이버 분석을 위탁한 경우, 해당 서비스가 정보통신서비스 제공에 관한 계약을 이행하고 이용자의 편의 증진을 위한 것인지 검토해야 한다.

⑤ 신용정보법 주요사항

주요사항	설명
개요	- 개인신용정보를 신용정보회사 등에게 제공하고자 하는 경우에 해당 개인으로부터 서면 또는 공인전자서명이 있는 전자문서에 의한 동의 등을 얻어야 한다. - 신용정보주체는 신용정보회사 등이 본인에 관한 신용정보를 제공하는 때에는 제공받은 자, 그 이용 목적, 제공한 본인정보의 주요 내용 등을 통보하도록 요구하거나 인터넷을 통하여 조회할 수 있도록 요구할 수 있다. - 신용정보회사 등이 보유하고 있는 본인정보의 제공 또는 열람을 청구할 수 있고, 사실과 다른 경우에는 정정을 청구할 수 있다.
개인정보의 범위	- 신용정보는 금융거래 등 상거래에 있어서 거래 상대방의 신용을 판단할 때 필요한 정보로서 다음 각 목의 정보를 말한다. 1. 특정 신용정보주체를 식별할 수 있는 정보 2. 신용정보주체의 거래내용을 판단할 수 있는 정보 3. 신용정보주체의 신용도를 판단할 수 있는 정보

개인정보의 범위	4. 신용정보주체의 신용거래능력을 판단할 수 있는 정보 5. 그 밖의 유사한 정보 예 성명, 연락처 제공→개인정보 성명, 연락처, 거래 금액 제공→개인신용정보
개인신용 정보의 처리 위탁	– 신용정보회사 등은 그 업무 범위에서 의뢰인의 동의를 받아 다른 신용정보회사에 신용정보의 수집, 조사를 위탁할 수 있다. – 신용정보회사, 신용정보집중기관, 은행, 금융지주회사, 금융투자업자, 보험회사 등은 신용 정보 처리 위탁 시 금융위원회에 보고해야 하며, 이에 관한 구체적 사항은 '금융회사의 정보처리 업무 위탁에 관한 규정'에 따른다. – 특정 신용정보주체를 식별할 수 있는 정보는 암호화하거나 봉함 등의 보호조치를 하여야 하며, 신용정보가 분실, 도난, 유출, 변조 또는 훼손당하지 않도록 수탁자를 연 1회 이상 교육하여야 한다. – 위탁계약의 이행에 필요한 경우로서 수집된 신용정보의 처리를 위탁하기 위하여 제공하는 경우 정보주체의 동의를 받지 않아도 된다.
개인신용 정보의 제3자 제공	– 개인신용정보를 타인에게 제공하려는 경우 정보주체에 서비스 제공을 위하여 필수적 동의 사항과 그 밖의 선택적 동의 사항을 구분하여 설명한 후 각각 동의를 받도록 하고 있다. – 기타 개인정보 제공 시 개인정보보호법이 적용된다.

* 중요한 법령입니다. 개념에 대해 잘 알아두세요.

⑥ GDPR(General Data Protection Regulation)

- GDPR은 2018년 5월 25일부터 시행되는 유럽연합(EU)의 개인정보보호 법령으로, 유럽연합에 속해 있거나 유럽경제지역(EEA)에 속해 있는 모든 인구들의 사생활 보호와 개인정보들을 보호해 주는 규제이다.
- GDPR의 목표는 개인정보를 자유롭게 쓸 수 있게 하며, 유럽 내 보안 관련 제도를 통합하고 정보 주체의 권리와 기업의 책임성 강화, 개인정보의 EU 역외이전 요건 명확화 등이 있다.
- 유럽연합 내 사업장을 두고 있는 기업뿐만 아니라 해외에서 유럽연합 시민의 개인정보를 처리하는 기업에도 적용될 수 있고, 위반 시 높은 과징금 부과를 하고 있다.

★★★ 자주 출제되는 문제입니다. 잘 알아두세요.

4) 개인정보 비식별화

가. 개인정보 비식별화

① 개인정보 비식별화

- 개인정보 비식별화는 개인정보의 일부 또는 전부를 삭제하거나 대체함으로써 다른 정보와 쉽게 결합하여도 특정 개인을 식별할 수 없도록 하는 것이다.
- 개인정보 비식별화 기본 원칙에는 식별방지(식별자 제거), 추론방지(프라이버시 모델) 두 가지가 존재한다.

쏙쏙 예제

〈표1〉 원본 테이블

주민등록번호	성별	입원날짜	연령	질병
940914-1234567	남	2015/01/02	29	고혈압
890925-1234567	남	2015/06/08	34	전립선염
942586-1234567	여	2016/01/04	29	자궁암
913698-1234567	여	2016/11/14	32	위암
902745-1234567	남	2016/05/08	33	위암

〈표2〉 식별자 제거 테이블

성별	입원날짜	연령	질병
남	2015/01/02	29	고혈압
남	2015/06/08	34	전립선염
여	2016/01/04	29	자궁암
여	2016/11/14	32	위암
남	2016/05/08	33	위암

〈표3〉 프라이버시 모델 테이블

성별	입원날짜	연령	질병
남	2015	[20, 30]	고혈압
남	2015	[30, 40]	전립선염
여	2016	[20, 30]	자궁암
여	2016	[30, 40]	위암
남	2016	[30, 40]	위암

〈표1〉은 비식별화 조치를 하지 않은 원본 테이블이다. 주민등록번호(식별자)를 통해 개인이 식별되어 개인의 민감정보가 노출될 가능성이 크다.

〈표2〉는 이러한 식별자인 주민등록번호를 제거한 테이블이다. 하지만 다른 정보와 결합했을 때 29살 여자의 병명은 추론할 가능성이 높아진다.

〈표3〉은 추론방지를 위해 연령을 범주화시켜 29살 여자의 병명을 추론할 수 없도록 비식별화한 테이블이다.

② 개인정보 비식별화 용어

식별자, 준식별자의 용어를 명확히 정의한다.

[개인정보 비식별화 용어 구분]

구분	설명
식별자 (Identifiers)	- 개인을 식별할 수 있는 속성들 (1:1 대응이 가능한 정보) - 주민번호, 전화번호, 이메일, 이름, 계좌번호, MRI 사진, 유전자 정보 등 - 암호화된 값도 식별자로 분류 - 비식별 조치 시 무조건 '삭제'되어야 한다.
준식별자 (Quasi-Identifiers)	- 자체로는 식별자가 아니지만, 다른 데이터와 결합하여 추론 가능 - 거주 도시명, 몸무게, 혈액형 등 - 비식별 조치 시 '변형, 조작'의 대상이 된다.

나. 개인정보 비식별화 절차 및 방법

① 개인정보 비식별화 절차

개인정보 비식별화는 사전 검토→비식별 조치(가명처리)→적정성 평가→사후 관리 절차를 따른다.

[개인정보 비식별화 절차]

절차	주요 내용
사전 검토	- 데이터가 개인정보에 해당하는지 검토 - 개인정보인 경우 비식별 조치
비식별 조치	- 데이터 집합에서 개인을 식별할 수 있는 요소를 전부 또는 일부를 삭제하거나 대체
적정성 평가	- 다른 정보와 결합하여 개인을 식별할 수 있는지 적정성 평가
사후관리	- 안전조치, 재식별 가능성 모니터링 등 필요한 조치 수행

② 개인정보 비식별화 방법

★★★ 각 기법의 특징과 예시를 잘 알아두세요.

개인정보를 비식별화 할 수 있는 방법은 가명처리, 총계처리, 데이터 삭제, 데이터 범주화, 데이터 마스킹 등이 있다.

[개인정보 비식별화 방법]

기법	설명	예시
가명처리	- 일반화된 대체 값으로 가명처리 - 휴리스틱 가명화 (일반화, 사전 규칙) - 암호화 - 교환 방법	예 천소영, 20세, 인천 거주 →홍길동, 20대, 서울 거주
총계처리	- 개인정보에 대하여 통곗값을 적용 - 다양한 통계분석용 데이터 작성에 유리 - 총계처리 기본 방식 - 부분 집계 - 라운딩 - 데이터 재배열	예 하은지 160cm, 채수린 150cm, 김민지 170cm→컴퓨터공학과 학생 키 합: 480cm, 평균 키: 160cm
데이터 삭제	- 특정 데이터 값 삭제 - 속성값 삭제 - 속성값 부분 삭제 - 준 식별자 제거를 통한 단순 익명화	예 주민등록번호 941008-1234567 →90년대생, 남자

데이터 범주화	- 해당 그룹의 대푯값 또는 구간값으로 변환 - 범주화 기본 방식 - 랜덤 올림 방법 - 범위 방법 - 제어 올림 방법	예 조예나, 29세 → 조씨, 20~30세
데이터 마스킹	- 전체 또는 부분적 대체 - 공백, 노이즈, '*'로 변환 - 임의 잡음 추가 방법 - 공백과 대체 방법	예 장채빈, 28세, 서울대 재학 → 장00, 28세, 00대 재학

다. 프라이버시 보호 모델

① 프라이버시 보호 모델 ★★★ 각 개념의 핵심과 어떤 공격을 방지하기 위한 모델인지 알아두세요.

- 프라이버시 보호 모델은 추론을 방지하여 개인정보의 재식별 가능성을 검토하는 기법이다.
- k-익명성 모델을 기본적으로 적용하는 최소한의 평가 수단이며, 필요 시 추가적인 평가 모델인 l-다양성, t-근접성, m-유일성 등을 활용한다.

[프라이버시 보호 모델 기법]

프라이버시 보호 모델	설명
k-익명성 (k-Anonymity)	- 개인을 추론할 수 있는지 여부를 검토한 뒤 일정 확률 수준 이상 비식별되도록 하는 모델 - 동일한 값을 가진 데이터를 k개 이상으로 조치함으로써 특정 개인을 식별할 확률을 1/k로 낮춘다. - 공개된 데이터에 대한 연결 공격 취약점을 방어하기 위한 모델
l-다양성 (l-Diversity)	- 특정인 추론이 되지 않는다고 해도 민감한 정보의 다양성을 높여 추론 가능성을 낮추는 기법 - 각 데이터는 최소 l개의 민감정보 다양성을 가지도록 하여 동질성 또는 배경지식 등에 의한 추론 방지 - 동질성 공격은 k-익명성에 의해 레코드들이 범주화되었더라도 일부 정보들이 모두 같은 값을 가질 수 있기 때문에, 데이터 집합에서 동일한 정보를 이용하여 공격 대상의 정보를 알아내는 공격이다.
t-근접성 (t-Closeness)	- 민감한 정보의 분포를 낮추어 추론 가능성을 더욱 낮추는 기법 - 동질 집합에서 특정 정보의 분포와 전체 데이터 집합에서 정보의 분포가 t 이하의 차이를 보여야 하는 모델

t-근접성 (t-Closeness)	- 각 동질 집합에서 '특정 정보의 분포'가 전체 데이터 집합의 분포와 비교하여 너무 특이하지 않도록 하여야 한다. - l-다양성의 쏠림 공격, 유사성 공격을 보완하기 위해 제안된 모델
m-유일성 (m-Uniqueness)	- 원본 데이터와 동일한 속성 값의 조합이 비식별 결과 데이터에 최소 m개 이상 존재하도록 하여 재식별 가능성 위험을 낮춘 모델

쏙쏙 예제

〈표1〉 공개 의료 데이터 예시(성명 삭제)

구분	지역코드	연령	성별	질병
1	11001	25	여	고혈압
2	11002	27	남	전립선염
3	11002	29	여	자궁암
4	11003	28	여	위암
5	12001	36	여	위암
6	12002	42	남	전립선염
7	12003	32	여	고혈압
8	12003	50	여	위암
9	11004	33	남	위암
10	11004	39	남	위암

〈표2〉 선거인 명부 예시

구분	지역코드	연령	성별	질병
1	11001	25	여	김영희
2	11002	27	남	김철수
3	11002	29	여	김영숙
4	11003	28	여	김은지
5	12001	36	여	김서연
6	12002	42	남	김영철
7	12003	32	여	나지민
8	12003	50	여	정희경
9	11004	33	남	김영민
10	11004	39	남	최강민

〈표1〉은 식별자인 성명이 삭제된 데이터이지만 〈표2〉의 데이터와 결합되면 이름이 식별되고 민감정보인 질병과 개인정보까지 너무 쉽게 노출될 위험이 크다. 이 데이터에 개인정보 추론 방지를 위해 프라이버시 보호 모델을 적용해 보자.

〈표3〉 k- 익명성 모델에 의해 비식별된 데이터 예시

구분	지역코드	연령	성별	질병
1	110**	〈30	*	고혈압
2	110**	〈30	*	전립선염
3	110**	〈30	*	자궁암
4	110**	〈30	*	위암
5	120**	〉30	*	위암
6	120**	〉30	*	전립선염
7	120**	〉30	*	고혈압
8	120**	〉30	*	위암
9	110**	3*	*	위암
10	110**	3*	*	위암
11	110**	3*	*	위암
12	110**	3*	*	위암

구분	지역코드	연령	성별	질병	비고
1	110**	〈30	*	고혈압	안전
2	110**	〈30	*	전립선염	
3	110**	〈30	*	자궁암	
4	110**	〈30	*	위암	
5	120**	〉30	*	위암	안전
6	120**	〉30	*	전립선염	
7	120**	〉30	*	고혈압	
8	120**	〉30	*	위암	
9	110**	3*	*	위암	안전X
10	110**	3*	*	위암	
11	110**	3*	*	위암	
12	110**	3*	*	위암	

〈표3〉은 k-익명성 모델을 적용하였다. k=4로 지정 시 지역코드, 연령, 성별의 정보에서는 모두 동일 집단으로 묶여 개인을 식별하기 어렵다. 하지만 오른쪽 표에서 비고란을 확인해 보면 특정 집단은 질병이 모두 동일한 값(위암)을 가지므로 동질성 공격에 취약하다.

〈표4〉 l-다양성 모델에 의해 비식별된 데이터 예시

구분	지역코드	연령	성별	질병	비고
1	110**	〈40	*	고혈압	안전
2	110**	〈40	*	위암	
3	110**	〈40	*	위암	
4	110**	〈40	*	위암	
5	120**	〉30	*	위암	안전
6	120**	〉30	*	전립선염	
7	120**	〉30	*	고혈압	
8	120**	〉30	*	위암	
9	110**	〈40	*	전립선염	안전
10	110**	〈40	*	자궁암	
11	110**	〈40	*	위암	
12	110**	〈40	*	위암	

〈표4〉는 동질성 공격을 방지하고자 지역분류를 다시하여 민감정보인 질병이 혼재되도록 생성한 표이다. l-다양성은 이처럼 민감 정보의 다양성을 높여 추론 가능성을 낮추는 기법이다.

라. 재현 데이터

① 재현 데이터(Synthetic Data)

- 재현 데이터는 실제 데이터의 통계적 특성을 파악하여 모델을 만들고, 그 해당 모델에서 인공적으로 재현하여 생성한 가상 데이터이다.
- 개인정보보호 등을 이유로 실제 데이터에 접근하기 어려운 경우나 학습에 사용될 실제 데이터가 현저히 적은 경우에 사용한다.
- 원본 자료와 최대한 유사해야 하므로 통계적 특성, 즉 모집단과 동일 분포를 따르도록 생성해야 한다.
- 재현 데이터는 텍스트 데이터뿐만 아니라 이미지 데이터 재현도 가능하다.
- 엄밀한 의미에서는 실제 데이터가 아니므로 연구 결과의 신뢰성에 대한 논쟁의 여지가 있다.
- 재현 데이터는 원본 데이터의 포함 여부에 따라 다음과 같이 구분할 수 있다.

[재현 데이터 유형]

구분	설명
완전 재현 데이터 (Fully Synthetic Data)	– 원본 데이터의 속성을 모두 재현 데이터로 생성한 데이터
부분 재현 데이터 (Partially Synthetic Data)	– 원본 데이터 중 민감 데이터에 대해서만 재현 데이터로 생성한 데이터
복합 재현 데이터 (Hybrid Synthetic Data)	– 일부 데이터를 재현 데이터로 생성한 후 생성된 재현 데이터와 원본 데이터를 모두 이용하여 또 다른 재현 데이터로 생성한 데이터

Chapter 02 데이터 분석 계획

시작하기 전에

'분석(分析)'은 '나누어 쪼개다'라는 의미로, 복잡한 내용이나 많은 내용을 지닌 사물을 정확하게 이해하기 위해 그 내용을 단순한 요소로 나누어 생각하는 것을 의미한다. 데이터 분석이라는 과제를 성공적으로 수행하기 위해서는 먼저 분석할 과제를 정의하고 정의된 과제를 분석하는 전체적인 로드맵 및 방안을 계획해야 한다. 또한 데이터 분석 시, 무엇을 우선적으로 고려하고 절차에 따른 필요한 작업들을 어떻게 수행할 것인지에 대해 고려하는 방법에 대해 학습한다.

1 분석 방안 수립

1) 데이터 분석 개요

가. 데이터 분석

① 데이터 분석(Data Analycis)

- 데이터 분석은 대용량의 데이터 집합으로부터 유용한 정보와 가치를 도출하기 위해 목적에 따라 분석 기술과 방법론을 기반으로 분석하는 것을 의미한다.
- 데이터 분석이란 데이터를 수집, 저장, 가공, 분석(모델링), 시각화를 수행하는 업무의 총칭이라고 할 수 있다.
- 성공적인 데이터 분석은 단순하고 일차원적인 데이터 분석을 넘어 좀 더 넓은 시각을 가지고 전략 도출을 위한 가치 기반의 데이터 분석을 지향해야 한다.

나. 분석 마스터플랜과 분석 로드맵 ★★

① 분석 마스터플랜

- 마스터 플랜(Master Plan)은 기본이 되는 계획을 의미한다.
- 분석 마스터 플랜은 분석 과제를 수행함에 있어 그 과제의 목적이나 목표에 따라 전체적인 방향성을 제시하는 기본계획이다.
- 분석 대상이 되는 과제를 도출하고 우선순위를 평가해 계획을 작성해야 한다.

[우선순위 고려 요소]
- 전략적 중요도
- 업무성과/ROI
- 실행 용이성

→

[로드맵 수립]
- 업무 범위(숙련도)
- 분석 데이터 적용
- 기술 적용 수준

[분석 마스터 플랜 수립 시 평가 기준]

구분	기준	설명
우선순위 설정	전략적 중요도	– 비즈니스 목표에 얼마나 밀접하게 연관되어 있는지 측정
	업무 성과/ROI	– 투자 대비 효과
	실행 용이성	– 투자 용이성: 과제를 수행하는 데 필요한 비용이나 투자 예산의 확보 가능성 정도를 측정 – 기술 용이성: 과제에 적용할 기술의 안정성 검증 정도와 유지보수의 용이성 측정
로드맵 수립	업무 숙련도 수준	– 업무에 내재화하거나 별도의 분석 업무로 구분할 것인지 결정
	분석 데이터 적용 수준	– 내부 데이터/외부 데이터 범위 결정
	기술 적용 수준	– 분석 기술의 범위 및 방식을 고려

② 분석 문제 우선순위 평가 ★★

- 우선순위 평가는 '전략적 중요도', '업무 성과', '실행 편리성'을 고려하여 문제의 '시급성'과 해결 방안의 '난이도'를 기준으로 수행한다.

[우선순위 평가 기준]

구분	평가 요소	설명
시급성	– 전략적 중요도 – 목표 가치(KPI)	– 분석 과제의 목표 가치와 전략적 중요도를 현재의 관점에 둘 것인지, 미래의 관점에 둘 것인지를 함께 고려하여 시급성 여부 판단 필요
난이도	비용과 분석 수준	– 난이도는 현 시점에서 과제를 추진하는 것이 범위 측면(분석 수준)과 적용 비용 측면에서 바로 적용하기 쉬운 것인지 또는 어려운 것인지에 대한 판단 기준으로 데이터 분석의 적합성 여부의 기준이 된다.

• 시급성과 난이도를 기준으로 분석 과제 우선순위를 4가지 유형으로 구분할 수 있다. 우선순위가 가장 높은 영역은 3사분면이고, 가장 낮은 영역은 2사분면이다.

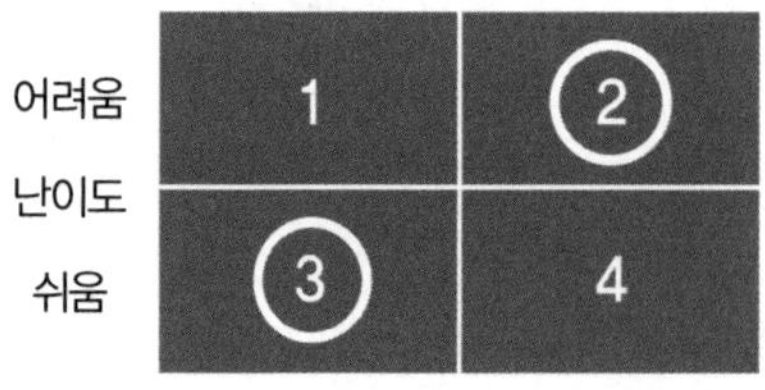

1	전략적 중요도가 높고, 수행이 어려운 것
2	전략적 중요도가 현재 시점에서 높지 않지만, 수행이 어려운 것 (가장 마지막)
3	전략적 중요도가 높고 분석과제 수행이 쉬운 것(가장 처음)
4	전략적 중요도가 높지 않지만 분석과제 수행이 쉬운 것

시급성	3 → 4 → 2
난이도	3 → 1 → 2

③ 분석 로드맵 * 읽고 넘어가세요.

• 분석 마스터 플랜에서 정의한 목표를 기반으로 분석 과제를 수행하기 위해 필요한 기준 등을 담아 만든 종합적인 계획이다.

• 최종적인 실행 우선순위를 결정하여 단계별로 추진하고자 하는 목표를 명확하게 정의하여 로드맵을 수립한다.

[분석 로드맵 수립 절차]

단계	추진 과제	추진 목표
데이터 분석체계 도입	– 분석 기회 발굴 – 분석 과제 정의 – 마스터 플랜 수립	– 비즈니스 약점 식별 – 분석 기회 발굴 – 과제 정의
데이터 분석 유효성 검증	– 분석 알고리즘 설계 – 아키텍처 설계 – 분석 과제 파일럿 수행	– 분석 과제에 대한 파일럿 수행 – 유효성, 타당성, 기술 실현 가능성 검증 – 분석 알고리즘 및 아키텍처 설계
데이터 분석 확산 및 고도화	– 변화 관리 – 시스템 구축 – 유관 시스템 고도화	– 업무 프로세스 내재화를 위한 변화관리 – 전사적 관점에서 확산 – 빅데이터 분석 활용 시스템 구축 및 고도화

2) 분석 문제 정의

가. 분석 문제

① 분석 문제

- 데이터 분석에서는 무엇을 분석할 것인지 발견하고 정의하는 것이 중요하다.
- 해결해야 할 다양한 문제들을 데이터 분석 문제로 변환하고 명확하게 정의하여 '분석 과제 정의서' 형태로 도출해야 한다.
- 분석 과제 정의서는 데이터 정의, 데이터 수집, 분석 방법, 분석 난이도, 분석 수행 주기, 상세 분석 과정, 분석 결과 검증 책임자 등을 포함해서 작성한다.

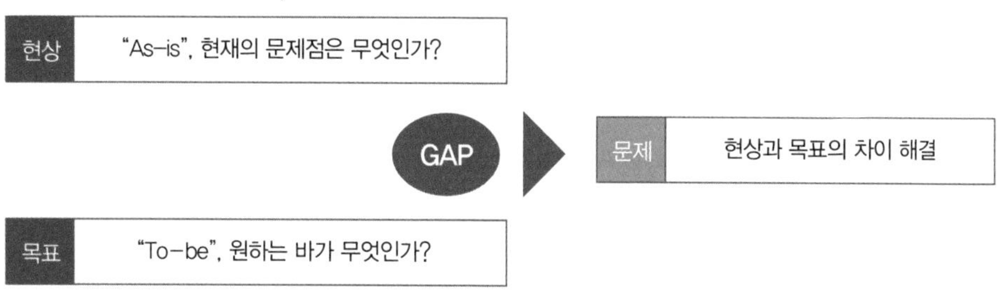

- 대표적인 분석 문제 도출 방법은 하향식 접근 방법과 상향식 접근 방법이 있다.

나. 분석 문제 정의 방법론 ★★ 하향식 접근 방법과 상향식 접근 방법의 차이점을 알아두세요.

① 하향식 접근 방법(Top Down Approach)

- 하향식 접근 방법은 전통적 분석 문제 정의 방식으로, 분석 문제가 이미 정해져 있고 이에 대한 해결 방안을 찾기 위하여 각 과정이 체계적으로 정의되어 수행하는 방식이다.
- 최근의 분석 문제는 고차원적이고 복잡하여 문제를 사전에 정의하기 어렵다.
- 문제 탐색→문제 정의→해결방안 탐색→타당성 검토 절차를 따른다.
- 비즈니스 모델 캔버스는 해당 기업의 사업 모델을 9개의 영역으로 구분하여 도식화한 것으로, 대표적인 하향식 접근 방식의 예시이다.

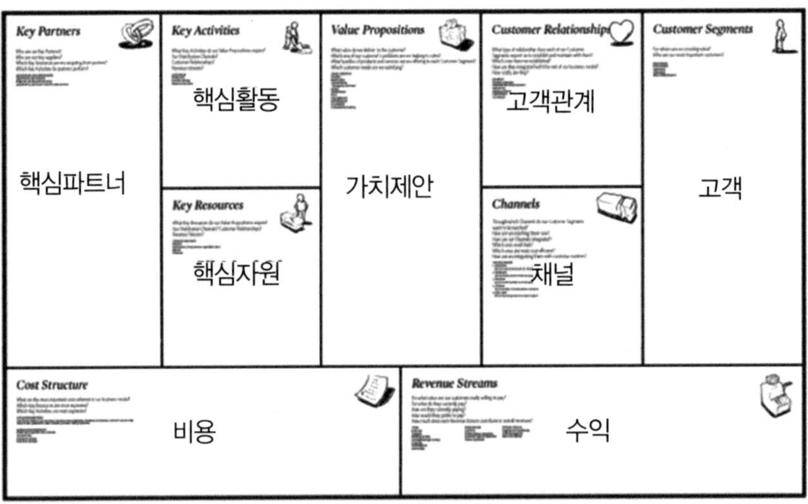

② 상향식 접근 방법(Bottom Up Approach)

- 상향식 접근 방법은 문제 자체를 정의하는 것이 어려운 경우, 현존하는 데이터를 기반으로 문제를 발굴하고 해결방안을 탐색하는 방법이다.
- 프로세스 분류→프로세스 흐름 분석→분석요건 식별→분석요건 정의 절차를 따른다.
- 상향식 접근 방법은 비지도 학습, 디자인 사고, 프로토타이핑 접근법 등이 있다. 신속하게 해결책 및 모형을 제시하고 상황에 맞게 수성, 보완하는 방식은 빅데이터에 더욱 최적화된 방식이라고 할 수 있다.

③ 분석 기획 유형★★

분석 대상(분석 과제)과 분석 방법의 유무에 따라 분석 기획 방향을 설계한다.

분석 방법 \ 분석 대상	Known	Unknown
Known	최적화	통찰
Unknown	솔루션	발견

유형	설명
최적화 (Optimization)	– 분석 대상 O / 분석 방법 O – 개선을 통한 최적화 형태로 분석을 수행
솔루션 (Solution)	– 분석 대상 O / 분석 방법 X – 방법론을 찾아야 한다.
통찰 (Insight)	– 분석 대상 X / 분석 방법 O – 기존 분석 방식을 활용하여 새로운 지식인 통찰을 도출

발견 (Discovery)	– 분석 대상 X / 분석 방법 X – 발견 접근법으로 분석의 대상 자체를 새롭게 도출

3) 데이터 분석 방안

가. 데이터 분석 방법론

① 분석 방법론

- 분석 과제를 도출했다면 체계적인 분석 절차와 방법론을 통해 분석을 수행한다.
- 분석 방법론에는 체계적인 절차, 방법, 도구와 기법, 템플릿과 산출물 등을 정의해야 한다.

② 데이터 분석 계층적 프로세스 모델

- 분석 방법론은 일반적으로 계층적 프로세스 모델 형태로 구성 가능하다.
- 단계, 태스크, 스텝 3계층으로 구성한 후 단위 업무를 식별한 다음, WBS(Work Breakdown Structure)를 구성하여 진행한다.

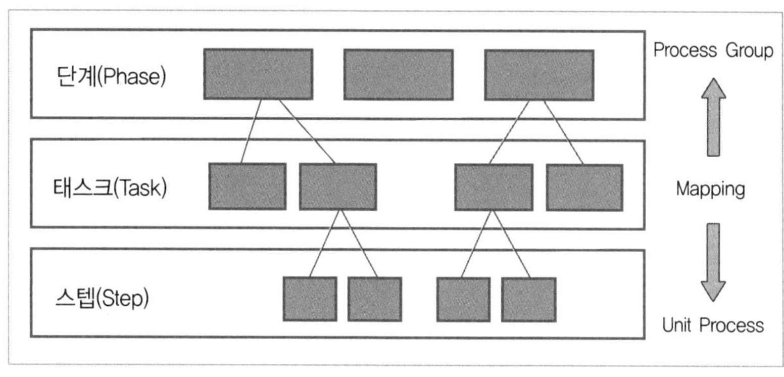

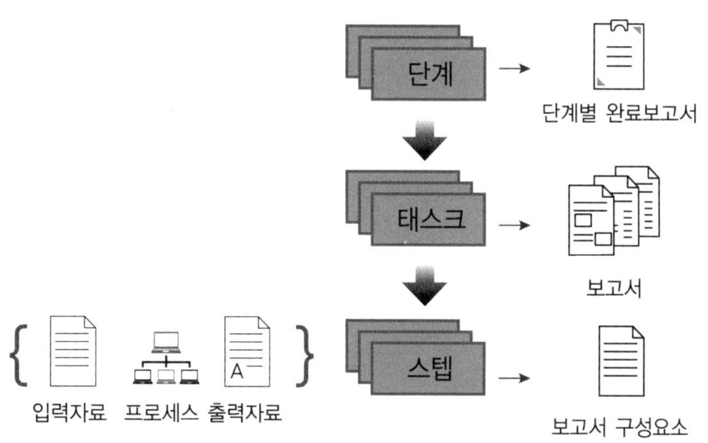

[데이터 분석 계층]

계층	설명
단계(Phase)	– 완성된 단계별 산출물 생성 – 버전관리 등을 통한 통제
태스크(Task)	– 단계를 구성하는 단위 활동 – 물리적/논리적 단위로 품질 검토 가능
스텝(Step)	– 입력 자료, 처리 및 도구, 출력 자료로 구성된 단위 프로세스

나. 데이터 분석 절차

① 데이터 분석 절차 ★★★ 자주 출제되는 문제입니다. 확실하게 알아두세요.

데이터 분석은 분석 기획→데이터 준비→데이터 분석→시스템 구현→평가 및 전개 절차를 따른다.

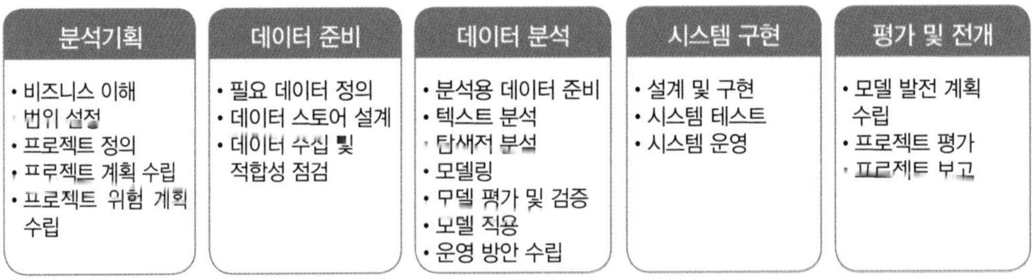

분석기획	데이터 준비	데이터 분석	시스템 구현	평가 및 전개
• 비즈니스 이해 • 범위 설정 • 프로젝트 정의 • 프로젝트 계획 수립 • 프로젝트 위험 계획 수립	• 필요 데이터 정의 • 데이터 스토어 설계 • 데이터 수집 및 적합성 점검	• 분석용 데이터 준비 • 텍스트 분석 • 탐색적 분석 • 모델링 • 모델 평가 및 검증 • 모델 적용 • 운영 방안 수립	• 설계 및 구현 • 시스템 테스트 • 시스템 운영	• 모델 발전 계획 수립 • 프로젝트 평가 • 프로젝트 보고

[데이터 분석 절차]

절차	내용
분석 기획 (Planning)	– 비즈니스 도메인에 대한 충분한 이해가 선행되어야 한다. – 분석 목적에 부합한 범위를 설정하고 문서화한다. – 프로젝트 정의 및 계획을 수립한다. – 분석 목표, 데이터 확보 방안, 분석 기법, 일정, 예산, 품질, 인력 구성, 의사소통 채널, 분석 평가 기준, KPI 등의 계획을 수립한다. – 프로젝트 수행 시 발생할 수 있는 리스크를 식별하고 대응 방안을 수립한다. – 위험 대응 방법에는 회피, 전가, 완화, 수용이 있다.
데이터 준비 (Preparing)	– 프로젝트 수행을 위한 필요 데이터를 정의한 후 정의서를 작성한다. – 데이터의 유형과 수집 난이도를 파악한 후 데이터를 수집한다.

<table>
<tr><td>데이터 준비
(Preparing)</td><td>

구분	설명
내부 데이터	부서 간 업무 협조, 개인정보보호 등 고려
외부 데이터	비용, 시스템 간 다양한 인터페이스 호환, 법적 이슈 고려

– 전사 차원의 데이터 스토어를 설계하고 메타데이터 수립
– 데이터 속성에 맞는 데이터 수집 기술 고려
– 데이터 품질 개선을 위한 보완 작업 진행</td></tr>
<tr><td>데이터 분석
(Analyzing)</td><td>– 데이터 분할을 통해 학습용 데이터와 평가용 데이터 준비
– 데이터 정제, 전처리 수행
– 기초 통계량 파악, 시각화 등을 통해 탐색적 데이터 분석 수행
– 분석 목적과 데이터 속성에 따른 모형 구축
– 개발된 모형을 활용하기 위해 상세한 알고리즘 설명서 작성
– 모형 구축 후 검증 및 평가 데이터를 활용하여 검증 및 평가
– 검증된 모델을 적용하고 최적화하여 운영할 수 있는 방안 수립</td></tr>
<tr><td>시스템 구현
(Developing)</td><td>– 시스템 및 데이터 아키텍처, 사용자 인터페이스 등 설계
– BI 패키지를 활용하거나 개발을 통해 모형 구현
– 단위 테스트, 통합 테스트, 시스템 테스트 실시 및 운영
– 시스템의 객관성과 안전성 확보
– 시스템 운영자, 사용자 교육</td></tr>
<tr><td>평가 및 전개
(Deploying)</td><td>– 모형의 생명주기를 설정, 주기적인 평가를 실시하여 유지보수 및 리모델링 수행
– 기획 단계에서 설정된 기준에 따라 프로젝트의 성과를 정량적, 정성적 평가
– 분석 지식을 문서화하여 조직의 자산으로 축적
– 프로젝트 최종 보고서를 작성한 후 프로젝트 종료</td></tr>
</table>

★ 너무 자세한 부분까지 암기할 필요는 없습니다. 포괄적으로 암기하세요.

다. 데이터 분석 방법론 유형

① 소프트웨어 개발 생명주기에 따른 방법론

- 분석 방법론은 소프트웨어 공학의 소프트웨어 개발 생명주기를 활용하여 구성할 수도 있다.
- 소프트웨어 개발 생명주기란 효과적인 소프트웨어 개발 수행을 위해 요구 분석, 설계, 구현, 설치, 운영 및 유지보수, 폐기의 전 과정을 가시적으로 표현한 것이다.
- 대표적으로 폭포수 모형, 프로토타입 모형, 나선형 모형이 있다.

[데이터 분석 방법론 유형]

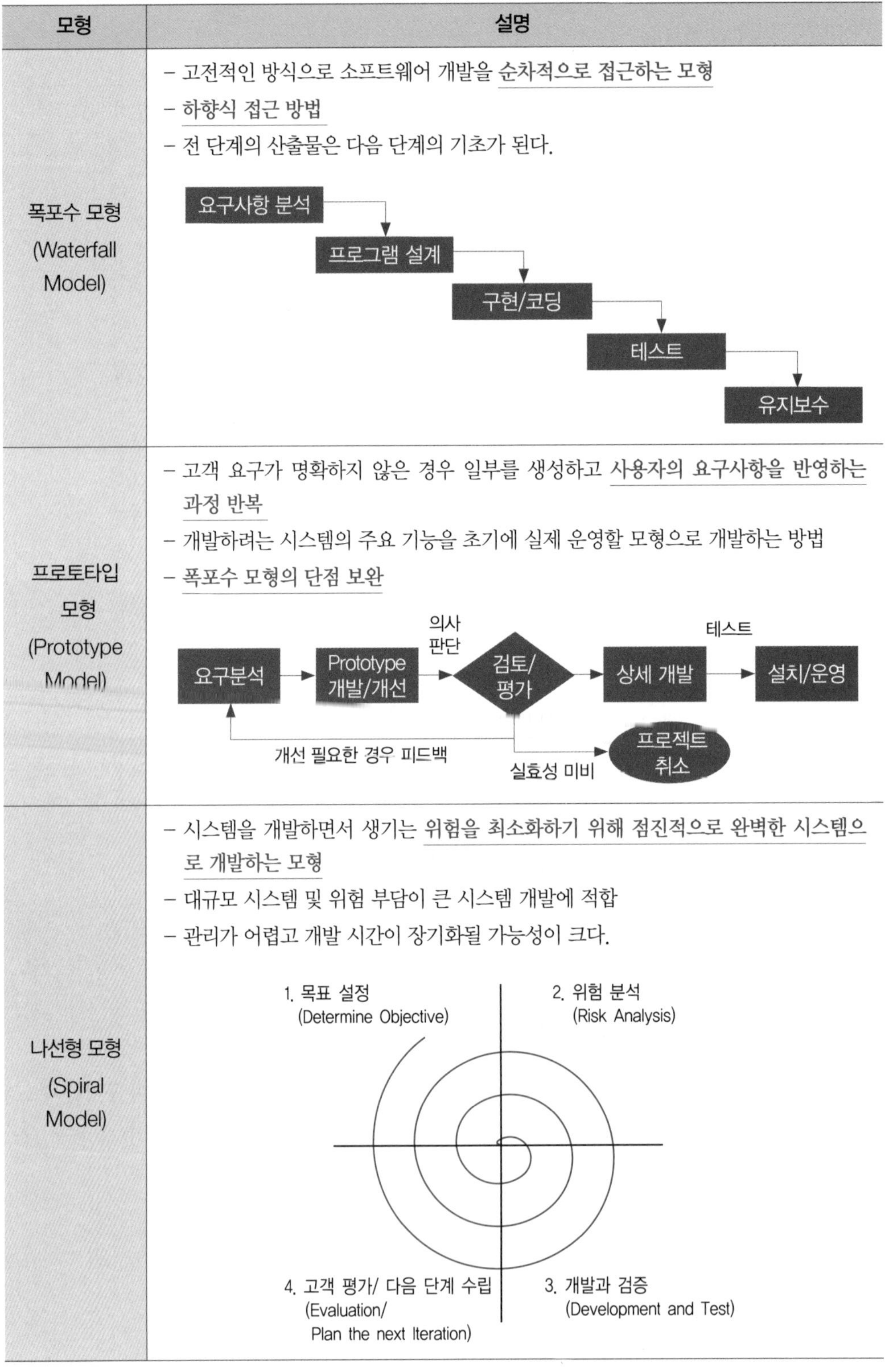

모형	설명
폭포수 모형 (Waterfall Model)	– 고전적인 방식으로 소프트웨어 개발을 순차적으로 접근하는 모형 – 하향식 접근 방법 – 전 단계의 산출물은 다음 단계의 기초가 된다.
프로토타입 모형 (Prototype Model)	– 고객 요구가 명확하지 않은 경우 일부를 생성하고 사용자의 요구사항을 반영하는 과정 반복 – 개발하려는 시스템의 주요 기능을 초기에 실제 운영할 모형으로 개발하는 방법 – 폭포수 모형의 단점 보완
나선형 모형 (Spiral Model)	– 시스템을 개발하면서 생기는 위험을 최소화하기 위해 점진적으로 완벽한 시스템으로 개발하는 모형 – 대규모 시스템 및 위험 부담이 큰 시스템 개발에 적합 – 관리가 어렵고 개발 시간이 장기화될 가능성이 크다.

② KDD(Knowledge Discovery in Databases) 분석 방법론

- 1996년 Fayyad가 프로파일링 기술을 기반으로 통계적 패턴이나 지식을 찾기 위해 체계적으로 정리한 방법론

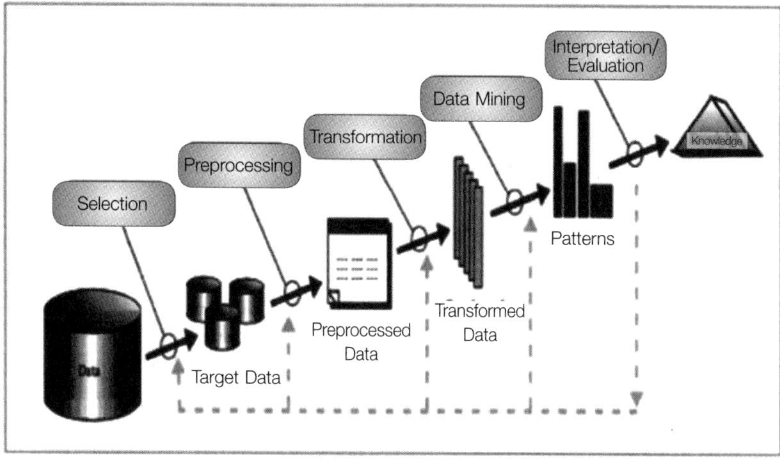

- KDD 분석 방법론의 절차는 데이터세트 선택→데이터 전처리→데이터 변환→데이터 마이닝→결과 평가를 따른다.

[KDD 분석 방법론 절차]

절차	설명
데이터 세트 선택 (Selection)	– 비즈니스 도메인에 대한 이해, 프로젝트 목표 설정 – 데이터베이스에서 분석에 필요한 데이터 선택
데이터 전처리 (Preprocessing)	– 노이즈, 이상값, 결측값 식별 및 처리(데이터 정제) – 추가 데이터 세트가 필요하면 데이터 세트 선택부터 재실행
데이터 변환 (Transformation)	– 분석 목적에 맞는 변수를 선택 및 차원 축소 – 데이터 분할
데이터 마이닝 (Data Mining)	– 분류, 패턴 탐색, 예측 등
결과 평가 (Interpretation/ Evaluation)	– 분석 결과에 대한 해석 및 평가 – 업무 적용 및 활용

③ CRISP–DM(Cross Industry Standard Process for Data Mining) 분석 방법론

- 산업 기반의 데이터 마이닝 방법론이며 계층적 프로세스 모델로써 4계층으로 구성된 데이터 마이닝 프로세스이다.

[CRISP-DM 분석 방법론의 4계층]

구성	설명
단계(Phase)	– 최상위 레벨
일반화 태스크 (Generic Tasks)	– 데이터 마이닝의 단일 프로세스를 완전하게 수행하는 단위 – 각 단계는 일반화 태스크 포함
세분화 태스크 (Specialized Tasks)	– 일반화 태스크를 구체적으로 수행하는 레벨
프로세스 실행 (Process Instances)	– 데이터 마이닝을 위한 구체적인 실행

- CRISP-DM 분석 방법론의 절차는 업무 이해→데이터 이해→데이터 준비→모델링→평가→전개를 따르며 단계 간 피드백을 통하여 완성도를 높인다.

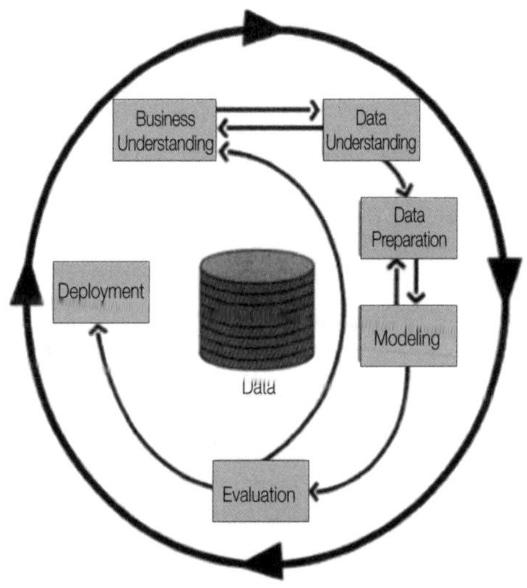

[CRISP-DM 분석 방법론 절차]

절차	설명
업무 이해 (Business Understanding)	– 비즈니스 도메인에 대한 이해, 프로젝트 목표 설정 – 업무 목적 파악, 상황 파악, 데이터 마이닝 목표 설정, 계획 수립
데이터 이해 (Data Understanding)	– 수집된 데이터의 속성 이해, 품질 검토 – 패턴 및 인사이트 발견
데이터 준비 (Data Preparation)	– 데이터 가공 및 변환 – 데이터 분할, 정제, 통합 등
모델링 (Modeling)	– 분석 목적에 맞는 모형과 알고리즘 선택 – 모델링 기법, 테스트 계획 설계, 모형 작성, 모형 평가 – 매개변수 최적화

평가 (Evaluation)	- 분석 결과 평가 - 모델링 과정 평가, 모델링 적용성 평가
전개 (Deployment)	- 업무 적용 - 모니터링 및 리모델링 - 프로젝트 종료 보고서

④ SEMMA(Sampling, Explore, Modify, Model and Assess) 분석 방법론

- 통계 중심의 데이터 마이닝 프로세스로 주로 모델링 작업에 중점을 두고 있다.
- 데이터 추출→탐색→수정→모델링→평가를 따른다.

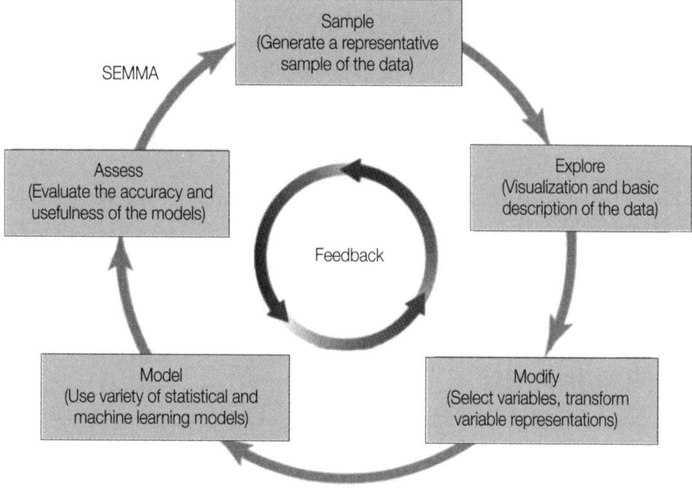

[SEMMA 분석 방법론 절차]

절차	설명
데이터 추출(Sample)	- 통계적 추출, 조건 추출을 통한 분석 데이터 추출
탐색(Explore)	- 기초 통계, 데이터 시각화, 군집, 상관분석 등을 통한 데이터 탐색 - 데이터 패턴, 오류 탐색
수정(Modify)	- 수량화, 표준화, 변환, 그룹화, 파생변수 생성 등을 통한 분석 데이터 수정/변환
모델링(Model)	- 신경망, 의사결정나무, 로지스틱 회귀분석, 전통적 통계기법 등을 이용한 모델 구축
평가(Assess)	- 모델 평가 검증 - 앙상블 평가

* 중요도가 낮습니다. 읽고 넘어가세요.

2 분석 작업 계획

1) 데이터 확보 계획

가. 데이터 확보 계획

① 데이터 확보 사전 검토 사항

분석에 필요한 데이터를 확보하기 위해 사전 검토 사항 및 계획을 수립한다.

[데이터 확보 사전 검토 사항]

검토 사항	설명
필요 데이터 정의	– 분석에 필요한 데이터 정의 – 이해관계자들과 협력하여 필요 데이터 목록 및 기대효과 작성
데이터 현황 파악	– 데이터의 위치(내부 데이터/외부 데이터)를 확인하고 위치에 따른 확보 방안 계획 수립 – 비용 및 법적 이슈 고려
데이터의 규모 및 유형 파악	– 필요한 데이터의 규모를 측정하고 확보 가능성 검토 – 데이터의 규모와 유형에 따라 난이도가 상이하므로 상세히 검토 – 외부 데이터, 비정형 데이터일수록 비용과 난이도가 증가

② 분석 데이터 점검항목 정의

- 필요 데이터를 확보할 시 논리적 지표에 따른 점검항목을 설정한다.
- 데이터의 가용성, 적합성, 타당성을 검토한다.

나. 데이터 확보 절차

① 데이터 확보 계획 수립 절차

성공적인 데이터 확보를 위해 계획을 수립하여 절차에 맞게 수행한다.

[데이터 확보 계획 수립 절차]

단계	내용
목표 정의	– 비즈니스 도메인 특성에 맞는 성과 목표 및 지표 정의
요구사항 도출	– 필요 데이터 확보 및 관리 계획 수립 – 데이터 정제 수준, 데이터 저장 형태 검토 – 기존 시스템 및 도구 활용 여부 검토
예산안 수립	– 데이터 확보, 구축, 정비, 관리 예산 수립 및 타당성 검토
계획 수립	– 프로젝트 관리 계획 수립 – 범위, 일정, 인력, 의사소통 방안 수립

* 분석 절차는 앞에서도 공부하였습니다. 절차에 대해서만 잘 알아두세요.

2) 분석 절차 및 작업 계획

가. 데이터 분석 절차

① 데이터 분석 절차

- 데이터 분석 절차는 문제 인식→연구조사→모형화→데이터 수집→데이터 분석→분석 결과 제시 및 공유 절차를 따른다.
- 필요에 따라 단계를 추가할 수도 있으며 생략할 수도 있으나 일반적인 절차를 파악하는 것은 중요하다.

나. 데이터 분석 작업 계획

① 분석 작업 계획 수립

분석 작업 계획은 분석 절차에 따라 데이터 분석 업무를 수행하기 위한 전반적인 작업 내용들을 세부적으로 정의하는 것을 의미한다.

[분석 작업 계획 수립]

단계	내용
프로젝트 예산 배분	– 주어진 시스템 및 데이터 환경을 고려하여 프로젝트 계획 및 일정을 수립 – 예산 배분
프로젝트 작업 분할구조 수립	– 분석 목표 정의서와 예산 배분 계획을 참고하여 수립
프로젝트 업무분장 계획	– 배분된 비용을 기준으로 프로젝트 인원을 배치 – 업무 분장 및 역할별로 작성해야 하는 필수 산출물 정의

② 분석 작업 WBS 설정

WBS(Work Breakdown Structure)는 작업 분할 구조로 프로젝트의 범위와 최종 산출물을 세부 요소로 분할한 계층적 구조도를 의미한다.

[분석 작업 WBS 설정]

단계	내용
데이터 분석과제 정의	– 프로젝트 전체 일정에 맞춰 과제 정의 – 데이터 분석 목표 정의서 기준 – 각 단계별 필요 산출물과 보고서 작성 시기, 세부 일정 정리
데이터 수집 및 탐색	– 데이터를 수집하고 탐색하는 일정 수립
데이터 분석 모델링 및 검증	– 모델링 수행 일정 수립 – 실험 방법 및 절차를 구분

산출물 정리	– 데이터분석 단계별 산출물 정리 – 분석 스크립트 정의

쏙쏙 예제

업무분할구조(WBS)란?

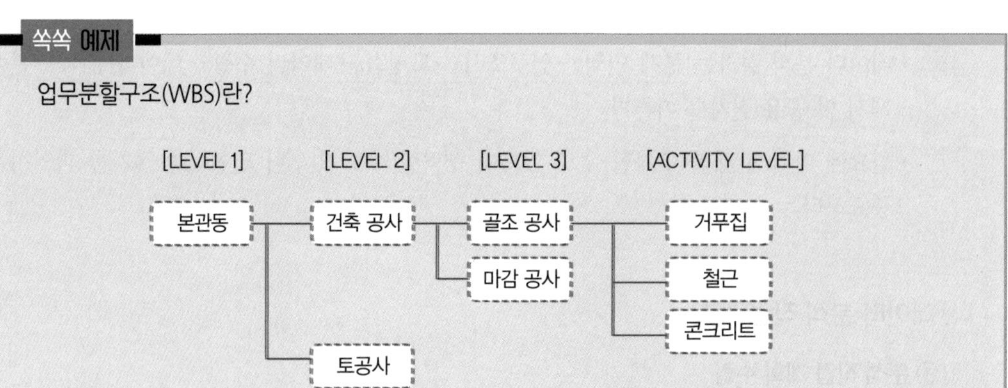

특정 지역의 본관동을 건설한다고 가정해 보자. 본관동 건설을 위해서는 일단 건축 공사와 토공사를 진행해야 하고 건축 공사는 골조 공사, 마감 공사와 같은 세부 항목으로 나뉘게 된다. 이런 방식으로 업무 단위를 세부적으로 쪼개고 그 업무 단위를 일정에 맞게 수립하는 것을 업무 분할 구조(WBS)라고 한다.

Chapter 03 데이터 수집 및 저장 계획

시작하기 전에

Chapter1과 Chpater2에서는 데이터와 빅데이터의 개요를 이해하고 데이터 분석을 위한 전체적인 로드맵 및 방안을 수립하는 방법을 학습하였다. Chpater3에서는 본격적으로 필요한 데이터를 어떻게 수집하고 수집한 데이터를 어떻게 저장할 수 있는지에 대해서 학습한다.

데이터는 데이터가 가지고 있는 그 형태와 속성을 기준에 따라 수집, 저장, 분석, 시각화 등 처리 기술이 상이하므로 데이터의 특성에 따라 어떤 처리 기술을 선택해야 하는지 아는 것은 매우 중요한 일이다. 아무리 신선하고 좋은 재료를 가졌더라도 재료의 특성과 요리법을 알지 못하면 원하는 요리를 만들어내지 못하는 것처럼 성공적인 데이터 분석을 위해서는 데이터 자체를 먼저 잘 파악하는 것이 가장 중요하다.

1 데이터 수집 및 전환

1) 데이터 수집 계획 ★

가. 데이터 수집

① 데이터 수집 절차

* 절차는 가볍게 읽고 넘어가세요.

데이터 수집 진행 시 각 절차에 해당하는 사항을 검토하고 계획을 수립한다.

[데이터 수집 절차]

절차	설명
수집 데이터 도출	– 분석 목적에 맞는 데이터 파악 및 검토 – 데이터 도메인의 분석 노하우가 있는 내/외부 전문가 의견을 수렴 – 수집 데이터를 도출
수집 데이터 목록 작성	– 수집 가능성, 보안, 세부 항목, 품질, 수집 비용 등을 검토하여 데이터 수집 목록 작성
데이터 소유기관 파악 및 협의	– 데이터 소유자의 데이터 개발 현황/조건, 적용 기술, 보안 사항 등을 파악한 후 업무 협의 진행 – 협의 진행 – 데이터 수집 관련 보안 사항, 개인정보보호 관련 문제 등 점검
데이터 유형 분류 및 확인	– 수집 대상 데이터 유형을 분류

수집 기술 선정	– 데이터 유형에 맞는 수집 기술 선정 – 확장성, 안정성, 실시간성 및 유연성 확보 필요
수집 계획서 작성	– 데이터 출처, 수집 기술, 수집 주기, 수집 담당자의 주요 업무 등을 반영한 계획서 작성
수집 주기 결정	– 데이터 유형에 따라 배치 또는 실시간 방식 적용 – 배치 처리 방식은 일괄 처리 방식으로 시스템 과부하를 방지한다.
수집 수행	– 사전 테스트 진행하고 데이터 수집 수행

*내부 데이터와 외부 데이터의 특징과 예시를 알아두세요.

② 데이터 위치에 따른 수집 방식

데이터가 저장되어 있는 위치에 따라 내부 데이터와 외부 데이터로 구분할 수 있으며, 데이터의 위치에 따라 수집 방식 및 고려 사항이 달라진다.

<table>
<tr><th>유형</th><th>설명</th></tr>
<tr><td>내부 데이터</td><td>
– 조직 내부에 데이터, 부서 간 협의를 통해 데이터 수집 가능
– 비교적 수집 방법, 서비스 수명 주기 관리, 가공 난이도, 실시간 수집 후 분석 측면에서 용이하다.
[내부 데이터 종류 예시]
<table>
<tr><th>원천 시스템</th><th>종류</th></tr>
<tr><td>서비스 시스템</td><td>– ERP, CRM, KMS, 포털, 원장정보시스템, 인증/과금 시스템, 거래 시스템</td></tr>
<tr><td>네트워크 및 서버 장비</td><td>– 방화벽, 스위치, IPS, IDS 서버 장비 로그 등</td></tr>
<tr><td>마케팅 데이터</td><td>– VOC 접수 데이터, 고객 포털 시스템 등</td></tr>
</table>
</td></tr>
<tr><td>외부 데이터</td><td>
– 조직 외부에 데이터가 위치, 기관 및 전문 업체와 협의 후 데이터 수집
– 공공 데이터의 경우, Open API를 통해 수집 가능
– 비교적 수집 방법, 서비스 수명 주기 관리, 가공 난이도, 실시간 수집 후 분석 측면에서 어렵다.
[외부 데이터 종류 예시]
<table>
<tr><th>원천 시스템</th><th>종류</th></tr>
<tr><td>소셜 데이터</td><td>– SNS 데이터, 댓글, 좋아요 수 등</td></tr>
<tr><td>M2M 데이터
(Machine to Machine)</td><td>– M2M은 사물끼리 주고 받는 데이터로 센서 데이터, 장비 로그 등을 의미</td></tr>
<tr><td>LOD
(Linked Open Data)</td><td>– LOD는 웹 상에 존재하는 데이터를 개별 URL로 식별하고, 각 URL에 링크 정보를 부여함으로써 상호 연결된 웹을 지향하는 오픈 데이터
– 경제, 의료, 지역 정보, 공공 정책, 과학, 교육, 기술, 산업, 역사, 환경, 과학, 통계 등 공공 데이터</td></tr>
</table>
</td></tr>
</table>

쏙쏙 예제

생소하고 다양한 용어들이 등장하는데, 모든 것을 상세하게 암기할 필요는 없지만, 실제 많이 사용되는 단어이기 때문에 정의 정도는 알아 두는 것이 좋다. 문제 보기에 등장할 수 있다.

구분	설명
ERP(Enterprise Resource Planning)	– 전사적 자원 관리 프로그램 – 전사적 정보, 공급 사슬관리, 고객 주문 정보 등 포함
CRM(Customer Relationship Management)	– 고객 관계 관리 – 고객과의 관계를 관리, 고객 확보 등
KMS(Knowledge Management System)	– 지식 관리 시스템 – 조직 내 인적 자원이 가지고 있는 지적 자산을 축적, 활용하기 위해 관리
IPS(Intrusion Prevention System)	– 침입 방지 시스템
IDS(Intrusion Detection System)	– 침입 탐지 시스템
VOC(Voice of Customer)	– 고객의 불만, 제안, 피드백 등
API(Application Programming Interface)	– 프로그램들이 서로 상호작용하는 것을 도와주는 인터페이스 프로그램 * Open API : 누구나 사용할 수 있도록 공개된 API 예 네이버 지도, 구글 맵, 공공 데이터
LOD(Linked Open Data)	– Semantic Web을 실현하기 위한 방법 및 기술적 관점 * Semantic Web : 현재 웹의 확장, 잘 정의된 의미를 정보에 부여하여 사람과 컴퓨터의 협업을 원활하게 할 수 있도록 하는 것

2) 데이터 유형 및 변환 ★★★ 데이터 분석을 위해 기본적으로 알아야 하는 개념을 잘 알아두세요!

가. 데이터 유형

① 구조 관점의 데이터 유형

- 데이터의 구조에 따라 정형, 반정형, 비정형 데이터로 분류할 수 있다.
- 수집 시 다르게 적용되어 명확하게 하나의 구조로만 분류할 수 없는 경우도 있다.

  예 웹 상의 데이터

  → HTML(반정형 데이터)/텍스트 마이닝 데이터(비정형 데이터)

[구조 관점의 데이터 유형]

<table>
<tr><th>유형</th><th>설명</th></tr>
<tr><td>정형 데이터
(Structured Data)</td><td>– 정형화된 스키마(구조)가 있는 데이터
＊스키마(Schema) : 계획이나 도식, 데이터베이스를 구성하는 레코드의 크기, 키(Key)의 정의, 레코드 간 관계를 정의한 것
– 고정된 필드에 저장된 데이터
– 관계형 데이터베이스(RDB) 데이터, 엑셀 등에 저장되는 데이터
– 주로 연산 가능한 데이터</td></tr>
<tr><td>반정형 데이터
(Semi-structured Data)</td><td>– 정형화되어 있지는 않지만 메타 정보가 있는 데이터
＊메타데이터(Metadata) : 데이터에 관한 구조화된 데이터, 다른 데이터를 설명해 주는 데이터
– 데이터 구조와 필드가 유연
– 연산 불가능
– XML, HTML, JSON, RSS, 로그 데이터 등
<pre><!DOCTYPE html PUBLIC "-//W3C//DTD HTML
<html>
    <head>
        <title>Example</title>
        <link href="screen.css" rel="sty
    </head>
    <body>
        <h1>
            <a href="/">Header</a>
        </h1>
        <ul id="nav">
            <li>
                <a href="one/">One</a>
            </li>
            <li>
                <a href="two/">Two</a>
            </li></pre></td></tr>
<tr><td>비정형 데이터
(Unstructured Data)</td><td>– 정형화된 스키마(구조)가 없는 데이터
– 수집 데이터 각각이 하나의 데이터 객체로 구분
– 비정형 데이터 처리 기술이 발달하면서 비정형 데이터 활용성 증가
– 이미지, 오디오, 비디오, 텍스트 데이터 등</td></tr>
</table>

② 시간 관점의 데이터 유형

수집 시간 및 활용 주기에 따라 실시간, 비실시간 데이터로 분류할 수 있다.

[시간 관점의 데이터 유형]

유형	설명
실시간 데이터 (Realtime Data)	– 생성된 이후 수 초~수 분 이내에 처리되어야 의미가 있는 데이터 – 센서 데이터, 보안 장비 로그 데이터 등
비실시간 데이터 (Non-Realtime Data)	– 생성된 데이터가 수 시간 또는 수 주 이후에 처리되어야 의미가 있는 데이터 – 통계, 디지털 헬스케어 정보 등

③ 저장 관점의 데이터 유형

데이터가 저장되어 있는 형태에 따라 파일, 데이터베이스, 콘텐츠, 스트림 데이터로 분류할 수 있다.

[저장 관점의 데이터 유형]

유형	설명
파일 데이터 (File Data)	– 텍스트, 스프레드시트 등과 같이 파일 형식으로 파일 시스템에 저장되는 데이터
데이터베이스 데이터 (Database Data)	– 관계형 데이터베이스(RDBMS), NoSQL(Not only SQL), 인메모리 데이터베이스 등에 의해서 데이터베이스의 컬럼 또는 테이블에 저장된 데이터
콘텐츠 데이터 (Content Data)	– 텍스트, 이미지, 오디오, 비디오 등과 같이 개별적으로 데이터 객체로 구분될 수 있는 미디어 데이터
스트림 데이터 (Stream Data)	– 센서 데이터, HTTP, 트랜잭션, 알람 등과 같이 네트워크를 통해서 실시간으로 전송되는 데이터

*반드시 잘 알아두세요.

④ 속성 관점의 데이터 유형

- 데이터의 속성에 따라 범주형 데이터와 수치형 데이터로 분류할 수 있다.

[속성 관점의 데이터 유형 대분류]

구분	설명	종류
범주형 데이터 (Categorical Data)	– 데이터를 특성에 따라 범주로 구분하여 측정 예 여자=1, 남자=2 – 질적 변수라고도 불린다. – 연산의 개념을 적용시킬 수 없다. 예 여자=1, 남자=2에서 1+2=3은 의미 없다.	명목형 순서형
수치형 데이터 (Measure Data)	– 양적인 수치로 측정 예 키, 시간, 몸무게 등 – 양적 변수라고도 불린다. – 덧셈, 뺄셈 등의 연산 가능	이산형 연속형

- 범주형 데이터는 명목형 데이터와 순서형 데이터로, 수치형 데이터는 이산형 데이터와 연속형 데이터로 나뉜다.

[속성 관점의 데이터 유형 소분류]

구분	종류	설명
범주형 데이터	명목형 데이터 (Nominal Data)	– 명사형으로 데이터의 크기가 순서와 상관없고, 의미가 없이 이름만 의미를 부여할 수 있는 경우 예 브랜드 커피숍(스타벅스 =1, 할리스 =2, 커피빈 =3)
	순서형 데이터 (Ordinal Data)	– 어떤 기준에 따라 데이터 순서에 의미를 부여할 수 있는 경우 예 고객 만족도 조사(매우 만족 =1, 만족 = 2, 보통 =3)
수치형 데이터	이산형 데이터 (Discrete Data)	– 데이터가 취할 수 있는 값을 하나하나 셀 수 있는 경우 예 커피 개수, 가게 방문 횟수
	연속형 데이터 (Continuous Data)	– 데이터가 구간 안의 모든 값을 가질 수 있는 경우 예 키, 몸무게, 양의 정수 구간 안의 모든 값

• 데이터 속성에 따라 측정 척도가 달라지는데 범주형 데이터는 명목, 순위, 등간 척도로 측정하며, 수치형 데이터는 비율 척도로 주로 측정한다.

[데이터 유형별 측정 척도]

구분	설명
명목 척도 (Nominal Scale)	– 범주로 분류한 후 기호나 숫자를 부여하는 방법 – 분류의 의미만 가진다. 예 혈액형, 지역 번호, 주택 보유 여부 등
순위 척도 (Ordinal Scale)	– 임의의 기준에 따라 상대적인 비교 및 순위화를 통해 관측하는 방법 – 순서의 의미는 있으나 수치의 크기나 차이는 의미가 없다. 예 브랜드 선호도 조사(1위, 2위, 3위)
등간 척도 (Interval Scale)	– 비계량적인 데이터를 정량적인 방법으로 측정하기 위한 관측 방법 – 동일 간격화로 크기 간의 차이를 비교할 수 있게 만든 척도 – 보통 비계량적 데이터를 등간 척도로 측정한 경우 계량적으로 측정한 데이터로 취급 예 가게 만족도 5점 척도(매우 선호, 선호, 보통, 싫어함, 매우 싫어함), 상/중/하
비율 척도 (Ratio Scale)	– 균등 간격에 절대 영점이 있고, 비율 계산이 가능한 척도 – 순서뿐만 아니라 그 간격도 의미가 있다. 예 나이, 키, 금액, 거리, 넓이, 소득, 부피 등

나. 데이터 변환 * 뒤에서 자세히 학습합니다. 읽고 넘어가세요.

① 데이터 변환(Data Transformation)

- 데이터 변환은 데이터 분석의 용이성과 정확성을 위해 데이터를 특정 구조의 형태로 변경하는 것을 의미한다.
- 대표적으로 비정형, 반정형 데이터는 분석이 복잡하고 어렵기 때문에 정형 데이터와 같은 구조적 형태로 변환하고 저장한다.

② 데이터베이스 구조 설계

- 수집 데이터를 저장하기 위한 데이터베이스 구조를 설계할 때는 데이터의 특성과 조직의 상황 등을 모두 고려해야 한다.
- 데이터베이스 구조 설계 절차는 일반적으로 4단계를 거친다.

[데이터베이스 구조 설계]

단계	설명
DBMS 구축 여부 결정	– 수집 대상 확인 후 필요 데이터의 속성을 파악하여 DBMS 구축 여부 결정
저장 데이터베이스 결정	– 다양한 상용, 비상용, 오픈소스 DBMS를 검토
DBMS 설치	– 데이터에 맞는 DBMS 설치 후 확인
테이블 구조 설계	– 데이터를 저장할 수 있는 테이블 구조 설계

3) 데이터 수집 방식 ★★ 의미 중심으로 암기하세요. ETL은 문제에 자주 등장합니다.

가. 데이터 수집 방식 및 기술

① 정형 데이터 수집 방식 및 기술

- 정형 데이터에 대한 수집 방식과 기술에는 ETL, FTP, API, DBToDB, Rsync, Sqoop 등이 있다.

[정형 데이터 수집 방식 및 기술]

구분	설명
ETL (Extract Transform Load)	– 수집 대상 데이터를 추출, 변환하여 데이터 웨어 하우스 및 데이터 마트에 적재하는 기술

<table>
<tr><td>ETL
(Extract
Transform
Load)</td><td>

프로세스	설명
추출(Extract)	– 동일 기종 또는 이기종 소스 DB로부터 데이터를 추출
변환(Transform)	– 데이터 정제, 변환, 표준화, 통합 등 진행
적재(Load)	– 변환된 데이터를 특정 목표 시스템(DW/DM 등)에 적재

</td></tr>
<tr><td>FTP
(File Transfer
Protocol)</td><td>– 대용량의 파일 데이터를 네트워크를 통해 주고받을 때 사용되는 파일 전송 서비스
– 서버-클라이언트 모델로 TCP/IP 기반으로 파일을 송수신하며 동작 방식이 단순하고 빠르다.
– 최근 서버와 클라이언트 사이의 파일 전송 시 보안성을 강화하기 위해 SSH를 적용한 SFTP 사용 권고</td></tr>
<tr><td>API
(Application
Programming
Interface)</td><td>– 응용 프로그램에서 사용할 수있도록 운영 체제나 프로그래밍 언어가 제공하는 기능을 제어할 수 있게 만든 인터페이스
예 결제, 인증 등</td></tr>
<tr><td>DBToDB</td><td>– 하나의 데이터베이스를 다른 데이터베이스로 직접 연계
– 가장 빠르고 효과적인 시스템 연계 방식
– 데이터베이스 시스템에 대한 접근 권한 문제와 보안상 문제로 인해 사용상 제약이 있을 수 있다.</td></tr>
<tr><td>Rsync
(Remote Sync)</td><td>– 서버-클라이언트 방식으로 수집 대상 시스템과 1:1로 파일과 디렉터리를 동기화</td></tr>
<tr><td>스쿱
(Sqoop)</td><td>– 관계형 데이터베이스의 데이터(MySQL, Oracle, MS SQL 등)를 하둡 파일 시스템(HDFS, Hive, Hbase)으로 전송하는 기술
– SQL+Hadoop의 의미
– 스쿱은 모든 적재 과정을 자동화하고 병렬 처리 방식으로 작업

RDBMS
MySQL
Oracle
MS-SQL
DB2
import
export
Sqoop
JDBC
MySQLManager
OracleManager
SQLServerManager
Db2Manager
import
export
저장소
HDFS
HIVE
HBase
어큐뮬로</td></tr>
</table>

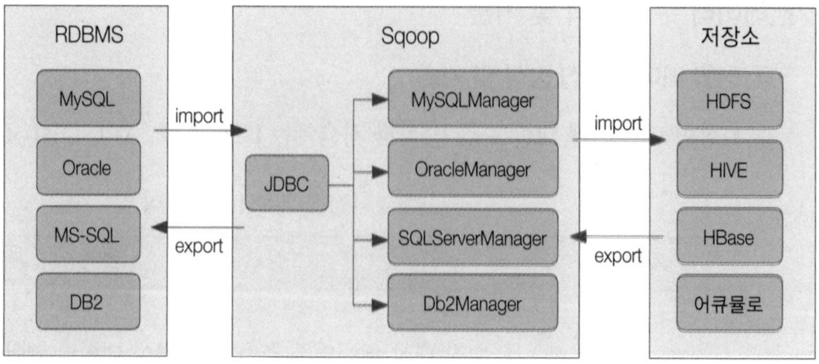

② 반정형 데이터 수집 방식 및 기술

반정형 데이터에 대한 수집 방식과 기술에는 스트리밍, 센싱, 플럼, 스크라이브, 척와 등이 있다.

[반정형 데이터 수집 방식 및 기술]

구분	설명
스트리밍 (Streaming)	– 네트워크를 통해 센서 데이터 및 오디오, 비디오 등의 미디어 데이터를 실시간으로 수집하는 기술
센싱(Sensing)	– 센서로부터 수집 및 생성된 데이터를 네트워크를 통해 수집 및 활용
아파치 플럼 (Apache Flume)	– 분산 환경에서 대량의 로그 데이터를 수집 전송하고 분석 – 스트리밍 데이터 흐름에 기반을 둔 간단하고 유연한 구조
스크라이브 (Scribe)	– Facebook이 개발 – 다수의 서버로부터 실시간으로 스트리밍되는 로그 데이터를 수집하여 분산 시스템에 데이터를 저장하는 대용량 실시간 로그 수집 기술
척와 (Chuckwa)	– 데이터 로그 수집 시스템 – 에이전트와 컬렉터 사용

③ 비정형 데이터 수집 방식 및 기술

* 크롤링 개념은 잘 알아두세요.

비정형 데이터에 대한 수집 방식과 기술에는 크롤링, RSS, Open API, 스크래파이, 아파치 카프카, 척와 등이 있다.

[비정형 데이터 수집 방식 및 기술]

수집 방식 및 기술	설명
크롤링 (Crawling)	– 웹 상에서 제공되는 다양한 웹 사이트로부터 소셜 네트워크 정보, 뉴스, 게시판 등의 웹 문서 및 콘텐츠 수집 기술 – 웹 사이트에서 원하는 정보를 자동으로 수집하는 것
RSS (Rich Site Summary)	– 블로그, 뉴스, 쇼핑몰처럼 콘텐츠 업데이트가 자주 일어나는 웹사이트에서 업데이트된 정보를 쉽게 구독자들에게 제공하기 위해 XML을 기초로 만들어진 데이터 형식
Open API	– 응용 프로그램을 통해 실시간으로 데이터를 수신할 수 있도록 공개된 API를 이용하여 데이터를 수집하는 기술 – 네이버 지도, 구글 맵 등
스크래피 (Scrapy)	– 웹 사이트를 크롤링하여 구조화된 데이터를 수집 – 웹 데이터를 수집, API를 통해 데이터 추출 가능 – 파이썬 기반의 애플리케이션 프레임워크

<table>
<tr><td>아파치 카프카
(Apache
Kafka)</td><td>– 대용량 실시간 로그 처리를 위한 분산 스트리밍 플랫폼 기술
– 높은 처리량, 낮은 지연시간
– 스칼라 개발</td></tr>
</table>

④ 그 외 수집 방식 및 기술

그 외 기업에서 사용할 수 있는 다양한 데이터 수집 프로그램이 있다.

[그 외 데이터 수집 방식 및 기술]

<table>
<tr><th>구분</th><th>설명</th></tr>
<tr><td>CEP
(Complex Event
Processing)</td><td>– 여러 이벤트 소스로부터 발생한 이벤트를 실시간으로 추출하여 대응되는 액션을 수행하는 처리 기술
– 사전 대응 가능</td></tr>
<tr><td>EAI
(Enterprise
Application
Integration)</td><td>– 기업에서 운영되는 서로 다른 애플리케이션들 간의 정보 전달, 연계, 통합을 가능하게 해주는 연계 기술
– 비즈니스 간 통합, 효율성, 확장성
<table>
<tr><th>구분</th><th>EAI 도입 전</th><th>EAI 도입 후</th></tr>
<tr><td>개념도</td><td> 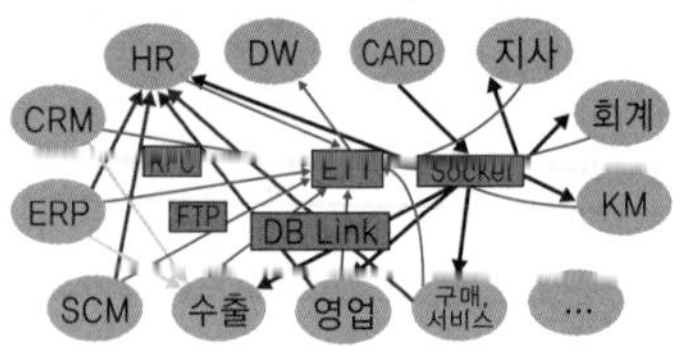HR DW CARD 지사 CRM 회계 ERP KM FTP DB Link SCM 수출 영업 구매, 서비스 …</td><td>HR DW CARD 지사 CRM 회계 EAI ERP KM SCM 수출 영업 구매, 서비스 …</td></tr>
<tr><td>구성</td><td>– 지역/업무별 시스템 단위 운영 관리
– 인터페이스 분산화, 비표준화, 복잡
– 데이터 정합성 관리가 어렵다.
– 개발 및 관리 비용 증가</td><td>– 전사 통합 운영 관리
– 인터페이스 통합화, 표준화, 단순화
– 데이터 정합성 보증
– 개발 및 관리 비용 절감</td></tr>
</table></td></tr>
<tr><td>CDC
(Change Data
Capture)</td><td>– 데이터 백업이나 통합 작업을 할 경우 최근 변경된 데이터들을 대상으로 다른 시스템으로 이동하는 처리 기술이다.
– 실시간 서로 다른 DB로 업데이트 가능
– 확장성, 유연성</td></tr>
<tr><td>ODS
(Operational
Data Store)</td><td>– 다양한 데이터 원천들로부터 데이터를 추출 및 통합한 데이터베이스다.</td></tr>
</table>

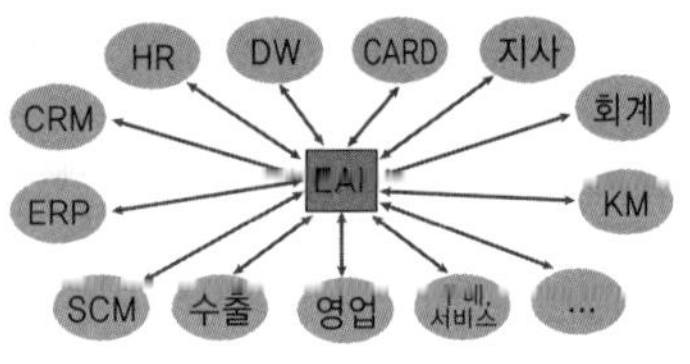

4) 데이터 비식별화 ★★★ 앞에서 학습하였습니다. 모두 잘 알아두세요.

가. 데이터 비식별화(Data De-Identification)

① 데이터 비식별화 처리 대상

- 개인정보를 포함하고 있는 데이터는 개인정보의 일부 또는 전부를 삭제하거나 대체하여 특정 개인을 식별할 수 없도록 데이터 비식별화 조치를 수행해야 한다.
- 식별자는 원칙적으로 삭제 조치하며, 데이터 이용 목적상 필요한 식별자는 비식별 조치 후 활용한다. 준식별자는 데이터 이용 목적과 관련이 없는 경우 원칙적으로 삭제하며, 관련이 있을 경우 비식별 조치 후 활용한다.

[식별자와 준식별자 개념]

적용 대상	대상	설명
식별자 (Identifier)	개인을 식별할 수 있는 정보	이름, 필명, 전화번호, 주소(구 단위 미만까지 포함), 생년월일, 사진 등
	고유식별 정보	주민등록번호, 운전면허번호, 외국인번호, 여권번호 등
	생체 정보	지문, 홍채, DNA 정보 등
	기관, 단체 등의 이용자 계정	자동차 번호, 신용카드 번호, 계좌번호, 이메일 주소, 면허 번호, 자격증 번호, 사업자 등록 번호
준식별자 (Quasi-Identifiers)	개인 특성	성별, 생년, 생일, 나이, 국적, 고향, 거주지, 시군구명, 우편번호, 병역 여부, 결혼 여부 등
	신체 특성	혈액형, 신장, 몸무게, 장애 유형, 병명 등
	신용 특성	신용 등급, 기부금, 건강보험료 납부액, 소득 분위, 의료 급여자 등
	경력 특징	직업, 학교명, 성적, 학력 등
	전자적 특성	PC 사양, 쿠키 정보, 접속일시
	가족 특성	배우자, 자녀, 부모, 형제 여부, 가족 정보
	위치 특성	GPS 데이터, RFID 리더 접속 기록, 인터넷 접속, 핸드폰 사용 기록 등

② 데이터 비식별화 처리 기법 * Chapter 1에서 배운 내용에 추가적으로 더 상세하게 공부해 두세요.

- 데이터의 활용성을 고려하여 적합한 비식별화 처리 기법을 선택하여 수행한다.
- 가명처리, 총계처리, 데이터 삭제, 데이터 범주화, 데이터 마스킹 등 여러 가지 기법을 단독 또는 복합적으로 활용한다.

[데이터 비식별화 처리 기법]

<table>
<tr><th>처리 기법</th><th colspan="2">설명</th></tr>
<tr><td rowspan="5">가명 처리
(Pseudonymi-
sation)</td><td colspan="2">- 개인 식별 요소를 식별할 수 없는 다른 값으로 대체하는 기법
- 그 자체로는 완전 비식별화가 가능하며 데이터의 변형, 변질 수준이 낮다.
- 대체 후에도 식별 가능한 고유 속성을 계속 유지</td></tr>
<tr><th>세부 기술</th><th>설명</th></tr>
<tr><td>휴리스틱 익명화
(Heuristic
Pseudonymi-
sation)</td><td>- 식별자의 분포를 고려하거나 사전 분석을 하고 수행하는 것이 아니기 때문에 쉽게 이해하고 활용 가능
예 성명을 홍길동, 김철수, 김영희 등 일반화된 이름으로 대체</td></tr>
<tr><td>암호화
(Encryption)</td><td>- 개인정보 암호화
- 복호화 Key의 보안 방안도 함께 필요</td></tr>
<tr><td>교환 방법
(Swapping)</td><td>- 기존의 데이터베이스의 레코드를 사전에 정해진 외부 변수값과 연계하여 교환</td></tr>
<tr><td rowspan="6">총계 처리
(Aggregation)</td><td colspan="2">- 전체 또는 부분 데이터에 통곗값을 적용하여 비식별화</td></tr>
<tr><th>세부 기술</th><th>설명</th></tr>
<tr><td>총계처리
기본 방식</td><td>- 총계(총합, 평균 등) 처리를 하여 민감성을 낮추는 기법</td></tr>
<tr><td>부분 총계
(Micro
Aggregation)</td><td>- 다른 속성값에 비하여 오차 범위가 큰 항목이나 속성값에 대하여 통곗값을 활용하여 값을 변환</td></tr>
<tr><td>라운딩
(Rounding)</td><td>- 집계 처리된 값에 대하여 라운딩(올림, 내림) 기준을 적용하여 최종 집계 처리
- 자세한 정보보다는 전체 통계정보가 필요한 경우 사용</td></tr>
<tr><td>재배열
(Rearrange-
ment)</td><td>- 기존 정보 값은 유지하면서 개인이 식별되지 않도록 데이터 재배열</td></tr>
<tr><td>데이터값 삭제
(Data Reduction)</td><td colspan="2">- 개인정보 식별이 가능한 특정 데이터 값 삭제
- 데이터 삭제로 인한 분석의 다양성, 분석 결과의 유효성, 분석 정보의 신뢰성이 저하될 수 있다.</td></tr>
</table>

<table>
<tr>
<td>데이터값 삭제
(Data Reduction)</td>
<td>
<table>
<tr><th>세부 기술</th><th>설명</th></tr>
<tr><td>식별자 (부분) 삭제</td><td>– 원시 데이터에서 민감한 속성값 등 개인 식별 항목을 전체 또는 일부 삭제</td></tr>
<tr><td>행 삭제</td><td>– 다른 정보와 뚜렷하게 구별되는 레코드 전체 삭제</td></tr>
<tr><td>식별요소 전부 삭제</td><td>– 식별자뿐만 아니라 잠재적으로 개인을 식별할 수 있는 준 식별자를 모두 제거함으로써 프라이버시 침해 위험을 줄이는 방법
– 데이터의 유용성이 저하될 수 있다.</td></tr>
</table>
</td>
</tr>
<tr>
<td>데이터 범주화
(Data Suppression)</td>
<td>
– 단일 식별 정보를 해당 그룹의 대푯값으로 변환하거나 구간 값으로 변환하여 고유 정보 추적 및 식별 방지
<table>
<tr><th>세부 기술</th><th>설명</th></tr>
<tr><td>범주화 기본 방식</td><td>– 은폐화 방법이라고도 하며, 명확한 값을 숨기기 위하여 데이터 평균 또는 범주의 값으로 변환하는 방식</td></tr>
<tr><td>랜덤 라운딩
(Random Rounding)</td><td>– 수치 데이터를 임의의 수 기준으로 올림(Round up) 또는 내림(Round down) 하는 기법</td></tr>
<tr><td>범위 방법
(Data Range)</td><td>– 수치 데이터를 임의의 수 기준의 범위로 설정
– 해당 값의 범위 또는 구간으로 표현</td></tr>
<tr><td>제어 라운딩
(Controlled Rounding)</td><td>랜덤 라운딩에서 행과 열의 합이 일치하지 않는 단점을 해결하기 위해 행과 열이 맞지 않는 것을 제어하여 일치시키는 기법</td></tr>
</table>
</td>
</tr>
<tr>
<td>데이터 마스킹
(Data Masking)</td>
<td>
– 개인식별 정보에 대하여 전체 또는 부분으로 대체 값(공백, '*', 노이즈 등)으로 변환
– 완전 비식별화가 가능하며 원시 데이터의 구조에 대한 변형이 적다.
<table>
<tr><th>세부 기술</th><th>설명</th></tr>
<tr><td>임의 잡음 추가
(Adding Random Noise)</td><td>– 임의의 숫자 등 잡음을 추가하는 방법
– 원 자료의 유용성을 해치지 않으나, 잡음 값은 데이터와 무관하기 때문에 데이터의 유효성 저하</td></tr>
<tr><td>공백과 대체
(Blank and Impute)</td><td>– 특정 항목의 일부 또는 전부를 공백 또는 대체 문자로 바꾸는 기법</td></tr>
</table>
</td>
</tr>
</table>

③ 개인정보 익명처리 기법

개인정보 익명처리는 가명, 일반화, 섭동, 치환 등의 방법으로 수행한다.

[개인정보 익명처리 기법]

처리기법	설명
가명 (Pseudonym)	– 개인 식별이 가능한 데이터에 대하여 직접 식별할 수 없는 다른 값으로 대체하는 기법 – 개정 신용정보법 '가명처리'와 구별되는 개념 – ISO/IEC 20889(개인정보 비식별 가이드라인)의 가명화 기법은 원본 데이터의 식별자를 다른 값으로 치환하는 것에 한정 – 개정 신용정보법은 치환뿐만 아니라 필요시 다른 속성자를 삭제하거나 라운딩 하는 등의 기법 추가 적용
일반화 (Generalization)	– 일반화된 값으로 대체 – 숫자 데이터의 경우 구간으로 정의하고, 범주화된 속성은 트리의 계층적 구조에 의해 대체하는 기법
섭동 (Perturbation)	– 동일한 확률적 정보를 가지는 변형된 값에 대하여 원래 데이터를 대체하는 기법
치환 (Permutation)	– 속성 값을 수정하지 않고 레코드 간에 속성값의 위치를 바꾸는 기법

5) 데이터 품질 검증 ★★ 품질에 관한 문제도 종종 나오고 있습니다. 잘 알아두세요.

가. 데이터 품질

① 데이터 품질 관리

- 데이터의 품질을 기준에 맞게 검토하고 데이터 품질 관리 체계를 구축하여야 한다.
- 수집 데이터 품질 보증 체계를 수립하여 품질 점검 수행 후 품질검증 결과서를 작성한다.
- 데이터 품질이 기준에 충족하지 못한 경우 데이터를 재수집한다.

나. 데이터 품질 검증 * 각 항목의 특징을 잘 알아두세요.

① 정형 데이터 품질 검증 항목

정형 데이터 품질은 완전성, 유효성, 일관성, 정확성, 유일성, 활용성, 보안성 등의 품질 검증 항목이 있다.

[정형 데이터 품질 검증 항목]

검증 항목	설명
데이터 완전성 (Data Completeness)	– 필수 항목에 데이터 누락이 발생하지 않는다.
데이터 유효성 (Data Validity)	– 데이터는 정해진 유효 범위 및 도메인을 충족한다.
데이터 일관성 (Data Consistency)	– 정보 시스템 내의 동일한 데이터 간 불일치가 없다. – 기능, 의미, 성격이 동일한 데이터가 상호 동일한 용어로 정의
데이터 정확성 (Data Accuracy)	– 실세계에 존재하는 데이터의 값이 오류 없이 기입 – 계산, 집계, 업무 규칙 등의 정확성
데이터 유일성 (Data Uniqueness)	– 칼럼은 유일한 값을 가진다.
데이터 활용성 (Data Availability)	– 데이터가 분석에 충분한 활용가치가 있다. – 데이터의 접근성과 적시성
데이터 보안성 (Data Security)	– 훼손, 변조, 유출 등으로부터 데이터를 안전하게 보호 – 시스템의 에러나 장애를 모니터링하고, 사건 발생 시 지연을 최소화하는 조치를 취한다.

② 비정형 데이터 품질 검증 항목

비정형 데이터 품질은 기능성, 신뢰성, 사용성, 효율성, 이식성 등의 품질 검증 항목이 있다.

[비정형 데이터 품질 검증 항목]

검증 항목	설명
기능성(Functionality)	– 해당 데이터가 명시된 요구와 내재된 요구를 만족하는 기능을 제공하는 수준
신뢰성(Realability)	– 해당 데이터가 신뢰할 수 있는 데이터인지 검증할 수 있는 수준
사용성(Usability)	– 해당 데이터가 사용자에 의해 이해되고 목적에 맞게 사용될 수 있는 수준
효율성(Efficiency)	– 해당 데이터가 사용되는 자원의 양에 따라 요구된 성능을 제공하는 수준
이식성(Portability)	– 해당 데이터가 다양한 환경과 상황에서 사용되는 성능을 제공하는 수준

③ 데이터 프로파일링을 통한 품질 검증 절차 및 기법 * 포괄적으로 알아두세요.

데이터 프로파일링(Data Profiling)이란, 데이터에 관한 중요한 정보와 통계 자료 등을 수집하기 위해 데이터 소스에 대한 검사를 수행하는 절차 및 기법을 의미한다.

[데이터 품질 검증 절차]

절차	설명
메타데이터 수집 및 분석	– 데이터베이스에 설계 반영된 물리 메타데이터 수집
대상 및 유형 선정	– 프로파일링 분석을 수행할 대상 업무 및 테이블 선정
프로파일링 수행	– 누락 값, 비 유효 값, 무결성 위반 사항 등을 분석
프로파일링 결과 리뷰	– 결과를 취합하고 결과 리뷰 및 확정
프로파일링 결과 종합	– 결과 종합 후 보고서 작성

[데이터 품질 검증 기법]

기법	설명
메타데이터 수집	– 테이블 정의서, 칼럼 정의서, 도메인 정의서, 데이터 사전, ERD, 관계 정의서를 수집 – 테이블 값 누락, 불일치, 칼럼 누락, 자료형 불일치 등을 확인
칼럼 속성 분석	– 칼럼의 총 건수, 유일 값, 결측치, 공백값, 범위, 이상치 등을 추출 – 값이 유효범위 내에 있는지 판단
값의 허용 범위 분석	– 컬럼의 속성값이 가져야 할 범위 내에 속성값이 있는지 여부가 아닌, 해당 속성의 도메인 유형에 따라 그 범위 결정
허용 값 목록 분석	– 해당 컬럼의 허용 값 목록이나 집합에 포함되지 않는 값을 발견 – 정의서에 등록되지 않은 코드가 포함되어 있는지 탐색
패턴 분석	– 컬럼 속성값의 특성을 문자열로 도식화하여 패턴 오류 검출
유형 분석	– DATETIME 유형과 문자형 날짜 유형을 활용하여 날짜 유형 분석 – 기타 특수 도메인(주민등록번호, 사업자 번호 등)의 유효성 분석
유일 값 분석	– 유일해야 하는 컬럼의 중복 여부 분석 – ID, 이메일 등
구조 분석	– 잘못된 데이터 구조로 인해 발생하는 중복, 부정확한 값 파악

2 데이터 적재 및 저장

1) 데이터 적재 ★

가. 데이터 적재

① 데이터 적재

- 데이터 수집 후, 수집한 데이터를 데이터 저장 시스템에 적재해야 한다.
- RDBMS, HDFS, NoSQL 등 저장 시스템에 데이터를 적재할 수 있다.

② 데이터 적재 도구

- 수집된 데이터는 직접 적재하거나, 적재할 수 있는 도구를 사용하여 적재한다.
- 대표적인 데이터 적재 도구는 플루언티드, 아파치 플럼, 스크라이브, 로그스태시 등이 있다.

[데이터 적재 도구]

도구	설명
플루언티드 (Fluentd)	– 로그를 다양한 형태로 입력받아 JSON 포맷으로 변환한 뒤 다양한 형태로 출력
아파치 플럼 (Apache Flume)	– 많은 양의 로그 데이터를 효율적으로 수집, 취합 후 적재
스크라이브 (Scribe)	– 페이스북 개발 – 다수의 서버로부터 실시간으로 스트리밍되는 로그 데이터를 수집 후 적재 – 확장성, 안정성
로그스태시 (Logstash)	– 형식이나 복잡성 없이 데이터를 동적으로 수집 및 전송 – 데이터가 저장소로 이동하는 과정에서 각 이벤트 분석 및 변환

2) 데이터 저장 ★★★ 데이터베이스, 데이터 웨어하우스, 데이터 마트, 데이터 레이크의 의미를 잘 알아두세요.

가. 데이터 저장 시스템

① 데이터베이스(Database; DB)

- 데이터베이스는 여러 사람이 공유하여 사용할 목적으로 통합, 관리되는 정보의 집합이다.
- 데이터베이스의 중요한 특징은 통합, 저장, 공용, 갱신이다.

[데이터베이스 특징]

특징	설명
통합된 데이터 (Integrated Data)	– 동일한 데이터가 중복되어 저장되지 않다.

저장된 데이터 (Stored Data)	– 컴퓨터가 접근할 수 있는 저장 매체에 저장되어 있다.
공용 데이터 (Shared Data)	– 동시에 여러 사용자가 데이터를 이용할 수 있다. – 일반적으로 대용량화 되어 있고 구조가 복잡하다.
갱신 데이터 (Changed Data)	– 현 시점의 상태를 나타내며 지속적으로 갱신된다. – 갱신하면서도 현재의 정확한 데이터를 유지한다.

- **데이터베이스 관리 시스템(Database Management System; DBMS)은 데이터베이스를 관리**하고 관련 응용 프로그램들이 데이터베이스를 공유하며 사용할 수 있는 환경을 제공하는 소프트웨어이다.
- SQL(Structured Query Language)은 **데이터베이스에 접근할 때 사용하는 언어**이며 단순한 질의 기능뿐만 아니라 데이터 정의와 조작 기능을 갖추고 있다.

DBMS
(Database Management System)
- DB 생성 및 관리, 환경을 제공
- DBMS를 통해 조작, 관리
- Oracle, MyAQL, MSSQL

SQL
(Structured Query Language)
- DBMS의 데이터를 관리하기 위해 설계된 특수 목적의 언어
- 데이터 검색, DB 생성과 수정 등

- 데이터베이스는 다양하게 활용될 수 있다.

[데이터베이스 활용]

활용	설명
OLTP (Online Transaction Processing)	– 다수의 이용자가 실시간으로 데이터를 갱신하거나 조회하는 경우 트랜잭션 단위로 작업을 처리하는 방식 – 데이터베이스를 액세스하고, 바로 처리 결과를 돌려보내는 형태로 현재 시점의 데이터만을 관리
OLAP (Online Analytical Processing)	– 정보 위주의 분석 처리로 OLTP에서 처리된 트랜잭션 데이터를 다양한 관점에서 추출, 분석할 수 있도록 지원하는 방식 – 다양한 비즈니스 관점에서 쉽고 빠르게 다차원적인 데이터에 접근하여 의사결정에 활용할 수 있는 정보를 얻을 수 있게 하는 기술

OLTP
(Online Transaction Processing)
- 트랜잭션 단위로 작업 처리
- 각각의 작업 요청을 처리
- 예 은행 업무, 회원 정보 수정

OLAP
(Online Analytical Processing)
- 데이터를 사용자 요구와 목적에 맞게 분석하여 자료 제공
- 정보의 가치, 편의성
- 분기별 트렌드

• 데이터베이스는 트랜잭션이 안전하게 수행된다는 것을 보장하기 위해 ACID 규칙을 만족해야 한다.

[AICD 규칙]

특징	설명
원자성 (Atomicity)	– 한 트랜잭션의 모든 작업이 수행되든지, 아니면 하나도 수행되지 않아야 한다. – 트랜잭션이 제대로 수행되지 않았으면 롤백(Roll Back)한다.
일관성 (Consistency)	– 모든 트랜잭션은 데이터베이스에서 정한 무결성 조건을 만족해야 한다.
격리성 (Isolation)	– 두 개의 트랜잭션이 서로에게 영향을 미칠 수 없다. – 트랜잭션이 실행되는 동안은 다른 트랜잭션이 접근할 수 없다.
내구성 (Durability)	– 트랜잭션이 성공적으로 수행된 후에는 그 결과가 데이터베이스에 유지되어야 한다.

② 데이터 웨어하우스(Data warehouse; DW)

• 사용자의 의사결정에 도움을 주기 위해 다양한 시스템에서 데이터를 추출, 변환, 요약하여 능동적으로 사용자에게 정보를 제공할 수 있는 데이터베이스의 집합체이다.

• 데이터베이스만으로는 규모가 작고 데이터 관리가 어렵기 때문에 유용한 정보를 뽑아내어 중앙 데이터 웨어하우스에 저장한다.

• 데이터 웨어하우스의 중요한 특징은 주제 지향성, 통합성, 시계열성, 비휘발성이다.

[데이터 웨어하우스 특징]

특징	설명
주제 지향성 (Subject-Orientation)	– 기존의 데이터베이스가 대출, 예금, 재고관리 등과 같은 '기능'이나 '업무'처리를 중심으로 설계되는 것에 비해 고객, 거래처, 공급자, 상품 등과 같은 '주제' 중심으로 구성된다.
통합성 (Integration)	– 기존의 운영 시스템은 부서나 부문, 혹은 기관별로 일관성 없는 다량의 데이터를 중복 관리하지만, DW는 데이터 속성의 이름, 코드의 구조 등의 일관성을 유지하며 전사적 관점에서 하나로 통합한다.
시계열성 (Time-variant)	– 기존의 DB는 사용자가 사용하는 현재 시간을 기준으로 최신의 값을 유지하지만, DW는 일정 기간 수집된 데이터를 갱신 없이 보관하며 일, 월, 분기, 년 등과 같은 기간 관련 정보를 함께 저장한다. – 시계열성은 어떤 자료가 시간에 따라 변경되어야 하는 것이 아니고, 시간에 따른 변경을 항상 반영하고 있어야 함을 의미한다.
비휘발성 (Non-volatilization)	– 기존의 DB는 추가나 삭제, 변경 등과 같은 갱신 작업이 레코드 단위로 지속적으로 발생하지만, DW 내의 데이터는 일단 적재가 완료되면 읽기 전용 형태의 스냅샷 데이터로 존재하게 된다.

③ 데이터 마트(Data Mart; DM)

• 데이터 마트는 특정 주제, 부서 중심으로 구축된 소규모 단위 주제의 데이터 웨어하우스이다. 데이터 웨어하우스에서 데이터를 꺼내 사용자에게 제공하는 역할을 한다.

• 대개 특정한 조직, 혹은 팀에서 사용하는 것을 목적으로 한다.

④ 데이터 레이크(Data Lake; DL)

• 데이터 레이크는 정형, 반정형, 비정형 데이터를 원시 형태로 저장하는 단일한 데이터 저장소이다.

• 빅데이터 시대에 방대하고 다양한 데이터를 저장하기 위해 데이터 레이크 활용성이 주목받고 있다.

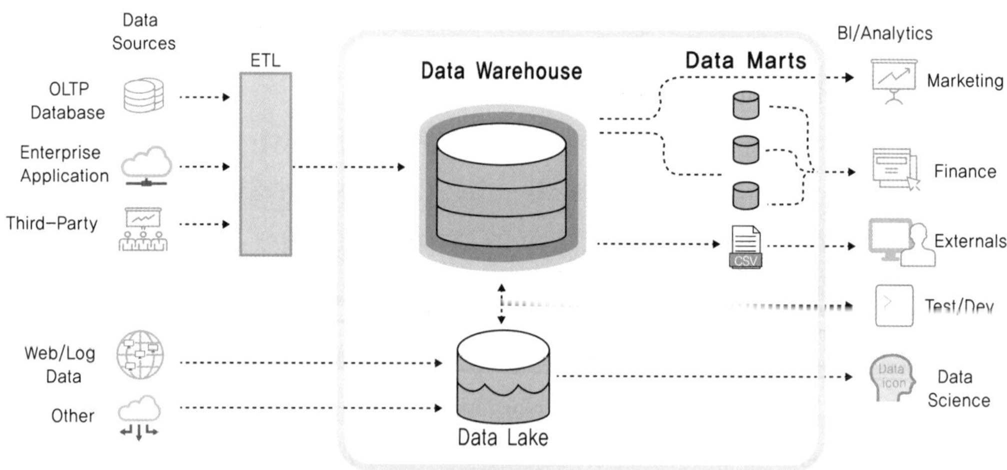

나. 빅데이터 저장 기술 *포괄적으로 알아두세요.

① 빅데이터 저장

• 빅데이터 저장은 대용량 데이터 집합을 저장하고 관리하는 것으로 기존의 데이터 저장보다 대용량의 저장 공간, 빠른 처리 성능, 확장성, 신뢰성, 가용성 등을 더욱 보장해야 한다.

• 안정성 및 신뢰성을 확보하고 보장하기 위해 저장 계획 수립 단계에서 용량 산정이 필요하며 향후 증가 추세를 추정 반영해야 한다.

• 빅데이터 저장 시스템을 선정할 때는 기존 시스템과의 연계성을 반드시 고려해야 한다.

② 빅데이터 저장 기술

빅데이터 저장 기술은 분산 파일 시스템, 데이터베이스 클러스터, NoSQL 등으로 구분된다.

[빅데이터 저장 기술]

기술	내용
분산 파일 시스템	– 컴퓨터 네트워크를 통해 공유하는 여러 컴퓨터의 파일에 접근할 수 있게 하는 파일 시스템 – 분산 파일 시스템 저장 방식은 저사양 서버들을 통해 대용량, 분산, 데이터 집중형의 애플리케이션을 지원한다. – 하둡 분산 파일 시스템(HDFS), 구글의 GFS, 러스터(Lustre) 등이 있다.
데이터베이스 클러스터	– 관계형 데이터베이스 관리 시스템으로 하나의 데이터베이스를 여러 개의 서버상에 구축하는 시스템 – 오라클 RAC, IBM DB2 ICE 등이 있다.
NoSQL	– 전통적인 RDBMS와 다른 DBMS를 지칭하기 위한 용어로 데이터 저장에 고정된 테이블 스키마가 필요하지 않고 조인 연산을 사용할 수 없으며, 수평적으로 확장이 가능한 DBMS – NoSQL 데이터베이스는 대용량 데이터 저장 측면에서 봤을 때, 관계형 데이터베이스보다 수평적 확장성, 데이터 복제, 간편한 API 제공 등의 장점이 있다. – Mongo DB, Radis, DynamoDB, HBase, Simple DB, 마이크로소프트 SSDS 등이 있다.

③ 분산 파일 시스템 * 용어 위주로 알아두세요.

분산 파일 시스템은 하둡 분산 파일 시스템(HDFS), 구글의 GFS, 러스터(Lustre) 등이 있다.

[분산 파일 시스템 종류]

종류	내용
HDFS (Hadoop Distributed File System)	– HDFS는 대용량 파일을 클러스터에 여러 블록으로 분산하여 저장한다. – 블록들은 마지막 블록을 제외하고 모두 크기가 동일하다. – 저사양 다수의 서버를 이용해서 스토리지를 구성할 수 있어 기존의 대용량 파일 시스템에 비해 비용 관점에서 효율적이다. – 데이터 손상을 방지하기 위해서 데이터 복제 기법을 사용한다. – 대용량의 비정형 데이터 저장 및 분석에도 효율적이며 시스템의 과부하나 병목현상도 줄여준다. – 장비를 증가시킬수록 성능이 향상되며 오픈소스용으로 무료로 사용할 수도 있다.

HDFS (Hadoop Distributed File System)

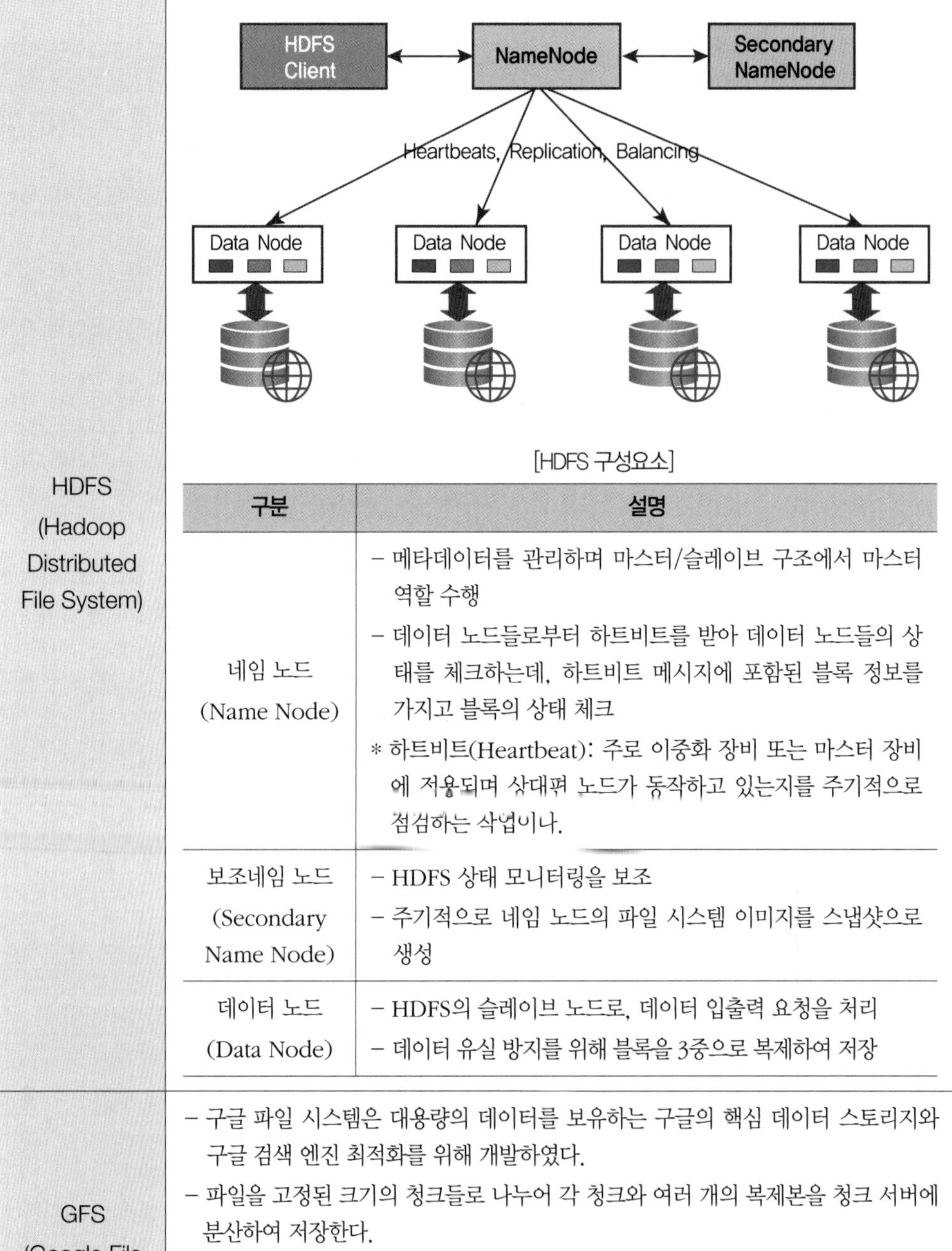

[HDFS 구성요소]

구분	설명
네임 노드 (Name Node)	- 메타데이터를 관리하며 마스터/슬레이브 구조에서 마스터 역할 수행 - 데이터 노드들로부터 하트비트를 받아 데이터 노드들의 상태를 체크하는데, 하트비트 메시지에 포함된 블록 정보를 가지고 블록의 상태 체크 * 하트비트(Heartbeat): 주로 이중화 장비 또는 마스터 장비에 적용되며 상대편 노드가 동작하고 있는지를 주기적으로 점검하는 작업이다.
보조네임 노드 (Secondary Name Node)	- HDFS 상태 모니터링을 보조 - 주기적으로 네임 노드의 파일 시스템 이미지를 스냅샷으로 생성
데이터 노드 (Data Node)	- HDFS의 슬레이브 노드로, 데이터 입출력 요청을 처리 - 데이터 유실 방지를 위해 블록을 3중으로 복제하여 저장

GFS (Google File System)	설명
GFS (Google File System)	- 구글 파일 시스템은 대용량의 데이터를 보유하는 구글의 핵심 데이터 스토리지와 구글 검색 엔진 최적화를 위해 개발하였다. - 파일을 고정된 크기의 청크들로 나누어 각 청크와 여러 개의 복제본을 청크 서버에 분산하여 저장한다. - 클라이언트가 GFS 마스터에게 파일을 요청하면, 마스터는 저장된 청크의 매핑 정보를 찾아서 해당 청크 서버에 전송을 요청하고, 해당 청크 서버는 클라이언트에게 청크 데이터를 전송한다. - 마스터, 청크 서버, 클라이언트로 구성된다.

<table>
<tr><td rowspan="4">GFS
(Google File System)</td><td colspan="2">[GFS 구성요소]</td></tr>
<tr><td>구분</td><td>설명</td></tr>
<tr><td>마스터
(Master)</td><td>– 단일 마스터 구조로 파일 시스템의 모든 메타데이터를 메모리상에서 관리
– 주기적으로 청크 서버의 하트비트 메시지를 이용하여 청크를 재복제하거나 재분산하여 상태를 관리</td></tr>
<tr><td>청크 서버
(Chunk Server)</td><td>– 로컬 디스크에 청크를 저장
– 클라이언트가 청크 입출력을 요청하면 청크 서버가 처리
– 주기적으로 청크 서버의 상태를 하트비트 메시지로 마스터에게 전달</td></tr>
<tr><td></td><td>클라이언트(Client)</td><td>– 파일을 읽고 쓰는 동작을 요청하는 애플리케이션</td></tr>
<tr><td>러스터
(Lustre)</td><td colspan="2">– 고속 네트워크로 연결된 클라이언트 파일 시스템</td></tr>
</table>

④ 데이터베이스 클러스터

데이터베이스 클러스터는 리소스 공유 관점에서 공유 디스크와 무공유 디스크로 구분된다.

[데이터베이스 클러스터 종류]

구분	내용
공유 디스크 클러스터	– 논리적으로 데이터 파일을 공유하여 모든 데이터에 접근 가능하게 하는 방식 – 모든 노드가 데이터를 수정할 수 있어, 동기화 작업을 위한 채널이 필요 – 높은 수준의 고가용성을 제공하므로 클러스터 노드 중 하나만 살아 있어도 서비스 가능
무공유 디스크 클러스터	– 무공유 클러스터에서 각 데이터베이스 인스턴스는 자신이 관리하는 데이터 파일을 자신의 로컬 디스크에 저장 – 각 파일들은 노드 간에 공유하지 않는다. – 노드 확장에 제한이 없지만 장애 대응을 위한 데이터 백업 문제 고려

⑤ NoSQL

* NoSQL 개념에 대해서 잘 알아두세요.

- NoSQL은 Not Only SQL의 약어로, 대규모 데이터를 처리하기 위한 저장 시스템으로 기존 RDBMS보다 더욱 높은 확장성, 가용성, 성능을 제공한다.

[RDBMS와 NoSQL 비교]

<table>
<tr><th>구분</th><th>특징</th></tr>
<tr><td>RDBMS</td><td>– 정규화된 테이블과 소규모 트랜잭션이 있다.
– 정형화된 데이터를 다루기 위해 고정된 스키마가 있다.
– 데이터 무결성과 정확성을 보장한다.
– 분산 환경에 부적합하며 확장성에 한계가 있다.
– SQL문을 사용한다.</td></tr>
<tr><td>NoSQL</td><td>– 고정된 스키마가 없으며 수평적으로 확장이 가능하다.
– 조인 연산을 사용할 수 없으며 자유롭게 데이터베이스 레코드에 필드를 추가할 수 있다.
– 데이터의 무결성과 정확성을 보장하지 않는다.
– CAP 이론을 기반으로 하고 있다.
* CAP 이론: 분산 컴퓨팅 환경에서 일관성(Consistency), 가용성(Availability), 지속성(Partition Tolerance)의 3가지 특징 중 두 가지 속성을 지원하기 위해 한 가지는 충족되지 못하는 것을 의미한다.

[CAP 이론]
<table>
<tr><th>구분</th><th>설명</th></tr>
<tr><td>RDBMS</td><td>– 일관성, 가용성 선택
– 트랜잭션 ACID 보장</td></tr>
<tr><td>NoSQL</td><td>– 일관성, 가용성 중 하나를 포기하고 지속성 보장
– 일관성+지속성: 대용량 분산 파일 시스템(성능 보장)
– 가용성+지속성: 비동기식 서비스 등</td></tr>
</table></td></tr>
</table>

• NoSQL은 기존 RDBMS의 주요 특성인 ACID 특성 중 일부만을 지원하는 대신 성능과 확장성을 중시한다.

• 수십 대에서 수천 대 규모로 구성된 시스템에서도 데이터의 특성에 맞게 효율적으로 데이터를 검색, 처리할 수 있는 질의 언어, 관련 처리 기술, API를 제공한다.

• 대규모 질의에도 고성능 응답 속도를 제공할 수 있는 메모리 기반 캐싱 기술을 적용하는 것이 중요하다.

• BASE 특징을 가진다.

[BASE 특징]

특성	설명
Basically Available	– 언제든지 데이터는 접근할 수 있어야 하는 속성 – 분산 시스템이기 때문에 항상 가용성 중시 – 시스템 일부에 장애가 발생해도 클라이언트가 시스템에 접근 가능하다.

Soft-State	- 노드의 상태는 내부에 포함된 정보에 의해 결정되는 것이 아니라 외부에서 전송된 정보를 통해 결정되는 속성 - 특정 시점에서는 데이터의 일관성이 보장되지 않는다.
Eventually Consistency	- 일정 시간이 지나면 데이터의 일관성이 유지되는 속성 - 일관성을 중시하고 지향

• NoSQL의 데이터 저장 방식에 따라 키-값 구조, 컬럼 기반 구조, 문서 기반 구조, 그래프 기반 구조로 구분할 수 있다.

[NoSQL 데이터 저장 방식]

유형	설명
키-값 구조 (Key-Value Store)	- 가장 간단한 데이터 모델 - Unique한 Key에 하나의 Value를 가지고 있는 형태 예 Redis, DynamoDB
열 형식 구조 (Column Store)	- Key 안에 (Column, Value) 조합으로 된 여러 개의 필드를 갖는 DB - 연관된 데이터 위주로 읽는데 유리하지만, 하나의 레코드를 변경하려면 여러 곳을 수정해야 한다. 예 HBase, Cassandra, Bigtable
문서 기반 구조 (Document Store)	- Value의 데이터 타입이 Document라는 타입을 사용하는 DB - Document 타입은 XML, JSON, YAML과 같이 구조화된 데이터 타입으로, 복잡한 계층 구조를 표현할 수 있다. 예 Mongo DB, CouchDB, Simple DB
그래프 기반 구조 (Graph Store)	- 시맨틱 웹과 온톨로지 분야에서 활용되는 그래프로 데이터를 표현하는 DB 예 Neo4j, AllegroGraph

키-값

가장 간단한 데이터 모델
Redis, DynamoDB

문서

키-값 DB 개념 확장
Value → Document(XML, JSON)
MongoDB, CouchDB, SimpleDB

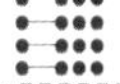
열 형식

키 안에 Column, Value 조합의 필드
연관 데이터 읽기 유리
HBase, Cassandra, Bigtable

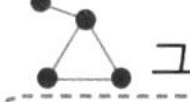
그래프

시멘틱 웹과 온톨로지 분야 활용
소셜 네트워크상 사용자 관계
Neo4j, AllegroGraph

* 이름 정도만 알아두세요.

• NoSQL은 Mongo DB, Radis, DynamoDB, HBase, Simple DB, SSDS, Bigtable, Cassandra 등이 있다.

[NoSQL 종류]

종류	설명
Mongo DB	– 기존 DBMS의 범위 질의, 보조 인덱스, 정렬 등 연산과 맵리듀스 등 집계 연산을 함께 지원 – 저장의 최소 단위는 문서로, 각 문서들은 RDBMS의 테이블과 비슷한 컬렉션이라는 곳에 수집 – 분산 확장 가능
Radis	– 메모리 기반의 키– 값 저장 공간 – 다양한 데이터 구조 지원
Dynamo DB	– 아마존 웹에서 유료 또는 무료로 제공 – 하드웨어 프로비저닝, 복제, 설정 패치 등 지원 – 기본 데이터 모델은 속성, 항목, 테이블로 구성
HBase	– HDFS를 기반으로 구현된 컬럼 기반의 분산 데이터베이스 – 관계형 데이터베이스와 달리 수평적으로 확장성이 있어 큰 테이블에 적합, 단일 행의 트랜잭션을 보장
Simple DB	– 아마존의 데이터 서비스 플랫폼으로, 웹 애플리케이션에서 사용하는 데이터의 실시간 처리를 지원 – 도메인, 아이템, 속성, 값으로 구성되는 데이터 모델
SSDS	– 마이크로소프트에서 개발한 SSDS(SQL Server Data Service) – 데이터 모델은 테이블과 유사한 컨테이너, 레코드와 유사한 엔티티로 구성 – 컨테이너의 생성/삭제, 엔티티의 생성/삭제, 조회, 쿼리 등의 API를 제공하고 SOAP/REST 기반의 프로토콜 지원
Bigtable	– 구글 클라우드 플랫폼에서 사용하는 컬럼 기반 데이터 저장 구조 – 공유 디스크 방식으로 모든 노드가 데이터, 인덱스 파일 공유
Cassandra	– 키– 값의 구조의 DBMS로 페이스북에서 적용하여 사용 – 다른 서버에 데이터 복제본을 구성하여 특정 노드에 장애가 발생해도 서비스 가능 – 토큰링 배경의 키 구간이 설정되어 있어 서버의 추가 및 제거만으로도 전체 저장 공간의 유연한 확장 및 축소 가능

Big Data Analytics

실력점검문제

무료 동영상

01 데이터에 대한 설명으로 옳지 않은 것은?

① 정량적 데이터는 주로 정형 데이터에 해당하고, 정성적 데이터는 주로 반정형 데이터에 해당한다.

② 데이터의 존재적 특성은 객관적 사실로서 가공하기 전의 순수한 수치나 기호를 의미한다.

③ 정형 데이터는 정해진 형식과 구조에 맞게 저장해야 하고, 비정형 데이터는 정해진 형식과 구조가 없다.

④ 데이터는 단순한 객체로는 가치가 없으며 적절하게 가공되어 정보로서 사용될 때 가치를 갖는다.

해설

정량적 데이터는 주로 정형 데이터에 해당하고, 정성적 데이터는 주로 비정형 데이터에 해당한다.

02 DIKW 피라미드에 대한 설명으로 옳지 않은 것은?

① 획득된 다양한 정보를 구조화 하여 유의미한 정보로 분류하고 일반화한 결과물을 '지식'이라고 한다.

② '3분기 매출은 2분기에 비해 30% 증가했다'는 데이터에 해당한다.

③ '일년 중 3분기 매출 실적이 항상 가장 높으므로 생산량을 기존보다 높여야 한다'는 지식에 해당한다.

④ 지혜는 배움과 실천의 대상에 해당된다.

해설

'3분기 매출은 2분기에 비해 30% 증가했다'는 데이터가 아닌 정보에 해당한다.

03 빅데이터에 대한 설명으로 옳지 않은 것은? (2개)

① 빅데이터는 일반적으로 TB 크기 이상의 데이터 규모를 지칭하며 기존 데이터베이스가 처리할 수 없는 대량의 데이터를 분석하고 가치를 추출하는 일련의 과정을 의미한다.

② 빅데이터의 크기를 측정하는 순서는 TB < PB < EB < ZB < YB이다.

③ 빅데이터는 가상 세계의 데이터를 기반으로 미래 전망을 예측하여 가치를 창출하고 위험을 감소한다.

④ 빅데이터 특징 중 신뢰성(Veracity)은 데이터의 유효함과 정확함을 의미한다.

해설

③ 빅데이터는 가상 세계가 아닌 현실 세계의 데이터를 기반으로 분석한다.

④ 데이터의 유효함과 정확함을 측정하는 특징은 정확성(Validity)에 해당하며, 신뢰성은 데이터 속 오류와 노이즈를 정제한 데이터의 신뢰할 만한 품질을 측정하는 것이다.

04 빅데이터의 특징에 대한 설명으로 옳지 않은 것은?

① 빅데이터 분석은 특정 분야 및 사람의 전유물이 아닌 정부, 기업, 개인에게 많은 영향을 미치며 활용할 수 있는 범위가 더욱 넓어지고 있다.

② 빅데이터는 전문 인력이 증가하고 기존에 없던 가치를 창출해내면서 가치 산정이 용이해졌다.

정답 01 ① 02 ② 03 ③, ④ 04 ②

③ 한국은 데이터 생산량이 많은 통신, 제조업이 발달해 잠재 데이터가 많지만 활용 단계는 아직 저조하다.

④ 빅데이터 산업은 '데이터 처리→통합→분석→연결→권리 시대'로 변모해왔으며 관련 법과 제도도 함께 발전해 왔다.

해설

빅데이터의 전문 인력은 아직 많이 부족한 실정이며, 데이터 재사용의 일반화, 새로운 가치 창출, 분석 기술 발전 등으로 가치를 산정하는 것이 어려운 실정이다.

05 빅데이터의 위기 요인 및 통제 방안에 대한 설명으로 옳지 않은 것은?

① 범죄 예측 프로그램, 신용도 예측 프로그램 등은 '책임 원칙 훼손'의 사례에 해당한다.

② 빅데이터 분석은 실제 일어난 일에 대한 데이터에 의존하기 때문에 이를 바탕으로 미래를 예측하는 것은 언제나 맞을 수 없는 오류가 존재한다.

③ 사생활 침해를 방지하기 위해 개인정보 사용 책임제도보다 동의제도를 더욱 강화해야 한다.

④ 알고리즘을 통해 불이익을 당하는 사람들을 구제하기 위해 알고리즈미스트(Algorithmist)라는 전문가가 더욱 필요해지고 있다.

해설

동의제도를 강화하기보다 책임 원칙을 강화하여 예측 알고리즘을 통해 불이익을 방지하고, 피해 최소화 장치를 마련해야 한다.

06 다음 중 빅데이터 활용에 필요한 3요소로 옳은 것은?

① 자원, 기술, 인력

② 자원, 기술, 프로세스

③ 자원, 인력, 프로세스

④ 인력, 기술, 프로세스

해설

빅데이터 활용에 필요한 3요소는 자원, 기술, 인력이다.

07 다음 중 빅데이터의 도입 효과로 옳지 않은 것은?

① 빅데이터를 도입함으로써 불확실성을 감소하고 미래를 예측하여 리스크를 감소할 수 있다.

② 빅데이터는 비즈니스 모델이나 제품, 서비스의 혁신을 가져온다.

③ 빅데이터는 투명성을 높여 R&D 및 관리 효율성을 제고한다.

④ 빅데이터는 고객 세분화와 맞춤형 개인화 서비스를 통해 마케팅 비용이 들지 않고 고객의 개인정보 활용을 통해 통제 능력이 증가한다.

해설

빅데이터는 고객 세분화와 맞춤형 개인화 서비스를 진행하지만 마케팅 비용은 여전히 많이 들 수밖에 없으며 고객의 개인정보는 보호되어야 하며, 통제 하는 수단으로 사용돼서는 안 된다.

08 빅데이터 조직 구조 설계의 요소에 대한 설명으로 옳지 않은 것은?

① 성공적인 비즈니스 목표 달성을 위하여 수직적 업무와 수평적 업무의 범위를 고려해야 한다.

② 조직 유형은 집중 구조, 기능 구조, 분산 구조로 분류한다.

③ 수직 업무 활동은 각 직무 단위별 업무 프로세스를 의미한다.

④ 팀 조직 구조를 성공적으로 설계하기 위해 공식화, 분업화, 직무 전문화, 관리 범위, 의사소통 및 조정 등을 고려한다.

해설

수직 업무 활동은 경영, 예산, 리스크 관리, 비즈니스 우선순위 결정 등이 해당된다.

05 ③ 06 ① 07 ④ 08 ③ 정답

09 **다음이 설명하는 빅데이터 조직 구조 유형은 무엇인가?**

- 분석 전담 조직이 없고, 현업 부서에서 분석 수행
- 비즈니스에 적용할 전사적 핵심 분석이 어려움
- 과거에 국한된 분석 수행

① 집중형 ② 기능형
③ 복합형 ④ 분산형

해설

빅데이터 조직 구조의 유형은 집중형, 기능형, 분산형 구조가 있다.

10 **다음 중 하드 스킬에 해당되는 것을 모두 고른 것은? (2개)**

① 프로그래밍 능력
② 통계 및 수학적 지식
③ 의사소통능력
④ 통찰력

해설

구분	설명
소프트 스킬 (Soft Skill)	– 통찰력: 대량의 데이터에서 통찰력 있는 분석을 위해 창의적 사고, 호기심, 논리적 비판 능력 – 의사소통능력: 다분야 간 협력 가능한 커뮤니케이션 능력 – 프레젠테이션 능력: 분석 결과를 설득할 수 있는 프레젠테이션(스토리텔링, 시각화 등) 능력
하드 스킬 (Hard Skill)	– 빅데이터 이론: 빅데이터 관련 이론(통계, 수학, 분석 기법 등) 및 분석 기술의 숙련도 – IT 역량: IT 지식 및 프로그래밍 능력, 데이터 관리 능력

11 **데이터 사이언스에 대한 설명으로 옳지 않은 것은?**

① 데이터 사이언스란 데이터 공학, 수학, 통계학, 컴퓨터 공학, 인문학 등 해당 분야의 전문지식을 종합한 학문이다.
② 통계학과 데이터 사이언스는 데이터를 다루는 것은 같지만, 통계학은 더욱 확장된 유형의 데이터까지 다룬다.
③ 데이터 사이언스는 정형 또는 비정형 데이터를 막론하고 다양한 유형의 데이터를 분석 대상으로 하고 이를 효과적으로 구현하고 전달하는 과정까지 포함한 개념이다.
④ 데이터 사이언스에서 더 높은 가치 창출과 차별화를 가져오는 것은 소프트 스킬이다.

해설

데이터 사이언스가 더 방대하고 다양한 유형의 데이터를 다룬다.

12 **데이터 거버넌스의 구성 요소가 아닌 것은?**

① 원칙(Principle)
② 조직(Organization)
③ 프로세스(Process)
④ 시스템(System)

해설

데이터 거버넌스의 구성 요소는 원칙, 조직, 프로세스이다.

13 **데이터 거버넌스 체계 구축 이후 표준 준수 여부를 주기적으로 점검하고 모니터링 하는 업무로 구성되는 데이터 거버넌스 체계 항목은 무엇인가?**

① 데이터 표준화
② 데이터 관리 체계
③ 데이터 저장소 관리
④ 표준화 활동

정답 09 ② 10 ①, ② 11 ② 12 ④ 13 ④

해설

데이터 거버넌스 체계 구축 이후 표준 준수 여부를 주기적으로 점검하고 모니터링 하는 업무로 구성되는 데이터 거버넌스 체계 항목은 표준화 활동이다.

14 하둡 에코시스템에 대한 설명으로 옳지 않은 것은?

① 하둡 에코시스템은 대표적인 빅데이터 플랫폼이며, 기존 데이터들을 비용 대비 효율적으로 처리할 수 있는 기술의 집합체이다.

② 저사양 컴퓨터를 묶어 대용량 데이터를 처리할 수 있는 하둡 분산 파일 시스템과 분산된 서버의 CPU와 메모리 자원을 이용하여 빠르게 분석하는 맵리듀스로 시작되었다.

③ 척와, 플럼, 스크라이브는 정형 데이터를 수집할 수 있는 프로그램이다.

④ 맵리듀스는 '맵→셔플→리듀스' 순서대로 데이터를 처리한다.

해설

척와, 플럼, 스크라이브는 비정형 데이터를 수집할 수 있는 프로그램이며 스쿱, 히호는 정형 데이터를 수집할 수 있는 프로그램이다.

15 다음 중 하둡 에코시스템의 주요 기술이 잘못 짝지어진 것은?

① 데이터 수집: Sqoop, Chukwa

② 분산 코디네이션: Zookeeper

③ 데이터 마이닝: Mahout

④ 데이터 처리: Hive

해설

Hive는 DW 솔루션으로 SQL과 매우 유사한 Hive QL 쿼리를 제공한다. 데이터 처리 솔루션은 MapReduce와 Apache Spark 등이 있다.

16 인공지능에 대한 설명으로 옳지 않은 것은?

① 빅데이터를 통해 자체 알고리즘을 가지고 스스로 학습하는 지도학습은 세상의 복잡한 문제들을 해결하는 실마리를 제공한다.

② 개념적으로 보면 '인공지능〉머신러닝〉딥러닝'의 구조를 가진다.

③ 전통적인 프로그래밍은 규칙과 데이터를 통해 해답을 찾고 머신러닝은 데이터와 해답을 통해 규칙을 찾는다.

④ 빅데이터와 인공지능은 상호보완 관계로 빅데이터는 인공지능 구현 완성도를 높여주고 빅데이터는 인공지능을 통해 문제해결 완성도를 높인다.

해설

자체 알고리즘을 가지고 스스로 학습하는 기술은 딥러닝 기술이다.

17 개인정보 주체자가 개인에게 알리지 않아도 되는 사실로 옳지 않은 것은?

① 개인정보 수집 항목

② 동의를 거부할 수 있는 권리

③ 개인정보의 수집 보유 및 이용 기간

④ 개인정보 파기 사유

해설

개인정보 파기 사유는 개인에게 알리지 않아도 된다.

18 개인정보에 대한 설명으로 옳은 것은?

① 개인정보는 생존 및 사망한 개인에 관한 정보로서 개인을 식별할 수 있는 정보이다.

② 다른 정보와 결합해야 개인을 식별할 수 있는 정보는 해당하지 않는다.

③ 개인정보는 비식별화 조치를 통해 가명정보, 익명정보로 변환할 수 있다.

④ 가명정보는 개인정보를 비식별화 했기 때문에 제한 없이 자유롭게 활용할 수 있다.

14 ③ 15 ④ 16 ① 17 ④ 18 ③ **정답**

해설

① 개인정보는 살아 있는 개인에 관한 정보로서 개인을 식별할 수 있는 정보이다.

② 해당 단일 정보만으로는 특정 개인을 알아볼 수 없더라도 다른 정보와 쉽게 결합하여 알아볼 수 있는 정보를 포함한다.

④ 가명정보는 통계 작성, 연구, 공익적 기록 보전 목적 등을 위해 활용할 수 있다.

19 개인 정보가 유출되었을 경우 정보 주체에게 고지해야 할 사항으로 옳지 않은 것은?

① 유출된 사이트의 개인정보 처리 방침

② 유출된 개인정보의 항목

③ 개인정보처리자의 대응조치 및 피해 구제 절차

④ 유출된 시점과 그 경위

해설

개인정보가 유출되었을 경우 정보 주체에게 고지해야 할 사항은 유출된 개인정보의 항목, 유출된 시점과 그 경위, 유출로 인하여 발생할 수 있는 피해를 최소화하기 위하여 정보 주체가 할 수 있는 방법 등에 관한 정보, 개인정보처리자의 대응 조치 및 피해 구제 절차, 정보 주체에게 피해가 발생한 경우 신고 등을 접수할 수 있는 담당부서 및 연락처 등이 있다.

20 데이터 관련 법령 및 제도에 관한 설명으로 옳지 않은 것은?

① 국내 데이터 3법은 '개인정보보호법', '정보통신망법', '신용정보법' 등 3가지 법률을 통칭한다.

② GDPR은 개인정보보호 법령으로, 미국 또는 유럽연합에 속해 있는 모든 인구들의 사생활 보호와 개인정보들을 보호해 주는 규제이다.

③ 가명처리된 개인정보는 특정 목적을 위해서는 개인의 동의 없이 활용할 수 있다.

④ 마이 데이터 제도는 개인의 데이터 활용 편의성을 위해 개인의 동의가 있을 시, 기관끼리 데이터를 주고받을 수 있다.

해설

GDPR은 유럽연합의 개인정보보호 법령이다.

21 개인정보 비식별화에 대한 설명으로 옳은 것은?

① 개인정보 비식별화 방법은 가명처리, 총계처리, 데이터 삭제, 파생변수 생성, 데이터 마스킹 등이 있다.

② 자체로는 식별자가 아니지만, 다른 데이터와 결합하여 추론 가능한 식별자를 비식별자라고 한다.

③ 개인정보 비식별화 기본 원칙에는 식별방지와 추론방지가 있다.

④ 개인정보 비식별화 절차는 '사전 검토→비식별 조치→사후 관리→적정성 평가' 절차를 따른다.

해설

① 파생변수 생성은 개인정보 비식별화 방법에 해당하지 않는다.

② 자체로는 식별자가 아니지만, 다른 데이터와 결합하여 추론 가능한 식별자를 준식별자라고 한다.

④ 개인정보 비식별화 절차는 '사전 검토→비식별 조치→적정성 평가→사후 관리' 절차를 따른다.

22 분석 문제 정의 방법론에 대한 설명으로 옳지 않은 것은?

① 상향식 접근 방식은 사전에 문제를 정의하지 않고 데이터를 기반으로 문제를 발견하는 것이다.

② 빅데이터에 더욱 최적화된 방식은 상향식 접근 방식이다.

③ 하향식 접근 방식은 '문제 탐색→문제 정의→해결방안 탐색→타당성 검토' 절차를 따른다.

④ 하향식 접근 방식은 비지도 학습, 디자인 사고, 비즈니스 모델 캔버스 등이 해당된다.

정답 19 ① 20 ② 21 ③ 22 ④

해설

비지도 학습, 디자인 사고, 프로토타이핑 접근법은 상향식 접근 방식에 해당한다.

23 분석 문제 우선순위 평가에 대한 설명으로 옳지 않은 것은?

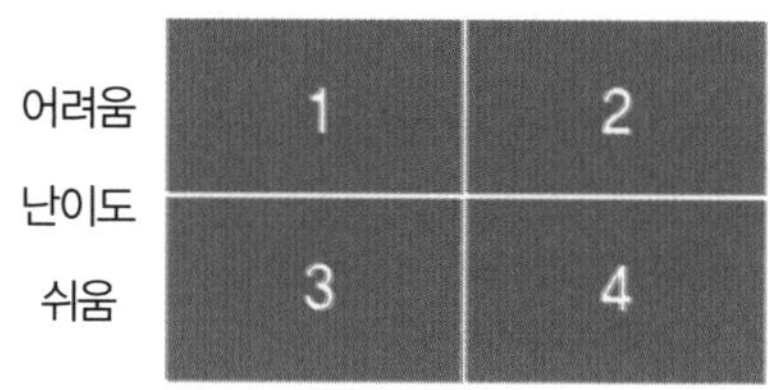

① 분석 문제 우선순위 평가는 시급성과 난이도를 기준으로 수행하며 시급성은 전략적 중요도와 KPI의 평가요소를 기준으로 판단한다.

② 위 사분면에서 시급성을 기준으로 우선순위를 평가할 시 3→1→2 순서를 따른다.

③ 전략적 중요도가 현재 시점에서 높지 않지만 수행이 가장 어려운 것은 2사분면에 해당된다.

④ 분석의 적합성 여부의 기준이 되는 것은 난이도이다.

해설

- 위 사분면에서 시급성을 기준으로 우선순위를 평가할 시 3→4→2 순서를 따른다.
- 난이도를 기준으로 우선순위를 평가할 시 3→1→2 순서를 따른다.

24 데이터 분석 절차로 옳은 것은?

① 데이터 준비→분석 기획→시스템 구현→데이터 분석→평가 및 전개

② 데이터 준비→분석 기획→데이터 분석→시스템 구현→평가 및 전개

③ 분석 기획→데이터 준비→데이터 분석→평가 및 전개→시스템 구현

④ 분석 기획→데이터 준비→데이터 분석→시스템 구현→평가 및 전개

해설

데이터 분석 절차는 '분석 기획→데이터 준비→데이터 분석→시스템 구현→평가 및 전개'를 따른다.

25 데이터 분석 방법론에 대한 설명으로 옳은 것은?

① CRISP-DM 분석 방법론은 산업 기반의 데이터마이닝 방법론으로 단계, 일반화 태스크, 세분화 태스크, 프로세스 실행의 4계층으로 구성되어 있다.

② KDD 방법론은 프로파일링 기술을 기반으로 통계적 패턴이나 지식을 찾기 위한 분석 방법론으로 '데이터 세트 선택→데이터 전처리→데이터 변환→데이터 마이닝→결과 평가'의 단계를 따른다.

③ CRISP-DM 분석 방법론은 '업무 이해→데이터 이해→데이터 준비→모델링→평가→전개'를 따르며, 각 단계는 완성도와 상관없이 순차적으로 진행된다.

④ SEMMA 분석 방법론은 통계 중심이 데이터 마이닝 프로세스로 주로 모델링 작업에 중점을 두고 있다.

해설

CRISP-DM 분석 방법론은 업무 이해→데이터 이해→데이터 준비→모델링→평가→전개를 따르며, 각 단계는 서로 피드백을 통하여 완성도를 높인다.

26 다음이 설명하는 데이터 유형으로 옳은 것은?

> 메타 정보를 포함하고 있는 데이터가 존재하며, 연산이 불가능한 데이터이다. XML, HTML, JSON, RSS, 로그 데이터 등이 포함된다.

① 반정형 데이터 ② 비정형 데이터
③ 순서형 데이터 ④ 명목형 데이터

해설

반정형 데이터에 대한 설명이다.

23 ② 24 ④ 25 ③ 26 ① 정답

27 **데이터 유형에 대한 설명으로 옳지 않은 것은?**

① 범주형 데이터는 질적 변수로서 데이터를 특성에 따라 범주로 구분하여 측정한다.

② 이산형 데이터는 데이터가 취할 수 있는 값을 셀 수 있는 데이터로 범주형 데이터에 해당된다.

③ 연속형 데이터는 데이터가 구간 안의 모든 값을 가질 수 있다.

④ 고객 만족도 조사의 항목으로 매우 만족=1, 만족=2, 보통=3으로 구분하는 것을 순서형 데이터로 해석할 수 있다.

해설

이산형 데이터는 수치형 데이터에 해당된다.

28 **데이터 품질에 대한 설명으로 옳지 않은 것은?**

① 데이터 프로파일링(Data Profiling)이란 데이터 품질 관련 정보와 통계치를 수집하는 것으로 누락 값, 비유효 값, 무결성 위반 사항 등을 분석하는 것을 의미한다.

② 정형 데이터 품질은 완전성, 유효성, 일관성, 정확성, 보안성 등을 검증한다.

③ 반드시 모든 데이터에 대한 품질 관리 체계를 구축하고 데이터 품질이 기준에 충족하지 못한 경우 데이터를 재수집한다.

④ 데이터 프로파일링은 '메타데이터 수집 및 분석→대상 및 유형 선정→프로파일링 수행→프로파일링 결과 리뷰→프로파일링 결과 종합' 절차를 따른다.

해설

반드시 모든 데이터에 대한 품질 관리 체계를 구축할 필요는 없다. 조건과 데이터의 속성에 따라 내부 품질 관리 체계를 구축하고 품질 검증을 수행한다.

29 **비정형 데이터 품질 검증 항목에 대한 설명으로 옳지 않은 것은?**

① 기능성 – 해당 데이터가 명시된 요구와 내재된 요구를 만족하는 기능을 제공하는 수준

② 이식성 – 해당 데이터가 사용자에 의해 이해되고 목적에 맞게 사용될 수 있는 수준

③ 효율성 – 해당 데이터가 사용되는 자원의 양에 따라 요구된 성능을 제공하는 수준

④ 신뢰성 – 해당 데이터가 신뢰할 수 있는 데이터인지 검증할 수 있는 수준

해설

- 이식성은 해당 데이터가 다양한 환경과 상황에서 사용되는 성능을 제공하는 수준을 의미한다.
- 해당 데이터가 사용자에 의해 이해되고 목적에 맞게 사용될 수 있는 수준은 사용성에 해당되는 개념이다.

30 **데이터 저장에 대한 설명으로 옳지 않은 것은?**

① 데이터베이스는 트랜잭션이 안전하게 수행된다는 것을 보장하기 위해 ACID 규칙을 만족해야 한다.

② 데이터 웨어하우스는 주제 지향성, 통합성, 시계열성, 비휘발성 등의 특징을 가진다.

③ 데이터 마트는 대개 특정한 조직, 혹은 팀에서 사용하는 것을 목적으로 한다.

④ 빅데이터 저장은 대용량의 데이터 집합을 저장하고 관리하기 위해 순차적으로 데이터를 저장하여 데이터의 확장성, 신뢰성, 가용성 등을 보장할 수 있다.

해설

빅데이터 저장은 순차적 처리 방식보다 분산, 병렬적 처리 방식으로 데이터를 저장한다.

정답 27 ② 28 ③ 29 ② 30 ④

Big Data Analytics

학습목표

2파트는 수집 및 저장된 데이터를 본격적으로 파악하고 탐색하는 방법들을 다룹니다. 데이터가 제대로 된 형태를 갖추고 있는지, 그렇지 않다면 어떻게 데이터를 가공할 것인지, 데이터가 어떻게 생겼고 데이터 간 어떤 관계가 있는지, 분석에 이용할 데이터를 어떻게 선택할 것인지와 같은 문제들에 답을 하기 위한 다양한 방법들을 학습합니다.

1파트가 방법론과 같은 이론적인 내용이 주를 이루었다면, 2파트는 수학 및 통계적 개념이 등장하기 때문에 더욱 어렵게 느껴질 수도 있습니다. 하지만 데이터 분석의 가장 기본이 되는 내용이므로 겁먹지 말고 천천히 함께 학습해 보도록 합시다.

PART

02

빅데이터 탐색

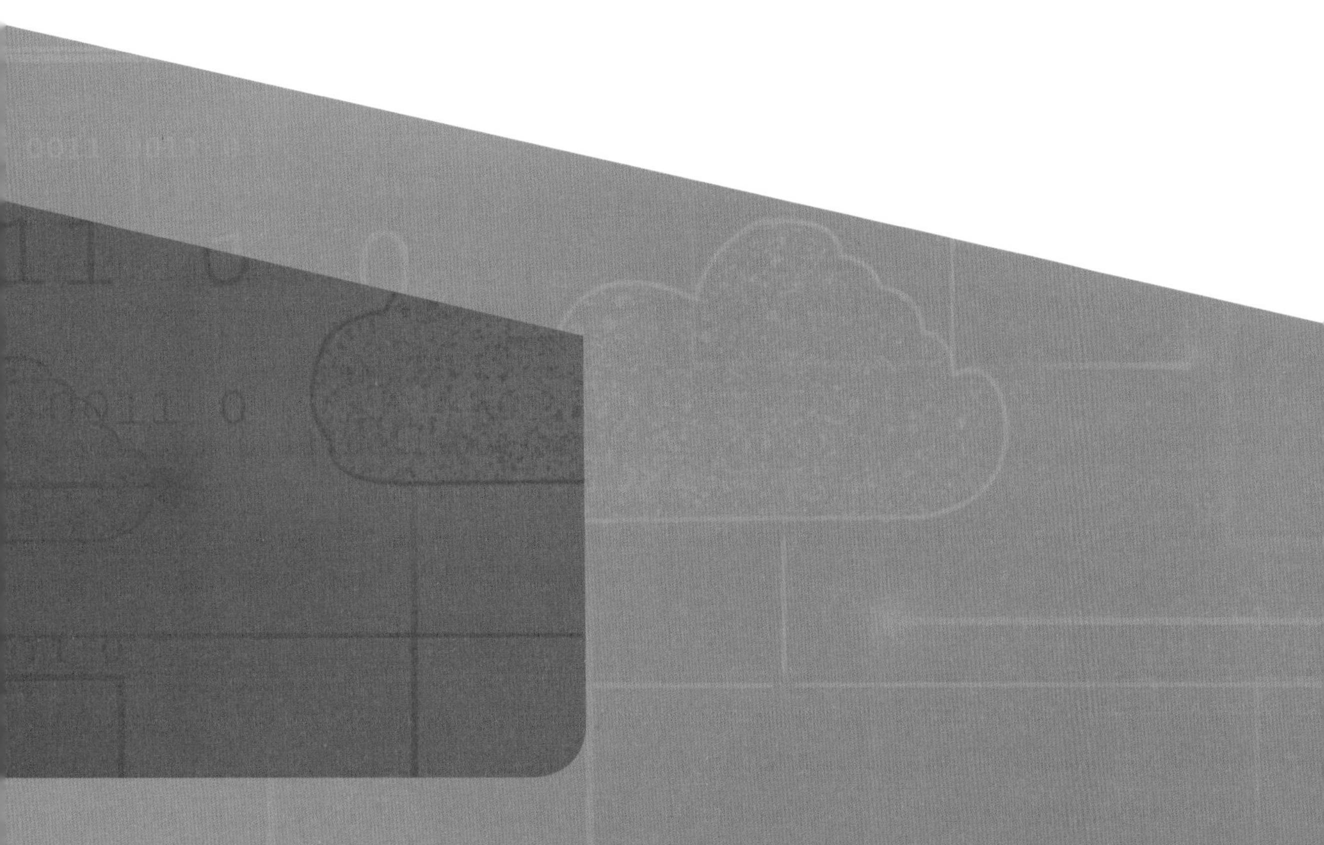

Chapter 01 데이터 전처리

시작하기 전에

원하는 요리를 만들기 위해서는 어떻게 해야 하는가? 먼저 만들고자 하는 요리의 재료들을 준비해야 한다. 그 후에 재료들을 씻고 다듬고, 상한 부분은 잘라내고, 모자란 부분은 채워 넣는다. 그리고 본격적으로 요리를 시작하기 전 재료의 특성에 맞게 삶고 데치고 다지고 자르는 등 여러가지 작업을 거친다.

데이터 전처리도 마찬가지다. 분석하기 전에 분석 목적과 데이터의 속성에 맞게 데이터를 파악하고 가공하는 과정이 필요하다. 이를 데이터 전처리, 데이터 가공, 데이터 정제 등 다양한 용어로 지칭한다. 실제 데이터 분석에서는 데이터 전처리 과정이 가장 오랜 시간이 소요되고 데이터 분석 결과와 직결되기 때문에 굉장히 중요한 과정이다.

1 데이터 정제

1) 데이터 정제 ★★★ 모든 개념이 중요합니다. 잘 알아두세요.

가. 데이터 전처리

① 데이터 전처리(Data Preprocessing)

- 아무것도 가공하지 않은 상태의 데이터인 원시 데이터를 모델링에 사용하기 위해 데이터를 가공하는 것을 데이터 전처리라고 한다.
- 데이터 정제, 변수 선택, 변수 추출, 변수 변환, 불균형 데이터 처리 등 다양한 방법이 있으며 데이터 분석의 단계 중 가장 많은 시간이 소요되며 성공적인 데이터 분석을 위해서 아주 중요한 과정이다.
- 일반적으로 저장 전의 처리 과정을 데이터 전처리, 저장 후의 처리 과정을 데이터 후처리라고 명명한다.

나. 데이터 정제

① 데이터 정제(Data Cleansing)

조직 내/외부에서 데이터를 수집한 원시 데이터는 필요한 데이터가 잘 정리되어 있는 경우가 거의 없다. 데이터의 결측값, 이상값, 노이즈 등을 확인 및 처리하여 데이터의 신뢰성을 확보해야 한다.

② 데이터 정제 절차

데이터 정제 절차: 데이터 오류 원인 분석→정제 대상 선정→정제 방법 결정 및 처리

[데이터 정제 절차]

<table>
<tr><th>절차</th><th>설명</th></tr>
<tr><td>데이터 오류 원인 분석</td><td>– 원시 데이터의 오류는 결측값, 노이즈, 이상값 등으로 발생한다.
<table>
<tr><th>원인</th><th>설명</th></tr>
<tr><td>결측값
(Missing Value)</td><td>– 데이터가 입력되지 않는다.</td></tr>
<tr><td>노이즈(Noise)</td><td>– 원본 데이터를 왜곡 시키는 값, 잡음</td></tr>
<tr><td>이상값(Outlier)</td><td>– 데이터의 일반적인 범위에서 많이 벗어난 값</td></tr>
</table></td></tr>
<tr><td>데이터 정제 대상 선정</td><td>– 모든 데이터를 대상으로 정제 활동을 하는 것이 기본이지만 상대적으로 데이터의 품질이 낮을 수 있는 데이터에 대해서는 더 많은 정제 활동을 수행한다.
– 내부 데이터보다 외부 데이터가, 정형 데이터보다 비정형 데이터가 더 많은 정제가 필요하다.</td></tr>
<tr><td>데이터 정제 방법 결정</td><td>– 데이터 정제는 오류 데이터 값을 정확한 데이터로 수정하거나 삭제 및 대체하는 과정이다.
– 오류를 무조건 삭제하거나 대체할 시 데이터 분석 결과가 왜곡되거나 편향이 발생할 수 있다.</td></tr>
</table>

2) 결측값 처리 ★★★ 결측값은 필기와 실기 모두에서 중요합니다.

가. 데이터 결측값

① 데이터 결측값(Data Missing Value)

- 데이터 결측값은 측정되지 않은 값으로, 입력이 누락된 값을 의미한다.
- NA, Null, 공백, Not Answer, Unknown, 999999 등으로 표현한다.
- 데이터 결측값을 적절하게 처리하지 않으면 편향이 발생하고, 자료처리가 복잡해지며 분석의 효율성이 저하된다.

② 데이터 결측값 종류

데이터 결측값의 종류로는 완전 무작위 결측, 무작위 결측, 비무작위 결측이 있다.

[결측값 종류]

구분	설명
완전 무작위 결측 (Missing Completely At Random; MCAR)	- 결측값이 관측된 혹은 관측되지 않은 다른 데이터와 연관이 없는 경우 - 순수하게 발생한 결측값으로 제거해도 편향이 거의 발생하지 않는다. 예 전산 오류, 통신 오류 등으로 발생한 데이터 결측값
무작위 결측 Missing At Random; MAR)	- 결측값이 특정 변수와 관련이 있으나, 얻고자 하는 결과와 연관이 없는 경우
비무작위 결측 (Missing Not At Random; MNAR)	- 결측값이 결측 이유 자체와 관련이 있는 경우

쏙쏙 예제

성별(변수 X)에 따른 몸무게(변수 Y)를 모델링하기 위해 데이터를 수집 했는데 몸무게 데이터에 많은 결측값이 발생하였다. 결측값의 발생 원인에 따라 결측값을 분류할 수 있다.

1) 일부 응답자가 아무 이유 없이 또는 칸을 제대로 확인하지 못하고 응답하지 않았다.
   →Y가 누락될 확률은 X 또는 Y와 관련이 없으므로 완전 무작위 결측에 해당된다.
2) 일부 여성들은 몸무게를 응답하지 않았다.
   →Y가 누락될 확률은 X의 값에 의존하므로 무작위 결측에 해당된다.
3) 몸무게가 많이 나가거나 적게 나가는 사람들은 몸무게를 응답하지 않았다.
   →Y가 누락될 확률은 X값이 아닌 Y값 자체에 따라 달라지므로 비무작위 결측에 해당된다.

③ 데이터 결측값 처리 절차

- 데이터 결측값 처리는 결측값 식별→결측값 부호화→결측값 처리의 절차를 따른다.
- 결측값을 부호화하는 이유는 결측값을 컴퓨터가 처리 가능한 형태로 변환해야 하기 때문이다.

쏙쏙 예제

- 결측값 부호화는 다음과 같은 부호를 사용해서 수행한다.

NA(Not Available)	기록되지 않은 값
NaN(Not a Number)	수학적으로 정의되지 않은 값
Inf(infinite)	무한대
NULL	값이 없다.

④ 데이터 결측값 처리 방법

- 데이터 결측값 처리 방법은 단순 대치법과 다중 대치법이 있다.
- 단순 대치법은 통계적 기법을 활용하여 결측값을 대체하여 자료 분석에 사용하기 쉽다. 완전 분석법, 평균 대치법, 단순 확률 대치법, 최근접 대치법 등이 해당된다.

[데이터 결측값 처리 방법]

<table>
<tr><th>구분</th><th>설명</th></tr>
<tr><td>완전 분석법
(Completes Analysis)</td><td>
– 결측값을 무시하고 완전히 관측된 자료만 사용한다.
– 분석의 용이성은 보장하지만 데이터 분석의 신뢰성과 타당성 문제가 발생한다.
– 전체 데이터에서 결측값 비율이 10% 미만인 경우 사용하는 경우가 많다.
– 완전제거법(Listwise Deletion)과 대응제거법(Pairwise Deletion)이 있다.
<table>
<tr><td>완전제거법
(Listwise Deletion)</td><td>– 결측값이 포함된 관측치 전부를 삭제하는 방법</td></tr>
<tr><td>대응제거법
(Pairwise Deletion)</td><td>– 결측값 데이터들만 삭제하는 방법</td></tr>
</table>
[결측값 처리 전 원본 데이터]
<table>
<tr><th>Time Stamp</th><th>Variable X</th><th>Variable Y</th></tr>
<tr><td>T1</td><td>X1</td><td>Y1</td></tr>
<tr><td>T2</td><td>X2</td><td>NA</td></tr>
<tr><td>…</td><td>…</td><td>…</td></tr>
<tr><td>Tn−1</td><td>Xn−1</td><td>NA</td></tr>
<tr><td>Tn</td><td>Xn</td><td>Yn</td></tr>
</table>
[결측값 처리 방법]
<table>
<tr><th>Time Stamp</th><th>Variable X</th><th>Variable Y</th><th></th></tr>
<tr><td>T1</td><td>X1</td><td>Y1</td><td></td></tr>
<tr><td>~~T2~~</td><td>~~X2~~</td><td>~~NA~~</td><td>① Listwise Deletion</td></tr>
<tr><td>…</td><td>…</td><td>…</td><td></td></tr>
<tr><td>Tn−1</td><td>Xn−1</td><td>~~NA~~</td><td>② Pairwise Deletion</td></tr>
<tr><td>Tn</td><td>Xn</td><td>Yn</td><td></td></tr>
</table>
</td></tr>
<tr><td>평균 대치법
(Mean Imputation)</td><td>
– 자료의 평균값으로 결측값을 대체한다.
– 효율성은 향상되지만 추정량의 표준오차가 과소 추정된다.
– 비조건부 평균 대치법과 조건부 평균 대치법이 있다.
<table>
<tr><td>비조건부 평균 대치법</td><td>– 관측값의 평균값으로 결측값을 대치한다.</td></tr>
<tr><td>조건부 평균 대치법</td><td>– 회귀 분석을 활용하여 예측값으로 결측값을 대치한다.</td></tr>
</table>
</td></tr>
</table>

평균 대치법 (Mean Imputation)

C1	C2	C3	C4	C5
2	5	3	6	NaN
9	NaN	9	0	7
19	17	NaN	9	NaN

↓ 평균값 대치

C1	C2	C3	C4	C5
2	5	3	6	7
9	11	9	0	7
19	17	6	9	7

단순 확률 대치법 (Single Stochastic Imputation)

- 평균 대치법에서 추정량 표준오차의 과소 추정을 보완하는 대치법이다.
- 평균 대치법에서 관측된 자료를 토대로 추정된 통계량으로 결측값을 대치할 때 어떤 적절한 확률값을 부여한 후 대치하는 방법이다.

[단순 확률 대치법 종류]

종류	설명
핫덱(Hot-Deck)	- 현재 표본 중 비슷한 상황의 응답으로 대체 표본조사에서 흔히 사용
콜드덱(Cold-Deck)	- 외부 출처 또는 이전 연구에서 응답을 대체
혼합	몇 가지 다른 방법을 혼합하는 방법 예 회귀값+핫덱 방법

최근접 대치법 (Nearest Neighbor Imputation)

- 전체 표본을 몇 개의 대체군으로 분류하여 각 층에서의 응답자료를 순서대로 정리한 후 결측값 바로 이전의 응답으로 결측값을 대치한다.

• 다중 대치법은 단순 대치법을 복수로 시행하여 n개의 새로운 자료를 만들어 분석을 수행한다.

• 다중 대치법은 대치→분석→결합 절차를 따른다.

[다중 대치법 종류]

절차	설명
대치(Imputation)	- 복수의 대치에 의한 값으로 결측값을 대치한 데이터를 생성
분석(Analysis)	- 복수의 데이터셋에 대한 분석을 시행
결합(Combination)	- 복수의 분석 결과에 대한 통계적 결합을 통해 결과 도출

3) 이상값 처리

가. 데이터 이상값

① 데이터 이상값(Data Outlier)

- 데이터 이상값은 데이터가 정상의 범주(데이터의 전체적 패턴)에서 벗어난 값을 의미한다.
- 데이터 이상값은 오류일 수도 있지만 실제 극단적인 값으로, 의미를 가지고 있을 수도 있다. (이상 징후, 범죄 발생, 해킹 등)
- 이상값은 극단적인 값으로 평균과 분산에 영향을 미쳐 통계 결과의 신뢰성을 저하하고 데이터의 정상성(Normality) 감소를 초래할 수 있다.
- 이상값은 결측값과 마찬가지로 분석 결과의 왜곡이 발생할 수도 있으므로 적절한 처리가 필요하다.

② 이상값 종류 및 발생 원인

*각 원인과 예시를 잘 알아두세요.

데이터 이상값은 다양한 원인으로 발생한다.

[이상값 발생 원인]

구분	설명
표본추출 오류 (Sampling Error)	– 표본추출(Sampling) 시 편향이 발생한 이상값 예 30대 평균 연봉을 조사하기 위해 표본을 추출하는데, 대부분 중소기업에 근무하는 사람 95명과 100만 유튜버, 성공한 사업가 5명을 함께 표본으로 추출한다. 이때, 표본에서는 100만 유튜버와 사업가의 연봉이 이상치로 나타난다.
의도적 이상값 (Intentional Outlier)	– 자기 보고 측정(Self- reported Measure)에서 발생하는 이상값 예 10대들은 실제 자신들의 술 소비량을 적게 보고하는 경향이 있다. 하지만 일부 10대들은 그들의 술 소비량을 실제로 보고하는데, 이런 경우 실제의 값이 상대적으로 이상치로 나타날 수 있다.
입력 오류 (Entry Error)	– 데이터를 수집하는 과정에서 발생하는 이상값 예 10을 입력해야 하는데 100을 입력한다.
실험 오류 (Experimental Error)	– 실험과정 중 발생하는 이상값 예 100미터 달리기, 출발 신호에 제대로 출발하지 못한다.
측정 오류 (Measurement Error)	– 데이터를 측정하는 과정에서 발생하는 이상값 예 측정기, 센서 등의 고장으로 발생하는 이상값이다.
처리 오류 (Processing Error)	– 데이터 처리 과정에서 발생하는 이상값 예 파생 변수 생성 시, 계산 오류 등으로 발생하는 이상값이다.
자연 오류 (Natural Outlier)	– 상기 경우 이외에 발생하는 이상값 예 시스템 침입, 해킹 등으로 인해 변형된 값 등으로 발생하는 이상값이다.

③ 데이터 이상값 탐지 방법

*생소한 용어가 많이 등장합니다. 반복해서 나타나는 개념이니 여러 번 학습하세요.

- 이상값은 데이터의 일반적 범위를 벗어나는 값이다. 그러므로 먼저 일반적 범위를 규정하고 그 범위를 벗어나는 값을 이상값으로 판별해야 한다.
- 이상값 탐지는 통계적 기법, 시각화, 머신러닝 기법 등을 사용할 수 있다.

[이상값 탐지 방법]

구분	구분	설명
통계	ESD (Extreme Studentized Deviation)	– 평균으로부터 3표준편차 떨어진 값을 이상값으로 판단 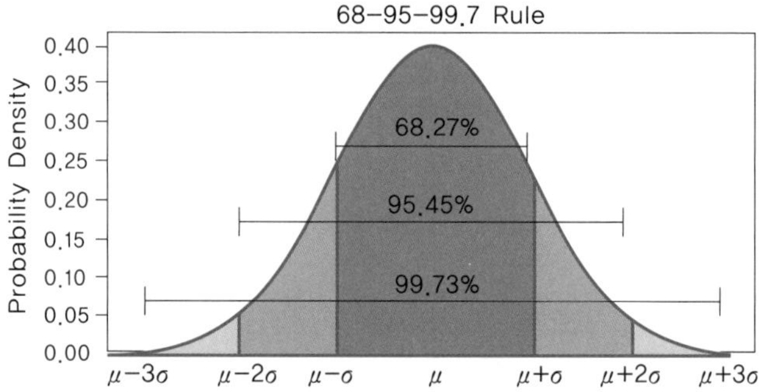 68–95–99.7 Rule Probability Density 0.40 0.35 0.30 0.25 0.20 0.15 0.10 0.05 0.00 68.27% 95.45% 99.73% $\mu-3\sigma$ $\mu-2\sigma$ $\mu-\sigma$ μ $\mu+\sigma$ $\mu+2\sigma$ $\mu+3\sigma$
	기하평균	– 기하평균으로부터 2.5표준편차 떨어진 값을 이상값으로 처리 쏙쏙 예제 기하평균은 n개의 양수 값을 모두 곱한 것의 n 제곱근이다. 예 2와 8의 기하평균은 4이다.
	사분위수	– 제1 사분위, 제3 사분위를 기준으로 사분위 간 범위(Q3– Q1)의 1.5배 이상 떨어진 값을 이상값으로 판단 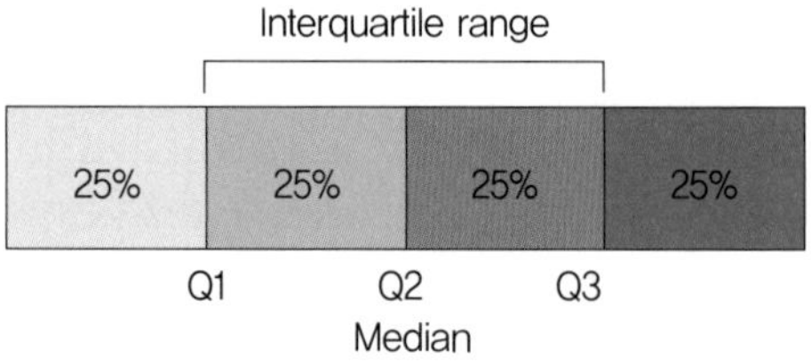 Interquartile range 25% 25% 25% 25% Q1 Q2 Q3 Median
		– 통계적 수치를 사용하여 일반적인 범위를 벗어난 값은 이상값으로 판단

<table>
<tr>
<td>시각화</td>
<td>
– 데이터를 시각화하여 일반적인 범위를 벗어난 값은 이상값으로 판단
<table>
<tr><th>시각화</th><th>설명</th></tr>
<tr><td>확률밀도 함수</td><td>– 확률변수의 분포를 보여주는 함수 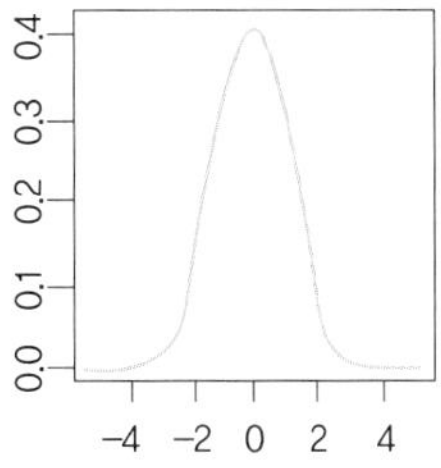</td></tr>
<tr><td>히스토그램</td><td>– 주로 x축에 계급, y축에 각 계급에 해당하는 자료의 수치를 표시 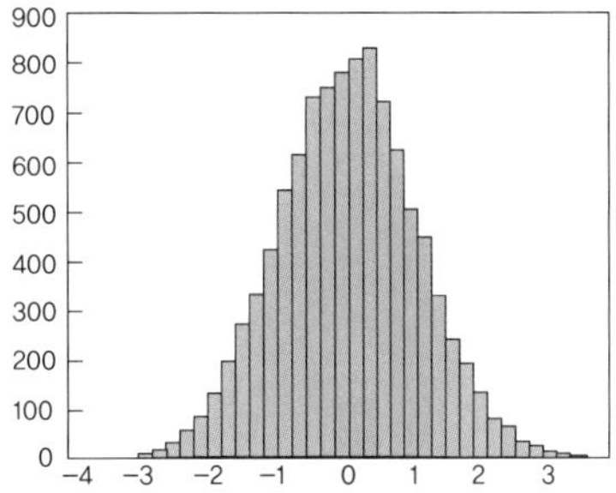</td></tr>
<tr><td>시계열 차트</td><td>– 시간에 따른 자료의 변화나 추세를 보여주는 그래프 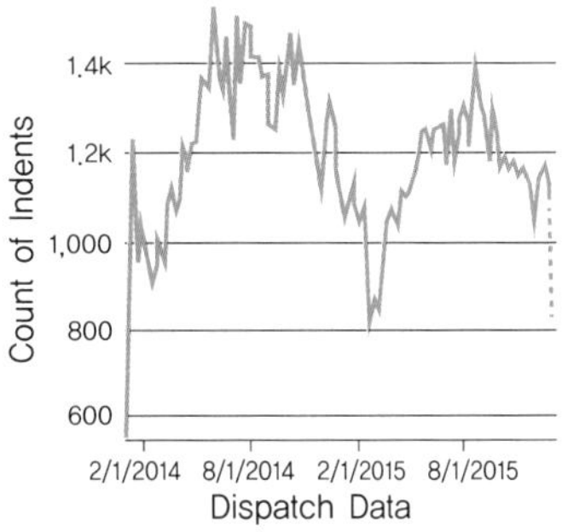</td></tr>
</table>
</td>
</tr>
<tr>
<td>머신 러닝</td>
<td>
– 군집화, 의사결정나무, 거리, 밀도 등을 활용하여 이상값을 판단
<table>
<tr><th>시각화</th><th>설명</th></tr>
<tr><td>군집화(Clustering)</td><td>– 주어진 데이터를 유사성을 기반으로 묶는 기법</td></tr>
<tr><td>의사결정나무(Decision Tree)</td><td>– 의사결정나무 모델을 사용하여 이상값을 판단</td></tr>
<tr><td>거리 기반</td><td>– 데이터의 분포를 고려한 거리 측도</td></tr>
<tr><td>밀도 기반</td><td>– 관측값 주변의 밀도와 근접한 관측값 주변 밀도의 상대적 비교</td></tr>
</table>
</td>
</tr>
</table>

④ **데이터 이상값 처리 방법**

- 데이터 이상값 처리는 삭제, 대체, 변환을 통해 수행한다.
- 이상값을 반드시 제거해야 하는 것은 아니며, 분석 목적과 상황에 맞게 수행한다.

[이상값 처리 방법]

구분	설명
삭제 (Deletion)	– 상한값과 하한값을 정한 후 양극단의 값을 삭제한다. – 분석 결과 분산은 작아지지만 분석 결과가 왜곡될 수 있다.
대체 (Imputation)	– 하한값과 상한값을 결정한 후 하한값보다 작으면 하한값으로 대체하고, 상한값보다 크면 상한값으로 대체한다. – 평균, 중위수, 예측값 등으로 대체한다.
변환 (Transformation)	– 자연로그를 취해서 데이터 값을 감소시키는 방법으로 실젯값을 변형해서 이상값을 처리한다. – 로그 변환을 통해 오른쪽과 같이 평균을 중심으로 대칭의 형태로 변환할 수 있다. TIP 로그는 데이터의 정규성을 높이고, 큰 수를 같은 비율의 작은 수로 바꿔 복잡한 계산을 쉽게 만들어주는 역할을 한다.

2 분석 변수 처리

1) 변수 탐색★★★ 변수는 데이터 분석의 기본입니다.

가. 변수

① **변수(Feature)**

변수는 데이터를 목적과 속성에 맞게 담아두는 공간이다.

- 일반적인 표에서 열(Column)에 해당한다.

• 데이터 분석은 결국 변수 간의 관계를 파악하는 것이므로 변수의 속성과 유형을 이해하는 것이 중요하다.

② 속성에 따른 변수 구분

* 앞에서 나온 개념이조? 복습겸 다시 꼼꼼하게 학습하세요.

변수가 포함하고 있는 데이터의 속성에 따라 데이터 분석 모형 구축 방법과 해석 결과가 달라지므로 데이터의 속성을 잘 파악해야 한다.

[속성에 따른 변수 구분]

구분	종류	설명
범주형 데이터 (Categorical Data)	명목형 데이터 (Nominal Data)	명사형으로 데이터의 크기와 순서에 상관 없다. 예 남자=1, 여자=2
	순서형 데이터 (Ordinal Data)	데이터 순서에 의미 부여 예 만족도(매우 만족=1, 만족=2, 보통=3, 불만족=4, 매우 불만족=5)
수치형 데이터 (Measured Data)	이산형 데이터 (Discrete Data)	데이터를 하나씩 셀 수 있는 경우 예 개수, 횟수 등
	연속형 데이터 (Continuous Data)	데이터가 구간 안의 모든 값을 가질 수 있는 경우 예 키, 몸무게, 온도 등

③ 목적에 따른 변수 구분

* 개념을 반드시 잘 알아두세요.

• 변수는 인과관계를 두고 원인이 되는 독립변수와 결과인 종속변수로 구분할 수 있다.
• 독립변수와 종속변수는 모두 연속형, 범주형 데이터로 분석이 가능하다.

[목적에 따른 변수 구분]

구분	설명
독립변수 (Independent Variable)	– 다른 변수에 영향을 받지 않고 종속 변수에 영향을 주는 변수 – 연구자가 의도적으로 변화시키는 변수 – 변수(Feature), 속성(Attribute), 예측변수(Predictive Variable), 차원(Dimension), 관측치(Observation)로 부르기도 한다.
종속변수 (Dependent Variable)	– 독립변수의 영향을 받는 변수 – 독립변수에 따라 값이 변하는 변수 – 예측 및 분류의 최종 값 – 라벨(Label), 클래스(Class), 목푯값(Target), 반응(Response)으로 부르기도 한다.

쏙쏙 예제

예 성별에 따른 이직률(성별: 독립변수/ 이직률: 종속변수)
거실 크기에 따른 집 값(거실 크기: 독립변수/ 집 값: 종속변수)
키와 몸무게에 따른 비만도(키, 몸무게: 독립변수/ 비만도: 종속변수)

나. 변수 선택

① 변수 선택(Feature Selection)

- 데이터 분석에서 변수가 너무 많거나, 존재 이유가 부정확할수록 모형은 복잡해지고 결과의 정확도도 낮아진다.
- 분석에 적합한 변수를 찾아내는 것은 빅데이터 시대에 더욱 중요하다.
- 변수 선택과 변수 추출 방법을 통해 적합한 변수를 탐색할 수 있다.

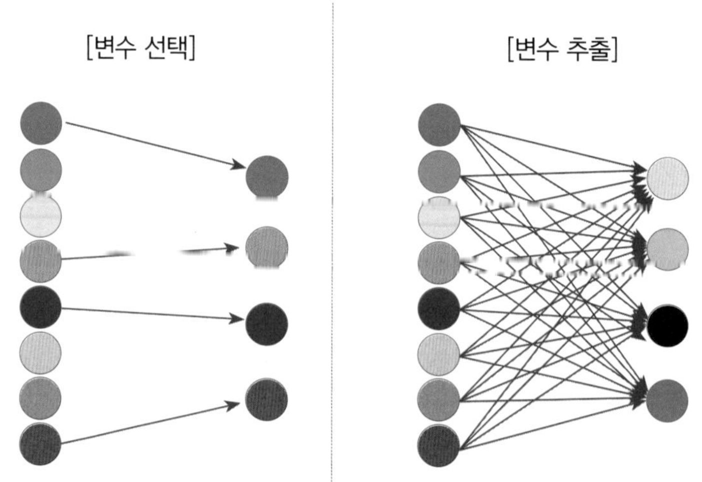

[변수 선택과 변수 추출]

구분	설명
변수 선택 (Feature Selection)	– 독립변수 중 종속변수에 가장 관련성이 높은 변수를 선택 – 모델의 정확도 및 성능 향상, 훈련시간 축소, 과대 적합 방지 – 선택한 변수 해석이 용이하지만 변수 간 상관관계를 고려하는 것이 어렵다. – 필터 기법, 래퍼 기법, 임베디드 기법 등
변수 추출 (Feature Extraction)	– 독립변수의 변환을 통해 새로운 변수 추출 – 변수 간 상관관계를 고려할 수 있고, 일반적으로 변수의 개수를 많이 줄일 수 있다. – 추출된 변수의 해석이 어렵다. – 주성분 분석, 요인분석, PLS(Partial Least Squares) 등

② 필터 기법(Filter Method)

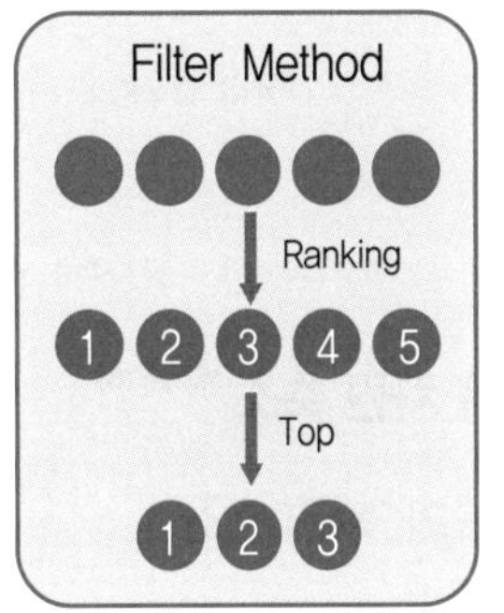

- 필터 기법은 데이터의 통계적 특성(상관관계)을 사용하여 변수를 선택하는 방법이다.
- 계산 속도가 빠르고 변수 간 상관관계를 알아내는 데 적합하여 주로 래퍼 기법을 사용하기 전에 전처리하는 데 사용한다.
- 필터 기법은 정보 소득, 카이제곱 검정, 상관계수, 피셔 스코어 등을 사용한다.
  - 5개의 변수에서 상관관계가 높은 순서대로 필터링을 하여 그 중 3개의 데이터를 선택한다.

③ 래퍼 기법(Wrapper Method)

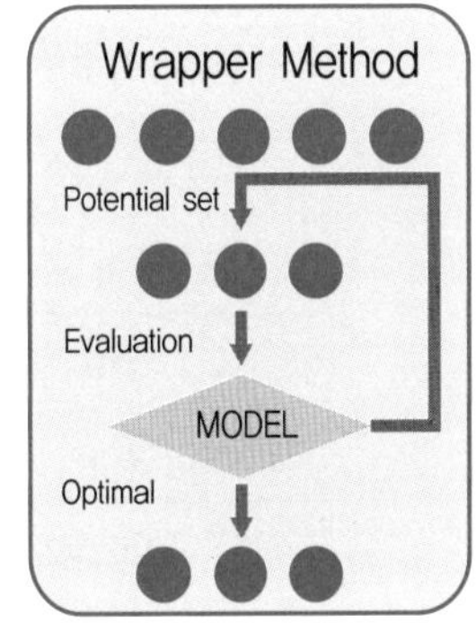

- 래퍼 기법은 모델을 통해 최적 변수를 찾는 과정이다.
- 검색 가능한 방법으로 하위 집합을 반복해서 선택하여 테스트한다.
- 시간과 비용이 많이 들지만 예측 정확도가 높다.
- 래퍼 기법은 RFE, SFS, 유전 알고리즘, 단변량 선택, mRMR 등을 사용한다.

* 단골 문제입니다. 잘 알아두세요.

- 변수 선택을 위한 알고리즘은 전진 선택법, 후진 소거법, 단계적 방법이 있다.

[변수 선택 알고리즘]

구분	설명
전진 선택법 (Forward Selection)	– 모형의 성능을 가장 많이 향상시키는 변수를 하나씩 점진적으로 추가하다가 더 이상 향상되지 않으면 선택 중단
후진 소거법 (Backward Selection)	– 모두 포함된 상태에서 적은 영향을 주는 변수부터 제거 – 더 이상 제거할 변수가 없다고 판단될 때 변수 제거 중단
단계적 방법 (Stepwise Selection)	– 전진 선택법과 후진 소거법을 함께 사용

④ 임베디드 기법(Embedded Method)

- 임베디드 기법은 모델에 이미 최적화된 변수 선택이 내장되어 있는 기법이다.

- 모델의 정확도에 기여하는 변수를 학습한다.
- 라쏘(LASSO), 릿지(Ridge), 엘라스틱 넷(Elastic Net) 등을 사용한다.

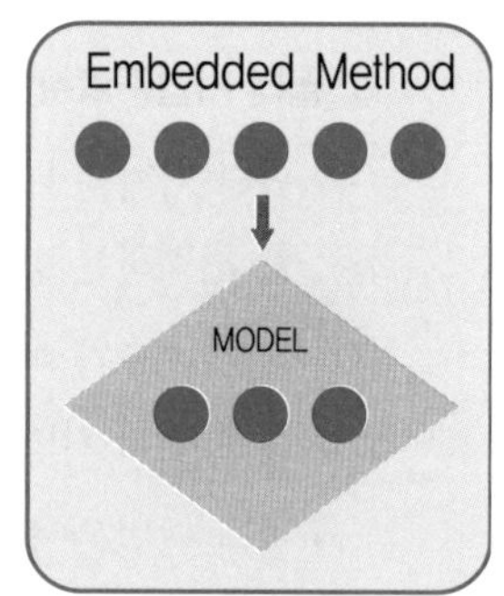

2) 차원 축소 ★★★

가. 차원 축소

① 차원의 저주(Curse of Dimensionality)

- 차원(Dimension)은 변수의 수라고 말할 수 있다.
- 변수 한 개는 1차원, 변수 두 개는 2차원으로 표현 가능하다.
- 차원의 저주는 차원(변수)이 증가하면서 데이터 수가 차원의 수보다 적어져 모델의 성능이 저하되는 현상이다.

[차원의 저주 예시]

차원	설명	데이터 수
성별(d=1)	1,000명 중 여성에 해당하는 데이터	500
성별, 나이(d=2)	1,000명 중 여성이며 20대에 해당하는 데이터	250
성별, 나이, 인종(d=3)	1,000명 중 여성, 20대, 동양인에 해당하는 데이터	150
성별, 나이, 인종, 학력(d=4)	1,000명 중 여성, 20대, 동양인, 석사에 해당하는 데이터	50
…	…	…
성별, 나이, 인종, 학력, 키, 몸무게, 거주지, …, 수입	1,000명 중 여성, 20대, 동양인, 석사, 150cm~160cm, 50kg~60kg, 경기도 거주, …, 연봉 2,500 이상	?

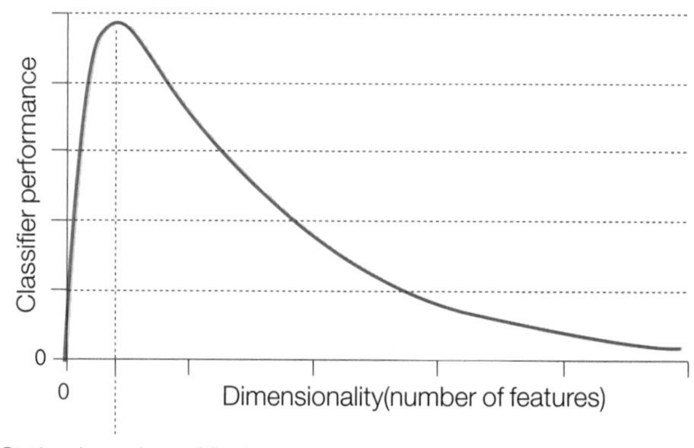

- 위 그림과 같이 차원(변수)이 계속 증가하면 데이터의 수가 차원의 수보다 적어질 수 있다.
- X축을 변수의 수(차원), Y축을 모형의 성능이라고 할 때 모형의 성능을 저하시키지 않을 최적의 변수 개수를 찾는 것이 중요하다.

② 차원 축소(Dimensionality Reduction)

* 중요한 개념입니다. 잘 알아두세요.

- 차원 축소는 여러 변수의 정보를 최대한 유지하면서 변수를 축소하는 것이다.
- 차원 축소는 차원의 저주 방지, 과적합 방지, 복잡도 감소, 해석력 확보, 시각화 용이성 등의 이점이 있다.

[차원 축소 목적]

필요성	설명
차원의 저주 방지	– 차원이 증가하면서 학습 데이터의 수가 차원의 수보다 적어져 모델의 성능이 저하되는 현상을 방지한다. – 차원을 줄이거나 학습 데이터의 수를 늘려야 한다.
과적합 방지	– 과적합은 모델이 학습 데이터에만 높은 성능을 보이고 실제 모델의 성능은 저하되는 것을 의미한다. – 차원이 증가하면 모델의 복잡도가 증가하면서 과적합을 유발할 가능성이 크므로 차원을 축소해야 할 필요가 있다.
복잡도 감소	– 모델의 복잡도를 감소 시키기 위해 동일한 성능을 보여준다면 효율성 측면에서 차원을 축소해야 한다.
해석력 확보	– 차원이 적을수록 내부 구조 이해가 용이하고 해석이 쉬워진다.
시각화	– 저차원의 변수 공간이 가시적으로 시각화하기 용이하다.

- 차원 축소는 데이터 전처리 단계, 분석 수행 후 모형 성능 개선, 또는 시각화 등의 목적으로 사용되는 경우가 많다.
- 변수들 사이의 특성 및 관계를 분석하여 해당 결합변수만으로도 전체 변수를 적절히 설명할 수 있어야 하며, 데이터 결합을 위해 독립변수만 사용하기 때문에 비지도 학습 기법이라고 할 수 있다.
- 이미지, 텍스트, 음성, 영상과 같은 고차원의 데이터가 증가함에 따라 적절한 차원 축소 기법들은 더욱 중요하게 활용되고 있다.

나. 차원 축소 기법

* 뒤에서 하나씩 꼼꼼히 학습합니다. 각 기법의 핵심 의미를 알아두세요.

① 차원 축소 기법

- 차원 축소 기법에는 주성분 분석, 요인분석, 선형판별분석, 다차원 척도법, 특이값 분해 등이 있다.

[차원 축소 기법]

기법	설명
주성분 분석 (Principal Component Analysis; PCA)	- 상관관계가 높은 데이터의 선형 결합을 통해 고차원의 데이터를 저차원의 데이터로 변환하는 방법 - 기존의 변수들을 통해 새로운 변수를 추출하되 기존 변수들의 분포 특성을 최대한 보존하여 (분산을 최대화하여) 결과의 신뢰성 확보
요인분석 (Factor Analysis; FA)	- 사회과학이나 설문조사에서 많이 사용되는 기법으로 데이터 안에 관찰할 수 없는 잠재적인 변수를 도출하고 데이터 내부의 구조를 해석하는 기법
선형판별분석 (Linear Discriminant Analysis; LDA)	- 특정 공간 상에서 클래스 분리를 최대화하는 축을 찾기 위해 클래스 간 분산과 클래스 내부 분산의 비율을 최대화하는 방식으로 차원 축소
다차원 척도법 (Multi-Dimensional Scaling; MDS)	- 개체들 사이의 유사성, 비유사성을 측정하여 2차원 또는 3차원 공간 상에 점으로 표현 - 개체들 사이의 집단화를 시각적으로 표현하는 기법
특이값 분해 (Singular Value Decomposition; SVD)	- M×N차원의 행렬 데이터에서 특이값을 추출하고 이를 통해 주어진 데이터 세트를 효과적으로 축약할 수 있는 기법

② **주성분 분석**(Principal Component Analysis; PCA) ★★★ 단골 문제입니다. 잘 알아두세요.

- 주성분 분석은 고차원의 데이터에서 상관관계가 높은 데이터의 선형 결합을 통해 차원을 축소하고 분석하는 기법이다.
- 서로 상관성이 높은 변수들의 선형결합을 '주성분(Principal Component)'이라고 하며, 주성분은 데이터의 분산을 최대로 보존하는 것을 의미한다.
- 위와 같은 2차원 좌표평면 상에 n개의 데이터가 양의 상관관계를 가지고 분포되어 있을 때 데이터의 분산을 가장 잘 표현하고 있는 축 A가 첫 번째 주성분이라고 할 수 있다. 그 다음으로 첫 번째 주성분과 관련성이 없으면서 나머지 데이터를 잘 설명할 수 있는 B축(A축과 B축은 서로 직교한다.)을 두 번째 주성분으로 선택할 수 있다.

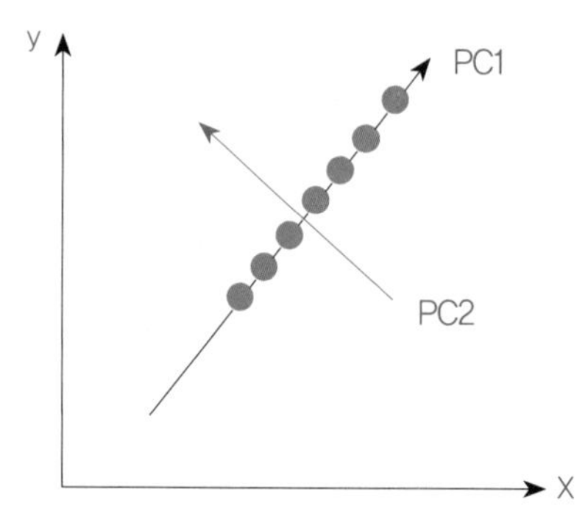

- 주성분을 선택하는 방법은 주성분 기여율을 계산하여 판단하고 1에 가까울수록 주성분의 설명력이 좋다고 판단한다. 일반적으로 첫 번째 주성분부터 차례대로 기여율을 합한 누적 기여율이 85% 이상이 되면 해당 지점까지를 주성분의 수로 결정한다.
- 스크리 산점도(Scree Plot)를 통해 그래프가 급격히 완만해지는 지점의 바로 전 단계까지 주성분의 수를 선택할 수 있다. 아래 그래프에서는 주성분 3부터 급격히 감소하므로 주성분 2까지 선택하는 것이 좋다.

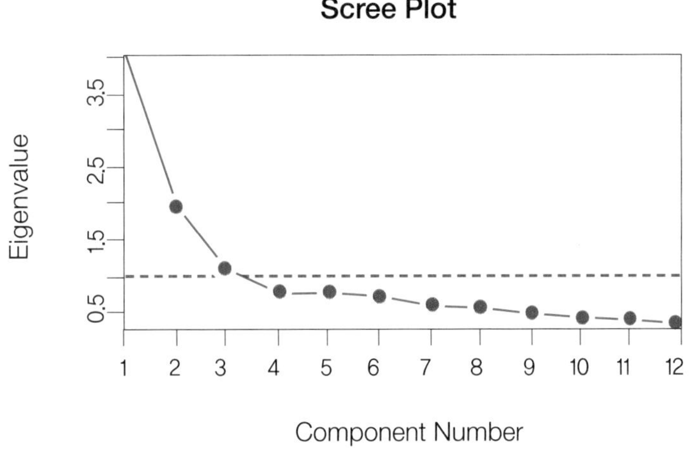

- 사전적 분포 가정이 필요 없다.
- 스케일에 대한 영향이 크므로 주성분 분석 수행 전 변수들 간의 스케일링을 수행한다.

③ 요인분석(Factor Analysis; FA)

- 요인 분석은 주어진 변수들 간의 관계를 분석하여 공통 요인으로 축약하는 기법이다. 즉, 요인이란 서로 상관계수가 높은 것끼리 모아 소수의 집단으로 축약한 것을 의미한다.
- 데이터 안에 관찰할 수 없는 잠재변수가 있다고 가정하고 도출한다.

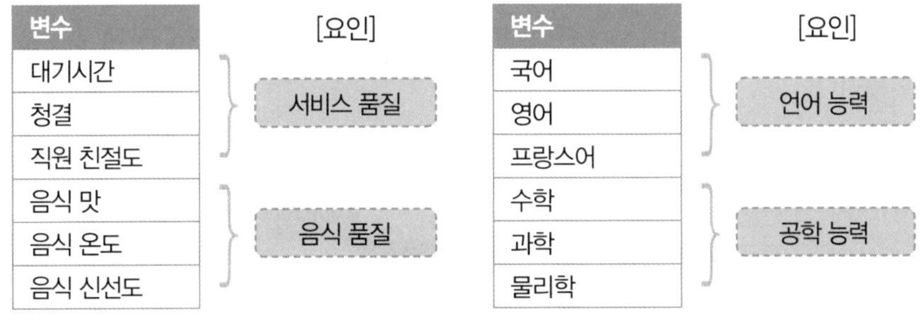

- 사회과학이나 설문조사에서 많이 사용되는 기법이다.
- 도출되는 요인의 개수는 제한 없이 여러 개가 도출될 수 있으며, 각 요인 간 상대적인 중요도 차이는 구분되지 않는다.

[주성분 분석과 요인분석 비교]

구분	공통점	차이점
주성분 분석	1. 차원 축소 2. 변수 간 상관관계 3. 데이터 패턴 탐색 용이 4. 사전 분석 역할 5. 주관적 판단	1. 일반적으로 4개 이하의 범위에서 주성분 생성 2. 주성분의 순서에 따라 변수의 중요도가 결정
요인분석		1. 요인의 개수는 사전에 지정하지 않고 분석 과정에서 결정 2. 연구자가 요인에 묶어진 변수들을 토대로 명명 3. 요인들은 대등한 관계

④ **선형판별분석**(Linear Discriminant Analysis; LDA)

- 판별분석은 두 개 이상의 모집단에서 추출된 표본들이 지니고 있는 정보를 이용하여 이 표본들이 어느 모집단에서 추출된 것인지를 결정하는 분석기법이다.
- 선형판별분석은 특정 공간 상에서 클래스 분리를 최대화하는 축을 찾기 위해 클래스 간 분산과 클래스 내 분산의 비율을 계산하여 차원을 축소하는 기법이다.

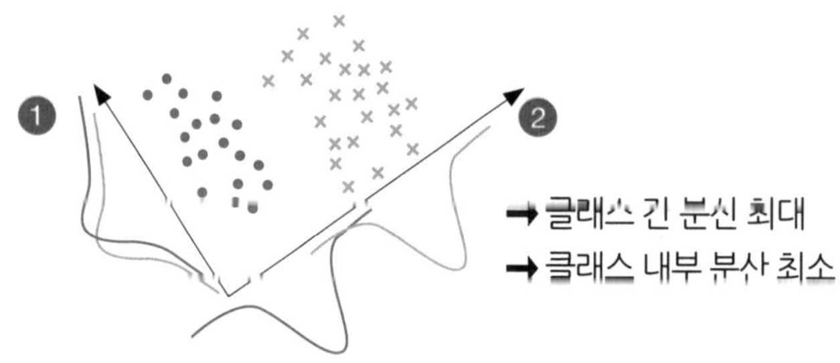

- 선형판별분석은 지도학습의 일종으로 주성분 분석과 같이 저차원 공간으로 데이터를 사영시킨다는 점은 유사하지만, 주성분 분석이 전체 데이터의 분산을 최대화하는 것이라면 선형판별분석은 클래스 간 분산을 최대화하는 것이다.

⑤ **다차원 척도법**(Multi-Dimensional Scaling; MDS)

- 개체들 사이의 유사성과 비유사성을 측정하여 2차원 또는 3차원 공간 상에 점으로 표현하는 분석 기법이다.
- 유사성 측정 지표는 유클리드 거리를 이용한다.

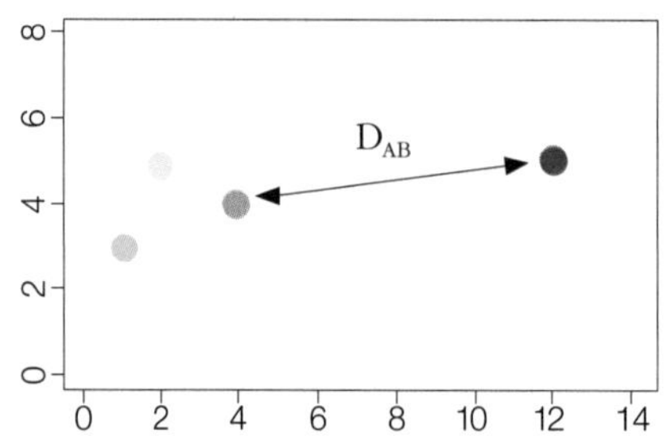

	A	B	C	D
A	0	d_{AB}	d_{AC}	d_{AD}
B	d_{BA}	0	d_{BC}	d_{BD}
C	d_{CA}	d_{CB}	0	d_{CD}
D	d_{DA}	d_{DB}	d_{DC}	0

- 개체들 사이의 집단화를 시각적으로 표현하는 기법이며 마케팅에서 많이 사용된다.

⑥ 특이값 분해(Singular Value Decompositon; SVD)

- M×N차원의 행렬 데이터에서 특이값을 추출하고 이를 통해 주어진 데이터 세트를 효과적으로 축약할 수 있는 기법이다.

고윳값(Eigenvalue)

$$\begin{pmatrix} 2 & 0 & 0 \\ 0 & 1 & 0 \\ 0 & 0 & 4 \end{pmatrix}$$

n×n 행렬에서 대각성분 제외하고 모든 원소 0

특이값(Singular Value)

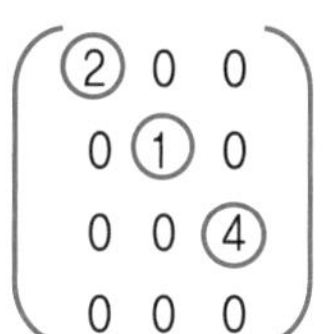

$$\begin{pmatrix} 2 & 0 & 0 \\ 0 & 1 & 0 \\ 0 & 0 & 4 \\ 0 & 0 & 0 \end{pmatrix}$$

m×n 행렬에서 대각성분 제외하고 모든 원소 0

- 큰 몇 개의 특이값을 가지고도 충분히 유용한 정보를 유지할 수 있는 차원을 생성하는 것이다.

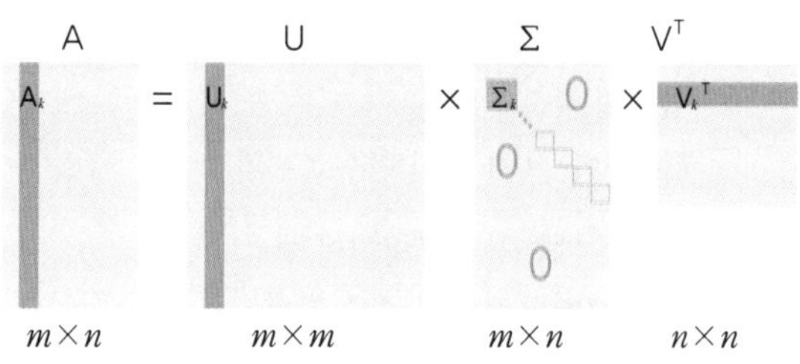

- U = m×m 크기의 행렬(직교행렬)
- Σ = m×n 크기의 행렬(대각행렬)
- V^T = n×n 크기의 행렬(직교행렬)

3) 파생 변수 ★★★ 파생변수 생성 방법에 대해 잘 알아두세요.

① 파생변수(Derived Variable)

- 파생변수는 변수 선택과 변수 추출과는 다르게 현재로서는 존재하지 않지만, 기존 변수에 특정 조건 혹은 함수 등을 사용하여 새롭게 파생시킨 변수이다.
- 연구자의 주관적 판단이 개입되므로 논리적 타당성과 특정 상황에만 유의미하지 않도록 대표성을 가져야 한다.

쏙쏙 예제

이름	영어	수학
김민지	100	80
조예나	100	100
장채빈	80	90
오세란	70	85
김지유	90	60

➡

이름	영어	수학	총합	평균
김민지	100	80	180	90
조예나	100	100	200	100
장채빈	80	90	170	85
오세란	70	85	155	77.5
김지유	90	60	150	75

• 영어, 수학의 변수를 가지고 총합, 평균의 파생변수를 생성했다.

② 파생변수 생성 방법 * 방법과 예시를 잘 알아두세요.

파생변수를 생성하는 방법은 다양하므로 목적에 맞게 방법을 적절히 선택한다.

[파생변수 생성 방법]

방법	설명
단위 변환	– 주어진 변수의 단위 혹은 척도를 변환하여 새로운 단위로 표현 예 1m→100cm
표현형식 변환	– 표현의 형식을 변환 예 남/여→0/1 이진 변수로 변환
요약 통계량 변환	– 요약 통계량 등을 활용하여 생성 예 고객별 누적 방문 횟수 집계
정보 추출	– 하나의 변수에서 정보를 추출 예 주민등록번호→나이와 성별 추출
변수 결합	– 다양한 함수 등 수학적 결합을 통해 새로운 변수를 정의 – 하나의 레코드 값을 결합하여 파생변수 생성 예 매출액과 방문 횟수→1회 평균 매출액 생성
조건문 이용	– 조건문을 이용 예 기준 값을 정하고 조건에 충족 시 TRUE, 충족하지 못할 시 FALSE값을 부여한 새로운 변수 생성

4) 변수 변환 ★★★ 자주 출제되는 문제입니다. 각 개념을 잘 알아두세요.

① 변수 변환(Variable Transformation)

• 변수 간 범위가 너무 상이하거나 분석하기 어려운 형태를 보일 때, 분석에 용이하도록 변수를 변환하는 것이다.

• 함수 변환, 비닝(범주형 변환), 정규화 및 표준화, Box- Cox변환 등이 있다.

② 함수 변환(Functions Transformation)

• 데이터가 정규분포의 형태를 따르는 것이 분석 시 용이하다.

• 한쪽으로 치우친 데이터(a, c 그래프)를 로그 변환, 지수 변환, 제곱근 변환 등을 통해 정규분포(b그래프)를 따를 수 있게 할 수 있다.

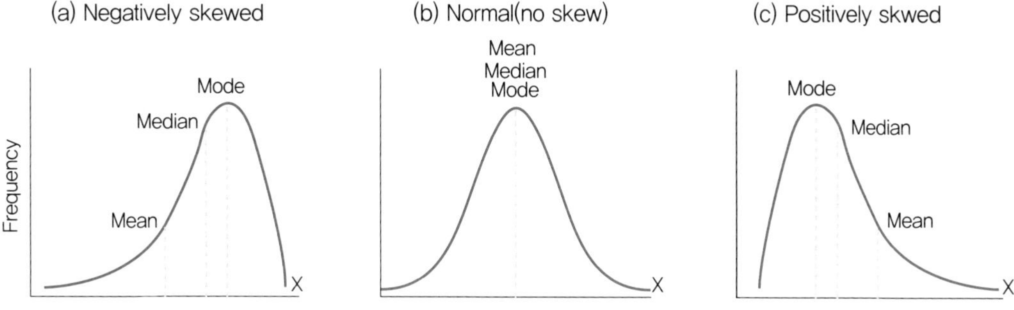

[함수변환 방법]

방법	설명
로그, 제곱근, 역수 변환	– 로그, 제곱근, 역수의 공통 특징은 값을 작게 만드는 것이다. 예 원본 데이터 : 10→100 원본 데이터에 상용로그를 취한 값 : $\log_{10}^{10} = 1$ → $log_{10}^{100} = 2$ – 데이터의 분포가 오른쪽으로 기울어진 것(Positively Skewed)을 정규분포화 할 수 있다.
지수 변환	– 지수의 특징은 값을 크게 만드는 것이다. 예 원본 데이터 : 10→100 원본 데이터에 제곱을 취한 값 : $10^2 = 100$ → $100^2 = 10000$ – 데이터의 분포가 왼쪽으로 기울어진 것(Negatively Skewed)을 정규분포화 할 수 있다.

<table>
<tr><th>변수 변환 전 분포</th><th>변환 기법</th><th>변수 변환 후 분포</th></tr>
<tr><td>좌로 치우침</td><td>세제곱 변환</td><td rowspan="5">정규분포화</td></tr>
<tr><td>좌로 약간 치우침</td><td>제곱 변환</td></tr>
<tr><td>우로 약간 치우침</td><td>제곱근 변환</td></tr>
<tr><td>우로 치우침</td><td>로그 변환</td></tr>
<tr><td>극단적 우로 치우침</td><td>역수 변환</td></tr>
</table>

③ **비닝(Binning)**

- 연속형 변수를 특정 구간으로 나누어 범주형 변수로 변환하는 방법이다.
- 범주를 Bin 혹은 Bucket으로 표현할 수 있다.
- 이상치 문제 완화, 결측치 처리 편의성, 과대적합 완화, 결과해석의 용이성을 확보할 수 있다.

쏙쏙 예제

키 = [155, 167, 169, 170,171, 178, 177, 172, 173, 300]
키들의 평균은 183.2cm이지만, 이 수치는 원본 데이터를 잘 설명하지 못한다.
이 값들의 구간을 나누어 범주형 변수로 변환한다면 다음 표와 같다.

구간	표본 수
키 < 160	1명
160 <= 키 < 170	2명
170 <= 키 <180	6명
180 <= 키	1명

구간화를 통한 대푯값이 평균을 통한 대푯값보다 데이터를 더 잘 설명할 수 있는 경우에는 비닝 기법을 통해 변수를 변환한다.

＊데이터 분석 필수 개념입니다. 공식도 잘 알아두세요.

④ **정규화 및 표준화(Normalization and Standardization)**

- 정규화와 표준화는 대표적인 변수 변환 방식이다.
- 데이터의 단위가 맞지 않을 때는 데이터를 비교, 분석하기가 어렵다.

[정규화와 표준화]

방법	설명
정규화 (Normalization)	– 데이터의 범위를 0~1로 변환 – 최소–최대 정규화(Min–Max Normalization) – 최소– 최대 정규화 공식 $$x_n = \frac{x - x_{min}}{x_{max} - x_{min}}$$ 예 10, 15, 20, 25, 30을 최소 최대 정규화 공식에 대입하면 0, 0.25, 0.5, 0.75, 1의 정규화된 값이 도출된다.
표준화 (Standardization)	– 데이터가 정규분포를 따른다고 가정한다. – 평균이 0, 표준편차가 1인 분포로 변환 – 표준화와 정규화는 데이터 전처리에서 상호 교환하여 사용한다. – Z– 스코어 정규화 공식 $$Z = \frac{x - \mu}{\sigma}$$

⑤ Box–Cox 변환(Box– Cox Transformation)

- 데이터를 정규분포화 시키는 변환 기법 중 하나이다.
- 로그 변환과 거듭곱 변환 둘 다 포함하는 변환기법이며, 매개변수 람다(λ)에 따라 분포가 달라진다.

- $x_i(\lambda) = \begin{cases} \frac{x_i^{\lambda} - 1}{\lambda}, & \lambda \neq 0 \\ \ln(x_i), & \lambda = 0 \end{cases}$

[람다 값에 따른 변환]

람다	함수 모양
$\lambda = +2$	이차함수
$\lambda = +0.5$	루트 변환
$\lambda = 0$	로그 변환
$\lambda = 0$	역수 변환

5) 불균형 데이터 처리 ★★★ 불균형 데이터 처리 방법에 대해 잘 알아두세요.

① 불균형 데이터 처리

- 불균형 데이터 처리는 관심 있는 데이터의 수가 매우 적은 경우에 데이터 균형을 맞추어 처리하는 방법이다.

  예 금융사기, HIV 발병률, 제조업의 불량 판정, 온라인 광고 전환율 등 관심 있는 데이터의 수가 매우 적어서 데이터를 분석하기 어렵다.

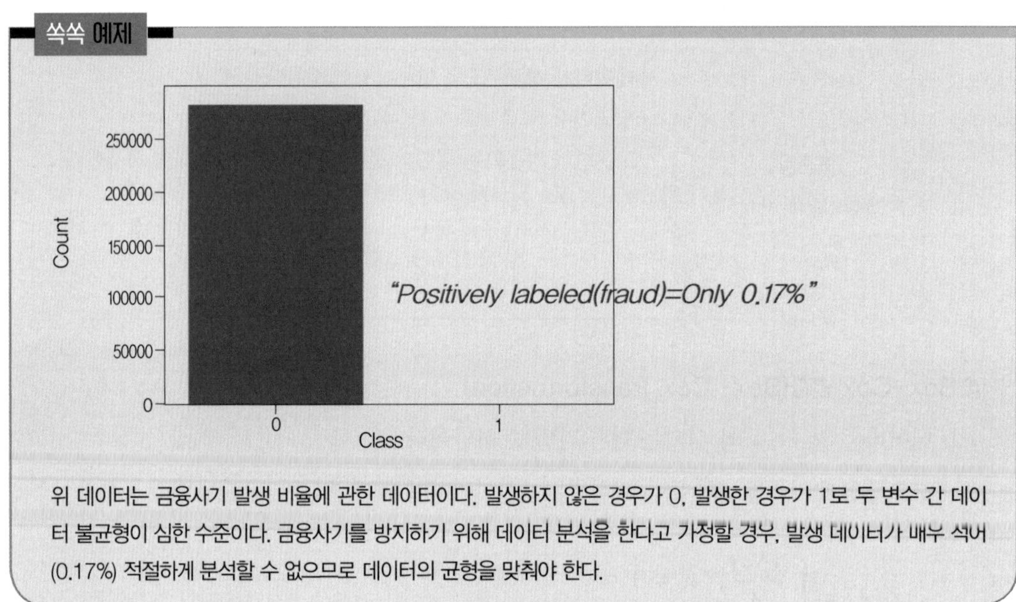

위 데이터는 금융사기 발생 비율에 관한 데이터이다. 발생하지 않은 경우가 0, 발생한 경우가 1로 두 변수 간 데이터 불균형이 심한 수준이다. 금융사기를 방지하기 위해 데이터 분석을 한다고 가정할 경우, 발생 데이터가 매우 적어(0.17%) 적절하게 분석할 수 없으므로 데이터의 균형을 맞춰야 한다.

- 불균형 데이터 분석 시, 적절하지 못한 분류 경계선으로 인해 편향 및 과대 적합이 발생할 수 있다.
- 모형의 정확도는 올라가되 재현율이 낮아 모형 성능을 검증할 수 없는 문제가 발생한다.

  예 특정 암 발병률이 1%라고 가정했을 때 모두 정상으로 예측해도 정확도가 99%이지만 분석의 목적에 부합하지 않고 재현율이 낮다.

- 불균형 데이터 처리 방법은 과소 표집, 과대 표집, 임곗값 이동, 앙상블 기법 등이 있다.

[불균형 데이터 처리 방법]

기법	설명
과소 표집	– 다수 클래스의 데이터를 적게 선택하여 데이터의 비율 조정
과대 표집	– 소수 클래스의 데이터를 복제하여 데이터의 비율 조정

임곗값 이동	– 임곗값을 데이터가 많은 쪽으로 이동 시키는 방법
앙상블 기법	– 서로 다른 모형의 결과를 조합하여 최종적인 예측 값 도출

＊너무 상세한 기법까지 암기할 필요는 없습니다. 용어를 중점으로 학습하세요.

② 과소 표집(Undersampling)

- 과소 표집은 다수 클래스의 데이터를 적게 선택하여 데이터의 비율을 맞추는 것을 의미한다.

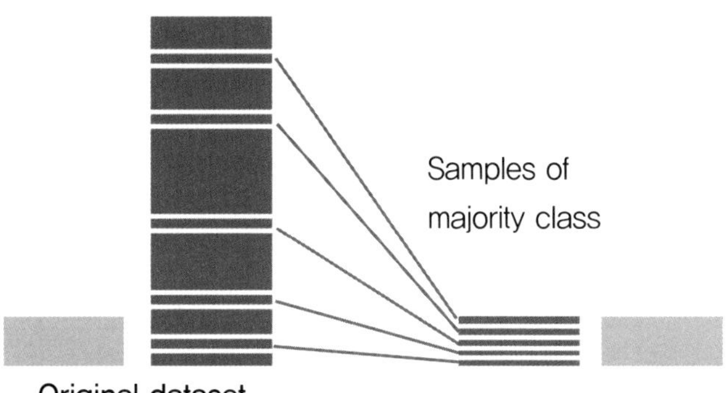

- 데이터의 유실이 크고, 과소 표집된 데이터는 원본 데이터의 대표성을 확보해야 한다.
- 과소 표집 방법은 랜덤 과소 표집, 토멕 링크 방법, ENN, CNN, OSS 등의 기법으로 수행한다.

[과소 표집 방법]

기법	설명
랜덤 과소 표집 (Random Undersampling)	– 무작위로 다수 클래스 데이터의 일부만 선택하는 방법이다. – 매번 다른 분류 경계선이 생성된다. – 처리가 용이하지만 데이터의 유실이 크다. 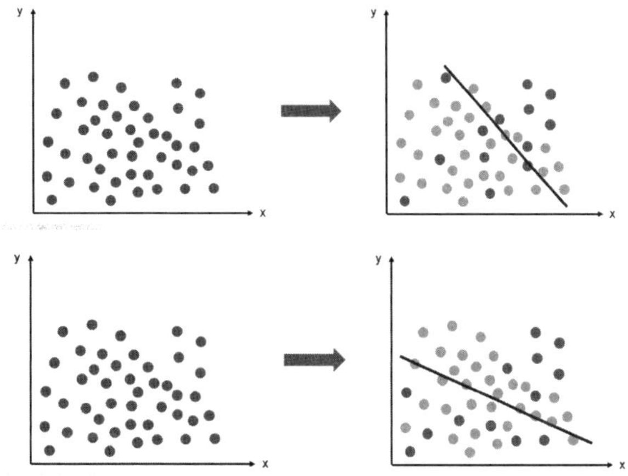

<table>
<tr><td>토멕 링크 방법
(Tomek Link Method)</td><td>– 다수 클래스에 속한 토멕 링크를 제거하는 방법이다.
* 토멕 링크(Tomek Link): 클래스를 구분하는 경계선 가까이에 존재하는 데이터 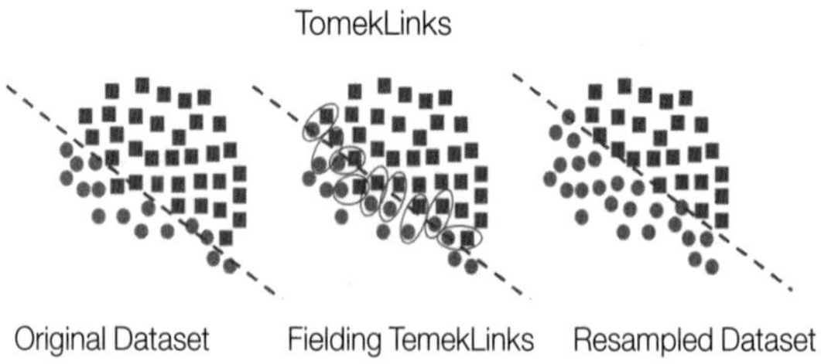

TomekLinks
Original Dataset Fielding TemekLinks Resampled Dataset</td></tr>
<tr><td>CNN
(Condensed Nearest Neighbor)</td><td>– 소수 범주 전체와 다수 범주에서 무작위로 하나의 관측치를 선택하여 서브 데이터를 구성한다.
– I–NN 알고리즘을 통해 원 데이터를 분류한다.
– 다수 클래스에 밀집된 데이터가 없을 때까지 데이터를 제거하여 데이터 분포에서 대표적인 데이터만 남도록 하는 방법이다.
– 다수 범주 데이터 값을 효율적으로 제거할 수 있다.</td></tr>
<tr><td>OSS
(One Sided Selection)</td><td>– 토멕 링크 방법과 CNN기법의 장점을 섞은 방법이다.
– 다수 클래스의 데이터를 토멕 링크 방법으로 제거한 후 CNN을 이용하여 밀집된 데이터를 제거한다. 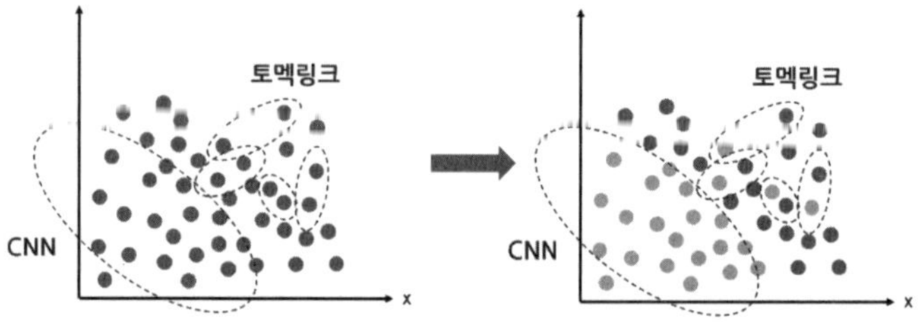

토멕링크 CNN x → 토멕링크 CNN x</td></tr>
</table>

* 너무 상세한 기법까지 암기할 필요는 없습니다. 용어를 중심으로 학습하세요.

③ 과대 표집(Oversampling)

• 과대 표집은 소수 클래스의 데이터를 복제 또는 생성하여 데이터의 비율을 맞추는 것을 의미한다.

Oversampling

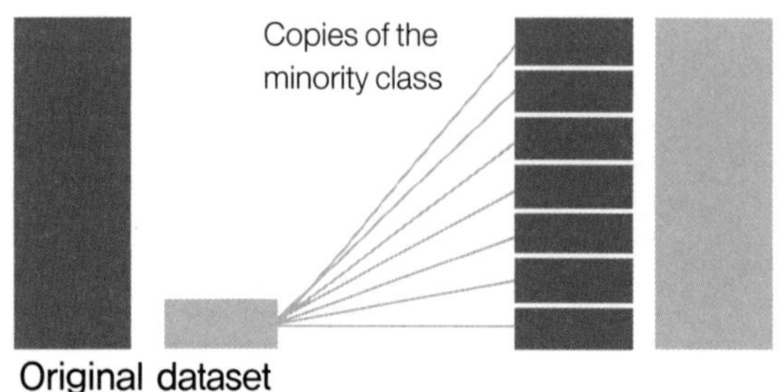

- 정보가 손실되지는 않지만 과대적합을 초래할 수 있다.
- 과대 표집 방법은 랜덤 과대 표집, SMOTE, Borderline-SMOTE, ADASYN 등의 기법으로 수행한다.

[과대 표집 방법]

기법	설명
랜덤 과대 표집 (Random Oversampling)	- 무작위로 소수 클래스 데이터를 복제하여 데이터의 비율을 맞추는 방법 y x y x (3) (8) (6) (4) (5) (7)
SMOTE (Synthetic Minority Oversampling Technique)	- 소수 클래스 중심에서 중심이 되는 데이터와 주변 데이터 사이에 가상의 직선을 만든 후, 그 위에 데이터를 추가하는 방법 - 소수 범주에서 k만큼 주변의 관측치 탐색
Borderline-SMOTE (Borderline (Synthetic Minority Oversampling Technique))	- 다수 클래스와 소수 클래스의 경계선에서 SMOTE를 적용하는 방법 - Borderline: 소수 클래스 데이터에 대해서 k개 주변 탐색 - 경계선에 더욱 집중하는 기법
ADASYN (ADAptive SYNthetic)	- 모든 소수 클래스에 대해 주변을 k개만큼 탐색하고 그 중 다수 클래스 관측치의 비율을 계산(r_i) 후 할당된 개수만큼 SMOTE 적용 - 경계선+다중 클래스 쪽의 소수 클래스에 더욱 집중

④ 임곗값 이동(Cut- Off Value Moving)

- 임곗값 이동은 임곗값을 데이터가 많은 쪽으로 이동시키는 방법이다.
- 학습 시에는 그대로 진행하고 평가 시 임곗값을 이동한다.

⑤ 앙상블 기법(Ensemble Technique)

앙상블 기법은 서로 다른 모형의 결과를 조합하여 최종적인 예측값을 도출하는 기법이다.

Chapter 02 데이터 탐색

시작하기 전에

데이터 분석에서 가장 중요한 것은 무엇일까? 최신 모델링 기술과 멋진 시각화 기법을 잘 적용하는 것도 중요하지만, 그보다 더욱 중요한 문제는 '데이터를 잘 파악하는 것'이다. 그렇다면 데이터를 잘 파악할 수 있는 방법은 무엇일까? 아주 적은 소수의 데이터라면 우리의 눈을 통해 확인할 수도 있겠지만, 우리는 '통계'와 '시각화'와 같은 훌륭한 도구를 사용해서 대량의 데이터도 손쉽게 파악할 수 있다. 이번 장에서는 데이터 탐색의 가장 기본이라 할 수 있는 탐색적 데이터 분석부터 다양한 형태의 데이터를 탐색할 수 있는 기법까지 학습하도록 한다.

1 데이터 탐색 기초

1) 데이터 탐색 개요 ★★★

가. 탐색적 데이터 분석

① 탐색적 데이터 분석(Exploratory Data Analysis; EDA)

- 탐색적 데이터 분석은 수집된 데이터를 통계적 방법이나 시각화를 통해 데이터의 특성, 분포, 관계 등을 탐색하는 과정을 의미한다.
- 다양한 각도에서 데이터를 탐색함으로써 문제 정의 시 발견하지 못한 새로운 데이터 패턴을 발견할 수 있다.
- EDA와 데이터 전처리라는 용어는 엄연히 구분되는 개념이지만, 처리 과정에서 중복되는 하위 집합들이 있기 때문에 혼용되기도 한다.
- 일반적으로 탐색적 데이터 분석은 다음과 같은 절차를 가진다.

  데이터 분석 목적 및 변수 속성 파악→데이터 정제 →기초 통계량 산출→변수 간 관계 속성 파악→시각화

② 탐색적 데이터 분석 특징 *읽고 넘어가세요.

[탐색적 데이터 분석 특징]

주제(특징)	내용
저항성 (Resistance)	– 탐색적 데이터 분석은 저항성이 큰 통계적 데이터를 이용한다. – 저항성이 크다는 것은 오류, 이상치 등에 영향을 적게 받는 것이다. 예 탐색적 데이터 분석 시, 산술평균은 이상치에 예민하므로 중위수를 사용해서 통계량 산출(평균보다 중위수가 저항성이 크다.)
잔차 해석 (Residual)	– 잔차 : 표본 집단에서 추정한 값의 오류 – 잔차를 계산하여 잔차의 발생 이유 및 정도를 탐색
자료 재표현 (Re-expression)	– 변수 변환 등을 통해서 분석과 해석을 용이하게 한다. 예 로그값을 취해서 정규분포화 – 자료를 재표현함으로써 분포의 대칭성, 선형성, 분산의 안정성 등을 확보할 수 있다.
현시성 (Representation)	– 데이터 시각화 – 수치만으로 파악하기 어려운 데이터의 구조 및 패턴을 시각화함으로써 직관적이고 효율적이게 데이터 파악이 가능하다.

나. 변수 탐색 방법 *중요한 개념이지만 여기서는 읽고 넘어가세요. 각 개념에 대해 뒤에서 자세히 학습합니다.

① 개별변수 탐색

- 분석 목적과 변수의 속성에 따라 탐색 방법이 달라지므로 변수의 속성을 구분해서 탐색한다.
- 개별변수는 수치형 변수와 범주형 변수를 구분하고 탐색한다.

[개별변수 탐색]

구분	설명
수치형 변수	– 평균, 분산, 표준편차, 첨도, 왜도 등 통계량 계산 – 데이터의 중심성, 변동성, 정규성 측면에서 파악 – 시각화는 상자 그래프나 히스토그램을 주로 사용
범주형 변수	– 빈도수, 최빈수, 비율, 백분율 등을 계산 – 데이터의 중심성, 변동성 측면에서 파악 – 시각화는 막대 그래프를 주로 사용

② 다차원 변수 탐색

주어진 변수의 조합에 따라 수치형–수치형, 범주형–범주형, 범주형–수치형으로 나누어 탐색한다.

[다차원 변수 탐색]

구분	설명
수치형-수치형 변수	- 수치형 데이터 간 상관관계와 데이터의 추세성 검토 - 상관분석, 산점도 등을 통해 탐색
범주형-범주형 변수	- 범주형 데이터 간 빈도수와 비율을 활용한 교차 빈도, 비율, 백분율 등 검토 - 막대 그래프 등을 통해 탐색
범주형-수치형 변수	- 범주형 데이터를 그룹화하여 각 그룹에 따라 수치형 변수의 기술 통계량 차이 상호 비교

2) 기초 통계량 ★★★ 통계! 겁먹지 말고 핵심 개념 위주로 학습합니다.

① 통계

- 통계는 "어떤 현상"을 설명하기 위해 특정 형식에 맞춰 "숫자"로 나타내는 것이다.
- 통계는 데이터를 다룰 수 있는 근본적인 학문이며 데이터를 관찰하고 요약 정리할 수 있는 편리한 방법이다.
- 수집된 데이터를 탐색하기 위해서는 데이터의 기초적인 통계량을 파악하고 어떻게 분석에 사용할 것인지 고려해야 한다.

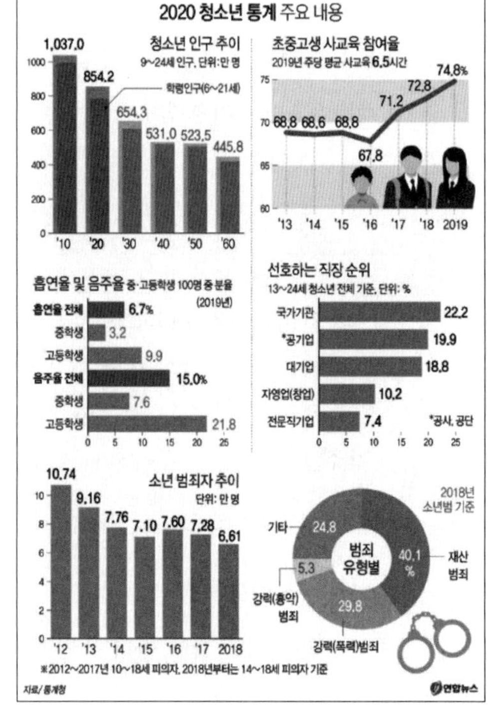

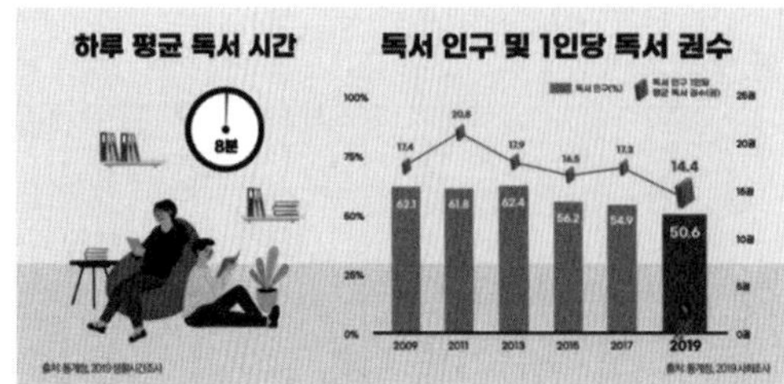

출처 : 통계청

② **통계의 유형**

통계는 크게 기술통계와 추론통계로 구분할 수 있다. 세부적으로 기술통계, 검정통계, 추론통계로 구분할 수도 있는데, 검정통계는 추론통계의 일부로 포함된다.

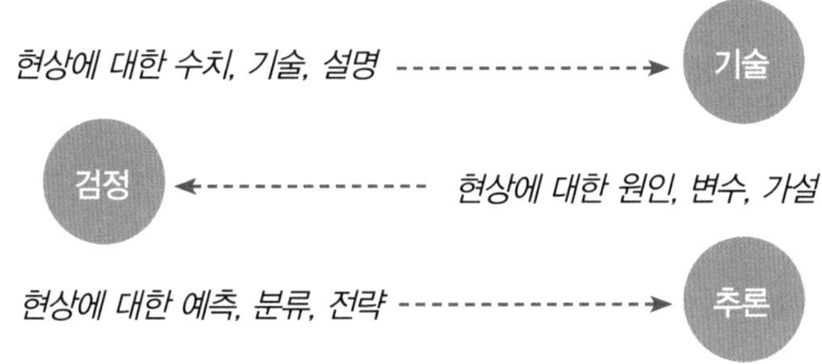

* Chapter3에서 각 개념에 대해 자세히 배웁니다. 여기선 전체적인 틀을 잡고 가세요.

③ **기초 통계량**

- 수집된 데이터를 잘 탐색하기 위해서는 데이터의 기초 통계량을 파악하고 어떻게 분석에 사용할 것인지를 고려해야 한다.
- 데이터의 기초 통계량은 중심 위치, 변이, 분포 등을 파악한다.

[기초 통계량]

<table>
<tr><th>구분</th><th>설명</th></tr>
<tr><td>위치</td><td>- 데이터의 중심 통계량
- 평균, 중위수, 최빈수, 사분위수 등을 통해 파악한다.
<table>
<tr><th>통계량</th><th>설명</th></tr>
<tr><td>평균값(Average)</td><td>자료를 모두 더한 후 자료 개수로 나눈 값</td></tr>
<tr><td>중위수(Median)</td><td>모든 데이터 값을 순서대로 배열하였을 때 중앙에 위치한 데이터 값</td></tr>
<tr><td>최빈수(Mode)</td><td>데이터 값 중에서 빈도수가 가장 높은 데이터 값</td></tr>
<tr><td>사분위수(Quartile)</td><td>모든 데이터 값을 순서대로 배열하였을 때 4등분한 지점에 있는 값</td></tr>
</table></td></tr>
<tr><td>변이</td><td>- 데이터의 산포도 통계량
- 데이터의 중심을 찾았다면 그 중심을 기준으로 데이터가 얼마나 흩어져 있는지를 파악한다.
- 분산, 표준편차, 범위 등을 통해 파악한다.
<table>
<tr><th>통계량</th><th>설명</th></tr>
<tr><td>분산(Variance)</td><td>평균으로부터 얼마나 떨어져 있는지를 나타내는 값</td></tr>
<tr><td>표준편차
(Standard Deviation)</td><td>분산의 양의 제곱근을 취한 값</td></tr>
</table></td></tr>
</table>

분포	– 데이터의 분포 통계량 – 데이터가 정규분포를 기준으로 어떻게 분포되어 있는지를 파악한다. – 첨도, 왜도 등을 통해 파악한다.

통계량	설명
첨도(Kurtosis)	데이터 분포의 뾰족한 정도를 설명하는 통계량
왜도(Skewness)	데이터 분포의 기울어진 정도를 설명하는 통계량

3) 상관관계 분석 ★★★ 아주 기본적이지만 중요한 분석 기법입니다. 의미를 정확하게 이해하세요.

① 상관관계(Correlation Analysis)

- 상관관계 분석은 변수 간에 선형적 관계를 판단하여 상호 연관성의 존재 여부를 판단하는 분석이다.
- 선형 관계는 직선으로 데이터를 모형화 할 수 있는 관계를 의미한다.

쏙쏙 예제

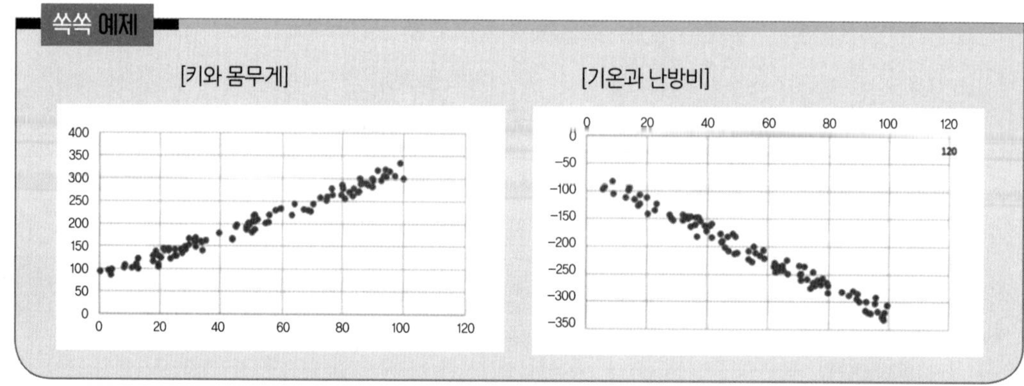

- 일반적으로 키와 몸무게의 상관관계는 위와 같이 비례 관계로 표현할 수 있다. 이를 변수들이 같은 방향으로 움직인다고 이해할 수 있으며, 이를 양의 상관관계라고 정의한다. 반대로 기온과 난방비는 반비례 관계로 각 변수들이 다른 방향으로 움직이며, 이를 음의 상관관계라고 정의한다.
- 상관관계의 종류는 다음과 같다.

[상관관계 종류]

구분	설명
양의 상관관계	– 한 변수의 값이 증가할 때 다른 변수의 값도 증가하는 경향을 보이는 상관관계 – 강도에 따라 강한 양의 상관관계, 약한 양의 상관관계가 있다. – 상관계수가 양수로 나타난다.

음의 상관관계	– 한 변수의 값이 증가할 때 다른 변수의 값은 반대로 감소하는 경향을 보이는 상관관계 – 강도에 따라 강한 음의 상관관계, 약한 음의 상관관계가 있다. – 상관관계가 음수로 나타난다.
상관 관계없음	– 변수 간 선형적 상관관계가 없다. – 상관관계가 0이다.

• 변수의 개수에 따라 단순 상관분석과 다중 상관분석으로 구분된다.

[상관분석 종류]

구분	설명
단순 상관분석	두 개의 변수 사이의 상관분석 예 나이와 급여 사이의 상관분석
다중 상관분석	세 개 이상의 변수 사이의 상관분석 예 나이, 급여, 직위의 상관분석

② 공분산(Covariance)

• 공분산을 통해 상관관계를 파악할 수 있다.

• 공분산은 두 변수 간의 편차를 곱한 것의 평균값이다.

• 곱셈의 법칙에 따라 공분산 값을 다음과 같이 해석할 수 있다.

$$Cov(X,Y) = E\{(X-\mu_X)(Y-\mu_Y)\}$$

[공분산 값 해석]

구분	내용
Cov〉0	$(X-\mu_X) > 0$ *and* $(Y-\mu_Y) > 0$ $(X-\mu_X) < 0$ *and* $(Y-\mu_Y) < 0$ 2개의 변수가 같은 방향으로 움직일 때 공분산의 값은 양수가 된다.
Cov〈0	$(X-\mu_X) > 0$ *and* $(Y-\mu_Y) < 0$ $(X-\mu_X) < 0$ *and* $(Y-\mu_Y) > 0$ 2개의 변수가 다른 방향으로 움직일 때 공분산의 값은 음수가 된다.
Cov=0	$(X-\mu_X) = 0$ *or* $(Y-\mu_Y) = 0$ 2개의 변수는 관계가 없다.

- 공분산은 변수 간 상관관계는 알 수 있지만, 범위가 다른 데이터 간 비교가 불가능하고 관계성의 강도를 파악할 수 없으므로 주로 공분산을 표준편차로 나눈 값인 상관계수를 이용한다.

③ 상관계수(Correlation Coefficient)

- 변수 간 상관관계의 정도를 수치적으로 나타낸 계수이다.
- 상관관계는 변수 간 선형적 관계와 관계의 강도를 파악할 수 있다.
- 공분산을 표준편차로 나눈 값이다.

$$-1 \leq \ pX, Y = \frac{Cov(X, Y)}{\sigma X \sigma Y} \leq +1$$

- 상관계수 r은 −1에서 1까지의 값을 가지고 −1에 가까울수록 강한 음의 상관관계, 1에 가까울수록 강한 양의 상관관계를 가진다.

④ 상관계수 종류

- 변수의 속성에 따라 상관계수를 계산하는 방법이 달라진다.

[상관계수 종류]

구분	설명	분석 방법
수치적 데이터	– 수치형 데이터인 등간척도, 비율척도에 해당 – 수치로 표현을 할 수 있는 측정 가능한 데이터 변수 예 나이, 몸무게, 이동 거리 – 변수의 연산이 가능 예 이동 거리의 평균	피어슨 상관계수
순서적 데이터	– 범주형 데이터 중에서 순서형 데이터에 해당 – 데이터의 순서에 의미를 부여한 데이터 변수 예 성적 순위(1등, 2등, 3등) – 변수의 연산이 불가능 예 고졸+중졸=대졸 불가능	스피어만 순위상관계수
명목적 데이터	– 범주형 데이터 중에서 명목형 데이터에 해당 – 데이터의 특성을 구분하기 위하여 숫자나 기호 할당 예 성별(남/여), 학반(1반, 2반, 3반) – 변수의 연산이 불가능 예 1반+2반=3반	카이제곱 검정

• 피어슨 상관계수, 스피어만 순위상관계수, 카이제곱 검정 등을 사용하여 상관계수를 계산할 수 있다.

[상관계수 특징]

구분	설명
피어슨 상관계수 (Pearson Correlation Coefficient)	– 수치형 데이터의 상관계수를 계산한다. – 가장 일반적으로 사용하는 상관계수이다. 예 키와 몸무게, 수입과 지출 등
스피어만 순위 상관계수 (Spearman Rank Correlation Coefficient)	– 순서형 데이터의 상관계수를 계산한다. 예 언어 성적 순위(1등, 2등, 3등)와 수학 성적 순위(1등, 2등, 3등)
카이제곱 검정 (Chi–squared Test)	– 명목형 데이터의 상관계수를 계산한다.

⑤ **산점도(Scatter Plot)**

• 산점도는 변수 간의 상관관계를 표현하는 시각화 기법이다.

• 직교 좌표계를 이용해 좌표상의 점들을 표시함으로써 두 개 변수 간의 관계를 나타낼 수 있다.

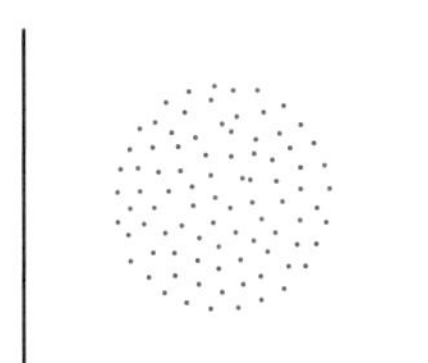
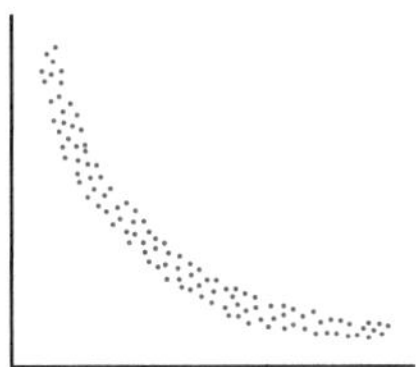
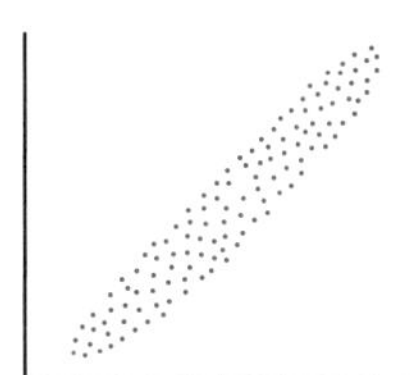
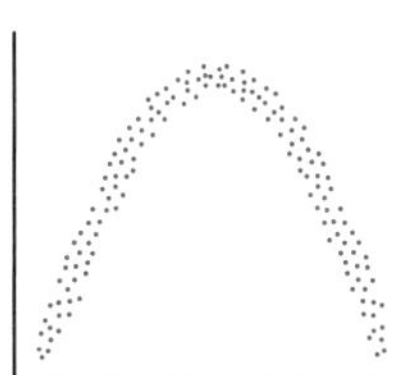

4) 시각적 데이터 탐색 ★★★ 시각화 기법은 앞으로도 계속 등장합니다. 잘 알아두세요.

• 통계량을 통해서 데이터를 파악하는 것도 중요하지만, 통계량을 시각화하여 데이터를 좀 더 정확하고 직관적으로 파악할 수 있다.

• 분석의 목적과 변수의 속성에 맞는 적절한 시각화 방법을 선택해야 한다.

① **히스토그램(Histogram)**

- 연속형 데이터를 일정하게 나눈 계급(구간)을 x축, 각 계급에 해당하는 데이터의 수(도수)를 y축으로 표현하여 시각화한 그래프이다.
- 각 계급에 데이터가 얼마나 분포되어 있는지 파악할 수 있다.
- 정규성을 확인할 수 있다.
- 계급은 서로 겹치지 않고 연속적으로 붙어있어야 한다.

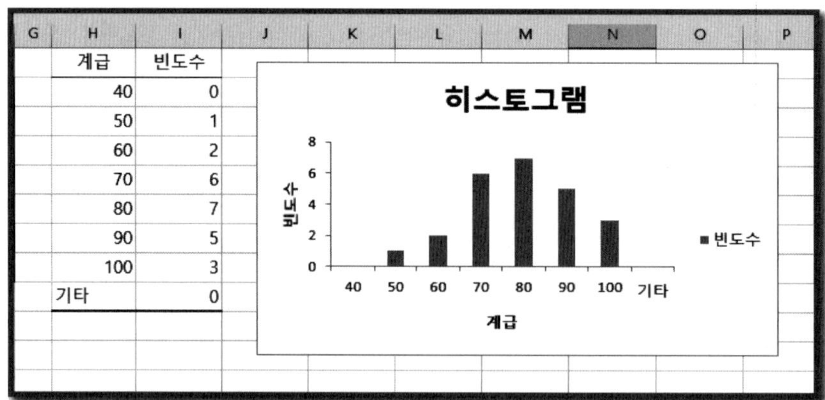

계급	빈도수
40	0
50	1
60	2
70	6
80	7
90	5
100	3
기타	0

② **막대그래프(Bar Chart)**

- 범주형 데이터의 분포를 시각화한 그래프이다.
- 막대는 서로 떨어져 있으며, 막대 너비가 같지 않을 수 있다.
- 가로 막대 그래프, 세로 막대 그래프, 누적 막대 그래프 등 다양한 종류가 있다.

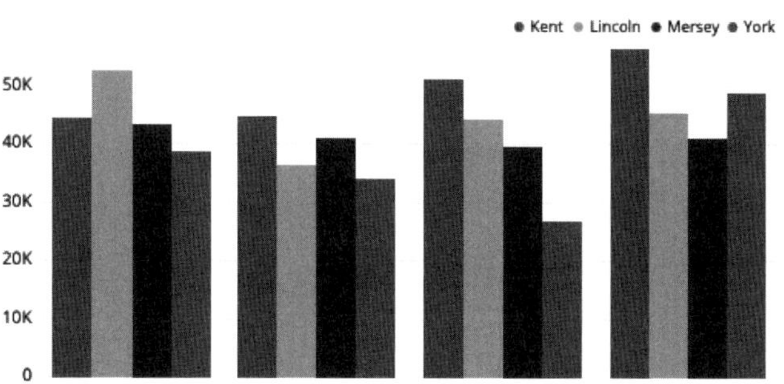

③ 상자그래프(Box Plot)

- 연속형 자료의 통계량(최솟값, 제1 사분위, 제2 사분위(중위수), 제3 사분위, 최댓값)을 시각화한 그래프이다.
- 데이터의 범위와 중위수, 이상치 등을 빠르게 확인할 수 있는 시각화 기법이다.
- 상자-수염 그림, 상자 그림, 박스 플롯 등으로 불린다.

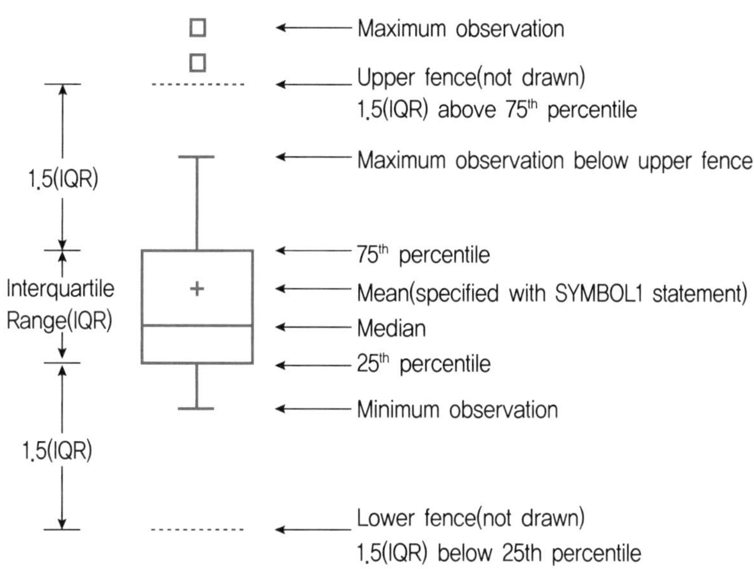

[상자그래프 구성요소]

구성요소	설명
하위 경계	– 제1 사분위에서 1.5 IQR을 뺀 위치
최솟값	– 하위 경계 내의 관측치의 최솟값

제1 사분위	– 자료들의 하위 25%의 위치를 의미
제2 사분위	– 자료들의 50%의 위치로 중위수를 의미 – 두꺼운 막대로 가시성을 높여서 표현
제3 사분위	– 자료들의 하위 75%의 위치를 의미
최댓값	– 상위 경계 내의 관측치의 최댓값
상위 경계	– 제3 사분위에서 IQR의 1.5배 위치
수염	– Q1, Q3로부터 IQR 1.5배 내에 있는 가장 멀리 떨어진 데이터까지 이어진 선
이상값	– 수염보다 바깥쪽에 데이터가 존재한다면, 이것은 이상값으로 분류

④ **산점도(Scatter Plot)**

- 변수 간의 상관관계를 시각화한 그래프이다.
- 관계의 방향과 정도를 파악할 수 있다.

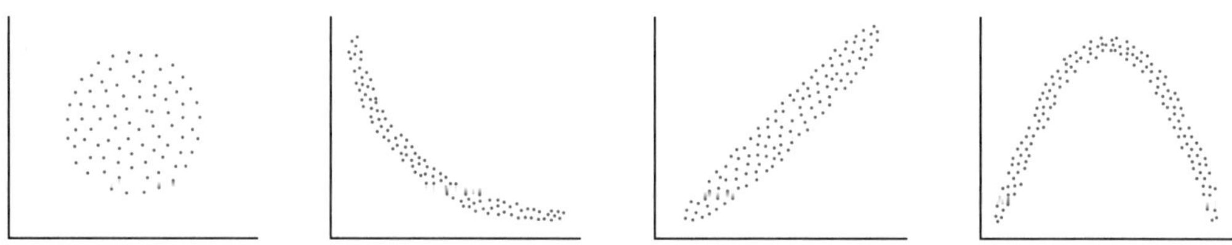

▲ 여러 형태의 산점도

❷ 고급 데이터 탐색★ 각 개념들은 뒤에서 자세히 배웁니다. 전체적인 흐름만 보고 가세요.

1) 시공간 데이터 탐색

① **시공간 데이터(Spatio–Temporal Data)**

- 공간적 정보(위도, 경도, 높이)에 시간의 개념이 추가되어 시간에 따라 위치나 형상이 변하는 데이터를 의미한다.
- 무선이동 통신기술의 발달로 인해 데이터의 가치와 중요도가 증가하고 있다.
- 시공간 데이터는 데이터를 공간과 시간의 흐름상에 위치시킬 수 있는 거리 속성과 시간 속성을 가지고 있다.
- 시공간 데이터 기술은 지리정보 시스템, 위치 기반 서비스, 인구사회변화, 도시 재개발, 교통시설 및 정책 변화 등에 활용된다.

② 시공간 데이터 탐색

시공간 데이터를 표현할 수 있는 다양한 시각화 표현 기법이 있다.

[시공간 데이터 탐색 기법]

종류	설명
코로플레스 지도 (Choropleth Map)	– 색상의 스케일을 사용하여 데이터 수치에 따라 구분하는 기법이다. – 등치 지역도라고도 불린다. – 범주형 데이터는 서로 다른 색상을 사용하여 구분하고, 연속형 데이터는 같은 색상의 명도를 조절하여 구분한다. 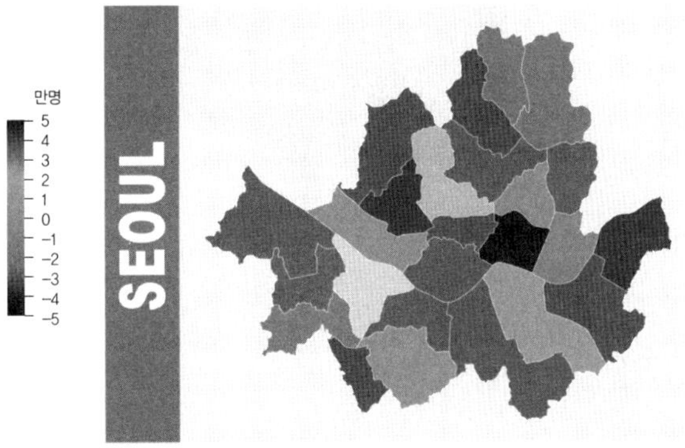
버블 플롯맵 (Bubble Plot Map)	– 위도와 경도 정보를 적용하여 좌표를 원으로 시각화한 기법이다. – 3차원 데이터를 2차원으로 확인할 수 있다. – 원의 크기, 색깔 등을 반영하여 표현한다. 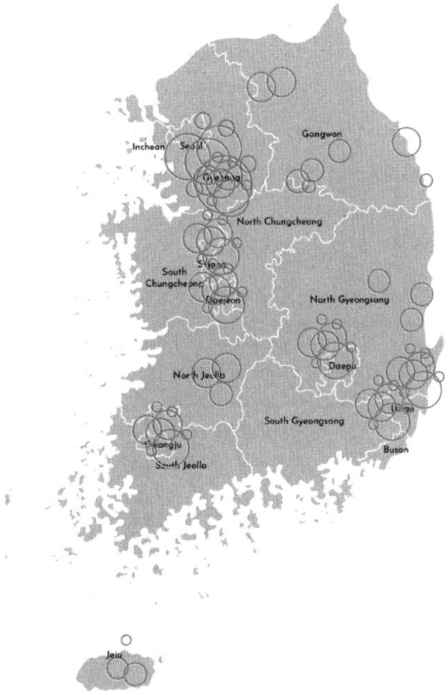

<table>
<tr>
<td>카토그램
(Cartogram)</td>
<td>

- 지도의 면적을 왜곡시켜 데이터의 수치에 따라 구분하는 기법이다.
- 변량 비례도라고도 불린다.
- 데이터 값의 크기를 직관적으로 인지할 수 있다.
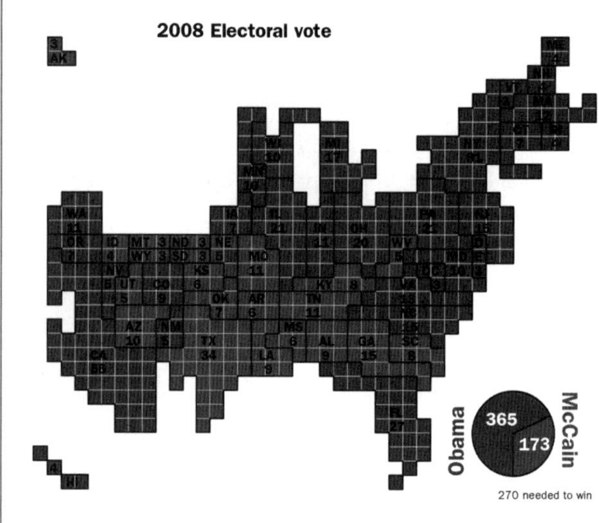

출처: By Cartogram- 2008_Electoral_Vote- es.svg: *Cartogram- 2008_Electoral_Vote.png: ChrisnHoustonderivative work: Mircalla22 (talk)derivative work: Bur2000 - Cartogram- 2008_Electoral_Vote- es.svg, CC BY- SA 3.0, https://commons.wikimedia.org/w/index.php?curid=15060366
</td>
</tr>
</table>

2) 다변량 데이터 탐색

① 변량(Variance)

- 데이터의 값을 숫자, 또는 문자로 나타낸 값이다.
- 데이터 분석 시, 독립변수와 종속변수의 개수에 따라 용어를 다르게 하여 구분한다.
- 독립변수의 개수에 따라 단순, 다중으로 구분한다.

구분	설명
단순(Simple)	독립변수가 1개
다중(Multiple)	독립변수가 2개 이상

- 종속변수의 개수에 따라 일변량, 이변량, 다변량 데이터로 구분한다.

유형	설명
일변량 데이터(Univariate Data)	종속변수가 1개
이변량 데이터(Bivariate Data)	종속변수가 2개
다변량 데이터(Multivariate Data)	종속변수가 2개 이상(이변량 ⊂ 다변량)

② 다변량 데이터 탐색

- 변량의 유형에 따라 탐색하는 방법이 달라진다.

[다변량 데이터 탐색]

구분	설명
일변량 데이터	– 평균, 분산, 표준편차와 같은 기술 통계량 – 히스토그램, 상자 그래프 등 그래프 통계량
이변량 데이터	– 두 변수 사이의 관계성을 탐색한다.
다변량 데이터	– 다변량 데이터는 직관적으로 파악하기 어렵기 때문에 시각적으로 자료를 먼저 탐색하는 것이 적절하다. – 변수 선택, 변수 추출 등의 기법을 통해 적절한 변수를 탐색하는 것이 중요하다. – 산점도 행렬, 별 그래프 등의 시각화 기법을 사용하여 탐색한다.

3) 비정형 데이터 탐색

① 비정형 데이터

- 비정형 데이터는 일정한 구조를 가지고 있지 않는 데이터 형태로, 텍스트나 이미지, 영상, 음성 등이 있다.
- 실제 데이터 중 비정형 데이터가 차지하고 있는 부분이 더욱 증가함에 따라 비정형 데이터 탐색의 가치도 증가하고 있다.

② 비정형 데이터 탐색

[비정형 데이터 탐색 기법]

구분	내용
텍스트	– 자연어 처리(Natural Language Processing; NLP)를 통해 텍스트 비정형 데이터를 탐색할 수 있다.  – 음성 인식, 감성 분석, 자동 요약, 스팸 필터링, 챗봇, 번역 등에 활용되고 있다.
동영상, 이미지	– 이진 파일인 이미지 데이터는 컴퓨터 비전(Computer Vision)의 영역으로, 기계가 인간의 시각적 인지를 이해할 수 있도록 탐색한다. – 이미지 및 동영상 데이터를 처리할 수 있는 다양한 응용소프트웨어들이 개발되고 오픈소스로 공급되어 사용할 수 있다. – 객체 인식, 자율 주행, 보안, 의료 등에 활용되고 있다.
XML, JSON, HTML	– 각각의 파서를 이용하여 데이터를 파싱한 후 탐색한다. – 메타데이터를 활용하여 데이터의 구조와 객체를 파악하고 탐색한다.

Chapter 03 통계기법 이해

시작하기 전에

통계는 관심있는 현상을 숫자 형식에 맞춰 설명하는 것이다. 우리는 실생활에서 수도 없이 많은 통계자료를 접하며 살아가고 있다. 하지만 우리는 통계라는 단어를 접하면 단어가 주는 위압감에 사로잡혀 거부감부터 생기기 마련이다. 이는 막연히 통계가 어렵다고 생각하고 있기 때문이다. 쉽지 않은 내용이긴 하지만 데이터를 다루는 데 있어서 통계 기법은 떨어트려 놓을 수 없으므로 통계의 전체적인 틀을 잡고 핵심이 되는 부분을 우선순위에 따라 학습하도록 한다.

1 기술통계 ★★★ 통계는 모두 중요한 개념입니다. 핵심 위주로 암기하세요.

1) 데이터 요약

① 위치 요약

- 데이터를 대표할 수 있는 값은 데이터의 중심 위치이다.
- 평균값, 중앙값, 최빈수, 사분위수 등이 있다.

[데이터 위치 요약 기법]

<table>
<tr><th>구분</th><th>내용</th></tr>
<tr><td>평균
(Mean)</td><td>
– 데이터를 모두 더한 후 데이터의 총 개수로 나눈 값이다.
– 이상값에 민감하다.
– 산술평균, 절사평균, 가중평균이 있다.
<table>
<tr><th>구분</th><th>설명</th></tr>
<tr><td>산술평균</td><td>이상치에 예민</td></tr>
<tr><td>절사평균</td><td>양극단 값을 제외하고 평균 계산
예 스포츠 심판</td></tr>
<tr><td>가중평균</td><td>각 데이터 값에서 가중치를 곱한 후 평균 계산
예 센서의 성능</td></tr>
</table>
– 모평균은 모집단의 평균을 의미하고, 표본평균은 표본의 평균을 의미한다. 표기법이 다르다.
</td></tr>
</table>

<table>
<tr><td>평균
(Mean)</td><td>

구분	평균
모평균	$\mu = \frac{1}{N}\sum_{k=1}^{N} x_k$ * μ는 '뮤'라고 읽는다.
표본평균	$\bar{X} = \frac{1}{n}\sum_{k=1}^{n} x_k$ * $\bar{X}$는 '엑스바'라고 읽는다.

</td></tr>
<tr><td>중앙값
(Median)</td><td>
- 모든 데이터를 오름차순으로 정렬했을 때, 중앙에 위치한 데이터이다.
- 평균보다 이상치에 민감하지 않다.
- 홀수인 경우와 짝수인 경우 공식이 다르다.
- 중앙값 구하는 공식 : $\frac{n+1}{2}$
예 45, 55, 65, 70, 75, 85, 90, 100의 값이 있을 때 8+1/2=4.5이다.
4.5번째는 없으므로 4번째 자리의 70과 5번째 자리의 75의 평균을 계산한다.
</td></tr>
<tr><td>최빈수
(Mode)</td><td>
- 데이터 값 중에서 빈도수가 가장 높은 데이터이다.
예 45, 70, 65, 70, 75, 70, 90, 100의 값이 있을 때 최빈수는 70이다.
</td></tr>
<tr><td>사분위수
(Quantile)</td><td>
- 모든 데이터를 오름차순으로 정렬했을 때 4등분한 지점에 있는 값이다.

구분	설명
제1 사분위수(Q1)	– 데이터를 오름차순 했을 때 첫 번째 사등분점
제2 사분위수(Q2)	– 데이터를 오름차순 했을 때 두 번째 사등분점(중위수)
제3 사분위수(Q3)	– 데이터를 오름차순 했을 때 세 번째 사등분점
제4 사분위수(Q4)	– 데이터를 오름차순 했을 때 네 번째 사등분점
사분위수 범위(IQR)	– IQR은 제3 사분위수에서 제1 사분위수의 차이 값 ($IQR = Q_3 - Q_1$)
범위(Range)	– 최댓값과 최솟값의 차이($R = X_{max} - X_{min}$)

</td></tr>
</table>

사분위수 (Quantile)	사분편차 (Quartile Deviation)	사분위수 범위 값을 절반으로 나눈 값 ($\frac{IQR}{2} = \frac{Q_3-Q_1}{2}$)

② **변이 요약**

- 데이터의 중심위치로부터 얼마나 흩어져 있는지, 즉 산포도를 변이라고 한다.
- 분산과 표준편차가 있다.

[데이터 변이 요약 기법]

구분	내용
분산 (Variance)	– 각 데이터가 평균으로부터 얼마나 떨어져 있는지(편차)를 계산한다. – 평균보다 높은 값이라면 양의 편차, 낮은 값이라면 음의 편차가 발생하고 이를 모두 합하면 0이 되므로 편차는 제곱해서 계산한다. – 모분산은 모집단의 분산을 의미하고, 표본분산은 표본의 분산을 의미한다. – 표본분산은 (n−1)로 나눈다.

구분	평균
모분산	$\sigma^2 = \frac{\sum_{i=1}^{N}(X_i - \mu)^2}{N}$ * σ는 '시그마'라고 읽는다.
표본분산	$s^2 = \frac{\sum_{i=1}^{N}(X_i - \bar{X})^2}{n-1}$ * s는 '에스'라고 읽는다.

구분	내용
표준편차 (Standard Deviation)	– 표준편차는 분산에 양의 제곱근을 취한 값이다. – 모표준편차는 모집단의 표준편차를 의미하고, 표본표준편차는 표본의 표준편차를 의미한다.

구분	평균
모표준편차	$\sigma = \sqrt{\frac{\sum_{i=1}^{N}(X_i-\mu)^2}{N}}$ * σ는 '시그마'라고 읽는다.
표본표준편차	$s = \sqrt{\frac{\sum_{i=1}^{N}(X_i - \bar{X})^2}{n-1}}$ * s는 '에스'라고 읽는다.

표준편차 (Standard Deviation)	변동계수	- 변동계수는 표준편차를 평균으로 나눈 값이다. - 측정 단위가 서로 다른 자료의 흩어진 정도를 상대적으로 비교할 때 사용한다. 1. 모집단일 경우 = $CV = \frac{\sigma}{\mu}$ 2. 표본집단일 경우 = $CV = \frac{s}{X}$

③ 분포 요약

- 데이터의 전체적인 흐름을 파악할 수 있다.
- 정규분포를 기준으로 데이터 분포의 형태와 대칭성을 파악한다.

[데이터 분포 요약 기법]

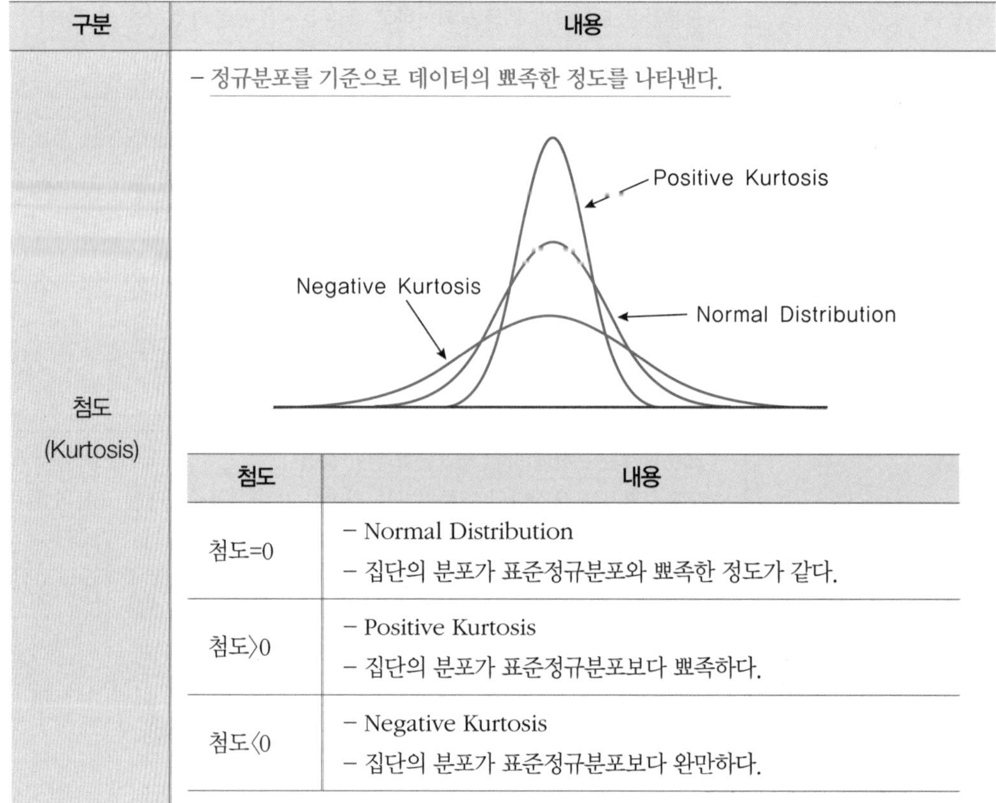

구분	내용
첨도 (Kurtosis)	- 정규분포를 기준으로 데이터의 뾰족한 정도를 나타낸다.

첨도	내용
첨도=0	- Normal Distribution - 집단의 분포가 표준정규분포와 뾰족한 정도가 같다.
첨도〉0	- Positive Kurtosis - 집단의 분포가 표준정규분포보다 뾰족하다.
첨도〈0	- Negative Kurtosis - 집단의 분포가 표준정규분포보다 완만하다.

<table>
<tr>
<td>왜도
(Skewness)</td>
<td>

– 정규분포를 기준으로 데이터 분포의 기울어진 정도를 나타낸다.

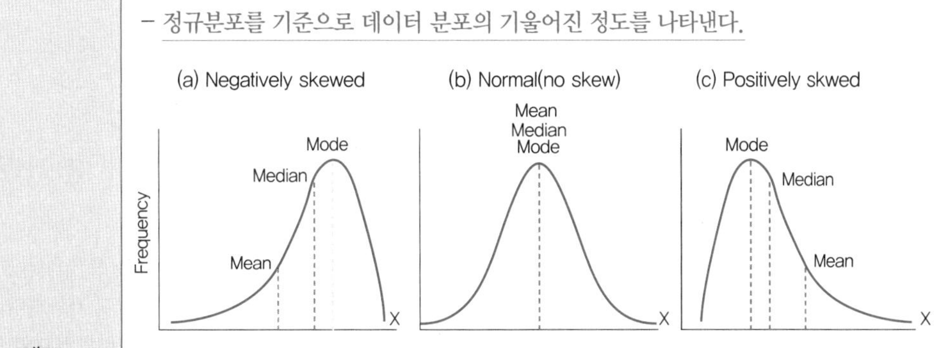

<table>
<tr><th>왜도</th><th>내용</th></tr>
<tr><td>왜도=0</td><td>– Normal Distribution
– 좌우 대칭
– 평균=중앙값=최빈수</td></tr>
<tr><td>왜도>0</td><td>– 우측으로 긴 꼬리
– 최빈수<중앙값<평균</td></tr>
<tr><td>왜도<0</td><td>– 좌측으로 긴 꼬리
– 최빈수>중앙값>평균</td></tr>
</table>

</td>
</tr>
</table>

2) 표본 추출 ★★★

① 표본 추출

• 표본 추출은 모집단에서 데이터 분석을 수행할 표본을 추출하는 과정이다

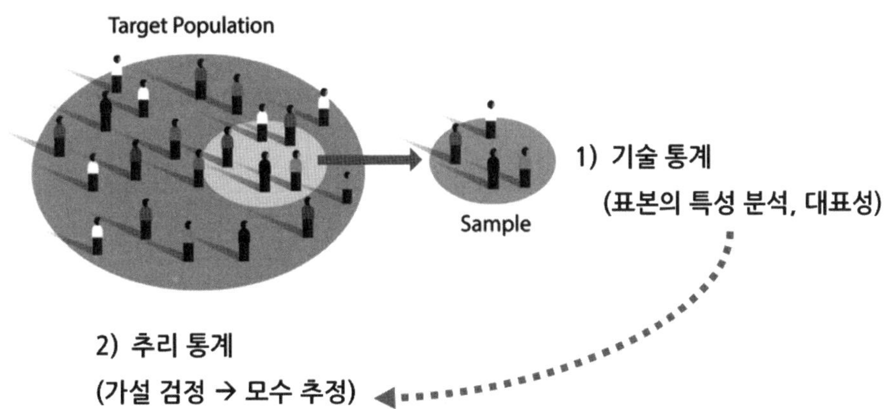

• 데이터 샘플링(Data Sampling)이라고도 불린다.

• 표본추출은 확률적 표본 추출과 비확률적 표본 추출로 구분할 수 있다.

[확률적 표본 추출과 비확률적 표본 추출]

구분	내용
확률적 표본 추출 (Probability Sampling)	– 무작위 표본 추출 – 모든 모집단이 표본으로 추출될 가능성이 확률적으로 동일하다. – 대표성 확보, 일반화 가능성, 표본오차 추정이 가능하다. – 시간과 비용이 비확률적 표본 추출에 비해 많이 소요된다.
비확률적 표본 추출 (Nonprobability Sampling)	– 인위적 표본 추출 – 일반적으로 연구자의 편의에 따라 모집단으로부터 접근성이 용이하고 편리한 방법을 통해 표본을 추출하는 방법이다. – 대표성 확보, 일반화 가능성이 어려우며 표본오차 추정이 불가능하다. – 시간과 비용이 확률적 표본 추출에 비해 적게 소요된다. – 편의 표본 추출, 눈덩이 표본 추출이라고도 불린다.

② 표본 추출 기법 *각 개념에 대해 잘 알아두세요.

• 표본을 추출하는 방식에 따라 단순 무작위 추출, 계통 추출, 층화 추출, 군집 추출 등으로 구분할 수 있다.

• 다음과 같은 데이터를 가지고 있는 모집단에서 각기 다른 방식을 통해 4개의 표본을 추출하였다. 각 그림이 어떤 추출 방식에 기반하고 있는지 예시를 통해 살펴본다.

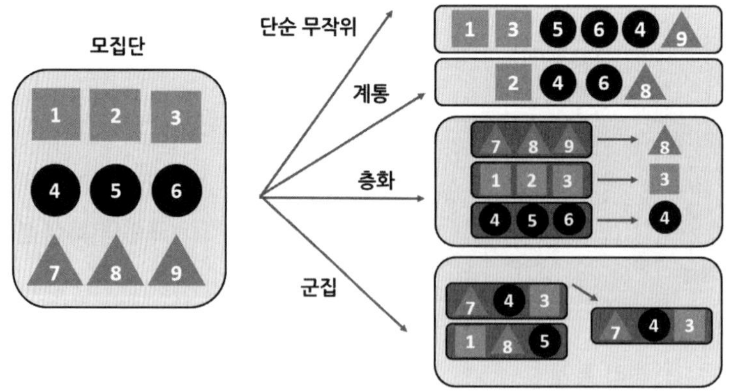

[표본 추출 기법]

<table>
<tr><th>구분</th><th>설명</th></tr>
<tr><td>단순 무작위 추출
(Simple Random Sampling)</td><td>– 모집단에서 추출될 확률이 균등한 샘플을 무작위로 추출
– 표본의 대상이 모든 모집단의 요소들을 포함한다.
– 표본의 크기가 커질수록 정확도가 높아진다.
예 1번부터 9번까지 9개의 데이터에서 6개를 무작위로 추출
– 단순 무작위 추출 수행 시, 복원 추출과 비복원 추출 방식으로 구분하여 수행할 수 있다.
<table><tr><th>구분</th><th>설명</th></tr><tr><td>복원 추출</td><td>– 추출한 데이터를 다시 복원 후 다음 데이터를 추출하는 방식</td></tr><tr><td>비복원 추출</td><td>– 추출한 데이터를 다시 복원하지 않은 후 다음 데이터를 추출하는 방식</td></tr></table></td></tr>
<tr><td>계통 추출
(Systematic Sampling)</td><td>– 일정한 간격으로 추출하는 방식
– 표집 간격: 표본을 추출하는 일정한 간격
– 단순 무작위 추출보다 쉽고 비용이 덜 소요된다.
예 1번부터 9번까지 9개의 데이터에서 짝수 데이터(2, 4, 6, 8)를 추출</td></tr>
<tr><td>층화 추출
(Stratified Sampling)</td><td>– 모집단을 여러 계층으로 나누고, 계층별로 무작위로 추출하는 방식
– 계층이 특성에 의해 나뉜다.
– 층 내는 동질적이고 층 간은 이질적이다.
예 1번부터 9번까지의 데이터에서 동일한 색과 형태를 가진 데이터를 3개의 계층으로 나누고, 그 계층에서 무작위 데이터를 추출</td></tr>
<tr><td>군집 추출
(Cluster Random Sampling)</td><td>– 모집단을 여러 군집으로 나누고, 일부 군집의 전체를 추출하는 방식
– 군집이 모집단을 대표할 수 있어야 한다.
– 집단 내부는 이질적이고, 집단 외부는 동질적
예 1번부터 9번까지의 데이터에서 모집단을 대표할 수 있는 색과 형태를 가진 여러 군집으로 나누고, 일부 군집의 전체를 추출</td></tr>
</table>

3) 확률분포★★★

가. 확률

* 확률의 기본 공식들은 잘 알아두세요.

① **확률(Probability)**

- 확률은 표본공간 전체에서 어떤 특정 사건이 발생할 가능성을 계산하는 것이다.
- 확률은 0~1의 값을 가지며 전체 확률은 항상 1이 된다.

• A라는 사건이 일어날 확률 : $P(A) = \frac{A\text{사건이 일어난 개수}}{\text{전체 사건 개수}} = \frac{n(A)}{n(s)}$

• 확률을 수학적 확률과 통계적 확률로 구분한다.

쏙쏙 예제

수학적 확률과 통계적 확률

주사위를 던질 때, 1이 나올 확률을 계산해보자.

[확률 종류]

구분	설명
수학적 확률	– 전체 사건이 일어날 수 있는 표본공간이 $S=\{1,2,3,4,5,6\}$이고, $n(s)=6$, $n(A)=1$이므로 $P(A) = \frac{n(A)}{n(s)} = \frac{1}{6}$ 이 된다.
통계적 확률	– 주사위를 100번 던져 1이 15번 나왔다면 , $n(s)=100$, $n(A)=15$이므로 $P(A) = \frac{n(A)}{n(s)} = \frac{15}{100}$ 이 된다.

그렇다면 수학적 확률과 통계적 확률이 다른데 우리는 어떤 확률을 믿어야 하는가?

일반적으로 통계적 확률을 특정 횟수만큼 반복하면 통계적 확률의 값은 수학적 확률 값에 근사하게 된다. 그래서 통계에서는 표본의 크기가 중요한 개념이 된다.

② 교사건(Intersection of Events)

• 교사건은 사건 A와 사건 B가 동시에 일어날 확률이다.

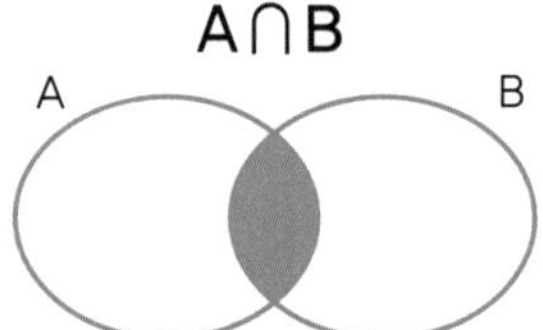

• $P(A \cap B) = P(B|A) \times P(A)$로 계산한다.

③ 조건부 확률(Conditional Probability)

• 조건부 확률은 두 개의 사건 A와 B에 대하여 사건 A가 일어난다는 전제조건 하에 사건 B가 일어날 확률이다.

사건 A가 일어난다는 전제조건 하에 사건 B의 조건부 확률	$P(B\|A) = \frac{P(A \cap B)}{P(A)}, P(A) \neq 0$
사건 B가 일어난다는 전제조건 하에 사건 A의 조건부 확률	$P(A\|B) = \frac{P(A \cap B)}{P(B)}, P(B) \neq 0$

• 조건부 확률의 원리는 현재 인공지능 시스템에서 사용하는 많은 알고리즘의 기초가 된다.

④ 전 확률의 정리(Law of Total Probability)

• 전 확률의 정리는 먼저 사건 A의 조건부 확률이 되는 사건 B를 여러 가지로 나눈다. 그 후 사건 A의 확률을 구할 때, 각 원인에 대한 조건부 확률 $P(A|B_i)$와 그 원인이 되는 확률 $P(B_i)$를 각각 곱하고 그 곱한 값을 모두 합해 계산한다.

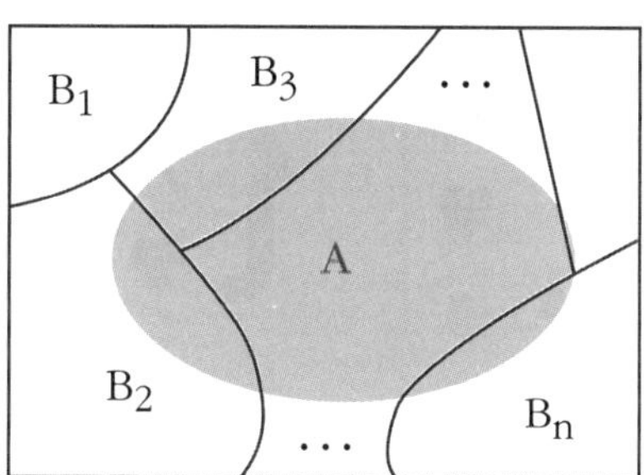

• $P(A)=\sum_{i=1}^{n} P(A|B_i)P(B_i)$로 계산한다.

⑤ 베이즈 정리(Bayes' Theorem)

＊베이즈 정리 공식도 알아두세요.

• 베이즈 정리는 사전확률과 관측 데이터를 이용하여 사후확률을 계산하는 방식이다.

• 베이즈 확률은 사건 A가 서로 배반인 $B_1, B_2, B_3, ..., B_n$ 중 어느 한 가지 경우로 발생하는 경우 실제 A가 일어날 때 B_i가 발생할 확률이다.

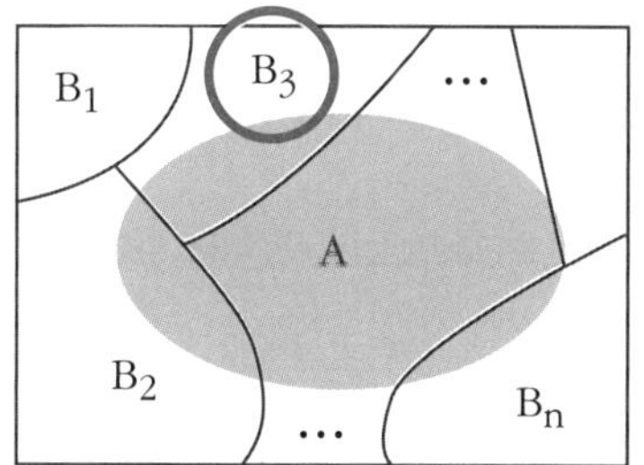

A가 일어날 때 B_i가 발생할 확률

관측 확률 사전 확률

$$P(B_i|A) = \frac{P(A|B_i)P(B_i)}{P(A)}$$

사후 확률

• $P(B_i|A) = \dfrac{P(A|B_i)P(B_i)}{P(A)}$ 로 계산한다.

• 조건부 확률은 많은 정보가 주어져 있어서 표본공간의 각 영역의 확률을 모두 구하는 것이 용이할 때 사용하는 것이고, 현실 세계에서 우리가 가질 수 있는 제한적인 정보로 확률적 추론을 가능할 수 있게 하는 것이 베이즈 정리이다.

나. 확률변수

① 확률변수(Random Variable)

- 확률변수는 표본공간 내 발생할 수 있는 변수의 값이 확률에 의해 결정되는 값이다.
- 확률변수는 확률에 의해 그 값이 결정되며, 대문자 X로 표시한다.

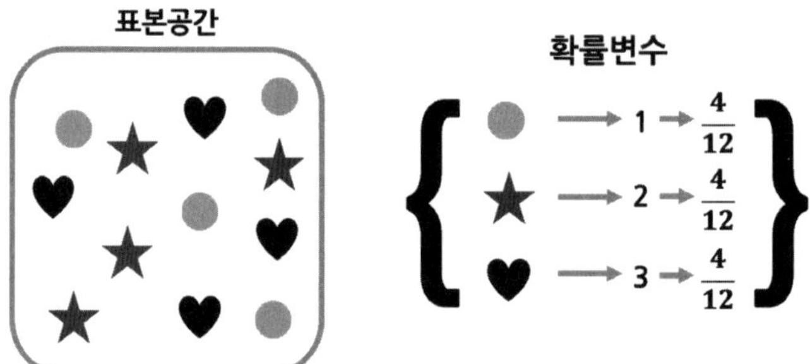

- 확률변수 값의 속성에 따라 이산확률변수와 연속확률변수로 구분할 수 있다.

[이산확률변수와 연속확률변수]

구분	설명
이산확률변수	– 셀 수 있는 확률변수 – 사람의 수, 방문 횟수, 승리 횟수 등
연속확률변수	– 연속적인 구간 내의 실수값을 가진 확률변수 – 시간, 몸무게, 키 등

쏙쏙 예제

확률변수

두 개의 동전을 한 번 던지는 실험에서 전체 표본공간은 {(앞,앞), (앞,뒤), (뒤,앞), (뒤,뒤)}이다. 앞면이 나올 개수를 X라고 할 경우, X가 가질 수 있는 값은 0, 1, 2이다.

앞면의 수(X)	0	1	2	총계
확률	1/4	1/2	1/4	1

앞면이 나올 수 있는 개수, 즉 확률변수 X값이 확률에 의해 결정된다.

② 기댓값(Expectation Value)

- 기댓값은 확률변수의 값과 그 확률변수에 해당하는 확률을 곱한 후 모두 더한 값이다.
- 데이터의 중심 위치인 평균과 중위수를 계산하는 것처럼 확률변수의 기댓값은 해당 확률분포에서 평균적으로 기대할 수 있는 값이며, 해당 확률분포의 중심 위치를 나타낸다.

- E(X)로 표시한다.
- 이산확률변수와 연속확률변수의 기댓값을 구하는 공식은 차이가 있다.

[기댓값 공식]

확률변수	기댓값
이산확률변수	$E(X) = \sum_{x=1}^{N} xf(x)$ (X: 확률변수, x: 확률변수 X의 값, $f(x)$: 확률질량함수)
연속확률변수	$E(X) = \int_{-\infty}^{\infty} xf(x)dx$ (X: 확률변수, x: 확률변수 X의 값, $f(x)$: 확률밀도함수)

③ **분산(Variance)**

- 분산은 확률변수의 산포도를 나타내는 값이다.
- V(X)로 표시한다.

[분산 공식]

확률변수	분산
이산확률변수	$V(X) = E(X^2) - [E(X)]^2$
연속확률변수	$V(X) = E(X^2) - [E(X)]^2$

다. 확률함수 * 개념 위주로 알아두세요.

① **확률함수(Probability Function)**

확률변수에 의해 정의된 실수를 확률(0~1) 사이에 대응시키는 함수이다.

② **확률함수 종류**

이산확률변수는 확률질량함수와 누적질량함수를 가진다.

PART 01 PART 02 PART 03 PART 04 PART 05 PART 06

[이산확률변수 확률함수]

<table>
<tr><th>구분</th><th>설명</th></tr>
<tr><td>확률질량함수
(Probability Mass Function; PMF)</td><td>

- 확률질량함수는 이산확률변수에서 특정 값에 대한 확률을 나타내는 함수이다.

$$P(X = x) = f(x)$$

예 주사위의 눈이 확률변수 X, 주사위 눈이 나올 확률을 f(x)라고 할 때, 주사위 눈이 1이 나올 확률 P(X=1)=1/6, 주사위 눈이 2가 나올 확률 P(X=2)=1/6, …, P(x=6) =1/6이 되며 총합은 1이다.

- 확률질량함수는 다음과 같은 성질을 만족해야 한다.

<table>
<tr><th>성질</th><th>설명</th></tr>
<tr><td>모든 x에 대해 f(x)〉=0</td><td>모든 확률은 0보다 크다.</td></tr>
<tr><td>$\sum_{x=-\infty}^{\infty} f(x)=1$</td><td>모든 확률을 합치면 1</td></tr>
<tr><td>$P(a \leq x \leq b) = \sum_{x=a}^{b} f(x)$</td><td>a와 b 사이의 확률은 a에서 b까지 확률의 합한 값과 같다.</td></tr>
</table>

</td></tr>
<tr><td>누적질량함수
(Cumulative Mass Function; CMF)</td><td>

- 누적질량함수는 이산확률변수가 특정 값보다 작거나 같을 확률을 나타내는 함수이다.

$$P(X \leq x) = F(x)$$

예 주사위의 눈이 확률변수 X, 주사위 눈이 나올 확률을 f(x)라고 할 때, 주사위 눈이 1 이하로 나올 확률 P(X≦1)=1/6, 주사위 눈이 2 이하가 나올 확률은 눈이 1이 나올 때 확률인 1/6과 2가 나올 때 확률인 1/6을 합한 P(≦2)=2/6, …, 주사위 눈이 6 이하가 나올 확률은 눈이 1이 나올 확률인 1/6부터 6이 나올 확률인 1/6까지 합한 P(X≦6)=1이다.

- 확률질량함수는 다음과 같은 성질을 만족해야 한다.

<table>
<tr><th>성질</th><th>설명</th></tr>
<tr><td>$a \leq b$라면 $F(a) \leq F(b)$</td><td>함숫값은 점점 증가</td></tr>
<tr><td>$F(-\infty)=0$, $F(\infty)=1$</td><td>x값이 −∞면 0, +∞이면 1</td></tr>
<tr><td>$P(a 〈 X \leq b)=F(b)-F(a)$</td><td>a와 b 사이의 확률은 F(b)와 F(a) 차이와 같다.</td></tr>
</table>

</td></tr>
</table>

- 연속확률변수는 확률밀도함수와 누적밀도함수를 가진다.

[연속확률변수 확률함수]

<table>
<tr><th>구분</th><th>설명</th></tr>
<tr><td>확률밀도함수
(Probability Density Function; PDF)</td><td>– 연속확률변수에서 특정 값에 대한 확률을 나타내는 함수이다.
$$P(a \le X \le b) = \int_a^b f(x)dx$$
– 확률밀도함수는 다음과 같은 성질을 만족해야 한다.
<table><tr><th>성질</th><th>설명</th></tr><tr><td>$f(x) \ge 0$</td><td>모든 확률은 0보다 크다.</td></tr><tr><td>$\int_{\infty}^{-\infty} f(x)dx = 1$</td><td>모든 확률을 합치면 1</td></tr></table></td></tr>
<tr><td>누적밀도함수
(Cumulative Density Function; CDF)</td><td>– 연속확률변수가 특정 값보다 작거나 같을 확률을 나타내는 함수이다.
$$P(X \le x) = \int_{-\infty}^{x} f(t)dt$$
– 누적밀도함수는 다음과 같은 성질을 만족해야 한다.
<table><tr><th>성질</th><th>설명</th></tr><tr><td>a≤b라면 F(a)≤F(b)</td><td>함숫값은 점점 증가</td></tr><tr><td>$F(-\infty)=0, F(\infty)=1$</td><td>x값이 −∞면 0, +∞이면 1</td></tr></table></td></tr>
</table>

라. 확률분포 *자주 출제되는 문제입니다. 잘 알아두세요.

① 확률분포(Probability Distribution)

- 확률변수가 특정한 값을 가질 확률을 나타내는 분포
- 확률분포는 확률변수 속성에 따라 이산확률분포와 연속확률분포로 구분할 수 있다.

[이산확률분포]

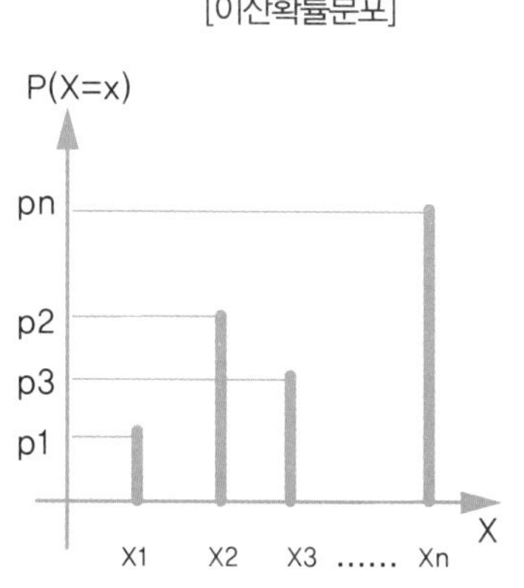

[연속확률분포]

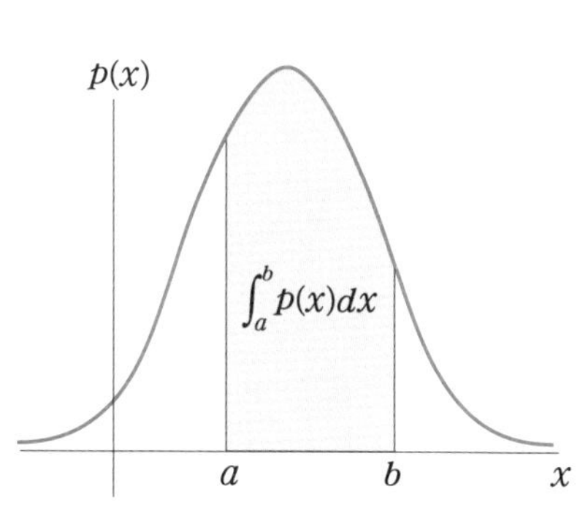

* 계산 문제가 기출문제로 출제됐습니다. 공식까지 잘 알아두세요.

② 이산확률분포(Discrete Probability Distribution)

- 이산확률분포는 이산확률변수 X가 가지는 확률분포이다.
- 이항분포, 베르누이분포, 포아송분포가 있다.

[이산확률분포 종류]

종류	설명	기댓값과 분산
베르누이분포 (Bernoulli Distribution)	– 결과가 두 개인 시행의 결과에 대하여 성공을 1, 실패를 0으로 표시하는 확률변수의 분포 – 관심 사건이 발생할 때 성공, 그 외는 실패 – 시행횟수는 한 번이며, $B(1,p)$로 표현 $P(x) = p^x \cdot (1-p)^{1-x}$ (p: 특정 실험의 결과가 성공할 확률) $\begin{cases} P(1) = p \\ P(0) = 1-p \end{cases}$	$E(X)=p$ $V(X)=p(1-p)$
이항분포 (Binominal Distribution)	– n번 시행 중에 성공할 확률이 p일 때 r번 성공할 확률분포 – $B(n,p)$로 표현 $P(x=r) = nCr \cdot p^r \cdot q^{n-r}$ (n: 시행 횟수, p: 특정 실험의 결과가 성공할 확률, r: 성공 횟수)	$E(X)=np$ $V(X)=np(1-p)$
포아송분포	– 주어진 시간 또는 영역에서 어떤 사건의 발생 횟수를 나타내는 확률분포 – 기댓값과 분산이 같은 특징을 가진다. $P = \frac{\lambda^n e^{-\lambda}}{n!}$ (e: 자연상수, λ: 정해진 시간, 영역 안에 어떤 사건이 일어날 횟수에 기댓값, n: 정해진 시간, 영역 안에 사건이 일어나는 횟수)	$E(X)=\lambda$ $V(X)=\lambda$

* 연속확률분포는 공식보다는 개념 위주로 알아두세요.

③ 연속확률분포(Continuous Probability Distribution)

- 연속확률분포는 연속확률변수 X가 가지는 확률분포이다.
- 정규분포, 표준정규분포, T– 분포, 카이제곱분포, F– 분포 등이 있다.

[연속확률분포 종류]

종류	설명	기댓값과 분산
정규분포 (Normal Distribution)	- 모평균이 μ, 모분산이 σ^2이라고 할 때, 종 모양의 분포 - $N=(\mu,\sigma^2)$로 표현한다. 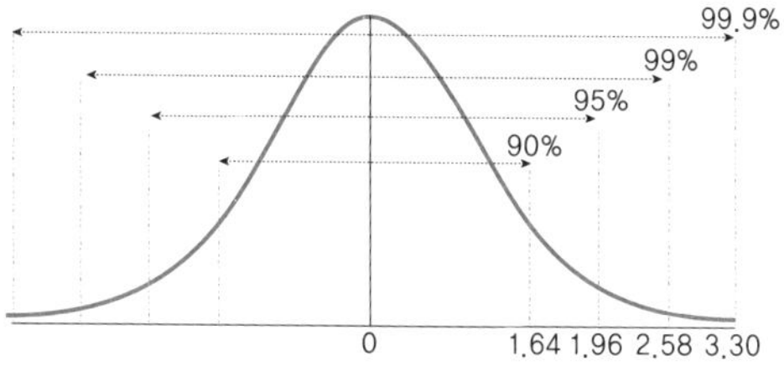 99.9% 99% 95% 90% 0 1.64 1.96 2.58 3.30 - 정규분포의 위치는 평균에 의해 결정 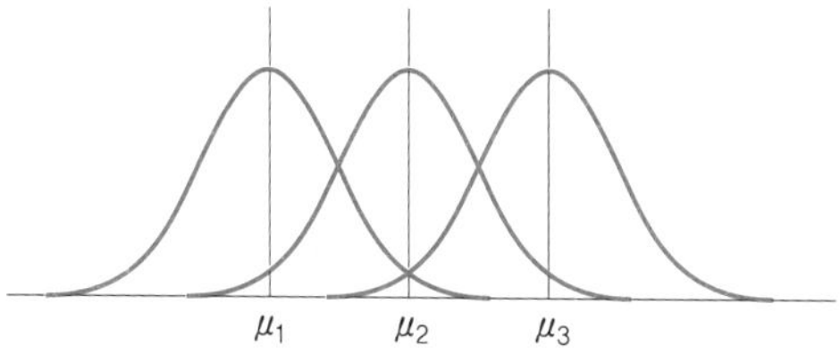 μ_1 μ_2 μ_3 - 정규분포의 모양은 표준편차의 크기에 의해 결정 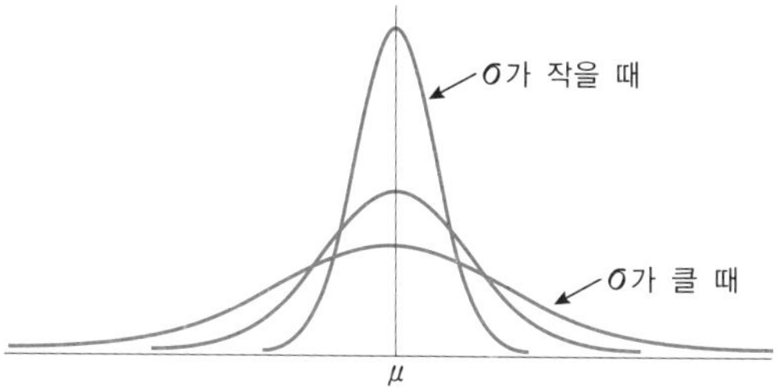 σ가 작을 때 σ가 클 때 μ $F(x)=\frac{1}{\sigma\sqrt{2\pi}}e^{-\frac{(x-\mu)^2}{2\sigma^2}}$ (σ^2: 모분산, μ: 모평균, x: 확률변수, e: 자연상수)	$E(X)=\mu$ $V(X)=\sigma^2$
표준 정규분포 (Standard Normal Distribution) (Z-분포)	- 정규분포함수에서 표준화 공식을 통해 X(원 점수)를 Z(Z 점수)로 정규화해서 평균이 0, 분산이 1인 정규분포함수 - $N=(0,1^2)$로 표현한다. 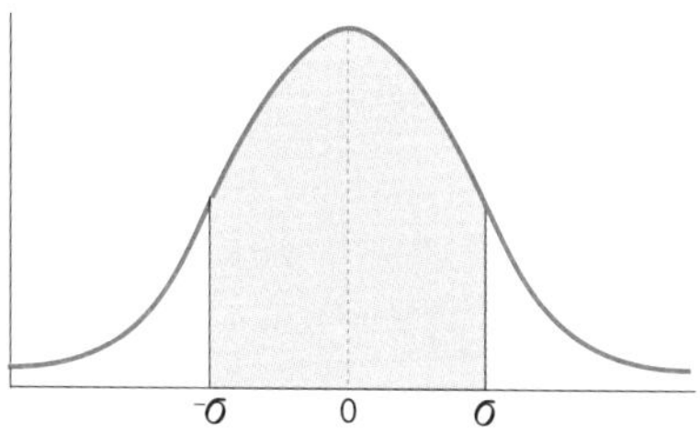 -σ 0 σ	$E(X)=0$ $V(X)=1$

표준 정규분포 (Standard Normal Distribution) (Z-분포)	– 개념적으로 정규분포와 동일하여, 정규분포의 해석에 많이 쓰이는 분포 – 표본의 크기가 큰 대표본의 경우 사용한다. $Z = \frac{\bar{X} - \mu}{\sigma}$ (σ: 모표준편차, μ: 모평균, $\bar{X}$: 표본평균)	
스튜던트 T-분포 (Student's t-distribution)	– 모집단이 정규분포라는 사실을 알고, 모표준편차는 모를 때 모집단의 평균을 추정하기 위해 사용 – 표본의 크기가 작은 소표본인 경우 사용 – 표본의 크기인 n의 크기가 클 경우에 중심 극한 정리에 의하여 T-분포는 정규분포를 따른다. – 표준정규분포와 유사하게 0을 중심으로 좌우대칭이나, 표준정규분포보다 평평하고 기다란 꼬리를 가진다. 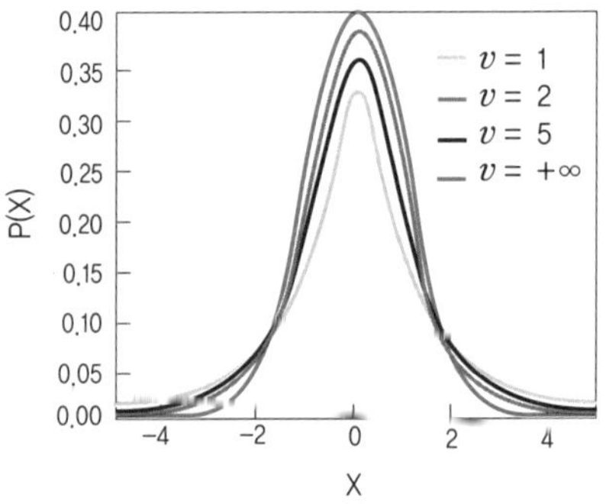 $T = \frac{\bar{X} - \mu}{s/\sqrt{n-1}}$ (s: 표본 표준편차, μ: 모평균, $\bar{X}$: 표본평균, n: 자유도(표본개수))	$E(X) = 0$ $V(X) = \frac{n}{n-2}$
카이제곱 분포 (Chi-Squared Distribution)	– 표준정규분포의 분산의 분포 – n개의 서로 독립적인 표준 정규 확률변수를 각각 제곱한 다음 합해서 얻어지는 분포 – 자유도 n이 작을수록 왼쪽으로 치우치는 비대칭적 모양 – 자유도의 값이 대략 평균을 따른다. – 자유도 n〉=3부터 단봉 형태이고 값이 클수록 정규분포에 가까워진다.	$E(X) = n$ $V(X) = 2n$

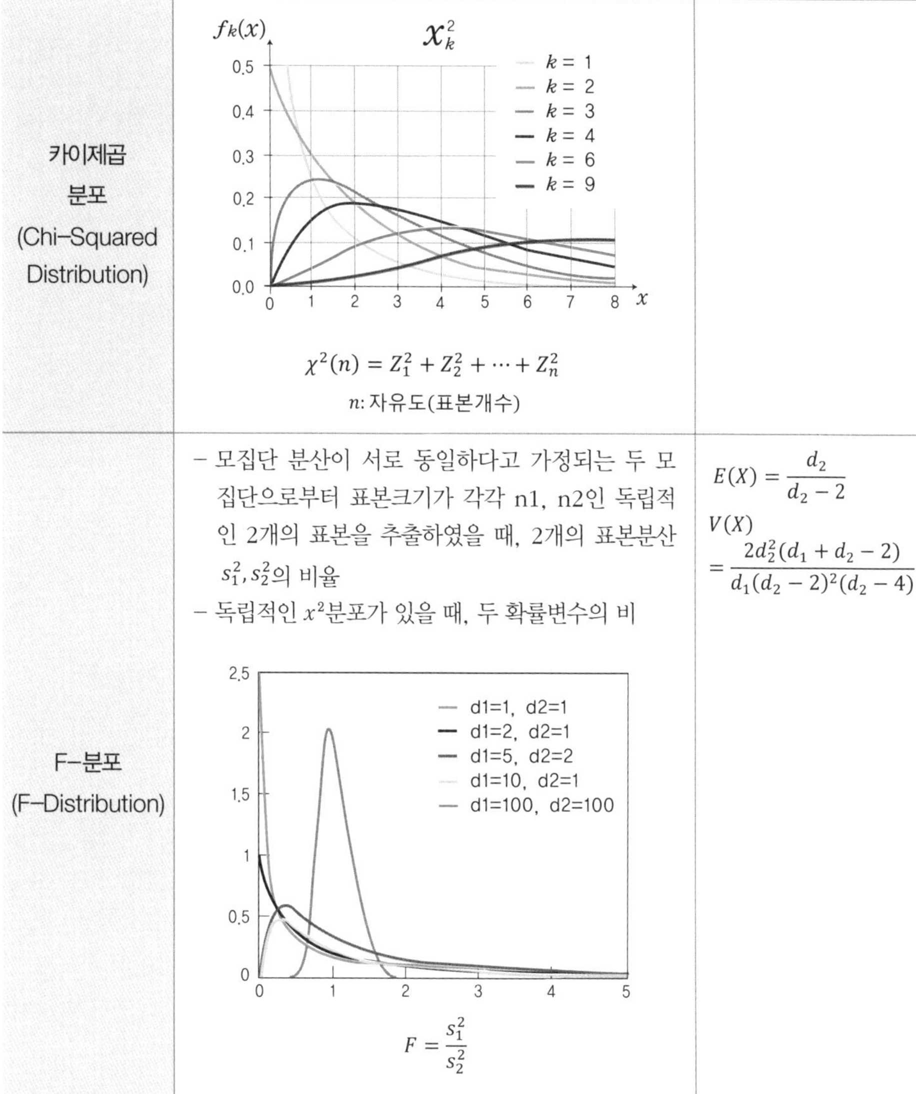

카이제곱 분포 (Chi-Squared Distribution)	$\chi^2(n) = Z_1^2 + Z_2^2 + \cdots + Z_n^2$ n: 자유도(표본개수)	
F-분포 (F-Distribution)	- 모집단 분산이 서로 동일하다고 가정되는 두 모집단으로부터 표본크기가 각각 n1, n2인 독립적인 2개의 표본을 추출하였을 때, 2개의 표본분산 s_1^2, s_2^2의 비율 - 독립적인 x^2분포가 있을 때, 두 확률변수의 비 $F = \frac{s_1^2}{s_2^2}$ (s_1^2: 집단 간 표본분산, s_2^2: 집단 내 표본분산)	$E(X) = \frac{d_2}{d_2 - 2}$ $V(X) = \frac{2d_2^2(d_1 + d_2 - 2)}{d_1(d_2 - 2)^2(d_2 - 4)}$

4) 표본분포 ★★

① 표본분포(Sample Distribution)

- 모집단에서 추출한 표본의 통계량은 표본분포를 가진다. 통계량은 여러 가지가 있으나 평균을 가장 많이 사용한다.
- 표본평균의 평균과 분산은 다음과 같이 풀이할 수 있다.

[표본평균의 평균과 분산]

구분	설명
표본평균의 평균	– 모집단에서 추출한 표본의 평균은 분포를 따르고 그 분포의 평균은 모집단의 평균과 동일하다. – $E[\overline{X}]=\mu$이다. $E[\bar{X}] = E\left[\frac{1}{n}(x_1 + x_2 + \cdots + x_n)\right]$ $= \frac{1}{n}E[x_1] + \frac{1}{n}E[x_2] + \cdots + \frac{1}{n}E[x_n]$ $= \frac{1}{n}\mu + \frac{1}{n}\mu + \ldots + \frac{1}{n}\mu$ $= \text{n} \cdot \frac{1}{n} \cdot \mu$ $= \mu$
표본평균의 분산	– 모집단의 표준편차가 σ이면 표본분포의 표준편차는 $\sigma/\sqrt{n}$이라고 정의한다. – $V[\overline{X}]=\frac{\sigma^2}{n}$이다. $\text{V}[\bar{X}] = \text{V}\left[\frac{1}{n}(x_1 + x_2 + \cdots + x_n)\right]$ $= \frac{1}{n^2}\text{V}[x_1] + \frac{1}{n^2}\text{V}[x_2] + \cdots + \frac{1}{n^2}\text{V}[x_n]$ $= \frac{1}{n^2}\sigma^2 + \frac{1}{n^2}\sigma^2 + \ldots + \frac{1}{n^2}\sigma^2$ $= \text{n} \cdot \frac{1}{n^2}\sigma^2$ $= \frac{\sigma^2}{n}$

• 표본평균의 평균은 μ이고, 표본평균의 분산은 $\frac{\sigma^2}{n}$이다. 이와 같이 모집단의 분포가 정규분포를 따르면 $N=(\mu, \sigma^2)$, 표본평균의 분포도 정규분포를 따른다. $N=(\mu, \frac{\sigma^2}{n})$ (단, 표본은 서로 독립이고 동일한 조건으로 추출되어야 한다.)

* 개념을 잘 알아두세요.

② 중심극한정리(Central Limit Theorem) 및 큰 수의 법칙(Law Large Number)

표본분포에서 표본의 크기에 관한 중요한 명제인 중심극한정리와 큰 수의 법칙이 있다.

[중심극한정리와 큰 수의 법칙]

구분	설명
중심 극한 정리 (Central Limit Theorem)	– 표본의 크기가 충분히 크면 모집단의 분포와 상관없이 표본평균의 분포는 정규분포를 따른다.
큰 수의 법칙 (Law Large Number)	– 데이터를 많이 뽑을수록 표본평균의 분산은 0에 가까워진다. – 데이터의 분산이 작아져 정확해진다. – 실험의 시행횟수가 증가할수록 통계적 확률은 수학적 확률에 가까워진다.

③ 표본오차(Sampling Error)

표본오차와 비표본오차가 있다.

[오차의 종류]

구분	설명
표본오차 (Sampling Error)	– 모집단을 대표할 수 있는 표본 단위들이 조사대상으로 제대로 추출되지 못해 발생하는 오차
비표본오차 (Non-Sampling Error)	– 표본오차를 제외한 모든 오차로서 조사 과정에서 발생하는 모든 부주의나 실수, 알 수 없는 원인 등 모든 오차를 의미하며 조사대상이 증가하면 오차가 커진다.
표본편의 (Sampling Bias)	– 모수를 작게 또는 크게 할 때 추정하는 것과 같이 표본추출방법에서 기인하는 오차 – 표본편의는 확률화(Randomization)에 의해 최소화할 수 있다.

2 추론통계 ★★★ 중요한 개념들이 많이 나옵니다. 잘 알아두세요.

1) 통계적 추론

① 통계적 추론(Statistical Inference)

- 통계적 추론은 모집단의 표본을 가지고 모집단의 모수를 추론하고 그 결과의 신뢰성을 검정하는 통계적 방법이다.
- 통계적 추론은 추정과 가설검정으로 나눌 수 있다.

[통계적 추론 종류]

구분	설명
추정 (Estimation)	– 표본의 통계량을 통해 모수를 추정하는 기법이다. – 점 추정과 구간 추정이 있다.
가설검정 (Testing Hypothesis)	– 추정한 값을 통해서 가설의 진위 여부를 검정하는 기법이다.

2) 점 추정 ★★★

① 점 추정(Point Estimation)

- 점 추정은 모수를 하나의 값으로 추정하는 기법이다.
- 점 추정은 오차가 크다.

- 점 추정의 조건은 불편성, 효율성, 일치성, 충분성이 있다.

[점 추정 조건]

조건	설명
불편성/ 불편의성 (Unbiasedness)	– 표본에서 얻은 추정값과 모수는 차이가 없다. – 불편의성은 편의(편차)가 0이라는 의미이다. – $E(\hat{\theta}) = \theta$ – 불편 추정량 : 추정량의 기댓값이 모수와 일치하는 추정량이다.
효율성 (Efficiency)	– 추정량의 분산은 작을수록 좋다. – $Var(\widehat{\theta_1}) < Var(\widehat{\theta_2})$일 때, $\widehat{\theta_1}$이 $\widehat{\theta_2}$보다 효율성이 좋다. – 최대효율 추정량 : 모수의 불편 효율 중에서 가장 작은 분산을 가지는 추정량 (분산이 1이다.)
일치성 (Consistency)	– 표본의 크기가 커질수록 추정량이 모수와 거의 같아진다. – 일치 추정량 : 표본의 크기가 증가함에 따라 추정량이 모수와 같아지는 추정량
충족성/충분성 (Sufficiency)	– 추정량은 모수에 대하여 많은 정보를 제공할수록 좋다. – 충족 추정량 : 동일한 크기의 표본으로부터 가장 많은 정보를 제공하는 추정량

② 모수의 점 추정량

* 공식을 외울 필요는 없습니다. 의미를 알아두세요.

- 모집단의 특성을 단일값으로 추정하는 것이다.
- 모수의 점 추정량은 표본의 통계량을 이용하여 계산한다.

[모수의 점 추정량]

구분	설명
모평균	– 표본평균은 모평균의 불편 추정량이다. $E(\bar{X}) = E\left(\frac{1}{n}\sum_{i=1}^{n} X_i\right) = \frac{1}{n}\sum_{i=1}^{n} E(X_i) = \mu$ $X_1, X_2, \ldots, X_n$: 표본, μ: 모평균, $\bar{X}$: 표본평균, n: 표본의 개수
모분산	– 표본분산은 모분산의 불편 추정량이다. $E(s^2) = E\left(\frac{1}{n-1}\sum_{i=1}^{n}(X_i - \bar{X})^2\right) = \sigma^2$ $X_1, X_2, \ldots, X_n$: 표본, s^2: 표본분산, σ^2: 모분산, n: 표본의 개수

모비율	– 표본비율은 모비율의 불편 추정량이다. $E(\hat{p}) = E\left(\frac{X}{n}\right) = \frac{1}{n}E(X) = p$ X: 표본 관측치의 개수, p: 모비율, $\hat{p}$: 표본비율, n: 표본의 개수

③ 표준오차(Standard Error; SE) * 공식도 함께 알아두세요.

추정량은 추출된 표본의 값에 따라 달라질 수 있으므로 정확도를 측정하기 위해 추정량의 표준편차를 계산한 것이다.

구분	설명
표본평균의 표준오차	– 모 표준편차를 알지 못할 경우 표본 표준편차를 사용한다. $\frac{\sigma}{\sqrt{n}}$ σ: 모표준편차, n: 표본의 수

④ 최대우도추정법(Method of Maximum Likelihood Estimation; MLE)

- 우도 함수(Likelihood Function)는 관찰된 표본의 데이터 $x = (x_1, x_2, x_3, ..., x_n)$가 임의의 분포에 해당할 확률 θ를 계산하는 것이다.

$$\boldsymbol{P}(\boldsymbol{x}|\,\theta) = \prod_{k=1}^{n} p(x_k|\theta)$$

- 최대우도추정법은 우도함수를 이용한 모수적인 데이터 밀도 추정 방법으로써 파라미터 $\theta = (\theta_1, \dots, \theta_m)$ 으로 구성된 어떤 확률밀도함수 $P(x|\,\theta)$에서 관측된 표본 데이터 집합을 $x = (x_1, x_2, \dots, x_n)$이라 할 때, 이 표본들에서 파라미터 $\theta = (\theta_1, \dots, \theta_m)$을 추정하는 방법이다.
- 확률표본의 우도함수 $L(x_1, x_2, \dots, x_n)$을 최대로 하는 θ를 $\hat{\theta}$라 할 때, $\hat{\theta}$를 모수 θ의 최대우도 추정량이라고 한다.
- 계산의 편의성을 위해 로그를 취해 곱셈을 덧셈으로 변환한다.
- Log– likelihood Function

  $L(\theta|x) = log\, P(x|\,\theta) = log \prod_{k=1}^{n} p(x_k|\theta) = \sum_{k=1}^{n} \log p(x_k|\theta)$

- $L(\theta|x)$의 최댓값을 찾기 위해 미분 또는 편미분을 이용하여 최댓값을 계산한다.

$$\frac{\partial}{\partial\theta}L(\theta|x) = \frac{\partial}{\partial\theta}log\, P(x|\,\theta) = \sum_{k=1}^{n}\frac{\partial}{\partial\theta}\log p(x_k|\theta)$$

3) 구간 추정★★★ 계산 문제가 나올 수 있습니다. 공식과 개념 모두 잘 알아두세요.

① 구간 추정(Interval Estimation)

- 구간 추정은 점 추정과 달리 추정값에 대한 신뢰도를 제시하면서 모수를 범위로 추정하는 것이다.
- 추정량의 분포에 대한 전제가 주어져야 하고, 분포의 구간 안에 모수가 있을 신뢰수준이 주어져야 한다.

쏙쏙 예제

구간 추정의 신뢰구간

국내 성인 여성의 평균키를 160cm와 같은 단일 값으로 추정하게 되면 (점 추정) 160cm가 아닌 모든 여성의 키는 평균을 벗어나므로 오차가 커진다. 그래서 일반적으로 일정한 구간으로 값을 추정하고 이를 구간 추정이라고 한다.

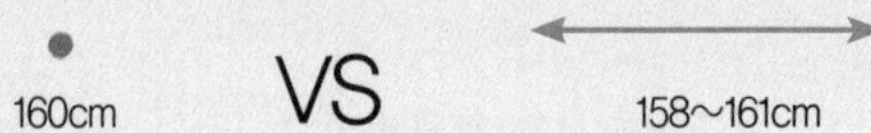

그럼 이번에는 국내 성인 여성의 평균키를 150cm~190cm의 구간으로 잡고 추정해 보자. 상당수의 여성의 키가 해당될 것이므로 추정으로써의 의미가 없다. 국내 성인 여성의 평균키를 170cm~172cm의 구간으로 잡으면 어떤가? 평균키가 해당 구간에 들어갈 확률이 적으므로 구간의 신뢰도가 떨어진다. 즉, 구간 추정에서는 신뢰할 수 있는 구간을 정하는 것이 중요하고 이를 신뢰구간이라고 한다.

② 신뢰수준과 신뢰구간

- 신뢰구간을 적절하게 설정했다 하더라도 모수가 신뢰구간 안에 포함되지 않을 확률이 존재한다. 이 확률을 α라고 표기하며 유의수준 및 오차수준이라고 부른다.
- 신뢰수준은 모수가 신뢰구간에 포함될 확률이므로 $1-\alpha$가 된다.

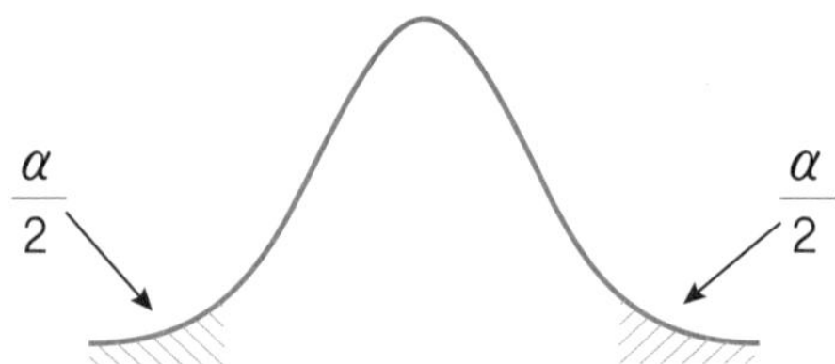

[신뢰수준과 신뢰구간]

용어	설명
신뢰수준 (Confidence Level)	– 추정값이 존재하는 구간에 모수가 포함될 확률이다. – 100 × (1−α)%로 계산한다. – α : 유의수준 : 제1종 오류를 범할 최대 허용확률이고, 조사에서 인정되는 오차수준이다. 예 신뢰수준이 95%라면 $(1-\alpha) = 0.95 \rightarrow \alpha = 0.05$ – 일반적으로 90%, 95%, 99% 신뢰수준을 사용한다.
신뢰구간 (Confidence Interval)	– 신뢰수준을 기준으로 추정된 통계적으로 유의미한 모수의 범위이다. 예 모평균의 구간 추정의 경우, 95%의 신뢰구간은 100번 중 95번은 그 구간 내에 모평균이 포함된다는 의미 – 신뢰 구간은 분포의 양측을 다루므로 α를 반으로 나눈다.

- 신뢰구간은 일반적으로 모평균, 모분산, 모비율의 신뢰구간을 많이 구하는데, 각 신뢰구간을 추정할 때는 각각에 맞는 확률분포를 사용한다.

③ 모평균 추정 * 문제를 풀면서 이해하세요.

- 모평균 추정량은 표본평균이다.
- 모분산을 알려진 경우와 알려지지 않은 경우로 구분하고 모분산이 알려져 있지 않은 경우에는 표본의 크기에 따라 대표본, 소표본의 경우로 구분하여 모평균을 추정한다.

구분	설명
모분산이 알려진 경우	– 모집단이 정규분포를 따르고 모분산이 알려져 있는 경우 Z–분포를 이용한다. $\frac{\alpha}{2}$ $1-\alpha$ $\frac{\alpha}{2}$ $-Z\alpha/_2$ $Z\alpha/_2$ **모평균 추정**: $\bar{X}-Z_{\frac{\alpha}{2}}\times\frac{\sigma}{\sqrt{n}} \le \mu \le \bar{X}+Z_{\frac{\alpha}{2}}\times\frac{\sigma}{\sqrt{n}}$ **검정통계량**: $Z = \frac{\bar{X}-\mu}{\sigma/\sqrt{n}}$ $\bar{X}$: 표본평균 $Z_{\frac{\alpha}{2}}$: 유의수준이 $\frac{\alpha}{2}$인 Z – 분포 σ: 모표준편차, n: 표본수, μ: 모평균

<table>
<tr>
<td>모분산이 알려진 경우</td>
<td>

– 90%, 95%, 99% 신뢰수준에 따른 Z값은 아래의 표와 같다.

<table>
<tr><td>신뢰수준(1−α)</td><td>α</td><td>$\alpha/2$</td><td>Z $\alpha/2$</td></tr>
<tr><td>90%(0.9)</td><td>0.1</td><td>0.05</td><td>1.645</td></tr>
<tr><td>95%(0.95)</td><td>0.05</td><td>0.025</td><td>1.96</td></tr>
<tr><td>99%(0.99)</td><td>0.01</td><td>0.005</td><td>2.575</td></tr>
</table>

</td>
</tr>
<tr>
<td>모분산이 알려져 있지 않은 경우이고 표본의 크기 n >= 30일 경우(대표본) 모평균의 신뢰구간</td>
<td>

– 표본의 크기가 30 이상인 대표본의 경우에는 Z–분포를 이용한다.

<table>
<tr><th>모평균 추정</th><th>검정통계량</th></tr>
<tr><td>$\overline{X}-Z_{\frac{\alpha}{2}}\times\frac{S}{\sqrt{n}}\leq\mu\leq\overline{X}+Z_{\frac{\alpha}{2}}\times\frac{S}{\sqrt{n}}$</td><td>$t=\frac{\bar{X}-\mu}{s/\sqrt{n}}$</td></tr>
<tr><td colspan="2">

$\bar{X}$: 표본평균

$Z_{\frac{\alpha}{2}}$: 유의수준이 $\frac{\alpha}{2}$인 Z – 분포

s: 표본표준편차, n: 표본수, μ: 모평균

</td></tr>
</table>

</td>
</tr>
<tr>
<td>모분산이 알려져 있지 않은 경우이고 표본의 크기 n 〈 30일 경우(소표본) 모평균의 신뢰구간</td>
<td>

– 표본의 크기가 30보다 작은 소표본의 경우에는 자유도가 (n–1)인 T–분포를 이용한다.

<table>
<tr><th>모평균 추정</th><th>검정통계량</th></tr>
<tr><td>$\overline{X}-t_{\frac{\alpha}{2}n-1}\times\frac{S}{\sqrt{n}}\leq\mu\leq\overline{X}+t_{\frac{\alpha}{2}n-1}\times\frac{S}{\sqrt{n}}$</td><td>$t=\frac{\bar{X}-\mu}{s/\sqrt{n}}$</td></tr>
<tr><td colspan="2">

$\bar{X}$: 표본평균

$t_{\frac{\alpha}{2},n-1}$: 유의수준이 $\frac{\alpha}{2}$와 자유도 $n-1$인 T – 분포

s: 표본표준편차, n: 표본수, μ: 모평균

</td></tr>
</table>

</td>
</tr>
</table>

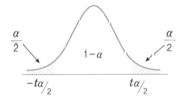

④ 모분산 추정

* 모분산 추정 계산 문제는 출제되기 어렵습니다.

- 모분산 σ^2의 추정량은 표본분산 s^2이다.

- 표본분산 s^2의 분포는 자유도가 n−1인 카이제곱 분포를 따른다.

$$\frac{(n-1)S^2}{\sigma^2} = \chi^2(n-1)$$

- 카이제곱 분포를 따르므로 σ^2에 대한 $100(1-\alpha)\%$인 신뢰 구간은 다음과 같은 식을 따른다.

$$\frac{(n-1)S^2}{\chi^2{}_{\alpha/2}} \le \sigma^2 \le \frac{(n-1)S^2}{\chi^2{}_{1-\alpha/2}}$$

⑤ 모비율 추정

- 모비율 p의 추정량은 $\hat{p}$표본비율이다.
- 통계에서 신뢰구간을 추정할 때는 평균 다음 비율을 많이 추정한다.
- 크기가 n인 표본에서 어떤 사건이 발생할 횟수를 확률변수 X라고 할 때, 표본비율 $(\hat{p})$은 $\hat{p} = \frac{X}{n}$ 이다.

구분	설명
단일 모비율 추정	– 모비율의 추정량은 표본비율이고, 표본크기 n이 충분히 클 때 Z–분포를 이용한다. 모평균 차이 추정 $\hat{p} - Z_{\frac{\alpha}{2}} \times \sqrt{\frac{\hat{p}(1-\hat{p})}{n}} \le p \le \hat{p} + Z_{\frac{\alpha}{2}} \times \sqrt{\frac{\hat{p}(1-\hat{p})}{n}}$ 검정통계량 $Z = \frac{\hat{p} - p}{\sqrt{\frac{\hat{p}(1-\hat{p})}{n}}}$ $\hat{p}$: 표본비율(추정비율), p: 모비율 $Z_{\frac{\alpha}{2}}$: 유의수준이 $\frac{\alpha}{2}$인 Z – 분포 n: 표본수

4) 가설검정 ★★★ 중요한 개념입니다. 잘 알아두세요.

① 가설(Hypothesis)

- 가설이란 어떤 현상에 대한 잠정적인 결론이다.
- 주로 변수 간의 관계에 대한 예측이다.

- 가설을 세워야 하는 이유는 무작위로 일어나는 사건을 패턴으로 인식하고, 임의성을 과소평가하여 잘못된 의사결정을 내리는 오류를 방지하기 위함이다.
- 가설의 종류에는 귀무가설과 대립가설이 있다.

[귀무가설과 대립가설]

종류	설명
귀무가설 (Null Hypothesis)	– 기존과 비교하여 변화 및 차이가 없음을 나타내는 가설이다. – 현재까지 주장되어 온 가설이다. – 연구자가 증명하고자 하는 가설의 반대되는 가설이다. – 가설검정 시, 귀무가설이 맞다는 전제하에 시작한다. – H_0기호로 표현한다. 예1 성별과 A제품의 판매량은 관계가 없다. 예2 B 다이어트약은 효과가 없다.
대립가설 (Alternative Hypothesis)	– 표본을 통해 확실한 근거를 가지고 입증하고자 하는 가설이다. – 현재까지 주장되어 오지 않은 새로운 사실의 가설이다. – 변수 간의 관계성을 입증하고자 하는 가설이다. – 연구자가 증명하고자 하는 가설이며, 연구가설이라고도 한다. – 가설검정 시, 귀무가설을 기각하는 근거가 되는 가설이다. – H_1, H_a기호로 표현한다. 예1 성별과 A제품의 판매량은 관계가 있다. 예2 B 다이어트약은 효과가 있다.

② 가설검정(Statistical Hypothesis Test)

- 가설검정이란 모집단에 대한 가설을 세우고 표본의 통계량으로 가설의 진위성을 판단하는 과정이다.
- 귀무가설과 대립가설을 세운 뒤, 두 가설 중 어느 가설이 통계적으로 옳은지 평가하는 과정이다.
- 가설을 검정하는 절차는 다음과 같이 구분할 수 있다.

[가설검정 절차]

<table>
<tr><th>절차</th><th colspan="2">설명</th></tr>
<tr><td rowspan="3">가설 설정</td><td colspan="2">– 귀무가설과 대립가설 설정
예</td></tr>
<tr><td>귀무가설(H_0)</td><td>성별과 A제품의 판매량은 관계가 없다. (우연히 일어났다.)</td></tr>
<tr><td>대립가설(H_1)</td><td>성별과 A제품의 판매량은 관계가 있다. (우연히 일어나지 않았다.)</td></tr>
</table>

<table>
<tr>
<td>가설 설정</td>
<td>

- 검정기법 (양측검정, 단측검정) 설정

<table>
<tr><th>구분</th><th>설명</th></tr>
<tr><td>양측 검정</td><td>

- 귀무가설과 대립가설이 통계적으로 같은지, 다른지 여부를 판단하는 검정 기법이다.
- 즉, 모수 θ와 모수의 추정값 θ_0가 통계적으로 같은지, 다른지 여부를 판단한다.
- 양측검정의 가설설정은 귀무가설을 $H_0 : \theta = \theta_0$, 대립가설을 $H_1 : \theta \neq \theta_0$와 같이 설정할 수 있다.

예 한국 여성의 평균키는 158cm이다. ($H_0 : \theta = \theta_0$)
한국 여성의 평균키는 158cm가 아니다.($H_1 : \theta \neq \theta_0$)

</td></tr>
<tr><td>단측 검정</td><td>

- 귀무가설과 대립가설이 통계적으로 큰지, 작은지 여부를 판단하는 검정 기법이다.
- 즉, 모수 θ와 모수의 추정값 θ_0가 통계적으로 같은지, 다른지 여부를 판단한다.
- 단측검정의 가설설정은 귀무가설을 $H_0 : \theta = \theta_0$, 대립가설을 $H_1 : \theta < \theta_0$ 또는 $H_1 : \theta > \theta_0$와 같이 설정할 수 있다.

예

<table>
<tr><td>좌측검정</td><td>한국 여성의 평균키는 158cm이다. ($H_0 : \theta = \theta_0$)
한국 여성의 평균키는 158cm보다 작다. ($H_1 : \theta < \theta_0$)</td></tr>
<tr><td>우측검정</td><td>한국 여성의 평균키는 158cm이다. ($H_0 : \theta = \theta_0$)
한국 여성의 평균키는 158cm보다 크다. ($H_1 : \theta > \theta_0$)</td></tr>
</table>

</td></tr>
</table>

</td>
</tr>
<tr>
<td>유의 수준 설정</td>
<td>

- 유의수준(Level of Significance) : 우연히 발생하지 않을 확률로써, 유의수준보다 낮은 확률이면 우연히 발생하지 않았다고 판단할 수 있는 기준이다. 일반적으로 0.05로 설정한다.
- 귀무가설이 맞다는 전제하에 시작하므로 유의수준보다 높은 확률이면 귀무가설을 채택하고 유의수준보다 낮은 확률이면 귀무가설을 기각한다.
- 1%, 5%, 10%로 설정한다.

$1-\alpha = 0.95$
유의수준(α)
=0.05(5%)

$1-\alpha = 0.99$
유의수준(α)
=0.01(1%)

</td>
</tr>
</table>

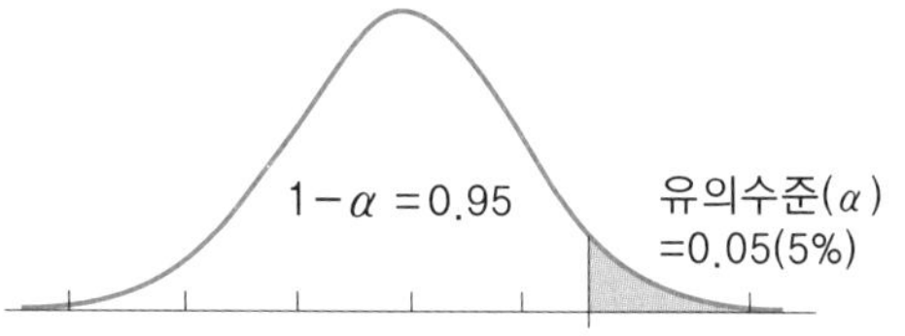

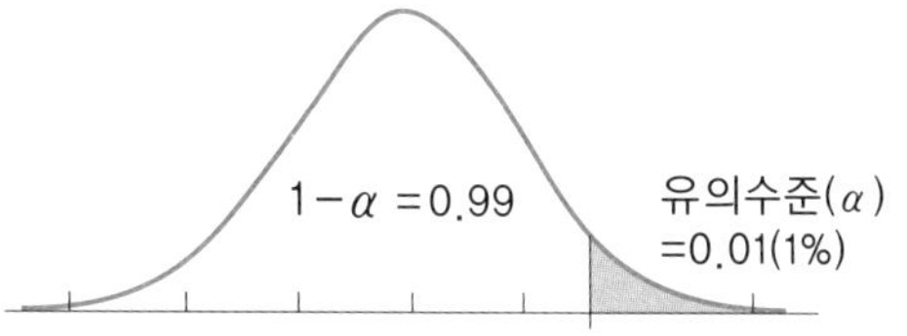

검정통계량/ p값 산출	- t-값, Z-값 등의 검정통계량값과 검정통계량에 따른 p-값을 계산한다. - p값(p-value)는 확률값(Probability Value), 즉 우연히 발생할 확률값이다.
의사 결정	- p값과 유의수준을 비교하여 귀무가설의 채택 및 기각 여부를 선택한다. P- value > 0.05 : - 우연히 발생했다. →귀무가설을 채택한다. P- value < 0.05 : - 우연히 발생하지 않았다. →귀무가설을 기각한다.

③ 가설검정 오류

*1종 오류와 2종 오류의 개념을 확실히 알아두세요.

- 통계는 정확한 하나의 답을 내리는 것이 아니다. 즉 모집단이 아닌 표본을 기반으로 모수를 추정하기 때문에 가설을 검정하는데 있어 오차가 발생할 가능성은 항상 존재한다.
- 가설검정에서 일어날 수 있는 오류는 제1종 오류와 제2종 오류가 있으며, 두 오류는 상충관계이다. 즉, 제1종 오류가 커지면 제2종 오류는 작아지고, 제1종 오류가 작아지면 제2종 오류는 커진다. 단, 표본의 크기가 증가하면 두 가지 오류 모두 작아지는 경향을 보인다.

		사실	
		H0	H1
의사 결정	H0	옳은 결정	*2종 오류*
	H1	*1종 오류*	옳은 결정

[오류 종류]

종류	설명
제1종 오류	- 귀무가설이 참인데 잘못하여 이를 기각하고 대립가설을 채택하는 오류
제2종 오류	- 귀무가설이 거짓인데 잘못하여 이를 채택하고 대립가설을 기각하는 오류

쏙쏙 예제

제1종 오류와 제2종 오류 중 더 위험한 오류는?

제1종 오류가 더 위험한 오류이다. 가설을 세우는 일은 보통 기존과 대립되는 새로운 주장을 하기 위해서이다. 새로운 가설을 놓쳐 기존의 주장을 유지하는 오류보다는 틀린 가설로 인해 기존의 주장이 무너지는 것이 더 큰 문제를 야기할 수 있기 때문이다. 연구자는 항상 신중해야 한다는 것을 기억하자.

실력점검문제

무료 동영상

01 데이터 정제에 대한 설명으로 옳지 않은 것은?

① 수집된 데이터의 결측값, 이상값, 노이즈 등을 확인 및 처리하여 데이터의 신뢰성을 확보하는 과정이다.

② 이상값은 데이터의 일반적인 범위에서 많이 벗어난 값으로 반드시 처리해야 하는 데이터 정제 대상이다.

③ 내부 데이터보다 외부 데이터가, 정형 데이터보다 비정형 데이터가 더 많은 정제가 필요하다.

④ 오류를 무조건 삭제하거나 대체할 시 데이터 분석 결과가 왜곡되어 편향이 발생할 수도 있다.

해설

이상값은 실제 유의미한 의미를 담고 있을 수도 있으므로 반드시 제거하기 위한 대상보다는 적절하게 처리해야할 대상으로 다루어야 한다.

02 결측값에 대한 설명으로 옳지 않은 것은?

① 전산 오류, 통신 오류 등으로 발생하는 데이터의 결측값은 완전 무작위 결측값이다.

② 완전 제거법이란 결측값이 포함된 관측치 전부를 삭제하는 방법이다.

③ 다중 대치법은 단순 대치법을 복수로 시행하여 n개의 새로운 자료를 만들어 분석을 수행한다.

④ 결측값은 0으로 표현할 수 있다.

해설

결측값은 NA, NaN, Null, Unknown, 공백 등으로 표현한다. 숫자 0은 관측된 값으로 판단한다.

03 다음이 설명하는 개념으로 옳은 것은?

데이터의 통계적 특성인 상관관계를 이용하여 변수를 선택하는 기법으로 계산 속도가 빠르다. 정보 소득, 카이제곱 검정, 상관계수 등을 사용한다.

① 래퍼 기법(Wrapper Method)

② 임베디드 기법(Embedded Method)

③ 필터 기법(Filter Method)

④ 라쏘 기법(Lasso Method)

해설

필터 기법에 대한 설명이다.

04 차원 축소에 대한 설명으로 옳지 않은 것은?

① 차원 축소를 통해 새로운 저차원 변수 공간에서 시각화하기 쉽다.

② 차원의 저주는 차원이 증가하면서 차원의 수가 데이터의 수보다 적어져 모델의 성능이 저하되는 현상이다.

③ 여러 변수의 정보를 최대한 유지하면서 데이터 세트 변수의 개수를 축소한다.

④ 변수 선택 및 변수 추출을 위해 독립변수만 사용하기 때문에 비지도 학습 기법이라고 할 수 있다.

해설

차원의 저주는 차원이 증가하면서 데이터의 수가 차원의 수보다 적어져 모델의 성능이 저하되는 현상이다.

정답 01 ② 02 ④ 03 ③ 04 ②

05 PCA에 대한 설명으로 옳지 않은 것은?

① 첫 번째 주성분은 데이터의 분산을 최대로 보존하며 두 번째 주성분과 직교한다.

② 주성분을 선택하는 방법은 주성분 기여율을 계산하여 판단하고 1에 가까울수록 주성분의 설명력이 좋다고 판단한다.

③ 스케일에 대한 영향이 크므로 일반적으로 주성분 분석 수행 전 변수들 간의 스케일링을 수행한다.

④ 스크리 산점도를 통해 그래프가 급격히 완만해지는 지점의 바로 다음 단계까지 주성분의 수를 선택할 수 있다.

해설

스크리 산점도를 통해 그래프가 급격히 완만해지는 지점의 바로 전 단계까지 주성분의 수를 선택할 수 있다.

06 다음 중 불균형 데이터 처리에 관한 설명으로 옳지 않은 것은?

① 불균형 데이터 처리는 모형의 정확도는 낮아지되 재현율은 높아져 모형의 성능을 검증할 수 없는 문제가 발생한다.

② 불균형 데이터 처리 방법으로 임곗값 이동 시, 임곗값 이동은 학습 단계에서는 그대로 진행하고 평가 단계에서 이루어진다.

③ 과소 표집 방법은 랜덤 과소 표집, 토멕 링크 방법, ENN, CNN 등의 방법이 있다.

④ 과대표집은 정보가 유실되지는 않지만 과대적합을 초래할 수 있다.

해설

불균형 데이터 처리는 모형의 정확도는 높아지되 재현율은 낮아져 모형의 성능을 검증할 수 없는 문제가 발생한다.

07 파생변수 생성 방법과 예시가 제대로 짝지어지지 않은 것은?

① 표현형식 변환: 남/여 → 0/1

② 조건문 이용: 중간고사 평균이 90점을 넘으면 A, 80점을 넘으면 B, 70점을 넘으면 C

③ 정보 추출: 구매 금액과 방문횟수 → 1회 평균 구매 금액 생성

④ 단위 변환: 변수 간 스케일을 맞추기 위해 1m → 100cm로 변환

해설

주어진 예시는 통계적 기법 및 수학적 결합을 통해 새로운 변수를 정의하는 변수 결합 방식에 적절하다. 정보 추출은 주민등록번호에서 나이와 성별 등을 추출하는 것과 같은 예시를 들 수 있다.

08 다음 중 변수 탐색에 대한 설명으로 옳지 않은 것은?

① 수치형 변수 탐색 시 평균, 분산, 첨도 등 기초 통계량을 계산한다.

② 범주형 변수 탐색 시 일반적으로 시각화는 히스토그램을 사용한다.

③ 개별 변수 탐색 시 데이터의 중심성, 변동성 측면에서 파악한다.

④ 범주형 변수 탐색 시 빈도수, 최빈수, 비율 등 기초 통계량을 계산한다.

해설

히스토그램은 주로 수치형 변수 탐색에 사용하고 범주형 변수는 막대 그래프를 이용한다.

09 다음 통계 기법 중 성격이 다른 것은?

① 평균 ② 중앙값

③ 사분위수 ④ 표준편차

해설

평균, 중앙값, 사분위수는 데이터의 위치를 파악하는 기술통계에 해당된다. 표준편차는 데이터의 변이, 즉 산포도를 파악하는 기술통계에 해당된다.

05 ④ 06 ① 07 ③ 08 ② 09 ④ 정답

10 다음이 설명하는 시각화 기법으로 옳은 것은?

> 연속형 자료의 통계량인 최솟값, Q1, Q2, Q3, 최댓값 등을 한 눈에 파악할 수 있도록 시각화한 그래프로 집합의 범위와 중위수, 이상치 등을 직관적으로 파악할 수 있는 장점을 가지고 있다.

① 히스토그램　② 상자그래프
③ 막대그래프　④ 히트맵

해설

상자그래프에 대한 설명이다. 상자그래프를 통해 파악할 수 있는 구성요소가 많기 때문에 유용하게 사용된다.

11 다음이 설명하는 시각화 기법으로 옳은 것은?

> 지도의 면적을 의도적으로 왜곡시켜 데이터의 수치에 따라 구분한다. 변량 비례도라고도 부르며 데이터 값의 크기를 직관적으로 인지할 수 있어 선거결과, 인구분포 등에 활용하기 좋은 시각화 기법이다.

① 코로플레스 지도
② 버블 플롯맵
③ 버블 차트
④ 카토그램

해설

카토그램에 대한 설명이다.

12 다음이 설명하는 개념으로 옳은 것은?

> 표준편차를 평균으로 나눈 값으로 측정 단위가 서로 다른 자료의 산포도를 상대적으로 비교할 때 사용한다.

① 사분편차　② 변동계수
③ 분산　④ 가중평균

해설

변동계수에 대한 설명이다. 모집단의 변동계수는 $CV=\frac{\sigma}{\mu}$, 표본집단의 변동계수는 $CV=\frac{s}{x}$로 계산한다.

13 다음 그래프에서 Skew값과 Mode, Median, Mean의 관계로 옳은 것은?

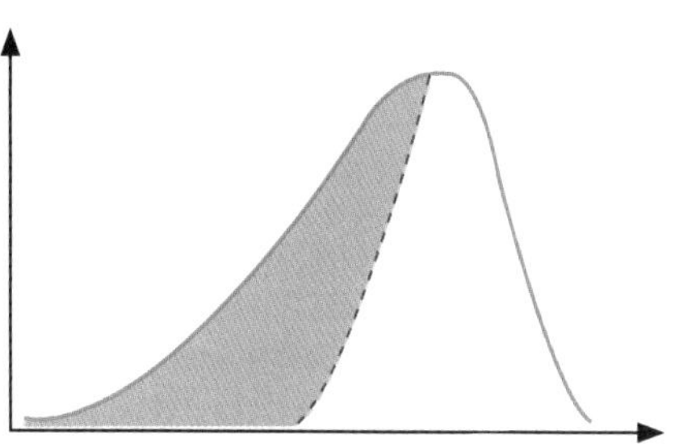

① Skew〉0, Mode〈Median〈Mean
② Skew〉0, Mode〉Median〉Mean
③ Skew〈0, Mode〈Median〈Mean
④ Skew〈0, Mode〉Median〉Mean

해설

그래프는 Negatively Skewed의 분포 형태이다.

왜도	내용
왜도=0	– Normal Distribution – 좌우 대칭 – 평균=중앙값=최빈수
왜도〉0	– Positively Skewed – 우측으로 긴 꼬리 – 최빈수〈중앙값〈평균
왜도〈0	– Negatively Skewed – 좌측으로 긴 꼬리 – 최빈수〉중앙값〉평균

정답 10 ② 11 ④ 12 ② 13 ④

14 다음이 설명하는 표본 추출 기법으로 옳은 것은?

> 표집 간격을 가지고 데이터를 추출하는 방식으로 동일한 확률을 가지고 표본을 추출하는 기법보다 쉽고 비용이 덜 소요된다.

① 계통 추출　　② 층화 추출
③ 군집 추출　　④ 단순 무작위 추출

해설

계통 추출에 대한 설명이다.

계통 추출(Systematic Sampling)
- 일정한 간격으로 추출하는 방식이다.
- 표집 간격: 표본을 추출하는 일정한 간격이다
- 단순 무작위 추출보다 쉽고 비용이 덜 소요된다.

15 확률에 대한 설명으로 옳지 않은 것은?

① 통계적 확률에서 표본의 크기가 커지면 수학적 확률 값에 근사하게 된다.

② 확률의 총합은 1이다.

③ 교사건은 사건 A와 사건 B가 동시에 일어날 확률로써 $P(A \cap B) = P(A|B) \times P(A)$로 계산할 수 있다.

④ 조건부 확률은 두 개의 사건 A와 B에 대하여 사건 A가 일어난다는 전제조건 하에 사건 B가 일어날 확률이다.

해설

교사건은 사건 A와 사건 B가 동시에 일어날 확률로써 $P(A \cap B) = P(B|A) \times P(A)$로 계산할 수 있다.

16 다음 중 확률변수 및 확률함수에 대한 설명으로 옳지 않은 것은?

① 확률변수는 확률에 의해 그 값이 결정되며, 대문자 X로 표현한다.

② 이산확률변수와 연속확률변수의 분산 계산은 동일하며 $V(X) = E(X^2) - [E(X)]$로 계산한다.

③ 연속확률변수는 확률질량함수를 가지며, 이산확률변수는 확률밀도함수를 가진다.

④ 누적질량함수와 누적밀도함수는 확률변수가 특정 값보다 작거나 같을 확률을 나타내는 함수이다.

해설

연속확률변수는 확률밀도함수와 누적밀도함수를 가지며, 이산확률변수는 확률질량함수와 누적질량함수를 가진다.

17 매년 사과 농사에서 불량으로 인해 판매하지 못하는 사과를 관리하기 위해 임의로 1,000개의 사과를 추출하였다. 그 중 불량품인 사과의 수를 X라 할 때, X의 기댓값은 10이다. 이때 X의 분산을 계산한 값으로 옳은 것은?

① 0.99　　② 0.01
③ 9.0　　④ 9.9

해설

이항분포에 관한 문제이다.

$E(X) = np$
$V(X) = np(1-p)$

기댓값 $E(X)$가 10이고, n이 1,000이므로 p는 10=1000×p로 0.01이 된다. 각 값을 대입하여 분산 $V(X)$를 계산하면 10×(1−0.01) = 9.9이다.

18 다음 중 확률분포에 대한 설명으로 옳지 않은 것은?

① 이항분포는 매회 성공률이 p인 베르누이 실험을 독립적으로 n번 시행했을 때 성공 횟수의 분포이다.

② 포아송분포는 기댓값과 분산이 같다.

③ 정규분포의 위치는 표준편차 크기에 의해 결정된다.

④ 카이제곱분포는 표준정규분포의 분산의 분포로 자유도의 값이 일반적인 평균값을 따른다.

해설

정규분포의 위치는 평균에 의해 결정되며 모양이 표준편차의 크기에 의해 결정된다.

14 ①　15 ③　16③　17 ④　18 ③ 정답

19 표본분포에 대한 설명으로 옳지 않은 것은?

① 표본평균의 기댓값은 모집단의 평균과 동일하다.

② 표본분산의 분포는 카이제곱분포를 따른다.

③ 모집단의 표준편차가 σ이면 표본분포의 표준편차는 $\sigma/\sqrt{n}$이라고 정의한다.

④ 모집단의 분포가 다음과 같은 정규분포를 따르면 $N=(\mu,\sigma^2)$, 표본평균의 분포도 다음과 같은 정규분포를 따른다($N=(\mu,\sigma^2)$). (단, 표본은 서로 독립이고 동일한 조건으로 추출되어야 한다.)

해설

모집단의 분포가 다음과 같은 정규분포를 따르면 $N=(\mu,\sigma^2)$, 표본평균의 분포도 다음과 같은 정규분포를 따른다($N=\left(\mu,\frac{\sigma^2}{n}\right)$). (단, 표본은 서로 독립이고 동일한 조건으로 추출되어야 한다.)

20 다음과 같은 상황에서 표준오차를 계산한 값으로 옳은 것은?

> A집단 25명의 평균 몸무게를 측정한 결과, 표본분산이 16이다.

① $\frac{1}{5}$ ② $\frac{2}{5}$

③ $\frac{3}{5}$ ④ $\frac{4}{5}$

해설

n=25, 표본 표준편차=4

표준오차: $\frac{\sigma}{\sqrt{n}}=\frac{S}{\sqrt{n}}=\frac{4}{\sqrt{25}}=\frac{4}{5}$

21 점추정 조건과 설명이 올바르게 짝지어지지 않은 것은?

① 효율성(Efficiency) : 추정량의 분산은 크면 클수록 좋다.

② 일치성(Consistency) : 표본의 크기가 커질수록 추정량이 모수와 거의 같아진다.

③ 충분성(Sufficiency) : 추정량은 모수에 대하여 많은 정보를 제공할수록 좋다.

④ 불편의성(Unbiasedness) : 불편의성은 편차가 0이다.

해설

효율성(Efficiency): 추정량의 분산은 작으면 작을수록 좋다.

22 다음이 설명하는 개념으로 옳은 것은?

> 최대우도추정법은 우도함수를 이용한 모수적인 데이터 밀도 추정 방법으로써 파라미터 $\theta=(\theta_1,\dots,\theta_m)$으로 구성된 어떤 확률밀도함수 $P(x|\theta)$에서 관측된 표본 데이터 집합을 $x=(x_1,x_2,\dots,x_n)$이라 할 때, 이 표본들에서 파라미터 $\theta=(\theta_1,\dots,\theta_m)$을 추정하는 방법이다.

① 구간 추정 ② 확률밀도함수

③ 최대우도추정법 ④ 혼합분포군집

해설

최대우도추정법에 대한 설명이다.

23 다음이 설명하는 개념으로 옳은 것은?

> 기존과 비교하여 변화 및 차이가 없음을 나타내는 가설로 연구자가 증명하고자 하는 가설의 대립되는 가설

① 귀무가설 ② 대립가설

③ 독립변수 ④ 종속변수

해설

귀무가설(Null Hypothesis)

- 기존과 비교하여 변화 및 차이가 없음을 나타내는 가설
- 현재까지 주장되어 온 가설
- 연구자가 증명하고자 하는 가설의 반대되는 가설
- 가설검정 시, 귀무가설이 맞다는 전제하에 시작한다.
- H_0기호로 표현한다.

정답 19 ④ 20 ④ 21 ① 22 ③ 23 ①

24 A 중학교에서 여학생 16명을 대상으로 키를 측정하였더니 평균 키는 155cm이고 표준편차가 4이다. A 중학교 여학생 평균키에 대한 90%의 신뢰 구간은 얼마인가?

df \ α	0.4	0.25	0.1	0.05	0.025	0.01	0.005	0.0025
1	0.325	1.000	3.078	6.314	12.706	31.821	63.657	127.32
2	0.289	0.816	1.886	2.920	4.303	6.965	9.925	14.089
3	0.277	0.765	1.638	2.353	3.182	4.541	5.841	7.453
4	0.271	0.741	1.533	2.132	2.776	3.747	4.604	5.598
5	0.267	0.727	1.476	2.015	2.571	3.365	4.032	4.773
6	0.265	0.718	1.440	1.943	2.447	3.143	3.707	4.317
7	0.263	0.711	1.415	1.895	2.365	2.998	3.499	4.029
8	0.262	0.706	1.397	1.860	2.306	2.896	3.355	3.833
9	0.261	0.703	1.383	1.833	2.262	2.821	3.250	3.690
10	0.260	0.700	1.372	1.812	2.228	2.764	3.169	3.581
11	0.260	0.697	1.363	1.796	2.201	2.718	3.106	3.497
12	0.259	0.695	1.356	1.782	2.179	2.681	3.055	3.428
13	0.259	0.694	1.350	1.771	2.160	2.650	3.012	3.372
14	0.258	0.692	1.345	1.761	2.145	2.624	2.977	3.326
15	0.258	0.691	1.341	1.753	2.131	2.602	2.947	3.286
16	0.258	0.690	1.337	1.746	2.120	2.583	2.921	3.252
17	0.257	0.689	1.333	1.740	2.110	2.567	2.898	3.222
18	0.257	0.688	1.330	1.734	2.101	2.552	2.878	3.197
19	0.257	0.688	1.328	1.729	2.093	2.539	2.861	3.174
20	0.257	0.687	1.325	1.725	2.086	2.528	2.845	3.153
21	0.257	0.686	1.323	1.721	2.080	2.518	2.831	3.135
22	0.256	0.686	1.321	1.717	2.074	2.508	2.819	3.119
23	0.256	0.685	1.319	1.714	2.069	2.500	2.807	3.104
24	0.256	0.685	1.318	1.711	2.064	2.492	2.797	3.091
25	0.256	0.684	1.316	1.708	2.060	2.485	2.787	3.078
26	0.256	0.684	1.315	1.706	2.056	2.479	2.779	3.067
27	0.256	0.684	1.314	1.703	2.052	2.473	2.771	3.057
28	0.256	0.683	1.313	1.701	2.048	2.467	2.763	3.047
29	0.256	0.683	1.311	1.699	2.045	2.462	2.756	3.038
30	0.256	0.683	1.310	1.697	2.042	2.457	2.750	3.030

① 152.247 ≤ μ ≤ 155.753

② 152.469 ≤ μ ≤ 155.987

③ 153.247 ≤ μ ≤ 156.753

④ 153.469 ≤ μ ≤ 156.987

해설

식: $\bar{x} - t_{\frac{\alpha}{2}n-1}\frac{s}{\sqrt{n}} \leq \mu \leq \bar{x} + t_{\frac{\alpha}{2}n-1}\frac{s}{\sqrt{n}}$

1. 자유도가 (16−1)＝15이고, 알파값이 0.05인 값을 t−분포표에서 찾으면 1.753이다.
2. 식에 대입: $55 - 1.753\frac{4}{\sqrt{16}} \leq \mu \leq 155 + 1.753\frac{4}{\sqrt{16}}$
3. $153.247 \leq \mu \leq 156.753$

25 가설검정 방법에 대한 설명으로 옳지 않은 것은?

① 단측검정의 가설설정은 귀무가설을 H_0:θ ＝θ_0, 대립가설을 H_1:θ<θ_0 또는 H_1:θ>θ_0과 같이 설정할 수 있다.

② 유의수준은 우연히 발생하지 않을 확률이다.

③ 유의수준은 일반적으로 0.05로 설정하고, p값이 유의수준보다 작으면 귀무가설을 기각한다.

④ 유의수준은 일반적으로 0.05로 설정하고, p값이 유의수준보다 작으면 대립가설을 기각한다.

해설

유의수준은 우연히 발생하지 않을 확률로써, 유의수준보다 낮은 확률이면 우연히 발생하지 않았다고 판단할 수 있는 기준이므로 p−값이 유의수준보다 작으면 귀무가설을 기각하고 대립가설을 채택한다.

26 다음 빈칸에 들어갈 용어가 옳게 짝지어진 것은?

		실젯값	
		H0	H1
예측값	H0	a	b
	H1	c	d

① a) 옳은 결정, b) 2종 오류, c) 1종 오류, d) 옳은 결정

② a) 옳은 결정, b) 1종 오류, c) 2종 오류, d) 옳은 결정

③ a) 1종 오류, b) 옳은 결정, c) 2종 오류, d) 옳은 결정

④ a) 2종 오류, b) 옳은 결정, c) 1종 오류, d) 옳은 결정

해설

a) 옳은 결정, b) 2종 오류, c) 1종 오류, d) 옳은 결정

27 다음 중 연속확률분포에 대한 설명으로 옳지 않은 것은?

① N＝$(0, 1^2)$은 표준정규분포이다.

② T−분포는 표준정규분포보다 평평하고 기다란 꼬리를 가지고 있다.

③ 카이제곱분포는 자유도 n이 클수록 왼쪽으로 치우치는 비대칭적 모양을 가지고 있다.

④ F−분포는 독립적인 카이제곱분포가 있을 때 두 확률변수의 비이다.

24 ③ 25 ④ 26 ① 27 ③ 정답

해설

- 카이제곱분포는 자유도 n이 작을수록 왼쪽으로 치우치는 비대칭적 모양을 가지고 있다.
- 카이제곱분포는 n>=3부터 단봉 형태이고 값이 클수록 정규분포에 가까워진다.

28 다음이 설명하는 개념으로 옳은 것은?

> 추정량은 추출된 표본의 값에 따라 달라질 수 있으므로 정확도를 측정하기 위해 추정량의 표준편차를 계산한 것

① 표본오차
② 비표본오차
③ 표준오차
④ 오차

해설

표준오차에 대한 설명으로 모표준편차를 알지 못할 경우 표본표준편차를 사용하여 $\frac{\sigma}{\sqrt{n}}$를 계산한다.

29 다음 중 각 분포와 분포의 기댓값이 짝지어진 것으로 옳지 않은 것은?

① 베르누이분포 : $E(X) = p$
(p: 특정 실험의 결과가 성공할 확률)

② 이항분포 : $E(X) = np$
(n: 시행 횟수, p: 특정 실험의 결과가 성공할 확률)

③ 포아송분포 : $E(X) = np(1-p)$
(n: 시행 횟수, p: 특정 실험의 결과가 성공할 확률)

④ 정규분포 : $E(X) = \mu$

해설

포아송분포의 기댓값은 λ이다.

30 다음 중 각 개념과 개념의 설명이 짝지어진 것으로 옳지 않은 것은? (2개)

① 유의수준: 제1종 오류를 범할 최대 허용 확률로 α로 표기
② 검정력: 제2종 오류를 범할 최대 허용확률로 β로 표기
③ 신뢰수준: 귀무가설이 참일 때 이를 참이라고 판단할 확률
④ 베타수준: 귀무가설이 참이 아닐 때 이를 기각할 수 있는 확률

해설

② 제2종 오류를 범할 최대 허용확률 β는 베타 수준이다.
④ 귀무가설이 참이 아닐 때 이를 기각할 수 있는 확률은 검정력으로 $(1-\beta)$로 표기한다.

정답 28 ③ 29 ③ 30 ②, ④

Big Data Analytics

학습목표

2파트는 데이터 전처리, 변수, 통계 등 데이터 분석의 기본적이면서 매우 중요한 개념들이 많았습니다. 이제 열심히 공부한 기초 지식을 가지고 데이터 분석의 핵심인 모델링에 대해 학습하도록 하겠습니다. 회귀분석, 머신러닝, 딥러닝 등 여러분이 다양한 모델에 대해 많이 알아 둘수록 데이터 분석의 강력한 무기들이 하나씩 추가되는 것이라고 생각하면 됩니다. 생소한 개념들이 많이 등장하지만 개념 위주로 학습하세요.

PART

03

빅데이터 모델링

Chapter 01 분석 모형 설계

시작하기 전에

현실세계의 문제는 복잡하다. 복잡한 문제를 풀기 위한 좋은 방법은 문제를 단순화시켜 접근하는 것이다. 빅데이터 분석에서는 현실의 복잡한 문제를 풀기 위해서 문제의 단순화를 통해 변수 간의 관계를 정의한다. 그리고 그것을 모형(Model)이라고 정의한다. 데이터 분석에서는 이러한 모형을 설계하고 좋은 모형을 구축하기 위해 매개변수를 조정하는 일을 모델링이라고 칭하며, 분석의 목적과 변수의 속성에 맞는 좋은 모델링을 수행하는 일이 결국 빅데이터 분석에서 도달하고자 하는 목표라고 할 수 있다.

1 분석 절차 수립

1) 분석 모형 선정★

가. 분석 모형

① 분석 모형

- 모형(Model)은 현실세계의 구조나 작업을 보여주기 위해 현실세계의 특징을 설명 가능하도록 단순하게 패턴화 시키는 것을 의미한다.
- 모델(Model)이라고도 지칭하며 모형을 만드는 과정을 모델링(Modeling)이라고 한다.
- 데이터 분석에서의 모형은 현실의 복잡한 문제의 단순화를 통해 변수 간의 관계로 정의하는 것을 의미한다.
- 데이터 분석 목적과 데이터의 속성을 고려하여 적합한 모형을 선정하는 것이 중요하다.
- 단일 모형을 이용할 수도 있고 여러 개의 모형을 조합하여 이용할 수도 있다.
- 데이터를 분석하는 목적은 통계, 데이터 마이닝, 머신러닝 등과 같이 크게 3개의 범주로 구분할 수 있다. 각 범주는 완전히 동떨어진 개념이 아닌 서로 중복되고 연관되는 부분이 있으며, 어떤 관점으로 분석을 바라보는지에 따라 구분을 달리하는 것이다.

나. 분석 모형 구분

* 각 파트에 대해서는 차차 자세하게 배우므로 정의만 읽고 넘어가세요.

① 통계 기반 분석 모형

관심있는 현상을 수치로 기술, 추론, 검정하는 것을 의미한다.

[통계 기반 분석 모형 유형]

모형	개념
기술통계	– 데이터를 정리하고 요약하며 주로 분석 초기 단계에서 데이터의 특성과 분포 파악
상관분석	– 변수 간의 상관성 척도인 상관계수를 계산하여 상관관계 분석
회귀분석	– 하나 이상의 독립변수가 종속변수에 미치는 영향을 분석
분산분석	– 두 개 이상 집단의 분산을 비교하여 통계적 차이성을 분석
주성분 분석	– 고차원 데이터에서 데이터를 잘 설명할 수 있는 주성분을 찾는 대표적인 차원 축소 기법
판별분석	– 특정 공간 상에서 클래스 분리를 최대화하는 축을 찾기 위해 클래스 간 분산과 클래스 내 분산의 비율을 최대화하는 차원 축소 기법

② 데이터 마이닝 기반 분석 모형

방대한 데이터 내에 존재하는 패턴 및 규칙을 탐색한다. 예측, 분류, 군집분석, 연관분석 등이 있다.

[데이터 마이닝 기반 분석 모형 유형]

모형	개념
예측	– 데이터로부터 특성을 분석하여 연속적인 값을 가지는 결괏값을 예측 예 수요 예측, 장비 교체시기 추적, 가격 책정 등
분류	– 데이터를 사전에 정해진 그룹이나 범주 중 하나로 분류 예 대출 여부, 암 진단 여부, 고객 이탈 여부 등
군집	– 데이터의 특성을 고려하여 유사한 성격을 가지는 군집으로 묶어 분석 예 고객 세분화, 마케팅
연관	– 데이터 간 조건, 결과 식에 따라 동시에 발생하는 사건 또는 데이터 간 규칙 분석 예 장바구니 분석, 추천 알고리즘

③ 머신러닝 기반 분석 모형

기계의 학습방법에 따라 구분한다. 지도학습, 비지도학습, 준지도학습, 강화학습 등이 있다.

[머신러닝 기반 분석 모형 유형]

모형	개념
지도학습	– 입력변수의 정답을 포함하여 학습시킴으로써 데이터의 관계성을 파악하고 분류 및 예측 예 이미지 분류, 스팸 메일 여부 판단 등

비지도학습	– 입력변수의 정답을 포함하지 않고 학습시킴으로써 데이터 설명 및 패턴 도출 예 군집, 차원 축소, 연관분석 등
준지도학습	– 정답이 있는 데이터와 없는 데이터를 모두 사용하여 학습
강화학습	– 현재의 상태에서 어떤 행동을 취하는 것이 최적인지 학습, 보상을 최대화하는 방향으로 학습 예 로봇, 최적화 문제, 자율주행차, 게임, 알파고 등

2) 분석 모형 정의★★★

가. 분석 모형 정의

① 분석 모형 정의

- 모형을 정의한다는 것은 데이터 분석 목적과 데이터 속성에 따라 모형, 변수, 성능 등을 선택하고 정의하는 것이다.
- 현황을 객관적으로 진단하고 예측 또는 최적화를 위한 모형을 정의한다.

나. 분석 모형 정의 고려사항 *단골 문제입니다. 개념과 예시를 잘 알아두세요.

① 매개변수 및 초매개변수

모형의 성능을 결정하는 변수는 매개변수와 초매개변수가 있다.

[매개변수 및 초매개변수]

구분	개념
매개변수 (Parameter)	– 모형 내부에 존재하는 변수 – 매개변수가 모형의 성능을 결정 – 측정되거나 훈련 데이터로부터 값을 추정할 수 있는 변수 예 인공신경망의 가중치, 회귀계수, 서포트벡터머신의 서포트벡터 등
초매개변수 (Hyper Parameter)	– 모형 외부에 존재하는 변수 – 연구자가 직접 설정하는 변수 – 모형의 매개변수를 측정하기 위해 알고리즘 구현 과정에서 사용 예 KNN의 K개수, 의사결정나무의 깊이, 은닉층의 개수 등

② 과대적합 및 과소적합 * 앞으로도 계속 나오는 개념입니다. 정확하게 알아두세요.

• 모형을 구축할 때는 수집된 전체 데이터를 한 번에 사용하지 않고 데이터를 분할해서 사용한다.

[데이터 분할]

구분	정의
훈련 데이터 (Training Data)	– 모형을 훈련시키기 위해 사용하는 학습 데이터
평가 데이터 (Test Data)	– 훈련 데이터로 모형을 학습 시킨 후, 모형의 성능을 평가하기 위한 데이터

• 좋은 모형의 기준은 훈련 데이터를 입력했을 때 최적화된 결과를 출력하고 평가 데이터를 입력했을 때 일반화된 결과를 출력하는 것이다.

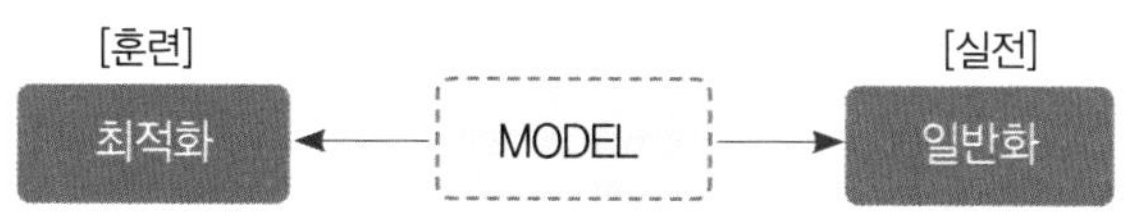

• 과대적합과 과소적합은 모형이 훈련 데이터에만 지나치게 학습하거나 제대로 학습하지 못했을 때 발생하는 오류이다.

Underfit
(high bias)

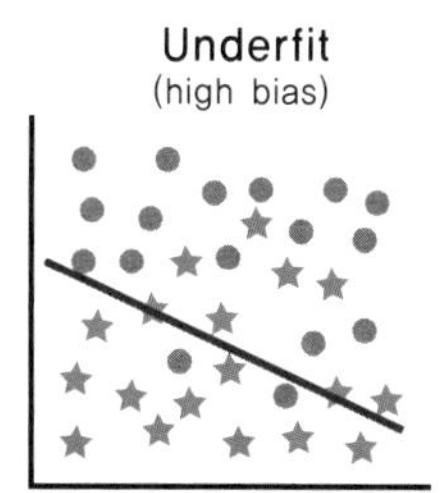

High training error
High test error

Optimum

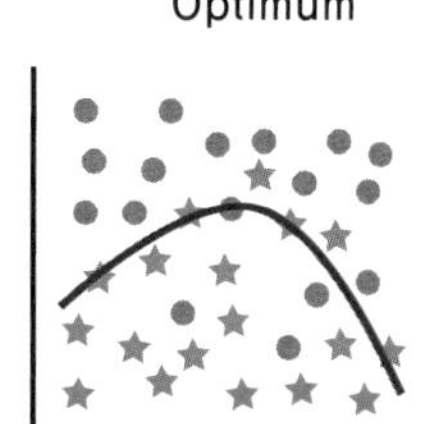

Low training error
Low test error

Overfit
(high variance)

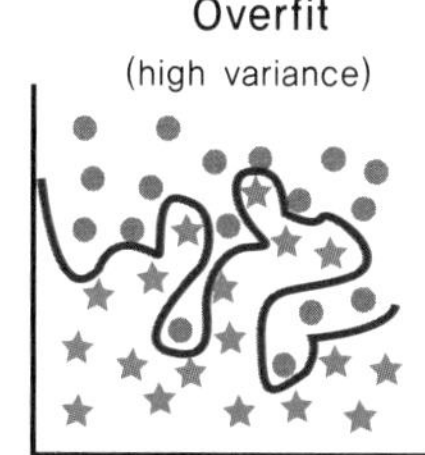

Low training error
High test error

[과대적합과 과소적합]

구분	정의
과대적합 (Overfitting)	– 모형 구축 시 주어진 훈련 데이터 집합의 특성을 지나치게 반영하여 새로운 데이터에 대해 오류가 커지는 현상 – 모형의 매개변수가 많아 너무 복잡하거나, 훈련 데이터 세트의 양이 부족한 경우 – 데이터를 증강하거나 모형의 복잡도를 감소시켜 일반화
과소적합 (Underfitting)	– 모형 구축 시 주어진 훈련 데이터 집합의 특성을 제대로 반영하지 못해 새로운 데이터에 대해 오류가 커지는 현상 – 모형이 너무 단순하여 데이터의 내재된 구조를 학습하지 못한다.

3) 분석 모형 구축 절차 ★★★ 모형 구축의 전체적인 절차를 잘 알아두세요.

① 분석 모형 구축 절차

분석 모형 구축은 요구사항 정의, 모델링, 검증 및 평가, 운영 및 유지보수 절차를 따릅니다.

[분석 모형 구축 절차]

<table>
<tr><th>구분</th><th>정의</th></tr>
<tr><td>요구사항 정의</td><td>- 모형을 왜, 어떻게 구축할 것인지 정의하는 단계이다.
- 요구사항을 도출, 방안 설계, 요구사항 정의 등을 수행한다.
<table>
<tr><th>절차</th><th>설명</th></tr>
<tr><td>요구사항 도출</td><td>- 분석 요구사항을 도출하고 검토
- 우선순위, 위험도, 기대효과, 제약사항 등 검토</td></tr>
<tr><td>방안 설계</td><td>- 가설 수립 후 분석 가능성 검토
- 데이터베이스 및 시스템 환경 구축
- WBS(Work Breakdown Structure) 등을 활용한 분석 업무 계획서 산출</td></tr>
<tr><td>요구사항 정의</td><td>- 최종 요구사항 확정 및 정의</td></tr>
</table></td></tr>
<tr><td>모형 구축
(모델링)</td><td>- 도출된 요구사항에 따라 모형을 설계하고 개발한다.
- 분석 목적과 변수의 특성에 맞게 모형을 구축한다.
현실의 복잡한 문제를 어떻게 모델링하고 해결 방법을 찾을 수 있는지에 대해 다루는 시뮬레이션 기법과 최적화 기법을 적절하게 사용한다.
<table>
<tr><td>시뮬레이션
(Simulation)</td><td>- 실제로 검증하기 어려운 초대형 프로젝트나 위험한 상황 등을 컴퓨터를 통해 모델링하고 가상으로 재현하여 문제를 해결하는 기법
예 공항 운영 문제, 교차로에서의 교통신호 조작 등</td></tr>
<tr><td>최적화
(Optimization)</td><td>- 제약조건이 있는 상황에서 요구사항을 충족하는 최적의 결과를 찾아내는 기법
예 네트워크 최적화, 물류 경로의 최적화 등</td></tr>
</table>
- 모델링 마트 설계 및 구축, EDA 및 변수 도출, 모델링, 모델 성능 평가 등을 수행한다.
<table>
<tr><th>절차</th><th>설명</th></tr>
<tr><td>모델링 마트
설계 및 구축</td><td>- 데이터 수집, 저장, 전처리 과정 등을 구조화
- 모델링 마트 설계 및 구축</td></tr>
</table></td></tr>
</table>

<table>
<tr><td rowspan="3">모형 구축
(모델링)</td><td>EDA 및
변수 도출</td><td>– 탐색적 데이터 분석
– 변수 선택 및 변수 추출</td></tr>
<tr><td>모델링</td><td>– 분석 목적과 변수 속성에 따른 적절한 모형 구축
– 단일 모형을 사용하거나 여러 모형을 결합해서 사용</td></tr>
<tr><td>모델 성능
평가</td><td>– 성능 판단 기준을 수립하고 검증 데이터를 통해 성능 비교
– 시뮬레이션 기법 활용 시 처리량(Throughput), 평균대기시간(Average Waiting Time) 등의 지표를 통해 평가
– 최적화 기법 활용 시 최적화 이전의 객체 함숫값과 최적화 이후 값의 차이를 통해 평가</td></tr>
<tr><td>검증 및
평가</td><td colspan="2">– 평가 데이터를 통해 모형의 성능 검증
<table><tr><th>절차</th><th>설명</th></tr><tr><td>모형 검증</td><td>– 평가 데이터를 통해 구축된 모형의 성능 평가
– 평가 결과를 분석 모형에 반영하고, 반복하여 평가한 후 최종 모형을 선정</td></tr><tr><td>비즈니스
영향도 평가</td><td>– 투자대비 비즈니스 효과 평가
– 비즈니스 영향도를 정량화된 지표로 측정하여 평가</td></tr></table></td></tr>
<tr><td>운영 및
유지보수</td><td colspan="2">– 실제 업무 환경에 모형을 통합한 후 모니터링과 리모델링 진행
– 성능 하락 시, 모형 재조정 및 최적화
<table><tr><th>절차</th><th>설명</th></tr><tr><td>업무 운영 환경
통합 및 모니터링</td><td>– 실제 업무 환경에 분석 모형 전개
– 주기적 모니터링 및 자동화</td></tr><tr><td>유지보수</td><td>– 성능 추적을 통해 성능 하락 시, 분석 모형 재조정 및 최적화</td></tr></table></td></tr>
</table>

2 분석 환경 구축

1) 분석 도구 선정 * 간단하게 알고 넘어가세요.

빅데이터 분석을 할 수 있는 대표적인 도구로는 R 언어와 파이썬(Python) 언어가 있다. 둘 다 오픈소스 프로그래밍 언어로서 무료로 사용할 수 있고, 데이터 분석에 용이한 함수와 패키지가 많이 있다는 공통점이 있지만, 각 언어별 사용법 및 환경에 차이가 있다.

① R

[R 언어 정의 및 특징]

구분	설명
정의	- 통계 프로그래밍 언어인 S 언어를 기반으로 만들어진 오픈 소스 프로그래밍 언어이다.
특징	- 다양한 통계 기법과 수치 해석 기법을 지원한다. - 사용할 수 있는 패키지가 2022년 1월 기준 약 18,700개 이상이며 사용자가 제작한 패키지를 직접 추가할 수 있다. - CRAN(The Comprehensive R Archive Network) 사이트를 통해 R 관련 다양한 패키지 및 함수 정보를 제공한다. - 다양한 시각화 패키지를 제공한다. - R Studio(IDE, 통합개발환경)를 통해 쉽고 직관적으로 데이터 분석이 가능하다.

② Python

[파이썬 언어 정의 및 특징]

구분	설명
정의	- C 언어 기반의 오픈 소스 프로그래밍 언어이다. - 범용 프로그래밍 언어로 다양한 애플리케이션 개발이 가능하다.
특징	- 타 프로그래밍 언어와 비교하여 직관적이고 단순한 문법을 가지고 있다. - 다양한 플랫폼에서 사용할 수 있고 라이브러리가 풍부하다. - 데이터 분석, 머신러닝, 시각화 등 다양한 데이터 분석 패키지를 제공하며 사용자들이 제작한 패키지를 직접 추가할 수 있다. - 주피터 노트북(Jupyter Notebook), 파이참(PyCharm) 등의 여러 배포 버전의 통합 개발환경을 사용할 수 있다.

③ 그 외 분석 도구

그 외 SPSS, SAS와 같은 유료 통계분석 프로그램과 다양한 시각화 기능을 제공하는 Tableau 등이 있다.

2) 데이터 분할 ★★★

① 데이터 분할

- 모형이 주어진 데이터에 대해서만 높은 성능을 보이는 문제를 방지하고자 전체 데이터를 분할하여 사용한다.

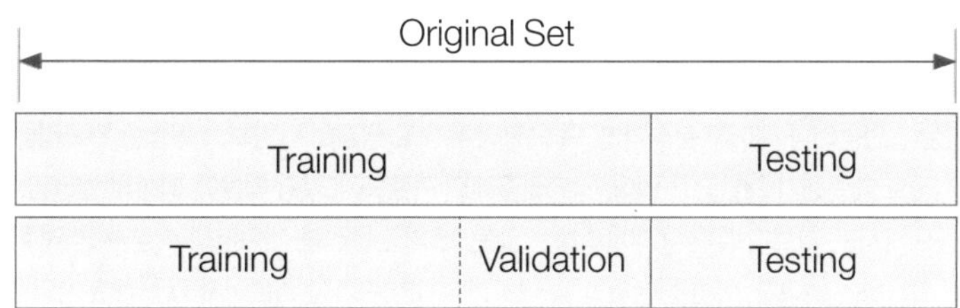

- 일반적으로 훈련 데이터(Training Data)를 60~80%, 평가 데이터(Testing Data)를 20~40%로 분할한다.
- 훈련 데이터는 훈련 데이터(Training Data)와 검증 데이터(Validation Data)로 다시 분할할 수 있는데, 데이터가 부족하다면 훈련 데이터와 평가 데이터로만 분할한다.
- 훈련 데이터는 모형 학습에만 사용하고 평가 데이터는 모형 평가에만 사용된다.

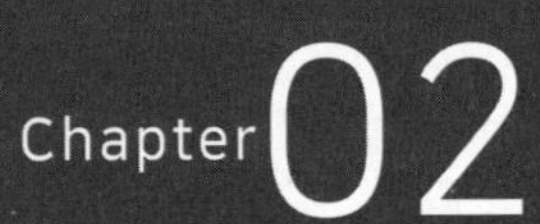

Chapter 02 분석기법 적용

시작하기 전에

현실세계의 복잡한 일만큼이나 데이터 분석기법, 즉 모형의 유형도 굉장히 다양하고 복잡한 알고리즘을 가지고 있다. 그리고 이러한 알고리즘은 지금도 계속해서 개발되고 있다. 알고리즘에도 트렌드가 있기 때문에 최신의 알고리즘을 빠르게 파악하고 멋지게 사용하는 것도 중요하지만, 그보다 우선시되어야 하는 것은 분석의 목적과 데이터의 속성을 먼저 잘 파악하고 이에 맞는 알고리즘을 적재적소에 활용하는 것이다. 이번 장에서 학습하는 분석기법은 가장 기본이자 데이터 분석의 근간이 되는 분석 기법이므로 각 알고리즘의 핵심과 특징을 잘 이해하도록 한다.

1 분석기법 ★★★ 분석기법은 모두 중요합니다. 각 분석기법의 특징 위주로 학습하세요.

1) 회귀분석 * 회귀분석은 모든 내용이 중요합니다. 전부 잘 알아두세요.

가. 회귀분석

① 회귀분석(Regression Analysis)

- 데이터 분석의 가장 일반적이고 근원적인 목표는 현상을 이해하고 미래를 예측하는 것이다. 회귀분석은 이를 수행할 수 있는 가장 기본이 되는 분석 기법이다.
- 하나 혹은 그 이상의 독립변수가 종속변수에 미치는 영향을 추정할 수 있다.
- 단순선형회귀분석의 식은 $y = \beta_0 + \beta_1 x + \varepsilon$ 으로 표현할 수 있다.

쏙쏙 예제

회귀선, 데이터를 가장 잘 설명할 수 있는 직선

자식의 키에 부모의 키가 유전적으로 얼마나 영향을 미치는지 알아보기 위해서 표본을 추출하여 부모의 키와 자식의 키 데이터를 수집하였다.

수집한 데이터를 그래프로 표현해 보니 다음 그림과 같았다.

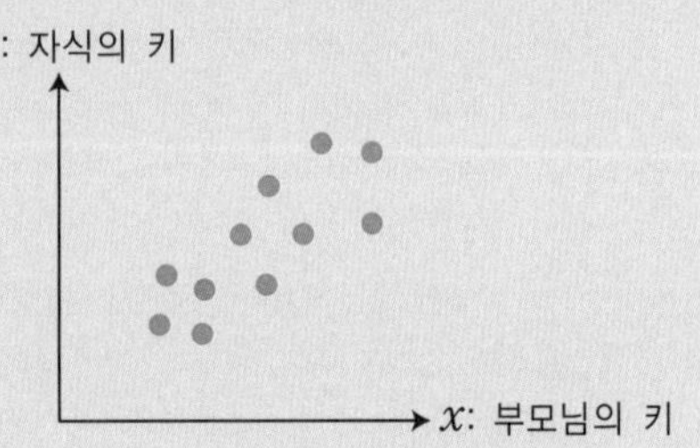

위 그림에서 궁극적으로 알아내고자 하는 것은 가지고 있는 데이터를 기반으로 새로운 부모의 데이터가 들어왔을 때 자식의 키를 예측하는 것이다.

그러기 위해서 가장 좋은 방법은 수집한 데이터를 가장 잘 설명할 수 있는 직선을 찾는 것이다.

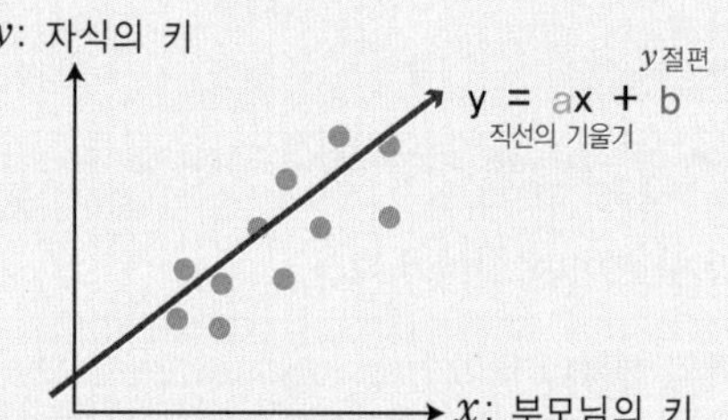

하나의 직선이므로 $y=ax+b$로 표현할 수 있다. a와 b는 각 기울기와 절편값이 되며, 이 두 값을 알게 되면 새로운 데이터가 들어왔을 때 값을 예측할 수 있다.

a와 b를 회귀분석에서는 각 β_1과 β_0로 표현할 수 있으며, 이를 다시 대입하여 식으로 표현하면 $y=\beta_0+\beta_1x+\varepsilon$ 다. ε는 오차항이다.

β_1과 β_0를 회귀계수라고 하며 회귀분석에서 가장 중요한 파라미터가 된다.

만약 이번에는 자식의 키를 부모의 키뿐만 아니라 지역이라는 독립변수를 함께 추가해서 예측한다면 회귀계수가 하나 더 증가하여 $y=\beta_0+\beta_1x_1+\beta_2x_2+\varepsilon$ 로 표현할 수 있다. 이는 다중 선형 회귀분석이 된다.

- 최소제곱법(Least Square Method/Ordinary Least Square; OLS)은 오차를 최소화 시키는 방법으로 회귀계수를 추정하는 기법이다. 최소제곱법에 의해 추정된 회귀식은 x, y값의 평균을 지난다.

쏙쏙 예제

최소제곱법

회귀선을 그리기 위해서는 회귀계수를 추정해야 하는데, 회귀분석에서는 최소제곱법을 사용하는 것이 일반적이다.

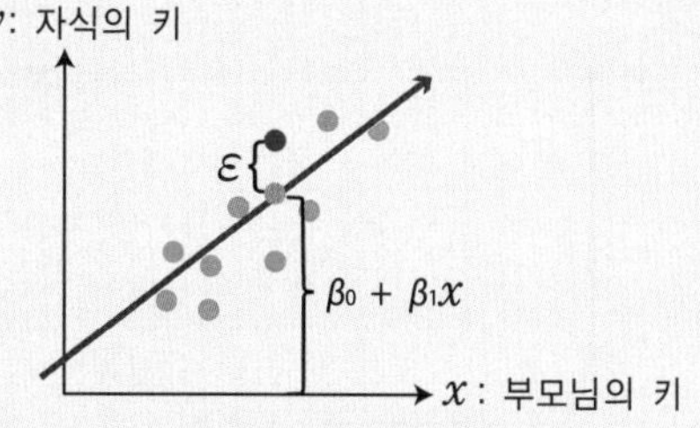

위 그림의 (A) 데이터는 회귀선($\beta_0+\beta_1x$)에 설명되는 부분과 그렇지 않은 부분, 즉 오차(ε)로 표현될 수 있다. 회귀선과 정확하게 일치하는 데이터를 제외하고는 모든 데이터는 오차를 가지고 있다.

그렇다면 가장 좋은 회귀선이란 전체 데이터의 오차를 모두 합했을 때 최소화할 수 있는 직선이다. 하지만 오차를 모두 더하면 0이 되기 때문에 오차를 제곱해서 더해야 하고, 이러한 추정 방식을 최소제곱법($\min\Sigma(Y_i-\hat{Y}_i)^2$) 이라고 한다.

② 회귀분석 종류

변수의 개수 및 속성에 따라 회귀분석을 구분할 수 있다.

[회귀분석 종류]

종류	설명
단순 선형 회귀	– 독립변수와 종속변수가 각 한 개이며, 관계가 직선
다중 선형 회귀	– 독립변수가 K개이며, 관계가 선형(1차 함수)
다항 회귀	– 독립변수와 종속변수와의 관계가 1차 함수 이상인 관계 (독립변수가 1개인 경우 2차 함수 이상)
곡선 회귀	– 독립변수가 1개이며, 종속변수와의 관계가 곡선
로지스틱 회귀	– 종속변수가 범주형인 경우 적용 – 단순 로지스틱 회귀 및 다중, 다항 로지스틱 회귀로 구분
비선형 회귀	– 회귀식의 모양이 선형관계로 이뤄져 있지 않은 모형

나. 회귀분석 가정

① 회귀분석 가정

회귀분석을 수행하기 위해서는 선형성, 정규성, 독립성, 등분산성 가정을 충족해야 한다.

[회귀분석 가정]

가정	설명
선형성	– 독립변수의 변화에 따라 종속변수도 일정 크기로 변화한다. – 변수 간의 관계가 선형관계를 따른다. 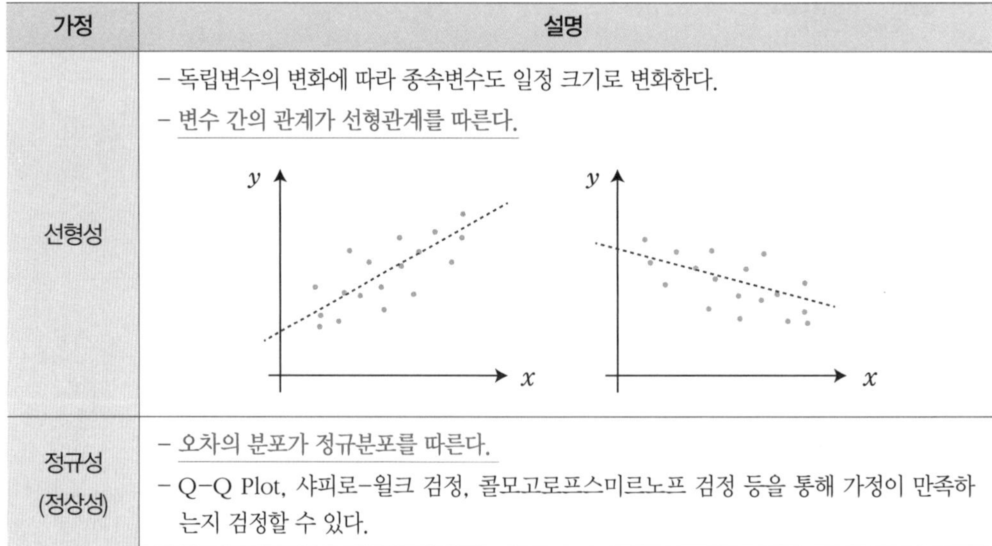
정규성 (정상성)	– 오차의 분포가 정규분포를 따른다. – Q–Q Plot, 샤피로–윌크 검정, 콜모고로프스미르노프 검정 등을 통해 가정이 만족하는지 검정할 수 있다.

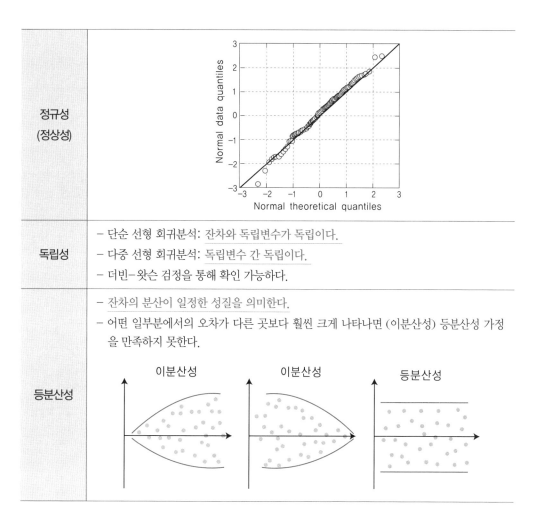

구분	설명
정규성 (정상성)	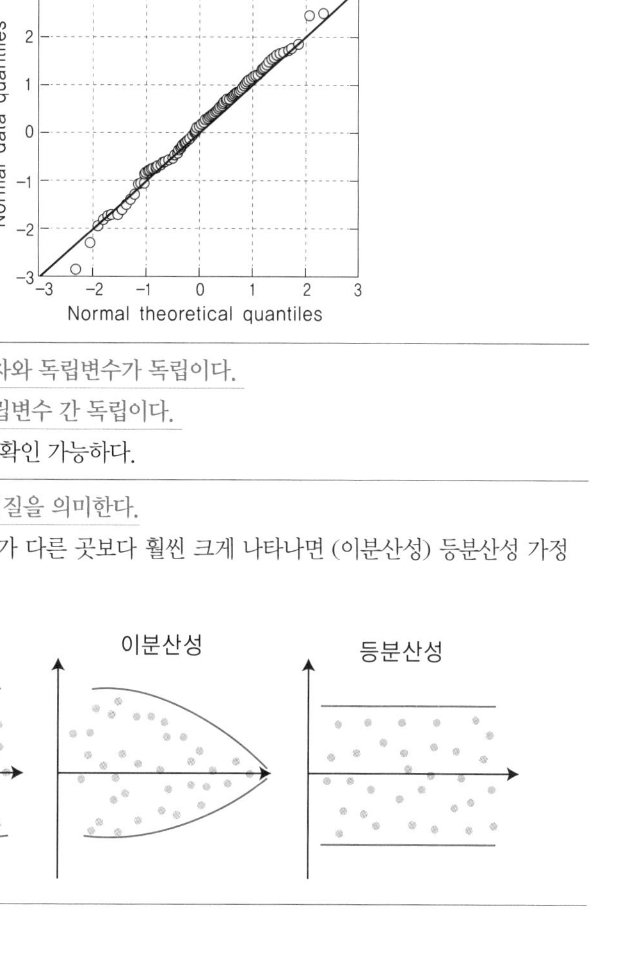
독립성	– 단순 선형 회귀분석: 잔차와 독립변수가 독립이다. – 다중 선형 회귀분석: 독립변수 간 독립이다. – 더빈–왓슨 검정을 통해 확인 가능하다.
등분산성	– 잔차의 분산이 일정한 성질을 의미한다. – 어떤 일부분에서의 오차가 다른 곳보다 훨씬 크게 나타나면 (이분산성) 등분산성 가정을 만족하지 못한다.

다. 회귀분석 검정

① 단순 선형 회귀분석 검정

* 4파트에서도 학습합니다. 확실하게 알아두세요.

구축된 회귀 모형의 결과가 적합한지 검정해야 한다. 단순 선형 회귀분석에서는 오차, 결정계수 등을 통해 검정한다.

[단순 회귀분석 검정 방법]

구분	설명
회귀계수	– 회귀계수 β_1이 0이면 회귀식은 의미가 없다.
MAE (Mean Absolute Error)	– 평균 절대 오차 – $\frac{\sum_{i=1}^{n} \lvert y_i - \hat{y}_i \rvert}{n}$

<table>
<tr><td>MSE
(Mean Squared Error)</td><td>– 평균 제곱 오차
– $\frac{\sum_{i=1}^{n}(y_i - \hat{y}_i)^2}{n}$</td></tr>
<tr><td>RMSE
(Root Mean Squared Error)</td><td>– 평균 제곱근 오차
– $\sqrt{\frac{\sum_{i=1}^{n}(y_i - \hat{y}_i)^2}{n}}$</td></tr>
<tr><td>결정계수
(R^2)</td><td>– 결정계수(R^2) : 회귀 모형이 현재 데이터를 얼마나 잘 설명하는지 보여주는 지표이다. 결정계수 값이 1에 가까울수록 회귀 모형이 데이터를 잘 설명한다.
– 전체 제곱합에서 회귀 제곱합의 비율
$R^2 = \frac{\text{회귀 제곱합}}{\text{전체 제곱합}} = \frac{SSR}{SST} = \frac{SSR}{SSR + SSE}$, $0 \leq R^2 \leq 1$
 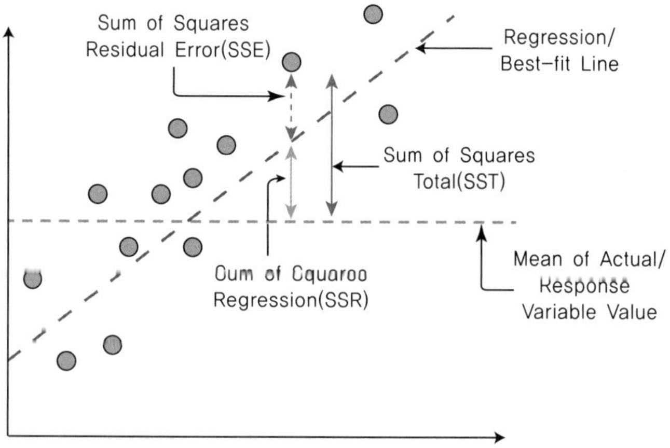

<table>
<tr><th colspan="2">Y_1 : 관측값, $\widehat{Y}_1$: 예측값, $\overline{Y}_1$: 평균값</th></tr>
<tr><td>전체 제곱합
(Total Sum of Squares; SST)</td><td>– 관측값과 평균값의 차이
– $\sum_{i=1}^{n}(y_i - \bar{y}_i)^2$</td></tr>
<tr><td>회귀 제곱합
(Regression Sum of Squares; SSR)</td><td>– 회귀선에 의해 설명되는 값
– $\sum_{i=1}^{n}(\hat{y}_i - \bar{y}_i)^2$</td></tr>
<tr><td>오차 제곱합
(Regression Sum of Error; SSE)</td><td>– 회귀선에 의해 설명되지 않는 값
– $\sum_{i=1}^{n}(y_i - \hat{y}_i)^2$</td></tr>
</table>
</td></tr>
</table>

② 다중 선형 회귀분석 검정

결정계수는 독립변수의 유의성과 관계없이 독립변수가 많아지면 증가한다. 다중 선형 회귀분석 검정은 일반 결정계수가 아닌 수정된 결정계수를 이용하여 검정한다.

[회귀분석 검정 방법]

구분	설명
수정된 결정계수 (*Adjusted* R^2)	– 수정된 결정계수는 일반 결정계수보다 작게 계산되고 설명력이 작은 독립변수를 추가할 시 값이 작아진다.
다중공선성 (Multicollinearity)	– 다중 회귀분석에서는 독립변수들 간 선형관계가 존재할 시 회귀계수의 정확도가 감소하므로 다중공선성을 확인해야 한다. – 다중공선성 : 독립변수들 간 강한 상관관계가 나타나는 현상 – 분산팽창요인(Variance Inflation Factors; VIF) 등을 통해 계산 – VIF가 10이 넘으면 다중공선성이 있다고 판단

③ AIC/BIC

- 독립변수가 많을 때, 어떤 독립변수가 종속변수에 더 많은 영향을 주는지 파악할 수 있는 방법은 모든 가능한 독립변수들의 조합에 대한 회귀 모형을 생성한 뒤 변수의 적절성을 평가하여 최적의 변수를 선택하는 것이다.
- 최적의 변수를 선택하고 모형의 복잡도를 감소시키기 위해 AIC/BIC 지표를 사용한다. AIC/BIC 지표는 모형의 복잡도에 벌점을 주는 방법이며 모든 후보의 값을 계산하고 그 값이 낮아지는 모형을 선택한다.

[AIC 및 BIC 지표]

구분	설명
AIC (Akaike Information Criterion)	– 변수의 개수(p)가 증가하면 AIC의 값도 높아진다. – AIC 값은 낮으면 낮을수록 모형의 적합도가 높다. – $AIC = -2Log(L) + 2p$
BIC (Bayesian Information Criterion)	– 변수의 개수(p)뿐만 아니라 표본의 크기(n)에도 벌점을 부과한다. – BIC 값은 낮으면 낮을수록 모형의 적합도가 높다. – $BIC = -2Log(L) + pLog(n)$

쏙쏙 예제

오컴의 면도날(Occam's Razor)

오컴의 면도날은 흔히 경제성의 원리, 단순성의 원리라고 부른다. 14세기 영국의 논리학자이며 프란체스코회 수사였던 오컴의 이름에서 차용했다. 많은 것들을 필요없이 가정하지 말라는 그의 말이 유명해지면서 인공지능 개발에서 많이 사용되었다. 같은 조건이라면 모형을 단순하게 구축하는 것이 더 좋은 모형이라고 할 수 있다.

2) 로지스틱 회귀분석

* 로지스틱 회귀분석의 핵심은 종속변수가 범주형이라는 것입니다. 핵심을 잘 이해하세요.

가. 로지스틱 회귀분석

① 로지스틱 회귀분석(Logistic Regression)

- 회귀분석 수행 시 종속변수가 범주형 데이터일 때 수행하는 분석기법이다.
- 종속변수의 수에 따라 이항 로지스틱 회귀분석과 다항 로지스틱 회귀분석으로 구분할 수 있다.
- 의료, 통신, 마케팅, 금융 등 다양한 분야에서 활용된다.
- 오즈를 로짓 변환한 시그모이드 함수를 사용한다.

쏙쏙 예제

종속변수가 범주형일 때 왜 선형 회귀분석을 사용할 수 없을까?

아래와 같이 연속형 독립변수인 나이와 연속형 종속변수인 혈압 데이터를 가지고 선형 회귀분석을 수행하면 데이터를 통해 회귀계수를 도출하고 적절한 모델을 생성할 수 있다.

나이	혈압
22	131
24	116
29	123
30	117
33	99
35	121
41	139
48	115
51	133
52	128
63	155
67	176

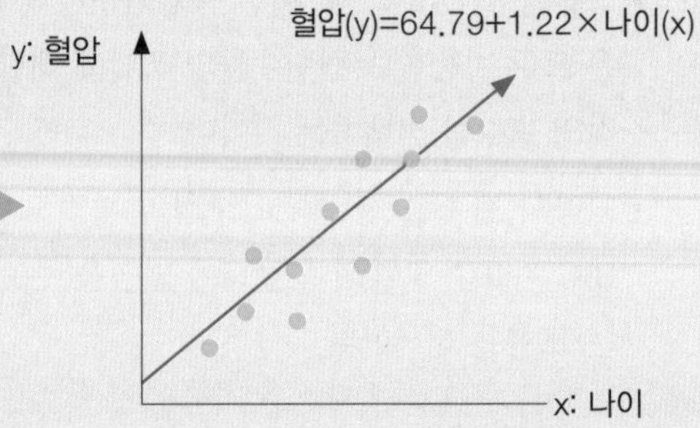

y: 혈압

혈압(y)=64.79+1.22×나이(x)

x: 나이

이번엔 연속형 독립변수인 나이와 범주형 종속변수인 질병 유무를 가지고 데이터를 나타내면 아래와 같이 나타난다.

나이	질병 유무
22	0
24	0
29	0
30	1
33	0
35	1
41	0
48	1
51	0
52	1
63	1
67	1

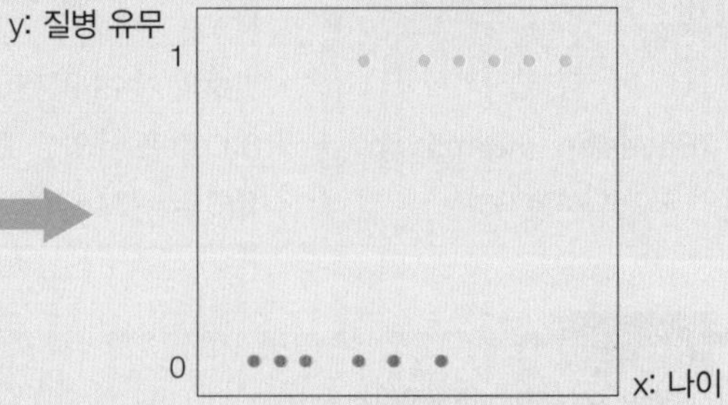

y: 질병 유무

1

0

x: 나이

범주형 종속변수 데이터에 선형 회귀선을 그리게 되면 어떨까?

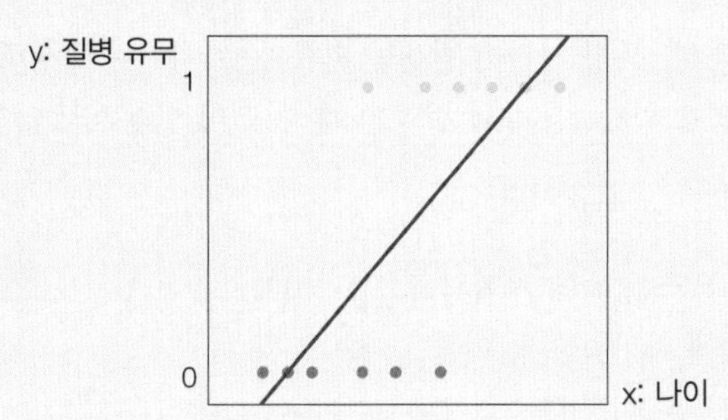

위와 같이 예측의 정확도가 현저하게 떨어지게 된다. 독립변수가 어떤 값이든 종속변수의 결과 값은 0과 1과 같이 두 가지 값이므로 직선이 아닌 0~1의 범위를 가진 확률을 이용한 로지스틱 함수를 사용한다.

② 로지스틱 함수(Logistic Function)

- 로지스틱 함수란 S-Curve 형식으로 생긴 그래프이다. 시그모이드 함수(Sigmoid Function)로 지칭하기도 한다.

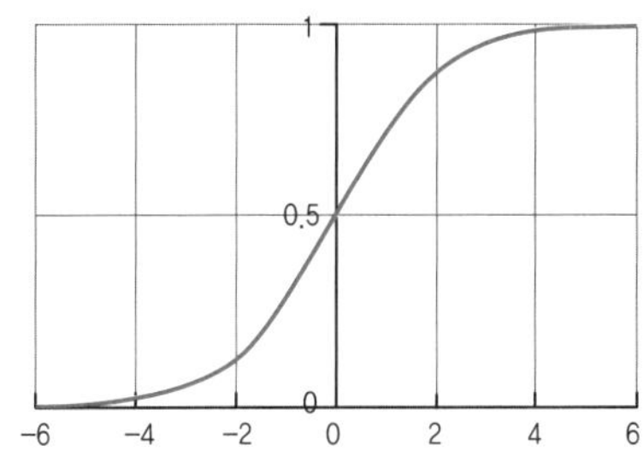

$$y = \frac{1}{1 + e^{-x}}$$

- 로지스틱 함수는 x축 데이터의 범위는 (−∞~+∞)이고, y축 데이터의 범위는 [0,1]이다. x의 값이 −∞에 가까울수록 1에 가깝고, +∞에 가까울수록 0에 가까워진다.
- 독립변수가 어떤 값이 들어오더라도 임곗값을 기준으로 종속변수의 결과는 0 또는 1로 도출된다.
- 로지스틱 함수는 오즈함수에 로그를 취한 후(로짓변환) 역함수를 취해 도출된다.

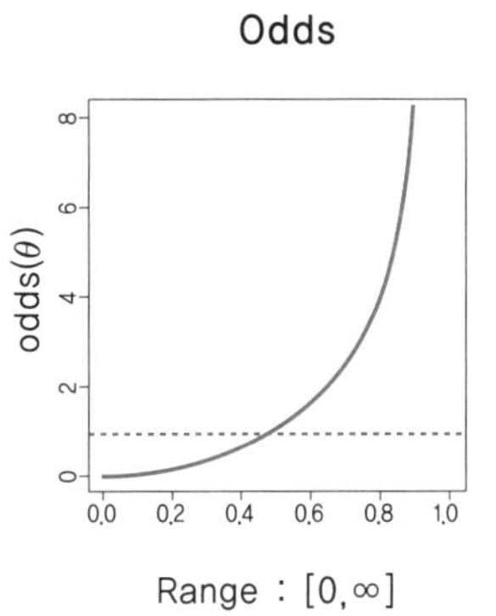

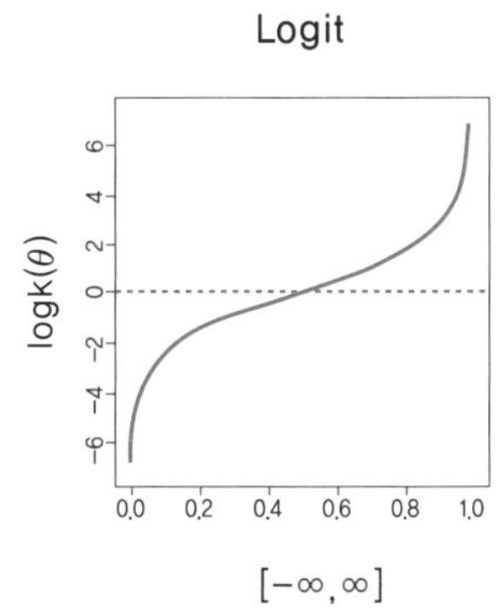

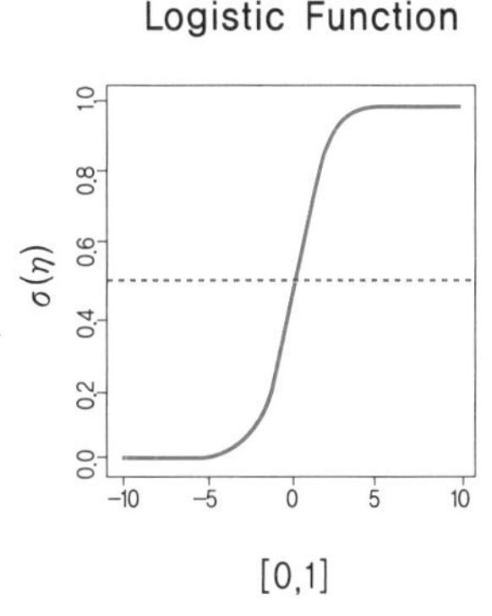

나. 오즈와 오즈비

① 오즈(Odds)와 오즈비(Odds Ratio)

- 오즈는 승산이라고도 하며, 특정 사건이 발생할 확률과 그 사건이 발생하지 않을 확률의 비율이다. 특정 사건이 발생할 확률을 p라고 정의할 때, 사건이 발생하지 않을 확률은 (1−p)이다. 이를 식으로 나타내면 $odds = \frac{p}{1-p}$ 이다.
- p가 1에 가까워질수록 오즈는 ∞에 가까워지고 p가 0에 가까워질수록 오즈는 0에 가까워진다. 이를 그래프로 나타내면 다음과 같다.
- 오즈비는 두 사건 A와 B가 있을 때 각 오즈를 구한 후 그 비율을 계산한 값이다.

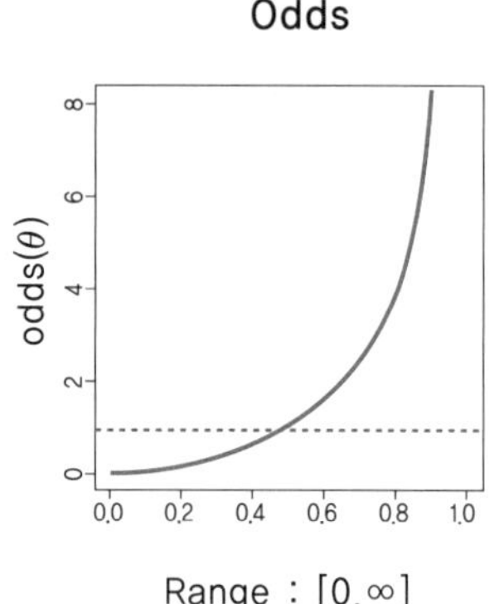

Range : [0, ∞]

② 로짓 변환

- 로짓 함수는 오즈에 로그를 취한 함수로서 입력값의 범위가 [0,1]일 때 출력값의 범위는 (−∞~+∞)로 조정한다.

$$\overset{[-\infty\sim+\infty]}{logit(p) = log\frac{p}{1-p}}$$

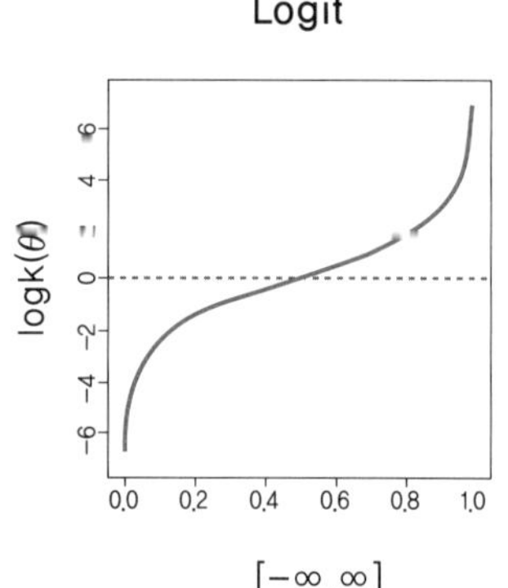

[−∞, ∞]

- 로짓 함수에 역함수를 취하면 로지스틱 함수가 도출된다.

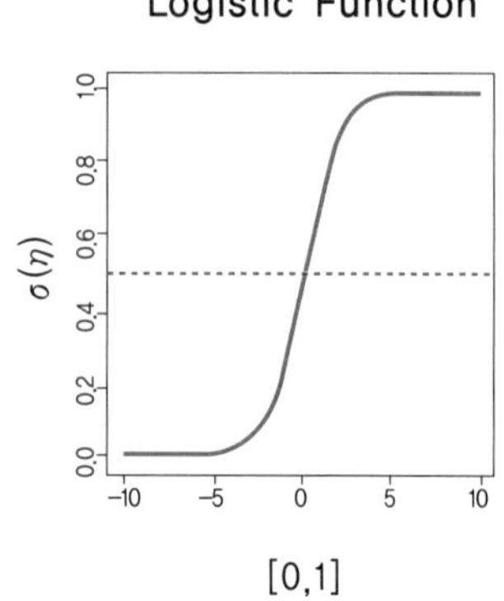

[0,1]

3) 의사결정나무

* 의사결정나무도 중요한 개념이 많습니다. 각 용어에 대해서 잘 알아두세요.

① 의사결정나무(Decision Tree)

나무를 뒤집은 모양에 기인하여 데이터를 분류하거나 예측하는 분석기법이다.

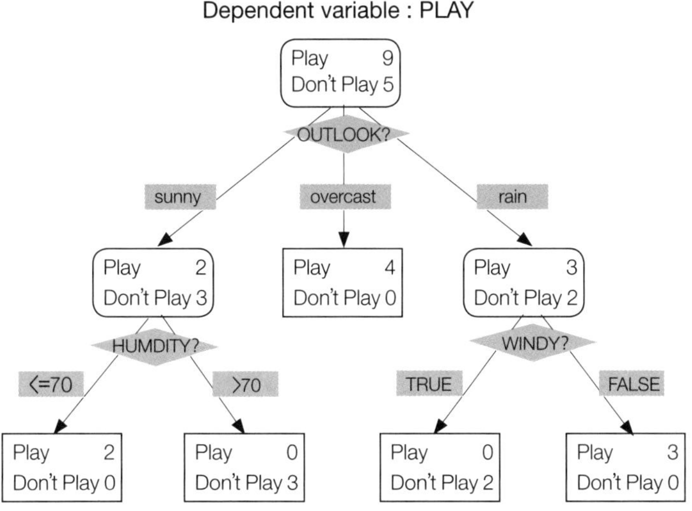

쏙쏙 예제

의사결정나무와 스무고개

적절한 질문에 따라 대상을 예측해 나가는 스무고개처럼 의사결정나무도 상위 노드에서 하위 노드로 분할해 나가는 기준값의 선택이 중요하다. 즉, 적절한 분할 변수를 통해 상위 노드에서 분류된 하위 노드는 노드 내 동질성은 커지되, 노드 간에는 이질성이 커지는 방향으로 트리가 생성되어야 한다.

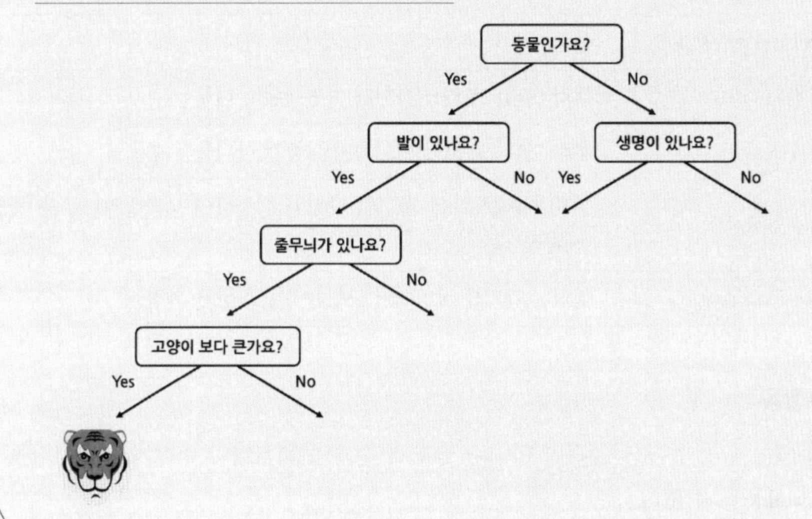

② 의사결정나무 구성요소

의사결정나무의 구성요소는 다음과 같다.

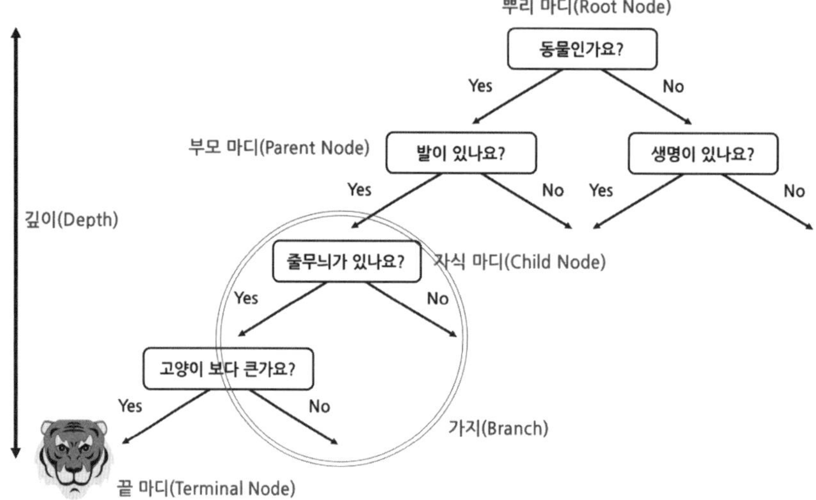

[의사결정나무 구성요소]

구성요소	설명
뿌리 마디(Root Node)	– 전체 의사결정나무가 시작되는 마디로 전체 자료를 포함한다.
부모 마디(Parent Node)	– 주어진 마디의 상위에 있으며 자식 마디를 가지고 있다.
자식 마디(Child Node)	– 부모 마디로부터 분리되어 나간 2개 이상의 마디
끝 마디(Terminal Node)	– 전체 의사결정나무의 가장 하단에 있는 마디 – 자식 마디가 없는 마디, 잎(Leaf) 노드라고도 불린다.
중간 마디(Internal Node)	– 부모 마디와 자식 마디가 모두 있는 마디
가지(Branch)	– 뿌리 마디로부터 끝마디까지 연결된 마디들
깊이(Depth)	– 뿌리 마디로부터 끝마디까지의 중간 마디들의 수
가지분할(Split)	– 분할기준으로부터 나무의 가지를 생성하여 의사결정나무를 성장시키는 과정
가지치기(Prunning)	– 생성된 가지를 잘라내어 모형을 단순화하는 과정

③ 의사결정나무 활용

- 의사결정나무는 예측, 분류 문제뿐만 아니라 중요 변수를 선택하거나 이상치를 탐지하는 경우에도 유용하게 사용될 수 있다.
- 시장조사, 품질관리, 타깃 고객 분류, 신용평가, 행동 예측 등에 사용된다.

[의사결정나무 활용]

구분	설명
예측	– 주어진 데이터에서 패턴을 발견하여 새로운 데이터의 결과를 예측 – 회귀나무
분류	– 주어진 데이터에서 패턴을 발견하여 새로운 데이터의 결과를 분류 – 분류나무
변수 선택	– 많은 독립변수 중에서 종속변수에 중요한 영향을 미치는 변수 선택
이상치	– 분할 결과 데이터의 분리를 통해 이상치 탐지에 용이
교호작용 파악	– 독립변수 간 상호작용이 종속변수에 영향을 주는 교호작용 파악

④ 의사결정나무 절차

의사결정나무는 다음과 같은 절차를 따른다.

[의사결정나무 절차]

절차	설명
데이터	– 다변량 변수 사용
모델 학습	– 의사결정나무를 성장시키며 학습한다. 1) 종속변수와 관계가 있는 독립변수를 추가한다. 2) 의사결정나무 알고리즘에 따라 가지를 분할한다. 3) 데이터 순도가 균일해지도록(불순도 감소량을 가장 크게 하는) 분할을 반복한다. (부모 마디의 순수도에 비해서 자식 마디들의 순수도가 증가하도록 자식 마디를 형성한다.) 4) 정지 규칙을 만족하면 중단한다. (분류: 끝 노드에 비슷한 범주/ 예측: 끝 노드에 비슷한 수치)
가지치기	– 의사결정나무의 크기는 모형의 복잡도이다. 최적의 나무 크기는 대상 자료로부터 추정한다. – 너무 큰 나무 모형은 과대적합을 유발하고 너무 작은 모형은 과소적합을 유발할 가능성이 있다. 일반적으로 마디에 속하는 자료가 일정 수 이하일 때 분할을 멈추고 가지치기를 수행한다.
타당성 평가	– 평가 데이터를 이용하여 교차 타당성 등을 평가한다.
추론	– 분류: 끝 노드에서 가장 빈도가 높은 종속변수를 선택한다. – 예측: 끝 노드의 평균을 예측 값으로 계산한다.

⑤ 의사결정나무 알고리즘

의사결정나무의 대표적인 알고리즘으로 CART, C4.5/C5.0, CHAID 등이 있다.

[의사결정나무 알고리즘]

기준	CART	C4.5/C5.0	CHAID
분류	○	○	○
예측	○	○	×
예측 변수	범주, 수치	범주, 수치	범주
불순도 알고리즘	지니 지수	엔트로피 지수	카이제곱 통계량
분리	이진분할	다중분할	다중분할
나무성장	완전 모형 생성 후 가지치기		최적 모형 개발
가지치기	학습, 검증 데이터	학습 데이터만 사용	×

⑥ 불순도 알고리즘

- 불순도(Impurity)는 복잡성을 의미하며, 해당 범주 안에서 서로 다른 데이터가 얼마나 섞여 있는지를 뜻한다. 다양한 데이터가 섞여 있을수록 불순도가 높아진다.

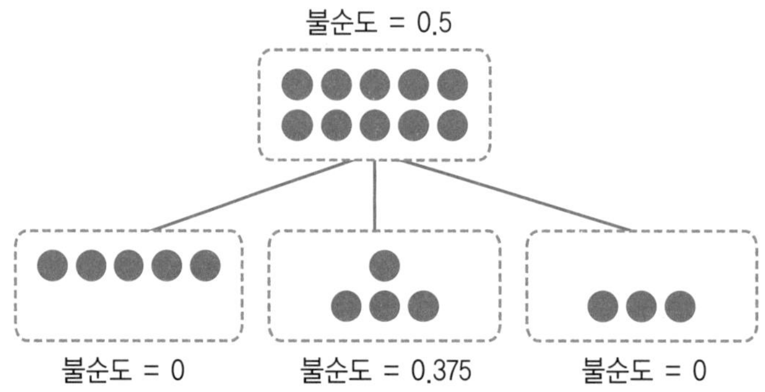

- 불순도의 값이 작아지면 순수도가 증가한다. 순수도가 증가하면 정보의 획득량이 높아져 데이터 분할이 적절하게 이루어졌다고 할 수 있다.
- 불순도 알고리즘으로 지니 지수, 엔트로피 지수, 카이제곱 통계량 등이 있다.

* 각 계산은 공식을 암기하지 말고 예시를 통해 학습하세요.

[불순도 알고리즘]

<table>
<tr><th>구분</th><th>설명</th></tr>
<tr><td>지니 지수</td><td>
– G(S) = G(S) = $1 - \sum_{i=1}^{c}(p_i)^2$
– (S : 전체 데이터 개수, c : 클래스 개수, p_i: 특정 클래스가 포함되어 있을 확률)
– 값이 클수록 불순도가 높아져 순수도가 낮아진다.
예 지니 지수 계산
각 도형을 개별 데이터라고 가정하고, 각 데이터의 확률을 계산한다.
a) 그림에서 각 데이터의 확률을 계산하면 다음과 같다.
• 세모 데이터 = 3/8
• 원 데이터 = 1/8
• 네모 데이터 = 3/8
• 육각형 데이터 = 1/8
그 후 전체 1에서 각 데이터의 확률의 제곱값을 빼주면 지니지수를 구할 수 있다.
a)
$1- \left(\frac{3}{8}\right)^2 - \left(\frac{3}{8}\right)^2 - \left(\frac{1}{8}\right)^2 - \left(\frac{1}{8}\right)^2 = 0.69$
b)
$1- \left(\frac{6}{8}\right)^2 - \left(\frac{1}{8}\right)^2 - \left(\frac{1}{8}\right)^2 = 0.40$
a)와 b) 중 b)의 지니 지수 값이 더 낮으므로 불순도도 더 낮다.
</td></tr>
<tr><td>엔트로피 지수</td><td>
– Entropy(T) = $-(\sum_{i=1}^{k} P_i \log_2 P_i)$
– 값이 클수록 불순도가 높아져 순수도가 낮아진다.
예 엔트로피 지수 계산
엔트로피 지수는 로그 계산을 활용한다. 계산 공식만 살펴보면 다음과 같이 구할 수 있다.
a)
$-\left(\frac{3}{8} * log_2 \frac{3}{8}\right)*2 - \left(\frac{1}{8} * log_2 \frac{1}{8}\right)*2 = 1.81$
</td></tr>
<tr><td>카이제곱 통계량</td><td>
– $\chi^2 = \sum_{i=1}^{k} \frac{(O_i - E_i)^2}{E_i}$
– 데이터의 관측값과 기대빈도를 구하고 통계량을 계산한다.
</td></tr>
</table>

⑦ 의사결정나무 장단점

[의사결정나무 장단점]

구분	설명
장점	– 조건과 결과인 나무 구조(If – Then)에 의해 표현되기 때문에 모형의 결과를 직관적으로 이해할 수 있고 해석이 용이하다. – 종속변수를 잘 설명할 수 있는 독립변수 파악이 가능하며 분리 기준을 파악할 수 있다. – 데이터의 통계적 가정이 필요 없는 비모수적 모형이다. – 연속형, 범주형 변수 모두 적용할 수 있고 분류 정확도가 높다.
단점	– 좋은 모형을 생성하기 위해 많은 데이터와 연산 시간이 소요된다. – 데이터의 변형에 민감하여 과대적합을 유발할 수 있다. – 연속형 변수를 구간화 시켜 학습 시, 분리 경계점 근처에서 오류가 발생할 수 있다. – 선형 구조를 가지고 있는 데이터에 의사결정나무를 적용하여 더 복잡할 수 있다. a) VS b) – 위 데이터는 a)와 같이 간단하게 선형으로 분리할 수 있는 데이터인데, b)와 같이 의사결정나무를 적용하면 오히려 더 복잡하게 분리된다.

4) 인공신경망 *많이 들어본 용어죠? 중요한 개념이니 확실하게 알아두세요.

① 인공신경망(Artificial Neural Network; ANN)

- 인공신경망은 인간 두뇌의 신경세포인 뉴런을 모방하여 개발한 기계학습 모델이다.
- 인공신경망은 분류와 회귀 모두에 사용할 수 있는 모델이다.

쏙쏙 예제

뉴런(Neuron)

뉴런은 인간의 신경세포 또는 신경계를 구성하는 세포로, 인접한 다른 신경세포와 시냅스라는 구조를 통해 신호를 주고받음으로써 다양한 정보를 받아들이고 저장하는 기능을 한다. 전기적인 방법으로 신호를 전달하고 인간 두뇌의 대뇌피질에만 약 100억 개의 신경세포가 존재하는 것으로 추산된다.

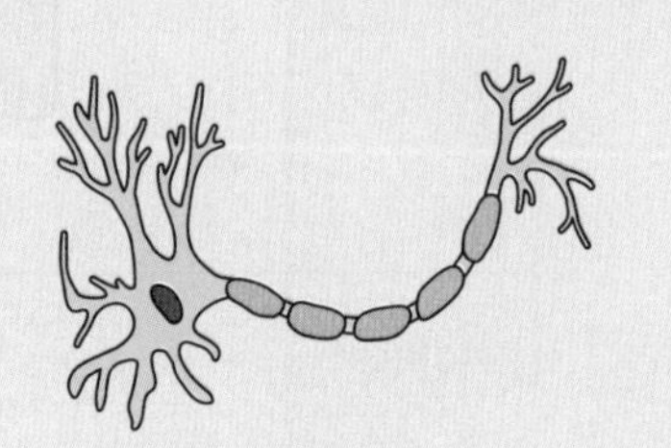

② 인공신경망 구조 - 단층 퍼셉트론(Single- Layer Perceptron)

- 초기 인공신경망 모델은 단층 퍼셉트론이다. 단층 퍼셉트론은 입력층, 가중치, 순 입력함수, 활성화함수, 출력층으로 구성되어 있다.

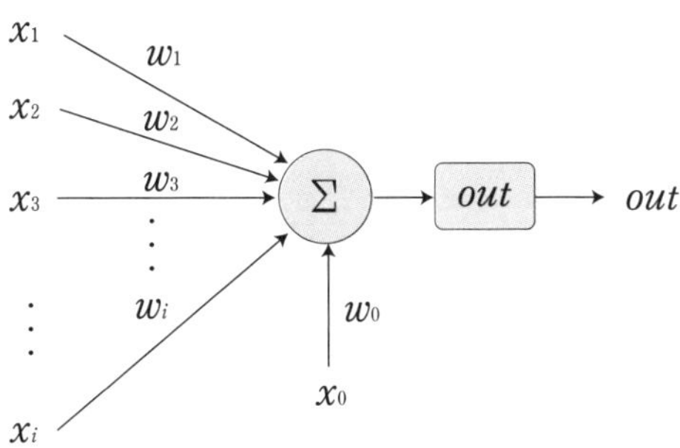

[단층 퍼셉트론 구성요소]

용어	설명
노드(Node)	- 각 층(Layer)을 구성하는 요소
입력층(Input Layer)	- 입력되는 데이터를 받아들이는 층
가중치 (Weights)	- 입력되는 훈련 데이터에 곱해지는 값 - 노드와 노드 간의 연결 강도 - 해당 신호가 중요할수록 가중치를 조절 - 인공신경망의 핵심 매개변수
순 입력함수	- 각 입력 데이터와 가중치를 곱해서 모두 더하는 함수
활성화 함수 (Activation Function)	- 입력신호의 총합을 출력 신호로 변환하는 함수
손실함수 (Loss Function)	- 가중치의 학습을 위해 출력함수의 결과와 반응값 간의 오차를 측정하는 함수
출력층 (Output Layer)	- 출력함수의 결과를 얻은 노드로 구성된 층

- 단층 퍼셉트론의 학습은 다음과 같은 절차를 따른다.

[단층 퍼셉트론 학습절차]

절차	설명
1	- 각 입력 데이터($x_1, x_2, \ldots, x_n$)와 가중치($w_1, w_2, \ldots, w_n$)를 순 입력함수에서 곱한 후 값을 합한다.
2	- 순 입력함수의 값을 활성화 함수의 임곗값과 비교하여 예측값을 출력한다.

3	– 예측값과 실젯값이 다르면 가중치를 업데이트하여 손실함수를 최소화하는 방향으로 학습을 반복한다.

- 단층 퍼셉트론의 한계점은 AND, OR 연산은 선형 분리가 가능했으나 XOR은 선형 분리가 불가능하다는 것이다. OR, AND 연산은 0과 1을 선형으로 분리하지만 XOR 연산은 분리할 수 없다. 이는 다층 퍼셉트론이 개발된 계기가 되었다.

③ 인공신경망 구조 – 다층 퍼셉트론(Multi-Layer Perceptron)

- 다층 퍼셉트론은 입력층과 출력층 사이에 하나 이상의 은닉층을 두어 비선형적으로 분리되는 데이터에 대해서도 학습이 가능한 퍼셉트론이다.
- 두 개 이상의 은닉층을 둔 구조의 모델을 심층신경망, 딥러닝이라고 한다.

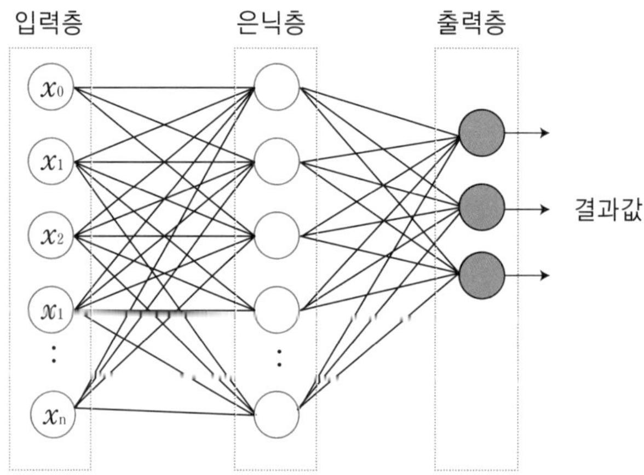

- 다층 퍼셉트론은 활성화 함수로 시그모이드 함수를 사용한다. 하지만 시그모이드 함수는 기울기를 구하기 위해 편미분을 계산할수록 0으로 근접해져 기울기가 소실되는 문제점이 발생한다. 이는 시그모이드 활성화 함수가 아닌 ReLU 활성화 함수를 사용함으로써 문제를 해결하였다.

④ 활성화 함수(Activation Function)

* 공식보다 의미 위주로 알아두세요.

- 활성화 함수는 순 입력함수로부터 전달받은 값을 임곗값과 비교하여 출력값으로 변환해 주는 함수이다.
- 활성화 함수는 계단함수, 부호함수, tanh 함수, 시그모이드 함수, ReLU 함수, Leaky ReLU 함수, 소프트맥스 함수 등이 있다.

[활성화 함수 종류]

구분	그래프	설명
계단함수 (Step Function)	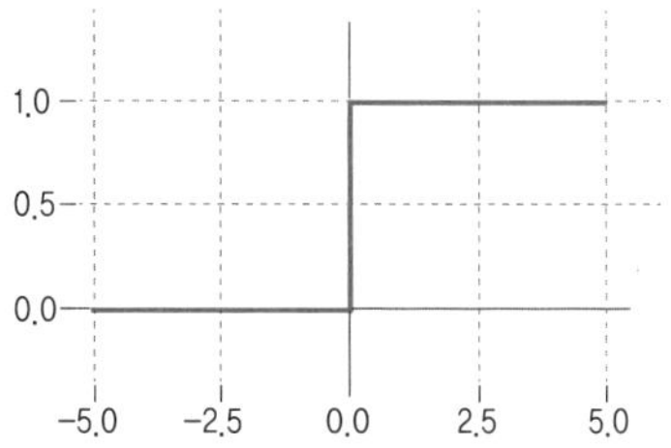 1.0, 0.5, 0.0 −5.0 −2.5 0.0 2.5 5.0	$Y = \begin{cases} 0, \ if \ X < 0 \\ 1, \ if \ X \geq 0 \end{cases}$ – 임곗값을 기준으로 활성화(y=1), 비활성화(y=0)
부호함수 (Signum Function)	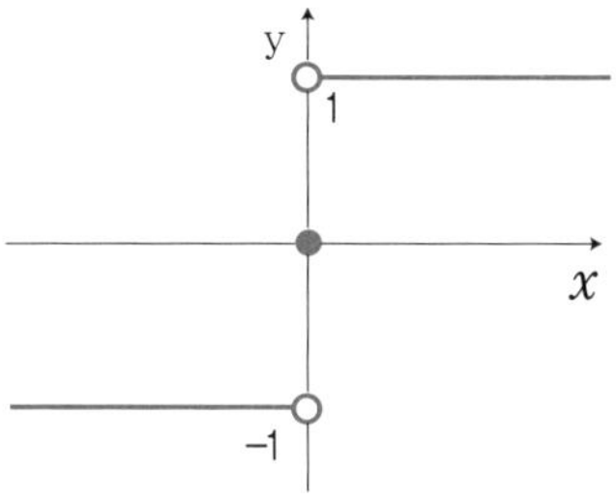 y, 1, x, −1	$Y = \begin{cases} -1, \ if \ X < 0 \\ 1, \ if \ X \geq 0 \end{cases}$ – 임곗값을 기준으로 양의 부호(y=+1), 음의 부호(y=−1)
tanh 함수 (Hyperbolic Tangent Function)	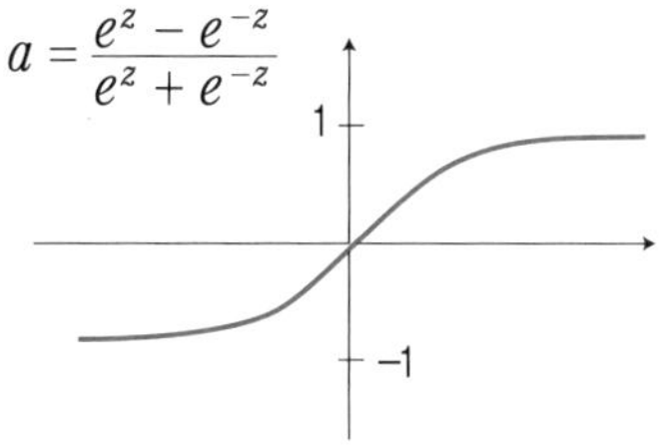 $a = \frac{e^z - e^{-z}}{e^z + e^{-z}}$ 1, −1	$Y = \frac{e^X - e^{-X}}{e^X + e^{-X}}$ – 하이퍼볼릭 탄젠트 함수 – 확장된 시그모이드 함수
시그모이드 함수 (Sigmoid Function)	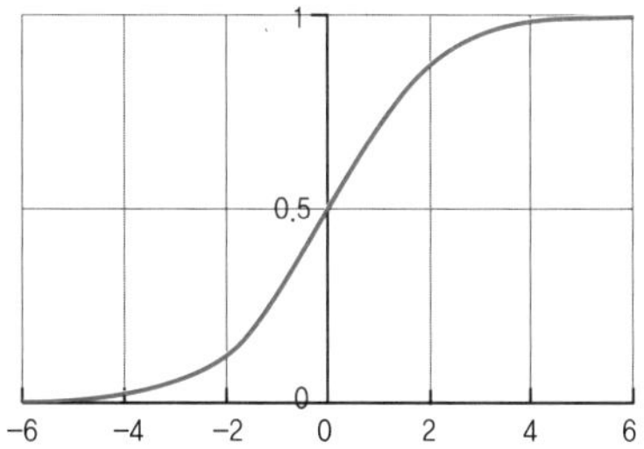 1, 0.5, 0 −6 −4 −2 0 2 4 6	$Y = \frac{1}{1 + e^{-X}} \ (0 \leq Y \leq 1)$ – S자형 곡선 함수 – 로지스틱 함수
ReLU 함수 (Rectified Linear Unit Function)	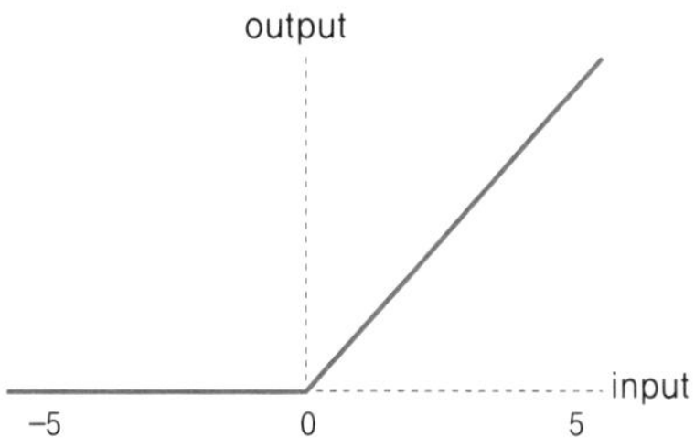 output, input −5 0 5	$Y = \begin{cases} 0, \ if \ X \leq 0 \\ X, \ if \ X > 0 \end{cases}$ – $X>0$인 경우 Y값도 지속적으로 증가 – 시그모이드의 기울기 소실 해결 – $X \leq 0$인 경우 기울기가 0이 되어 뉴런이 죽을 수 있다.

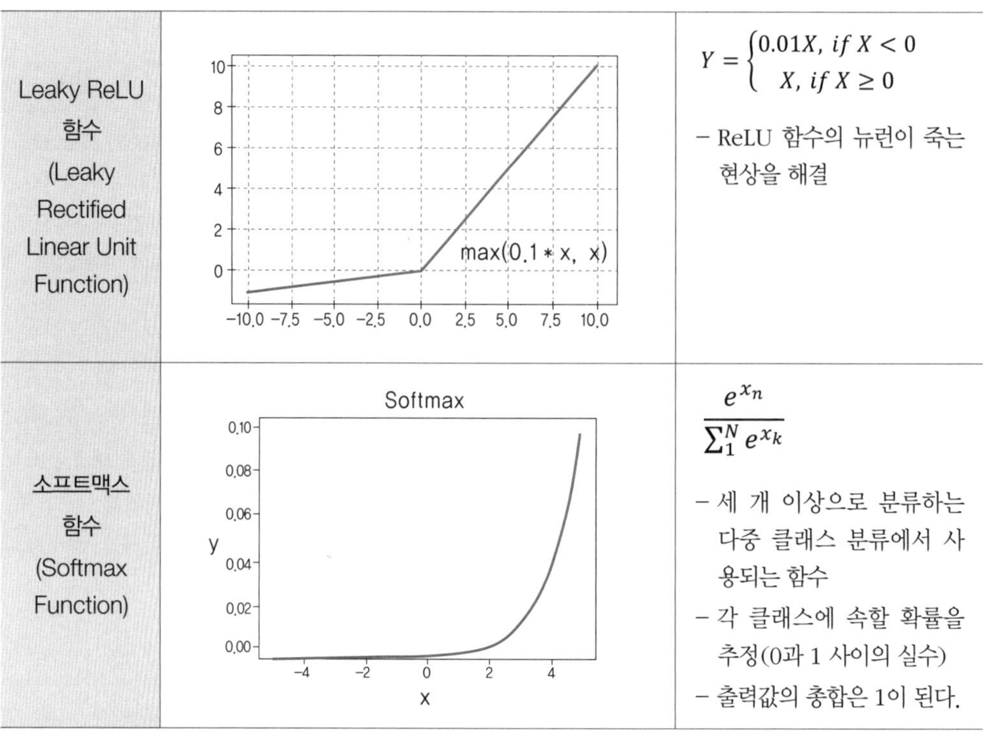

Leaky ReLU 함수 (Leaky Rectified Linear Unit Function)	max(0.1 * x, x)	$Y = \begin{cases} 0.01X, \ if \ X < 0 \\ X, \ if \ X \geq 0 \end{cases}$ – ReLU 함수의 뉴런이 죽는 현상을 해결
소프트맥스 함수 (Softmax Function)	Softmax	$\frac{e^{x_n}}{\sum_1^N e^{x_k}}$ – 세 개 이상으로 분류하는 다중 클래스 분류에서 사용되는 함수 – 각 클래스에 속할 확률을 추정(0과 1 사이의 실수) – 출력값의 총합은 1이 된다.

⑤ 인공신경망의 학습

- 인공신경망의 학습은 훈련 데이터 추출→기울기 산출→매개변수 최적화 과정을 따른다.

[인공신경망 학습 절차]

절차	설명
훈련 데이터 추출	– 훈련 데이터 추출 – 학습의 효율성을 위해 데이터를 나눠 미니 배치(Mini- Batch)로 구분하기도 한다.
기울기 산출	– 데이터의 손실함수를 최소화하는 기울기를 산출한다. – 손실함수(Loss Function)는 비용함수(Cost Function)로 실젯값과 예측값의 차이(오차)를 수치화해 주는 함수이다. [손실 함수] Loss/Mean Squared Error train test

<table>
<tr>
<td>기울기 산출</td>
<td>

- 기울기는 순전파의 수치 미분과 오차역전파를 이용하여 계산한다.

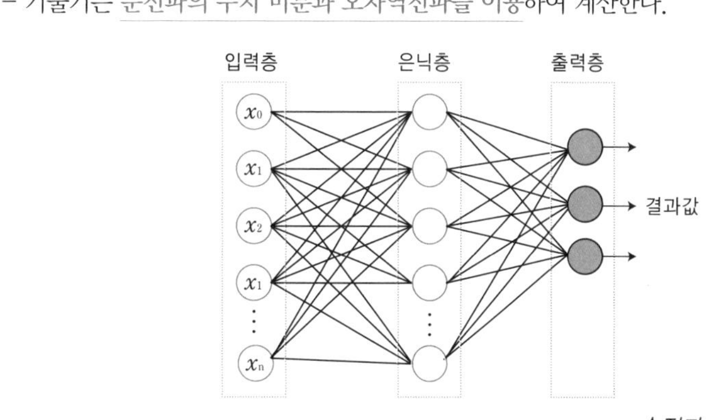

순전파

역전파

<table>
<tr><th>구분</th><th>설명</th></tr>
<tr><td>순전파
(Feed Forward Propagation)</td><td>- 입력 데이터를 기반으로 신경망을 따라 입력층부터 출력층까지 차례대로 변수들을 계산하고 학습하는 과정
- 계층마다 가중치와 편향으로 계산된 값이 활성화 함수에 전달되고 최종 출력값은 손실함수에서 실젯값과 함께 연산하여 오차 계산</td></tr>
<tr><td>역전파
(Back Propagation)</td><td>- 순전파의 반대 방향으로 연산
- 순전파 과정을 통해 나온 오차를 활용해 각 계층의 가중치와 편향을 최적화</td></tr>
</table>

</td>
</tr>
<tr>
<td>매개변수 최적화</td>
<td>

- 인공신경망에서 가장 중요한 매개변수는 가중치

<table>
<tr><th>구분</th><th>설명</th></tr>
<tr><td>매개변수</td><td>가중치, 편향</td></tr>
<tr><td>초매개변수</td><td>은닉층 개수, 은닉 노드 개수, 활성화 함수</td></tr>
</table>

- 손실함수를 최소화하는 방향으로 가중치 매개변수 최적화
- 경사 하강법과 같은 알고리즘 사용을 통해 최적값을 찾을 때까지 반복
- 경사 하강법(Gradient Descent)은 가장 기본적인 최적화 알고리즘으로 경사를 따라 내려가며 가중치를 업데이트 하는 방식

</td>
</tr>
</table>

5) 서포트벡터머신

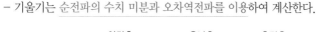

* 서포트벡터머신도 생소한 용어가 많습니다. 용어를 위주로 학습하세요.

① 서포트벡터머신(Support Vector Machine; SVM)

- 서포트벡터머신이란 최적의 분리 초평면을 찾아 데이터를 분류하는 모델이다.
- 지도학습의 일종이며 데이터 마이닝 기법 및 기계학습에 쓰이는 대표적인 알고리즘이다.

• 훈련 시간이 상대적으로 느리지만 정확성이 뛰어나고 과대 적합의 가능성이 낮은 모델이다.

• 변수 속성 간의 의존성을 고려하지 않는다.

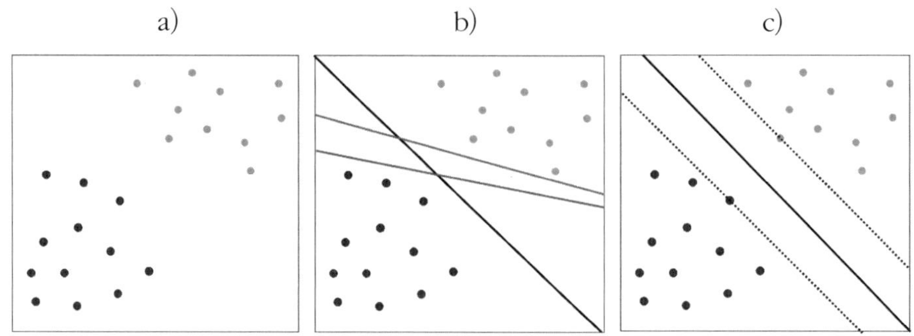

• 위 a) 그림 상에 있는 두 데이터를 적절하게 분류하기 위해 b) 그림과 같이 다양한 선형 분리선을 생성할 수 있다. 다양한 선형 분리선 중 최적의 선을 선정하여 c) 그림의 굵은 선형 분리선으로 표현하였다. c) 그림의 굵은 선형 분리선은 데이터 분류의 기준이 되는 경계이며, 결정 경계 또는 초평면이라고 할 수 있다.

• 옆 그림은 c) 그림을 좀 더 확대한 것이다. 결정 경계의 옆에 두 개의 점선이 있으며 그 점선에 분류 대상의 각 데이터가 겹쳐있다. 이 데이터들은 학습 데이터 중에서 결정 경계와 가장 가까이에 있는 데이터들의 집합이며, 이 데이터들을 서포트 벡터(Support Vecter)라고 한다.

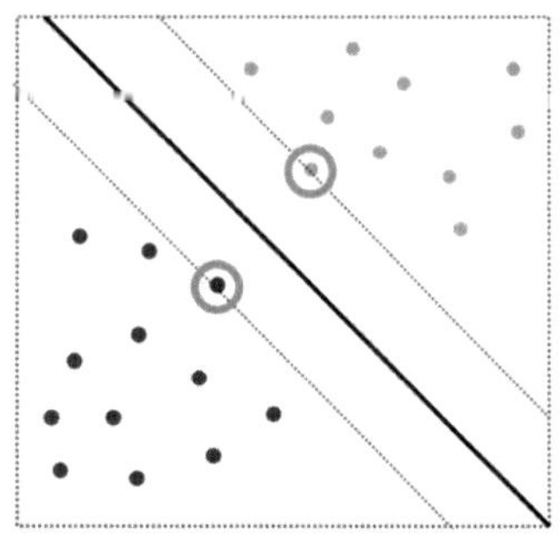

• 서포트벡터와 결정 경계의 거리를 마진(Margin)이라고 하는데, 이 마진을 최대화하는 것이 서포트벡터머신에서 최적의 결정 경계이다. 마진을 최대화하는 이유는 모형의 일반화 성능을 높이기 위함으로써 최대 마진이 새로운 데이터에 대한 오분류를 낮추기 때문이다.

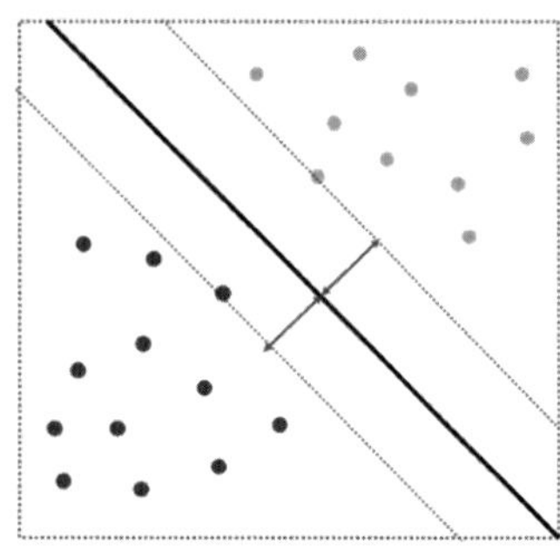

② 서포트벡터머신 용어

[서포트벡터머신 용어]

용어	설명
결정 경계 (Decision Boundary)	– 데이터 분류의 기준이 되는 경계 – 서포트벡터 간 거리를 1/2로 분할 – 초평면이라고도 한다.
초평면 (Hyperplane)	– n차원 공간의 (n−1) 차원 평면 A hyperplane in R^2 is a line　　A hyperplane in R^3 is a line – 2차원 공간의 초평면은 1차원의 직선이며, 3차원 공간의 초평면은 2차원의 평면이다.
마진 (Margin)	– 결정 경계에서 서포트벡터까지의 거리 – 최적의 결정 경계는 마진을 최대화 – 마진은 $\frac{2}{\lVert W \rVert}$ 로 표현한다.
서포트벡터 (Support Vector)	– 학습 데이터 중에서 결정 경계와 가장 가까이에 있는 데이터들의 집합 – 서포트벡터는 여러 개일 수 있으며 서포트벡터들만 이용하여 클래스의 결정 함수를 구현할 수 있다.
슬랙 변수 (Slack Variables)	– 완벽한 분리가 불가능할 때 허용된 오차를 위한 변수

③ 서포트벡터머신 종류

- 마진을 결정하는 방식에 있어서 하드마진 서포트벡터머신과 소프트마진 서포트벡터머신으로 구분할 수 있다.

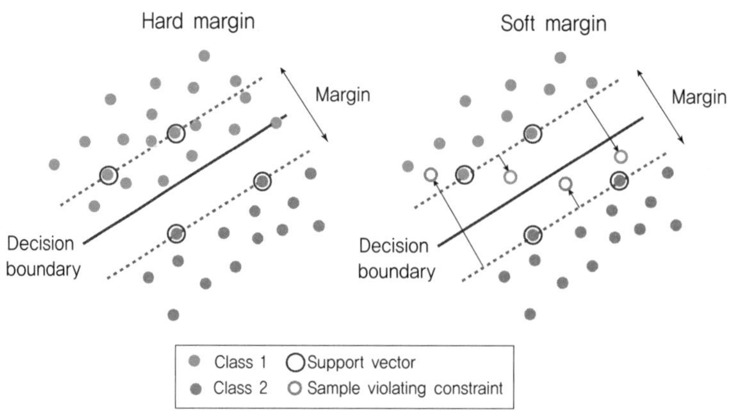

[서포트벡터머신 종류]

종류	설명
하드 마진 SVM (Hard Margin SVM)	– 오차를 허용하지 않는 SVM – 현실 데이터를 적용하기에는 어렵다.
소프트 마진 SVM (Soft Margin SVM)	– 오차를 허용하는 SVM – 오차를 얼마나 허용할지 파라미터로 조정한다. – 주로 소프트 마진 SVM을 이용한다.

④ 비선형 서포트벡터머신

- 선형으로 분류할 수 없는 비선형 데이터는 차원을 높이고 커널함수를 사용해 분류할 수 있다.

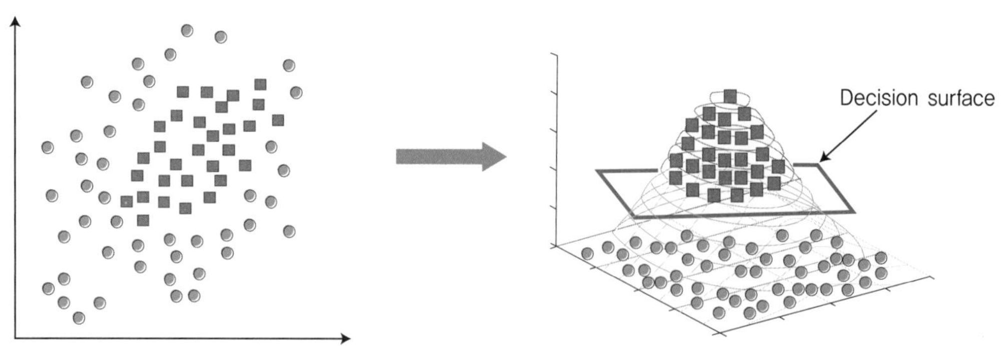

왼쪽의 2차원 상의 데이터는 선형으로 분리하기 어려운 구조의 데이터이다. 이런 경우 2차원 데이터를 3차원으로 높여 결정 경계를 형성할 수 있다. 하지만 데이터를 고차원으로 매핑하려고 하면 연산량이 복잡해지는데, 이를 해결하기 위해 실제로 데이터를 매핑하지는 않지만 비슷한 효과를 만들 수 있는 커널함수를 사용한다. 이를 커널트릭이라고 표현하기도 한다.

• 커널함수는 선형 커널, 다항 커널, 가우시안 커널 등이 있다.

[커널함수 종류]

종류	설명
선형 커널 (Linear Kernel)	– 가장 기본적인 유형으로 1차원이며 다른 함수보다 속도가 빠르다.
다항 커널 (Polynomial Kernel)	– 선형 커널의 일반화된 커널로 자주 사용되지 않는다.
가우시안 커널 (Gaussian Kernel)	– 일반적으로 사용되는 커널로 주로 데이터에 대한 사전 지식이 없을 때 사용할 수 있다.
가우시안 RBF 커널 (Gaussian Radial Basis Function Kernel)	– 가장 많이 사용되는 커널
시그모이드 커널 (Sigmoid Kernel)	– 인공신경망에서 선호되는 커널로 다층 퍼셉트론과 유사하다.

⑤ 서포트벡터머신의 장점 및 단점

[서포트벡터머신 장점 및 단점]

구분	설명
장점	– 서포트벡터만을 이용하여 결정 경계를 생성하므로 데이터가 적을 때 효과적이다. – 정확성이 뛰어나다. – 비선형 모델도 분류가 가능하다. – 과대 적합의 가능성이 낮고 노이즈의 영향이 적다.
단점	– 데이터의 크기가 클수록 학습 및 모델링에 많은 시간이 소요된다. – 커널과 모델의 매개변수를 조절하기 위해 많은 테스트가 필요하다.

6) 연관성 분석

* 연관성 분석은 지지도, 신뢰도를 계산하는 문제가 나왔습니다. 계산 방법까지 같이 알아두세요.

① 연관성 분석(Association Analysis)

• 연관성 분석은 대량의 데이터에 숨겨진 데이터 간 연관규칙을 찾아내는 기법이다.

• 장바구니 분석, 서열 분석이라고도 한다.

쏙쏙 예제

연관성 분석을 왜 장바구니 분석이라고 할까?

미국의 한 유명한 연구 사례의 일이다. 연구자가 고객들의 영수증을 가지고 패턴을 탐색한 결과, 의외의 결과를 발견하게 된다. 단순히 생각했을 때는 연관이 없어 보이는 맥주와 기저귀를 고객들이 같이 구매하는 경향이 많았던 것이다. 원인을 찾아보니, 남편들이 퇴근길에 아내의 심부름으로 기저귀를 구매하면서 본인이 함께 마실 맥주도 같이 구매하게 되면서 맥주와 기저귀에 연관성이 생겨난 것이었다. 이러한 발견에 착안해 소비자의 구매 패턴속에서 연관성을 탐색하여, 마케팅에 활용하는 연관성 분석이 유명해지고 이러한 연관성 분석을 장바구니 분석이라고 부르게 되었다.

- 연관성 분석은 데이터 간 관계에서 조건과 반응을 발견하는 것으로 결과의 이해가 직관적이고, 종속변수가 없어도 적용이 가능하다.

② 연관성 분석 측정 지표

- 조건과 반응의 순서에 따라 연관성 분석은 결과가 달라지므로 각각의 조건과 반응의 결과를 파악하기 위해 지지도, 신뢰도, 향상도 지표를 측정한다.

쏙쏙 예제

조건과 반응

A : '와인과 치즈를 사면 꽃을 산다.' : {와인, 치즈} → {꽃}

B : '꽃을 사면 와인과 치즈를 산다.' : {꽃} → {와인, 치즈}

A와 B는 조건과 반응이 다르므로 다른 문장이며 정확한 연관성을 파악하기 위해서는 각 상황에 따라 측정지표를 계산해야 한다.

- 지지도, 신뢰도, 향상도는 다음과 같이 계산할 수 있다.

[연관성 분석 측정 지표]

측정 지표	설명 및 수식
지지도 (Support)	– 조건품목과 결과품목을 동시에 포함하는 거래의 비율 $P(A \cap B) = \frac{A\text{와 } B \text{ 동시에 포함된 거래 수}}{\text{전체 거래 수}}$
신뢰도 (Confidence)	– 조건품목을 샀을 때 결과품목을 살 조건부 확률 $\frac{P(A \cap B)}{P(A)} = \frac{A\text{와 } B \text{ 동시에 포함된 거래 수}}{\text{조건 품목이 포함된 모든 거래 수}}$

향상도 (Lift)

– 연관규칙이 우연에 의해 발생한 것인지를 측정하는 척도

$$\frac{P(B|A)}{P(B)} = \frac{\dfrac{A\text{와 } B \text{ 동시에 포함된 거래 수}}{A\text{를포함하는거래 수}}}{\dfrac{B\text{를 포함하는 거래 수}}{\text{전체 거래 수}}}$$

$$= \frac{(A\text{와 } B \text{ 동시에 포함된 거래 수}) \times (\text{전체 거래 수})}{(A\text{를 포함하는 거래 수}) \times (B\text{를 포함하는 거래 수})}$$

$$= \frac{\text{신뢰도}}{P(B)}$$

$$= \frac{P(A \cap B)}{P(A) \times P(B)}$$

– 향상도는 1을 기준으로 다음과 같이 해석 가능하다.

향상도〉1	양의 관계	예 땅콩, 맥주
향상도 = 1	독립	예 물, 콜라
향상도〈1	음의 관계	예 텀블러, 종이컵

쏙쏙 예제

지지도, 신뢰도, 향상도 계산

구매 품목	구매 수
와인	4,000
꽃	2,000
동시 구매	1,000
기타	3,000
전체 거래	10,000

위와 같은 구매 결과가 있을 때 {와인}→{꽃} 거래의 지지도, 신뢰도, 향상도는 다음과 같이 계산할 수 있다.

지지도 (Support)

– 조건품목과 결과품목을 동시에 포함하는 거래의 비율

$$P(A \cap B) = \frac{A\text{와 } B \text{ 동시에 포함된 거래 수}}{\text{전체 거래 수}} = \frac{1{,}000}{10{,}000} = 10\%$$

신뢰도 (Confidence)

– 조건품목을 샀을 때 결과품목을 살 조건부 확률

$$\frac{P(A \cap B)}{P(A)} = \frac{A\text{와 } B \text{ 동시에 포함된 거래 수}}{\text{조건 품목이 포함된 모든 거래 수}} = \frac{1{,}000}{5{,}000} = 20\%$$

향상도 (Lift)

– 연관규칙이 우연에 의해 발생한 것인지를 측정하는 척도

$$\frac{P(B|A)}{P(B)} = \frac{P(A \cap B)}{P(A) * P(B)} = \frac{0.1}{0.5 * 0.3} = 0.67$$

– 향상도가 1보다 작으므로 와인과 꽃 품목 간에는 음의 관계로 판단

③ 연관성 분석 측정 알고리즘

- 연관성 분석은 데이터가 많아질수록 조합할 수 있는 경우의 수가 증가하면서 그에 따른 연산량이 증가한다.
- 연관성 분석의 효율성을 위해 사용하는 알고리즘으로 아프리오리 알고리즘과 FP-Growth 알고리즘이 있다.

[연관성 분석 측정 알고리즘]

구분	설명
아프리오리 알고리즘(Apriori Algorithm)	- 모든 경우의 수를 탐색하지 않고 데이터들의 발생 빈도가 높은 빈발 항목을 찾아 활용하는 알고리즘이다. - 최소 지지도를 설정한 뒤 최소 지지도보다 큰 지지도 값을 갖는 항목이 빈발 항목이며, 빈발 항목 집합에 대해서만 연관규칙을 계산한다. - 원리가 간단하여 직관적인 의미 파악이 가능하다. - 빈발 항목은 다음과 같은 규칙을 가진다. **규칙** - 한 항목의 집합이 빈발이면, 이 항목의 모든 부분집합도 빈발이다. 예 모든 항목 {a,b,c,d} 중에서 {a,b}가 빈발 항목이면 {a}, {b}, {a,b} 모두 빈발 항목이다. - 한 항목의 집합이 빈발이 아니면, 이 항목을 포함하는 모든 집합은 빈발 항목이 아니다. 예 모든 항목 {a,b,c,d} 중에서 {a,b}가 빈발 항목이 아니면 {a,b,c}, {a,b,d}, {a,b,c,d} 모두 빈발 항목이 아니다.
FP-Growth 알고리즘(FP-Growth Algorithm)	- 트리 구조를 사용하여 최소 지지도를 충족하는 빈발 항목 추출 - 아프리오리 알고리즘보다 속도가 빠르고 스캔 횟수가 적다. - 트리구조를 설계하기 어렵고 지지도 계산은 트리가 만들어진 후 가능하다.

7) 군집분석

* 군집분석도 중요한 개념이 많습니다. 핵심 개념들과 기본적인 거리 계산 방법을 잘 알아두세요.

① 군집분석(Clustering Analysis)

- 군집분석이란 관측된 데이터의 유사성을 측정하여 다수의 군집으로 나누고 군집 간의 차이를 확인하는 분석기법이다.
- 비지도학습의 일종이다.
- 좋은 군집의 기준은 군집 내 유사성(응집도)은 높고, 군집 간 유사성(분리도)은 낮아야 한다.
- 군집분석은 고객 세분화, 문서 군집, 이상탐지 등 다양한 분야에서 활용된다.

쏙쏙 예제

분류(Classification)와 군집(Clustering)

분류와 군집은 비슷한 듯 완전히 다른 개념이다.

구분	설명	알고리즘
분류 (Classification)	– 사전 정의된 범주가 있는 데이터로부터 예측 모델을 학습 – 입력 데이터와 각 데이터의 클래스 라벨이 있는 지도 학습 – 객체 인식, 숫자 인식 등	– 의사결정나무 – 베이지안 기법 – SVM – ANN
군집 (Clustering)	– 사전 정의된 범주가 없는 데이터로부터 최적의 그룹을 찾아가는 문제 – 클래스에 대한 정보 없이 단순한 입력값만 제공하는 비지도학습	– K-means 군집분석 – 계층적 군집 – 자기 조직화 지도(SOM)

- 군집분석은 미리 군집의 수를 정하는지 유무에 따라 계층적 군집분석과 비계층적 군집분석으로 나눌 수 있다.
- 일반적으로 군집의 개수를 미리 알 수 없기 때문에 계층적 군집을 통해 군집의 개수를 결정하고 비계층적 군집분석을 사용하기도 한다.

[군집분석 유형]

구분	설명	세부 알고리즘
계층적 군집분석	– 미리 군집의 개수를 정하지 않고 데이터 특성에 따라 유사한 개체를 묶어 나가는 과정을 반복 – 가까운 개체끼리 차례로 묶거나 멀리 떨어진 개체를 차례로 분리 – 한 번 병합된 개체는 다시 분리되지 않는다.	– 병합적 방법 (Bottom – Up) – 분할적 방법 (Top – Down)
비계층적 군집분석	– 미리 군집의 개수를 정한 후 그 개수에 맞게 군집을 형성하는 방법 – 한 번 분리된 개체도 반복적으로 시행하는 과정에서 재분류 가능	– 분할 기반(Partitioning) – 분포 기반(Distribution) – 밀도 기반(Densitiy) – 그래프 기반(Graph)

② 유사도 척도 * 유클리드거리, 맨해튼거리 계산 방법 정도는 알아두세요.

- 데이터 간 유사도는 거리를 통해 측정되는데 데이터 간 거리가 가까울수록 데이터의 유사성이 높다.
- 데이터의 속성에 따라 거리를 측정하는 방법이 달라진다.
- 연속형 변수는 유클리드 거리, 맨해튼 거리, 마할라노비스 거리 등이 있다.

[연속형 변수 거리 측정 방법]

종류	설명	공식
유클리드 거리 (Euclidian Distance)	– 두 점 간 차이를 제곱하여 모두 더한 값의 양의 제곱근 – 피타고라스 정의 기반 – 최단 직선	$d(i,j) = \sqrt{\sum_{f=1}^{p}(x_{if} - x_{jf})^2}$
맨해튼 거리 (Manhattan Distance)	– 직각으로 이동하는 거리 – 두 점 간 차이의 절댓값을 합한 값 – 택시 거리, 체스보드 거리	$d(i,j) = \sum_{f=1}^{p}\lvert x_{if} - x_{jf}\rvert$
민코프스키 거리 (Minkowskii Distance)	– m차원 민코프스키 공간에서의 거리로 일반화된 거리 개념 – m=1일 때 맨해튼 거리와 같다. (L1 norm) – m=2일 때 유클리드 거리와 같다. (L2 norm)	$d(i,j) = \left[\sum_{f=1}^{p}(x_{if} - x_{jf})^m\right]^{1/m}$ m은 반드시 1보다 커야 한다.
마할라노비스 거리 (Mahalanobis Distance)	– 변수 내 분산, 변수 간 공분산을 고려한 개념 – 데이터의 분포가 조밀한 축에서는 더욱 가깝게, 조밀하지 않은 축에서는 더욱 멀게 계산	$d(i,j) = \sqrt{(x_i - x_j)' S^{-1}(x_i - x_j)}$ $S = (S_{ij})_{p\times p}$: 표본 공분산 행렬

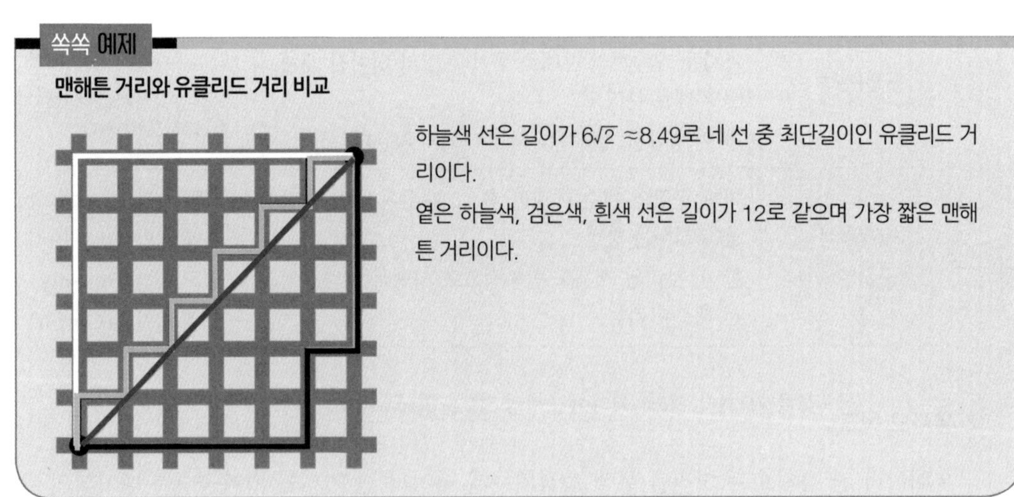

쏙쏙 예제

맨해튼 거리와 유클리드 거리 비교

하늘색 선은 길이가 $6\sqrt{2} \approx 8.49$로 네 선 중 최단길이인 유클리드 거리이다.

옅은 하늘색, 검은색, 흰색 선은 길이가 12로 같으며 가장 짧은 맨해튼 거리이다.

• 범주형 변수는 명목형 변수와 순서형 변수의 거리 측정 방법으로 구분된다.

• 명목형 변수는 해밍 거리, 자카드 계수, 앤더버그 계수, 단순 일치 계수 등이 있으며 순서형 변수는 스피어만 순위상관계수가 대표적이다.

쏙쏙 예제

명목형 변수의 유사도 측정

Id	V1	V2	V3	V4	V5	V6	V7	V8	V9	V10
i	0	1	0	0	0	1	1	1	1	1
j	1	1	0	1	1	0	1	1	1	1

위와 같은 표가 있을 때, 개체 i와 j 간의 해밍 거리(Hamming Distance)는 $\frac{\text{개체 i와 j에서 다른 값을 가지는 변수의 수}}{\text{총 변수의 수}}$ 의 공식으로 계산할 수 있다. 총 변수의 수는 10개이고 두 개의 값이 일치하지 않는 경우는 4개이므로 해밍 거리는 0.4이다.

해밍 거리는 데이터 간 가중치가 모두 동일하여 계산되기 때문에 가중치를 부여하여 유사도를 계산할 수 있다.

• 순서형 변수의 거리 측정 방법인 스피어만 순위 상관계수는 값에 순위를 매겨 그 순위에 대한 상관계수를 계산한다.

[순서형 변수 거리 측정 방법]

종류	설명	공식
스피어만 순위상관계수 (Spearman's Rank Correlation Coefficient)	– 값에 순위를 매겨 그 순위에 대한 상관계수를 구하는 방법	$r = 1 - \frac{6\sum_{i=1}^{n} d_i^2}{n(n^2-1)}$ d_i : i번째 데이터 순위 차 n : 표본집단 각각의 데이터 수

③ **계층적 군집분석**(Hierarchical Clustering)

• 데이터의 군집 개수를 모를 때, 데이터를 특성에 따라 순차적으로 군집하는 방식이다. 병합적 방법과 분할적 방법이 있다.

• 한 번 병합된 데이터는 다시 분리하지 않으며, 데이터가 상대적으로 적을 때 유용하다.

[계층적 군집분석 유형]

구분	설명
병합적 방법(Bottom–Up)	– 작은 군집으로부터 시작하여 군집을 점차적으로 묶어 나가는 방식
분할적 방법(Top–Down)	– 큰 군집으로부터 시작하여 군집을 분리해 나가는 방식

계층적 군집분석 절차는 다음과 같다.

[계층적 군집분석 절차]

<table>
<tr><th>절차</th><th>설명</th></tr>
<tr><td>거리 측정 방법 결정</td><td>- 데이터의 속성에 따라 유사도를 파악할 수 있는 거리 측정 방식을 결정한다.</td></tr>
<tr><td>군집 형성 알고리즘 결정</td><td>- 군집 형성 알고리즘은 최단연결법, 최장연결법, 평균연결법, 중심연결법, 와드연결법 등이 있다.
<table>
<tr><th>구분</th><th>설명</th><th>이미지</th></tr>
<tr><td>최단연결법
(Single Linkage Method)</td><td>- 단일 연결법
- 거리의 최솟값으로 측정
- 고립된 군집을 찾는 데 용이</td><td></td></tr>
<tr><td>최장연결법
(Complete Linkage Method)</td><td>- 완전 연결법
- 거리의 최댓값으로 측정
- 내부 응집성에 중점</td><td></td></tr>
<tr><td>평균연결법
(Average Linkage Method)</td><td>- 모든 항목에 대한 거리 평균 계산
- 가장 유사성이 큰 군집 병합
- 연산량 증가</td><td></td></tr>
<tr><td>중심연결법
(Centroid Linkage Method)</td><td>- 두 군집의 중심 거리를 계산
- 새로운 군집의 평균은 가중 평균
- 평균 연결법보다 연산량 감소</td><td></td></tr>
<tr><td>와드연결법
(Ward Linkage Method)</td><td>- 군집 내 오차제곱합에 기초하여 군집 수행
- 군집의 병합으로 인한 오차 제곱합의 증가량을 최소화
- 군집 내 분산을 최소화함으로써 조밀한 군집 생성</td><td></td></tr>
</table>
- 알고리즘에 따라 군집의 결과가 달라질 수 있다.</td></tr>
</table>

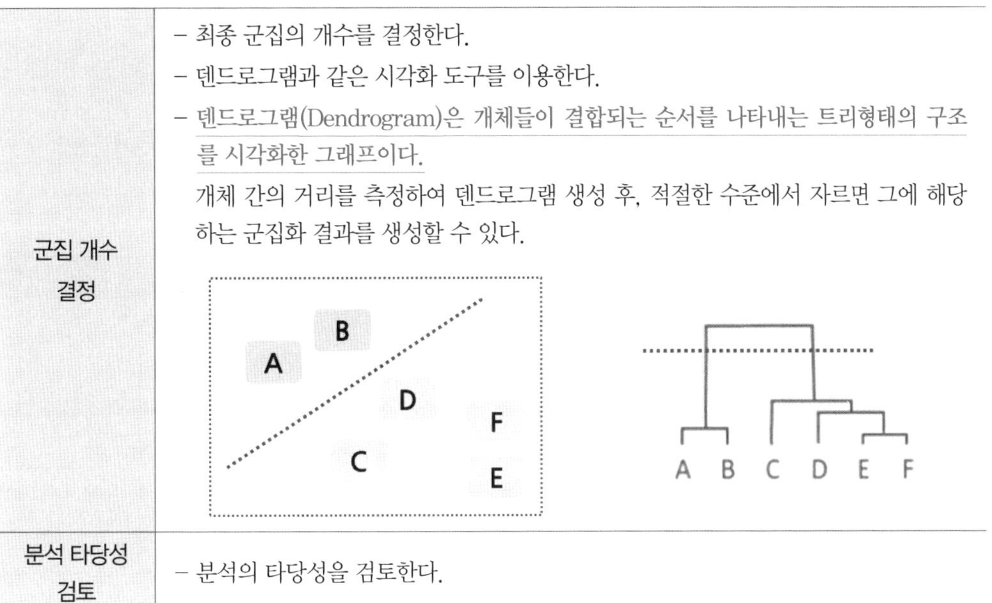

군집 개수 결정	- 최종 군집의 개수를 결정한다. - 덴드로그램과 같은 시각화 도구를 이용한다. - 덴드로그램(Dendrogram)은 개체들이 결합되는 순서를 나타내는 트리형태의 구조를 시각화한 그래프이다. 개체 간의 거리를 측정하여 덴드로그램 생성 후, 적절한 수준에서 자르면 그에 해당하는 군집화 결과를 생성할 수 있다.
분석 타당성 검토	- 분석의 타당성을 검토한다.

* 다른 개념도 중요하지만 K-평균 군집 알고리즘은 반드시 알아두세요.

④ 비계층적 군집분석(Non-Hierarchical Clustering)

미리 군집의 개수를 정한 후 그 개수에 맞게 군집화하는 방식이다. 한 번 분리된 개체도 반복적으로 시행하는 과정에서 재분류가 가능하다. 중심, 밀도, 그래프, 분포를 기반으로 각 알고리즘에 맞게 수행할 수 있다.

[비계층적 군집분석 유형]

구분	설명
중심 기반	- 중심 기반으로 수행하는 대표적인 알고리즘은 K-평균 군집 알고리즘이다. - K-평균 군집 알고리즘(K-means Clustering Algorithm)은 k개의 군집을 사전에 지정하고 데이터와 중심점 간의 거리를 최소화하는 방향으로 군집화하는 방식이다. K=2 K=3

중심 기반

- 유사한 데이터는 중심점을 기반으로 분포할 것이라는 가정으로 시작한다.
- 평균을 사용하므로 이상치에 민감할 수 있고, 이를 보완하기 위해 K-중앙값 군집 알고리즘 등을 사용할 수 있다.
- 서로 다른 크기, 밀도를 잘 구분하지 못하며 지역적 패턴이 존재하는 경우 군집 판별이 어렵다.
- K-평균 군집 알고리즘의 절차는 다음과 같다.

절차	설명
k 설정	- k는 중심점이자, 군집의 개수와 같다. - k는 초매개변수로 직접 설정해야 한다.
군집 할당	- k개의 중심점과 개별 데이터 간 거리를 측정한다. - 데이터를 가장 가까운 중심점으로 할당
중심점 업데이트	- 할당된 데이터들의 평균값으로 중심점을 새로 업데이트 한다.
최적화	- 그룹 할당과 중심점 업데이트를 반복적으로 수행한다. - 변화가 거의 없을 때 중단한다.

- 초매개변수인 K를 결정할 수 있는 기법으로는 덴드로그램, 엘보우기법, 실루엣계수 등이 있다.

기법	설명
덴드로그램	- 덴드로그램을 시각화한 후에 높이축을 기준으로, 높이의 차이가 큰 군집의 개수를 선택
엘보우기법 (Elbow Method)	- 가로축(x축)에 군집의 개수, 세로축(y축)에 오차제곱합(SSE)을 두었을 때, 기울기가 완만해지는 부분(팔꿈치 부분)에 해당하는 군집의 개수 선택 - 팔꿈치 부분에는 평균 거리가 더 이상 많이 감소하지 않는다.

중심 기반	엘보우기법 (Elbow Method)	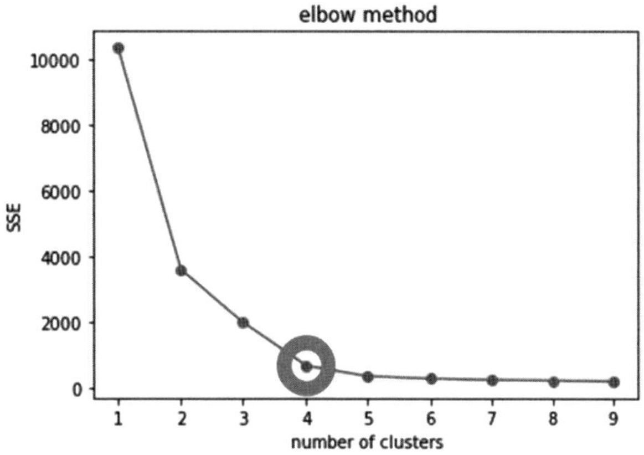
	실루엣계수 (Silhouette Coefficient)	– 군집이 잘 형성되었는지 판단할 수 있는 지표 – 각 데이터의 거리를 계산하여 판단 $s(i) = \frac{b(i) - a(i)}{\max\{a(i), b(i)\}}, \quad -1 \le s(i) \le 1$ – a(i) : i번째 데이터와 같은 군집 내에 있는 모든 데이터 사이의 평균 거리→작을수록 유사한 데이터가 잘 모여 있다는 의미 – b(i) : i번째 데이터와 다른 군집 내에 있는 모든 데이터 사이의 최소 거리→클수록 서로 다른 데이터가 잘 흩어져 있다는 의미 – s값이 1에 가까울수록 군집화가 잘 되어 있다고 보고, −1에 가까울수록 군집화가 잘 되어 있지 않다고 판단 – 일반적으로 S값이 0.5보다 크면 군집 결과가 타당하다고 판단
밀도 기반	– 밀도 기반으로 수행하는 대표적인 알고리즘은 DBSCAN 알고리즘이다. – DBSCAN(Density–Based Spatial Clustering of Applications with Noise)은 데이터 밀도를 기반으로 밀접하게 분포된 개체들끼리 군집을 형성하는 기법이다. – 지역적 패턴을 가지고 있는 데이터에서는 K–평균 군집 알고리즘보다 DBSCAN 알고리즘이 더 적합하게 군집을 형성할 수 있다. 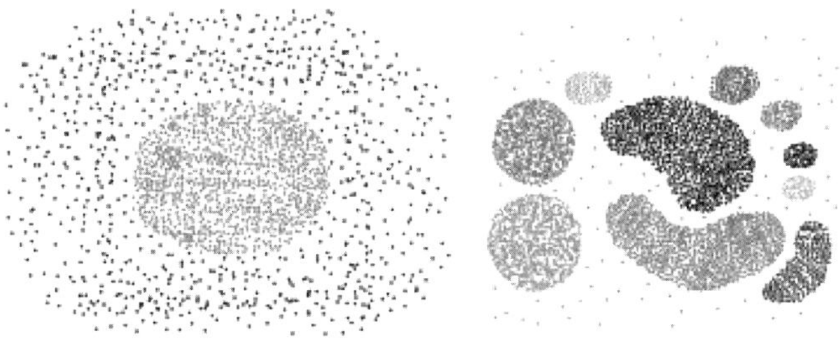	

밀도 기반

- 군집의 개수를 미리 지정하지 않지만 개별 데이터를 기준으로 거리를 측정하는 ε과 최소 데이터 개수 m을 지정한다. ε과 m 매개변수를 기준으로 높은 밀도를 가지고 모여 있는 개체들을 같은 그룹으로 묶고, 낮은 밀도를 가지는 개체는 이상치 또는 잡음으로 처리한다.
- DBSCAN 알고리즘의 절차는 다음과 같다.

절차	설명
1	- 임의 데이터 선택 후 군집 1을 부여한다.
2	- 임의 데이터 $\varepsilon -NN$을 구하고 데이터의 수가 m보다 작으면 잡음 처리한다.
3	- 데이터의 수가 m보다 크면 $\varepsilon -NN$ 모두 군집 1을 부여한다. - 군집 1의 모든 데이터의 $\varepsilon -NN$의 크기가 m보다 큰 것이 없을 때까지 반복한다.
4	- 군집 2도 동일하게 반복한다. - 모든 데이터에 군집이 할당되거나 잡음으로 군집이 형성될 때까지 반복한다.

- DBSCAN의 구성요소는 다음과 같다.

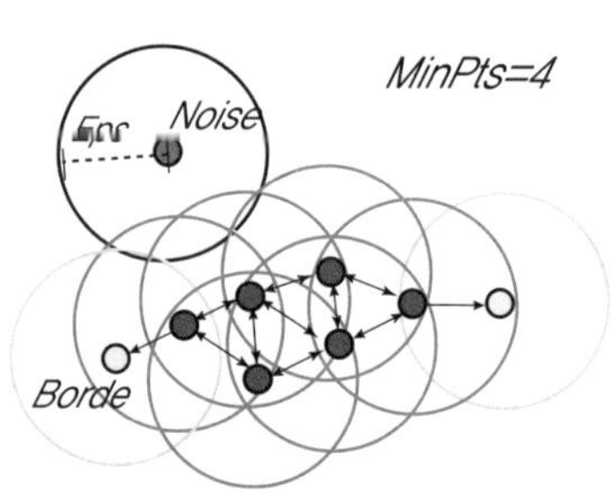

구분	설명
중심점 (Core Point)	- 주변 반경 내에 최소 데이터 개수(m) 이상의 다른 데이터를 가지고 있는 데이터
이웃점 (Neighbor Point)	- 특정 데이터 주변 반경 내에 존재하는 다른 데이터
경계점 (Border Point)	- 중심점이 주변 반경 내에 존재하는 데이터 - 중심점을 중심으로 하는 군집에는 포함되며, 주로 군집의 외곽을 이룬다.
잡음점 (Noise Point)	- 중심점도 아니도 경계점도 아닌 데이터 - 노이즈 또는 이상치

<table>
<tr><td>그래프 기반</td><td>
- 그래프 기반으로 수행하는 대표적인 알고리즘은 자기 조직화 알고리즘이다.
- 자기 조직화 알고리즘(Self-Organizing; SOM)은 비지도 신경망으로 자율학습에 의해 군집을 형성하는 방법을 적용한 알고리즘이다.
- 고차원의 입력 데이터를 저차원의 뉴런으로 정렬하여 지도의 형태로 형상화하는데 입력 데이터의 위치 관계를 그대로 보존하며, 실제 공간의 입력 데이터의 거리가 가까우면 지도상에서도 가깝게 위치한다.
<table>
<tr><th>구분</th><th>설명</th></tr>
<tr><td>입력층
(Input Layer)</td><td>- 입력 벡터를 받는 층으로 입력변수의 개수와 동일하게 뉴런 수가 존재한다.
- 입력층의 자료가 학습을 통하여 경쟁층에 정렬되는데, 이를 지도(Map)라고 부르며 각각의 뉴런은 완전 연결되어 있다.</td></tr>
<tr><td>출력층
(Output Layer)</td><td>- 2차원 격자로 구성된 층으로 입력 벡터의 특성에 따라 벡터의 한 점으로 군집화 되어 형성되는 층이다.
- SOM은 경쟁 학습으로 각각의 뉴런이 입력 벡터와 얼마나 가까운지를 계산하여 연결 강도를 반복적으로 재조정하여 학습하며, 이 과정을 거치면서 연결 강도는 입력 패턴과 가장 유사한 경쟁층 뉴런이 승자가 된다.</td></tr>
</table>
</td></tr>
<tr><td>분포 기반</td><td>
- 분포 기반으로 수행하는 대표적인 알고리즘은 혼합 분포 군집이다.
- 혼합 분포 군집은 데이터가 k개의 모수적 모형의 가중합으로 표현되는 모집단 모형으로부터 나왔다는 가정 하에 자료로부터 모수와 가중치를 추정하는 방식이다. k개의 각 모형은 하나의 군집을 의미하며, 각 데이터는 분포에 해당될 확률에 따라 군집을 형성하게 된다.
- 가우시안 혼합모델(Gaussian Mixture Model; GMM)은 전체 데이터의 확률분포가 k개의 가우시안 분포의 선형결합으로 이루어진 모델을 의미한다.
- GMM에서는 주어진 데이터 $X=\{x_1+x_2, \ldots, x_N\}$에 대하여 적절한 k개 가우시안 분포의 가중치, 평균, 공분산을 추정한 후 데이터의 최대가능도를 추정한다.
- 데이터의 최대가능도 추정 시, 기댓값 최대화 알고리즘을 사용한다.
- 기댓값 최대화 알고리즘(Expectation-Maximization Algorithm; EM알고리즘)은 관측되지 않은 잠재변수에 의존하는 확률 모델에서 최대가능도나 최대사후확률을 갖는 모수의 추정값을 반복적으로 탐색하는 알고리즘이다.
</td></tr>
</table>

2 고급 분석기법

★★★ 고급 분석기법도 모두 중요합니다. 각 분석기법의 특징 위주로 학습하세요.

1) 범주형 자료분석

① 범주형 자료분석(Categorical Data Analysis)

데이터의 분석 목적과 변수의 속성에 맞게 분석기법을 선택하는 것은 매우 중요하다.

		종속변수	
		연속형	범주형
독립변수	연속형	회귀분석 인공신경망	로지스틱 회귀분석 판별분석
	범주형	T검정 분산분석	분할표 분석 카이제곱 검정

② 범주형–범주형 자료분석

* 각 개념과 공식도 함께 알아두세요.

범주형 변수 간 데이터 분석을 할 때는 범주형 변수의 빈도를 표 형태로 표현한 분할표를 생성한다. 분할표(Contingency Table)는 각 집단 간의 비율을 파악할 수 있다.

쏙쏙 예제

분할표(Contingency Table)

위험물질에 노출된 집단의 암 발생 여부를 알아보기 위해 조사를 실시하고 그 결과를 분할표로 생성한다고 가정해 보자. 위험물질의 노출 여부를 나타내는 독립변수와 암 여부를 나타내는 종속변수로 다음과 같이 분할표를 생성할 수 있다.

		암 여부(Y)		
		O	X	총합
노출 (X)	O	28(a)	20(b)	48
	X	39(c)	13(d)	52
	총합	67	33	100

분할표 생성 후 상대 위험도, 승산비, 카이제곱 검정 등을 수행할 수 있다.

[범주형–범주형 자료분석 기법]

구분	설명
상대 위험도 (Relative Risk)	– 관심 집단의 위험률과 비교 집단의 위험률에 대한 비율 예 위 표에서 관심 집단이 위험물질에 노출된 집단이라고 가정했을 시, 상대 위험도는 다음과 같이 계산할 수 있다. $$상대\ 위험도(RR) = \frac{관심\ 집단의\ 위험률}{비교\ 집단의\ 위험률} = \frac{\frac{a=28}{a+b=48}}{\frac{c=39}{c+d=52}} = 0.77$$

상대 위험도 (Relative Risk)

- 상대 위험도는 1을 기준으로 해석한다.

지표	설명
RR〈1	– 관심 집단의 특정 사건 발생 확률이 낮다고 평가
RR=1	– 관심 집단의 특정 사건의 발생에는 연관성이 없다고 평가
RR〉1	– 관심 집단의 특정 사건 발생 확률이 높다고 평가

- 위험물질에 노출된 집단의 암 발생 여부는 0.77이므로 발생 확률이 낮다고 평가한다.

승산과 승산비 (Odds and Odds Ratio)

- 승산은 오즈(Odds)라고도 하며 특정 사건이 발생할 확률과 그 사건이 발생하지 않을 확률의 비율이다. 특정 사건의 발생 확률을 p라고 하였을 경우 승산은 다음과 같이 계산한다.

$$odds = \frac{p}{1-p}$$

- p가 1에 가까울수록 승산은 커진다.
- 위 공식에서 암이 발생할 확률을 p라고 했을 때 각 집단의 승산은 다음과 같다.

위험물질에 노출된 사람 중 암 발생 오즈 = $\frac{a}{b} = \frac{28}{20}$
위험물질에 노출되지 않은 사람 중 암 발생 오즈 = $\frac{c}{d} = \frac{39}{13}$

- 승산비는 오즈비(Odds Ratio)라고도 하며 두 승산의 비율이다.

$$\text{승산비} = \frac{Odds1}{Odds2} = \frac{\text{관심 집단의 오즈}}{\text{비교 집단의 오즈}} = \frac{\frac{a}{b}}{\frac{c}{d}} = \frac{ad}{bc} = 0.46$$

- 위 결과에 따르면 위험물질에 노출된 사람은 암에 걸릴 확률이 0.46배 높다고 해석할 수 있다.

카이제곱 검정 (Chi-squared Test)

- 범주형 데이터에서 관찰된 빈도와 기대되는 빈도와 유의미하게 다른지 검정하는 기법이다.
- 카이제곱 값은 관찰 빈도와 기대 빈도를 가지고 다음과 같이 구한다.
- 관찰 빈도(Observed Frequency)는 데이터에서 주어진 값이며, 기대 빈도(Expected Frequency)는 가정된 기대 수치이다.
  - 예 고객 데이터에서 특별한 조건이 없는 한, 남성 고객과 여성 고객의 기대 빈도 값은 5:5이다.

$$\chi^2 = \sum_{i=1}^{k} \frac{(O_i - E_i)^2}{E_i}$$

O_i : 범주 i의 실제 관측치, k: 범주 개수, 자유도는 $k-1$, E_i : 범주 i의 기대 빈도수

- 카이제곱 검정은 검정 목적에 따라 적합도 검정, 독립성 검정, 동질성 검정으로 구분할 수 있다.

<table>
<tr><td>카이제곱 검정
(Chi-squared Test)</td><td>
<table>
<tr><th>구분</th><th>설명</th></tr>
<tr><td>적합도 검정</td><td>- 표본 집단의 분포가 주어진 분포를 따르고 있는지 검정
- 변수가 1개이고 그 변수가 2개 이상의 범주로 구성되었을 때 사용하는 일변량 분석 방법
- 자유도 : (범주의 수) - 1</td></tr>
<tr><td>독립성 검정</td><td>- 변수들 사이의 관계가 서로 독립인지 아닌지 검정
- 자유도 : {(범주 1의 수)-1}×{(범주 2의 수)-1}
예 범주 1이 여성과 남성, 범주 2가 등급 A,B,C,D일 경우 (2-1)×(4- 1)=3</td></tr>
<tr><td>동질성 검정</td><td>- 변수들 간 분포가 서로 동일한지 아닌지 검정
- 독립성 검정과 개념 차이가 있을 뿐, 계산법은 동일</td></tr>
</table>
</td></tr>
<tr><td>피셔의 정확 검정
(Fisher's Exact Exam)</td><td>- 표본의 숫자가 적거나 한 쪽 범주에 지나치게 치우친 경우 사용
- 범주형 데이터에서 기대빈도가 5 미만인 셀이 20%가 넘는 경우 사용</td></tr>
</table>

③ 범주형-연속형 자료분석

범주형-연속형 자료 간 분석은 T-검정과 분산분석 등을 사용하여 검정할 수 있다.

[범주형-연속형 자료분석 기법]

<table>
<tr><th>구분</th><th>설명</th></tr>
<tr><td>T-검정
(T-Test)</td><td>- T-검정은 두 집단의 평균이 서로 같은지 다른지를 검정하기 위해 사용
- 표본이 정규성, 등분산성, 독립성 등을 만족할 경우 적용
- 분석 목적과 데이터의 조건에 따라 다음과 같이 구분한다.
<table>
<tr><th>구분</th><th>설명</th></tr>
<tr><td>단일표본 T-검정</td><td>- 한 집단의 평균이 모집단의 평균과 같은지 검정
- 모집단의 평균이 알려져 있는 경우
- 표본 집단의 수는 1개</td></tr>
<tr><td>독립표본 T-검정</td><td>- 두 집단 간의 평균 차이를 검정</td></tr>
<tr><td>대응표본 T-검정</td><td>- 동일한 집단의 특정 처치 전후 차이를 검정</td></tr>
</table>
</td></tr>
<tr><td>분산분석
(ANOVA)</td><td>- 분산분석은 두 개 이상의 다수 집단을 서로 비교하기 위해 사용</td></tr>
</table>

<table>
<tr><td>분산분석
(ANOVA)</td><td>– 데이터의 조건에 따라 다음과 같이 구분한다.

구분 / 설명
일원배치 분산분석: – 독립변수 1개, 종속변수 1개
예 고양이의 종 A, B, C별로 평균 몸무게 차이가 있는가?
이원배치 분산분석: – 독립변수 2개, 종속변수 1개
예 성별과 학년에 따른 시험점수의 차이가 있는가?

– 분산분석에서 집단 간의 차이는 집단 간 분산과 집단 내 분산의 비율로 계산한다.

$$집단\ 간\ 차이 = \frac{집단\ 간\ 분산}{집단\ 내\ 분산}$$

– 분산을 계산하는 이유는 다수의 집단의 평균을 구하기 앞서 각 집단이 먼저 동일 집단으로 묶일 수 있는지를 판단해야 하기 때문이다.
– 집단 내 분산이 작다면 하나의 집단으로 판단하고 그 후 집단 간 분산 비교를 통해 집단 간의 차이점을 검정한다.</td></tr>
</table>

* 다변량 분석의 각 기법은 PART 02에서 학습했습니다.
모두 중요한 개념이므로 다시 한번 정리하고 넘어가세요.

2) 다변량 분석

① 다변량 분석(Multivariate Analysis)

- 다변량 분석은 여러 현상이나 사건에 대한 측정치를 개별적으로 분석하지 않고 동시에 분석하는 분석기법이다.
- 주성분 분석, 요인분석, 선형판별분석, 다차원 척도법 등이 있다.

[다변량 분석 기법]

기법	설명
주성분 분석 (Principal Component Analysis; PCA)	– 상관관계가 높은 데이터의 선형 결합을 통해 고차원의 데이터를 저차원의 데이터로 변환하는 방법 – 기존의 변수들을 통해 새로운 변수를 추출하되 기존 변수들의 분포특성을 최대한 보존하여 (분산을 최대화하여) 결과의 신뢰성 확보
요인분석 (Factor Analysis; FA)	– 사회과학이나 설문조사에서 많이 사용되는 기법으로 데이터 안에 관찰할 수 없는 잠재적인 변수를 도출하고 데이터 내부의 구조를 해석하는 기법
선형판별분석 (Linear Discriminant Analysis; LDA)	– 특정 공간 상에서 클래스 분리를 최대화하는 축을 찾기 위해 클래스 간 분산과 클래스 내부 분산의 비율을 최대화하는 방식으로 차원 축소
다차원 척도법 (Multi-Dimensional Scaling; MDS)	– 개체들 사이의 유사성, 비유사성을 측정하여 2차원 또는 3차원 공간 상에 점으로 표현 – 개체들 사이의 집단화를 시각적으로 표현하는 기법

특이값 분해 (Singular Value Decomposition; SVD)	- M×N차원의 행렬 데이터에서 특이값을 추출하고 이를 통해 주어진 데이터 세트를 효과적으로 축약할 수 있는 기법
다중회귀분석 (Multi Regression)	- 다중회귀분석은 다수의 독립변수의 변화에 따른 종속변수의 변화를 예측하는 기법
군집분석 (Cluster Analysis)	- 데이터들 간의 유사성에 기초하여 군집을 형성하는 분석기법

3) 시계열 분석 * 시계열 분석도 개념 위주로 잘 알아두세요.

가. 시계열 분석

① 시계열 분석(Time Series Analysis)

• 시계열 분석은 시간의 흐름에 따라 관측된 데이터를 분석하는 기법이다. 시계열은 일정 시간 간격으로 배치된 데이터들의 수열이며 시계열을 해석하거나 해석된 시계열을 통해 미래를 예측한다. 종합 주가지수, 환율, 사회현상, 판매 지수 등 많은 데이터가 포함된다.

② **정상성(Stationarity)**

- 정상성은 관측된 시간에 무관하게 시계열 특성이 일정한 것이다. 특성이 일정하다는 것은 평균과 분산이 일정하다는 것을 의미한다.
- 공분산의 경우도 시차에만 의존하며 특정 시점에 의존해서는 안 된다.
- 시계열 분석에서 정상성은 매우 중요한 개념이며 정상성을 만족하지 않는다면 정상성을 만족하는 상태로 변환한 후 분석을 수행해야 한다.

쏙쏙 예제

정상성

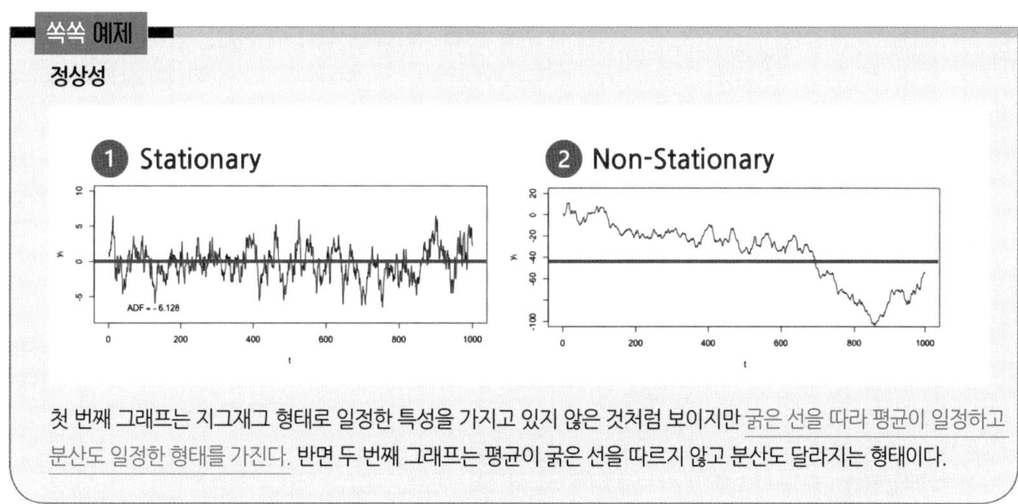

첫 번째 그래프는 지그재그 형태로 일정한 특성을 가지고 있지 않은 것처럼 보이지만 굵은 선을 따라 평균이 일정하고 분산도 일정한 형태를 가진다. 반면 두 번째 그래프는 평균이 굵은 선을 따르지 않고 분산도 달라지는 형태이다.

③ **차분(Differencing)**

차분이란 비정상성의 시계열 데이터를 정상성 시계열 데이터로 변환하는 것을 의미한다. 현 시점 데이터에서 d시점 이전 데이터를 뺀 것으로 일반적으로 차분은 한 번 내지 두 번 정도 수행한다.

X_t	X_{t-1}	Y_t
3		
8	3	5
7	8	-1
10	7	3
5	10	-5
	5	-

1차 차분: $Y_t = X_t - X_{t-1} = \nabla X_t$

2차 차분: $Y_t^{(2)} = X_t - X_{t-2} = \nabla^{(2)} X_t$

...

d차 차분: $Y_t^{(d)} = X_t - X_{t-d} = \nabla^{(d)} X_t$

④ **시계열 분해(Time Series Decomposition)**

시계열 분해는 시계열에 영향을 주는 규칙 성분과 불규칙 성분을 분리해 분석하는 방법이다.

[시계열 분해 요인]

구분	설명
규칙 성분	– 규칙 성분은 추세 요인, 계절 요인, 순환 요인 등이 있다. – 규칙 성분을 분해하여 장기적 추이를 분석한다.

구성요소	내용
추세 요인 (Trend Factor)	– 시간이 경과함에 따라 관측값이 지속적으로 증가하거나 감소하는 추세를 갖는 경우의 변동
계절 요인 (Seasonal Factor)	– 주별, 월별, 계절별과 같이 주기적인 요인에 의한 변동
순환 요인 (Cyclical Factor)	– 알려지지 않은 주기를 가지고 변동

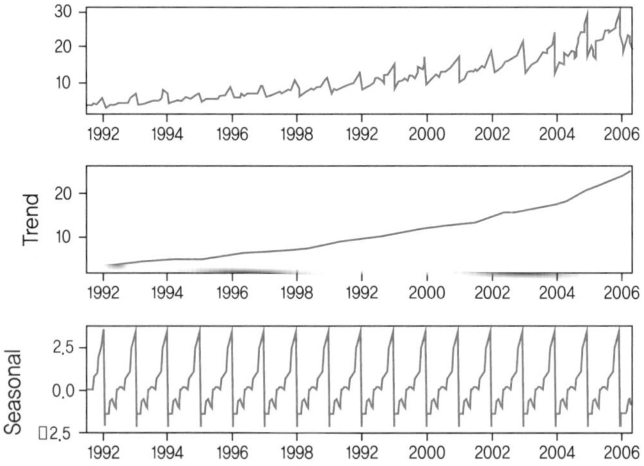

구분	설명
불규칙 성분	– 불규칙 성분은 우연 요인으로 불규칙이 발생한 시점을 탐색하기 위해 분석한다. – 일반적으로 잔차를 통해 확인한다.

구성요소	내용
우연 요인 (Irregular Factor)	– 시간에 따른 규칙적인 움직임과는 무관하게 무작위로 발생하는 변동

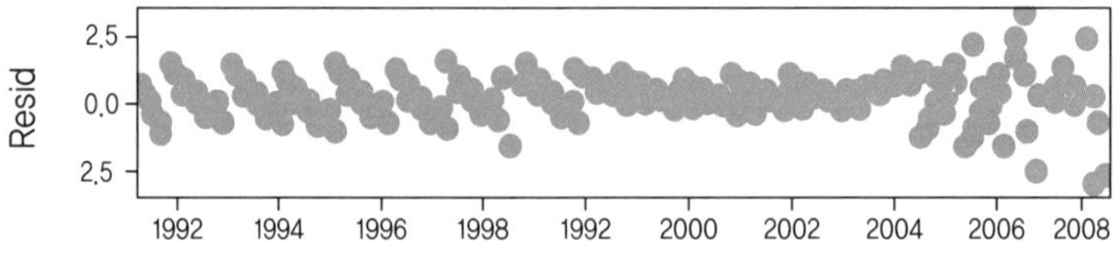

나. 시계열 분석 모형

① 자기회귀 모형(Auto- Regressive Model; AR)

- 현 시점의 자료가 p 시점 이전의 유한 개의 과거 자료로 설명될 수 있는 모형이다.
- 과거의 패턴이 지속된다면 과거 관측치에 의해 미래를 예측할 수 있다. 즉 데이터 관측치 Y_t는 과거 관측치 Y_{t-1}, Y_{t-2}, … , Y_{t-p}에 의해 예측할 수 있다. 이를 회귀 식으로 표현하면 $Y_t = \emptyset_0 + \emptyset_1 Y_{t-1} + \emptyset_2 Y_{t-2} + \cdots + \emptyset_p Y_{t-p} + \varepsilon_t$: $\varepsilon_t \sim iid\ N(0, \sigma^2)$이 되며, 오차항 ε_t는 독립적이면서 동일한 분포(independently and identically distributed)를 따른다.
- 독립변수가 종속변수의 시차(Lag)가 된다.
- 어느 정도의 과거 관측치까지 이용할 것인지에 따라 다음과 같이 구분한다.

[자기회귀 모형 유형]

구분	설명
1차 자기회귀 모형 AR(1)	– 현 시점에서 과거 1시점(바로 이전 시점)의 자료에만 영향을 주는 경우 *AR(1):* $Y_t = \emptyset_0 + \emptyset_1 Y_{t-1} + \varepsilon_t^{\infty}$: $\varepsilon_t \sim iid\ N(0, \sigma^2)$
2차 자기회귀 모형 AR(2)	– 현 시점에서 과거 2시점(바로 이전의 이전 시점)의 자료에만 영향을 주는 경우 *AR(2):* $Y_t = \emptyset_0 + \emptyset_1 Y_{t-1} + \emptyset_2 Y_{t-2} + \varepsilon_t^{\infty}$: $\varepsilon_t \sim iid\ N(0, \sigma^2)$

② 이동평균 모형(Moving- Average Model; MA)

- 현 시점의 자료가 q 시점 이전의 오차 데이터로 설명될 수 있는 모형이다.
- 오차의 개념을 반영한 것으로 과거의 예측 오차를 활용하여 미래를 예측할 수 있다.
  $Y_t = \theta_0 + \varepsilon_t + \theta_1 \varepsilon_{t-1} + \theta_2 \varepsilon_{t-2} + \cdots + \theta_q \varepsilon_{t-q}$로 표현한다.
- 어느 정도의 과거 오차까지 이용할 것인지에 따라 다음과 같이 구분한다.

[이동평균 모형 유형]

구분	설명
1차 이동평균 모형 MA(1)	– 가장 간단한 이동평균 모형 – 같은 시점의 백색잡음과 바로 전 시점 백색잡음의 결합으로 이루어진 모형 *MA(1):* $Y_t = \theta_0 + \varepsilon_t + \theta_1 \varepsilon_{t-1}$
2차 이동평균 모형 MA(2)	– 같은 시점의 백색잡음과 과거 2 시점까지의 백색잡음의 결합으로 이루어진 모형 *MA(2):* $Y_t = \theta_0 + \varepsilon_t + \theta_1 \varepsilon_{t-1} + \theta_2 \varepsilon_{t-2}$

③ 자기회귀 이동평균 모형(Auto Regressive Moving Average; ARMA)

- 자기회귀 모형과 이동평균 모형을 결합한 모형으로 현 시점의 자료를 p 시점 이전의 유한 개의 과거 자료와 q 시점 이전의 오차 데이터로 설명할 수 있는 모형이다.
- 자기회귀 이동평균모형은 $ARMA(p,q)$: $Y_t = \emptyset_0 + \emptyset_1 Y_{t-1} + \emptyset_2 Y_{t-2} + \cdots + \emptyset_p Y_{t-p} + \varepsilon_t + \theta_1\varepsilon_{t-1} + \theta_2\varepsilon_{t-2} + \cdots + \theta_q\varepsilon_{t-q}$로 표현한다.

④ 자기회귀 누적 이동평균모형(Auto Regressive Integrated Moving Average; ARIMA)

- 자기회귀 누적 이동평균모형은 ARIMA(p,d,q)로 표현하며 비정상성을 가지는 시계열 데이터 분석에 사용한다.

[차수 개념]

차수	설명
p	– AR 모형과 관련
q	– MA 모형과 관련
d	– ARIMA에서 ARMA로 정상화할 때 몇 번 차분을 했는지 의미

- 비정상성 시계열 모형이기 때문에 차분이나 변환을 통해 AR 모형, MA 모형, ARMA 모형으로 정상화한 후 분석한다.

[차수에 따른 모형 구분]

조건	설명
p=0	– IMA(d,q) 모형이라 부르고, 이 모형을 d번 차분하면 MA(q) 모형이 된다.
q=0	– ARI(p,d) 모형이라 부르고, 이 모형을 d번 차분하면 AR(p) 모형이 된다.
d=0	– ARMA(p,q) 모형이라 부르고, 이 모형은 정상성을 만족한다.

- 각각의 차수에 따라 다음과 같이 구분할 수 있다.

[차수에 따른 모형 구분]

구분	모형
ARIMA(0,0,0)	– 백색잡음 모형 – 백색잡음(White Noise)은 자기상관성이 없는 시계열 데이터를 의미한다.
ARIMA(0,1,0)	– 확률 보행 모형
ARIMA(p,0,0)	– 자기회귀 모형
ARIMA(0,0,q)	– 이동평균 모형

4) 베이즈 기법 * 2파트에서 학습한 내용과 중복됩니다. 베이즈 기법 공식과 개념에 대해서 잘 알아두세요.

① 베이즈 기법(Bayes' Theorem)

- 베이즈 기법은 통계적 추론의 한 방법으로 관측된 데이터와 사전 확률을 통해 해당 대상의 사후 확률을 추론하는 방법이다.
- 특정 가설의 확률을 평가하기 위해서 사전 확률을 먼저 밝히고 새롭게 관측된 데이터에 의해 변경된 확률, 즉 사후 확률을 변경한다.

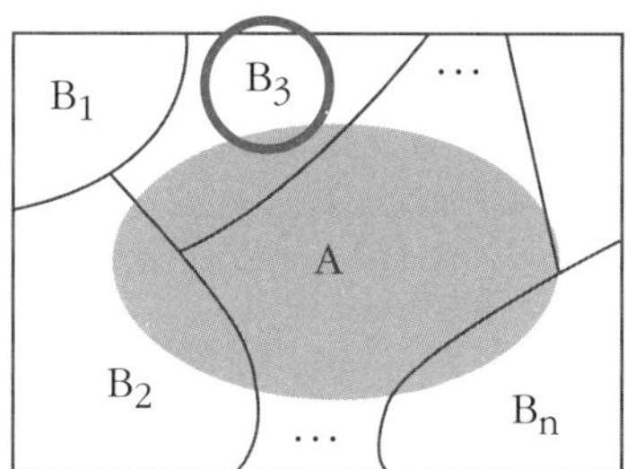

A가 일어날 때 B_i가 발생할 확률

관측 확률 사전 확률

$$P(B_i \mid A) = \frac{P(A \mid B_i)P(B_i)}{P(A)}$$

사후 확률

② 나이브 베이즈 분류(Naïve Bayes Classification)

- 나이브 베이즈 분류는 베이즈 기법을 이용한 확률적 기계학습 알고리즘이다.
- 나이브 베이즈 분류는 모든 사건이 독립이어야 한다는 가정을 따른다.

$$P(A \cap B) = P(A)P(B)$$

- 지도학습이며, 훈련 데이터의 양이 적음에도 불구하고 높은 분류 성능을 보인다.
- 텍스트 분류, 감성 분석, 추천 시스템, 스팸 메일 필터 등에 활용할 수 있다.

"문서(Doc)가 주어졌을 때 범주 A와 범주 B중 어디로 분류?"

관측 확률 사전 확률 / 관측 확률 사전 확률

$$P(A|Doc) = \frac{P(Doc|A)P(A)}{P(Doc)} \quad VS \quad P(B|Doc) = \frac{P(Doc|B)P(B)}{P(Doc)}$$

사후 확률 / 사후 확률

- 두 값을 비교해서 값이 큰 쪽으로 문서를 분류할 수 있다.

5) 딥러닝 분석 * 딥러닝 개념과 유형에 대해서 잘 알아두세요.

① 딥러닝 분석(Deep Learning Analysis)

- 딥러닝 분석은 여러 비선형 변환기법의 조합을 통해 높은 수준의 추상화를 시도하는 기계학습 알고리즘의 집합이다. 추상화(Abstraction)란 다량의 데이터 속에서 핵심 내용을 해석하고 요약하는 것을 의미한다.
- ReLU와 같은 활성화 함수로 기존 인공신경망의 기울기가 소실되는 문제점을 해결하고 GPU 하드웨어 성능 향상으로 인해 연산 속도가 빨라지면서 딥러닝은 더욱 각광받고 있다.
- 딥러닝은 은닉층을 사용하기 때문에 성능은 높지만 결과 해석이 어렵다.
- 딥러닝을 응용한 알고리즘은 DNN, CNN, RNN, DBN 등이 있다.

② 심층 신경망(Deep Neural Network; DNN)

- 심층 신경망은 기존 인공신경망 구조의 입력층과 출력층 사이에 여러 개의 은닉층을 쌓아 만든 학습 모델로 고차원의 데이터를 그대로 사용하여 자동으로 속성을 정의할 수 있다.

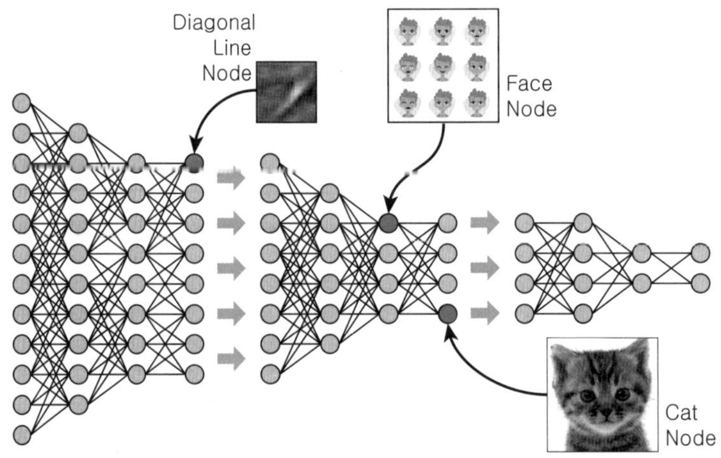

- 심층 신경망은 이미지 인식, 음성 인식 등 특정 분야에서 인간의 능력과 유사할 정도로 우수한 성능을 나타내고 있다.
- 또한 심층 신경망은 전이학습(Transfer Learning)이 가능한데 특정 데이터에서 학습된 구조를 다른 데이터에서도 사용할 수 있다.

* 합성곱 신경망은 계산 문제가 나올 수 있습니다.

③ 합성곱 신경망(Convolution Neural Network; CNN)

- 합성곱 신경망은 사람의 시신경 구조를 모방한 알고리즘으로 2차원 구조의 입력 데이터(이미지, 영상, 음성 등) 활용에 우수하다.

쏙쏙 예제

이미지 처리

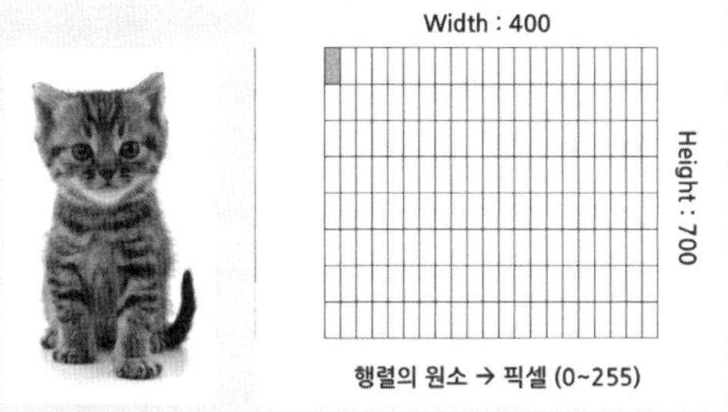

Width : 400

Height : 700

행렬의 원소 → 픽셀 (0~255)

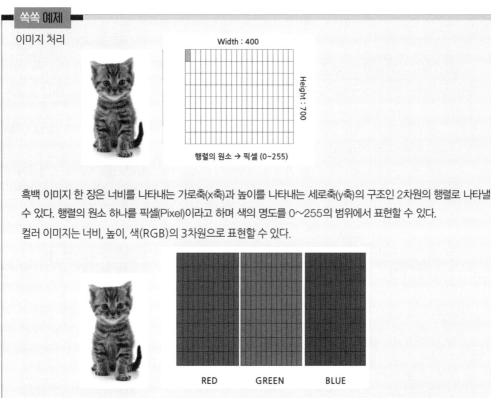

흑백 이미지 한 장은 너비를 나타내는 가로축(x축)과 높이를 나타내는 세로축(y축)의 구조인 2차원의 행렬로 나타낼 수 있다. 행렬의 원소 하나를 픽셀(Pixel)이라고 하며 색의 명도를 0~255의 범위에서 표현할 수 있다.

컬러 이미지는 너비, 높이, 색(RGB)의 3차원으로 표현할 수 있다.

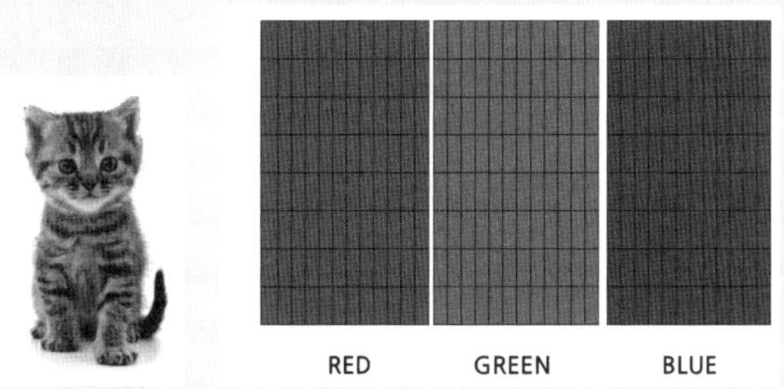

RED GREEN BLUE

하지만 하나의 픽셀이 하나의 변수로 간주될 때, 너무 많은 변수가 생성되어 머신러닝 알고리즘을 적용시키기 어렵다. 가령 너비 400, 높이 700의 컬러 이미지 한 장은 400(Width) x 700(Height) x 3(RGB) = 840,000개의 변수를 가진다.

변수 추출 또는 변수 선택과 같은 방법을 사용할 수 있지만 인접한 데이터의 상관관계와 가중치를 조절하여 이미지가 가지고 있는 특성을 추출해내는 합성곱 연산을 활용할 수 있다. 즉, 이미지 픽셀을 그대로 입력하는 것이 아니라 CNN은 합성곱을 이용하여 이미지 데이터의 특성을 잘 추출하고 2D, 3D 구조를 유지하며 학습할 수 있는 장점을 가지고 있다.

- 합성곱 계층(Convolution Layer)+인공 신경망(Artificial Neural Network)+통합 계층(Pooling Layer)로 구성되어 있다.

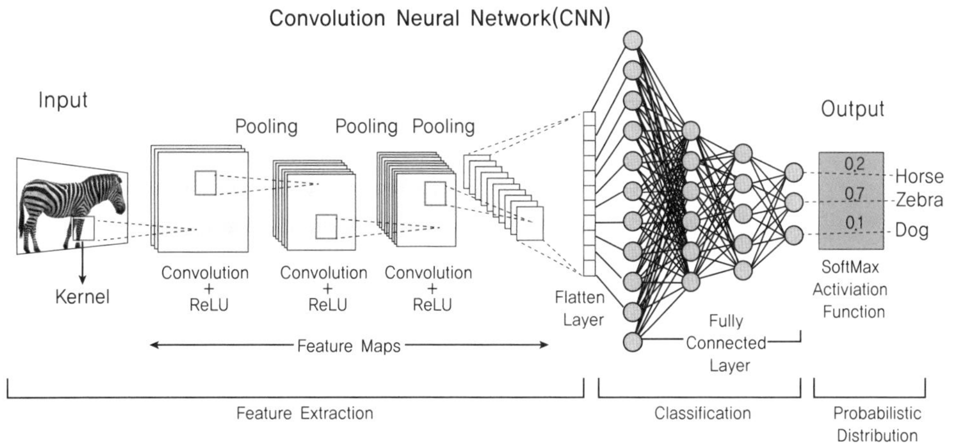

• 합성곱 신경망의 절차는 다음과 같다.

[합성곱 신경망 절차]

<table>
<tr><th>절차</th><th>설명</th></tr>
<tr><td>피처맵 생성
(Feature Map)</td><td>
– 합성곱 연산 방식은 필터(Filter)를 통해 이미지와 필터의 원소의 값을 곱해 모두 더하는 것이다.
– 필터(Filter)는 커널(Kernel)이라고도 하며, 일반적으로 3×3 또는 5×5 사이즈를 가진다. 가중치에 해당한다.
– 필터의 이동 간격을 조정하는 스트라이드(Stride)를 적절히 조정하여 피처맵(Feature Map)을 생성한다. 스트라이드의 값이 너무 커지면 이미지의 특징을 놓칠 가능성이 높고 너무 작으면 연산량이 증가한다. 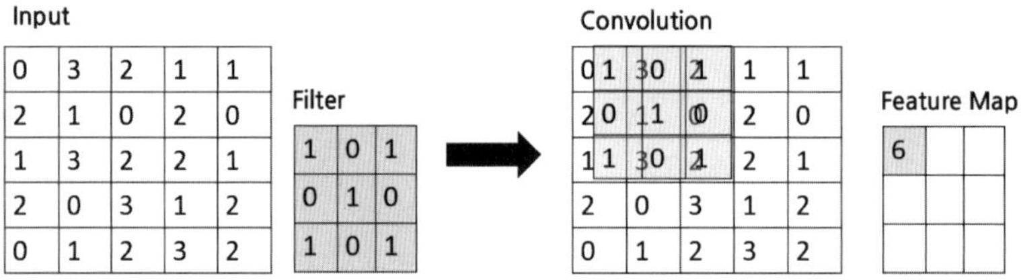
Input
<table>
<tr><td>0</td><td>3</td><td>2</td><td>1</td><td>1</td></tr>
<tr><td>2</td><td>1</td><td>0</td><td>2</td><td>0</td></tr>
<tr><td>1</td><td>3</td><td>2</td><td>2</td><td>1</td></tr>
<tr><td>2</td><td>0</td><td>3</td><td>1</td><td>2</td></tr>
<tr><td>0</td><td>1</td><td>2</td><td>3</td><td>2</td></tr>
</table>
Filter
<table>
<tr><td>1</td><td>0</td><td>1</td></tr>
<tr><td>0</td><td>1</td><td>0</td></tr>
<tr><td>1</td><td>0</td><td>1</td></tr>
</table>
Convolution
<table>
<tr><td>0 1</td><td>3 0</td><td>2 1</td><td>1</td><td>1</td></tr>
<tr><td>2 0</td><td>1 1</td><td>0 0</td><td>2</td><td>0</td></tr>
<tr><td>1 1</td><td>3 0</td><td>2 1</td><td>2</td><td>1</td></tr>
<tr><td>2</td><td>0</td><td>3</td><td>1</td><td>2</td></tr>
<tr><td>0</td><td>1</td><td>2</td><td>3</td><td>2</td></tr>
</table>
Feature Map
<table>
<tr><td>6</td><td></td><td></td></tr>
<tr><td></td><td></td><td></td></tr>
<tr><td></td><td></td><td></td></tr>
</table>
– 위 그림의 피처맵 첫 번째 원소인 6은 (0×1) + (3×0) + (2×1) + (2×0) + (1×1) + (0×0) + (1×1) + (3×0) + (2×1)을 계산한 값이다.
– 피처맵의 크기는 원본 이미지의 크기가 n×n, 스트라이드가 s, 패딩이 p, 필터가 f×f일 때 다음의 공식으로 계산할 수 있다.
$$Feature\ Map = \left(\frac{n+2_p-f}{s}+1\right) \times \left(\frac{n+2_p-f}{s}+1\right)$$
</td></tr>
<tr><td>비선형 변환
(Activation)</td><td>
– 학습된 값들을 ReLU 활성화 함수를 이용하여 비선형 변환을 수행한다.
– 음수는 0, 양수는 그대로 적용한다.
<table>
<tr><td>0</td><td>-3</td><td>2</td><td>1</td></tr>
<tr><td>2</td><td>-1</td><td>0</td><td>2</td></tr>
<tr><td>1</td><td>3</td><td>-2</td><td>2</td></tr>
<tr><td>-2</td><td>0</td><td>3</td><td>-1</td></tr>
</table>
output
input
-5 0 5
<table>
<tr><td>0</td><td>3</td><td>2</td><td>1</td></tr>
<tr><td>2</td><td>1</td><td>0</td><td>2</td></tr>
<tr><td>1</td><td>3</td><td>2</td><td>2</td></tr>
<tr><td>2</td><td>0</td><td>3</td><td>1</td></tr>
</table>
</td></tr>
<tr><td>패딩
(Padding)</td><td>
– 패딩이란 가장자리에 위치한 픽셀들의 연산이 적게 수행되는 것을 방지하고자 테두리에 0의 값을 가지는 픽셀을 추가하는 것을 의미한다.
– 제로 패딩(Zero Padding)이라고 한다.
<table>
<tr><td>1</td><td>0</td><td>2</td></tr>
<tr><td>3</td><td>2</td><td>2</td></tr>
<tr><td>0</td><td>3</td><td>1</td></tr>
</table>
<table>
<tr><td>0</td><td>0</td><td>0</td><td>0</td><td>0</td></tr>
<tr><td>0</td><td>1</td><td>0</td><td>2</td><td>0</td></tr>
<tr><td>0</td><td>3</td><td>2</td><td>2</td><td>0</td></tr>
<tr><td>0</td><td>0</td><td>3</td><td>1</td><td>0</td></tr>
<tr><td>0</td><td>0</td><td>0</td><td>0</td><td>0</td></tr>
</table>
</td></tr>
</table>

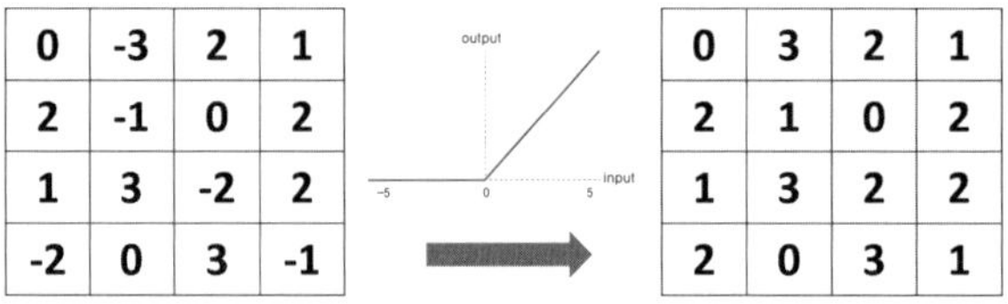

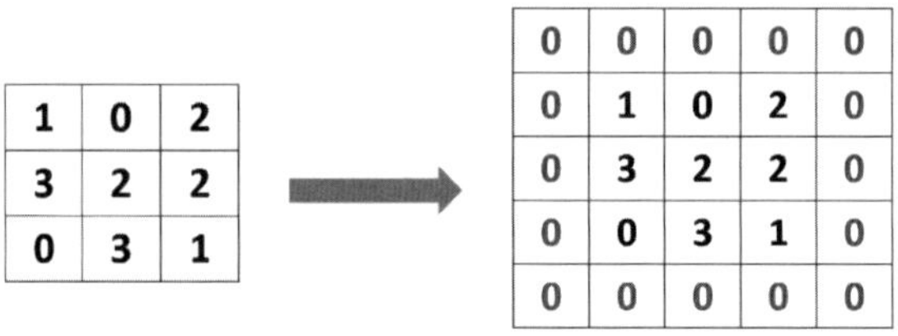

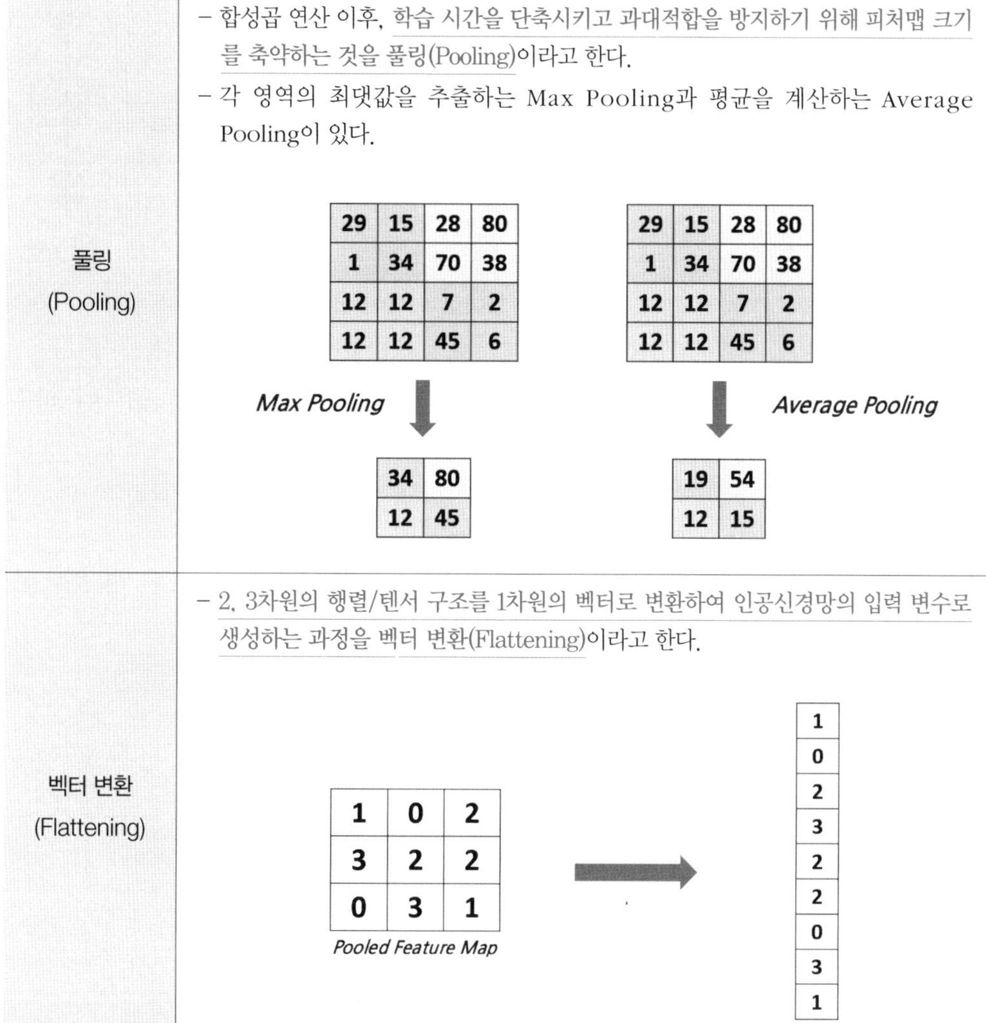

풀링 (Pooling)	– 합성곱 연산 이후, 학습 시간을 단축시키고 과대적합을 방지하기 위해 피처맵 크기를 축약하는 것을 풀링(Pooling)이라고 한다. – 각 영역의 최댓값을 추출하는 Max Pooling과 평균을 계산하는 Average Pooling이 있다.
벡터 변환 (Flattening)	– 2, 3차원의 행렬/텐서 구조를 1차원의 벡터로 변환하여 인공신경망의 입력 변수로 생성하는 과정을 벡터 변환(Flattening)이라고 한다.

- 합성곱 신경망의 초매개변수는 필터 크기, 필터 수, 스트라이드, 제로 패딩 등이 있다.
- 합성곱 신경망을 응용하여 영상과 신호처리 분야에서 많이 사용하는 합성곱 심층 신뢰 신경망(CDBN : CNN+DBN(Deep Belief Network))이 있다.

④ 순환 신경망(Recurrent Neural Network; RNN)

- 순환 신경망은 순방향 신경망(Feed Forward Neural Network)과 달리 신경망 내부의 메모리를 사용하여 이전 시점 정보들을 반영한 신경망 구조이다.
- 은닉층에 재귀적인 신경망을 구축함으로써 새로운 입력이 들어올 때마다 데이터를 수정함으로써 연속적인 시계열 데이터나 자연어 처리, 음성 인식, 필기체 인식 등에서 높은 성능을 가진다.

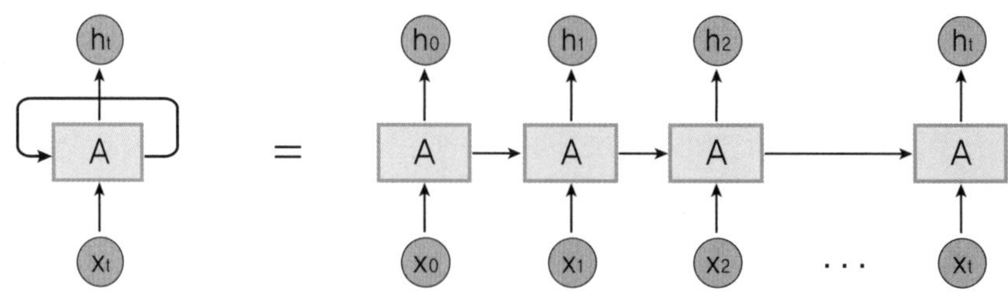

- 현재 노드와 먼 과거 상태의 데이터는 제대로 연산이 고려되지 않는 장기 의존성 문제가 발생할 수 있다. 이를 해결하기 위한 모형으로 LSTM 등의 알고리즘이 개발되었다.
- tanh 활성화 함수를 사용하고 완전 순환 신경망(Fully Recurrent Network), LSTM(Long Short Term Memory Network), CTRNN(Continuous Time RNN) 등과 같은 파생 알고리즘이 있다.

⑤ 심층 신뢰 신경망(Deep Belief Network; DBN)

- 심층 신뢰 신경망은 그래프 기반의 신경망 모델로 일반적으로 입력층과 은닉층으로 구성된 신경망을 블록처럼 여러 층으로 쌓아 만든 구조를 가진다.
- 비지도 학습 신경망이며 학습 데이터가 충분하지 않을 때 유용하다.

6) 비정형 데이터 분석 * 개념 위주로 잘 알아두세요

① 비정형 데이터 분석(Unstructured Data Analysis)

- 비정형 데이터 분석은 비정형 데이터에서 규칙이나 패턴을 탐색하고 이를 의미 있는 정보로 분석하는 것이다.
- 비정형 데이터는 미리 정의된 데이터 구조가 없는 데이터이다. 텍스트, 사진, 동영상, 음성 등이 포함된다.
- 전체 데이터에서 비정형 데이터는 정형 데이터보다 훨씬 많은 부분을 차지한다. 비정형 데이터를 수집하고 처리할 수 있는 기술이 발전하여 데이터 속에서 더 많은 정보와 가치를 발견할 수 있게 되었다. 수집의 난이도와 잠재가치의 측면에서는 정형 데이터보다 반정형 데이터가, 그리고 반정형 데이터보다 비정형 데이터가 더 높다.

[데이터 구조에 따른 구분]

구분	설명
정형 데이터 (Structured Data)	– 형태가 정형화되어 있고, 조직의 내부에 존재하므로 상대적 난이도는 쉽다.
반정형 데이터 (Semi-structured Data)	– 주로 API 형태로 제공되기 때문에 데이터 처리 기술이 요구된다.

비정형 데이터 (Unstructured Data)	– 텍스트 마이닝, 파싱 등 추가적 기술이 요구된다.

② 비정형 데이터 분석 종류

정형 데이터 분석 종류로는 텍스트 마이닝, 오피니언 마이닝, 웹 마이닝, 사회 연결망 분석 등이 있다.

③ 텍스트 마이닝(Text Mining)

- 텍스트 마이닝은 자연어 처리 방식을 이용하여 텍스트 속 정보를 추출하거나 해석하는 기법이다.
- 자연어처리(Natural Language Processing)는 인간의 언어 현상을 컴퓨터와 같은 기계를 이용해서 묘사할 수 있도록 개발하는 연구이다.
- 대규모 텍스트에서 정보 추출, 정보 요약, 분류 및 군집화 등을 수행한다.
- AI 스피커, 챗봇, 기계번역, 정보 탐색, 심리 상담 등 다양한 분야에서 활용될 수 있다.
- 텍스트 마이닝은 데이터 전처리에서 의미 있는 단어와 불용어(Stopword)를 구분하고 각 언어의 구조와 특성을 이해하여 가공하는 것이 중요하다.

[텍스트 마이닝 절차]

절차	설명
텍스트 수집 및 전처리	– 텍스트 기반 문서 수집 – 문장 토큰화 및 파싱 : 텍스트의 단어, 어절 분리 – 불용어(Stopword) 제거 : 의미 없는 단어 제거 – 어간 추출 : 단어들에서 공통 음절을 추출
의미 추출 및 패턴 분석	– 의미 표현을 단순화하여 의미 데이터 저장 – 텍스트 내 패턴 분석, 분류, 군집 등
정보 생성	– 문서 요약, 문서 추출 – 시각화 도구 등을 통해 정보 표현 예 워드클라우드(WordCloud) CONSUMER STORAGE COMPUTERS MARKETING SAMPLE BYTES BIG DATA RESEARCH BEHAVIOR ANALYTICS TECHNOLOGY INFORMATION SIZE INTERNET

④ 오피니언 마이닝(Opinion Mining)

- 오피니언 마이닝은 웹 사이트 및 소셜 미디어에서 특정 주제에 대한 여론이나 정보를 수집, 분석하여 정보와 패턴을 분석하는 기법이다. 감성 분석이라고도 한다.
- 텍스트, 이미지, 영상 등을 분석한다.
- 트렌드 파악, 특정 주제에 대한 여론조사, 제품 및 서비스 평가, 미래 예측 등에 활용될 수 있다.

⑤ 웹 마이닝(Web Mining)

- 웹 마이닝은 웹 상의 문서들과 서비스에서 정보를 자동 추출하고 탐색하는 분석 기법이다.
- 정보 단위인 노드(Node)와 연결점인 링크(Link)를 활용한다.

[웹 마이닝 유형]

구분	설명
웹 콘텐츠 마이닝 (Web Contents Mining)	– 웹 상의 콘텐츠(내용) 중에서 유용한 정보를 추출 예 텍스트, 이미지, 음성, 영상 등
웹 구조 마이닝 (Web Structure Mining)	– 웹 사이트의 구조적인 요약 정보를 탐색 예 웹 페이지, 하이퍼링크 등
웹 사용 마이닝 (Web Usage Mining)	– 웹 로그를 통해 사용자의 행위 패턴을 분석 예 사용자 프로파일, 페이지 접근 패턴 등

⑥ 사회 연결망 분석(Social Network Analysis ; SNA)

- 사회 연결망 분석은 개인과 집단 간의 관계, 즉 네트워크 특성과 구조를 분석하는 기법이다.
- 사람과 사물, 즉 객체를 의미하는 노드(Node)와 객체 간의 관계 및 방향성을 나타내는 링크(Link), 노드 간 연결 정도(Degree) 등을 분석한다.
- 사회 연결망 분석에서 파악할 수 있는 속성들을 유념하여 분석한다.

[사회 연결망 분석 속성]

구분	설명
응집력(Cohesion)	– 객체 간 사회화 관계 – 사회화가 강하게 나타날수록 강한 응집력이 나타난다.
구조적 등위성(Equivalence)	– 네트워크의 구조적 지위 – 지위가 동일한 객체 간 관계
명성(Prominence)	– 네트워크 내 권력자
범위(Range)	– 행위자의 네트워크 규모
중계(Brokerage)	– 타 네트워크와 연결된 정도

• 측정 지표를 통해 사회 연결망을 분석할 수 있다.

[사회 연결망 분석 측정 지표]

<table>
<tr><th>구분</th><th>설명</th></tr>
<tr><td>연결 정도
(Degree)</td><td>– 노드 간 연결 관계 개수
– 하나의 노드가 몇 개의 노드와 연결되어 있는지의 정도</td></tr>
<tr><td>포괄성
(Inclusiveness)</td><td>– 서로 연결된 노드의 개수
– 연결되어 있지 않은 노드는 제거</td></tr>
<tr><td>밀도
(Density)</td><td>– 노드 간 연결 정도 수준
– 전체 구성원이 서로 간 얼마나 많은 관계를 맺고 있는지 측정</td></tr>
<tr><td>중심성
(Centrality)</td><td>– 중심성을 측정할 수 있는 지표는 4가지로 구분된다.
* 중심성도 출제되었습니다. 잘 알아두세요.
<table>
<tr><th>구분</th><th>설명</th></tr>
<tr><td>연결 정도 중심성</td><td>– 특정 노드가 연결망 내에서 연결된 다른 노드들의 합</td></tr>
<tr><td>매개 중심성</td><td>– 특정 노드가 위치하는 정도
– 영향력을 나타낸다.</td></tr>
<tr><td>근접 중심성</td><td>– 각 노드 간의 거리를 측정
– 직/간접적으로 연결되어 있는 거리를 측정</td></tr>
<tr><td>위세 중심성</td><td>– 자신의 연결 정도 중심성으로부터 발생하는 영향력과 타인의 영향력을 합하여 측정</td></tr>
</table>
</td></tr>
</table>

7) 앙상블 분석

* 앙상블 분석도 단골 문제입니다. 각 유형에 대해 잘 알아두세요.

① 앙상블 분석(Ensemble Analysis)

• 여러 개의 학습 모형을 만든 후 최종 단일 모형을 선정하거나 모형을 결합하여 최종 모형을 생성하는 분석기법이다.

쏙쏙 예제

앙상블(Ensemble)

앙상블은 프랑스 단어로 '함께, 동시에, 협력하여, 조화롭게' 등을 의미하는 단어이다. 음악에서는 2인 이상이 하는 노래나 연주를 의미하며, 집단 지성과 같이 대중의 지식을 활용하는 의미로도 사용된다.

- 앙상블 분석은 단일 모형만을 사용하여 분석했을 때보다 높은 신뢰성을 확보할 수 있지만, 여러 분석을 사용하였으므로 결과에 대한 원인 분석은 상대적으로 어려울 수 있다.
- 앙상블은 약학습기를 생성한 후 약학습기를 결합하여 강학습기를 생성해낸다.

[학습기 유형]

구분	설명
약학습기 (Weak Learner)	– 오차율이 일정 수준 이하인 학습 규칙이다. – 결과 도출에 실패 가능성을 일정 수준 내포하고 있다.
강학습기 (Strong Learner)	– 약학습기로부터 생성된 강력한 학습 규칙이다.

② 앙상블 분석 종류

- 학습 데이터와 모형을 선택하는 방식에 따라 보팅과 배깅/부스팅을 구분할 수 있고 배깅과 부스팅은 처리 방식에 따라 구분된다.

[앙상블 분석 종류]

구분	모형 선택	데이터 및 처리 방식
보팅(Voting)	– 다양한 종류의 모형 사용	– 동일한 학습 데이터 사용
배깅 (Bagging)	– 하나의 모형 사용	– 학습 데이터를 다르게 사용 – 병렬적 처리
부스팅 (Boosting)		– 이전 모델의 오분류된 데이터를 재학습에 사용 – 순차적 처리 – 가중치를 적용

③ 보팅(Voting)

- 다수결 투표를 통해 결정하는 방식으로 서로 다른 여러 학습 모델을 조합해서 결과를 도출한다.
- 동일한 학습 데이터를 사용한다.
- 하드 보팅과 소프트 보팅이 있다.

[보팅 유형]

구분	설명
하드 보팅(Hard Voting)	– 결과물에 대한 최종 값을 투표해서 결정하는 방식
소프트 보팅(Soft Voting)	– 최종 결과물이 나올 확률 값을 이용

④ 배깅(Bagging)

- 학습 데이터에서 다수의 부트스트랩을 생성하고 여러 개의 모형을 생성한 후 결합하여 최종 모형을 선정하는 알고리즘이다.
- 부트스트랩(Bootstrap)은 표본 추출 시 무작위 복원추출 방식으로 수행하는 것을 의미한다.

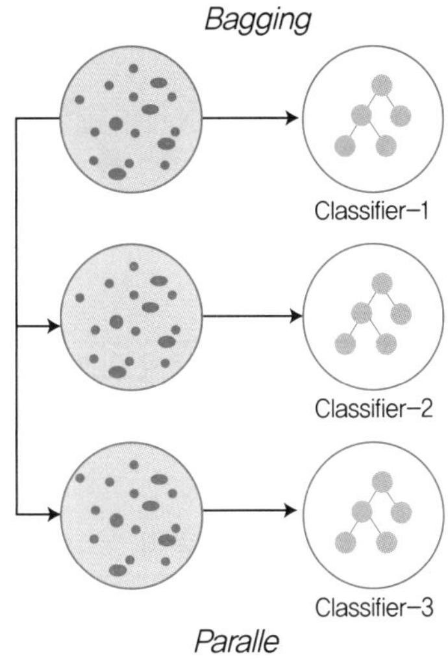

[배깅 절차]

구분	설명	
특징	– 분류 및 예측 정확도 향상을 위한 분석기법이다. – 다수의 부트스트랩을 생성한다. – 의사결정나무 구축 시 가지치기를 하지 않고 최대한 나무를 성장시킨다.	
최종 모형 결정 방법	– 연속형 변수와 범주형 변수에 따라 방법이 다르다.	
	연속	– 각 모형 예측값의 평균
	범주	– 보팅(Voting)
장점	– 성능 향상 – 결측값 존재 시 강하다.	
단점	– 데이터가 많아지면 계산 복잡도 증가	
주요 알고리즘	– 랜덤 포레스트(Random Forest)	

⑤ 랜덤 포레스트(Random Forest)

- 랜덤 포레스트는 배깅과 부스팅보다 더 많은 무작위성을 주어 약학습기를 만든 후 선형결합을 통해 최종 학습기를 생성하는 것이다.
- 다수의 의사결정나무로부터 투표를 통해 결과를 도출한다.

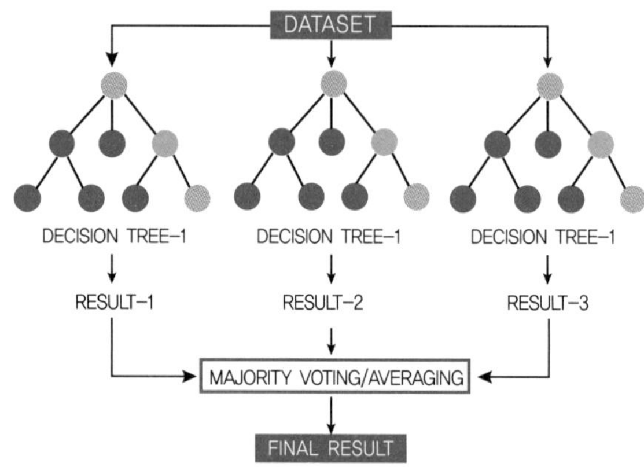

[랜덤 포레스트 절차]

구분	설명
특징	– 분류기가 증가할수록 성능이 향상되며 과대적합을 방지할 수 있다. – 최종 결과의 해석이 어렵다.
절차	1) 학습 데이터 n개를 부트스트랩으로 추출 2) 의사결정나무 모형 생성 3) 반복하여 보팅 또는 평균으로 최종 선정
초매개변수	– 포레스트 크기 : 몇 개의 의사결정나무를 사용할지 결정 – 최대 허용 깊이 : 하나의 의사결정나무 크기를 결정

⑥ 부스팅(Boosting)

- 잘못 분류된 개체들에 가중치를 적용한 후 순차적으로 모형을 반복하여 생성하는 분석기법이다.
- 마지막의 최종 모형을 선정하는 것이 아닌 학습에 이용된 모든 모형이 최종 모형이다.
- 처음에는 동일한 가중치의 모델을 생성하고 그 후 정분류 데이터에는 낮은 가중치, 오분류 데이터에는 높은 가중치를 부여한다.
- 배깅에 비해 성능이 좋지만 연산량이 복잡하고 이상치에 취약하다.
- 부스팅의 대표적인 알고리즘으로 AdaBoost, GBM, XGBoost 등이 있다.

[부스팅 알고리즘 유형]

구분	설명
AdaBoost (Adaptive Boost)	– 잘못 예측한 데이터에 가중치를 부여 후 모형을 개선하는 방식
GBM (Gradient Boost Machine)	– 경사 하강법을 이용하여 손실함수를 최소화하는 방식
XGBoost (eXtreme Gradient Boosting)	– GBM 알고리즘을 분산환경에서도 사용할 수 있는 방식 – CART 기반의 트리를 사용하며 모형의 복잡도까지 고려하는 방식

8) 비모수 통계

* 비모수 통계는 개념 위주로 알아두세요.

① 비모수 통계(Non-Parametric Statistics)

- 비모수 통계는 모수에 대한 가정을 전제로 하지 않고 주어진 데이터로 통계적 검정을 하는 분석기법이다. 즉, 모집단의 분포에 관계없이 주어진 데이터에서 직접 확률을 계산하여 분석한다.
- 데이터의 절대적인 크기에 의존하지 않는 데이터의 순위나 부호 등을 이용하여 검정하므로 질적 척도로 측정된 자료도 분석할 수 있다.
- 모집단이 정규분포가 아닐 때, 자료의 표본이 적을 때, 자료가 서로 독립일 때, 데이터가 명목척도 및 순위척도일 때 비모수 통계를 사용할 수 있다.

• 비모수 통계의 장점과 단점은 다음과 같다.

[비모수 통계 장점 및 단점]

구분	설명
장점	– 모집단의 분포에 대한 가정의 불만족으로 인한 오류의 가능성이 적다. – 통계량의 계산이 간편하고 직관적으로 이해하기 쉽다. – 표본이 적을 때 사용할 수 있다. – 이상값으로 인한 영향이 적다.
단점	– 모수 통계로 검정이 가능한 데이터에 비모수 통계를 적용하면 효율적이지 않다. – 표본이 많아지면 복잡하다.

② 비모수 통계 – 모수 통계 비교 * 대응되는 기법을 같이 알아두세요.

모수 통계 기법과 비모수 통계 기법을 적절히 선택한다.

[비모수 통계 및 모수 통계 비교]

구분	비모수 통계	모수 통계
단일 표본	– 부호 검정 – 윌콕슨 부호 순위 검정	– 단일 표본 T–검정
두 표본	– 윌콕슨 순위 합 검정	– 독립 표본 T–검정
	– 부호 검정 – 윌콕슨 부호 순위 검정	– 대응 표본 T–검정
분산 분석	– 크루스칼–왈리스 검정	– ANOVA
무작위성	– 런 검정	– X
상관분석	– 스피어만 순위 상관계수	– 피어슨 상관계수

③ 비모수 통계 종류

부호 검정, 윌콕슨 부호 순위 검정, 윌콕슨 순위 합 검정, 크루스칼 왈리스 검정, 런 검정 등이 있다.

[비모수 통계 종류]

구분	설명
부호 검정 (Sign Test)	– 표본의 분포가 동일한지 여부를 검정 – 차이의 크기는 무시하고, 중위수를 기준으로 차이의 부호를 이용하여 검정 – 데이터가 중위수에 비해 크면 양수, 작으면 음수로 판단 – 자료의 분포가 연속적이고 독립적인 분포에서 나온 것이라는 가정은 필요

윌콕슨 부호 순위 검정 (Wilcoxon Signed-rank Test)	– 부호 검정에서 차이의 부호뿐만 아니라 순위도 고려 – 자료의 분포가 연속적이고 독립적인 분포에서 나온 것이라는 기본 가정 외에 자료의 분포에 대한 대칭성 가정 필요
윌콕슨 순위 합 검정 (Wilcoxon Rank Sum Test)	– 두 표본의 순위 합을 비교하여 두 집단의 분포가 같은지 검정 – 만-휘트니 U검정(Mann- Whitney U Test)과 동일 – 두 집단을 통합하여 순위를 매긴 뒤, 각 집단이 가진 순위합이 동일하면 표본의 분포가 동일하다고 판단
크루스칼 왈리스 검정 (Kruskall-Wallis Test)	– 세 집단 이상의 중위수를 비교하여 각 분포가 동일한지를 검정 – 전체 집단을 통합하여 순위를 매긴 뒤, 각 그룹의 순위 합, 평균 순위, 총 평균 순위를 계산하여 검정
런 검정 (Run Test)	– 표본이 임의로 측정된 것인지 아닌지, 즉 독립인지 아닌지를 검정하는 방식 – 연속적인 측정 값들이 어떤 패턴이나 경향이 없는지 판단 – 런(Run) : 동일한 측정 값들이 시작하여 끝날때까지의 묶음 **쏙쏙 예제** 112212221이라는 데이터가 있을 때 11/22/1/222/1의 5개의 런(Run)으로 구분할 수 있다. **1 1 / 2 2 / 1 / 2 2 2 / 1** 런(Run)의 개수 5

실력점검문제

무료 동영상

01 다음이 설명하고 있는 개념으로 옳은 것은?

> 머신러닝 기법의 일종으로 현재의 상태에서 어떤 행동을 취하는 것이 최적인지 판단하기 위해 학습, 보상을 최대화하는 방향으로 학습시키는 기법이다.

① 지도학습 ② 비지도학습
③ 준지도학습 ④ 강화학습

해설

강화학습
- 현재의 상태에서 어떤 행동을 취하는 것이 최적인지 학습, 보상을 최대화하는 방향으로 학습
- 로봇, 최적화 문제, 자율주행차, 게임, 알파고 등

02 다음 중 매개변수 및 초매개변수에 대한 설명으로 옳지 않은 것은?

① SVM 모형의 서포트벡터, 회귀계수는 초매개변수에 해당한다.
② 매개변수는 모형 내부에서 측정되거나 훈련 데이터로부터 값을 추정할 수 있는 변수이다.
③ 초매개변수는 모형의 매개변수를 측정하기 위해 알고리즘 구현 과정에서 사용되는 변수이다.
④ 초매개변수는 연구자가 직접 설정한다.

해설

SVM 모형의 서포트벡터, 회귀계수, 인공신경망의 가중치 등은 매개변수에 해당한다.

03 다음 중 분석 모형 구축에 대한 설명으로 옳지 않은 것은?

① 적용이 완료된 모형이라고 하더라도 지속적인 모니터링과 리모델링을 반복한다.
② 분석 모형 구축은 요구사항 정의→모델링→검증 및 평가→운영 및 유지보수 절차를 따른다.
③ 시뮬레이션은 제약조건이 있는 상황에서 요구사항을 충족하는 최적의 결과를 찾아내는 기법으로 처리량, 평균 대기시간 등의 지표를 통해 평가한다.
④ 모형 검증 시 비즈니스 영향도를 정량화된 지표로 측정하여 평가한다.

해설

시뮬레이션은 실제로 검증하기 어려운 초대형 프로젝트나 위험한 상황 등을 컴퓨터를 통해 모델링하고 가상으로 재현하여 문제를 해결하는 기법으로 처리량, 평균 대기시간 등의 지표를 통해 평가한다. 공항 운영 문제, 교차로에서의 교통신호 조작 등이 해당된다.

04 다음 중 데이터 분할에 대한 설명으로 옳지 않은 것은?

① 일반적으로 훈련 데이터를 60~80%, 평가 데이터를 20~40%로 분할한다.
② 데이터 분할은 과대적합을 방지하고 모형의 일반화 성능을 높이기 위해 수행한다.
③ 훈련 데이터는 모형 학습에만 사용하고 평가 데이터는 모형 평가에만 사용된다.
④ 훈련 데이터 분할 시 모형의 신뢰성을 확보하기 위해 훈련 데이터보다 검증 데이터의 비율을 높인다.

01 ④ 02 ① 03 ③ 04 ④ 정답

해설

훈련 데이터 분할 시 훈련 데이터의 비율이 검증 데이터보다 높아야 한다.

05 다음 중 회귀분석에 대한 설명으로 옳지 않은 것은?

① 회귀분석의 매개변수는 회귀계수이다.

② 독립변수가 수치형 변수인 경우 로지스틱 회귀분석을 수행한다.

③ 오차를 최소화시키는 방법으로 회귀계수를 추정하는 기법을 최소제곱법이라고 하며, 최소제곱법에 의해 추정된 회귀식은 평균값을 지난다.

④ 회귀계수가 0이면 회귀식은 의미가 없다.

해설

독립변수가 종속형 변수인 경우 로지스틱 회귀분석을 수행한다.

06 다음 중 로지스틱 회귀분석에 대한 설명으로 옳지 않은 것은?

① 로지스틱 함수의 x축 데이터의 범위는 (−∞~+∞)이고 y축 데이터의 범위는 [0,1]이다. x의 값이 ∞에 가까울수록 1에 가깝고 −∞에 가까울수록 0에 가까워진다.

② 로지스틱 함수는 오즈함수에 역함수를 취한 후 로짓 변환한 함수이다.

③ 회귀분석 시 종속변수가 범주형 데이터일 때 수행하는 기법이다.

④ 종속변수의 수에 따라 이항 로지스틱 회귀분석과 다항 로지스틱 회귀분석으로 구분할 수 있다.

해설

로지스틱 함수는 오즈함수에 로짓변환 후 역함수를 취한 함수이다.

07 다음 중 회귀모형의 검정지표와 공식이 올바르게 짝지어지지 않은 것은?

① R^2 : $\frac{SSR}{SSR+SSE}$

② MAE: $\frac{\sum_{i=1}^{n}|y_i-\hat{y_i}|}{n}$

③ MSE: $\frac{\sum_{i=1}^{n}(y_i-\hat{y_i})^2}{n}$

④ SSR: $\sum^{n}(y_i-\hat{y}_i)^2$

해설

SSR은 회귀 제곱합으로 $\sum_{i=1}^{n}(\hat{y}_i-\bar{y}_i)^2$ 공식을 통해 계산할 수 있다.

08 다음 중 의사결정나무에 대한 설명으로 옳지 않은 것은?

① 모형의 해석력이 뛰어나다.

② 데이터의 통계적 가정이 필요 없다.

③ 선형 구조를 가지고 있는 데이터에 의사결정나무 적용 시 더욱 효율적으로 적용할 수 있다.

④ 연속형 변수를 구간화 시켜 학습 시 분리 경계점 근처에서 오류가 발생할 가능성이 크다.

해설

선형 구조를 가지고 있는 데이터에 의사결정나무 적용 시 더욱 복잡할 수 있다.

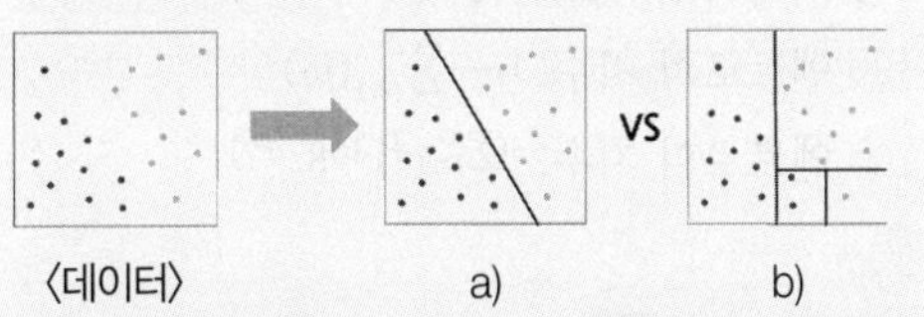

〈데이터〉　a)　b)

위 데이터는 a)와 같이 간단하게 선형으로 분리할 수 있는 데이터인데, b)와 같이 의사결정나무를 적용하면 오히려 더 복잡하게 분리된다.

정답 05 ② 06 ② 07 ④ 08 ③

09 다음 빈 칸에 들어갈 용어로 적절하지 않은 것은?

기준	CART	C4.5/C5.0	CHAID
a)	○	○	○
b)	○	○	×
예측 변수	범주, 수치	범주, 수치	c)
분리	이진분할	d)	다중분할
나무성장	완전 모형 생성 후 가지치기		최적 모형 개발
가지치기	학습, 검증 데이터	학습 데이터만 사용	×

① a) 예측, b) 분류, c) 범주, d) 다중분할
② a) 예측, b) 분류, c) 수치, d) 이중분할
③ a) 분류, b) 예측, c) 범주, d) 다중분할
④ a) 분류, b) 예측, c) 수치, d) 이중분할

해설

a) 분류, b) 예측, c) 범주, d) 다중분할

10 다음 중 불순도 알고리즘과 공식이 올바르게 짝지어진 것은?

① 지니지수: $\sum_{i=1}^{K} \frac{(O_i-E_i)^2}{E_i}$
② 지니지수: $-(\sum_{l=1}^{k} P_l \log_2 P_l)$
③ 엔트로피 지수: $1-\sum_{l=1}^{c}(p_i)^2$
④ 엔트로피 지수: $-(\sum_{l=1}^{k} P_l \log_2 P_l)$

해설

• 지니지수: $= 1-\sum_{l=1}^{c}(p_i)^2$
• 엔트로피 지수: $-(\sum_{l=1}^{k} P_l \log_2 P_l)$

11 인공신경망의 매개변수에 해당하는 것은?

① 활성화 함수　② 은닉노드 수
③ 가중치　④ 은닉층 수

해설

• 가중치는 입력되는 훈련데이터에 곱해지는 값으로 해당 신호가 중요할수록 가중치를 높인다.
• 인공신경망에서 가장 중요한 매개변수는 가중치이다.

12 다음이 설명하고 있는 활성화 함수로 옳은 것은?

> 다층 퍼셉트론의 활성화 함수로 사용되었던 시그모이드 함수가 편미분을 계산할수록 0으로 근접해져 기울기가 소실되는 문제점을 해결하기 위해 사용되었다. 하지만 X≤0인 경우 기울기가 0이 되어 뉴런이 죽을 수 있다.

① tanh 함수
② Leaky ReLU 함수
③ ReLU 함수
④ Softmax 함수

해설

ReLU 함수에 대한 설명이다.

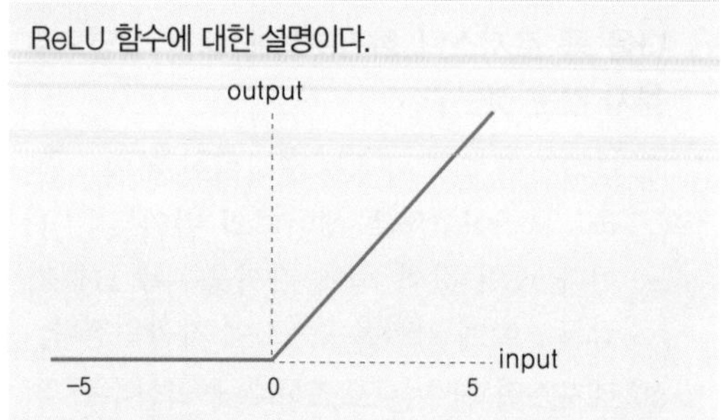

13 다음 중 인공신경망의 초매개변수에 해당하지 않는 것은?

① 학습률
② 편향
③ 은닉층 개수
④ 활성화 함수

해설

편향은 인공신경망의 매개변수에 해당한다.

09 ③　10 ④　11 ③　12 ③　13 ② 정답

14 다음 중 용어와 개념이 올바르게 짝지어지지 않은 것은?

① 초평면: n차원 공간의 (n+1) 차원 평면
② 슬랙 변수: 완벽한 분리가 불가능할 때 허용된 오차를 위한 변수
③ 소프트 마진 SVM: 오차를 허용하는 SVM
④ 가우시안 커널: 데이터에 대한 사전 지식이 없을 때 사용할 수 있는 커널 함수

해설

초평면은 n차원 공간의 (n−1) 차원의 평면을 의미한다.

15 다음 중 연관성 분석에 대한 설명으로 옳지 않은 것은?

① 종속변수가 없어도 되므로 비지도학습에 해당된다.
② 데이터 간 관계에서 조건과 반응을 발견하는 것으로 결과의 이해가 직관적이다.
③ 연관성 분석 측정 지표 중 신뢰도는 조건 품목과 결과 품목을 동시에 포함하는 거래의 비율을 의미한다.
④ 향상도의 결과가 1이라는 것은 데이터 간 독립을 의미한다.

해설

신뢰도는 조건 품목을 샀을 때 결과 품목을 구매할 조건부 확률을 의미한다.

16 다음 중 군집 분석에 대한 설명으로 옳지 않은 것은?

① 계층적 군집분석은 사전에 군집의 개수를 정하지 않고 한 번 병합된 개체는 다시 분리하지 않는다.
② 좋은 군집의 기준은 군집 내 유사성은 높고, 군집 간 유사성은 낮은 것이다.
③ 군집분석은 관측된 데이터의 유사성을 측정하여 다수의 군집으로 나누는 지도학습의 일종이다.
④ 고객 세분화 마케팅, 문서 군집, 이상 탐지 등 다양한 분야에서 활용된다.

해설

군집분석은 관측된 데이터의 유사성을 측정하여 다수의 군집으로 나누는 비지도학습의 일종이다.

17 다음이 설명하는 군집 형성 알고리즘과 개념을 연결한 것으로 옳지 않은 것은?

① 평균연결법: 모든 데이터 간 거리 평균을 계산하는 방식으로 연산량이 증가한다.
② 와드연결법: 군집 내 오차제곱합에 기초하여 군집을 형성하는 방법으로 오차 제곱합의 증가량을 최대화함으로써 조밀한 군집을 생성할 수 있다.
③ 최장연결법: 거리의 최댓값을 측정하여 군집을 생성함으로써 내부 응집성에 중점을 둔 방식이다.
④ 중심연결법: 두 군집의 중심 거리를 계산하고 새로운 군집의 평균은 가중평균으로 계산한다.

해설

와드연결법: 군집 내 오차제곱합에 기초하여 군집을 형성하는 방법으로 오차제곱합의 증가량을 최소화함으로써 조밀한 군집을 생성할 수 있다.

18 다음이 설명하는 개념으로 옳은 것은?

개체 간의 거리를 측정하여 결합되는 순서를 나타내는 트리 형태의 그래프이다. 최종 군집의 개수를 결정할 때 유용하다.

① 체르노프페이스　② 평행차트
③ 랜덤포레스트　④ 덴드로그램

해설

덴드로그램에 대한 설명이다.

정답 14 ① 15 ③ 16 ③ 17 ② 18 ④

19 K-평균 군집 알고리즘에 대한 설명으로 옳지 않은 것은?

① k개의 군집을 사전에 지정하고 데이터와 중심점 간의 거리를 최대화하는 방향으로 군집을 형성하는 방식이다.

② k는 초매개변수이다.

③ 평균을 사용하므로 이상치에 민감할 수 있다.

④ 지역적 패턴이 존재하는 경우 군집 판별이 어렵다.

해설

k개의 군집을 사전에 지정하고 데이터와 중심점 간의 거리를 최소화하는 방향으로 군집을 형성하는 방식이다.

20 다음 중 DBSCAN 기법에 대한 설명으로 옳지 않은 것은?

① 밀도를 기반으로 군집을 형성하는 기법이다.

② 이웃점(Neighbor Point)은 특정 데이터 주변 반경 내에 존재하는 다른 데이터를 의미한다.

③ 군집의 개수를 미리 지정하고 ε과 m매개변수를 기준으로 높은 밀도를 가지고 있는 개체들을 같은 그룹으로 묶고, 낮은 밀도를 가지는 개체는 이상치 또는 잡음으로 처리한다.

④ 지역적 패턴을 가지고 있는 데이터에서는 K-평균 군집 알고리즘보다 성능이 좋다.

해설

DBSCAN 군집 형성 기법은 군집의 개수를 미리 지정하지 않는다.

21 다음 중 SOM 기법에 대한 설명으로 옳지 않은 것은?

① 실제 공간의 입력 데이터의 거리가 가까우면 지도상에도 가깝게 위치된다.

② 그래프 기반으로 수행하는 지도 신경망으로 자율학습에 의해 군집을 형성하는 방법이다.

③ 고차원의 입력 데이터를 저차원의 뉴런으로 정렬하여 지도의 형태로 형상화한다.

④ 입력층의 자료가 학습을 통하여 경쟁층에 정렬되는데, 이를 지도라고 부르며 각각의 뉴런은 완전 연결되어 있다.

해설

그래프 기반으로 수행하는 비지도 신경망으로 자율학습에 의해 군집을 형성하는 방법이다.

22 다음이 설명하는 개념으로 옳은 것은?

관측된 시간에 무관하게 평균과 분산이 일정한 성질을 의미한다. 공분산의 경우도 시차에만 의존하며 특정 시점에 의존하지 않아야 한다.

① 정상성(Stationarity)

② 정규성(Normality)

③ 독립성(Independence)

④ 선형성(Linearity)

해설

정상성(Stationarity)

- 정상성은 관측된 시간에 무관하게 시계열 특성이 일정한 것이다. 특성이 일정하다는 것은 평균과 분산이 일정하다는 것을 의미한다.
- 공분산의 경우도 시차에만 의존하며 특정 시점에 의존해서는 안 된다.
- 시계열 분석에서 정상성은 매우 중요한 개념이며 정상성을 만족하지 않는다면 정상성을 만족하는 상태로 변환한 후 분석을 수행해야 한다.

19 ① 20 ③ 21 ② 22 ① 정답

23 다음 빈칸에 들어갈 용어로 적절하게 짝지어 진 것은?

		종속변수	
		연속형	범주형
독립변수	연속형	a	b
	범주형	c	d

① a) 인공신경망, b) 판별분석, c) 로지스틱 회귀분석, d) ANOVA
② a) 로지스틱 회귀분석, b) 판별분석, c) ANOVA, d) 카이제곱 검정
③ a) 인공신경망, b) 로지스틱 회귀분석, c) ANOVA, d) 카이제곱 검정
④ a) 로지스틱 회귀분석, b) 인공신경망, c) 카이제곱 검정, d) ANOVA

해설

		종속변수	
		연속형	범주형
독립변수	연속형	회귀분석 인공신경망	로지스틱 회귀분석 판별분석
	범주형	T검정 분산분석	분할표 분석 카이제곱 검정

24 다음 중 시계열 분석에 대한 설명으로 옳지 않은 것은?

① 차분이란 현 시점 데이터에서 d시점 이전의 데이터를 뺀 것으로 일반적으로 차분은 1번 내지 2번 정도 수행한다.
② 시계열 그래프에서 규칙 성분을 분해하여 장기적 추이를 분석할 수 있다.
③ 시계열 분해는 시계열 그래프의 추세, 계절, 우연, 순환 등의 규칙 성분을 알아내기 위한 방법이다.
④ 비성상성 데이터를 성상성 데이터로 변환하기 위해 차분을 사용한다.

해설

시계열 분해는 시계열 그래프의 추세, 계절, 순환 등의 규칙 성분과 우연으로 발생하는 불규칙 성분을 알아내기 위한 방법이다.

25 나이브 베이즈 분류에 대한 설명으로 옳지 않은 것은?

① 베이즈 기법은 관측된 데이터와 사전 확률을 통해 해당 대상의 사후 확률을 추론하는 방법이다.
② 비지도학습이며, 훈련 데이터의 양이 적음에도 불구하고 높은 분류 성능을 보인다.
③ 텍스트 분류, 감성 분석, 추천 시스템, 스팸 메일 필터링 등에 활용 가능하다.
④ 나이브 베이즈 분류는 모든 사건이 독립이어야 한다는 가정을 만족해야 한다.

해설

나이브 베이즈 분류는 지도학습에 해당된다.

26 다음의 경우 Feature Map 사이즈로 옳은 것은?

> 합성곱 신경망에서 원본 이미지가 5×5, 스트라이드 1, 필터 크기 3×3, 패딩 1

① (2, 2)　　② (3, 3)
③ (4, 4)　　④ (5, 5)

해설

피처맵의 크기는 원본 이미지의 크기가 n×n, 스트라이드가 s, 패딩이 p, 필터가 f×f일 때 다음의 공식으로 계산할 수 있다.

$$Feature\ Map = \left(\frac{n + 2_p - f}{s} + 1\right) \times \left(\frac{n + 2_p - f}{s} + 1\right)$$

공식에 값을 대입하면 $\left(\frac{5+2*1-3}{1} + 1\right) \times \left(\frac{n+2_p-f}{s} + 1\right) =$ (5, 5)이다.

정답 23 ③　24 ③　25 ②　26 ④

27 **다음 중 딥러닝에 대한 설명으로 옳지 않은 것은?**

① RNN은 연속적인 시계열 데이터나 자연어 처리, 음성 인식, 필기체 인식 등에서 높은 성능을 가진다.
② DNN은 특정 데이터에서 학습된 구조를 다른 데이터에서도 사용할 수 있다.
③ DNN은 여러 비선형 변환 기법의 조합을 통해 높은 수준의 추상화를 시도하는 기계학습 알고리즘의 집합으로 성능이 높고 결과의 해석이 용이하다.
④ DBN은 비지도학습 신경망이며 학습 데이터가 충분하지 않을 때 유용하다.

해설

DNN은 여러 비선형 변환 기법의 조합을 통해 높은 수준의 추상화를 시도하는 기계학습 알고리즘의 집합으로 성능이 높지만 은닉층의 사용으로 결과의 해석이 용이하지 않다.

28 **신약을 개발하여 10명으로 이루어진 표본에 대해 약의 복용 전과 복용 후의 비모수 검정을 수행하고자 한다. 다음 중 가장 알맞은 검정 방법은 무엇인가?**

① T-검정
② 런 검정
③ 윌콕슨 부호 순위 검정
④ 윌콕슨 순위 합 검정

해설

대응 표본 T-검정의 비모수 검정은 윌콕슨 부호 순위 검정이다.

29 **다음 중 앙상블 분석에 대한 설명으로 옳지 않은 것은?**

① 랜덤포레스트의 분류기는 증가할수록 성능이 향상되며 과대적합을 방지할 수 있다.
② 부트스트랩은 무작위 복원 추출 방식을 이용하여 표본을 추출하는 것을 의미한다.
③ 배깅은 동일한 학습 데이터에 다수의 모형을 사용한다.
④ 배깅의 데이터 처리 방식은 병렬적으로 진행되며 부스팅은 순차적으로 진행된다.

해설

동일한 학습 데이터에 다수의 모형을 사용하는 것은 다수결 투표, 보팅의 기법이다. 배깅과 부스팅은 동일한 모형에 데이터를 다르게 사용한다.

30 **다음 중 비모수 통계에 대한 설명으로 옳지 않은 것은?**

① 비모수 통계는 모수에 대한 가정 없이 데이터의 순위나 부호 등을 이용하여 검정한다.
② 분산 분석(ANOVA)을 비모수 통계로 분석 시 윌콕슨 부호 순위 검정 기법을 사용한다.
③ 표본이 적을 때 사용하기에 적합하다.
④ 윌콕슨 순위 합 검정 기법은 두 표본의 순위 합이 동일하면 표본의 분포가 동일하다고 판단한다.

해설

- 분산 분석(ANOVA)을 비모수 통계로 분석 시 크루스칼 왈리스 검정 기법을 사용한다.
- 크루스칼 왈리스 검정은 세 집단 이상의 중위수를 비교하여 각 분포가 동일한지 검정하는 기법이다.

27 ③ 28 ③ 29 ③ 30 ② 정답

31 다음에서 설명하는 개념으로 옳은 것은?

> 이 알고리즘은 딥러닝을 통해 이미지를 생성하거나 조합, 변형하는 알고리즘이다. 적은 양의 정보로 원본 이미지를 예측만 할 수 있고, 사진을 특정한 방식의 이미지로 전환하는 것도 가능하다. 이 알고리즘을 통해 예술적 작품을 생성하여 큰 화제가 되었다.

① LSTM ② GAN
③ RNN ④ CNN

해설

GAN(Generative Adversarial Network)에 대한 설명이다.

32 다음 중 SNA 측정 지표로 옳지 않은 것은?

① 중심성
② 포괄성
③ 연결 정도
④ 구조적 등위성

해설

사회 연결망 분석 측정 지표는 연결 정도, 포괄성, 밀도, 중심성이 포함된다.

정답 31 ② 32 ④

Big Data Analytics

학습목표

3파트에서는 데이터 분석 목적과 변수의 속성에 맞는 모형의 설계 방식과 세부 알고리즘에 대해 학습했습니다. 4파트에서는 구축한 모형들의 성능을 평가할 수 있는 평가지표와 모형의 성능을 향상시키기 위한 매개변수 최적화 기법에 대해 학습합니다.

또한 데이터 분석의 결과를 해석하는 시각화 기법과 최종 모형을 조직 내 운영 시스템에 통합하고 전개하는 방법에 대해서도 학습합니다. 4파트는 마지막 단원인 만큼 지금까지 우리가 열심히 공부해온 학습의 집합체입니다. 마지막까지 열심히 공부하여 성공적인 마무리를 해봅시다.

PART

04

빅데이터 결과 해석

Chapter 01 분석 모형 평가 및 개선

시작하기 전에

분석 목적과 데이터 속성에 맞게 모형을 생성하는 것만큼 생성된 모형을 적절하게 평가하는 것도 중요하다. 지금까지 그래왔듯이 평가를 하는 것도 분석 목적과 데이터의 속성을 고려하여 수행되어야 한다.

그리고 평가가 완료되었다면 그 평가의 결과를 가지고 모형을 진단하고 개선할 수 있다. 중요한 사실은 진단과 개선이 잘 이루어지기 위해서는 적절한 평가가 반드시 선행되어야 한다는 것이다. 본 장에서의 내용은 시험에서도, 실무에서도 중요한 내용들을 많이 담고 있으므로 평가 지표에 대한 정확한 이해는 물론 진단 및 개선 방법에 대해서도 집중하여 학습하도록 한다.

1 분석 모형 평가

1) 모형 평가 지표 ★★★ 단골 문제입니다. 공식까지 잘 알아두세요.

① 모형 평가 지표

- 이상적인 모형이란 오차가 작은 모형이다.
- 오차는 발생 원인에 따라서 편향과 분산으로 구분할 수 있다. 이상적인 모형은 평향과 분산이 모두 낮고 일반화할 수 있는 모형이다.

[오차의 종류]

편향(Bias)	학습 알고리즘에서 잘못된 가정을 했을 때 발생하는 오차
분산(Variance)	학습 데이터에 내재된 작은 변동으로 발생하는 오차

쏙쏙 예제

편향과 분산의 정도를 구분하여 그림으로 나타내면 다음과 같다. 이상적인 모형은 낮은 편향과 낮은 분산으로 설정되어야 하므로 다음 보기 중 가장 이상적인 모형은 첫 번째 경우라고 할 수 있다. 반면, 가장 이상적이지 않은 모형은 네 번째 경우이다.

▲ 편향 낮음, 분산 낮음

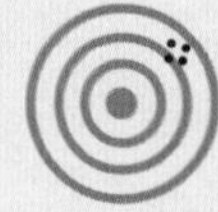
▲ 편향 높음, 분산 낮음

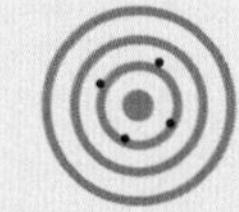
▲ 편향 낮음, 분산 높음

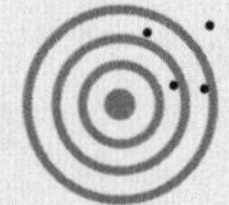
▲ 편향 높음, 분산 높음

• 모형 평가 지표는 종속변수의 유형에 따라 회귀 모형 평가 지표와 분류 모형 평가 지표로 구분된다.

[평가 지표 유형]

연속형(회귀)	RMSE, MSE, 결정계수 등
범주형(분류)	정확도, 정밀도, 민감도 등

② 회귀 모형 평가 지표

* 앞의 내용과 중복됩니다. 개념을 먼저 이해하고 공식을 암기하세요.

• 회귀 모형은 종속변수가 연속형 변수로서 실젯값과 모형의 예측값의 차이(오차)를 기반으로 성능 지표를 수립한다.

• 일반적으로 회귀 모형을 평가할 때 사용하는 지표는 MAE, MSE, RMSE 등이 있다.

[회귀 모형 평가 지표]

평가 지표	설명
MAE	– 평균 절대 오차(Mean Absolute Error) – 오차의 절댓값의 합을 평균으로 계산한 지표 $MAE = \frac{\sum_{i=1}^{n} \lvert y_i - \hat{y}_i \rvert}{n}$
MSE	– 평균 제곱 오차(Mean Squared Error) – 오차의 제곱의 합을 평균으로 계산한 지표 $MSE = \frac{\sum_{i=1}^{n} (y_i - \hat{y}_i)^2}{n}$
RMSE	– 평균 제곱근 오차(Root Mean Squared Error) – 평균 제곱 오차에 제곱근을 취한 값으로 계산한 지표 $RMSE = \sqrt{\frac{\sum_{i=1}^{n} (y_i - \hat{y}_i)^2}{n}}$
AE	– 평균 오차(Average Error) – 오차의 평균을 계산한 지표 – 예측값들이 평균적으로 미달하는지 초과하는지 확인할 수 있는 지표 $AE = \frac{\sum_{i=1}^{n} (y_i - \hat{y}_i)}{n}$
MAPE	– 평균 절대 백분율 오차(Mean Absolute Percentage Error) – 평균 오차에 대한 비율을 계산한 지표 $MAPE = \frac{100}{n} \sum_{i=1}^{n} \left\lvert \frac{y_i - \hat{y}_i}{y_i} \right\rvert$

MPE	- 평균 백분율 오차(Mean Percentage Error) - MAPE에서 절댓값을 제외하고 계산한 지표 $MPE = \frac{100}{n}\sum_{i=1}^{n}\left(\frac{y_i - \hat{y}_i}{y_i}\right)$

• 회귀 모형의 추정식이 실제 자료를 얼마나 잘 설명할 수 있는지를 계산하는 지표인 결정계수가 있다. 결정계수는 R^2으로 표현하며 0에서 1의 범위를 가진다. 결정계수의 값이 1에 가까울수록 모형의 정확도가 높다고 판단하며 SSE, SST, SSR의 값으로 계산한다.

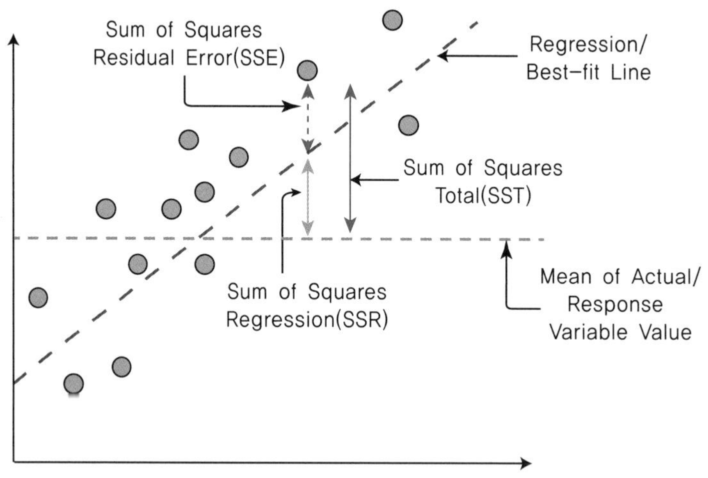

[결정계수 지표]

평가 지표	설명
R^2	- 결정계수(Coefficient of Determination) - 회귀 제곱합과 전체 제곱합의 비율로 계산한 지표 - $R^2 = \frac{\text{회귀 제곱합}}{\text{전체 제곱합}} = \frac{SSR}{SST} = \frac{SSR}{SSR+SSE}$, $0 \leqq R^2 \leqq 1$ - 결정계수는 1에 가까울수록 모형이 데이터를 잘 설명한다고 판단한다.
SSR	- 회귀 제곱합(Regression Sum of Squares) - 데이터가 회귀선에 의해서 설명되는 값 - 예측값과 평균값의 차이를 제곱하여 합한 값으로 계산한 지표 $SSR = \sum_{i-1}^{n}(\hat{y}_i - \bar{y}_i)^2$

SSE	- 오차 제곱합(Error Sum of Squares) - 데이터가 회귀선에 의해서 설명되지 않는 값 - 예측값과 실젯값의 차이를 제곱하여 합한 값으로 계산한 지표 $SSE = \sum_{i=1}^{n}(y_i - \widehat{y_i})^2$
SST	- 전체 제곱합(Total Sum of Squares) - 회귀 제곱합과 오차 제곱합을 합한 값(SST=SSR+SSE) - 실젯값과 평균값의 차이를 제곱하여 합한 값으로 계산한 지표 $SST = \sum_{i=1}^{n}(y_i - \overline{y_i})^2$

- 결정계수(R^2)는 독립변수의 수가 증가하면 독립변수의 유의성과 관계없이 값이 증가한다. 이를 방지하고자 다변량 회귀분석에서는 수정된 결정계수를 사용한다. 수정된 결정계수는 표본의 크기와 독립변수의 개수를 추가적으로 고려하여 일반 결정계수보다 값이 작게 계산되고, 유의성이 작은 독립변수 추가 시 값이 감소한다.

[수정된 결정계수 지표]

평가 지표	설명
Adjusted R^2	- 수정된 결정계수(Adjusted Coefficient of Determination) - 결정계수에서 표본의 크기(n)와 독립변수의 개수(p)를 추가적으로 고려하여 수정한 지표 - $R_{adj}^2 = 1 - \frac{n-1}{n-p}(1 - R^2)$ - 수정된 결정계수는 결정계수보다 항상 작다. - 수정된 결정계수는 1에 가까울수록 모형이 데이터를 잘 설명한다고 판단한다. - 수정된 결정계수는 음수 값이 나오기도 하는데 음수 값은 모형이 부적합하다는 것을 의미한다.
Mallow's C_p	- Mallow가 제안한 회귀 모형의 적합성을 평가하는 지표 - 수정된 결정계수와 마찬가지로 유의하지 않은 독립변수에 패널티를 부과 - 값이 작아질수록 모형이 데이터를 잘 설명한다고 판단한다.

- 독립변수의 수가 증가하면 종속변수에 유의한 독립변수를 선택하는 것이 중요한데 독립변수들 간 관계성이 있다면 어떤 독립변수가 종속변수를 설명하고 있는지 판단하기 어려워진다. 따라서 독립변수 간 상관성을 나타내는 지표인 다중공선성을 계산하고 AIC나 BIC와 같은 방법을 사용하여 다중공선성을 제거해야 한다.

[회귀 모형 검정 지표]

평가 지표	설명
다중공선성 (Multicollinearity)	– 다중공선성은 독립변수들 간에 강한 상관관계가 나타나는 문제이다. – 다중공선성이 높으면 회귀계수 추정의 정확도가 감소한다.
분산팽창요인 (Variance Inflation Factors; VIF)	– 분산팽창요인 지표를 통해 다중공선성의 정도를 파악할 수 있다. – 일반적으로 VIF가 10이 넘으면 다중공선성이 있으며, 5가 넘으면 주의할 필요가 있다고 판단한다.
AIC (Akaike Information Criterion)	– 모형의 적합도에 변수의 수(p)가 증가하면 손실(Penalty)을 부여한 지표 – $AIC = -2Log(L) + 2p$ – 손실의 값은 낮으면 낮을수록 좋은 모형이기 때문에 AIC 지표는 낮을수록 모형의 적합도가 높다고 판단한다.
BIC (Bayes Information Criterion)	– 모형의 적합도에 변수의 수(p)뿐만 아니라 표본의 크기(n)가 증가하면 손실(Penalty)을 부여한 지표 – $BIC = -2Log(L) + pLog(n)$ – 손실의 값은 낮으면 낮을수록 좋은 모형이기 때문에 BIC 지표는 낮을수록 모형의 적합도가 높다고 판단한다.

③ 분류 모형 평가 지표 * 개념과 성능 지표 계산에 대해 잘 알아두세요.

- 분류 모형은 종속변수가 범주형 변수로서 실제 값과 모형의 예측 값의 차이를 기반으로 성능 지표들을 수립한다.
- 일반적으로 분류 모형을 평가할 때 사용하는 지표는 혼동행렬 기반의 정확도, 정밀도, 민감도 등이 있다.
- 혼동행렬(Confusion Matrix)은 오차행렬이라고도 불리며 실제 데이터 값과 모델이 예측한 값의 차이를 사분면으로 나타내어 표시한 교차표이다.

[모델 예측 값]

[실제 데이터 값]	[Positive: 양성]	[Negative: 음성]
[Positive: 양성]	**True Positive**	**False Negative**
[negative: 음성]	**False Positive**	**True Negative**

[혼동행렬 지표 해석]

구분	설명
True Positive(TP)	– 실제 양성인 값을 양성으로 예측 (정답)
True Negative(TN)	– 실제 음성인 값을 음성으로 예측 (정답)

False Positive(FP)	– 실제 음성인 값을 양성으로 예측 (오답)
False Negative(FN)	– 실제 양성인 값을 음성으로 예측 (오답)

• 혼동행렬 사분면의 값을 기준으로 다음과 같은 성능 지표를 계산할 수 있다.

[혼동행렬 성능 지표 계산]

평가 지표	설명
정확도 (Accuracy)	– 실제 데이터 값과 모델이 예측한 값이 일치하는 비율 – 전체에서 TP와 TN이 차지하는 비율 – $Accuracy = \frac{TP+TN}{TP+FP+FN+TN}$
오분류율 (Error Rate)	– 실제 데이터 값과 모델이 예측한 값이 일치하지 않는 비율 – 전체에서 FP와 FN이 차지하는 비율 – $Error\ Rate = \frac{FP+FN}{TP+FP+FN+TN}$ – $1-Accuracy$
정밀도 (Precision)	– 양성으로 예측한 비율 중 실제로 양성인 비율 – $Precision = \frac{TP}{TP+FP}$
재현율 (Recall)	– 실제로 양성인 범주에서 양성으로 올바르게 예측한 비율 * 동의어도 다 같이 잘 알아두세요. – 민감도(Sensitivity), 참 긍정률(TP Rate; TPR), Hit Rate라고도 표현 – $Recall = \frac{TP}{TP+FN}$
특이도 (Specificity)	– 실제로 음성인 범주에서 음성으로 올바르게 예측한 비율 – $Specificity = \frac{TN}{TN+FP}$
거짓 긍정률 (FP Rate; FPR)	– 실제로 음성인 범주 중에서 양성으로 잘못 예측한 비율 – 1– (특이도) – $FP\ Rate = \frac{FP}{TN+FP}$
F1–Score	– 재현율과 정밀도의 조화평균을 계산하는 평가지표 – 0과 1 사이의 범위를 가지며 값이 클수록 모형이 정확하다고 판단 – 정확도와 달리 데이터가 불균형할 때도 사용하기 적절하다. – $F1-Score = 2 * \frac{Precision * Recall}{Precision + Recall}$

Macro-F1 score	- 각 클래스에 대한 F1-score를 계산한 뒤 산술평균을 계산하는 평가지표 - 0과 1 사이의 범위를 가지며 값이 클수록 모형이 정확하다고 판단
카파 통계량 (Kappa Statistic)	- 모형의 평가 결과가 우연히 나온 결과가 아니라는 것을 보여주는 지표 - 0과 1 사이의 범위를 가지며 값이 클수록 예측값과 실젯값이 일치 - 예측이 일치할 확률 $(P_r(a))$와 예측이 우연히 일치할 확률 - $K = \frac{P_r(a) - P_r(e)}{1 - P_r(e)}$
ROC 곡선 (Receiver Operating Characteristic Curve)	- ROC 곡선은 가로축(x)을 거짓 긍정률(1-특이도), 세로축(y)을 참 긍정률(재현율)로 두어 모형의 성능 지표를 시각화한 그래프이다. 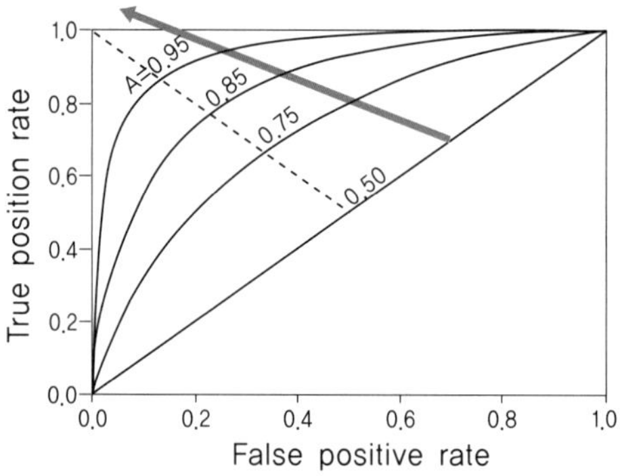 - ROC 곡선은 참조선(Reference Line)인 0.5를 기준으로 왼쪽 꼭대기에 가깝게 그려질수록 분류 성능이 우수하다.
AUC (Area Under the ROC Curve)	- ROC 곡선 아래의 면적을 계산하여 모형의 성능을 평가한다. - AUC의 값은 항상 0.5~1의 값을 가지며 1에 가까울수록 좋은 모형이다. 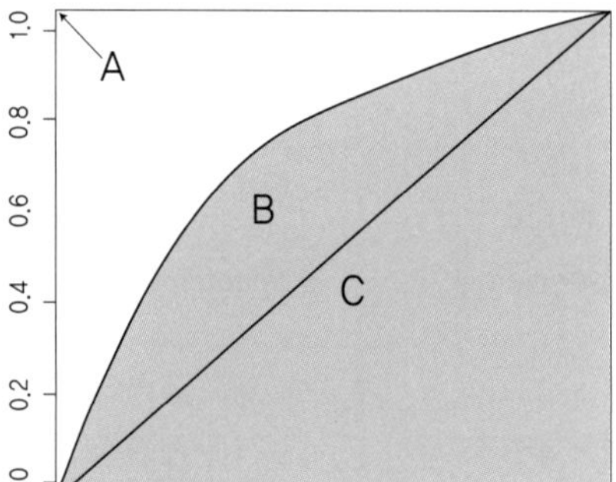 - 위 그림 상에서 AUC 면적을 비교하면 A>B>C 순으로 좋은 모형이라 판단할 수 있다.

2) 분석 모형 진단 ★ 앞에서 배운 내용과 중복됩니다. 읽고 넘어가세요.

① 분석 모형 오류

- 이상적인 모형은 낮은 편향과 낮은 분산을 가지는 모형이다. 모형 진단 시, 새로운 데이터에 모형이 어떤 결과를 보이는지 확인하여 판단한다.
- 생성된 분석 모형의 오류로는 일반화 오류와 학습 오류가 있다.

[분석 모형 오류]

구분	설명
일반화 오류 (Generalization Error)	– 모형을 구축할 때 주어진 학습 데이터의 특성만을 지나치게 반영하여 새로운 데이터에 대한 오차가 커지는 현상을 과대적합(Overfitting)이라고 한다. – 과대적합은 일반화 오류를 유발한다.
학습 오류 (Training Error)	– 모형을 구축할 때 주어진 학습 데이터의 특성을 지나치게 반영하지 못하여 제대로 학습이 이루어지지 않는 현상을 과소적합(Underfitting)이라고 한다. – 과소적합은 학습 오류를 유발한다.

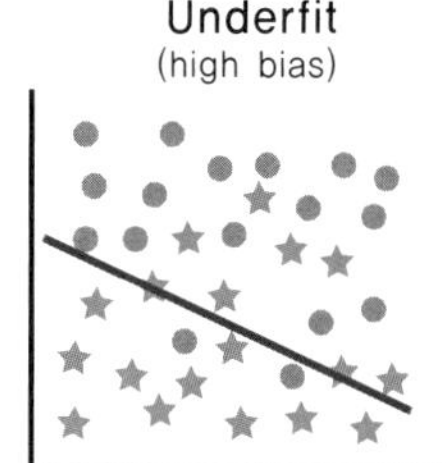

High training error
High test error

Low training error
Low test error

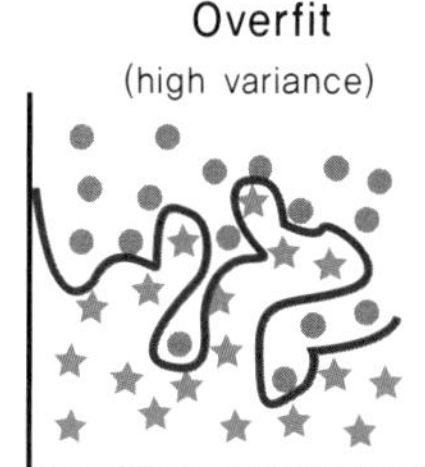

Low training error
High test error

② 분석 모형 시각화 및 진단

- 분석 모형 평가에 있어서 직관적이고 효율적인 방법은 시각적 도구로 파악하는 것이다. 분석 목적과 데이터의 속성에 맞는 적절한 시각화 기법을 선택해야 한다.
- 모형 평가의 결과뿐만 아니라 모형 구축 시 세운 기본 가정에 대한 진단도 필요하다. 즉, 가설 검정이 수치적으로 통과하더라도 분석 모형에 대한 진단이 선행되어야 검정 결과가 의미를 가질 수 있다.

3) 교차 검증 ★★★

① 교차 검증(Cross Validation)

- 교차 검증은 과대적합을 방지하고 신뢰성 있는 모형을 구축하기 위해서 학습 데이터와 평가 데이터를 교차하여 검증하는 기법이다.
- 일반적으로 데이터가 적을 때 효과적인 방법이다.

② 홀드 아웃 교차 검증(Hold-Out Cross Validation)

- 전체 데이터를 비복원 추출 방식으로 훈련 데이터, 검증 데이터, 평가 데이터로 구분하여 검증하는 기법이다.
- 계산량이 많지 않아 모형을 쉽게 평가할 수 있다.
- 초기에 데이터를 분할하는 방식으로 평가 데이터만큼은 학습에 사용할 수 없으므로 데이터 유실이 발생하며, 데이터를 나누는 기준에 따라 결과가 상이할 수 있다.

[데이터 분할]

구분	설명
훈련 데이터 (Training Data)	- 모형을 학습할 때 사용하는 데이터
검증 데이터 (Validation Data)	- 훈련 데이터로 만든 모형이 잘 예측하는지 성능을 검증하기 위한 데이터 - 데이터 세트가 적으면 검증 데이터는 따로 사용하지 않는 경우도 있다.
평가 데이터 (Test Data)	- 최종 모형의 성능을 평가할 때 사용하는 데이터

③ K-Fold Cross Validation

- 데이터 집합을 무작위로 동일한 크기의 K개의 부분 집합으로 생성한 뒤, 그 중 1개의 집합을 평가 데이터로 사용하고 이를 제외한 (K-1)개의 집합을 훈련 데이터로 생성하여 검증하는 기법이다.
- 모든 집합을 사용할 수 있도록 K번 반복 수행한 뒤, 학습 결과는 다수결, 또는 평균으로 분석하여 최종 성능을 도출한다.
- 모든 데이터를 훈련과 평가에 사용할 수 있지만 K값이 증가하면 연산량이 증가한다.

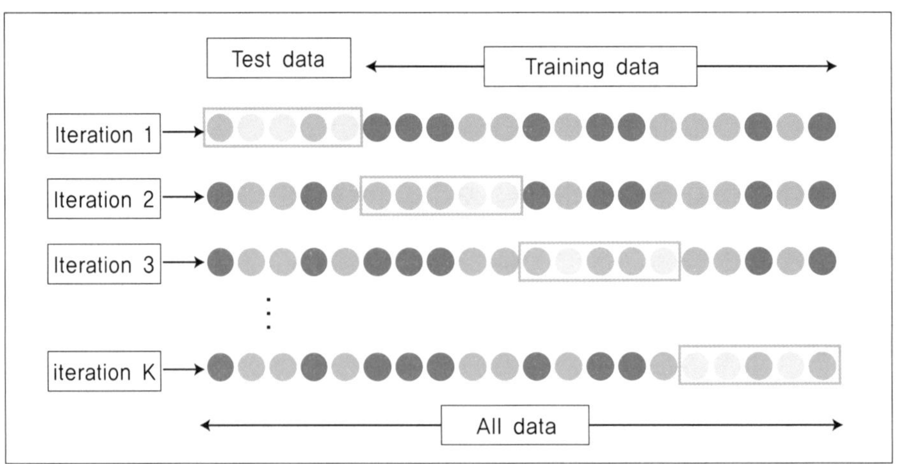

④ LOOCV(Leave One Out Cross Validation)

- 전체 데이터 n개에서 평가 데이터를 1개, 나머지 (n−1)개는 훈련 데이터로 생성하여 검증하는 기법이다.
- 연산량이 많아지므로 작은 크기의 데이터에 사용하기 적합하다.

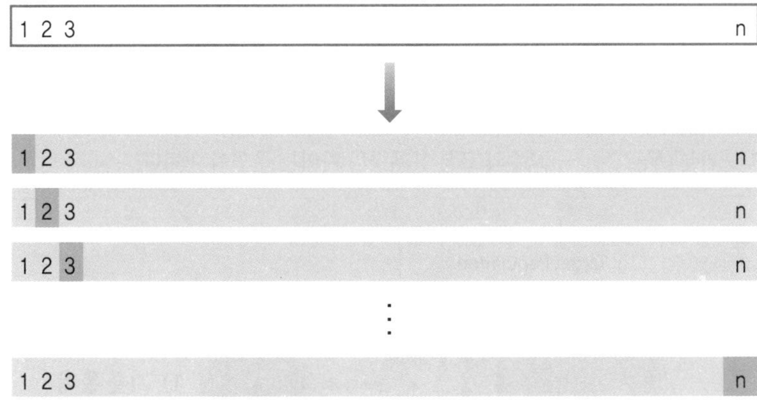

⑤ LpOCV(Leave p Out Cross Validation)

- 전체 데이터 n개에서 평가 데이터를 p개, 나머지 (n−p)개는 훈련 데이터로 생성하여 검증하는 기법이다.
- 연산량이 많아지므로 작은 크기의 데이터에 사용하기 적합하다.

⑥ 부트스트랩(Bootstrap)

- 단순 랜덤 복원추출 방법을 사용하여 동일한 크기의 표본을 여러 개 생성하여 검증하는 기법이다.
- 랜덤으로 추출 시 한 번도 선택되지 않는 데이터, 즉 OOB(Out of Bag)의 확률은 36.8%이며 이는 검증에 사용한다.

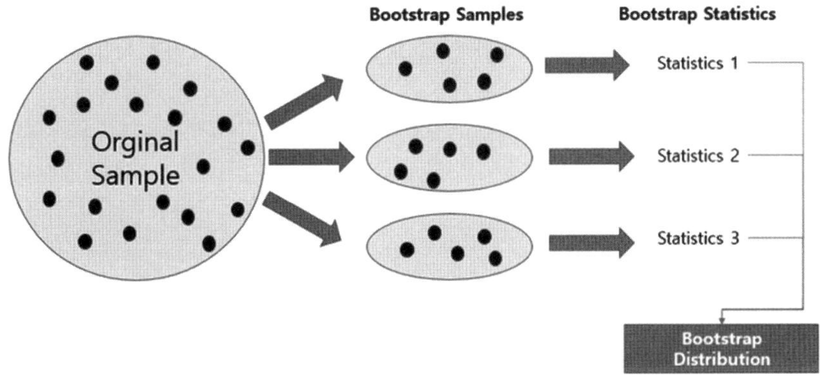

4) 모수 유의성 검정★★★

① 모집단과 표본

데이터 분석에서는 모집단의 수, 즉 모수를 추론하기 위해 모집단에서 추출한 표본의 통계량을 계산한다. 즉 표본평균과 표본분산을 통해 모수를 추론하는데, 이때 모수와 표본 통계량의 차이가 유의한지를 검정해야 한다.

구분	설명
귀무가설 (H_0)	– 모수와 표본 통계량의 차이는 우연이다.
대립가설 (H_1)	– 모수와 표본 통계량의 차이는 우연이 아니다.

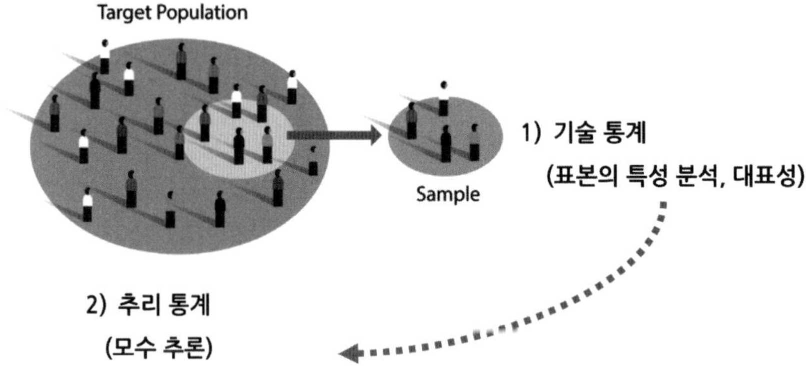

② 모집단의 평균에 대한 유의성 검정

모집단의 평균을 알고 있고 그 평균과 표본의 평균이 차이가 있을 때, 차이의 유의미성을 검정하기 위해 Z–검정과 T–검정을 사용할 수 있다.

[평균 유의성 검정 유형]

구분	설명
Z–검정 (Z–Test)	– 정규분포를 가정하며 표본이 동일 모집단에 속하는지 가설 검정을 위해 사용한다. – 표본의 크기가 일반적으로 30보다 크며, 데이터가 서로 독립이라는 가정을 만족할 때 사용한다. – Z–검정 통계량이 임곗값보다 크고 작음에 따라 가설을 기각 또는 채택 $$\mathrm{Z} = \frac{\bar{X} - \mu}{\frac{\sigma}{\sqrt{n}}}$$ ($\bar{X}$: 표본 평균, μ: 모평균, σ: 모 표준편차, n: 표본의 크기)

T-검정 (T-Test)	- T분포를 가정하며 두 집단 간의 평균을 비교하기 위해 사용하는 검정 기법이다. - 표본의 크기가 일반적으로 30보다 작으며, 적은 표본으로 추정하기 위해 사용한다. - 데이터가 정규성, 등분산성, 독립성 등을 만족한다고 가정한다. - T-검정은 일표본 T-검정, 대응표본 T-검정, 독립표본 T-검정 등이 있다.
분산분석 (ANOVA)	- 두 개 이상의 집단 간 비교를 수행하고자 할 때 집단 내의 분산, 총평균과 각 집단의 평균 차이에 의해 생긴 집단 간 분산 비교로 얻은 F-분포를 이용하여 가설 검정 - 일원배치 분산분석, 이원배치 분산분석, 다원배치 분산분석 등이 있다.

③ 모집단의 분산에 대한 유의성 검정

모집단의 분산에 대한 유의성 검정은 카이제곱 검정과 F-검정을 사용할 수 있다.

[분산 유의성 검정 유형]

구분	설명
카이제곱 검정 (Chi-Square Test)	- 범주형 데이터에서 관찰된 빈도와 기대되는 빈도가 유의미하게 다른지 검정 - 단일 표본의 모집단이 정규분포를 따르며 분산을 알고 있는 경우 적용 $\chi^2 = \sum_{i=1}^{k} \frac{(O_i - E_i)^2}{E_i}$ O_i: 범주 i의 실제 관측치　k: 범주 개수, 자유도는 $k-1$ E_i : 귀무가설이 옳다는 전제하에 기대되는 범주 i의 기대 빈도수 - 카이제곱 분포는 자유도에 따라 달라진다. - 카이제곱 검정은 적합도 검정, 독립성 검정, 동질성 검정 등이 있다.
F-검정 (F-Test)	- 표본의 분산에 대한 차이가 통계적으로 유의한지 검정 - 집단 내의 분산과 집단 간의 분산의 비율에 대한 검정 $F = \frac{s_1^2}{s_2^2}$ s_1^2 : 집단 간 분산, s_2^2 : 집단 내 분산

5) 적합도 검정 ★★★

① 적합도 검정(Goodness of Fit Test)

- 적합도 검정은 표본 집단의 분포가 주어진 특정 이론을 따르고 있는지를 검정하는 기법이다.
- 가정된 확률이 정해진 경우와 아닌 경우로 구분할 수 있다.

② 가정된 확률 적합도 검정

- 가정된 분포가 정해진 경우 카이제곱 검정을 이용하여 수행한다.

구분	설명
귀무가설 (H_0)	– 주어진 데이터가 가정된 확률을 따른다.
대립가설 (H_1)	– 주어진 데이터가 가정된 확률을 따르지 않는다.

- 카이제곱 검정은 기댓값과 관측값을 이용하여 검정 통계량을 구할 수 있다.

$$\chi^2 = \sum_{i=1}^{k} \frac{(O_i - E_i)^2}{E_i}$$

O_i : 범주 i의 실제 관측치, k: 범주 개수, 자유도는 $k-1$

귀무가설이 옳다는 전제하에 기대되는 범주 i의 기대 빈도수

③ 정규성 검정(Normality Test)

- 가정된 분포가 정해지지 않은 경우에는 주로 정규성 검정을 수행한다.

구분	설명
귀무가설 (H_0)	– 주어진 데이터가 정규분포를 따른다.
대립가설 (H_1)	– 주어진 데이터가 정규분포를 따르지 않는다.

- 정규성 가정을 만족하지 못한다면 모형의 타당성이 떨어진다고 해석할 수 있다.
- 정규성 검정은 통계량으로 계산하는 샤피로–윌크 검정(Shapiro–Wilk Test), 콜모고로프–스미르노프 검정(Kolmogorov–Smirnov Test) 방법과 시각화를 사용하는 Q–Q Plot(Quantile–Quantile Plot) 등을 통해 수행한다.

[정규성 검정 기법]

구분	설명
샤피로–윌크 검정 (Shapiro–Wilk Test)	– 주어진 데이터가 정규분포를 따르는지 검정하는 기법이다. – 일반적으로 데이터의 수가 적을 경우 적절하다. – R 언어에서 shapiro.test( ) 함수를 통해 검정할 수 있다.
콜모고로프–스미르노프 검정 (Kolmogorov–Smirnov Test; K–S Test)	– 주어진 데이터가 정규분포를 따르는지 검정하는 기법이다. – 일반적으로 데이터의 수가 많을 경우 적절하다. – R 언어에서 ks.test( ) 함수를 통해 검정할 수 있다.

<table>
<tr>
<td>콜모고로프-스미르노프 검정
(Kolmogorov-Smirnov Test;
K-S Test)</td>
<td>
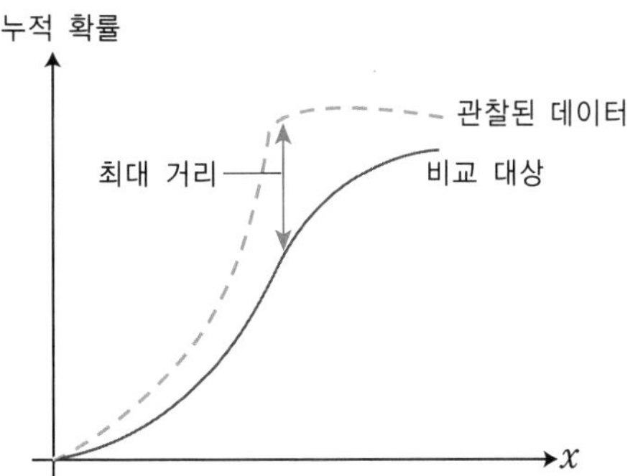

- 관찰된 데이터의 분포와 비교 대상인 가정된 분포 사이의 적합도를 검사하는 누적분포함수의 차이를 검정한다.
- 거리가 멀어질수록 관찰된 데이터는 정규분포를 따르지 않는다고 판단한다.
</td>
</tr>
<tr>
<td>Q-Q Plot
(Quantile-Quantile Plot)</td>
<td>

- 시각화 기법을 통해 정규성을 검정하는 기법이다.
- 수집 데이터를 표준정규분포의 분위수와 비교하여 시각화한다.
- 기준선을 따라 데이터 값들이 일정하게 분포하면 정규성을 만족한다.

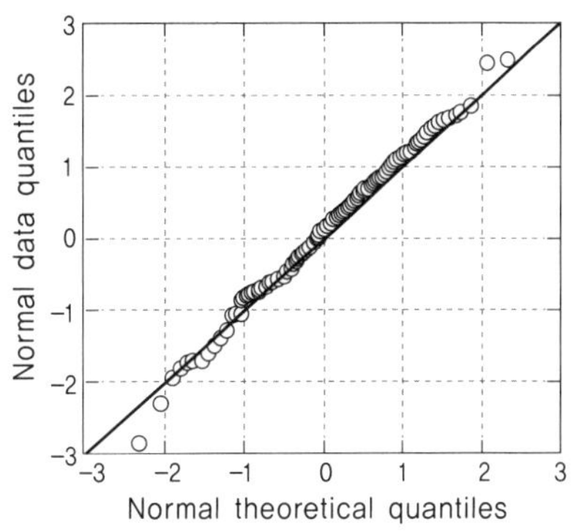

- 정규분포를 따르지 않는 데이터를 가지고 Q-Q Plot을 그리면 다음과 같이 데이터들이 기준선을 벗어나는 양상을 확인할 수 있다.

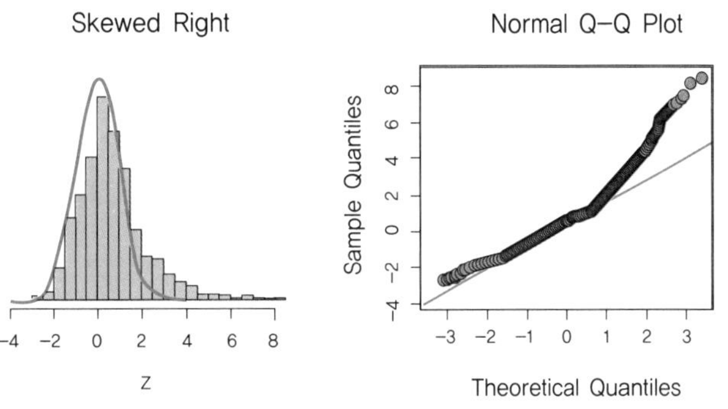

</td>
</tr>
</table>

Q-Q Plot (Quantile- Quantile Plot)	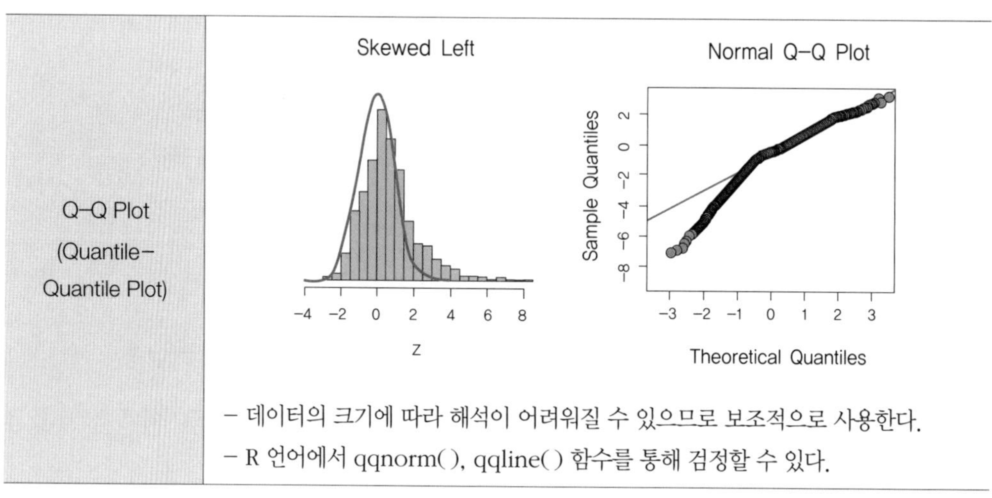 - 데이터의 크기에 따라 해석이 어려워질 수 있으므로 보조적으로 사용한다. - R 언어에서 qqnorm(), qqline() 함수를 통해 검정할 수 있다.

2 분석 모형 개선

1) 과대적합 방지 ★★★ 과대적합의 개념과 과대적합 방지 방법 모두 중요합니다. 잘 알아두세요.

가. 과대적합 방지

① 과대적합(Over-fitting)

- 훈련 데이터가 모델에 지나치게 특화되어 새로운 데이터에 대한 오차가 증가하는 현상이다. 일반화 오류를 유발한다.
- 과대적합은 훈련 데이터 부족, 복잡한 모델, 지나치게 많은 변수 등의 원인으로 발생할 수 있다. 따라서 과대적합을 방지하기 위해 데이터를 증강하고, 모델의 복잡도를 감소하며 변수 선택 및 추출 기법 등을 사용할 수 있다.

원인	→	해결 방법
훈련 데이터 부족		데이터 증강
복잡한 모델		모델 복잡도 감소
지나치게 많은 변수		변수 선택, 변수 추출

나. 과대적합 방지기법

① 데이터 증강(Data Augmetation)

- 학습에 필요한 훈련 데이터가 부족할 경우, 모델이 해당 데이터의 특정 패턴이나 노이즈까지 학습하여 과대적합이 발생할 확률이 높아진다.

- 데이터의 양이 적을 경우 변형을 통해 증강하여 사용할 수 있다.
- 이미지 데이터 증강과 텍스트 데이터 증강 등이 있다.

[데이터 증강 기법]

구분	설명
이미지 데이터 증강	– 원본 이미지 데이터를 회전, 대조, 잘라내기, 병합, 노이즈 추가 등의 기법을 사용하여 증강할 수 있다.
텍스트 데이터 증강	– 비슷한 의미를 가지고 있는 단어를 사용해 대체함으로써 데이터를 증강할 수 있다. amazing fun awesome best perfect Nearest neighbors in word2vec It is awesome → It is amazing / It is perfect / It is best

② 가중치 규제(Weight Regularization)

- 가중치 규제란 모형의 파라미터(가중치) 값에 제약조건을 주어 모델의 복잡도를 감소시키는 방법이다.

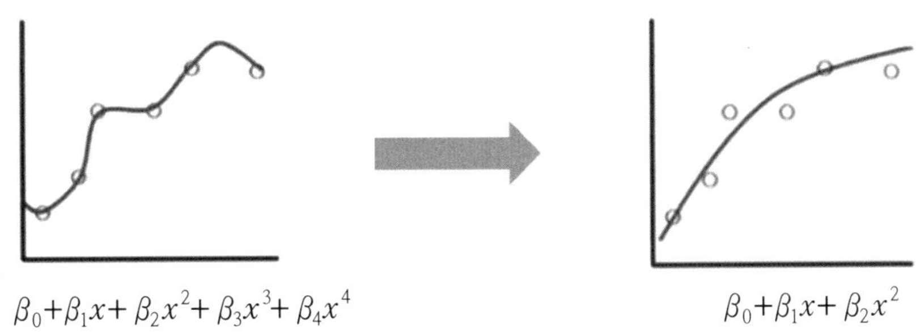

$\beta_0+\beta_1x+\beta_2x^2+\beta_3x^3+\beta_4x^4$
$\beta_0+\beta_1x+\beta_2x^2$

- 왼쪽의 과대적합 모형은 5개의 파라미터를 가지고 있다. 가중치를 규제한다는 의미는 가중치의 합을 줄여서 모델의 일반화 성능을 증가시켜 정규화하는 것을 의미한다.

아래의 식은 가중치를 규제하는 공식의 일종이다.

(3) $Loss =$ (1) $Error(y, \hat{y})$ + (2) $\lambda \sum_{i=1}^{N} |w_i|$

[가중치 규제 공식 설명]

구분	설명
(1)	– 실젯값과 예측값을 대상으로 손실함수를 구하는 공식이다. – 훈련 데이터에 대한 예측력을 평가한다.
(2)	– 파라미터(가중치)에 제약을 줄 수 있는 감마를 조정하여 정규화하는 공식이다. – 감마는 초매개변수이다. – 감마가 0이라면 전체 식은 훈련 데이터만 예측하는 식이 되어 훈련 데이터에 대한 오차는 작아지지만 결과적으로는 과대적합이 된다. – 감마가 커진다면 전체 Loss 함수를 최소화하기 위해 가중치의 합을 감소시켜야 하므로 과대적합을 방지하고 정규화 할 수 있다.
(3)	– 전체 Loss 함수의 값은 최소화해야 한다.

* 각 공식도 알아두세요.

• 파라미터(가중치)의 합을 어떻게 구할 것인지에 따라 다음과 같이 구분할 수 있다.

[가중치 규제 기법 유형]

구분	설명
L1 노름 (L1 Norm) 규제 (라쏘; Lasso Regression)	– 기존 손실 함수에 모든 가중치(w)들의 절댓값 합계와 감마를 곱한 값(L1 Norm)을 추가 $Loss = Error(y, \hat{y}) + \lambda \sum_{i=1}^{N} |w_i|$
L2 노름 (L2 Norm) 규제 (릿지; Ridge Regression)	– 기존 손실 함수에 모든 가중치(w)들의 제곱값 합계와 감마를 곱한 값(L2 Norm)을 추가 $Loss = Error(y, \hat{y}) + \lambda \sum_{i=1}^{N} W_i^2$
Elastic Net	– 기존 손실 함수에 L1 노름 규제와 L2 노름 규제를 추가 $Loss = Error(y, \hat{y}) + \lambda_1 \sum_{i=1}^{N} |w_i| + \lambda_2 \sum_{i=1}^{N} W_i^2$

• L1 노름 규제보다는 L2 노름 규제 방식을 더 많이 사용하는 추세이다.

[L1 노름 규제 – L2 노름 규제 비교]

L1 노름 규제(Lasso 기법)	L2 노름 규제(Ridge 기법)
기존 손실함수 + 모든 가중치들의 절댓값 합계	기존 손실함수 + 모든 가중치들의 제곱값 합계
변수 선택 가능	변수 선택 불가능 크기가 큰 변수부터 줄이는 경향이 있다.
변수 간 상관관계가 높은 상황에서 상대적으로 예측 성능이 떨어진다.	변수 간 상관관계가 높은 상황에서 상대적으로 예측 성능이 우수하다.

③ **드롭아웃**(Dropout)

- 인공신경망에서 신경망 일부를 무작위로 삭제함으로써 과대적합을 방지하는 기법이다.
- 특정 변수의 특징만을 과도하게 집중하여 학습하는 것을 방지한다.

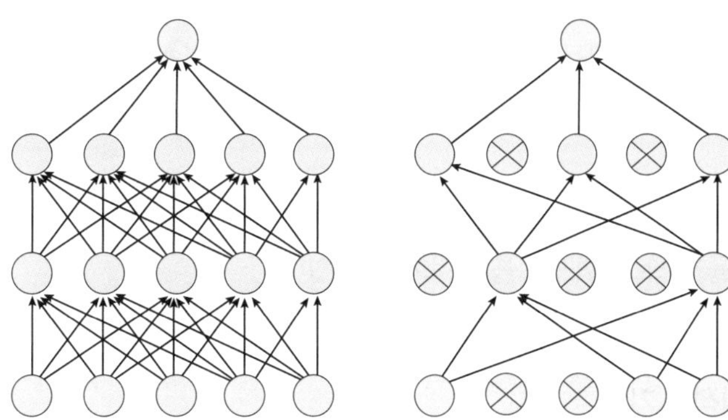

- 드롭아웃의 비율이 0.5라면 학습 과정마다 랜덤으로 절반의 뉴런을 삭제하는 것을 의미한다.
- 드롭아웃은 신경망 학습 시에만 사용하고 예측에는 사용하지 않는다.
- 서로 다른 신경망들을 무작위로 학습해 매번 다른 모델을 학습시킨다는 측면에서 앙상블 기법과도 유사하다.

2) 매개변수 최적화

★★★ 모두 중요한 개념입니다. 상세한 기법보다 개념 위주로 학습하세요.

가. 매개변수 최적화

① **매개변수**(Parameter)

- 주어진 데이터를 가지고 학습을 통해 모델 내부에서 결정되는 변수이다.
- 동일 데이터, 동일 모형이라도 매개변수의 값에 따라 모형의 성능이 달라진다.
- 주로 매개변수는 가중치와 편향을 나타내며, 매개변수를 최적화하기 위해 다양한 기법을 사용할 수 있다.

② 매개변수 최적화(Parameter Optimization)

- 최적화란 목적함수의 값을 최대화하거나 최소화하는 것을 의미한다.
- 매개변수 최적화에서 목적함수는 손실함수이며, 손실함수의 최적화는 오차의 값을 최소화하는 매개변수 값을 찾는 것이다.
- 손실함수란 실제 데이터 값과 모형의 예측값의 차이, 즉 오차를 표현한 함수이다. 아래 함수에서 a가 되는 지점의 파라미터의 값이 최적화된 값이 된다.

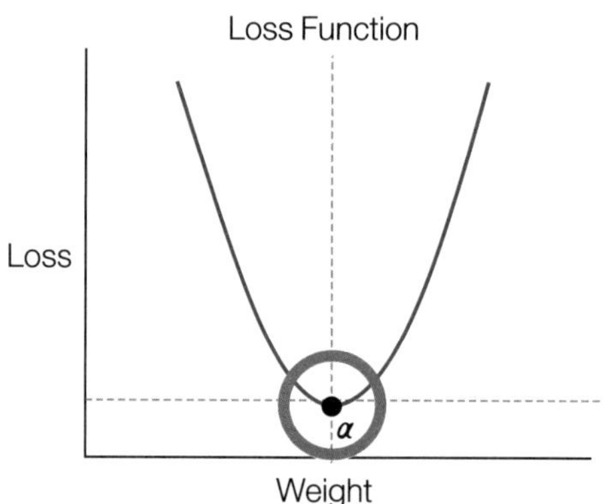

- 최적값을 찾기 위해 모든 경우의 수를 찾아 계산하는 것은 효율적이지 않다. 경사 하강법을 통해 효율적으로 매개변수를 최적화할 수 있다

나. 매개변수 최적화 기법

① 경사 하강법(Gradient Descent)

- 손실함수에서 임의의 한 점에서 시작하여 기울기를 계산한 후 기울기를 경사의 반대 방향으로 이동시켜 최적값(기울기가 0이되는 지점)을 찾는 기법이다.

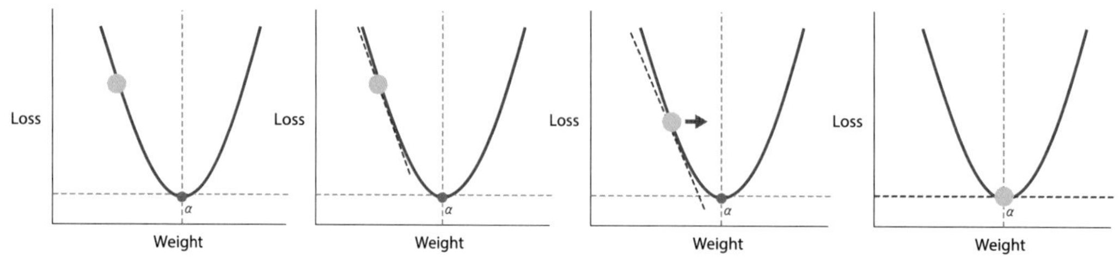

- 기울기가 음수인 경우에는 양의 방향으로 이동하고, 양수인 경우에는 음의 방향으로 이동한다. 또한 기울기가 가파르면 더 많이 이동하고 완만하면 더 적게 이동한다.
- 경사 하강법이 제대로 작동하기 위해서는 파라미터가 이동하는 거리인 학습률을 제대로 조정해야 한다.

[경사 하강법의 학습률]

구분	설명	그래프
학습률이 낮은 경우	- 이동하는 거리가 짧아 반복 횟수 증가 - 학습 시간이 늘어난다. - 안정적으로 수렴할 수 있다.	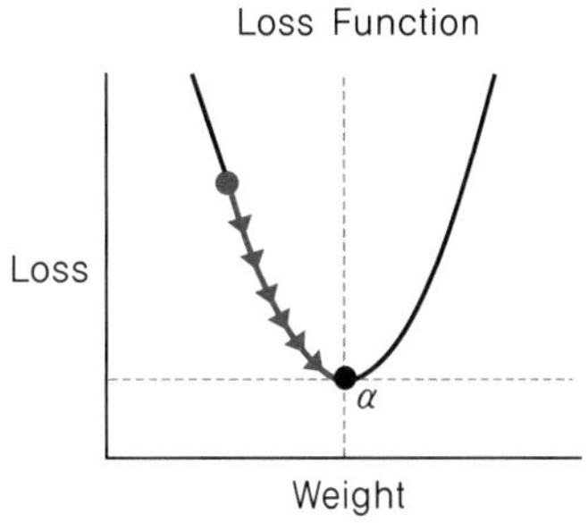 Loss Function Loss Weight α
학습률이 높은 경우	- 이동하는 거리가 길어 반복 횟수 감소 - 학습 시간이 줄어든다. - 최적값을 지나쳐 최적화에 실패할 가능성이 있다.	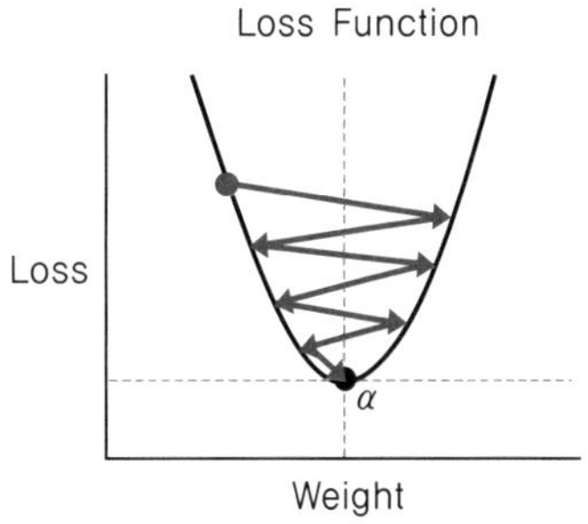 Loss Function Loss Weight α

② **경사 하강법의 한계**

일반적인 경사 하강법은 실제 적용 시, 다음과 같은 한계점들이 있다.

[경사 하강법의 한계]

구분	설명
연산량 증가	- 데이터가 증가할수록 연산량이 증가하여 그로 인해 학습 속도가 매우 느려지는 한계가 발생한다.
지역 극소점 수렴	- 실제 손실함수의 형태는 다양하게 나타나는데 전역 극소점이 아닌 지역 극소점에 수렴하는 현상이다. 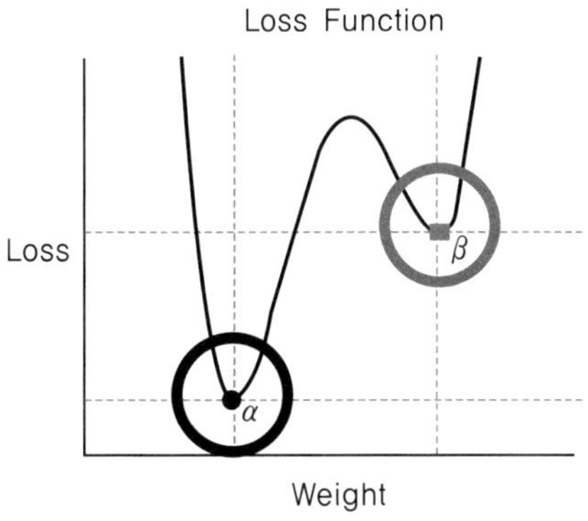 Loss Function Loss Weight α β

PART 01 PART 02 PART 03 **PART 04** PART 05 PART 06

<table>
<tr><td>지역 극소점 수렴</td><td>

- 위 손실함수 그래프에서는 기울기가 0이 되는 지점이 α와 β가 있다. α는 전역극소점이고, β는 지역 극소점이다.

전역 극소점	– Global Minimum Point – 전체 그래프에서 손실을 최소화하는 지점 – 최종적으로 도달해야 하는 극소점이다.
지역 극소점	– Local Minimum Point – 함수 전체의 극소점이 아닌 지역적 극소점이다.

- 랜덤하게 선택된 가중치가 지역 극소점에 위치하게 된다면 지역 극소점에 수렴되어 전역 극소점을 찾지 못하는 문제가 발생한다.

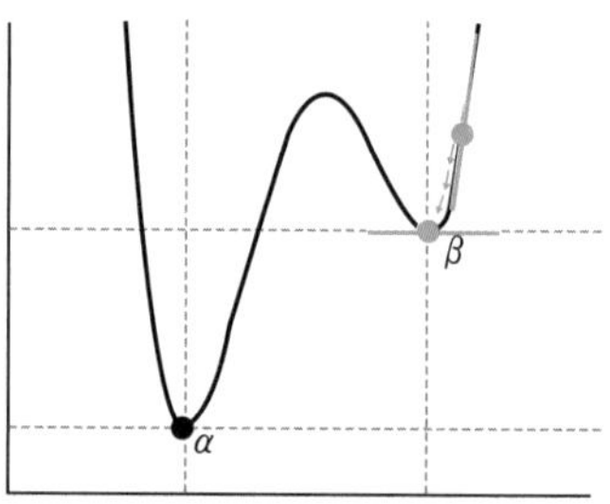

</td></tr>
<tr><td>플래튜 현상</td><td>

- 플래튜(Plateau): 손실함수에서 평탄한 구간

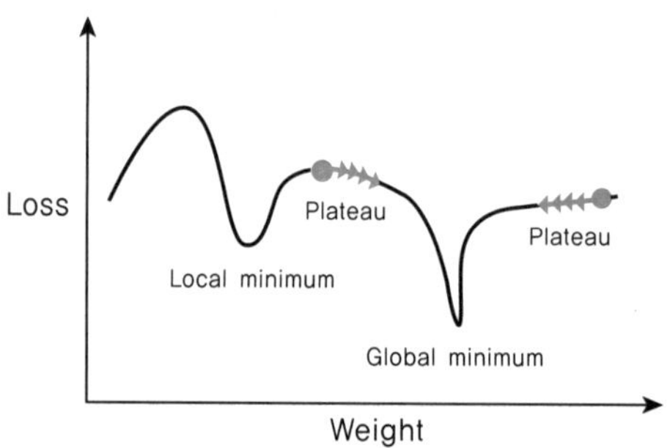

- 기울기가 플래튜 구간에 도달하여 더 이상 이동하지 않고 정체되어 소실되는 현상이다. 학습이 정지되어 최적해에 수렴하지 못한다.

</td></tr>
<tr><td>지그재그 현상</td><td>

- 매개변수가 여러 개인데 범위가 다른 경우 손실 함수의 변화가 일정하지 않아 최적해에 제대로 수렴하지 못하는 현상이다.

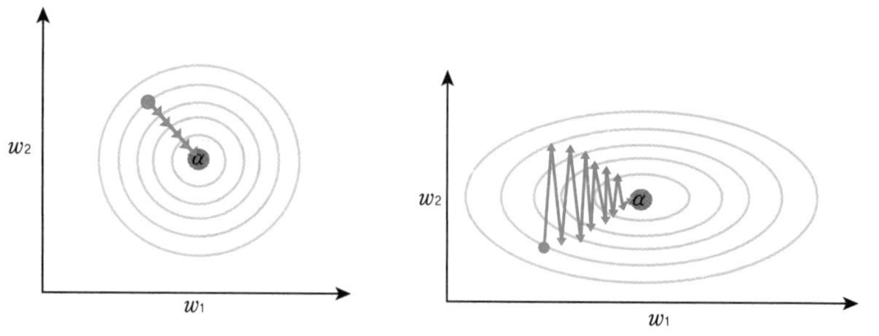

</td></tr>
</table>

지그재그 현상	– 위 그림에서 첫 번째 그래프는 가중치 ω_1과 ω_2의 범위가 동일하여 일정한 방향으로 기울기가 이동하고 있다. 하지만 두 번째 그래프는 ω_1의 범위가 ω_2보다 크다 보니, 손실함수는 X축 방향 가중치인 ω_1의 변화에 매우 둔감하고, Y축인 ω_2의 변화에 매우 민감하다. – 두 매개변수의 변화에 따른 손실함수의 변화가 일정하지 않아 지그재그 현상을 보이고 있으며, 실제 매개변수는 훨씬 더 많기 때문에 지그재그 현상은 더욱 복잡해짐에 따라 결국 학습 시간은 증가하면서 최적해에 수렴하지 못할 가능성이 크다.

③ 경사 하강법의 종류

경사 하강법은 데이터 세트의 규모에 따라 배치 경사 하강법, 확률적 경사 하강법, 미니 배치 경사 하강법 등으로 구분할 수 있다.

쏙쏙 예제

데이터 세트 이해하기

[데이터 세트 유형]

구분	설명
배치(Batch)	– 전체 훈련 데이터 세트를 여러 개의 집단으로 나눈 것 – 하나의 집단을 미니 배치(Mini Batch)라고도 한다. – Batch Size : 하나의 배치에 속하는 데이터의 수
이터레이션(Iteration)	– 미니 배치 한 개가 학습하는 단위
에포크(Epoch)	– 전체 훈련 세트가 전부 모형에 학습한 횟수

위 그림은 전체 1,000개의 데이터를 훈련 데이터 700개와 평가 데이터 300개로 분할했다. 700개의 훈련 데이터를 한 번에 모형에 학습시키지 않고 100개씩 7개의 미니 배치로 생성해서 학습시킬 수 있다. 배치 단위마다 학습하는 것을 이터레이션이라고 하며, 이터레이션은 배치의 개수와 동일하다. 에포크는 전체 훈련 세트가 전부 모형에 학습한 횟수로 7번의 이터레이션이 훈련을 끝내면 1- 에포크가 된다.

[경사 하강법 종류]

구분	설명	그래프
배치 경사 하강법 (Batch Gradient Descent; BGD)	– 손실함수의 기울기를 계산할 때 학습 데이터 전체를 사용 (풀 배치 경사 하강법) – 모든 데이터 세트를 대상으로 하여 안정적으로 수렴할 수 있지만 연산량이 증가하며, 안정적으로 움직이기 때문에 지역 극소점에 빠지면 이탈하기 어렵다. – 데이터가 커질수록 비효율적인 방법	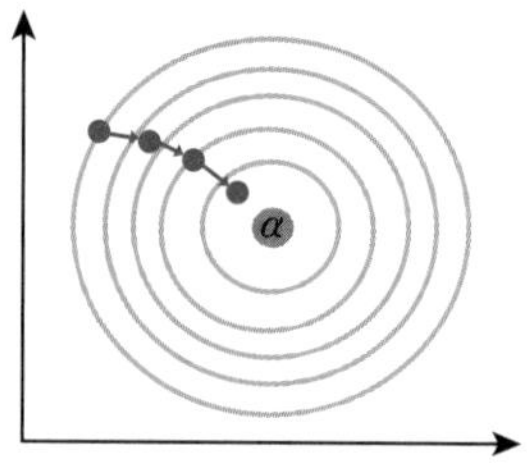
확률적 경사 하강법 (Stochastic Gradient Descent; SGD)	– 배치 경사 하강법의 한계를 보완하고자 모든 학습 데이터를 사용하지 않고 학습 데이터 세트에서 무작위로 한 개의 샘플 데이터를 추출 후, 그 샘플의 기울기 계산 – 학습속도가 매우 빠르고, 큰 훈련 데이터 세트라도 학습이 가능 – 배치 경사 하강법보다는 불안정하고 최적점에 정확히 도달하지 못할 가능성이 크다.	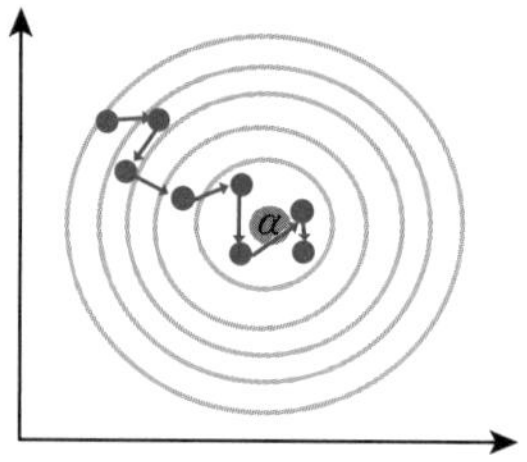
미니 배치 경사 하강법 (Mini–Batch Gradient Descent)	– 확률적 경사 하강법이 최적점에 정확히 도달하기 못하는 한계를 보안하고자 사용 – 전체 배치의 크기를 미니 배치로 줄여서 학습률을 적절하게 조정하는 기법 – 최적점에 더욱 안정적으로 수렴 – 배치 크기는 총 학습 데이터 세트의 크기를 배치 크기로 나눴을 때, 딱 떨어지는 크기로 하는 것이 좋다.	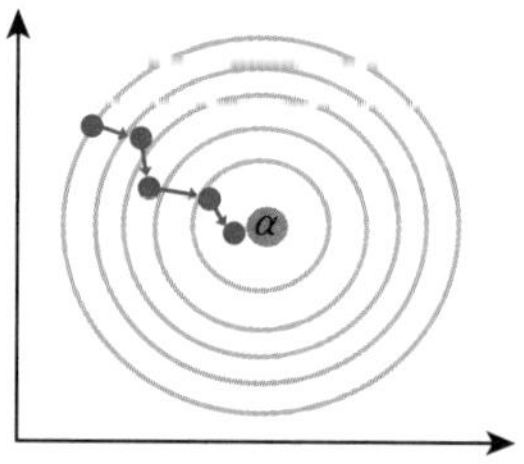

④ 경사 하강법의 응용

경사 하강법에서 최적해에 제대로 수렴하기 위해서는 속도와 방향의 알고리즘이 중요하다. 기존 경사 하강법의 한계를 개선하기 위해 개발된 다양한 알고리즘이 있다.

[경사하강법 응용]

구분	설명	그래프
Momentum	- 확률적 경사 하강법에 속도 개념을 추가 - 기울기 방향으로 힘을 받으면 물체가 가속화되어 공이 구르는 듯한 형태 - 지그재그 현상이 덜하며 빠르게 최적점으로 수렴 - 네스테로프 가속 경사(Nesterov Accelerated Gradient; NAG) 알고리즘은 일반 모멘텀보다 속도를 개선	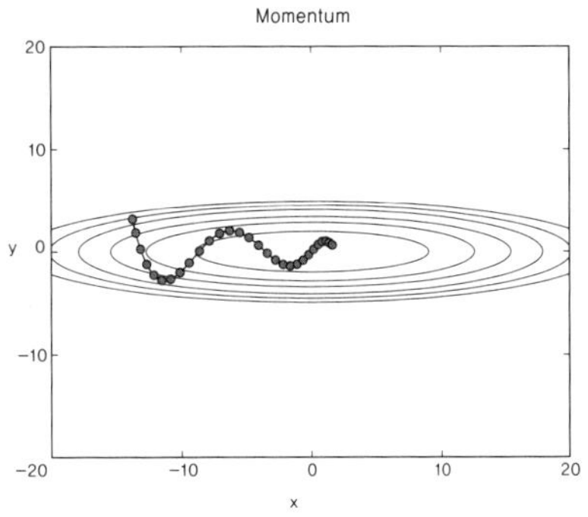 Momentum
AdaGrad (Adaptive Gradient Algorithm)	- 기울기가 큰 첫 부분에서는 크게 학습하다가, 최적점에 가까워질수록 학습률을 줄여 적게 학습 - 매개변수 전체의 학습률 값을 일괄적으로 낮추는 것이 아니라 각각의 매개변수에 맞는 학습률 값을 적용하므로 매우 효율적으로 이동	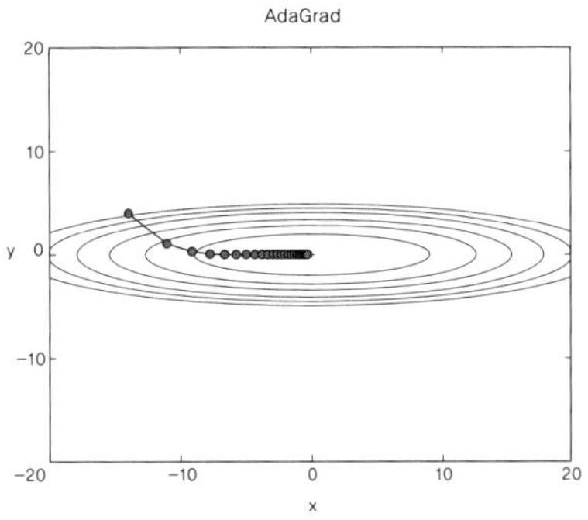 AdaGrad
RMS Prop (Root Mean Square Prop)	- 기울기를 단순 누적하지 않고 지수이동평균 기법을 사용하여 가장 최근 기울기 값을 반영 - AdaGrad의 학습률이 낮아지는 문제를 개선	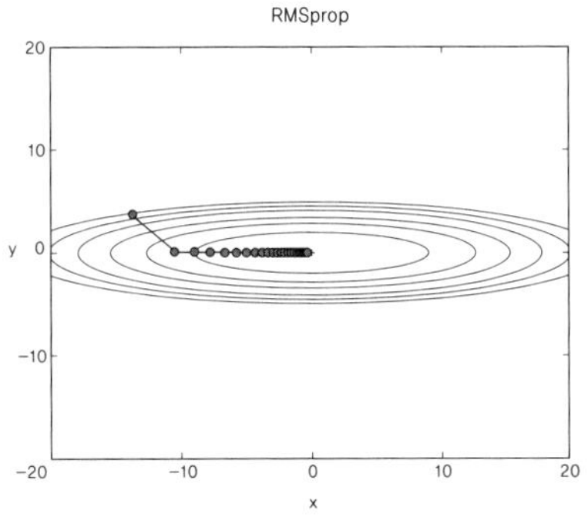 RMSprop
Adam (Adaptive Moment Estimation)	- 모멘텀 방식과 AdaGrad를 결합 - 전체적인 경향은 모멘텀 방식처럼 공이 굴러가는 듯하고, AdaGrad 방식으로 인해 갱신 강도가 조정되어 좌우 흔들림이 덜하다.	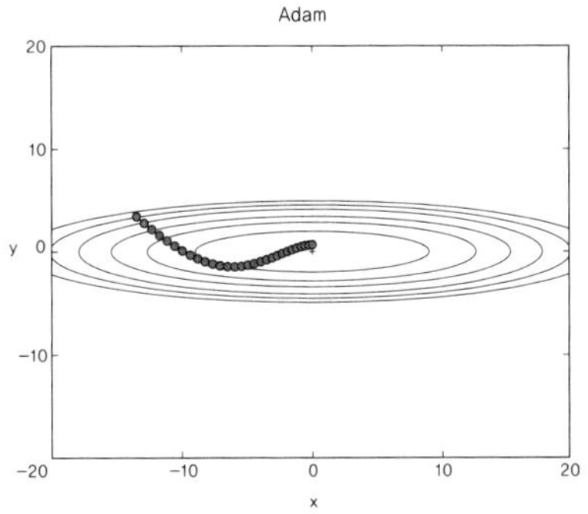 Adam

3) 최종 모형 선정* 읽고 넘어가세요.

① 최종 모형 선정

- 모형을 구축하고, 구축된 모형의 평가와 개선까지 이루어졌다면 최종적으로 사용할 모형을 선정해야 한다.
- 분석 목적과 조건에 부합하는 최종 모형을 선정한다.
- 다수의 모형을 결합하여 최적의 결과를 도출할 수 있다.

② 최종 모형 선정 절차

최종 모형을 선정하기 위해서 다음과 같은 절차를 따른다.

[최종 모형 선정 절차]

구분	설명
최종 모형 평가 기준 선정	– 모형의 평가 지표 기준 수립 – 기준에 부합하는 최종 모형 선정
최종 모형 분석 결과 검토	– 이해관계자 간 결과 검토 – 모형의 성능 및 활용 가능성 검토
알고리즘별 결과 비교	– 분석 알고리즘별로 매개변수 최적화 – 수행 결과 검토 및 비교

Chapter 02 분석 결과 해석 및 활용

시작하기 전에

본 장의 핵심은 시각화이다. 시각화의 중요성에 대해서는 앞 파트에서도 자주 언급하였지만 모형의 평가와 개선이 완료된 후인, 활용 단계에서도 시각화의 존재감은 상당하다. 결과를 해석하는 과정에서도 시각화는 유용한 도구이며, 해석한 결과를 이해관계자들과 공유하거나 설득할 때도 시각화는 가장 강력한 무기가 된다.

본 장에서는 각 분석 목적과 데이터 속성에 맞는 시각화 기법을 선택하는 방법과 최종 모형을 어떻게 비즈니스에서 통합하고 전개할 수 있는지 학습하도록 한다.

1 분석 결과 해석

1) 분석 모형 해석 *상대적으로 간단한 개념입니다. 읽고 넘어가세요.

① 분석 모형 해석

- 각 분석 모형을 평가하는 해석 지표들은 상이하다. 회귀 모형, 분류 모형, 군집분석, 연관분석 등 각 모형의 결과를 해석할 수 있는 지표들을 적절히 사용해 정확하게 모형을 해석한다.
- 데이터 분석 모형의 성능을 판단하고 해석할 수 있는 최적의 방법은 시각화 기법을 이용하는 것이다.

② 데이터 시각화(Data Visualization) *추후 자세하게 학습합니다. 읽고 넘어가세요.

- 데이터 시각화는 '정보 이해'와 '정보 전달'의 측면에서 직관적이고 효율적으로 모형을 해석하고 공유할 수 있는 효과적인 방법이다.
- 데이터 시각화는 구조화 → 시각화 → 시각 표현의 절차를 통해 이루어진다.

[데이터 시각화 절차]

구분	설명
구조화	– 시각화 목적 및 목표 설정 – 스토리 구상
시각화	– 분석 목적과 데이터의 속성에 맞는 시각화 도구 및 기술 선택 – 구조화를 기반으로 시각화 구현

시각 표현	– 시각화 후 효과적인 정보 표현을 위해서 시각 표현 보정 및 강조 – 전체 시각화 결과물의 품질 향상

• 데이터 시각화의 유형은 시간 시각화, 공간 시각화, 관계 시각화, 비교 시각화, 분포 시각화, 인포그래픽 등이 있다.

• 하나의 시각화 기법이 반드시 하나의 목적만을 위해 사용되는 것은 아니다. 시각화의 목적과 주안점의 차이에 따라 같은 시각화 기법이라도 다른 용도로 사용될 수 있다.

[데이터 시각화 유형]

구분	설명
시간 시각화	– 시간 흐름에 따른 데이터 변화를 통해 추세와 흐름 파악 예 선 그래프, 막대 그래프, 누적 막대 그래프 등
공간 시각화	– 지도를 통해 공간에 따른 경향, 차이를 파악 예 등치 지역도, 등치선도, 도트 플롯맵, 카토그램, 버블 플롯맵 등
분포 시각화	– 데이터의 분포를 파악 예 파이 차트, 도넛 차트, 트리맵, 누적 영역 차트 등
관계 시각화	– 데이터 간의 관계성을 파악 예 산점도, 산점도 행렬, 버블 차트 등
비교 시각화	– 데이터 간의 차이점과 유사성 파악 예 플로팅 바 차트, 히트맵, 체르노프 페이스, 스타 차트, 평행 좌표계 등
인포그래픽	– 정보를 빠르고 분명하게 표현하기 위해 그래프, 이미지, 아이콘, 텍스트 등을 균형있게 조합한 시각화 기법 예 지도형, 도표형, 스토리텔링형, 타임라인형, 비교분석형, 만화형 등

2) 비즈니스 기여도 평가

① 비즈니스 기여도 평가

• 데이터 분석 모형을 실제 비즈니스에 적용함으로써 의사결정, 운영 프로세스의 효율화 및 개선적인 측면에서 얼마나 기여했는지 정량적으로 평가할 수 있어야 한다.

• 일반적으로 사용되는 평가 지표는 다음과 같다.

[비즈니스 기여도 평가지표]

구분	설명
총 소유 비용 (Total Cost of Ownership)	– 하나의 자산을 획득 시 주어진 기간 동안 투자된 모든 비용 고려
투자 대비 효과 (Return On Investment)	– ROI라고 하며, 자본 투자에 따른 순 효과의 비율 – 투자 타당성의 근거
순 현재가치 (Net Present Value)	– 특정 시점의 투자금액과 매출금액 차이를 이자율을 고려하여 계산
내부 수익률 (Internal Rate of Return)	– 연 단위 기대수익 규모
투자 회수 기간 (Payback Period)	– 누계 투자금액과 매출금액의 합이 같아지는 기간 – 흑자 전환 시점

② 비즈니스 기여도 고려사항

비즈니스 기여도를 평가할 때 모형의 효과 성능, 타 모델링과의 중복, 최적화 등을 검증해야 한다.

[비즈니스 기여도 고려사항]

구분	설명
효과 검증	– 데이터 모델링 과정을 통해 검출률, 향상도 개선 등의 효과를 정량적인 지표로 검증
성능 검증	– 시뮬레이션을 통해 처리량, 대기 시간 감소 등을 통해 성능 검증
중복 검증	– 타 모델링과의 중복에 따른 효과를 통제, 제시 – 단위 프로젝트별 수익과 비용으로 평가하여 효율성 증대
최적화 검증	– 모형의 최적화 검증

2 분석 결과 시각화 *중요한 내용입니다. 각 시각화 기법의 유형과 해당되는 예시를 잘 알아두세요.

1) 시간 시각화

① 시간 시각화(Time Visualization)

- 시간에 따른 데이터의 변화를 표현한 시각화 기법이다.
- 데이터의 전체적인 흐름과 추세, 경향을 파악할 수 있다.

[시간 시각화 유형]

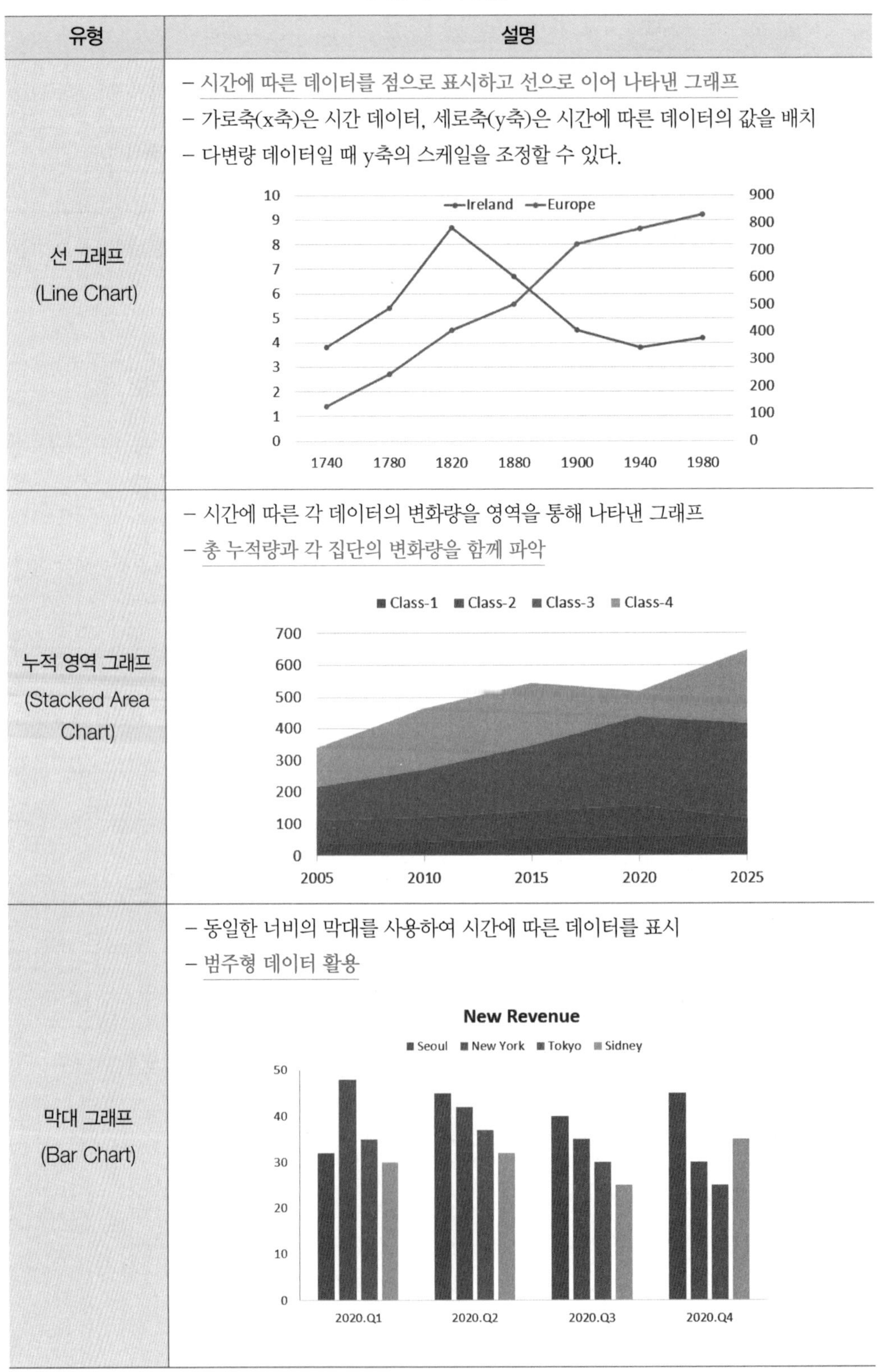

유형	설명
선 그래프 (Line Chart)	– 시간에 따른 데이터를 점으로 표시하고 선으로 이어 나타낸 그래프 – 가로축(x축)은 시간 데이터, 세로축(y축)은 시간에 따른 데이터의 값을 배치 – 다변량 데이터일 때 y축의 스케일을 조정할 수 있다.
누적 영역 그래프 (Stacked Area Chart)	– 시간에 따른 각 데이터의 변화량을 영역을 통해 나타낸 그래프 – 총 누적량과 각 집단의 변화량을 함께 파악
막대 그래프 (Bar Chart)	– 동일한 너비의 막대를 사용하여 시간에 따른 데이터를 표시 – 범주형 데이터 활용

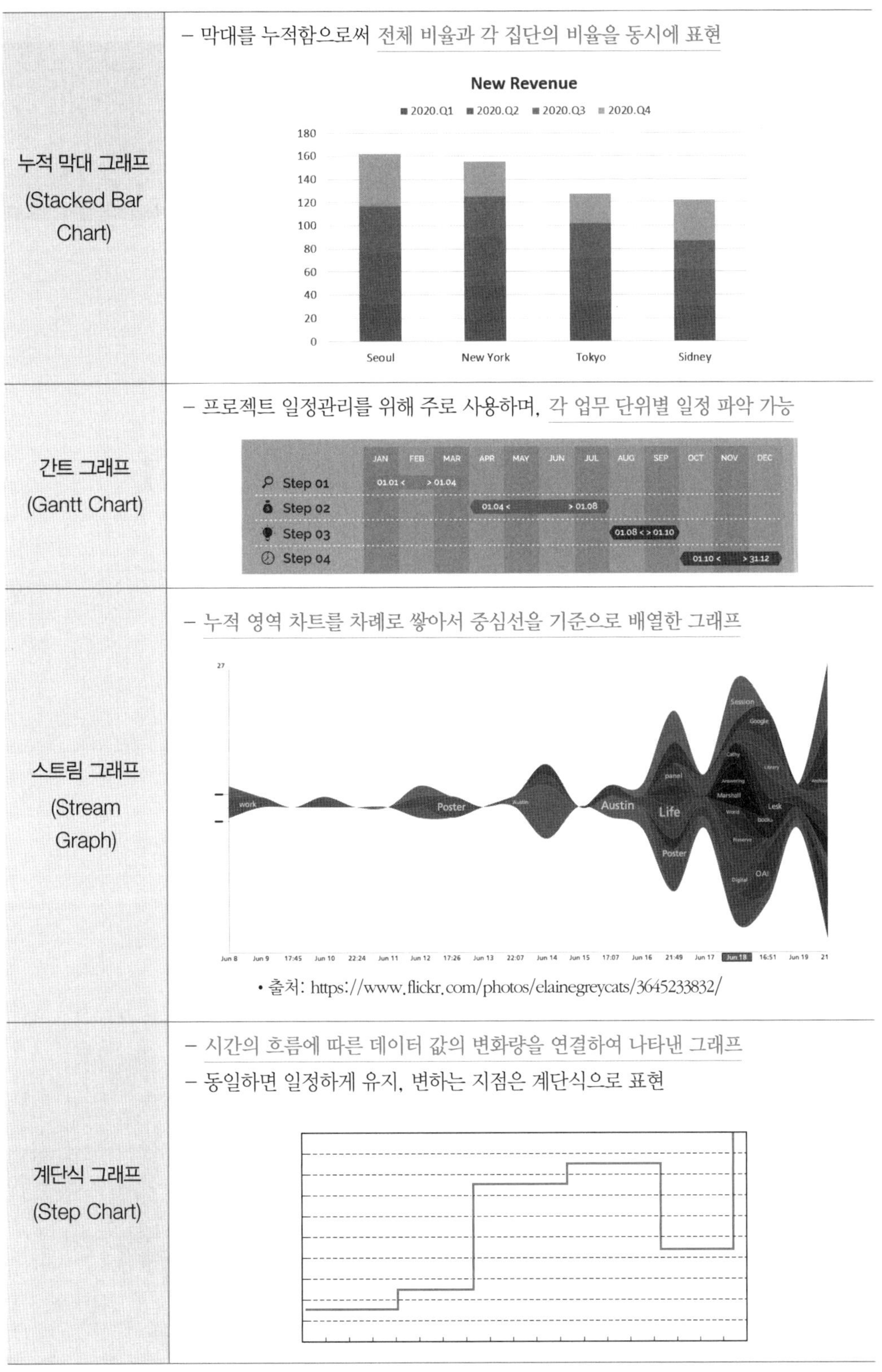

누적 막대 그래프 (Stacked Bar Chart)	– 막대를 누적함으로써 전체 비율과 각 집단의 비율을 동시에 표현
간트 그래프 (Gantt Chart)	– 프로젝트 일정관리를 위해 주로 사용하며, 각 업무 단위별 일정 파악 가능
스트림 그래프 (Stream Graph)	– 누적 영역 차트를 차례로 쌓아서 중심선을 기준으로 배열한 그래프 • 출처: https://www.flickr.com/photos/elainegreycats/3645233832/
계단식 그래프 (Step Chart)	– 시간의 흐름에 따른 데이터 값의 변화량을 연결하여 나타낸 그래프 – 동일하면 일정하게 유지, 변하는 지점은 계단식으로 표현

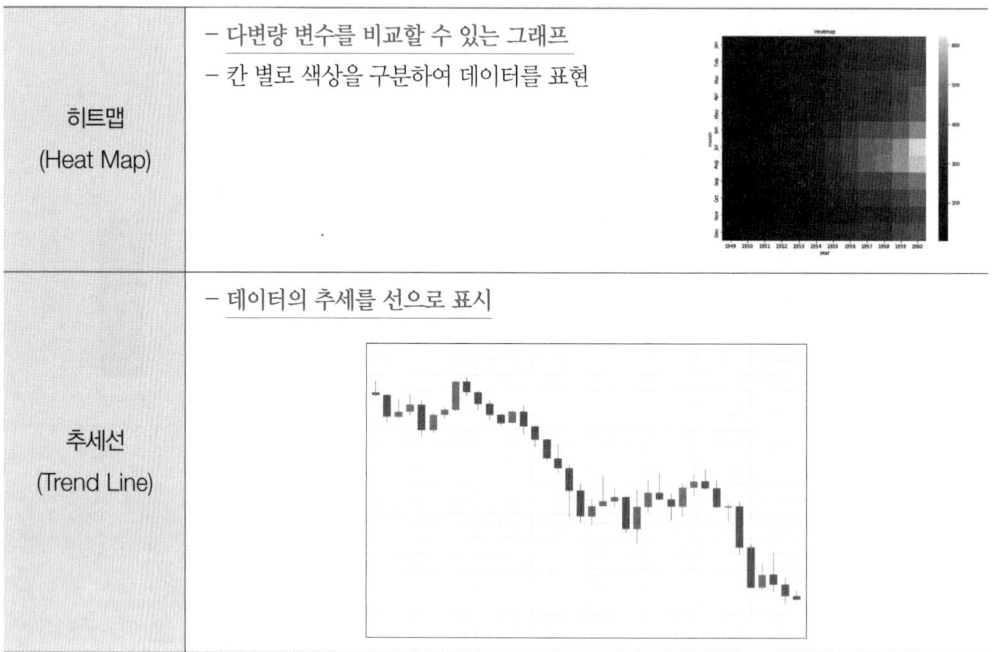

히트맵 (Heat Map)	– 다변량 변수를 비교할 수 있는 그래프 – 칸 별로 색상을 구분하여 데이터를 표현
추세선 (Trend Line)	– 데이터의 추세를 선으로 표시

2) 공간 시각화

① 공간 시각화(Space Visualization)

- 지도 상에 해당하는 정보를 표현한다.
- 목적에 따라 지도를 물리적으로 왜곡하기도 한다.

[공간 시각화 유형]

유형	설명
코로플레스 지도 (Choropleth Map)	– 지리적 단위로 색상 스케일을 이용하여 데이터를 구분 – 등치 지역도로도 불린다. – 범주형 데이터는 서로 다른 색상을 사용하여 구분하고, 연속형 데이터는 동일 색상의 명도를 조절하는 것이 일반적이다.

등치선도	- 지도 상에서 같은 값을 가지는 점을 선으로 이은 것 - 기온, 강수, 시간 등을 효과적으로 표현 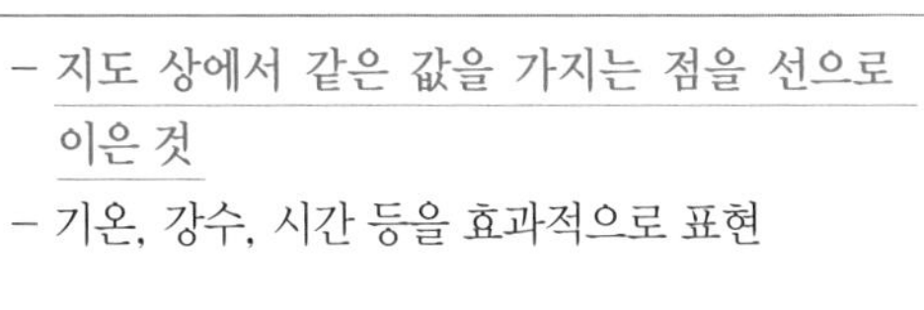
버블 플롯 맵 (Bubble Plot Map)	- 버블 그래프에서 위도와 경도를 적용하여 시각화한 그래프 - 원의 크기 및 색 등을 활용하여 추가 정보를 용이하게 표현 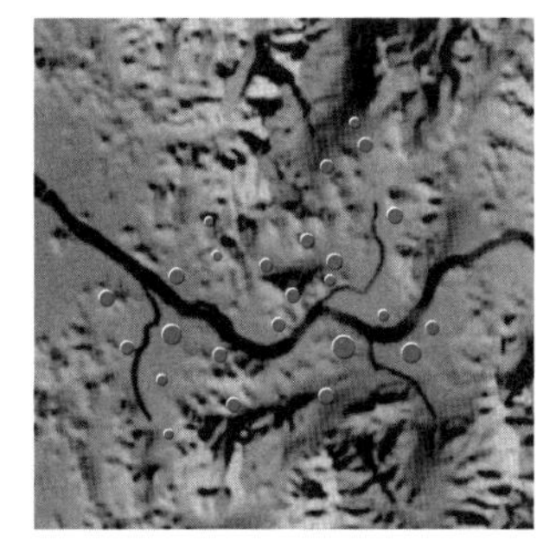
카토그램 (Cartogram)	- 지도의 면적을 왜곡시켜 데이터 수치에 따라 구분 - 변량 비례도로도 불린다. - 데이터 크기에 따라 직관적으로 인지할 수 있다. 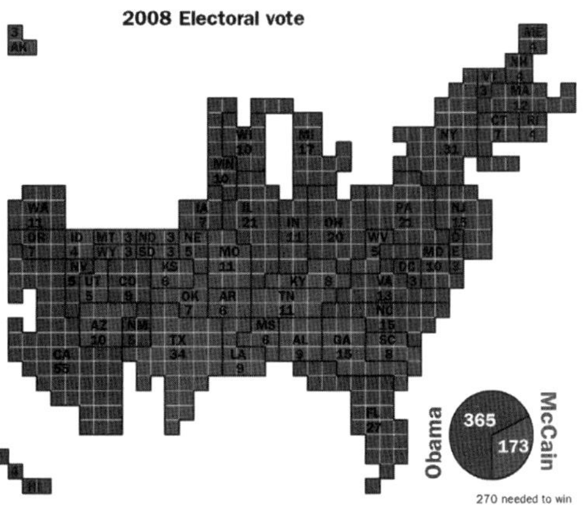 - 카토그램은 의석 수나 선거인단 수, 인구 등의 특정한 데이터를 표현할 때 자주 사용된다.

도트맵 (Dot Map)	– 공간 상의 밀도, 분포를 표현하는 그래프 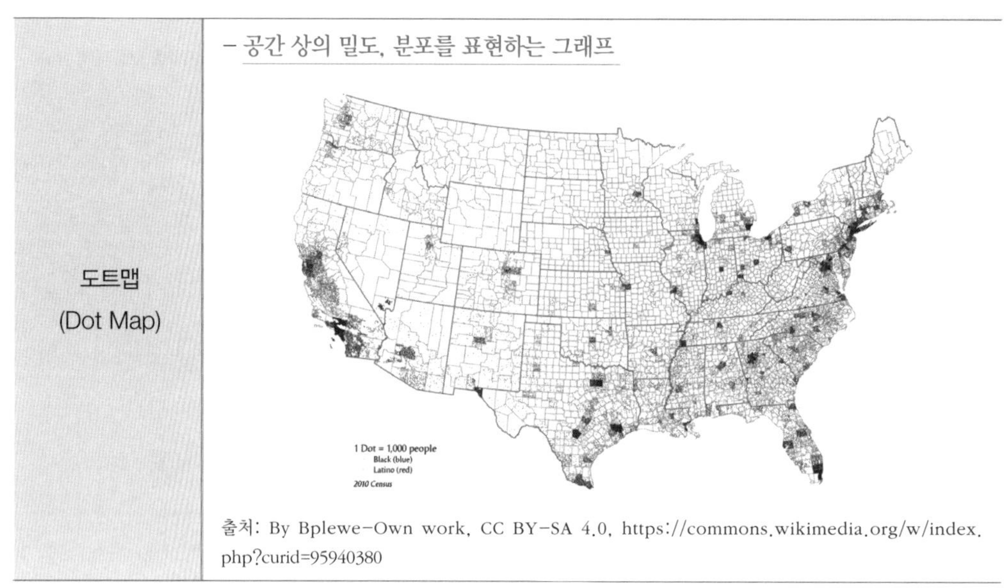 출처: By Bplewe-Own work, CC BY-SA 4.0, https://commons.wikimedia.org/w/index.php?curid=95940380

3) 분포 시각화

① 분포 시각화(Distribution Visualization)

- 데이터의 분포, 각 그룹의 비율 등을 표현한다.
- 비율로 영역을 표현하는 경우 각 영역을 모두 합치면 100% 또는 1이 된다.

[분포 시각화 유형]

유형	설명
파이차트 (Pie Chart)	– 원 모양의 그래프를 이용하여 전체에서 각 데이터가 차지하는 비율을 표현
도넛차트 (Donut Chart)	– 파이차트의 일종으로 중심 부분이 비어있는 모양

히스토그램 (Histogram)	– 막대 그래프의 일종으로 연속형 데이터를 그룹화하여 표현 – 가로축(x축)은 특정 변수의 구간 폭, 세로축(y축)은 데이터의 분포 정도를 표현 – 데이터 값의 분포를 보여주는 도수분포표를 주로 사용한다. 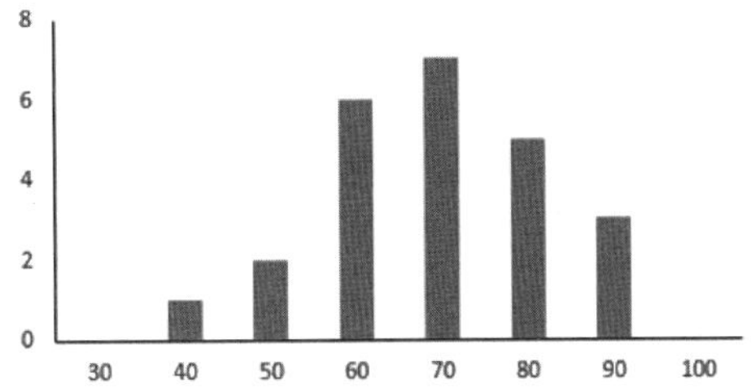
트리맵 (Tree Map)	– 여러 계층 구조(트리구조) 데이터를 표현하는 방법 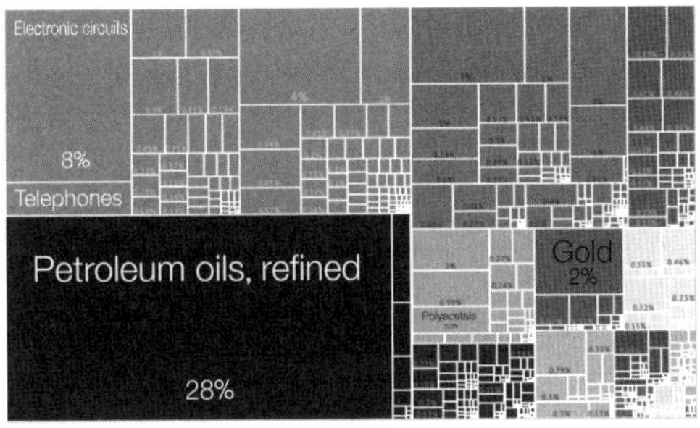
누적 영역 그래프 (Stacked Area Chart)	– 시간에 따른 각 데이터의 변화량을 영역을 통해 나타낸 그래프 – 총 누적량과 각 집단의 변화량을 함께 파악 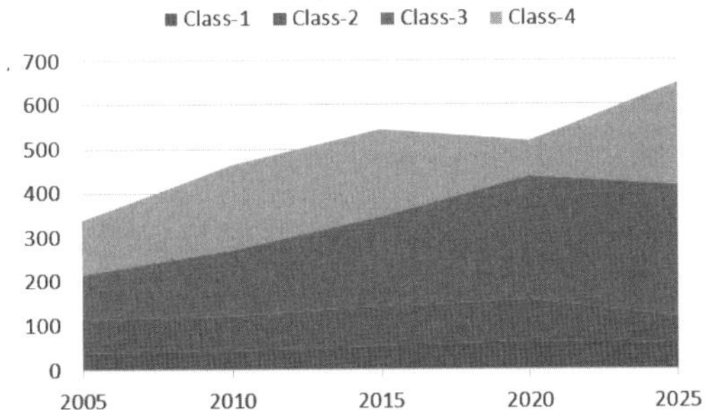
워드 클라우드 (Word Cloud)	– 텍스트 데이터에서 데이터의 규모, 중요도 등을 고려하여 표현 – 중요하고 빈번히 언급되는 단어일수록 크게 표현 – 태그 클라우드(Tag Cloud)라고도 불린다. 

4) 관계 시각화

① 관계 시각화(Relation Visualization)

- 데이터 간 상관성, 연관성을 표현한다.

[관계 시각화 유형]

유형	설명
산점도 (Scatter Plot)	– 직교 좌표계에 좌표상의 점들을 표시함으로써 두 변수 간의 관계 표현 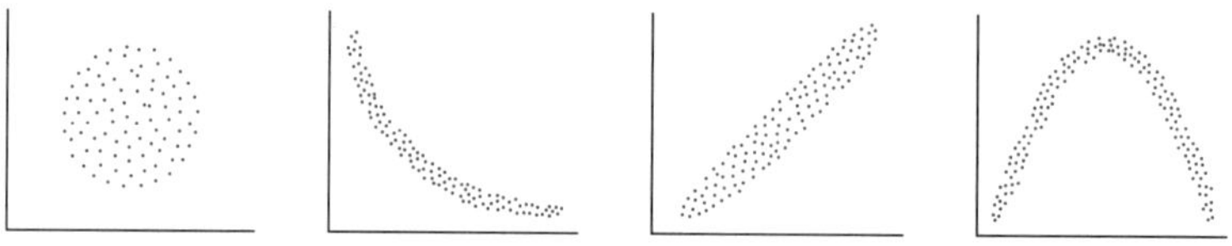
산점도 행렬 (Scatter Plot Matrix)	– 다변량 데이터에서 변수 쌍 간의 산점도들을 행렬 형태로 조합한 그래프 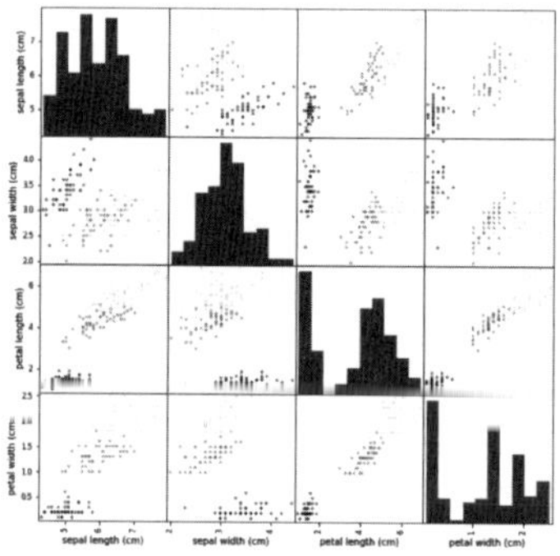
버블차트 (Bubble Chart)	– 산점도에서 원의 크기, 텍스트 등을 사용하여 추가적인 정보를 표시 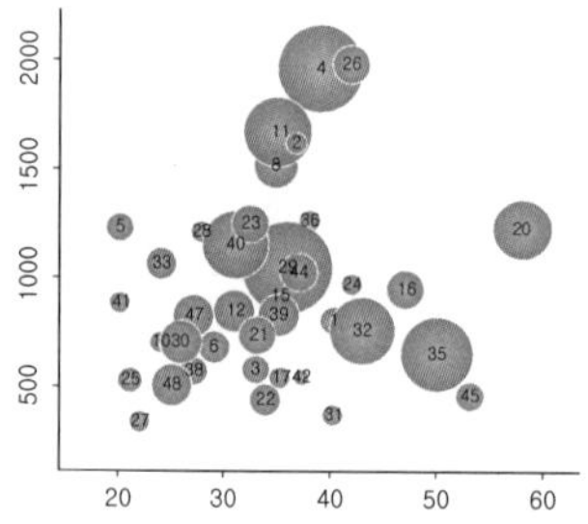
네트워크 그래프 (Network Graph)	– 개체 간 논리적인 관계를 표현 – 개체는 노드(Node)로 표현하고 노드끼리 연결(Link)을 통해 전체 네트워크의 구조뿐만 아니라 각 객체 간의 관계 파악 가능 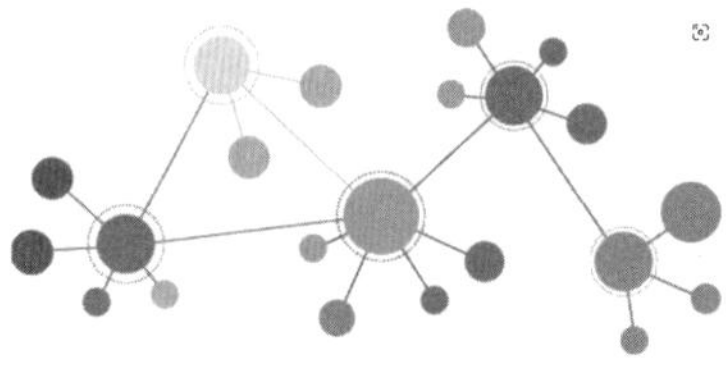

5) 비교 시각화

① 비교 시각화(Comparison Visualization)

데이터 간 유사점과 차이점을 표현한다.

[비교 시각화 유형]

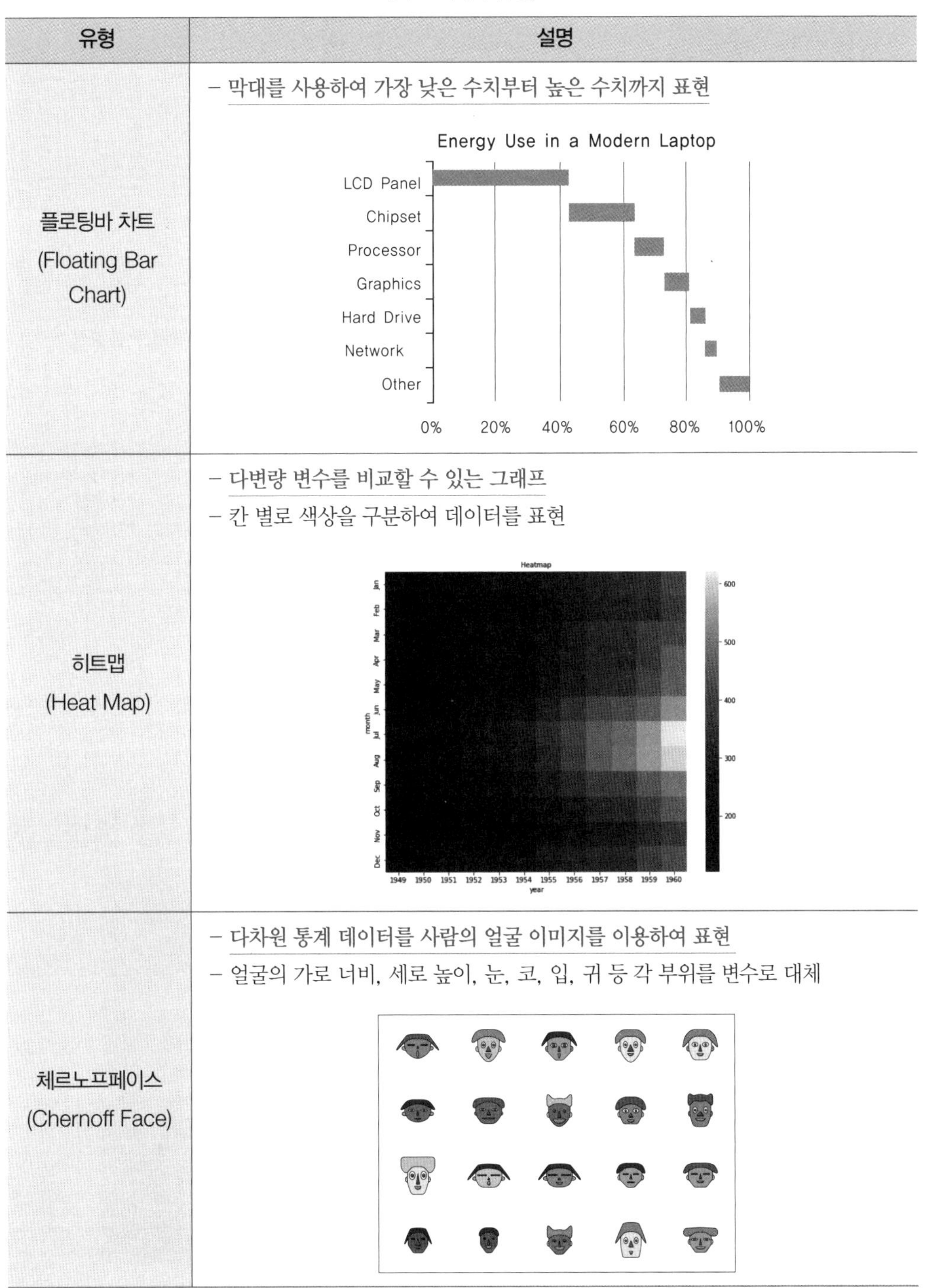

유형	설명
플로팅바 차트 (Floating Bar Chart)	– 막대를 사용하여 가장 낮은 수치부터 높은 수치까지 표현
히트맵 (Heat Map)	– 다변량 변수를 비교할 수 있는 그래프 – 칸 별로 색상을 구분하여 데이터를 표현
체르노프페이스 (Chernoff Face)	– 다차원 통계 데이터를 사람의 얼굴 이미지를 이용하여 표현 – 얼굴의 가로 너비, 세로 높이, 눈, 코, 입, 귀 등 각 부위를 변수로 대체

별 그래프 (Star Chart)	– 한 공간에 각 변수를 표현하는 몇 개의 축(독립변수)을 생성한 후 변수에 해당하는 값들을 연결하여 표현 – 중심점이 최솟값이 되고 끝점에 위치할수록 최댓값 – 거미줄 그래프, 레이더 그래프라고도 불린다. 2005 2010 2015 2020 2025 0 50 100 150 200 250 300
평행 좌표 그래프 (Parallel Coordinate Plot)	– 가로축(x축)에 변수를 평행으로 배치하고 세로축(y축)에 일반적으로 데이터의 값을 정규화한 후 배치 – 측정 대상은 변수의 값에 따라 위아래로 이어지는 연결선으로 표현 300 250 200 150 100 50 0 Class-1 Class-2 Class-3 Class-4 Class-5 Class-6 2005 2010 2015 2020 2025

6) 인포그래픽

① 인포그래픽(Infographics)

• 다양하고 방대한 정보를 빠르고 직관적으로 표현하기 위해 정보, 자료, 지식을 시각화하는 기법이다.

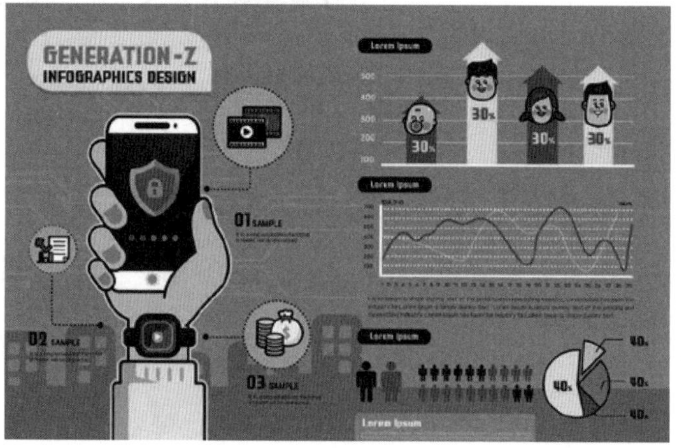

- 그래프, 이미지, 아이콘, 텍스트 등을 균형있게 조합한다.
- 웹, SNS 상에 다양한 인포그래픽을 활용하여 전달하고자 하는 정보를 직관적으로 빠르게 전달할 수 있다.
- 지도형, 도표형, 타임라인형, 비교분석형, 만화형 등이 있다.

[인포그래픽 유형]

유형	설명
지도형	– 특정 국가나 지도 안에 정보를 표현
도표형	– 다양한 표와 그래프를 사용
스토리텔링형	– 하나의 사건이나 주제에 대해 이야기를 들려주는 구성 방식
타임라인형	– 주제를 선정하여 관련된 히스토리를 타임라인 형태로 나타내는 방식
비교분석형	– 두 가지 이상의 제품, 개념을 비교
만화형	– 캐릭터 등의 만화적 요소를 활용

3 분석 결과 활용

* 모두 암기할 필요는 없습니다. 전체적인 흐름을 이해하고 읽고 넘어가세요.

1) 분석 모형 전개

① 분석 모형 전개

- 모형의 평가와 개선이 완료되면 실제 운영 시스템에 통합하고 적용하는 것을 전개(Deployment)라고 한다.
- 실제 운영 시스템에 통합 및 적용할 때는 분석 도구와 개발 프로그래밍 언어 등의 호환성을 고려해야 하고, 필요하다면 인터페이스를 추가적으로 개발한다.

- 모형의 전개 후 모형의 성능을 추적하고 주기적으로 개선해야 한다.

[성능 추적 및 개선 방안]

유형	설명
성능 추적	– 예측 오차의 추적을 통해 모형의 타당성 확인 – 추적 신호(Tracking Signal; TS) 지표는 예측 오차들의 합을 예측 오차 절댓값들의 평균으로 나눈 값으로 – 4~4의 범위에서 일반적으로 0 부근을 정상으로 본다.

개선 방안	- 모형의 성능 추적 결과가 좋지 않다면 모형을 개선해야 한다. - 일반적으로 같은 모형을 사용하되, 새로운 데이터를 수집하여 재학습한다. - 다른 분석 기법을 적용하여 분석 모형 자체를 변경하기도 한다.

- 모형 발전 계획을 수립하고 프로젝트의 성과를 정량적, 정성적으로 평가한 후 최종 보고서를 작성하여 프로젝트를 종료한다.
- 모형 발전 계획 수립은 분석결과 활용 시나리오 개발, 분석결과 적용 및 보고서 작성, 분석 모형 모니터링, 분석 모형 리모델링 등이 포함된다.

2) 분석 결과 활용 시나리오 개발

① 분석 결과 활용

분석 결과를 이용해서 어떻게 활용할 수 있을지 분야를 파악하고 분류한다.

[분석 결과 활용]

<table>
<tr><th>구분</th><th colspan="2">설명</th></tr>
<tr><td rowspan="4">활용 분야 파악</td><td colspan="2">- 직접 활용 분야와 파생 활용 분야를 고려할 수 있다.</td></tr>
<tr><td>구분</td><td>설명</td></tr>
<tr><td>직접 활용</td><td>- 1차적인 분석 목적으로 비즈니스에 직접적으로 적용할 수 있는 분야</td></tr>
<tr><td>파생 활용</td><td>- 활용 방안을 확대하여 비즈니스에 응용 가능한 가치사슬에서 적용할 수 있는 분야</td></tr>
<tr><td>활용 분야 분류</td><td colspan="2">- 분야 도출 후 관련 아이디어 생성 및 분류
- 초기 아이디어인 경우 관련 개념을 효과적으로 분류하기 위해 마인드맵, 계층 구조, 친화 도표 등 다양한 방법론을 사용할 수 있다.
- 비즈니스의 가치사슬을 이용하여 업무를 수직, 수평적으로 통합 및 확대할 수 있다.</td></tr>
<tr><td>적용 가능 서비스 도출</td><td colspan="2">- 아이디어를 발전시켜 분석 결과를 해당 업무나 프로세스에 적용할 수 있는 서비스를 도출한다.
- 2개 이상의 영역에 대한 융합 활용도 고려한다.</td></tr>
<tr><td>신규 서비스 도출</td><td colspan="2">- 분석 결과를 활용하여 신규 서비스 모형을 정의하고 개발할 수 있다.
- 시장 분석을 통해 서비스 사용자, 제공 가치, 제공 방법 등을 검토한다.
- 시장은 다음과 같이 분류한다.</td></tr>
</table>

<table>
<tr><td rowspan="3">신규 서비스 도출</td><td>

구분	설명
매스마켓 (Mass Market)	– 상당수의 최종 소비자를 위해 대규모로 생산되는 상품 시장
니치 마켓 (Niche Market)	– 니치(Niche)란 틈새를 의미하며, 거대 업체들이 투자비용이나 효율성 측면에서 간과하는 시장
세그먼트(Segment)	– 주요 고객이 명확히 정의된 시장
멀티사이드(Multi–side)	– 2개 이상의 개별적인 고객 그룹이 존재하는 시장

</td></tr>
<tr><td>

– 사용자에게 제공할 수 있는 질적 가치와 양적 가치를 고려한다.

구분	설명
질적 가치	– 브랜드 가치, 디자인 등을 의미한다.
양적 가치	– 가격, 효율성, 제품의 무게 등을 의미한다.

</td></tr>
<tr><td>

– 신규 서비스의 성공 요인과 실패 요인을 파악하고 준비한다.

구분	설명
성공 요인	– 분석 목적, 사용자, 활용 가치가 명확하다. – 분석 프로세스 및 조직의 인프라가 준비되어 있다. – 데이터 품질이 높거나 모형의 알고리즘에 신뢰성이 있다.
실패 요인	– 분석 목적, 사용자, 활용 가치가 불명확하다. – 분석 프로세스 및 조직의 인프라가 미비하다. – 데이터 품질이 낮거나 모형의 알고리즘에 문제가 있다.

</td></tr>
</table>

3) 분석 모형 모니터링

① 분석 모형 모니터링

- 분석 모형을 전개 후 모형이 지속적으로 성능이 유지되는지 모니터링하는 작업이 필요하다.
- 분석 솔루션 상태, 정상 작동 상태, 데이터 처리 및 분석 시간, 성능 등을 모니터링
- 실시간 또는 배치 스케줄러를 통해 검토한다.
- 모니터링할 모형이 많으면 자동화 시스템을 도입하여 이상 시 알림을 확인할 수 있는 시스템을 갖춘다.
- 모니터링의 주기는 상황과 조건에 따라 일간, 주간, 월간, 분기, 연간 등으로 수행한다.
- 모니터링을 위해 상용도구를 이용하거나 R Studio에서 제공하는 샤이니(Shiny)와 같은 오픈소스를 활용할 수도 있다.

4) 분석 모형 리모델링

① 분석 모형 리모델링

- 지속적인 모니터링 결과 성능이 저하되는 경우에 모형 리모델링을 수행한다.
- 모형 성능 향상을 위해 데이터 마이닝, 시뮬레이션, 최적화를 적용한다.
- 리모델링은 목적에 따라 분기, 반기, 연 단위로 수행한다.

[분석 모형 리모델링 기법]

기법	업무
데이터 마이닝	– 동일한 데이터를 이용해 학습을 다시 수행하거나 데이터를 추가해 학습을 다시 수행 – 주로 분기별로 수행한다.
시뮬레이션	– 이벤트 발생 패턴 변화, 시간 지연, 우선순위, 자원 할당 규칙 변화 등 처리 – 시스템의 주요 변경이 이루어지는 시점에 수행 – 주로 반기별로 수행한다.
최적화	– 함수의 파라미터 변경이나 제약 값의 변화와 추가 – 주로 연 단위로 수행한다.

② 분석 모형 리모델링 절차

- 분석 모형 리모델링의 일반적인 절차는 다음과 같다.

절차	설명
개선용 데이터 수집 및 처리	– 기존에 사용한 데이터가 아닌 개선용으로 사용할 수 있는 새로운 데이터를 수집, 혼합해서 사용할 수도 있다. – 개선용 데이터는 데이터의 변경도, 활용도, 오류율, 신규 영향 정도 등을 평가한다. – 수집된 데이터는 모형 개발에 적합하도록 처리 및 가공한다.
모형 리모델링	– 모형 리모델링은 기존 모형 개발과 동일한 절차로 수행 – 명확한 개선 목적 지표를 수립한 후 모형 리모델링 수행 – 매개변수 최적화
결과 평가 및 등록	– 모형 평가는 기존 모형 평가와 동일한 절차로 수행 – 최종 모형 선정 후 실질적인 활용 가능성을 검토하고 결과 평가 – 운영 시스템에 전개 및 결과 공유

- 일반적으로 초기에는 모형 리모델링을 자주 수행하고 점진적으로 기간을 연장한다.
- 관리 대상 모델이 월 기준 20개 이상이라면 업무 자동화를 권고한다.

실력점검문제

무료 동영상

01 다음 중 가장 좋은 모형의 기준으로 적절한 것은?

① 높은 Bias, 높은 Variance

② 낮은 Bias, 낮은 Variance

③ 높은 Bias, 낮은 Variance

④ 낮은 Bias, 높은 Variance

해설

- 이상적인 모형이란 편향과 분산이 모두 낮은 모형이다.
- 편향(Bias): 학습 알고리즘에서 잘못된 가정을 했을 때 발생하는 오차
- 분산(Variance): 학습 데이터에 내재된 작은 변동으로 발생하는 오차

02 다음 중 회귀 모형 검정 지표에 대한 설명으로 옳지 않은 것은?

① 회귀 모형 지표는 MAE, MSE, RMSE, MAE 등이 있다.

② R^2은 회귀 제곱합과 전체 제곱합의 비율로 1에 가까울수록 모형이 데이터를 잘 설명한다고 판단한다.

③ MSE는 오차의 제곱 합을 평균으로 계산한 지표로 $\frac{\sum_{i=1}^{n}(y_i - \hat{y}_i)^2}{n}$ 로 계산한다.

④ 다중 회귀분석에서 수정된 결정계수는 값이 결정계수보다 크게 계산된다.

해설

결정계수는 독립변수의 수가 증가하면 독립변수의 유의성과 관계없이 값이 증가하므로 다중 회귀분석에서는 수정된 결정계수를 사용한다. 수정된 결정계수는 표본의 크기와 독립변수의 개수를 추가적으로 고려하여 작게 계산된다.

03 다음 중 분류 모형 평가 지표에 대한 설명으로 옳지 않은 것은?

① 카파 통계량은 값이 클수록 예측값과 실제값이 일치하는 지표이다.

② F1-Score는 정밀도와 재현율을 하나로 합한 성능평가 지표로 0과 1 사이의 범위를 가진다.

③ 정밀도는 양성으로 예측한 비율 중 실제로 양성인 비율로 민감도, 참 긍정률이라고도 표현한다.

④ 특이도는 실제 음성인 범주에서 음성으로 올바르게 예측한 비율이다.

해설

정밀도는 양성으로 예측한 비율 중 실제로 양성인 비율을 계산한 것은 맞지만 민감도, 참 긍정률의 동의어는 재현율이다. 재현율은 실제로 양성인 범주에서 양성으로 올바르게 예측한 비율이다.

04 F1-Score 공식으로 옳은 것은?

① $2 * \frac{Precision*Recall}{Precision-Recall}$

② $2 * \frac{Precision*Recall}{Precision+Recall}$

③ $2 * \frac{Precision+Recall}{Precision*Recall}$

④ $2 * \frac{Precision-Recall}{Precision*Recall}$

해설

F1-Score

- 정밀도와 재현율을 하나로 합한 성능평가 지표
- 0과 1 사이의 범위를 가지며 값이 클수록 모형이 정확하다고 판단
- $F1 - Score = 2 * \frac{Precision*Recall}{Precision+Recall}$

정답 01 ② 02 ④ 03 ③ 04 ②

05 다음 중 K–Fold Cross Validation에 대한 설명으로 옳지 않은 것은?

① K번 반복 수행한다.

② 모든 데이터를 훈련과 평가에 사용할 수 있지만 K값이 증가하면 연산량이 증가한다.

③ 학습 결과는 다수결, 또는 평균으로 분석하여 최종 성능을 도출한다.

④ 데이터 집합을 무작위로 동일한 크기의 K개의 부분 집합으로 생성한 뒤, 그 중 1개는 훈련 데이터로 사용하고 (K−1)개는 평가 데이터로 사용하여 검증하는 기법이다.

해설

데이터 집합을 무작위로 동일한 크기의 K개의 부분 집합으로 생성한 뒤, 그 중 1개는 평가 데이터로 사용하고 (K−1)개는 훈련 데이터로 사용하여 검증하는 기법이다.

06 다음 중 정규성 검정에 대한 설명으로 옳지 않은 것은?

① 정규성 검정은 표본 집단의 가정된 분포가 주어진 경우에 주로 수행하는 기법이다.

② 샤피로–윌크 검정(Shapiro–Wilk Test)은 통계량을 계산하여 정규성을 검정하는 기법으로 일반적으로 데이터의 수가 많지 않을 때 사용하기 적절하다.

③ 데이터의 왜도가 0을 기준으로 작거나 큰 경우 Q–Q Plot을 그리면 데이터가 기준선을 벗어나는 양상을 보인다.

④ Q–Q Plot은 정규성 검정을 위해 일반적으로 사용되는 시각화 기법이지만 데이터의 크기에 따라 해석이 어려워질 수 있으므로 보조적으로 사용하는 것이 옳다.

해설

정규성 검정은 표본 집단의 가정된 분포가 정해지지 않은 경우에 주로 수행하는 기법이다.

07 다음 중 과대적합 방지 기법에 대한 설명으로 옳지 않은 것은?

① 라쏘(Lasso) 기법과 릿지(Ridge) 기법 공식에서 감마(λ)는 초매개변수로 과대적합을 방지하기 위해서 감마를 0에 가깝게 조절해야 한다.

② 라쏘(Lasso) 기법의 공식은 $Loss = Error(y, \hat{y}) + \lambda \sum_{i=1}^{N} |w_i|$로 표현할 수 있다.

③ 드롭아웃은 특정 변수의 특징만을 과도하게 집중하여 학습하는 것을 방지하기 위해 무작위로 신경망 일부를 삭제하는 기법이다.

④ 변수 간 상관관계가 높은 상황에서 상대적으로 예측 성능이 우수한 것은 릿지(Ridge) 기법이다.

해설

감마(λ)는 초매개변수로 감마가 0이면 전체 식은 훈련 데이터만 예측하는 식이 되어 과대적합이 유발될 가능성이 크지만, 감마가 커진다면 전체 손실함수 값을 줄이기 위해 가중치의 합을 감소시켜야 하므로 과대적합을 방지하고 성규화할 수 있나.

08 다음 중 경사 하강법에 대한 설명으로 옳지 않은 것은?

① 경사 하강법에서 중요한 초매개변수는 Learning Rate와 Epoch 크기이다.

② 경사 하강법은 랜덤하게 선택된 가중치가 지역 극소점에 위치하게 된다면 지역 극소점에 수렴되어 전역 극소점을 찾지 못하는 문제가 발생할 수 있다.

③ 확률적 경사 하강법은 학습 데이터 세트에서 무작위로 한 개의 샘플 데이터를 추출 후, 그 샘플의 기울기를 계산하는 방식으로 학습속도가 매우 빠르고 최적점에 안정적으로 수렴할 수 있다.

④ 지그재그 현상은 매개변수의 스케일의 차이가 크기 때문에 최적해에 제대로 수렴하지 못하는 현상이다.

05 ④ 06 ① 07 ① 08 ③ 정답

해설

확률적 경사 하강법은 학습 데이터 세트에서 무작위로 한 개의 샘플 데이터를 추출 후, 그 샘플의 기울기를 계산하는 방식으로 학습속도가 매우 빠르고 큰 훈련 데이터 세트라도 학습이 가능하다는 장점이 있으나, 풀 배치 경사 하강법보다 불안하고 최적점에 정확히 도달하지 못할 가능성이 크다.

09 다음 중 데이터 세트에 대한 설명으로 옳지 않은 것은?

① 경사 하강법은 데이터 세트 규모에 따라 배치 경사 하강법, 확률적 경사 하강법, 미니 배치 경사 하강법 등으로 구분할 수 있다.

② 배치의 사이즈는 하나의 배치에 속하는 데이터의 수를 의미한다.

③ 이터레이션(Iteration) 값은 배치의 개수와 동일하다.

④ 에포크는 전체 데이터 세트가 전부 모형에 학습한 횟수이다.

해설

에포크는 전체 훈련 세트가 전부 모형에 학습한 횟수이다. 배치와 에포크 모두 훈련 데이터를 기준으로 나누는 것이다.

10 다음 중 용어와 개념이 올바르게 짝지어지지 않은 것은?

① Adam: Momentum 방식과 AdaGrad를 결합한 방식이다.

② AdaGrad: 매개변수 전체의 학습률 값을 일괄적으로 낮춰 전체 효율성을 높이는 방식이다.

③ Nesterov Accelerated Gradient: 일반 모멘텀 방식보다 속도를 개선한 방식이다.

④ Momentum: 확률적 경사 하강법에 속도 개념을 추가하여 기울기 방향으로 힘을 받으면 물체가 가속화되어 지그재그 현상이 덜하며 빠르게 최적점으로 수렴하는 기법이다.

해설

AdaGrad: 매개변수 전체의 학습률 값을 일괄적으로 낮추는 것이 아니라 각각의 매개변수에 맞는 학습률 값을 적용하므로 매우 효율적으로 이동하는 방식이다.

11 다음이 설명하고 있는 개념으로 옳은 것은?

> 기울기를 단순 누적하지 않고 지수이동평균 기법을 사용하여 가장 최근 기울기 값을 반영하는 최적화 기법 중 하나로 AdaGrad의 학습률이 낮아지는 문제를 개선한 기법이다.

① NAG ② Adam

③ RMS Prop ④ Momentum

해설

RMS Prop(Root Mean Square Prop)에 대한 설명이다.

12 다음 중 데이터 시각화에 대한 설명으로 옳지 않은 것은? (2개)

① 데이터 시각화는 시각화→구조화→시각 표현의 절차를 통해 이루어진다.

② 시각화 단계에서는 분석 목적과 데이터의 속성에 맞는 시각화 도구 및 기술을 선택한다.

③ 데이터 시각화 유형으로 시간 시각화, 공간 시각화, 관계 시각화, 비교 시각화 등이 있다.

④ 관계 시각화는 데이터 간의 차이점과 유사점을 파악할 수 있는 기법이다.

해설

① 데이터 시각화는 구조화→시각화→시각 표현의 절차를 통해 이루어진다.

④ 데이터 간의 차이점과 유사점을 파악할 수 있는 기법은 비교 시각화이다.

정답 09 ④ 10 ② 11 ③ 12 ①, ④

13 다음이 설명하고 있는 시각화 기법으로 옳은 것은?

> 공간 시각화의 일종으로 지도의 면적을 왜곡시켜 데이터 수치에 따라 구분하는 방식이다. 데이터의 크기에 따라 직관적으로 데이터를 인지할 수 있다.

① 코로플레스 지도
② 등치선도
③ 버블 플롯 맵
④ 카토그램

해설

카토그램
- 지도의 면적을 왜곡시켜 데이터 수치에 따라 구분한다.
- 변량 비례도로도 불린다.
- 데이터 크기에 따라 직관적으로 인지할 수 있다.

14 두 변수 사이의 관계를 알아보기 위한 시각화 기법으로 옳지 않은 것은?

① 버블차트 ② 트리맵
③ 산점도 ④ 히트맵

해설

트리맵은 여러 계층 구조의 데이터를 표현하기 위해서 사용되며 분포를 표현하기에 적합하다.

15 다음이 설명하고 있는 유형에 해당되지 않는 시각화 기법은?

> 데이터의 분포, 각 그룹의 비율 등을 표현하며, 전체 데이터 분포와 관심있는 데이터의 분포 모두를 파악할 수 있는 시각화 기법이다.

① 버블차트 ② 도넛차트
③ 파이차트 ④ 히스토그램

해설

문제에서 설명하는 시각화 기법은 분포 시각화에 해당된다. 버블차트는 산점도에서 원의 크기, 텍스트 등을 사용하여 추가적인 정보를 표시한 관계 시각화에 해당된다.

16 다음이 설명하고 있는 유형에 해당되지 않는 시각화 기법은?

> 데이터 간 유사점과 차이점을 표현하며, 데이터 간 비교를 수행할 수 있는 시각화 기법이다.

① 별 그래프
② 평행 좌표 그래프
③ 네트워크 그래프
④ 플로팅바 차트

해설

문제에서 설명하는 시각화 기법은 비교 시각화에 해당된다. 네트워크 그래프는 개체를 노드로 표현하고 노드끼리의 연결을 통해 전체 네트워크의 구조뿐만 아니라 각 객체 간의 관계도 파악할 수 있는 관계 시각화에 해당된다.

17 다음 중 시각화 기법에 대한 설명으로 옳지 않은 것은?

① 스타 차트의 중심점은 최솟값이 되고 별의 끝점에 위치할수록 최댓값이다.
② 평행 좌표 그래프에서는 일반적으로 데이터의 값을 정규화한 후 배치한다.
③ 원 그래프에서 데이터 세트의 크기가 커지면 원의 크기도 커진다.
④ 히스토그램은 막대 그래프의 일종으로 연속형 데이터를 사용한다.

해설

원 그래프에서 원의 크기는 상관없다.

13 ④ 14 ② 15 ① 16 ③ 17 ③ 정답

18 다음이 설명하고 있는 개념으로 옳은 것은?

> 모형 구축 후 데이터 품질 관리, 알고리즘 개선, 매개변수 최적화 등의 활동을 수행하는 것을 의미한다. 데이터 마이닝, 시뮬레이션, 최적화 기법 등을 적용할 수 있으며 주기와 기법은 모형의 특성에 따라서 결정한다.

① 분석 모형 융합
② 분석 모형 시나리오 개발
③ 분석 모형 리모델링
④ 분석 모형 모니터링

해설

분석 모형 리모델링에 대한 설명이다.

19 다음 중 분석 모형 모니터링의 대상으로 옳지 않은 것은?

① 분석 참여 인력
② 분석 솔루션 상태
③ 데이터 처리 시간
④ 현행화 데이터

해설

분석 모형 모니터링은 분석 모형 솔루션 상태, 정상 작동 여부, 데이터 처리 시간, 데이터 등을 집중해서 수행한다. 인력과 같은 정책 및 제도는 유지보수 활동에 포함된다.

20 Precision 값이 90%이고 Recall 값이 85%일 때의 F1-Score 값을 구한 것으로 옳은 것은? (단, 소수점 셋째자리에서 반올림한 값을 구하시오.)

① 86% ② 87%
③ 88% ④ 89%

해설

$2 * \frac{Precision*Recall}{Precision+Recall}$에 값을 대입하면 $2 * \frac{(0.9)*(0.85)}{(0.9)+(0.85)} = \frac{1.53}{1.75} = 0.87$

21 다음 중 모수 유의성 검정 기법으로 유형이 다른 하나는?

① Z-검정 ② T-검정
③ F-검정 ④ ANOVA

해설

F-검정은 모집단의 분산에 대한 유의성 검정 시 사용하는 것이다. 나머지는 평균에 대한 유의성 검정 시 사용한다.

22 다음이 설명하고 있는 개념으로 옳은 것은?

> 신경망에서 과대적합을 방지하기 위해 신경망의 일부를 무작위로 삭제하는 기법

① Dropout ② Lasso
③ Ridge ④ Elastic Net

해설

드롭아웃(Dropout)에 대한 설명이다.

23 다음 중 시간 시각화에 대한 설명으로 옳지 않은 것은?

① 시간 시각화는 시간에 따른 데이터의 변화를 표현한 기법으로 데이터의 전체적인 흐름과 추세, 경향을 파악하기 용이하다.
② 막대 그래프, 선 그래프, 누적 막대 그래프, 간트 그래프, 스트림 그래프 등이 포함된다.
③ 막대 그래프는 연속형 데이터를 활용하여 동일한 너비의 막대를 사용하여 시간에 따른 데이터를 표시할 수 있다.
④ 계단식 그래프는 시간의 흐름에 따른 데이터 값의 변화량을 연결하여 나타낸 그래프로 동일하면 일정하게 유지하고 변하는 지점은 계단식으로 표현한다.

해설

막대 그래프는 범주형 데이터를 활용하여 동일한 너비의 막대를 사용하여 시간에 따른 데이터를 표시할 수 있다.

정답 18 ③ 19 ① 20 ② 21 ③ 22 ① 23 ③

24 다음 중 시간에 따른 값의 변화를 나타내기에 적합한 시각화 기법으로 옳은 것은?

① 스타차트 ② 선 그래프
③ 히트맵 ④ 산점도

해설

선 그래프는 시간에 따른 데이터를 점으로 표시하고 선으로 이어 나타내는 시각화 기법이다.

25 MAPE(Mean Absolute Percentage Error) 공식으로 옳은 것은?

① $\frac{\sum_{i=1}^{n}(y_i-\widehat{y_i})}{n}$

② $\frac{\sum_{i=1}^{n}|y_i-\widehat{y_i}|}{n}$

③ $\frac{100}{n}\sum_{i=1}^{n}\left(\frac{y_i-\widehat{y_i}}{y_i}\right)$

④ $\frac{100}{n}\sum_{i=1}^{n}\left|\frac{y_i-\widehat{y_i}}{y_i}\right|$

해설

평균 절대 백분율 오차(MAPE)는 평균 오차에 대한 비율을 계산한 지표로 $\frac{100}{n}\sum_{i=1}^{n}\left|\frac{y_i-\widehat{y_i}}{y_i}\right|$ 공식으로 계산할 수 있다.

26 다음 중 데이터 시각화에 대한 설명으로 옳지 않은 것은?

① 데이터의 정규성을 검정하는 시각화 기법으로 Q-Q Plot, 히스토그램 등을 사용할 수 있다.

② 데이터 시각화는 데이터 분석의 전(全) 단계에서 사용할 수 있다.

③ 데이터 시각화를 통해 데이터의 이상치, 결측치 등을 효율적으로 발견할 수 있다.

④ 시각화의 목적과 주안점의 차이에 따라 같은 시각화 기법이라도 다른 용도로 사용될 수 있다.

해설

데이터 시각화를 통해 데이터의 이상치는 효율적으로 발견할 수 있지만, 결측치는 데이터가 관측되지 않았기 때문에 시각화로 파악할 수 없다.

27 다음 중 인포그래픽에 대한 설명으로 옳지 않은 것은?

① 스토리텔링형 – 주제를 선정하여 그와 관련된 역사 또는 전개 양상을 시간의 흐름에 주안점을 두고 나타내는 방식으로 브랜드의 발전 과정 등의 정보 전달에 유용하다.

② 지도형 – 특정 국가나 지역의 지도 안에 정보를 담는 방식으로 국가별, 지역별 각종 통계자료를 나타내는 데 용이하다.

③ 만화형 – 친숙한 캐릭터 등 만화적 요소를 활용하여 일상생활과 관련된 정보를 나타내는 데 유용하다.

④ 도표형 – 다양한 표와 그래프를 사용하여 비교, 강조, 흐름 등을 나타내는 데 유용하다.

해설

- 주제를 선정하여 그와 관련된 역사 또는 전개 양상을 시간의 흐름에 주안점을 두고 나타내는 방식으로 브랜드의 발전 과정 등의 정보 전달에 유용한 인포그래픽 유형은 타임라인형에 더 가깝다.
- 스토리텔링형은 하나의 사건이나 주제에 대해 이야기를 들려주듯이 구성하는 인포그래픽 유형이다.

28 다음 중 분석모형 평가 방법에 대한 설명으로 옳지 않은 것은?

① 종속변수가 연속형일 때 결정계수, 수정된 결정계수 등의 평가 지표를 사용할 수 있으며 값은 1에 가까울수록 좋은 모형이라 할 수 있다.

② 종속변수가 연속형일 때 RMSE, MSE, MAE 등의 평가 지표를 사용할 수 있으며 값은 낮을수록 좋은 모형이라 할 수 있다.

③ 종속변수가 범주형일 때 임곗값이 변경되더라도 정분류율은 변하지 않는다.

④ 혼동행렬에서 정밀도와 민감도를 가지고 F1-Score를 구할 수 있다.

24 ② 25 ④ 26 ③ 27 ① 28 ③ 정답

해설

종속변수가 범주형일 때 임곗값이 변경되면 정분류율은 변한다.

29 다음 중 분석모형 검증에 대한 설명으로 옳은 것은?

① 데이터의 수가 적을 때보다 많을 때 교차 검증하는 것이 좋다.

② 데이터의 수가 많으면 평가 데이터를 사용하지 않아도 모형의 신뢰성을 확보할 수 있다.

③ 교차 검증을 반복하다 보면 과대적합을 유발할 수 있다.

④ LOOCV는 전체 데이터 n개에서 평가 데이터를 1개, 훈련 데이터를 (n−1)개를 사용하여 수행한다.

해설

① 교차 검증은 모형의 신뢰성을 확보하기 위해 데이터가 적을 때 사용하는 것이 더 일반적이다.

② 모형 평가를 위해서 평가 데이터는 반드시 필요하다.

③ 교차 검증을 통해 분석 모형의 일반화 성능을 확인할 수 있다.

30 다음 표에서 특이도와 거짓 긍정률을 계산한 것으로 옳은 것은?

		[모델 예측 값]	
		[Positive]	[Negative]
[실제 값]	[Positive]	True Positive=3	False Negative=1
	[Negative]	False Positive=3	True Negative=3

① 특이도: 0.5, 거짓 긍정률: 0.5

② 특이도: 0.45, 거짓 긍정률: 0.55

③ 특이도: 0.55, 거짓 긍정률: 0.45

④ 특이도: 0.75, 거짓 긍정률: 0.25

해설

• 특이도: $\frac{TN}{TN+FP} = \frac{3}{3+3} = \frac{1}{2} = 0.5$

• 거짓 긍정률: $\frac{FP}{TN+FP} = \frac{3}{3+3} = \frac{1}{2} = 0.5$

정답 29 ④ 30 ①

Big Data Analytics

학습목표

1~4파트에서 학습한 내용을 충분히 습득하였는지 실력을 점검하고 최종적으로 시험에 대비할 수 있도록 시험에 자주 출제되는 문제를 중심으로 구성하였습니다.

PART 05

최종점검 모의고사

최종점검 모의고사

01 정형, 반정형, 비정형 데이터에 대한 설명으로 옳은 것은?

① 정형 데이터는 정형화된 스키마가 있는 데이터로서 연산이 가능하다.

② 기업에서 수집되는 데이터 대부분은 정형 데이터이다.

③ 정량적 데이터와 정성적 데이터는 모두 객관적인 내용을 내포하고 있다.

④ 이미지, 음성, HTML은 비정형 데이터에 해당한다.

해설

② 기업에서 수집되는 데이터 대부분은 비정형 데이터이며, 비정형 데이터를 얼마나 잘 처리하는지에 따라 데이터 활용 가치가 높아진다.

③ 정량적 데이터는 주로 객관적인 내용을, 정성적 데이터는 주로 주관적인 내용을 내포하고 있다.

④ 이미지, 음성, 비디오는 비정형 데이터이며 HTML, XML, JSON은 반정형 데이터에 해당한다.

02 지식의 특성에 대한 설명으로 옳지 않은 것은?

① 지식은 암묵지와 형식지로 구분할 수 있으며, 암묵지는 개인에게 체화되어 있는 무형의 지식으로 다른 사람과 공유할 수 없는 지식을 의미한다.

② 강의, 책, 제품 매뉴얼 등은 형식지에 해당된다.

③ 암묵지와 형식지는 내면화, 공통화, 표출화, 연결화 단계를 지속적으로 거치며 상호 작용한다.

④ 표출화는 형식지가 상호 결합하면서 새로운 형식지를 창출하는 단계이다.

해설

표출화는 개인의 암묵지를 형식지로 표현하는 단계이며, 형식지가 상호 결합하면서 새로운 형식지를 창출하는 단계는 연결화에 해당된다.

03 다음 중 빅데이터의 특징인 3V에 해당하지 않는 것은?

① Volume ② Velocity

③ Value ④ Variety

해설

빅데이터의 특징인 3V는 데이터의 규모(Volume), 다양성(Variety), 속도(Velocity)를 의미한다.

04 분석 가치 에스컬레이터에 대한 설명으로 옳지 않은 것은?

① 미국의 정보기술 연구 및 자문회사인 가트너가 데이터 분석의 가치를 4단계로 구분한 것이 분석 가치 에스컬레이터이다.

② 각 단계는 분리된 과정이며 개별적으로 이루어질 수 있다.

③ 데이터를 기반으로 '왜(Why)'에 초점을 두어 분석하는 것은 진단 분석 단계이다.

④ 처방 분석은 가장 가치가 높고 어려운 부분에 해당한다.

해설

분석 가치 4단계는 '묘사 분석→진단 분석→예측 분석→처방 분석'으로 이루어지며 각 단계는 분리된 과정이 아니고, 지표에 대한 묘사와 진단이 선행되어야 예측과 처방이 이루어질 수 있다.

01 ① 02 ④ 03 ③ 04 ② 정답

05 빅데이터의 분석 준비도에 대한 설명으로 옳은 것은?

① 분석 성숙도는 비즈니스, 조직 역량, 정보기술 3가지 지표로 측정하여 평가에 따라 도입→활용→최적화→확산 단계로 구분할 수 있다.

② 확산 단계는 전사 차원에서 분석을 관리하고 공유하며, 협업을 통해 분석하고 인공지능 등 기술을 적극적으로 활용하는 단계이다.

③ 분석 수준은 준비도와 성숙도의 지표에 따라 준비, 정착, 도입, 확산으로 구분할 수 있다.

④ 성숙도가 높지만 준비도가 낮은 경우는 정착형에 해당한다.

해설

① 분석 성숙도는 비즈니스, 조직 역량, 정보기술 3가지 지표로 측정하여 평가에 따라 '도입→활용→확산→최적화' 단계로 구분할 수 있다.

② 협업을 통해 분석하고 인공지능 등 기술을 적극적으로 활용하는 단계는 최적화 단계이다.

④ 성숙도가 높지만 준비도가 낮은 경우는 도입형으로 기업에서 활용하는 분석 업무, 기법 등은 부족하지만 적용 조직 등 성숙도가 높아 바로 도입할 수 있는 수준을 의미한다.

06 가트너가 제시한 데이터 과학자가 갖춰야할 역량으로 가장 옳지 않은 것은?

① 높은 수학 실력

② 데이터 관리

③ 분석 모델링

④ 소프트 스킬

해설

가트너는 데이터 과학자가 우선적으로 갖춰야 할 역량으로 분석 모델링, 데이터 관리, 소프트 스킬, 비즈니스 분석을 제시했다.

07 데이터 거버넌스에 대한 설명으로 옳지 않은 것은?

① 데이터 거버넌스는 조직 내 성공적인 데이터 비즈니스를 위해 데이터 관리 체계를 수립하여 데이터 조직과 프로세스를 관리하는 것이다.

② 데이터 거버넌스 항목 중 프로세스는 데이터를 유지, 관리하기 위한 지침과 가이드를 의미한다.

③ 데이터 거버넌스의 주요 기능은 데이터 품질 관리, 메타데이터 관리, 데이터 주기 관리, 데이터 보안 및 프라이버시 관리이다.

④ 데이터 거버넌스 체계 항목은 데이터 표준화, 데이터 관리 체계, 데이터 저장소 관리, 표준화 활동이 있다.

해설

데이터를 유지, 관리하기 위한 지침과 가이드는 데이터 거버넌스 항목 중 원칙에 해당한다.

08 빅데이터 플랫폼에 대한 설명으로 옳지 않은 것은?

① 빅데이터 플랫폼은 빅데이터 수집, 저장, 처리, 분석 처리 기술을 구동할 수 있는 기반 환경이다.

② 빅데이터 플랫폼은 하드웨어 계층과 소프트웨어 계층으로 구성되어 있다.

③ 비즈니스 요구사항 변화, 데이터 처리 복잡도 증가, 데이터 규모 및 유형의 증가 등으로 빅데이터 플랫폼이 등장하게 되었다.

④ 빅데이터를 처리하는 과정에서 발생하는 컴퓨팅 부하, 저장 부하, 네트워크 부하들을 해소하는 기능을 한다.

해설

데이터 플랫폼은 소프트웨어, 플랫폼, 인프라 계층으로 구성되어 있다.

정답 05 ③ 06 ① 07 ② 08 ②

09 하둡 네트워크에 연결된 기기에 데이터를 분산 저장하고 그 저장된 데이터를 빠르게 처리할 수 있게 하는 시스템은?

① Hive ② Oozie
③ HDFS ④ Sqoop

해설

하둡 분산 파일 시스템(HDFS)
- 하둡 네트워크에 연결된 기기에 데이터를 저장하는 분산형 파일 시스템
- 데이터들을 여러 서버에 중복해서 저장함으로써 데이터 안정성 보장

10 머신러닝 기법에 대한 설명으로 옳지 않은 것은?

① 머신러닝 기법은 지도학습, 비지도학습, 강화학습 등이 있다.
② 강화 학습은 현재의 상태를 인식하여 선택 가능한 행동들 중 보상을 최대화하는 것을 선택한다.
③ 비지도학습은 입력 값에 라벨이 정해져 있지 않는 상태로 학습하는 기법으로 이미지 인식, 음성 인식, 가격 예측 등을 수행한다.
④ 비지도학습은 데이터 마이닝 성격이 강하며 고객 세분화, 이상징후 탐지 등을 수행한다.

해설

이미지 인식, 음성 인식, 불량 예측, 가격 예측은 대표적인 지도학습 기법이다.

11 개인정보 수집 시 동의를 얻지 않아도 되는 경우로 옳지 않은 것은?

① 계약상 개인정보 수집이 필요한 경우
② 강사의 범죄 경력을 조회하는 경우
③ 급박한 사고로 응급실에 실려온 경우
④ 통신사가 요금 부과를 위해 정보를 조회하는 경우

해설

업무를 위한 강사의 신원 조회에는 개인정보 수집 및 사용에 대한 동의가 필요하다.

12 쏠림 공격, 유사성 공격을 보완하기 위해 제안된 프라이버시 보호 모델로 옳은 것은?

① k−익명성(k−Anonymity)
② l−다양성(l−Diversity)
③ t−근접성(t−Closeness)
④ m−유일성(m−Uniqueness)

해설

- 쏠림 공격, 유사성 공격을 보완하기 위해 제안된 프라이버시 보호 모델은 t−근접성 모델이다.
- t−근접성 모델은 민감한 정보의 분포를 낮추어 추론 가능성을 더욱 낮추는 기법이다.

13 개인정보 비식별화 조치에 대한 설명으로 옳지 않은 것은?

① 개인정보 익명화 기법에는 일반화, 치환, 섭동 등이 있다.
② 개인정보 추론 방지를 위해 프라이버시 보호 모델을 사용할 수 있으며 각 모델은 결합해서 사용할 수 없다.
③ 재현 데이터는 텍스트 데이터뿐만 아니라 이미지 데이터도 가능하다.
④ 재현 데이터 유형은 완전 재현 데이터, 부분 재현 데이터, 복합 재현 데이터 등이 있다.

해설

프라이버시 보호 모델은 k−익명성 모델을 기본적으로 적용하는 최소한의 평가 수단이며, 필요시 추가적으로 l−다양성, t−근접성, m−유일성 등을 활용할 수 있다.

09 ③ 10 ③ 11 ② 12 ③ 13 ② 정답

14 개인정보 비식별화 방법이 잘못 짝지어진 것은?

① 총계처리: 조에나, 29세→조씨, 20~30세
② 데이터 마스킹: 장채빈, 34세→장OO, 3*세
③ 데이터 삭제: 주민등록번호 941008-1234567→90년대생, 남자
④ 가명처리: 천소영, 20세→홍길동, 20대

해설

조예나, 29세→조씨, 20~30세는 총계처리가 아닌 데이터 범주화에 해당한다.

15 상향식 접근 방식을 이용한 과제 발굴 절차로 옳은 것은?

① 프로세스 분류→프로세스 흐름 분석→분석요건 식별→분석요건 정의
② 프로세스 흐름 분석→프로세스 분류→분석요건 식별→분석요건 정의
③ 프로세스 분류→프로세스 흐름 분석→분석요건 정의→분석요건 식별
④ 프로세스 흐름 분석→프로세스 분류→분석요건 정의→분석요건 식별

해설

상향식 접근 방식은 데이터를 통해 문제를 정의해 나가는 과정이다. 분석요건 정의 단계가 제일 마지막에 오는 '프로세스 분류→프로세스 흐름 분석→분석 요건 식별→분석 요건 정의' 절차를 따른다.

16 다음 중 분석의 대상과 방법을 모두 알고 있는 경우 사용하는 분석 기획 유형은?

① 통찰(Insight)
② 솔루션(Solution)
③ 발견(Discovery)
④ 최적화(Optimization)

해설

분석의 대상과 분석의 방법을 모두 알고 있는 경우 분석 기획 유형은 최적화 단계에 해당한다.

17 데이터 수집에 대한 설명으로 옳지 않은 것은?

① 데이터 수집은 데이터가 저장되어 있는 위치에 따라 수집 방식 및 고려 사항이 달라진다.
② 내부 데이터는 주로 SNS, M2M, LOD 데이터 등이 있으며 비교적 외부 데이터에 비해 수집의 난이도가 낮다.
③ 공공데이터의 경우 Open API 등을 통해 수집 가능하다.
④ 외부 데이터는 데이터가 조직 외부에 위치하여 기관 및 전문 업체와 협의 후 데이터 수집이 가능하며 비교적 내부 데이터에 비해 수집의 난이도가 높다.

해설

SNS, M2M, LOD 데이터는 일반적으로 외부 데이터로 분류된다.

18 각 용어와 설명이 올바르게 짝지어지지 않은 것은?

① ETL – 수집 대상 데이터를 추출, 변환하여 DW 및 DM에 적재하는 기술
② Scribe – 다수의 서버로부터 실시간으로 스트리밍되는 로그 데이터를 수집하여 분산 시스템에 데이터를 저장하는 기술
③ Streaming – 네트워크를 통해 센서 데이터 및 오디오, 비디오 등의 미디어 데이터를 실시간으로 수집하는 기술
④ Crawling – 데이터베이스에서 원하는 데이터를 자동으로 수집하는 기술

해설

Crawling은 웹 사이트에서 원하는 데이터를 자동으로 수집하는 기술이다.

정답 14 ① 15 ① 16 ④ 17 ② 18 ④

19 다음 설명에 해당되는 개념으로 옳은 것은?

> 정형 데이터 품질 검증 항목으로 실세계에 존재하는 데이터의 값이 오류 없이 기입되어 계산, 집계, 업무 규칙 등의 품질에 영향을 준다.

① 데이터 완전성(Data Completeness)
② 데이터 정확성(Data Accuracy)
③ 데이터 일관성(Data Consistency)
④ 데이터 유효성(Data Validity)

해설

데이터 정확성에 대한 설명이다.

20 다음 설명에 해당되는 개념으로 옳은 것은?

> 정형, 반정형, 비정형 데이터를 원시 형태로 저장하는 단일한 데이터 저장소이다. 빅데이터 시대에 데이터의 유형이 방대하고 다양해지면서 활용성이 주목받고 있다.

① DBMS ② DM
③ DW ④ DL

해설

데이터 레이크(Data Lake; DL)에 대한 설명이다.

21 이상값의 발생 원인과 예시로 적절하게 짝지어지지 않은 것은?

① 처리 오류 - 10을 100으로 입력한다.
② 자연 오류 - 시스템 침입, 해킹 등으로 데이터가 변형되었다.
③ 실험 오류 - 스포츠 경기에서 출발 신호에 제대로 출발하지 못하여 한 선수의 기록이 일반 범주를 벗어났다.
④ 의도적 이상값 - 10대들의 음주량 조사에서 일부가 제대로 기입하지 않아 실제 값이 상대적으로 높게 나타났다.

해설

처리 오류는 파생변수 생성, 계산 오류 등으로 발생하는 이상값으로 10을 100으로 잘못 입력하는 것은 입력 오류라고 할 수 있다.

22 다음이 설명하는 개념으로 옳은 것은?

> 변수 선택의 기법 중 하나로, 변수를 모두 포함한 상태에서 적은 영향을 주는 변수부터 제거하는 방식이다. 더 이상 제거할 변수가 없다고 판단될 때 변수 제거를 중단한다.

① 후진 소거법
② 전진 선택법
③ 단계적 방법
④ 임베디드 기법

해설

- 전진 선택법: 모형의 성능을 가장 많이 향상시키는 변수를 하나씩 점진적으로 추가하다가 더 이상 향상되지 않으면 선택 중단
- 후진 소거법: 모두 포함된 상태에서 적은 영향을 주는 변수부터 제거하고 더 이상 제거할 변수가 없다고 판단될 때 변수 제거 중단
- 단계적 방법: 전진 선택법과 후진 소거법을 함께 사용

23 차원 축소 기법과 의미가 제대로 짝지어지지 않은 것은?

① 주성분 분석 – 상관관계가 있는 고차원 자료를 자료의 변동을 최대한 보존하는 저차원 자료로 변환하는 차원 축소 방법이다.
② 요인분석 – 데이터 안에 관찰할 수 없는 잠재변수가 있다고 가정하고 변수들 간의 관계를 분석하여 공통 요인으로 축약하는 기법이며, 각 요인 간 상대적인 중요도 차이는 구분되지 않는다.
③ 선형판별분석 – 특정 공간 상에서 클래스 분리를 최대화하는 축을 찾기 위해 전체 데이터의 분산을 최대화하는 기법이다.

19 ② 20 ④ 21 ① 22 ① 23 ③ 정답

④ 특이값 분해 - M×N 차원의 행렬 데이터에서 특이값을 추출하여 특이값을 통해 충분히 유용한 정보를 유지할 수 있는 차원을 생성하는 기법이다.

해설

선형판별분석은 특정 공간 상에서 클래스 분리를 최대화하는 축을 찾기 위해 전체 데이터의 분산을 최대화하는 것이 아니라 클래스 간 분산을 최대화하고 클래스 내 분산을 최소화하는 기법이다.

24 변수 변환에 대한 설명으로 옳지 않은 것은?

① 최소 최대 정규화는 공식 $x_n = \frac{x - x_{min}}{x_{max} - x_{min}}$을 통해 데이터의 범위를 0~1로 변환하는 것이다.

② 박스-콕스 변환은 매개변수 람다(λ) 값에 따라 로그 변환과 거듭곱 변환을 둘 다 수행할 수 있다.

③ 지수 변환은 데이터의 분포가 왼쪽으로 기울어진 것을 정규분포화하는 것이다.

④ 비닝은 연속형 변수를 특정 구간으로 나누어 범주형 변수로 변환하는 방법으로 결측치를 처리하기에는 용이하지만 이상치에는 민감하다.

해설

비닝은 연속형 변수를 특정 구간으로 나누어 범주형 변수로 변환하는 방법으로 결측치와 이상치 처리에 용이하다.

25 변수 속성별 분석 기법으로 올바르게 짝지어지지 않은 것은?

① 수치형 - 수치형: 상관분석

② 범주형 - 범주형: 교차빈도 분석

③ 범주형 - 수치형: 상관분석

④ 수치형 - 범주형: 로지스틱 회귀분석

해설

- 상관분석은 수치형 변수 간 데이터를 탐색할 때 많이 사용하는 기법이다.
- 범주형 - 수치형인 경우 일반적으로 T-검정, 분산분석 등을 수행한다.

26 상관분석에 대한 설명으로 옳지 않은 것은?

① 상관관계를 파악할 수 있는 방법은 공분산과 상관계수가 있으며, 공분산은 상관계수를 표준편차로 나눈 값이다.

② 상관계수는 −1에서 1의 값을 가지고 절댓값 1에 가까울수록 강한 상관관계를 가진다.

③ 수치형 변수는 피어슨 상관계수를 주로 사용한다.

④ 상관계수는 변수 간 선형적 관계뿐만 아니라 관계의 강도를 파악할 수 있다.

해설

공분산을 표준편차로 나눈 값이 상관계수이다. 공분산은 변수 간 상관관계는 알 수 있지만, 범위가 다른 데이터 간 비교가 불가능하고 관계성의 강도를 파악할 수 없으므로 공분산을 표준편차로 나눈 값인 상관계수를 이용한다.

27 다음 중 데이터 요약에 대한 설명 중 옳지 않은 것은?

① 표본분산은 표본의 분산으로 편차의 제곱합을 (n−1)로 나눈다.

② 데이터의 중심 위치를 파악할 수 있는 기법으로 평균, 중앙값, 최빈수 등이 있다.

③ 첨도는 정규분포를 기준으로 데이터 분포의 형태를 파악할 수 있으며, 첨도가 0보다 작은 경우 집단의 분포가 정규분포보다 뾰족한 형태를 따른다.

④ 평균은 이상치에 예민하므로 대신 중앙값을 사용할 수 있다.

해설

첨도는 정규분포를 기준으로 데이터 분포의 형태를 파악할 수 있으며, 첨도가 0보다 작은 경우 집단의 분포가 정규분포보다 완만한 형태를 따른다.

정답 24 ④ 25 ③ 26 ① 27 ③

28 다음 중 Box-Plot의 구성요소에 대한 설명으로 옳지 않은 것은?

① 제2사분위는 자료들의 50%의 위치로 평균을 의미하며 박스 상자 안에 두꺼운 막대로 표시한다.

② 이상값은 일반적으로 상위 경계와 하위 경계를 벗어나는 값이다.

③ 집합의 범위와 중위수, 이상치 등을 빠르게 확인할 수 있는 대표적인 시각화 기법이다.

④ 범주형 – 연속형 변수 탐색 시 시각화 도구로 용이하게 사용할 수 있다.

해설

제2사분위는 자료들의 50%의 위치로 중위수을 의미하며 박스 상자 안에 두꺼운 막대로 표시한다.

29 표본 추출에 대한 설명으로 옳은 것은?

① 표본 추출은 모집단에서 실제 통계량을 구할 수 있는 표본을 추출하는 과정이며 데이터 샘플링(Data Sampling)이라고도 한다.

② 확률적 표본 추출은 모든 모집단이 표본으로부터 추출될 가능성이 확률적으로 동일하지는 않다.

③ 비확률적 표본 추출은 확률적 표본 추출에 비해 시간과 비용이 많이 소요된다.

④ 비확률적 표본 추출은 대표성 확보, 일반화 가능성이 확률적 표본 추출보다 어렵다.

해설

비확률적 표본 추출(Nonprobability Sampling)

- 인위적 표본 추출
- 일반적으로 연구자의 편의에 따라 모집단으로부터 접근성이 용이하고 편리한 방법을 통해 표본을 추출하는 방법이다.
- 대표성 확보, 일반화 가능성이 어려우며 표본오차 추정이 불가능하다.
- 시간과 비용이 확률적 표본 추출에 비해 적게 소요된다.
- 편의 표본 추출, 눈덩이 표본 추출이라고도 불린다.

30 한 회사에서 3개의 조립라인을 구축하여 스마트폰을 생산하고 있다. 각각의 조립라인을 정밀하게 조사해 보니 1번 조립라인은 부품을 30% 생산하고 불량률이 1%, 2번 조립라인은 부품을 50% 생산하고 불량률이 2%, 3번 조립라인은 부품을 20% 생산하고 불량률이 3%이다. 불량품이 발생하였을 때 1번 조립라인에서 생산한 스마트폰일 확률은 얼마인가?

① 1/19 ② 2/19

③ 3/19 ④ 6/19

해설

베이즈 정리에 관한 문제이다. 관련 식을 아래와 같이 대입하여 계산한다.

P(B)=불량품이 발생할 확률

P(1): 1번 조립라인의 생산량 30%, P(B|1): 1번 조립라인에서 불량품이 발생할 확률 1%

P(2): 2번 조립라인의 생산량 50%, P(B|2): 2번 조립라인에서 불량품이 발생할 확률 2%

P(3): 3번 조립라인의 생산량 20%, P(B|3): 3번 조립라인에서 불량품이 발생할 확률 3%

불량품이 발생하였을 때 1번 조립라인일 확률이므로, P(1|B)을 구해야 한다.

$$P(1|B) = \frac{P(1)P(B|1)}{P(1)P(B|1)+P(2)P(B|2)+P(3)P(B|3}$$

$$= \frac{(0.3\times0.01)}{(0.3\times0.01)+(0.5\times0.02)+(0.2\times0.03)} = \frac{3}{19}$$

31 다음 중 성격이 다른 분포는?

① 포아송분포

② 카이제곱분포

③ 베르누이분포

④ 이항분포

해설

카이제곱분포는 연속확률분포에 해당되고, 나머지는 이산확률분포의 일종이다.

28 ① 29 ④ 30 ③ 31 ② 정답

32 다음이 설명하는 확률분포로 옳은 것은?

> 모집단이 정규분포라는 사실을 알고 모표준편차는 모를 때 모집단의 평균을 추정하기 위해 사용하는 분포이며 표본의 크기가 작은 소표본인 경우 사용하는 분포이다.

① T-분포 ② F-분포
③ Z-분포 ④ x^2-분포

해설

T-분포

- 모집단이 정규분포라는 사실을 알고, 모표준편차는 모를 때 모집단의 평균을 추정하기 위해 사용한다.
- 표본의 크기가 작은 소표본인 경우 사용한다.
- 표본의 크기인 n의 크기가 클 경우에 중심 극한 정리에 의하여 T-분포는 정규분포를 따른다.
- 표준정규분포와 유사하게 0을 중심으로 좌우대칭이나 표준정규분포보다 평평하고 기다란 꼬리를 가진다.

33 구간 추정에 대한 설명으로 옳지 않은 것은?

① 구간 추정은 추정량의 분포에 대한 전제가 주어져야 하고, 분포의 구간 안에 모수가 있을 신뢰수준이 주어져야 한다.
② 신뢰수준은 추정값이 존재하는 구간에 모수가 포함될 확률로 100 유의수준(α)으로 계산한다.
③ 신뢰구간은 신뢰수준을 기준으로 추정된 통계적으로 유의미한 모수의 범위로 분포의 양측을 다루므로 유의수준을 2로 나눈다.
④ 일반적으로 90%, 95%, 99% 신뢰수준을 사용한다.

해설

신뢰수준은 추정값이 존재하는 구간에 모수가 포함될 확률로 100 유의수준($1-\alpha$)으로 계산한다.

34 귀무가설과 대립가설에 대한 설명으로 옳지 않은 것은?

① 귀무가설이란 기존과 비교하여 변화 및 차이가 없음을 나타내는 가설이며 Ho로 표기한다.
② 대립가설이란 표본을 통해 확실한 근거를 가지고 입증하고자 하는 가설이며 H_α로 표기한다.
③ 가설검정 시, 대립가설이 맞다는 전제하에 시작된다.
④ "신약 A는 효과가 없다."는 귀무가설에 해당된다.

해설

가설검정 시, 귀무가설이 맞다는 전제하에 시작된다.

35 모표준편차 σ=5인 정규분포를 따르는 모집단에서 표본의 크기가 100인 표본을 추출하였을 때 표본평균은 80이다. 모평균(μ)에 대한 95% 신뢰구간을 구하여라.(단, $Z_{0.05}$ = 1.645, $Z_{0.025}$ = 1.96이다.)

① 79.02 ≤ μ ≤ 80.98
② 79.20 ≤ μ ≤ 81.16
③ 80.02 ≤ μ ≤ 81.98
④ 80.20 ≤ μ ≤ 82.16

해설

식: $\bar{x} - Z_{\frac{\alpha}{2}}\frac{\sigma}{\sqrt{n}} \le \mu \le \bar{x} + Z_{\frac{\alpha}{2}}\frac{\sigma}{\sqrt{n}}$

1. 정규분포를 따르고 모 표준편차가 알려져 있으므로 Z 분포 이용
   95% 신뢰구간: $\alpha = 0.05,\ Z_{\frac{\alpha}{2}} = Z_{0.025} = 1.96$
2. 식에 대입: $80 - 1.96\frac{5}{\sqrt{100}} \le \mu \le 80 + 1.96\frac{5}{\sqrt{100}}$
3. $79.02 \le \mu \le 80.98$

정답 32 ① 33 ② 34 ③ 35 ①

36 **가설검정 오류에 대한 설명으로 옳지 않은 것은?**

① 가설검정에서 일어날 수 있는 오류는 제1종 오류와 제2종 오류가 있으며, 두 오류는 상충관계이다.

② 제2종 오류는 귀무가설이 참인데 이를 기각하고 대립가설을 채택하는 오류이다.

③ 표본의 크기가 증가하면 두 가지 오류 모두 작아지는 경향을 보인다.

④ 일반적으로 제2종 오류보다 제1종 오류가 더욱 위험한 오류이다.

해설

- 제1종 오류: 귀무가설이 참인데 잘못하여 이를 기각하고 대립가설을 채택하는 오류
- 제2종 오류: 귀무가설이 거짓인데 잘못하여 이를 채택하고 대립가설을 기각하는 오류

37 **다음이 설명하는 개념으로 옳은 것은?**

> 통계적 가설 검정에서 귀무가설이 맞다고 가정할 때 얻은 결과보다 극단적인 결과가 실제로 관측될 확률로써 0~1 사이의 값을 가진다.

① α　② $1-\alpha$

③ β　④ $p-value$

해설

$p-value$값에 대한 설명이다.

38 **다음이 설명하는 분포로 옳은 것은?**

> 이산확률분포의 일종으로 주어진 시간 또는 영역에서 어떤 사건의 발생 횟수를 나타내는 확률분포로 기댓값과 분산이 같은 특징을 가진다.

① 베르누이 분포　② 이항분포

③ 포아송분포　④ F-분포

해설

포아송분포에 대한 설명이다.

39 **다음이 설명하고 있는 개념으로 옳은 것은?**

> 모집단의 분포와 상관없이 표본의 크기가 충분히 크면 표본평균의 분포는 정규분포를 따르는 것

① 중심극한정리

② 표준정규분포

③ 정상성

④ 베이즈 기법

해설

중심극한정리에 대한 설명이다.

40 **다음 중 과대표집에 해당되지 않는 것은?**

① SMOTE

② ADASYN

③ Random Oversampling

④ OSS

해설

OSS는 토멕 링크 방법과 CNN기법을 결합한 방법으로 다수 클래스 데이터를 토멕 링크 방법으로 제거한 후 CNN을 이용하여 밀집된 데이터를 제거하는 과소표집의 기법 중 하나이다.

41 **다음 중 용어와 개념이 올바르게 짝지어지지 않은 것은?**

① 상관분석: 변수 간의 상관성 척도인 상관계수를 계산하여 분석

② 회귀분석: 하나 이상의 독립변수가 종속변수에 미치는 영향을 분석

③ 판별분석: 두 개 이상 집단의 분산을 비교하여 통계적 차이성을 분석

④ 연관분석: 데이터 간 조건, 결과에 따라 동시에 발생하는 사건 또는 데이터 간 규칙을 분석

36 ②　37 ④　38 ③　39 ①　40 ④　41 ③ 정답

해설

판별분석이란 특정 공간 상에서 클래스 분리를 최대화하는 축을 찾기 위해 클래스 간 분산과 클래스 내 분산의 비율을 최대화하는 차원 축소 기법의 일종이다. 두 개 이상의 집단의 분산을 비교하여 통계적 차이성을 분석하는 것은 분산분석(ANOVA)에 해당된다.

42 다음 중 매개변수에 해당하지 않는 것은?

① 서포트벡터　　② 가중치
③ 회귀계수　　④ 학습률

해설

학습률은 초매개변수에 해당한다.

43 다음 중 과대적합 및 과소적합에 대한 설명으로 옳지 않은 것은?

① 일반적으로 좋은 모형의 기준은 훈련 데이터에 최적화되고 평가 데이터에 일반화된 것을 의미한다.
② 과대적합은 일반적으로 모형의 매개변수와 훈련 데이터가 적을 경우 발생한다.
③ 훈련 데이터에 지나치게 최적화되어 새로운 데이터에 대한 오류가 커지는 것을 과대적합이라고 한다.
④ 과대적합을 방지하기 위해 라쏘, 릿지, 드롭아웃 등의 기법을 사용할 수 있다.

해설

과대적합은 모형의 매개변수가 너무 많아 모형이 복잡해지거나 훈련 데이터 세트의 양이 부족한 경우 발생한다.

44 회귀분석의 가정과 그 개념이 올바르게 짝지어지지 않은 것은?

① 등분산성: 잔차의 분산이 일정하다.
② 정규성: 잔차의 분포가 정규분포를 따른다.
③ 정상성: 평균과 분산이 시점에 관계없이 일정하다.
④ 선형성: 독립변수의 변화에 따라 종속변수도 일정 크기로 변화한다.

해설

정상성은 시계열 모형의 가정에 해당된다.

45 다음 중 회귀 모형 검정지표에 대한 설명으로 옳지 않은 것은?

① 결정계수는 회귀 모형이 현재 데이터를 얼마나 잘 설명하는지 보여주는 지표로 전체 제곱합에서 오차 제곱합의 비율로 계산하며 1에 가까울수록 모형이 데이터를 잘 설명하고 있는 것이다.
② 결정계수는 독립변수의 유의성과 관계없이 독립변수가 많아지면 증가한다.
③ 독립변수들 간 선형관계가 존재하는 것을 평가하기 위해 분산팽창요인(Variance Inflation Factors; VIF)을 통해 판단할 수 있다.
④ 모형의 복잡도를 감소하기 위해 AIC/BIC 지표를 사용할 수 있으며 AIC/BIC 값이 낮을수록 모형의 적합도가 높다.

해설

결정계수는 회귀 모형이 현재 데이터를 얼마나 잘 설명하는지 보여주는 지표로 전체 제곱합에서 회귀 제곱합의 비율로 계산하며 1에 가까울수록 모형이 데이터를 잘 설명하고 있는 것이다.

46 각 의사결정나무 알고리즘에 해당하는 불순도 알고리즘이 제대로 짝지어지지 않은 것은?

① CART – 카이제곱 통계량
② CHAID – 카이제곱 통계량
③ C4.5 – 엔트로피지수
④ C5.0 – 엔트로피지수

해설

CART 알고리즘은 불순도 알고리즘으로 지니지수를 사용한다.

정답 42 ④　43 ②　44 ③　45 ①　46 ①

47 다음 그림에서 지니지수를 계산한 값으로 옳은 것은?

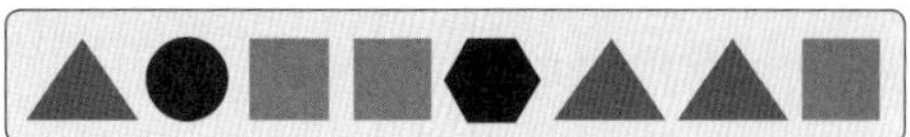

① 0.49 ② 0.59
③ 0.69 ④ 0.79

해설

지니지수의 공식은 $G(S) = 1 - \sum_{i=1}^{c}(p_i)^2$로 계산할 수 있다(S: 전체 데이터 개수, c : 클래스 개수, P_i : 특정 클래스가 포함되어 있을 확률).

지니지수 공식에 실제 값을 대입하면

$1-\left(\frac{3}{8}\right)^2-\left(\frac{3}{8}\right)^2-\left(\frac{1}{8}\right)^2-\left(\frac{1}{8}\right)^2 = 0.69$이다.

48 다음 중 서포트벡터머신에 대한 설명으로 옳지 않은 것은?

① 서포트벡터와 결정 경계 거리를 최대화하는 것이 최적의 결정 경계를 찾는 방법이다.
② 서포트벡터는 여러 개일 수 있다.
③ 훈련 시간이 상대적으로 느리지만 정확성이 뛰어나고 과대적합의 가능성이 낮은 모델이다.
④ 비지도학습의 일종이며 데이터 마이닝 기법 및 기계학습에 쓰이는 대표적인 알고리즘이다.

해설

서포트벡터머신

- 최적의 분리 초평면을 찾아 데이터를 분류하는 모델이다.
- 지도학습의 일종이며 데이터 마이닝 기법 및 기계학습에 쓰이는 대표적인 알고리즘이다.
- 훈련 시간이 상대적으로 느리지만 정확성이 뛰어나고 과대 적합의 가능성이 낮은 모델이다.
- 변수 속성 간의 의존성을 고려하지 않는다.

49 다음 중 인공신경망에 대한 설명으로 옳지 않은 것은?

① 인공신경망의 기울기는 순전파의 수치 미분과 오차 역전파를 이용하여 계산한다.
② 가중치는 노드와 노드 간의 연결 강도를 의미하고 연구자가 적절한 값을 지정할 수 있다.
③ 인공신경망의 활성화 함수는 순 입력함수로부터 전달받은 값을 임곗값과 비교하여 출력해 주는 함수이다.
④ 인공신경망은 분류와 회귀 모두에 사용할 수 있는 모델이다.

해설

가중치는 인공신경망의 노드와 노드 간의 연결 강도로 모형 내부에서 결정되는 매개변수에 해당된다.

50 다음과 같은 구매 결과가 있을 때, {맥주}→{감자칩} 거래의 지지도와 신뢰도를 계산한 값으로 옳은 것은?

구매 품목	구매 수
맥주	4,000
감자칩	3,000
동시 구매	2,000
기타	1,000
전체 거래	10,000

① 지지도: 20%, 신뢰도: 35%
② 지지도: 20%, 신뢰도: 33%
③ 지지도: 25%, 신뢰도: 35%
④ 지지도: 25%, 신뢰도: 33%

해설

위 결과를 토대로 지지도와 신뢰도를 다음 공식에 대입하여 계산할 수 있다.

지지도: $P(A \cap B) = \frac{A와\ B\ 동시에\ 포함된\ 거래\ 수}{전체\ 거래\ 수} = \frac{2,000}{10,000} = 20\%$

신뢰도: $\frac{P(A \cap B)}{P(A)} = \frac{A와\ B\ 동시에\ 포함된\ 거래\ 수}{조건\ 품목이\ 포함된\ 모든\ 거래\ 수} = \frac{2,000}{6,000} = 33\%$

47 ③ 48 ④ 49 ② 50 ② 정답

51 다음이 설명하는 거리 측정 방식으로 옳은 것은?

> 두 점 간 차이의 절댓값을 합해서 측정하는 거리 방식으로 직각으로 이동하는 거리를 의미한다. 체스보드 거리, 택시 거리라고도 한다.

① 유클리드 거리
② 민코프스키 거리
③ 마할라노비스 거리
④ 맨해튼 거리

해설

맨해튼 거리에 대한 설명이다.

52 카이제곱 검정에 대한 설명으로 옳지 않은 것은?

① 카이제곱 검정은 적합도 검정, 독립성 검정, 동질성 검정으로 구분할 수 있다.
② 독립성 검정의 자유도는 {(범주1의 수)+1}×{(범주2의 수)+1}로 계산할 수 있다.
③ 카이제곱에서 관찰 빈도(Observed Frequency)는 데이터에서 주어진 값이며 기대 빈도(Expected Frequency)는 가정된 기대 수치이다.
④ 관찰 빈도와 기대 빈도를 가지고 $\chi^2 = \sum_{i=1}^{k} \frac{(O_i - E_i)^2}{E_i}$ 공식으로 구할 수 있다.

해설

독립성 검정의 자유도는 {(범주1의 수)−1}×{(범주2의 수)−1}로 계산할 수 있다.

53 엘보우 기법에 대한 설명으로 옳지 않은 것은?

① K−평균 군집 알고리즘에서 최적의 K를 결정하는 방식이다.
② 기울기가 완만해지는 부분에 해당하는 군집의 개수를 선택한다.
③ 팔꿈치 부분에는 평균 거리가 더 이상 많이 감소하지 않는다.
④ 가로축에 오차제곱합, 세로축에 군집의 개수를 두었을 때 팔꿈치 부분에 해당하는 군집의 개수를 선택한다.

해설

가로축에 군집의 개수, 세로축에 오차제곱합을 두었을 때 팔꿈치 부분에 해당하는 군집의 개수를 선택한다.

54 다음 중 범주형−연속형 자료분석에 해당하는 개념으로 옳지 않은 것은?

① 분산분석: 두 개 이상의 다수 집단을 비교하기 위해 집단 간 분산과 집단 내 분산 비율을 계산하는 기법
② 일원배치 분산분석: 독립변수 1개, 종속변수 1개일 때 수행하는 분산분석 기법
③ 단일표본 T−검정: 한 집단의 평균이 모집단의 평균과 차이를 검정하는 기법
④ 독립표본 T−검정: 동일한 집단의 특정 처치 전후 차이를 검정하는 기법

해설

독립표본 T−검정은 두 집단 간의 평균 차이를 검정하는 기법이며, 동일한 집단의 특정 처치 전후 차이를 검정하는 기법은 대응표본 T−검정에 해당된다.

55 시계열 분석 모형에 대한 설명으로 옳지 않은 것은?

① ARIMA(0,0,0) 모형은 자기 상관성이 없는 시계열 데이터를 의미한다.
② 자기회귀 모형은 현 시점의 자료가 p 시점 이전의 무한 개의 과거 자료로 설명될 수 있는 모형이다.
③ 자기회귀 누적 이동평균 모형은 ARIMA(p, d, q)로 표현하며 비정상성을 가지는 시계열 데이터 분석에 사용한다.
④ ARIMA(p,0,0) 모형은 자기회귀 모형, ARIMA(0,0,q) 모형은 이동평균 모형을 의미한다.

정답 51 ④ 52 ② 53 ④ 54 ④ 55 ②

해설

자기회귀 모형은 현 시점의 자료가 p 시점 이전의 유한 개의 과거 자료로 설명될 수 있는 모형이다.

56 다음 중 CNN 기법의 초매개변수로 옳지 않은 것은?

① 스트라이드 크기 ② 패딩
③ 필터 크기 ④ 필터 값

해설

필터의 각 원소 값은 학습을 통해 모델이 결정하는 매개변수에 해당된다.

57 다음 중 웹 마이닝에 대한 설명으로 옳지 않은 것은?

① 정보 단위인 노드와 연결점인 링크를 활용한다.
② 웹 콘텐츠 마이닝은 사용자의 프로파일, 페이지 접근 패턴 등을 로그를 통해 분석하여 사용자의 행위 패턴을 분석하는 기법이다.
③ 웹 크롤링 기술을 사용하여 데이터를 수집할 수 있다.
④ 웹 구조 마이닝은 하이퍼링크 등을 통해 웹 사이트의 구조적인 요약 정보를 탐색할 수 있다.

해설

웹 사용 마이닝은 사용자의 프로파일, 페이지 접근 패턴 등을 로그를 통해 분석하여 사용자의 행위 패턴을 분석하는 기법이다.

58 다음 앙상블 기법 중 성격이 다른 하나는?

① Random Forest ② AdaBoost
③ GBM ④ XGBoost

해설

- AdaBoost, GBM, XGBoost는 부스팅 기법에 해당된다.
- Random Forest는 배깅 기법에 해당된다.

59 다음이 설명하고 있는 개념으로 옳은 것은?

> 표본이 임의로 측정된 것인지 아닌지, 즉 독립성 여부를 검정하는 방식이다. 연속적인 측정값들이 어떤 패턴이나 경향이 없는지 판단하는 방식이다.

① 런 검정(Run Test)
② 크루스칼 왈리스 검정(Kruskall–Wallis Test)
③ 윌콕슨 순위 합 검정(Wilcoxon Rank Sum Test)
④ 부호 검정(Sign Test)

해설

런 검정에 대한 설명으로 표본의 독립성을 검정하는 방식이다.

60 다음 중 의사결정나무의 분석 절차로 옳은 것은?

① 의사결정나무 성장→가지치기→해석 및 예측→타당성 평가
② 의사결정나무 성장→가지치기→타당성 평가→해석 및 예측
③ 타당성 평가→의사결정나무 성장→가지치기→해석 및 예측
④ 타당성 평가→가지치기→의사결정나무 성장→해석 및 예측

해설

의사결정나무 분석 절차는 '의사결정나무 성장→가지치기→타당성 평가→해석 및 예측'의 절차를 따른다.

61 다음 평가 지표 중 성격이 다른 하나로 옳은 것은?

① RMSE ② R^2
③ F1–Score ④ AE

해설

F1–Score는 분류 모형의 평가 지표이다. 나머지는 회귀 모형의 평가 지표이다.

정답 56 ④ 57 ② 58 ① 59 ① 60 ② 61 ③

62 다음 표에 들어갈 용어로 올바르게 짝지어진 것은?

		[모델 예측 값]	
		[Positive]	[Negative]
[실제 값]	[Positive]	a	b
	[Negative]	c	d

① a) False Positive, b) True Negative, c) True Positive, d) False Negative
② a) False Positive, b) True Negative, c) False Negative, d) True Positive
③ a) True Positive, b) True Negative, c) False Positive, d) False Negative
④ a) True Positive, b) False Negative, c) False Positive, d) True Negative

해설

구분	설명
True Positive (TP)	실제 양성인 값을 양성으로 예측 (정답)
True Negative (TN)	실제 음성인 값을 음성으로 예측 (정답)
False Positive (FP)	실제 음성인 값을 양성으로 예측 (오답)
False Negative (FN)	실제 양성인 값을 음성으로 예측 (오답)

63 다음 표에서 정밀도와 민감도를 계산한 것으로 옳은 것은?

		[모델 예측 값]	
		[Positive]	[Negative]
[실제 값]	[Positive]	True Positive = 3	False Negative = 1
	[Negative]	False Positive = 3	True Negative = 3

① 정밀도: 0.5, 민감도: 0.75
② 정밀도: 0.5, 민감도: 0.25
③ 정밀도: 0.75, 민감도: 0.5
④ 정밀도: 0.25, 민감도: 0.5

해설

정밀도: $\frac{TP}{TP+FP} = \frac{3}{3+3} = \frac{3}{6} = 0.5$

재현율: $\frac{TP}{TP+FN} = \frac{3}{3+1} = \frac{3}{4} = 0.75$

64 다음 중 ROC 곡선에 대한 설명으로 옳지 않은 것은?

① ROC 곡선은 가로축을 참 긍정률, 세로축을 거짓 긍정률로 두어 모형의 성능 지표를 시각화한 그래프이다.
② ROC의 값은 무조건 0.5 이상이다.
③ ROC 곡선은 참조선을 기준으로 왼쪽 꼭대기에 가깝게 그려질수록 분류 성능이 우수하다고 판단한다.
④ ROC 곡선 아래의 면적을 AUC라고 하며 1에 가까울수록 좋은 모형이다.

해설

ROC 곡선은 가로축을 거짓 긍정률, 세로축을 참 긍정률로 두어 모형의 성능 지표를 시각화한 그래프이다.

65 다음이 설명하고 있는 개념으로 옳은 것은?

> 전체 데이터 n개에서 평가 데이터를 p개, 나머지 (n−p)개는 훈련 데이터로 생성하여 교차 검증하는 기법으로 모델의 과대적합을 방지하고 신뢰성 있는 모형을 구축하기 위해 사용한다. 연산량이 많아지므로 작은 크기의 데이터에 사용하기 적합하다.

① K−Fold Cross Validation
② Hold−out Cross Validation
③ LpOCV
④ LOOCV

해설

LpOCV에 대한 설명이다.

정답 62 ④ 63 ① 64 ① 65 ③

66 다음 공식에 해당하는 개념으로 옳은 것은?

$$Loss = Error(y, \hat{y}) + \lambda \sum_{i=1}^{N} W_i^2$$

① Lasso Regression
② Ridge Regression
③ Dropout
④ Elastic Net

해설

기존 손실 함수에 모든 가중치들의 제곱 합계와 감마를 곱한 L2 노름을 추가한 릿지회귀 공식이다.

67 다음이 설명하는 개념으로 옳은 것은?

> 기울기가 손실함수의 평탄한 구간에 도달하여 전역 극소점에 도달하지 못하고 정체되어 소실되는 현상이다.

① Zigzag ② Plateau
③ Adam ④ AdaGrad

해설

플래튜(Plateau)에 대한 설명이다.

68 다음이 설명하는 경사 하강법에 대한 설명으로 옳지 않은 것은?

① 풀 배치 경사 하강법은 안정적이지만 데이터가 커질수록 비효율적이다.
② 미니 배치 경사 하강법은 총 학습 데이터 세트의 크기를 배치 크기로 나눴을 때 딱 떨어지게 하는 것으로 지향한다.
③ 확률적 경사 하강법은 학습속도가 매우 빠르지만 최적점에 정확히 도달하지 못할 가능성도 큰 편이다.
④ 미니 배치의 크기와 샘플의 개수가 같으면 확률적 경사 하강법의 방식과 동일하다.

해설

미니 배치의 크기와 샘플의 개수가 같으면 풀 배치 경사 하강법 방식과 동일하다.

69 다음이 설명하고 있는 개념으로 옳은 것은?

> 기울기가 큰 첫 부분에서는 크게 학습하다가, 최적점에 가까워질수록 학습률을 줄여 적게 학습하는 최적화 기법 중 하나로 각각의 매개변수에 맞는 학습률 값을 적용하므로 효율적인 방법이다.

① SGD ② NAG
③ Adam ④ AdaGrad

해설

AdaGrad에 대한 설명이다.

70 다음 중 빅데이터 분석 모형 평가 항목 중 비즈니스 기여도 평가 지표로 가장 거리가 먼 것은?

① ROI ② NPV
③ RMSE ④ PP

해설

RMSE는 회귀 모형 평가 지표이다.

71 다음이 설명하고 있는 시각화 기법으로 옳은 것은?

> 좌표상에 데이터들을 원의 형태로 표시함으로써 변수 간 관계를 표현할 수 있다. 원의 크기와 색깔, 텍스트 등을 사용하여 추가적인 정보를 표시할 수 있다.

① 버블차트 ② 버블플롯맵
③ 도트맵 ④ 산점도 행렬

해설

버블차트에 대한 설명이다.

66 ② 67 ② 68 ④ 69 ④ 70 ③ 71 ① 정답

72 다음이 설명하고 있는 시각화 기법으로 옳은 것은?

> 한 공간에 각 변수를 표현하는 축을 생성한 후 변수에 해당하는 값들을 연결하여 표현하는 시각화 기법의 일종으로 데이터 간 비교할 때 유용하게 사용할 수 있다.

① 계단식 그래프
② 네트워크 그래프
③ 별 그래프
④ 평행 좌표 그래프

해설

별 그래프에 대한 설명이다.

73 다음 중 시각화 유형과 예시가 올바르게 짝지어지지 않은 것은?

① 공간 시각화 – 등치 지역도
② 비교 시각화 – 체르노프 페이스
③ 분포 시각화 – 도넛 차트
④ 인포그래픽 – 카토그램

해설

- 인포그래픽은 정보를 빠르고 분명하게 표현하기 위해 그래프, 이미지, 아이콘, 텍스트 등을 균형있게 조합한 시각화 기법으로 지도형, 도표형, 스토리텔링형 등이 있다.
- 카토그램은 공간 시각화의 일종이다.

74 다음이 설명하고 있는 개념으로 옳은 것은?

> 다양한 정보를 직관적으로 전달하기 위해 그래프, 이미지, 아이콘, 텍스트 등을 균형 있게 조합하여 지도형, 도표형, 타임라인형 등으로 표현할 수 있으며, 데이터 자체보다는 데이터를 기초로 해석된 설득형 메시지를 전달하기 위한 시각화 기법

① 텔레그램　　② 카토그램
③ 픽토그램　　④ 인포그래픽

해설

① 텔레그램: 전보를 뜻한다.
② 카토그램: 지도의 면적을 왜곡시켜 데이터 수치에 따라 구분한다.
③ 픽토그램: 그림을 뜻하는 픽처(Picture)와 정보를 뜻하는 텔레그램(Telegram)의 합성어로 의미하고자 하는 바를 직접적으로 묘사한 그림을 통해 의미를 전달하는 표의문자의 일종이다.

75 다음 중 분석모형 전개에 대한 설명으로 옳지 않은 것은?

① 분석 모형 구축 후 관리 대상 모델의 개수가 일반적으로 20개 이상일 때 업무 자동화를 수행한다.
② 모형 전개 후 성능 추적 결과가 좋지 않을 때는 모형 변경은 할 수 없고 새로운 데이터를 수집하여 새로 학습해야 한다.
③ 모형의 전개 후 성능 추적을 통해 지속적으로 모형의 타당성을 확인한다.
④ 모형 발전 계획으로 분석 결과 활용 시나리오 개발, 보고서 작성, 모니터링, 리모델링이 포함되며 피드백을 통해 지속적으로 발전해 나가야 한다.

해설

모형 전개 후 성능 추적 결과가 좋지 않을 때는 모형을 개선해야 하는데, 일반적으로는 같은 모형에 새로운 데이터를 수집하여 재학습하지만, 분석 모형 자체를 변경할 수도 있다.

76 다음 중 분석 모형 리모델링의 대상으로 옳지 않은 것은?

① 분석 데이터 교체
② 분석 데이터 품질
③ 분석 모형 알고리즘 최적화
④ 분석 모형 융합 및 결합

해설

분석 데이터 교체는 리모델링에 속하지 않는다.

정답 72 ③　73 ④　74 ④　75 ②　76 ①

77 다음 중 혼동행렬에서 성능 지표와 공식이 틀리게 짝지어진 것은?

		[모델 예측 값] [Positive: 양성]	[모델 예측 값] [Negative: 음성]
[실제 데이터 값]	[Positive: 양성]	True Positive	False Negative
[실제 데이터 값]	[Negative: 음성]	False Positive	True Negative

① 정확도: $\frac{TP+TN}{TP+FP+FN+TN}$

② 정밀도: $\frac{TP}{TP+FN}$

③ 특이도: $\frac{TN}{TN+FP}$

④ 거짓 긍정률: $\frac{FP}{TN+FP}$

해설

정밀도는 양성으로 예측한 비율 중 실제로 양성인 비율로 $\frac{TP}{TP+FP}$로 계산할 수 있다.

78 다음이 설명하고 있는 개념으로 옳은 것은?

> 회귀 모형의 적합도에 변수의 수뿐만 아니라 표본의 크기가 증가하면 손실을 부여하는 지표로, 이 지표가 낮을수록 회귀 모형의 적합도가 높다고 판단한다.

① BIC ② AIC

③ VIF ④ MSE

해설

BIC(Bayes Information Criterion)

- 모형의 적합도에 변수의 수(p)뿐만 아니라 표본의 크기(n)가 증가하면 손실(Penalty)을 부여한 지표
- $BIC = -2Log(L) + pLog(n)$
- 손실의 값은 낮으면 낮을수록 좋은 모형이기 때문에 BIC 지표가 낮을수록 모형의 적합도가 높다고 판단한다.

79 다음 중 산점도의 시각화 유형과 같은 범주에 들어가는 시각화 기법으로 옳은 것은?

① 체르노프 페이스

② 버블 차트

③ 스타 차트

④ 도트맵

해설

산점도는 대표적인 관계 시각화 기법이다. 관계 시각화 기법에는 산점도, 산점도 행렬, 버블 차트 등이 있다.

80 다음 중 혼동행렬의 평가 지표에서 실제로 '양성'인 범주 중에서 '양성'으로 올바르게 예측한 비율은?

① 특이도 ② 민감도

③ 정밀도 ④ FPR

해설

민감도에 대한 설명이다.

77 ② 78 ① 79 ② 80 ② 정답

PART

06

기출문제

Big Data Analytics

학습목표

최신 기출문제를 풀어봄으로써 최근 출제 경향을 파악하고
실력을 확인할 수 있도록 하였습니다.

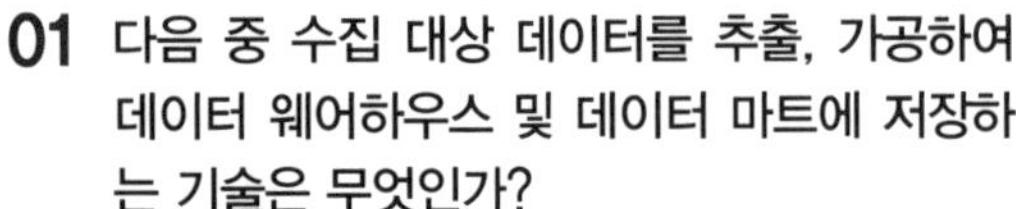

2021년 2회 기출문제

01 다음 중 수집 대상 데이터를 추출, 가공하여 데이터 웨어하우스 및 데이터 마트에 저장하는 기술은 무엇인가?

① ETL
② CEP
③ EAI
④ ODS

해설

구분	설명
ETL	수집 대상 데이터를 추출, 가공하여 DW 및 DM에 저장하는 기술
CEP	다수의 이벤트 소스로부터 발생한 이벤트를 실시간으로 추출 후 처리
EAI	기업 간 플랫폼 및 애플리케이션들의 정보 전달, 연계, 통합을 처리
ODS	다양한 데이터 원천들로부터 데이터를 추출 및 통합한 데이터베이스

02 다음 중 빅데이터 분석 방법론 절차로 옳은 것은 무엇인가?

① 분석 기획→데이터 준비→데이터 분석→평가 및 전개→시스템 구현
② 분석 기획→데이터 준비→데이터 분석→시스템 구현→평가 및 전개
③ 데이터 준비→분석 기획→데이터 분석→시스템 구현→평가 및 전개
④ 데이터 준비→분석 기획→데이터 분석→평가 및 전개→시스템 구현

해설

빅데이터 분석 방법론 절차: 분석 기획→데이터 준비→데이터 분석→시스템 구현→평가 및 전개

03 다음 중 Label을 통해서만 학습하는 기법으로 옳은 것은?

① 지도학습(Supervised Learning)
② 비지도학습(Unsupervised Learning)
③ 강화학습(Reinforcement Learning)
④ 준지도학습(Semi-supervised Learning)

해설

지도학습(Supervised Learning)

- 입력 값에 대한 라벨(Label)이 정해져 있는 상태로 학습
- 기계가 자율적으로 판단하는 것이 아닌 확률 및 통계 기반 학습
- 분류(Classification), 회귀(Regression) 등

04 다음 중 비식별화 조치에 대한 설명으로 옳지 않은 것은?

① k-익명성은 주어진 데이터 집합에서 식별자 속성들이 동일한 레코드가 적어도 k개 이상 존재해야 한다.
② l-다양성은 l개의 서로 다른 민감정보를 가져야 한다.
③ t-근접성은 특정 정보의 분포와 전체 데이터 집합에서 정보의 분포가 t-이상의 차이를 보이도록 해야 한다.
④ m-유일성은 원본 데이터와 동일한 속성 값의 조합이 비식별 결과 데이터에 최소 m개가 존재해야 한다.

해설

t-근접성은 특정 정보의 분포와 전체 데이터 집합에서 정보의 분포가 t-이하의 차이를 보이도록 해야 한다.

01 ① 02 ② 03 ① 04 ③ 정답

05 익명화 기법이 아닌 것은?

① 가명처리(Pseudonym)
② 특이화(Specialization)
③ 치환(Permutation)
④ 섭동(Perturbation)

해설

개인정보 익명처리는 가명, 일반화, 섭동, 치환 등의 방법으로 수행한다.

06 다음 중 분석의 대상이 무엇인지를 인지하고 있는 경우, 즉 해결해야 할 문제를 알고 있고 이미 분석의 방법도 알고 있는 경우 사용하는 분석 기획 유형은?

① 최적화(Optimization)
② 솔루션(Solution)
③ 통찰(Insight)
④ 발견(Discovery)

해설

최적화(Optimization)에 대한 설명이다.

07 개인정보 수집 시 동의를 얻지 않아도 되는 경우로 옳지 않은 것은?

① 사전 동의를 받을 수 없는 경우로서 명백히 정보 주체 또는 제3자의 급박한 생명, 신체, 재산의 이익을 위하여 필요하다고 인정되는 경우
② 입사 지원자에 대해 회사가 범죄 경력을 조회하는 경우
③ 정보 주체와의 계약 체결을 위하여 불가피하게 필요한 경우
④ 요금 부과를 위해 회사가 사용자의 정보를 조회하는 경우

해설

입사 지원자에 대해 회사가 범죄 경력을 조회하는 경우는 개인정보 수집 시 동의를 얻어야 한다.

08 수집된 정형 데이터 품질 보증을 위한 방법으로 적합하지 않은 것은?

① 데이터 프로파일링 – 정의된 표준 도메인에 맞는지 검증한다.
② 메타데이터 분석 – 실제 운영 중인 데이터베이스의 테이블명, 컬럼명, 자료형, 도메인, 제약조건 등이며, 데이터베이스 설계에는 반영되지 않은 한글 메타데이터, 도메인 정보, 엔티티 관계, 코드 정의 등도 검증한다.
③ 데이터 표준 – 데이터 표준 준수 진단, 논리/물리 모델 표준에 맞는지 검증한다.
④ 비업무 규칙 적용 – 업무 규칙에 정의되어 있지 않는 값을 검증한다.

해설

업무 규칙을 프로파일 또는 VOC에 의해 도출하고 업무에 정의된 값이 업무 규칙으로 저장되어 있는지 검증한다.

09 다음 중 진단 분석(Diagnosis Analysis)에 대한 설명으로 가장 적합한 것은?

① 과거에 어떤 일이 일어났고 현재는 무슨 일이 일어나고 있는지?
② 데이터를 기반으로 왜 발생했는지?
③ 무슨 일이 일어날 것인지?
④ 어떤 대응을 해야 하는지?

해설

진단 분석

- 묘사 단계에서 찾아낸 분석 내용의 원인을 이해하는 과정
- 데이터를 기반으로 왜 발생했는지 이유를 확인

10 다음 중 데이터 수집 방법으로 가장 적절하지 않은 것은?

① Open API로 센서 데이터를 수집한다.
② FTP를 통해 문서를 수집한다.
③ 동영상 데이터는 스트리밍(Streaming)을 통해 수집한다.
④ DBMS로부터 크롤링한다.

정답 05 ② 06 ① 07 ② 08 ④ 09 ② 10 ④

해설

크롤링은 웹 상의 데이터를 수집하기 위한 기술이다.

11 **조직을 평가하기 위한 성숙도 단계로 적절하지 않은 것은?**

① 도입
② 최적화
③ 활용
④ 인프라

해설

성숙도 평가 단계에는 도입, 활용, 확산, 최적화 단계가 있다.

12 **개인정보 주체자가 개인에게 알리지 않아도 되는 사실로 옳지 않은 것은?**

① 동의를 거부할 수 있는 권리
② 개인정보의 수집 보유 및 이용 기간
③ 개인정보 파기 사유
④ 개인정보 수집 항목

해설

개인정보 파기 시, 그 사유를 개인에게 알리지 않아도 된다.

13 **프로세스 분석을 통한 분석 기회 발굴 절차로 올바른 것은 무엇인가?**

① 프로세스 분류→프로세스 흐름 분석→분석 요건 식별→분석 요건 정의
② 프로세스 흐름 분석→프로세스 분류→분석 요건 식별→분석 요건 정의
③ 프로세스 흐름 분석→프로세스 분류→분석 요건 정의→분석 요건 식별
④ 프로세스 분류→프로세스 흐름 분석→분석 요건 정의→분석 요건 식별

해설

상향식 접근방법: 프로세스 분류→프로세스 흐름 분석→분석 요건 식별→분석 요건 정의

14 **수집 데이터의 메타데이터 등 설명이 누락되거나 충분하지 않을 경우 자료 활용성에 있어 어떤 문제점 및 결함이 존재하는지 여부를 확인하는 품질 검증 기준은 무엇인가?**

① 유용성　② 완전성
③ 일관성　④ 정확성

해설

완전성에 대한 설명이다.

15 **다음이 설명하는 모델은 무엇인가?**

> 기업에서 사용하는 데이터의 가용성, 유용성, 통합성, 보안성을 관리하기 위한 정책과 프로세스를 다루며 프라이버시, 보안성, 데이터 품질, 관리 규정 준수를 강조하는 모델

① 데이터 거버넌스
② IT 거버넌스
③ 데이터 레이크
④ 데이터 리터러시

해설

데이터 거버넌스

- 조직 내 성공적인 데이터 비즈니스를 위해 데이터 관리 체계를 수립하여 데이터 조직과 프로세스를 관리하는 것을 의미한다.
- 데이터 거버넌스의 주요 기능은 데이터 품질 관리, 메타데이터 관리, 데이터 주기 관리, 데이터 보안 및 프라이버시다.

16 **딥러닝에 대한 설명으로 옳은 것은?**

① 오차 역전파를 사용한다.
② ReLU보다 Sigmoid 함수를 사용한다.
③ 딥러닝은 각 은닉층의 가중치를 통해 모형의 결과를 해석하기 용이하다.
④ Dropout은 일정한 비율로 신경망을 제거한다.

11 ④　12 ③　13 ①　14 ②　15 ①　16 ④ 정답

해설

Dropout은 일정한 비율이 아닌 무작위로 제거한다.

17 빅데이터에 대한 설명으로 옳지 않은 것은?

① 빅데이터는 일반적으로 TB 크기 이상의 데이터 규모를 지칭하며 기존 데이터베이스가 처리할 수 없는 대량의 데이터를 분석하고 가치를 추출하는 과정이다.

② 빅데이터 크기를 측정하는 순서는 TB〈PB〈EB〈ZB〈YB이다.

③ 빅데이터 3V는 Volume, Variety, Velocity이다.

④ ZB는 10^{24}Bytes이다.

해설

YB는 10^{24}Bytes이고, ZB는 10^{21}Bytes이다.

18 기술통계에 해당하지 않는 것은 무엇인가?

① 평균 ② 분산

③ 가설검정 ④ 시각화

해설

가설검정은 추론통계에 해당한다.

19 데이터가 가지고 있는 특성을 파악하기 위해 해당 변수의 분포 등을 시각화하여 분석하는 분석 방식은 무엇인가?

① 전처리 분석

② 탐색적 데이터 분석

③ 공간 분석

④ 다변량 분석

해설

탐색적 데이터 분석(Exploratory Data Analysis; EDA)

- 탐색적 데이터 분석은 수집된 데이터를 통계적 방법이나 시각화를 통해 데이터의 특성, 분포, 관계 등을 탐색하는 과정을 의미한다.
- 다양한 각도에서 데이터를 탐색함으로써 문제 정의 시 발견하지 못한 새로운 데이터 패턴을 발견할 수 있다.
- EDA와 데이터 전처리라는 용어는 엄연히 구분되는 개념이지만, 처리 과정에서 중복되는 하위 집합들이 있기 때문에 혼용되기도 한다.

20 빅데이터 분석 절차에서 문제의 단순화를 통해 변수 간의 관계로 정의하는 것을 무엇이라고 하는가?

① 연구 조사

② 탐색적 데이터 분석

③ 요인분석

④ 모형화

해설

모형화에 대한 설명이다.

21 데이터 이상값 발생 원인으로 옳지 않은 것은?

① 측정 오류(Measurement Error)

② 보고 오류(Reporting Error)

③ 처리 오류(Processing Error)

④ 표본 오류(Sampling Error)

해설

보고 오류가 아닌 자기보고식 측정 오류가 있다.

22 모든 변수가 포함된 모형에서 시작하여 영향력이 가장 작은 변수를 하나씩 삭제하는 변수 선택 기법은 다음 중 무엇인가?

① 후진 소거법

② 전진 선택법

③ 단계적 방법

④ 필터 기법

해설

후진 소거법(Backward Selection)

- 모두 포함된 상태에서 적은 영향을 주는 변수부터 제거
- 더 이상 제거할 변수가 없다고 판단될 때 변수 제거 중단

정답 17 ④ 18 ③ 19 ② 20 ④ 21 ② 22 ①

23 시각적 데이터 탐색에서 자주 사용되는 박스 플롯(Box-Plot)으로 알 수 없는 통계량은 무엇인가? (2개 선택)

① 평균　　② 분산
③ 이상값　　④ 최댓값

해설

① 평균→중위수를 확인할 수 있다.
② 분산→정확한 분산 값을 확인할 수 없다. 박스의 크기로 상대적인 분산을 파악할 수 있다.

24 다음 중 머신러닝에서 훈련 데이터의 클래스가 불균형한 문제를 처리하는 방법에 대한 설명으로 가장 옳지 않은 것은 무엇인가?

① 과소 표집(Under-Sampling)은 많은 클래스의 데이터 일부만 선택하는 기법으로 정보가 유실되는 단점이 있다.
② 과대 표집(Over-Sampling)은 소수 데이터를 복제해서 많은 클래스의 양만큼 증가시키는 방법이다.
③ 불균형 문제를 처리하지 않으면 정확도(Accuracy)는 낮아지고 작은 클래스의 재현율(Recall)은 높아진다.
④ 클래스가 불균형한 훈련 데이터를 그대로 이용할 경우 과대적합 문제가 발생할 수 있다.

해설

불균형 문제를 처리하지 않으면 정확도는 높아지고 재현율이 낮아진다.

25 다음 중에서 파생변수 생성 방법으로 가장 올바르지 않은 것은?

① 주어진 변수의 단위 혹은 척도를 변환하여 새로운 단위로 표현
② 요약 통계량 등을 활용
③ 다양한 함수 등 수학적 결합을 통해 새로운 변수를 정의
④ 소수의 데이터를 복제하여 생성

해설

불균형 데이터 처리: 관심 있는 데이터의 수가 매우 적은 경우에 데이터의 균형을 맞추기 위해 알맞게 데이터를 처리하는 방법이다.

26 한 회사에서 A공장은 부품을 50% 생산하고 불량률은 1%이다. B공장은 부품을 30% 생산하고 불량률은 2%이고, C공장은 부품을 20% 생산하고 불량률은 3%이다. 불량품이 발생하였을 때 C공장에서 생산한 부품일 확률은 얼마인가?

① 1/3　　② 6/17
③ 1/2　　④ 3/5

해설

P(A1): 50%, P(B|A1): 1%
P(A2): 30%, P(B|A2): 2%
P(A3): 20%, P(B|A3): 3%

$$P(A3|B) = \frac{P(A3)P(B|A3)}{\sum_{i=1}^{n} P(A_i)P(B|A_i)}$$

=20%×3/50%×1+30%×2+20%X3=6/17

27 모표준편차 $\sigma = 8$인 정규분포를 따르는 모집단에서 표본의 크기가 25인 표본을 추출하였을 때 표본평균은 90이다. 모평균(μ)에 대한 90% 신뢰구간을 구하여라.(단, $Z_{0.05} = 1.645, Z_{0.025} = 1.96$이다.)

① 86.864 ≤ μ ≤ 93.136
② 87.368 ≤ μ ≤ 92.632
③ 87.368 ≤ μ ≤ 93.136
④ 86.864 ≤ μ ≤ 92.632

해설

식: $\bar{x} - Z_{\frac{\alpha}{2}}\frac{\sigma}{\sqrt{n}} \le \mu \le \bar{x} + Z_{\frac{\alpha}{2}}\frac{\sigma}{\sqrt{n}}$

1. 정규분포를 따르고 모 표준편차가 알려져 있으므로 Z 분포 이용
   90% 신뢰구간: $\alpha = 0.1$, $Z_{\frac{\alpha}{2}} = Z_{0.05} = 1.645$
2. 식에 대입: $90 - 1.645\frac{8}{\sqrt{25}} \le \mu \le 90 + 1.645\frac{8}{\sqrt{25}}$
3. $87.368 \le \mu \le 92.632$

23 ①, ②　24 ③　25 ④　26 ②　27 ②　정답

28 다음 중 하드 스킬에 해당되는 것을 모두 고른 것은? (2개)

① 프로그래밍 능력
② 통계 및 수학 지식
③ 의사소통능력
④ 시각화능력

해설

하드 스킬

- 빅데이터 이론: 빅데이터 관련 이론(통계, 수학, 분석 기법 등) 및 기술의 숙련도
- IT 역량: IT 지식 및 프로그래밍 능력, 데이터 및 시스템 관리 능력

29 산점도에 대한 설명으로 옳은 것을 모두 고른 것은?

> 가. 관계 시각화의 유형이다.
> 나. 직교 좌표계를 이용하여 좌표상의 점들을 표현하는 시각화 기법이다.
> 다. 두 변수 사이의 상관관계를 알 수 있다.

① 가　　② 나
③ 다　　④ 가, 나, 다

해설

모두 옳은 설명이다.

30 두 변수 간에 직선관계가 있는지를 나타낼 때 가장 적절한 통계량은 다음 중 무엇인가?

① F-통계량　　② t-통계량
③ p-값　　④ 표본상관계수

해설

표본상관계수에 대한 설명이다.

31 아래에서 설명하는 시각화 기법은 어떤 차트를 설명하고 있는가?

> 가. 여러 축을 평행으로 배치하는 비교 시각화 기술이다.
> 나. 수직선엔 변수를 배치한다.
> 다. 측정 대상은 변수값에 따라 위아래로 이어지는 연결선으로 표현한다.

① 산점도　　② 박스 플롯
③ 스타 차트　　④ 평행 좌표계

해설

평행 좌표계에 대한 설명이다.

32 A 고등학교에서 남학생 25명을 대상으로 키를 측정하였더니 평균 키는 170cm이고 분산이 25이다. A 고등학교 남학생 평균키에 대한 95%의 신뢰 구간은 얼마인가?

df \ α	0.4	0.25	0.1	0.05	0.025	0.01	0.005
1	0.325	1.000	3.078	6.314	12.706	31.821	63.657
2	0.289	0.816	1.886	2.920	4.303	6.965	9.925
3	0.277	0.765	1.638	2.353	3.182	4.541	5.841
4	0.271	0.741	1.533	2.132	2.776	3.747	4.604
5	0.267	0.727	1.476	2.015	2.571	3.365	4.032
6	0.265	0.718	1.440	1.943	2.447	3.143	3.707
7	0.263	0.711	1.415	1.895	2.365	2.998	3.499
8	0.262	0.706	1.397	1.860	2.306	2.896	3.355
9	0.261	0.703	1.383	1.833	2.262	2.821	3.250
10	0.260	0.700	1.372	1.812	2.228	2.764	3.169
11	0.260	0.697	1.363	1.796	2.201	2.718	3.106
12	0.259	0.695	1.356	1.782	2.179	2.681	3.055
13	0.259	0.694	1.350	1.771	2.160	2.650	3.012
14	0.258	0.692	1.345	1.761	2.145	2.624	2.977
15	0.258	0.691	1.341	1.753	2.131	2.602	2.947
16	0.258	0.690	1.337	1.746	2.120	2.583	2.921
17	0.257	0.689	1.333	1.740	2.110	2.567	2.898
18	0.257	0.688	1.330	1.734	2.101	2.552	2.878
19	0.257	0.688	1.328	1.729	2.093	2.539	2.861
20	0.257	0.687	1.325	1.725	2.086	2.528	2.845
21	0.257	0.686	1.323	1.721	2.080	2.518	2.831
22	0.256	0.686	1.321	1.717	2.074	2.508	2.819
23	0.256	0.685	1.319	1.714	2.069	2.500	2.807
24	0.256	0.685	1.318	1.711	2.064	2.492	2.797
25	0.256	0.684	1.316	1.708	2.060	2.485	2.787
26	0.256	0.684	1.315	1.706	2.056	2.479	2.779

① 167.936 ≤ 키 ≤ 172.064
② 167.940 ≤ 키 ≤ 172.060
③ 168.289 ≤ 키 ≤ 171.711
④ 168.292 ≤ 키 ≤ 171.708

정답 28 ①, ②　29 ④　30 ④　31 ④　32 ③

해설

168.289 ≤ 키 ≤ 171.711

식: $\bar{x} - t_{\frac{\alpha}{2}n-1}\frac{s}{\sqrt{n}} \le \mu \le \bar{x} + t_{\frac{\alpha}{2}n-1}\frac{s}{\sqrt{n}}$

1. 자유도가 24이고, 알파값이 0.025인 값을 t-분포표에서 찾으면 2.064이다.
2. 식에 대입: $170 - 2.064\frac{5}{\sqrt{25}} \le \mu \le 170 + 2.064\frac{5}{\sqrt{25}}$

33 다음 중 추론통계에 대한 설명으로 가장 올바르지 않은 것은 무엇인가?

① 표본의 개수가 많을수록 표준오차는 커진다.

② 신뢰구간은 신뢰수준을 기준으로 추정된 통계적으로 유의미한 모수의 범위이다.

③ 점 추정은 모집단의 모수를 하나의 값으로 추정하는 것이다.

④ 신뢰수준은 추정값이 존재하는 구간에 모수가 포함될 확률을 말한다.

해설

표본의 개수가 많을수록 표준오차는 감소한다.

34 다음 중 빈칸에 들어갈 용어로 올바른 것은?

		실젯값	
		H0	H1
예측값	H0	a	b
	H1	c	d

① a: 제1종 오류, b: 올바른 결정, c: 제2종 오류, d: 올바른 결정

② a: 제2종 오류, b: 올바른 결정, c: 제1종 오류, d: 올바른 결정

③ a: 올바른 결정, b: 제2종 오류, c: 제1종 오류, d: 올바른 결정

④ a: 올바른 결정, b: 제1종 오류, c: 올바른 결정, d: 제2종 오류

해설

a: 올바른 결정, b: 제2종 오류, c: 제1종 오류, d: 올바른 결정

35 다음 중 주성분 분석에 대한 설명으로 가장 적절하지 않은 것은?

① 여러 변수 간에 내재하는 상관관계, 연관성을 이용해 소수의 주성분으로 차원을 축소한다.

② 주성분 분석에서 누적 기여율이 85% 이상인 지점까지 주성분의 수로 결정한다.

③ 데이터 간 높은 상관관계가 존재하는 상황에서 상관관계를 제거할 경우 분석이 어려워진다.

④ 스크리 산점도의 기울기가 완만해지기 직전까지 주성분의 수로 결정할 수 있다.

해설

변수 간 상관관계를 제거할 경우 분석의 용이성이 증가한다.

36 다음 사례에서 설명하는 A 야구팀 연봉의 대푯값을 구하기 위한 가장 적절한 통계량은 무엇인가?

> A 야구 구단의 상위 1~2명이 구단 전체 연봉의 50% 이상을 차지하며 나머지 선수들의 연봉은 일반적인 범주에 있다.

① 평균 ② 최빈수
③ 중위수 ④ 이상값

해설

평균은 이상값에 민감하므로 중위수를 통해 계산한다.

37 다음에서 설명하는 표본추출 방법은 무엇인가?

> 다수의 이질적인 원소들로 구성된 모집단에서 각 계층을 고루 대표할 수 있도록 표본을 추출하는 방법이다. 이질적인 모집단의 원소들로 서로 유사한 것끼리 몇 개의 층을 나눈 후, 각 계층에서 표본을 랜덤하게 추출한다.

① 층화추출법 ② 계통추출법
③ 군집추출법 ④ 단순무작위추출법

33 ① 34 ③ 35 ③ 36 ③ 37 ① 

해설

층화추출법에 대한 설명이다.

38 각 클래스의 데이터에 불균형이 발생한 경우 학습 단계에서의 처리 방법으로 가장 옳지 않은 것은?

① 과소표집 ② 과대표집
③ 임곗값 이동 ④ 가중치 적용

해설

학습 단계에서는 그대로 학습하고 테스트 단계에서 임곗값을 이동한다.

39 다음 중에서 분포의 성격이 다른 분포는 무엇인가?

① 정규분포 ② 이항분포
③ F-분포 ④ 지수분포

해설

이항분포는 이산확률분포이고 나머지는 연속확률분포이다.

40 다음 중에서 확률분포에 대한 설명으로 가장 올바르지 않은 것은 무엇인가?

① 포아송분포는 독립적인 두 카이제곱 분포가 있을 때, 두 확률변수의 비이다.
② 카이제곱 분포는 서로 독립적인 표준 정규 확률변수를 각 제곱한 다음 합해서 얻어지는 분포이다.
③ T-분포는 모집단이 정규분포라는 정도만 알고 모 표준편차는 모를 때, 모집단의 평균을 추정하기 위하여 사용한다.
④ 베르누이 분포는 특정 실험의 결과가 성공 또는 실패로 두 가지의 결과 중 하나를 얻는 확률 분포이다.

해설

①번은 F-분포에 대한 설명이다.

41 다음 중 T-분포와 Z-분포에 대한 설명으로 가장 적절하지 않은 것은?

① 표본의 크기가 작은 소표본의 경우 T-분포를 사용한다.
② 표본의 크기가 큰 대표본의 경우 Z-분포를 사용한다.
③ Z-분포의 평균은 0이고 분산은 1이다.
④ 표본의 크기와 상관없이 T-분포는 정규분포를 따른다.

해설

표본의 크기가 클 경우 중심극한정리에 의하여 T-분포는 정규분포를 따른다.

42 가장 적은 영향을 주는 변수부터 하나씩 제거하면서 더 이상 유의하지 않은 변수가 없을 때까지 설명 변수들을 제거하고 이때의 모형을 선택하는 방법은 무엇인가?

① 중위 선택법 ② 전진 선택법
③ 후진 소거법 ④ 단계적 방법

해설

후진 소거법

- 모두 포함된 상태에서 적은 영향을 주는 변수부터 제거
- 더 이상 제거할 변수가 없다고 판단될 때 변수 제거 중단

43 인공신경망은 어떤 값을 알아내는 것이 목적인가?

① 커널값 ② 뉴런
③ 가중치 ④ 오차

해설

인공신경망의 파라미터는 가중치이다.

44 CNN에서 원본 이미지가 5*5에서 Stride가 1이고, 필터가 3*3일 때 Feature Map은 무엇인가?

① 2*2 ② 3*3
③ 4*4 ④ 5*5

정답 38 ③ 39 ② 40 ① 41 ④ 42 ③ 43 ③ 44 ②

해설

$$Feature\ Map = \left(\frac{5+2\times0-3}{1}+1\right)\times\left(\frac{5+2\times0-3}{1}+1\right)$$
$$= 3\times3$$

45 선형회귀 모형의 가정에서 잔차항과 관련이 없는 것은 무엇인가?

① 선형성 ② 독립성
③ 등분산성 ④ 정상성

해설

선형성은 독립변수와 종속변수의 선형성을 의미한다.

46 서포트벡터머신에 대한 설명으로 옳지 않은 것은?

① 다른 모형에 비해 속도가 빠르다.
② 다른 모형보다 과대적합에 강하다.
③ 비선형으로 분류되는 모형에도 사용할 수 있다.
④ 서포트벡터가 여러 개일 수 있다.

해설

데이터가 많아질수록 최적화된 테스트 과정이 많아져 다른 모형에 비해 속도가 느리다.

47 다차원척도법에 대한 설명으로 옳지 않은 것은?

① 개체들 사이의 유사성, 비유사성을 측정하여 2차원 또는 3차원 공간상에 점으로 표현하여 개체들 사이의 집단화를 시각적으로 표현하는 분석 방법이다.
② 공분산행렬을 사용하여 고윳값이 1보다 큰 주성분의 개수를 이용한다.
③ 스트레스 값이 0에 가까울수록 적합도가 좋다.
④ 유클리드 거리와 유사도를 이용하여 구한다.

해설

②번은 주성분 분석에 대한 설명이다.

48 다음 분석 변수 선택 방법이 설명하는 기법은?

$$\frac{1}{N}\sum_{i=1}^{N}(y_i-\hat{y}_i)^2+\lambda\sum_{i=1}^{N}|w_i|$$

① 릿지(Ridge)
② 라쏘(Lasso)
③ 엘라스틱 넷(Elastic Net)
④ RFE(Recursive Feature Elimination)

해설

라쏘에 대한 수식이다.

49 독립변수가 연속형이고 종속변수가 이산형일 때 사용하는 분석 모형은?

① 인공신경망 모델
② 로지스틱 회귀분석
③ 회귀분석
④ 의사결정나무

해설

- 회귀분석 수행 시 종속변수가 범주형 데이터일 때 수행하는 분석기법이다.
- 종속변수의 수에 따라 이항 로지스틱 회귀분석과 다항 로지스틱 회귀분석으로 구분할 수 있다.
- 의료, 통신, 마케팅, 금융 등 다양한 분야에서 활용된다.
- 오즈를 로짓 변환한 시그모이드 함수를 사용한다.

50 예측력이 약한 모형을 연결하여 강한 모형으로 만드는 기법으로, 오분류된 데이터에 가중치를 두어 표본을 추출하는 앙상블 기법과 알고리즘은?

① 배깅 – AdaBoost
② 배깅 – Random Forest
③ 부스팅 – Random Forest
④ 부스팅 – GBM

해설

부스팅 알고리즘에 대한 설명이다. Random Forest는 배깅의 대표적인 알고리즘이다.

45 ① 46 ① 47 ② 48 ② 49 ② 50 ④ **정답**

51 다음은 암 진단을 예측한 것과 실제 암 진단 결과를 혼동행렬로 나타낸 것이다. 아래 표를 보고 TPR, FPR의 확률을 계산하시오.(단, 결과가 음성이라는 뜻인 0을 Positive로 한다.)

		실젯값	
		0	1
예측값	0	45(TP)	15(FN)
	1	5(FP)	235(TN)

① TPR: 9/10, FPR: 1/4
② TPR: 9/10, FPR: 1/48
③ TPR: 3/4, FPR: 1/48
④ TPR: 3/4, FPR: 1/4

해설

TP/(TP+FN)=45/(45+15)=3/4
FP/(FP+TN)=5/(5+235)=1/48

52 다음 중 하둡 에코 시스템의 주요 기술이 잘못 짝지어진 것은?

① 데이터 수집: Sqoop, Chukwa
② 분산 코디네이션: Zookeeper
③ 데이터 마이닝: Mahout
④ 데이터 처리: Hive

해설

Hive는 DW 솔루션으로 Hive QL 쿼리를 제공한다.

53 다음 중 비지도 학습 알고리즘의 사례로 옳은 것은?

① 과거 데이터를 기준으로 날씨 예측
② 제품의 특성, 가격 등으로 판매량 예측
③ 페이스북 사진으로 사람을 분류
④ 부동산으로 지역별 집값을 예측

해설

페이스북 사진으로 사람을 분류하는 것은 군집의 대표적인 사례이다.

54 전체 데이터 집합을 동일 크기를 갖는 K개의 부분 집합으로 나누고, 훈련 데이터와 평가 데이터로 나누는 기법은 무엇인가?

① K–Fold Cross Validation
② Holdout Cross Validation
③ Dropout
④ K–means Clustering

해설

K–Fold Cross Validation에 대한 설명이다.

55 다음의 이미지를 판별하기 위한 가장 적절한 분석 방법은 무엇인가?

① 군집 ② 예측
③ 분류 ④ 연관성

해설

손글씨 분류는 대표적인 분류 알고리즘의 예시이다.

56 다음 중 시계열 모형이 아닌 것은?

① 백색잡음
② 이항분포
③ 자기상관
④ 이동평균

해설

이항분포는 이산확률분포의 한 종류이다.

정답 51 ④ 52 ④ 53 ③ 54 ① 55 ③ 56 ②

57 학생들의 교복의 표준 치수를 정하기 위해 학생들의 팔길이, 키, 가슴둘레를 기준으로 할 때 어떤 방법이 가장 적절한 기법인가?

① 이상치 ② 군집
③ 분류 ④ 연관성

해설

군집의 예시이다.

58 비정형 데이터에 대한 설명으로 옳지 않은 것은?

① 텍스트는 문자 데이터로 저장한다.
② 오디오는 CMYK 형태로 저장한다.
③ 이미지는 RGB 방식으로 저장한다.
④ 비디오는 이미지 스트리밍으로 저장한다.

해설

오디오는 시간에 따른 진폭의 형태로 저장한다.

59 랜덤포레스트에 대한 설명으로 적절하지 않은 것은?

① 훈련을 통해 구성해놓은 다수의 나무들로부터 투표를 통해 분류 결과를 도출한다.
② 분류기를 여러 개 쓸수록 성능이 좋아진다.
③ 트리의 수가 많아지면 과대적합이 발생한다.
④ 여러 개의 의사결정 트리가 모여 랜덤 포레스트 구조가 된다.

해설

트리의 수가 많아지면 과대적합의 문제가 해소된다.

60 K-Fold Cross Validation에 대한 설명으로 옳지 않은 것은?

① 데이터를 K개로 나눈다.
② 1개는 훈련 데이터, (K-1)개는 검증 데이터로 사용한다.
③ K번 반복 수행한다.
④ 결과를 K에 다수결 또는 평균으로 분석한다.

해설

1개는 평가 데이터, (K-1)개는 훈련 데이터로 사용한다.

61 다음 중 이상적인 분석 모형을 위해 Bias와 Variance는 어떻게 설정되어야 하는가?

① 높은 Bias, 높은 Variance
② 낮은 Bias, 높은 Variance
③ 낮은 Bias, 낮은 Variance
④ 높은 Bias, 낮은 Variance

해설

이상적인 모형은 낮은 Bias, 낮은 Variance를 가지고 있다.

62 다음 중 초매개변수(Hyper Parameter)로 설정 가능한 것은?

① 편향(Bias)
② 가중치(Weights)
③ 서포트벡터(Support Vector)
④ 은닉층(Hidden Layer) 수

해설

- 매개변수: 편향, 가중치, 서포트벡터
- 초매개변수: 은닉층 개수, 은닉 노드 개수, 활성화 함수

63 다음 중 산점도(Scatter Plot)와 비슷한 시각화 기법은 무엇인가?

① 파이 차트(Pie Chart)
② 버블 차트(Bubble Chart)
③ 히트맵(Heat Map)
④ 트리맵(Tree Map)

해설

관계 시각화의 유형으로 버블차트에 대한 설명이다.

57 ② 58 ② 59 ③ 60 ② 61 ③ 62 ④ 63 ② **정답**

64 다음 중 분포 시각화의 유형으로 설명 변수가 늘어날 때마다 축이 늘어나는 시각화 방법은 무엇인가?

① 플로팅 바 차트(Floating Bar Chart)
② 막대 차트(Bar Chart)
③ 스타 차트(Star Chart)
④ 히트맵(Heat Map)

해설

스타 차트에 대한 설명이다.

65 불균형 데이터 세트로 이진 분류 모형 생성 시 불균형을 해소하기 위한 방법으로 옳지 않은 것은 무엇인가?

① 다수 클래스의 데이터를 일부만 선택하여 데이터의 비율을 맞춘다.
② 임곗값을 데이터가 적은 쪽으로 이동시킨다.
③ 서로 다른 여러 가지 모형들의 예측 결과를 종합한다.
④ 소수 클래스의 데이터를 복제 또는 생성하여 데이터의 비율을 맞춘다.

해설

임곗값을 데이터가 많은 쪽으로 이동시킨다.

66 다음 중 ROC 커브에 대한 설명으로 옳지 않은 것은?

① x축은 특이도를 의미한다.
② y축은 민감도를 의미한다.
③ AUC는 1.0에 가까울수록 분석 모형 성능이 우수하다.
④ AUC는 0.5일 경우 랜덤 선택에 가까운 성능을 보인다.

해설

x축은 1–특이도를 의미한다.

67 다음 혼동행렬에서 참이 0이고 거짓이 1일 때, Specificity와 Precision은 무엇인가?

		실젯값		종합
		0	1	
예측값	0	25	15	40
	1	15	75	90
종합		40	90	130

① Specificity: 5/8, Precision: 5/8
② Specificity: 5/8, Precision: 5/6
③ Specificity: 5/6, Precision: 5/6
④ Specificity: 5/6, Precision: 5/8

해설

• Specificity(특이도): TN/(TN+FP)=75/(75+15) = 5/6
• Precision(정밀도): TP/(TP+FP)=25/(25+15) = 5/8

68 다음 중 매개변수, 초매개변수에 대한 것으로 적절하지 않은 것은?

① 매개변수는 사람에 의해 설정한다.
② 매개변수는 측정되거나 데이터로부터 학습된다.
③ 초매개변수는 학습을 위해 임의로 설정하는 값이다.
④ 초매개변수의 종류에는 은닉층 개수, 학습률 등이 있다.

해설

• 사람에 의해 설정되는 것은 초매개변수이다.
• 매개변수는 모델의 학습에 의해 결정되는 요소이다.

정답 64 ③ 65 ② 66 ① 67 ④ 68 ①

69 **다음 중 K-평균 군집 알고리즘을 통해 K값을 구하는 기법은 무엇인가?**

① K-Centroid 기법
② 최장 연결법
③ 엘보우 기법
④ 역전파 알고리즘

해설

K값을 구하는 기법은 엘보우 기법, 실루엣 계수 등이 있다.

70 **다음 중 F1-Score에 들어가는 지표는?**

① TP Rate, FP Rate
② Accuracy, Sensitivity
③ Specificity, Error Rate
④ Precision, Recall

해설

F1-Score는 Precision, Recall 값을 통해 도출된다.

71 **종속변수가 범주형이고 독립변수가 수치형인 변수 간의 관계를 분석하기 위해 적용할 수 있는 알고리즘으로 올바른 것은?**

① 로지스틱 회귀분석
② k-평균 군집
③ 주성분 분석
④ DBSCAN

해설

로지스틱 회귀분석(Logistic Regression)

- 회귀분석 수행 시 종속변수가 범주형 데이터일 때 수행하는 분석기법이다.
- 종속변수의 수에 따라 이항 로지스틱 회귀분석과 다항 로지스틱 회귀분석으로 구분할 수 있다.
- 의료, 통신, 마케팅, 금융 등 다양한 분야에서 활용된다.
- 오즈를 로짓 변환한 시그모이드 함수를 사용한다.

72 **다음 중 적합도 검정 기법으로 올바르지 않은 것은?**

① 적합도 검정에서 자유도는 (범주의 수)+1이다.
② 적합도 검정은 카이제곱 검정 기법의 유형에 속한다.
③ 적합도 검정의 자료를 구분하는 범주가 상호 배타적이어야 한다.
④ 적합도 검정은 표본 집단의 분포가 주어진 특정 이론을 따르고 있는지를 검정하는 기법이다.

해설

적합도 검정에서 자유도는 (범주의 수)-1이다.

73 **다음 중 인포그래픽에 대한 설명으로 옳지 않은 것은?**

① 도표나 글에 비해 시각적 기법을 사용하여 기억에 오랫동안 남는다.
② 다양한 정보를 그래픽을 활용하여 나타내는 방법이다.
③ 빅데이터의 대량의 데이터를 표현하기에는 복잡하고 이해하기 어려울 수 있다.
④ 정보를 SNS 상에 쉽고 빠르게 전달할 수 있다.

해설

빅데이터의 대량의 데이터를 직관적이고 단순하게 표현하기 좋다.

74 **다음 중 분석 모형의 평가 방법에 대한 설명으로 올바르지 않은 것은?**

① 종속변수의 유형에 따라 선택하는 평가 방법이 다르다.
② 종속변수의 유형이 범주형일 때는 혼동행렬을 사용할 수 있다.
③ 종속변수의 유형이 연속형일 때는 RMSE를 사용할 수 있다.
④ 종속변수가 범주형일 때 임곗값이 바뀌면 정분류율은 변하지 않는다.

69 ③ 70 ④ 71 ① 72 ① 73 ③ 74 ④ **정답**

해설

임곗값이 바뀌면 정분류율도 변한다.

75 다음 중 혼동행렬에 대한 설명으로 적절하지 않은 것은? (2개)

		실젯값	
		0	1
예측값	0	TP	FN
	1	FP	TN

① 카파 값은 0~1 사이의 값을 가지며, 1에 가까울수록 예측값과 실젯값이 일치함을 알 수 있다.

② 부정인 범주 중 부정으로 올바르게 예측한 비율은 민감도 지표를 사용한다.

③ 부정인 범주 중 긍정으로 잘못 예측한 비율을 정밀도라고 하며, TP/(TP+FP)로 계산한다.

④ 정확도를 표기하는 식은 (TP+TN)/(TP+FP+FN+TN)이다.

해설

②번은 특이도에 대한 설명이다.

③번은 거짓 긍정률에 대한 설명이다.

76 다음 중 분석 모형 검증에 대한 설명으로 옳지 않은 것은?

① 데이터의 수가 적으면 교차 검증하는 것이 좋다.

② 교차 검증을 통해 분석 모형의 일반화 성능을 확인할 수 있다.

③ K-Fold 교차 검증에서 (K-1)개 부분 집합들은 훈련 데이터, 나머지 1개 부분 집합은 평가 데이터로 하는 K개의 학습 데이터를 구성하여 진행한다.

④ 데이터 수가 많으면 검증 데이터로 충분하므로, 평가 데이터는 불필요하다.

해설

평가 데이터로 성능을 확인하는 과정은 반드시 필요하다.

77 다음 중 데이터 분석 결과 활용에 대한 설명으로 옳지 않은 것은?

① 분석 모형 최종 평가 시에는 학습할 때 사용하지 않았던 데이터를 사용한다.

② 분석 모형 개발과 피드백 적용 고정을 반복하는 것은 지양한다.

③ 정확도, 재현율 등의 평가 지표를 분석 모형 성능 지표로 활용한다.

④ 분석 결과는 비즈니스 업무 담당자, 시스템 엔지니어 등 관련 인원들에게 모두 공유되어야 한다.

해설

분석 모형 개발과 피드백 적용 고정을 반복하여 수행한다.

78 아래의 시계열 분해 그래프를 통하여 파악이 가능한 것이 아닌 것은?

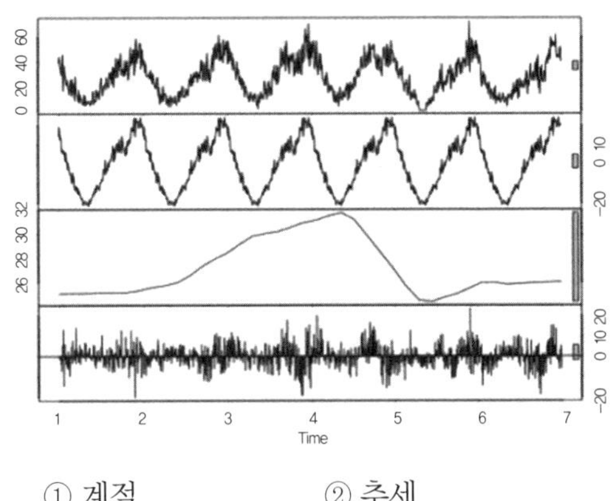

① 계절　　② 추세

③ 예측　　④ 잔차

해설

시계열 분해 그래프로 알 수 있는 것은 계절, 추세, 순환, 잔차이다.

정답 75 ②, ③　76 ④　77 ②　78 ③

79 다음 회귀 모형 결과를 해석한 것으로 옳은 것을 〈보기〉에서 모두 고른 것은?

	Estimate	Std.Error	T value	Pr(>|t|)
(intercept)	41.107678	2.842426	14.462	1.62e−14
X1	0.007473	0.011845	0.631	0.00651
X2	−3.635677	1.040138	−3.495	0.00160
X3	−4.784944	0.0607110	−2.940	0.53322

가. 유의수준 0.05에서 X1, X2는 유의하다.
나. X2의 계수는 41.107678이다.
다. 변수 X3는 회귀 모형에서 제거 가능하다.

① 가 ② 나
③ 가, 다 ④ 가, 나, 다

해설

X2의 계수는 −3.635677이다.

80 회귀 모형의 잔차를 분석한 결과가 아래와 같이 나타날 때, 이에 대한 설명으로 옳은 것은?

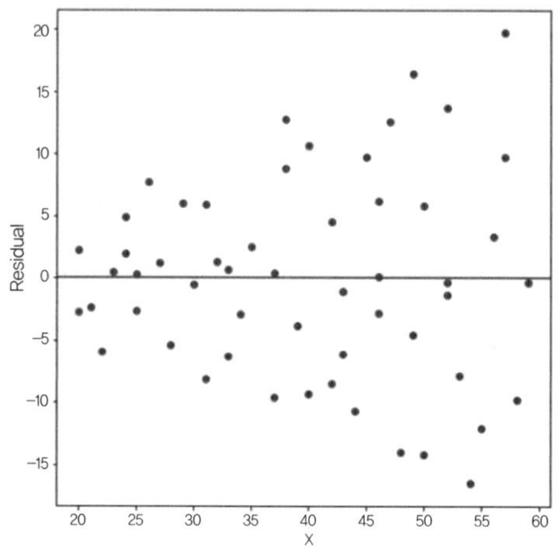

① 잔차가 등분산 가정을 만족한다.
② 종속변수를 log로 변환하여 문제를 해결한다.
③ 독립변수 중 하나를 제곱하여 문제를 해결한다.
④ 잔차가 정규분포를 따르지 않는다.

해설

잔차가 등분산 가정을 만족하지 않으면 log 변환, 가중최소제곱법(WLS)을 활용한다.

79 ③ 80 ② 정답

2021년 3회 기출문제

01 다음 중 빅데이터의 특징 3V에 해당하지 않는 것은?

① 신뢰성(Veracity) ② 다양성(Variety)
③ 규모(Volume) ④ 속도(Velocity)

해설

빅데이터의 특징을 전통적으로 3V(Volume, Variety, Velocity)라고 표현했지만, 최근에는 순서대로 Value, Veracity, Validity, Volatility가 추가되어 7V라고도 표현한다.

02 다음 중 개인정보 비식별화 기법으로 옳지 않은 것은?

① 데이터 마스킹 ② 가명 처리
③ 총계 처리 ④ 데이터 대체

해설

데이터 대체가 아닌 데이터 삭제 또는 범주화 기법을 사용한다.

03 2018년 05월 25일부터 시행된 유럽연합의 개인정보보호 법령은?

① ISO27001 ② ISMS
③ PIMS ④ GDPR

해설

GDPR(General Data Protection Regulation)

- GDPR은 2018년 5월 25일부터 시행되는 유럽연합(EU)의 개인정보보호 법령으로, 유럽연합에 속해 있거나 유럽 경제지역(EEA)에 속해 있는 모든 인구들의 사생활 보호와 개인정보들을 보호해 주는 규제이다.
- GDPR의 목표는 개인정보를 자유롭게 쓸 수 있게 하며, 유럽 내 보안 관련 제도를 통합하고 정보 주체의 권리와 기업의 책임성 강화, 개인정보의 EU 역외 이전 요건 명확화 등이 있다.

04 관계형 데이터베이스와 비교했을 때 DW에 저장되어 있는 데이터베이스의 특징으로 올바르지 않은 것은?

① 통합적
② 주제 지향적
③ 시간에 따라 변화
④ 소멸적

해설

DW에 적재가 완료되면 소멸이 아닌 비휘발성의 특징을 가진다.

05 다음 중 빅데이터 분석 방법론의 분석 절차로 올바른 것은?

① 분석 기획→데이터 준비→시스템 구현→데이터 분석→평가 및 전개
② 분석 기획→데이터 준비→데이터 분석→시스템 구현→평가 및 전개
③ 데이터 준비→분석 기획→데이터 분석→시스템 구현→평가 및 전개
④ 데이터 준비→데이터 분석→분석 기획→시스템 구현→평가 및 전개

해설

분석 기획→데이터 준비→데이터 분석→시스템 구현→평가 및 전개

06 다양한 원천 시스템으로부터 데이터를 추출하고 변환하여 DW 및 DM으로 적재하는 기술은?

① EAI ② ETL
③ OLTP ④ ODS

정답 01 ① 02 ④ 03 ④ 04 ④ 05 ② 06 ②

해설

ETL: 수집 대상 데이터를 추출, 변환하여 데이터 웨어하우스 및 데이터 마트에 적재 하는 기술

07 **ETL 기술을 이용해서 데이터 저장소에 적재하는 하둡(Hadoop) 기반의 시스템은 무엇인가?**

① Tajo ② Zookeeper
③ HBase ④ Oozie

해설

Tajo는 HDFS 및 다양한 형태의 데이터를 추출하고 분석 시스템에 전송하는 시스템이다.

08 **기존의 관계형 데이터베이스의 구조와 비교하여 정형화 되어 있지 않은 데이터를 대규모로 저장할 수 있는 기술은 무엇인가?**

① NoSQL ② HDFS
③ Sqoop ④ Scribe

해설

NoSQL: 전통적인 RDBMS와 다른 DBMS를 지칭하기 위한 용어로 데이터 저장에 고정된 테이블 스키마가 필요하지 않고 조인 연산을 사용할 수 없으며, 수평적으로 확장이 가능한 DBMS

09 **다음의 설명은 어떤 개념에 대한 설명인가?**

A 기관은 홍길동의 개인 가입 정보를 보관하고 있다. 홍길동은 B 기관에서 새로운 상품을 가입하려고 하는데, 이때 홍길동의 동의를 얻어 A 기관에서 소유하고 있는 사용자의 정보를 B 기관으로 전달하고자 한다.

① API
② 마이 데이터
③ 인증
④ 개인정보보호

해설

마이 데이터(My Data)

- 마이 데이터는 개인이 자신의 정보를 관리, 통제할 뿐만 아니라 개인정보를 신용이나 자산관리 등에 능동적으로 활용하는 것을 의미한다.
- 개인이 지정하는 제3자에게 데이터 전송이 가능하다.

10 **다음 중 민감정보가 아닌 것은?**

① 건강 상태
② 취미 생활
③ 개인의 사상 및 신념
④ 정치적 성향

해설

취미 생활은 민감정보라고 할 수는 없다.

11 **다음 중 분석 과제 우선순위 평가에 대한 설명으로 올바르지 않은 것은?**

① 분석 과제 우선순위 평가 기준에서 시급성도 고려해야 한다.
② 우선순위 선정 기준인 난이도와 시급성을 가지고 분석과제를 4가지 유형으로 구분하여 분석과제의 적용 우선순위를 결정한다.
③ 난이도는 현시점에서 과제를 추진하는 것이 범위와 비용 측면에서 바로 적용하기 쉬운 것인지 또는 어려운 것인지에 대한 판단 기준으로 분석의 적합성 여부의 기준이 된다.
④ 분석 과제 우선순위 평가에서 투자 비용 요소에는 데이터 획득/저장/가공/비용 및 가치가 포함되어 있고, 비즈니스 효과에는 분석 적용 비용이 포함된다.

해설

비즈니스 효과에는 전략적 중요도와 목표 가치가 포함되어 있다.

07 ① 08 ① 09 ② 10 ② 11 ④ 정답

12 다음 중 재현 데이터(Synthetic Data)에 대한 설명으로 올바른 것은?

① 재현하는 데이터에는 원 데이터의 속성을 포함하고 있어야 한다.
② 재현 데이터는 기존 변수에 특정 조건 혹은 함수 등을 사용하여 새롭게 재정의한 파생변수이다.
③ 재현 데이터 중 완전 재현 데이터는 민감하지 않은 정보는 그대로 두고, 민감한 정보에 대해서만 재현 데이터로 대체한 데이터이다.
④ 생성 방법은 단위 변환, 표현형식 변환, 요약 통계량 변환, 정보 추출, 변수 결합, 조건문 등이 있다.

해설

재현 데이터는 원 데이터의 속성을 포함하고 있어야 한다.

13 전통적인 기계학습에 비해 최근 부각되는 빅데이터를 활용한 인공지능의 특징으로 올바르지 않은 것은?

① 인간의 통찰을 통해 기준을 설정하여 학습에 활용한다.
② 상호보완 관계로 빅데이터는 인공지능 구현 완성도를 높여주고, 빅데이터는 인공지능을 통해 문제 해결 완성도를 높이게 되었다.
③ 빅데이터를 통해 자체 알고리즘을 가지고 학습하는 딥러닝 기술을 활용할 수 있게 되었고, 특정 분야에서 인간의 지능을 뛰어넘는 능력을 갖추게 되었다.
④ 빅데이터를 스스로 학습하는 딥러닝 기술은 다양한 분야에서 상용화가 이루어지고 있다.

해설

인공지능은 인간의 통찰보다는 자체 알고리즘을 통해 학습에 활용한다.

14 데이터 과학자가 데이터 엔지니어와 다르게 지녀야 하는 소양으로 올바르지 않은 것은?

① 머신러닝 모델을 사용해 정형, 비정형 데이터에서 인사이트 창출 능력
② 사내 데이터를 이용해서 고객 행동 패턴 모델링을 통해 패턴을 찾아내거나 이상치를 탐지하는 능력
③ 데이터 분석 및 활용에 사용될 소프트웨어 개발 능력
④ 예측 모델링, 추천 시스템 등을 개발해 비즈니스 의사결정에 필요한 인사이트 제공 능력

해설

③번 내용은 데이터 과학자보다 데이터 엔지니어에게 강조되는 역량이다.

15 다음 중 데이터의 적절성, 정확성, 상호 운영성 등 명시된 요구와 내재된 요구를 만족하는 데이터 품질 기준은?

① 데이터 기능성　② 데이터 접근성
③ 데이터 일관성　④ 데이터 효율성

해설

데이터 기능성에 대한 설명이다.

16 다음 중 데이터 분석 업무로 올바르지 않은 것은?

① 탐색적 데이터 분석과 데이터 모델링을 수행해야 한다.
② 데이터의 수집 및 정합성 검증을 수행해야 한다.
③ 데이터 분석 유효성 검증을 수행해야 한다.
④ 모델 평가 및 검증을 수행한다.

해설

데이터 수집 및 정합성 검증을 수행하는 것은 데이터 준비 업무이다.

정답 12 ① 13 ① 14 ③ 15 ① 16 ②

17 **다음 중 개인정보 보호 원칙에 대한 설명으로 올바르지 않은 것은?**

① 개인정보처리자는 개인정보의 처리 목적에 필요한 범위에서 적합하게 개인정보를 처리하며, 그 목적 외의 용도로 활용하여서는 안 된다.

② 개인정보처리자는 개인정보의 익명처리가 가능한 경우에는 익명에 의하여 처리될 수 있도록 한다.

③ 개인정보처리자는 수집된 개인정보를 필요한 목적에 의해서 활용하고, 그 이외는 정보 주체의 사생활 침해를 최소화하는 방법으로 개인정보를 처리해야 한다.

④ 개인정보처리자는 개인정보의 처리 방법 및 종류 등에 따라 정보 주체의 권리가 침해 받을 가능성과 그 위험 정도를 고려하여 개인정보를 안전하게 관리하여야 한다.

해설

사생활 침해가 이루어져서는 안 된다.

18 **다음 중 분석 마스터 플랜에 대한 설명으로 올바르지 않은 것은?**

① 분석과제를 수행함에 있어 그 과제의 목적이나 목표에 따라 전체적인 방향성을 제시하는 기본 계획이다.

② 분석 마스터플랜의 우선순위 고려 요소에는 전략적 중요도, 비즈니스 성과, ROI, 실행 용이성이 있다.

③ 중/장기적 마스터 플랜 수립을 위해 분석 과제를 대상으로 다양한 기준을 고려하여 우선순위를 설정한다.

④ 분석 마스터 플랜 로드맵 수립 시 고려 요소에는 개인정보보호법, 분석 데이터 적용 수준, 비식별화 적용 기법이 있다.

해설

분석 마스터 플랜 로드맵 수립 시에는 업무 내재화 적용 수준, 분석 데이터 적용 수준, 기술 적용 수준을 고려해야 한다.

19 **다음 중 빅데이터 분석 기획 단계에서 수행해야 하는 작업으로 올바른 것은?**

① 프로젝트 진행을 위해 비즈니스에 대한 충분한 이해와 도메인 이슈를 도출한다.

② 정형/비정형/반정형 등의 모든 내/외부 데이터와 데이터 속성, 오너, 담당자 등을 포함하는 데이터 정의서를 작성한다.

③ 비즈니스 규칙을 확인하여 분석용 데이터 세트를 준비한다.

④ 테스트 데이터 세트를 이용하여 모델 검증 작업을 실시하고 보고서를 작성한다.

해설

빅데이터 분석 기획 단계에서 제일 먼저 수행해야 하는 일은 비즈니스에 대한 충분한 이해와 도메인 이슈를 도출하는 것이다.

20 **다음 중 분석 문제 정의에 대한 설명으로 틀린 것은?**

① '과제'는 처리해야할 문제이며, '분석'은 과제와 관련된 현상이나 원인, 해결방안에 대한 자료를 수집 및 문석하여 의사결정에 활용하는 활동이다.

② 분석 문제에서 '문제'라는 것은 기대 상태와 현재 상태를 동일한 수준으로 맞추는 과정이다.

③ 하향식 접근 방식과 상향식 접근 방식을 반복적으로 수행하면서 상호 보완하여 분석 과제를 발굴한다.

④ 상향식 접근 방식은 분석 과제가 정해져 있고 이에 대한 해법을 찾기 위해 체계적으로 분석하는 방법이다.

해설

상향식 접근 방식은 문제 정의 자체가 어려운 경우 데이터 기반으로 탐색하는 것을 의미한다.

17 ③ 18 ④ 19 ① 20 ④ 정답

21 점 추정 조건에 대한 설명 중 옳지 않은 것은?

① 불편성(Unbiasedness): 추정량의 기댓값이 모집단의 모수와 차이가 없는 특성
② 효율성(Efficiency): 추정량의 분산이 작은 특성
③ 일치성(Consistency): 표본의 크기가 커지면 추정량이 모수와 거의 같아지는 특성
④ 편의성(Convenience): 모수를 추정할 때 복잡한 정도를 나타내는 특성

해설

편의성은 점 추정 조건에 해당하지 않는다. 추정량은 모수에 대하여 많은 정보를 제공할수록 좋은 충분성이 점 추정 조건에 해당한다.

22 다음 중 전수 조사에 해당하는 것은?

① 전구의 수명
② 우주 왕복선의 부품 검사
③ 암 환자 치료제의 효과
④ 동해안 고래의 개체 수

해설

보기 중 전수 조사가 가능한 것은 우주 왕복선의 부품 검사이다.

23 이상값에 대한 설명으로 옳은 것은?

① 이상값은 필수적인 데이터가 입력되지 않고 누락된 값이다.
② 이상값은 평균에 영향을 미친다.
③ 통계에 활용하기 위해서는 이상값을 반드시 제거해야 한다.
④ 이상값으로만 구성되어 있을 수 있다.

해설

평균은 이상값에 민감하므로 중위수를 사용하기도 한다.

24 표본 추출 방법 중 하나로 집단 내 이질적이고, 집단 간 동질적인 특성을 갖는 방법은?

① 군집 추출 ② 계통 추출
③ 무작위 추출 ④ 층화 추출

해설

군집 추출
- 모집단을 여러 군집으로 나누고, 일부 군집의 전체를 추출하는 방식이다.
- 군집이 모집단을 대표할 수 있어야 한다.
- 집단 내부는 이질적이고, 집단 외부는 동질적이다.

25 PCA에 대한 설명으로 옳지 않은 것은?

① 차원 축소 시 변수 추출 방법을 사용한다.
② 상관관계가 있는 고차원 자료를 자료의 변동을 최대한 제거하는 기법이다.
③ 누적 기여율과 스크리 산점도를 통해 주성분을 선택할 수 있다.
④ PCA는 수학적으로 직교 선형 변환으로 정의한다.

해설

주성분 분석은 기존 변수들의 분포 특성을 최대한 보존하는 기법이다.

26 차원 축소에 대한 설명으로 옳지 않은 것은?

① 차원 축소의 방법에는 변수 선택과 변수 추출이 있다.
② 여러 변수의 정보를 최대한 유지하기 위해 데이터 세트의 변수 개수를 유지한다.
③ 차원 축소 후 학습할 경우, 회귀나 분류, 군집 등의 머신러닝 알고리즘이 더 잘 작동된다.
④ 새로운 저차원 변수 공간에서 시각화하기 쉽다.

해설

데이터 세트의 변수 개수를 축소하는 것이 차원 축소의 목적이다.

정답 21 ④ 22 ② 23 ② 24 ① 25 ② 26 ②

27 PCA에 대한 설명으로 옳지 않은 것은?

① 축들은 서로 직교되어 있다.

② 주성분은 상관성이 높은 변수들을 요약, 축소하는 기법이다.

③ 변동 폭이 작은 축을 선택한다.

④ 스크리 산점도를 통해 그래프가 급격히 완만해지는 지점의 바로 전 단계까지 주성분의 수를 선택한다.

해설

변동 폭이 큰 축을 선택한다.

28 상관관계에 대한 설명으로 옳은 것은?

① 범주형 값이어야 하고 −1~1의 값을 가진다.

② 명목적 데이터 상관관계를 분석할 때 피어슨 상관계수를 이용한다.

③ 상관계수의 절댓값이 작을수록 강한 상관관계를 가진다.

④ 상관계수가 −1에 가까울수록 강한 음의 상관관계를 가진다.

해설

상관계수가 −1에 가까울수록 강한 음의 상관관계를 가진다.

29 포아송분포를 가지는 X변수는 평균이 4이고, Y변수는 평균이 9일 때 $E\left(\frac{3X+2Y}{6}\right)$, $V\left(\frac{3X+2Y}{6}\right)$을 계산한 결과는 무엇인가?

① 3, 2　　② 3, 4

③ 5, 2　　④ 5, 4

해설

$E\left(\frac{3X+2Y}{6}\right) = E\left(\frac{3}{6}X\right) + E\left(\frac{2}{6}Y\right) = \frac{1}{2}E(X) + \frac{1}{3}E(Y)$

$= \frac{1}{2} \times 4 + \frac{1}{3} \times 9 = 5$

$V\left(\frac{3X+2Y}{6}\right) = V\left(\frac{3}{6}X\right) + V\left(\frac{2}{6}Y\right) = \frac{1}{2^2}V(X) + \frac{1}{3^2}V(Y)$

$= \frac{1}{4} \times 4 + \frac{1}{9} \times 9 = 2$

30 x^2분포에 대한 설명으로 옳지 않은 것은?

① n개의 서로 독립적인 표준 정규 확률변수를 각각 제곱한 다음 합해서 얻어지는 분포이다.

② 자유도 n이 작을수록 왼쪽으로 치우치는 비대칭적 모양이다.

③ 자유도가 $n \geq 2$이면 단봉 형태이다.

④ 기댓값은 n이다.

해설

자유도가 $n \geq 3$이면 단봉 형태이다.

31 평균에 대한 설명으로 옳은 것은?

① 제2 사분위수와 같다.

② 왜도가 0보다 클 때 평균은 중위수보다 작다.

③ 평균과 관측치의 단위는 같다.

④ 데이터 값 중에서 빈도수가 가장 높은 데이터 값이다.

해설

평균과 관측치의 단위는 같다.

32 불균형 데이터에 대한 설명으로 옳지 않은 것은?

① 데이터가 적으면 민감도는 낮아진다.

② 불균형 데이터에서는 정확도가 낮아지는 경향이 있다.

③ 과소표집은 무작위로 정상 데이터의 일부만 선택하는 방법으로 데이터의 유실이 매우 크고, 때로는 중요한 정상 데이터를 잃게 될 수 있다.

④ 과대표집으로 데이터를 복제하면 일반화 오류가 발생한다.

해설

불균형 데이터에서는 정확도가 높아지는 경향이 있다.

27 ③　28 ④　29 ③　30 ③　31 ③　32 ②　정답

33 Box-Cox변환에 대한 설명으로 옳지 않은 것은?

① 변수 변환이 가능하다.
② 로그 변환을 포함한다.
③ 파생 변수를 생성한다.
④ 데이터를 정규분포에 가깝게 만들기 위한 목적으로 사용한다.

해설

Box-Cox 변환은 데이터를 정규분포화 시키는 변환 기법 중 하나로 파생 변수를 생성하지는 않는다.

34 다음 중 성격이 다른 지표는 무엇인가?

① 범위 ② 평균
③ 중위수 ④ 최빈수

해설

범위는 데이터의 산포도를 의미한다.

35 유의 확률에 대한 설명으로 옳은 것은?

① 1종 오류를 범할 최대 허용 확률이다.
② 2종 오류를 범할 최대 허용 확률이다.
③ 가설검정의 대상이 되는 모수를 추론하기 위해 사용되는 표본 통계량이다.
④ 유의 확률이 유의 수준보다 크면 H_0를 채택한다.

해설

유의 확률이 유의 수준보다 크면 H_0를 채택한다.

36 다음 중 대푯값에 대한 설명으로 옳지 않은 것은?

① 산술평균은 자료를 모두 더한 후 자료 개수로 나눈 값이다.
② 기하평균은 숫자들을 모두 곱한 후 거듭제곱근을 취해서 얻는 평균이다.
③ 조화평균은 속도를 평균낼 때 사용하기에 적합하다.
④ 중위수는 이상값에 영향을 많이 받는다.

해설

이상값에 영향을 많이 받는 것은 평균이다.

37 중심극한정리에 대한 설명으로 옳지 않은 것은?

① 표본 크기 n이 충분히 클 때 만족한다.
② 모집단의 분포 형태에 관계없이 성립한다.
③ 모집단의 분포는 연속형, 이산형 모두 가능하다.
④ 표본평균의 기댓값과 분산은 모집단의 기댓값과 분산과 동일하다.

해설

표본평균의 기댓값은 모집단의 기댓값과 동일하지만 분산은 동일하지 않다.

38 다음 중 정제 과정에서 수행하는 내용은 무엇인가?

① 데이터의 결측값을 처리하고 데이터를 탐색한다.
② 수집된 데이터를 통합한다.
③ 데이터를 분석 목적에 맞게 데이터 검증을 한다.
④ ETL 프로그램을 개발한다.

해설

데이터 정제 과정에는 데이터의 결측값, 이상값, 노이즈 등을 처리한다.

39 스케일링에 대한 설명으로 옳지 않은 것은?

① 범주형에 대해 정규화를 수행할 수 있다.
② 최소-최대 정규화는 −1과 1 사이의 값을 가진다.
③ 평균이 0, 분산이 1인 Z-score 정규화를 수행한다.
④ 편향된 데이터에 대해 스케일링을 할 수 있다.

해설

최소-최대 정규화는 0과 1 사이의 값을 가진다.

정답 33 ③ 34 ① 35 ④ 36 ④ 37 ④ 38 ① 39 ②

40 동일집단에 대해 처치 전과 후를 비교할 때 평균 추정에 대한 설명으로 옳은 것은?

① 표본표준편차는 처치 전의 표준편차와 처치 후의 표준편차를 합해서 계산한다.

② 처치 전과 후를 추정할 때 표본표준편차는 표본의 개수와 비례한다.

③ 표본의 크기가 30 이상이면 T-분포를 사용하고 30 미만이면 Z-분포를 사용한다.

④ 처치 전과 후의 평균에 대한 차이를 추정한다.

해설

처치 전과 후의 평균에 대한 차이를 추정한다.

41 다음 중 훈련 데이터에서 다수의 부트스트랩 자료를 생성하고 각 자료를 모델링한 후 결합하여 최종 예측 모형을 만드는 앙상블 기법은?

① 배깅

② 부스팅

③ 보팅

④ 의사결정나무

해설

배깅(Bagging)

- 학습 데이터에서 다수의 부트스트랩을 생성하고 여러 개의 모형을 생성한 후 결합하여 최종 모형을 선정하는 알고리즘이다.
- 부트스트랩(Bootstrap)은 표본 추출 시 무작위 복원추출 방식으로 수행하는 것을 의미한다.

42 소프트맥스 함수에 대한 설명으로 가장 올바르지 않은 것은?

① 출력값은 0에서 1 사이의 실수이다.

② 분산이 1이다.

③ 출력값을 확률로 해석할 수 있다.

④ 출력값의 총합이 1이 된다.

해설

소프트맥스 함수

- 세 개 이상으로 분류하는 다중 클래스 분류에서 사용되는 함수
- 각 클래스에 속할 확률을 추정(0과 1 사이의 실수)
- 출력값의 총합은 1이 된다.

43 다음 중 활성화 함수에 대한 설명으로 가장 알맞지 않은 것은?

① 하이퍼볼릭 탄젠트는 −1에서 1 사이의 값을 가진다.

② 부호함수는 임곗값을 기준으로 활성화 또는 비활성화 된다.

③ ReLU함수는 시그모이드의 기울기 소실 문제를 해결하였다.

④ 시그모이드 함수 입력값이 0일 때, 미분값은 0이다.

해설

부호함수는 임곗값을 기준으로 양의 부호 또는 음의 부호가 된다.

44 다음 중 다중공선성을 제거하는 방법으로 가장 올바르지 않은 것은 무엇인가?

① PCA ② Box-Cox

③ Ridge ④ 변수 제거

해설

Box-Cox 변환은 변수를 변환하는 방법이다.

45 다음 중 의사결정나무의 분류나무에서 사용되는 분리 기준이 아닌 것은?

① 엔트로피 지수

② 카이제곱 분포

③ 지니지수

④ F-값

해설

F-값은 회귀나무에서 사용되는 분리 기준이다.

40 ④ 41 ① 42 ② 43 ② 44 ② 45 ④ 정답

46 다음 중 시계열 분해 구성요소로 가장 알맞지 않은 것은 무엇인가?

① 추세 요인
② 계절 요인
③ 순환 요인
④ 예측 요인

해설

예측은 시계열 분해 구성요소에 해당되지 않는다.

47 다음 중 SVM RBF에 대한 설명으로 가장 옳지 않은 것은 무엇인가?

① 비선형 데이터가 있는 경우에 일반적으로 활용된다.
② 2차원의 점을 3차원의 점으로 변환한다.
③ 가장 많이 사용되는 커널이다.
④ 데이터에 대한 사전 지식이 없는 경우 적절하게 분리할 때 활용된다.

해설

2차원의 점을 무한한 차원의 점으로 변환한다.

48 다음 중 ARIMA에 대한 설명으로 가장 알맞지 않은 것은?

① 자기회귀 누적 이동평균 모형이다.
② 차분이나 변환을 통해 AR 모형이나 MA 모형, ARMA 모형으로 정상화할 수 있다.
③ 현시점의 자료를 유한개의 백색잡음의 선형결합으로 표현되어 항상 정상성을 만족한다.
④ ARIMA(p,d,q) 모형은 차수 p, d, q가 있다.

해설

③번은 이동평균 모형에 대한 설명이다.

49 10명의 혈당을 측정하여 측정 전과 측정 후의 짝을 이룬 표본에 대한 비모수 검정으로 가장 알맞은 것은 무엇인가?

① 윌콕슨 부호 순위 검정
② 윌콕슨 순위 합 검정
③ T-검정
④ 크루스칼 왈리스 검정

해설

대응 표본 T-검정의 비모수 검정은 윌콕슨 부호 순위 검정이다.

50 다음 중 인공지능 적용 분야와 기법이 올바르게 짝지어진 것으로 가장 알맞은 것은?

(가) 음성 인식
(나) 필기체 인식
(다) 사진 이미지, 영상
(라) 로봇 최적화

① (가) 순환 신경망, (나) 순환 신경망, (다) 순환 신경망, (라) 강화학습
② (가) 합성곱 신경망, (나) 강화학습, (다) 순환 신경망, (라) 순환 신경망
③ (가) 순환 신경망, (나) 순환 신경망, (다) 합성곱 신경망, (라) 강화학습
④ (가) 합성곱 신경망, (나) 강화학습, (다) 순환 신경망, (라) 순환 신경망

해설

(가) 순환 신경망, (나) 순환 신경망, (다) 합성곱 신경망, (라) 강화학습

정답 46 ④ 47 ② 48 ③ 49 ① 50 ③

51 다음 중 비모수 통계에 대한 설명으로 가장 알맞지 않은 것은?

① 모집단의 분포에 대한 가정의 불만족으로 인한 오류의 가능성이 크다.
② 모수적 방법에 비해 통계량의 계산이 간편하여 직관적으로 이해하기 쉽다.
③ 이상값으로 인한 영향이 적다.
④ 검정 통계량의 신뢰성이 부족하다.

해설

모집단의 분포에 대한 가정의 불만족으로 인한 오류의 가능성이 작다.

52 아래와 같은 거래 데이터 세트가 주어졌을 때 연관규칙 '오렌지, 사과→자몽'의 지지도와 신뢰도는 각각 얼마인가?

> {오렌지, 사과, 자몽}, {딸기, 수박, 사과, 레몬}
> {수박, 레몬}, {오렌지, 사과, 레몬, 자몽}
> {딸기, 수박, 레몬, 자몽}, {오렌지, 사과}

① 지지도: 50% 신뢰도: 66%
② 지지도: 50% 신뢰도: 50%
③ 지지도: 33% 신뢰도: 66%
④ 지지도: 33% 신뢰도: 50%

해설

지지도: $P(A \cap B) = \frac{A와 B 동시에 포함된 거래 수}{전체 거래 수} = \frac{2}{6} = 33\%$

신뢰도: $\frac{P(A \cap B)}{P(A)} = \frac{A와 B 동시에 포함된 거래 수}{조건 품목이 포함된 모든 거래 수} = \frac{2}{3} = 66\%$

53 다음 중 로지스틱 회귀분석에 대한 설명으로 가장 알맞지 않은 것은 무엇인가?

① 독립변수가 범주형이다.
② 종속변수는 0과 1이다.
③ 로짓 변환을 사용한다.
④ 시그모이드 함수를 사용한다.

해설

종속변수가 범주형이다.

54 다음 중 심층신경망에 대한 설명으로 가장 알맞지 않은 것은 무엇인가?

① 은닉층이 1개 존재한다.
② 오차 역전파를 사용한다.
③ 시그모이드는 오차 역전파로 결과 해석이 어렵다.
④ 은닉층(Hidden Layer)을 심층(Deep)으로 구성한다.

해설

다수의 은닉층이 존재한다.

55 다음 중 SNA 중심성으로 가장 알맞지 않은 것은 무엇인가?

① 연결 정도 중심성 ② 근접 중심성
③ 매개 중심성 ④ 조화 중심성

해설

조화 중심성이 아닌 위세 중심성이 SNA 중심성에 포함된다.

56 다음 중 기계학습 기반 분석 절차로 가장 알맞은 것은 무엇인가?

① 비즈니스 이해 및 문제 정의→데이터 수집→데이터 전처리와 탐색→모델 훈련→모델 성능 평가→모델 성능 향상 및 현업 적용
② 비즈니스 이해 및 문제 정의→데이터 전처리와 탐색→데이터 수집 모델 훈련→모델 성능 평가→모델 성능 향상 및 현업 적용
③ 데이터 전처리와 탐색→비즈니스 이해 및 문제 정의→데이터 수집→모델 훈련→모델 성능 평가→모델 성능 향상 및 현업 적용
④ 데이터 전처리와 탐색→데이터 수집→비즈니스 이해 및 문제 정의 모델 훈련→모델 성능 평가→모델 성능 향상 및 현업 적용

51 ① 52 ③ 53 ① 54 ① 55 ④ 56 ① 정답

해설

비즈니스 이해 및 문제 정의→데이터 수집→데이터 전처리와 탐색→모델 훈련→모델 성능 평가→모델 성능 향상 및 현업 적용의 절차를 따른다.

57 다음 중 선형회귀와 로지스틱 회귀에 대한 설명으로 옳지 않은 것은?

① 선형회귀에서 잔차는 정규분포를 따른다.
② 선형회귀는 독립변수를 사용해 종속변수의 움직임을 예측한다.
③ 로지스틱 회귀는 종속변수가 이진이며 분류에 사용한다.
④ 선형회귀에서 로짓변환을 사용한다.

해설

로짓변환은 로지스틱 회귀분석에서 사용한다.

58 다음 중 시계열 모형으로 가장 알맞지 않은 것은 무엇인가?

① AR 모형
② MA 모형
③ ARIMA 모형
④ 로지스틱 회귀 모형

해설

로지스틱 회귀 모형은 시계열 모형에 해당되지 않는다.

59 다음 중 은닉층이 순환적으로 연결된 것은 무엇인가?

① RNN ② CNN
③ DNN ④ ANN

해설

순환 신경망(Recurrent Neural Network; RNN)

- 순환 신경망은 순방향 신경망(Feed Forward Neural Network)과 달리 신경망 내부의 메모리를 사용하여 이전 시점 정보들을 반영한 신경망 구조이다.
- 은닉층에 재귀적인 신경망을 구축함으로써 새로운 입력이 들어올 때마다 데이터를 수정함으로써 연속적인 시계열 데이터나 자연어 처리, 음성 인식, 필기체 인식 등에서 높은 성능을 가진다.

60 다음 중 데이터 분할에 대한 설명으로 가장 올바르지 않은 것은 무엇인가?

① 평가 데이터는 학습에 사용할 수 있다.
② 훈련 데이터를 한 번 더 분할하여 훈련 데이터와 검증 데이터로 나누어서 사용한다.
③ 데이터는 학습, 검증, 평가 데이터로 구분한다.
④ Early Stopping을 사용할 수 있다.

해설

평가 데이터는 오직 모형의 평가에서만 사용한다.

61 다음 중 매개변수와 초매개변수에 대한 설명으로 옳지 않은 것은?

① 초매개변수는 주어진 데이터로부터 학습을 통해 모델 내부에서 결정되는 변수이다.
② 매개변수는 사람에 의해 수작업으로 측정되지 않는다.
③ 초매개변수는 모델의 알고리즘 구현 과정에서 사용한다.
④ 매개변수는 종종 학습된 모델의 일부로 저장된다.

해설

매개변수는 주어진 데이터를 가지고 학습을 통해 모델 내부에서 결정되는 변수이다.

62 다음 중 경사 하강법과 관련된 알고리즘으로 옳지 않은 것은?

① Adaboost
② RMSProp
③ AdaGrad
④ Nesterov Momentum

해설

Adaboost는 부스팅 알고리즘으로 잘못 예측한 데이터에 가중치를 부여 후 모형을 개선하는 방식이다.

57 ④ 58 ④ 59 ① 60 ① 61 ① 62 ①

63 관계 시각화에 대한 설명으로 옳은 것은?

① 버블 차트는 대표적인 관계 시각화 기법이다.

② 복잡하고 어려운 데이터를 더 쉽고 명확하게 이해할 수 있도록 그래픽과 텍스트를 조합한다.

③ 관계 시각화는 다변량 변수를 갖는 자료를 제한된 2차원에서 효과적으로 표현하는 방법이다.

④ 관계 시각화는 지도 위에 위치를 표시하기 위해 위도와 경도를 사용한다.

해설

버블 차트는 대표적인 관계 시각화 기법으로 산점도에서 원의 크기, 텍스트 등을 사용하여 추가적인 정보를 표시한다.

64 다음이 설명하는 데이터 시각화 기법은 무엇인가?

> • 다변량 데이터 사이에 존재하는 변수 사이의 연관성, 분포와 패턴을 찾는 시각화 기법이다.
> • 버블 차트, 산점도 등이 대표적으로 해당된다.

① 시간 시각화 ② 분포 시각화
③ 관계 시각화 ④ 비교 시각화

해설

관계 시각화에 대한 설명이다.

65 평균 절대 백분율 오차(Mean Absolute Percentage Error)에 대한 공식으로 옳은 것은?

① $\frac{1}{n}\sum_{i=1}^{n}|y_i - \hat{y}_i| \times 100$

② $\frac{1}{n}\sum_{i=1}^{n}\left(\frac{y_i-\hat{y}_i}{y_i}\right)^2 \times 100$

③ $\frac{1}{n}\sum_{i=1}^{n}\left|\frac{y_i-\hat{y}_i}{y_i}\right| \times 100$

④ $\sqrt{\frac{1}{n}\sum_{i=1}^{n}\left(\frac{y_i-\hat{y}_i}{y_i}\right)^2} \times 100$

해설

$\text{MAPE} = \frac{1}{n}\sum_{i=1}^{n}\left|\frac{y_i-\hat{y}_i}{y_i}\right| \times 100$

66 선거인단수, 인구 등의 특정한 데이터 값의 변화에 따라 지도의 면적이 왜곡되어 표현되는 공간 시각화 기법은?

① 카토그램 ② 히스토그램
③ 버블차트 ④ 히트맵

해설

카토그램

• 지도의 면적을 왜곡시켜 데이터의 수치에 따라 구분하는 기법이다.
• 변량 비례도라고도 불린다.
• 데이터 값의 크기를 직관적으로 인지할 수 있다.

67 주어진 원천 데이터를 두 분류로 분리하여 교차 검정을 실시하는 방법으로 하는 학습 데이터로, 하나는 평가 데이터로 사용하는 기법은 무엇인가?

① Bagging

② Ensemble

③ Boosting

④ Holdout Cross Validation

해설

홀드아웃 교차검증에 대한 설명이다.

68 다음 중 ROC 곡선에 대한 설명으로 옳지 않은 것은?

① AUC의 값은 항상 0.5~1의 값을 가지며 1에 가까울수록 좋은 모형이다.

② AUC는 곡선 아래 영역을 의미한다.

③ AUC는 진단의 정확도를 측정할 때 사용한다.

④ 참조선(Reference Line)에 가까울수록 성능이 좋다.

63 ① 64 ③ 65 ③ 66 ① 67 ④ 68 ④ 정답

해설

ROC 곡선

- 가로축(x)을 거짓 긍정률(1−특이도), 세로축(y)을 참 긍정률(재현율)로 두어 모형의 성능 지표를 시각화한 그래프이다.
- 참조선에서 거리가 멀수록 성능이 좋다.

69 다음의 그래프에서 왜도, 평균, 중위수, 최빈수에 대한 관계로 옳은 것은?

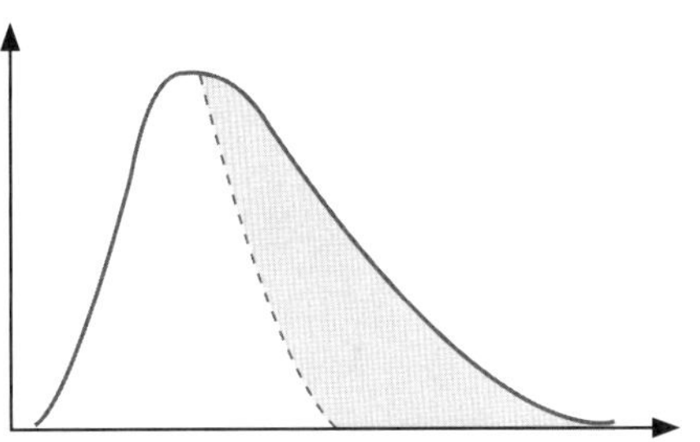

① 왜도〉0, 평균〉중위수〉최빈수
② 왜도〉0, 평균〈중위수〈최빈수
③ 왜도〈0, 평균〈중위수〈최빈수
④ 왜도〈0, 평균〉중위수〉최빈수

해설

위 그림은 왜도가 0보다 클 때 나타나는 그래프이며, 평균 〉 중위수 〉 최빈수 순이다.

70 다음 중 회귀 모형의 가정으로 가장 옳지 않은 것은 무엇인가?

① 등분산성 ② 독립성
③ 선형성 ④ 일관성

해설

일관성이 아닌 비상관성, 정상성이 회귀 모형의 가정이다.

71 시각화 기법이 아닌 것은?

① 원−핫 인코딩(One−Hot Encoding)
② 박스 플롯(Box Plot)
③ 산점도(Scatter Plot)
④ 파이 차트(Pie Chart)

해설

원−핫 인코딩은 데이터를 0과 1로만 표현하여 더미변수화 시키는 것이다.

72 인공신경망의 과대적합을 방지하는 방법으로 옳지 않은 것은?

① 가중치의 합을 조절한다.
② 설명 노드의 수를 줄여서 가중치의 비중을 조절한다.
③ 학습률을 감소하는 방향으로 변경한다.
④ 에포크를 제한한다.

해설

설명 노드가 아닌 설명 변수의 수를 줄여서 과대적합을 방지한다.

73 다음은 1973년 미국의 지역별 강력 범죄율 데이터를 주성분 분석하여 도출된 결과다. 제 3주성분을 기준으로 했을 때의 누적 기여율은 얼마인가?

```
Importance of components:
                          Comp.1    Comp.2    Comp.3     Comp.4
Standard deviation     1.5748783 0.9948694 0.5971291 0.41644938
Proportion of Variance 0.6200604 0.2474413 0.0891408 0.04335752
Cumulative Proportion  0.6200604 0.8675017 0.9566425 1.00000000
```

① 85.69% ② 95.66%
③ 90.00% ④ 99.99%

해설

제 3주성분의 누적 기여율은 95.66%이다.

74 이진분류기의 평가측정 요소로 옳지 않은 것은?

① Precision
② Recall
③ Accuracy
④ MAE

해설

MAE 지표는 회귀 모형의 평가측정 요소이다.

정답 69 ① 70 ④ 71 ① 72 ② 73 ② 74 ④

75 카이제곱 공식으로 알맞은 것은?

① $\chi^2 = \sum_{i=1}^{k} \left|\frac{(O_i - E_i)}{E_i}\right|$

② $\chi^2 = \sum_{i=1}^{k} \frac{(O_i - \widehat{E_i})^2}{E_i}$

③ $\chi^2 = \sum_{i=1}^{k} \frac{(O_i - E_i)^2}{O_i}$

④ $\chi^2 = \sum_{i=1}^{k} \frac{(O_i - E_i)^2}{E_i}$

해설

카이제곱 공식은 $\chi^2 = \sum_{i=1}^{k} \frac{(O_i - E_i)^2}{E_i}$ 이다.

76 다음은 혼동행렬이다. 민감도와 정밀도를 계산한 결과는 무엇인가?

		예측값	
		0(P)	1(N)
실젯값	0(P)	4(TP)	2(FN)
	1(N)	1(FP)	3(TN)

① 민감도: 2/3, 정밀도: 4/5

② 민감도: 4/5, 정밀도: 2/3

③ 민감도: 3/5, 정밀도: 4/5

④ 민감도: 4/5, 정밀도: 3/5

해설

- 민감도 $= \frac{TP}{(TP+FP)} = \frac{4}{(4+2)} = \frac{2}{3}$
- 정밀도 $= \frac{TP}{(TP+FP)} = \frac{4}{(4+1)} = \frac{4}{5}$

77 회귀 모형 진단을 위해 사용되는 적합도 검정 기법과 가장 거리가 먼 것은?

① 종속변수 y 절편

② Q−Q Plot

③ 잔차의 히스토그램

④ 샤피로 − 윌크 검정

해설

종속변수 y 절편은 적합도 검정 기법에 포함되지 않는다.

78 다음 중 빅데이터 분석 결과를 통해 수립된 전략으로 가장 옳지 않은 것은?

① 작업공간의 효율화

② 병목현상의 제거

③ 성능의 최적화

④ 초과 근무의 의무화

해설

초과 근무의 의무화는 수립된 전략으로 어울리지 않는다.

79 다음 중 데이터 시각화에 대한 설명으로 옳지 않은 것은?

① 데이터 시각화는 분석 모형 해석의 기본이 된다.

② 정보 전달과 설득을 위한 목적으로 사용된다.

③ 시간 시각화 기법으로 막대 그래프, 추세선 등을 사용한다.

④ 비교 시각화의 유형으로 파이 차트, 도넛 차트 등이 있다.

해설

파이 차트, 도넛 차트, 트리맵, 누적 영역 차트 등은 분포 시각화의 유형이다.

80 혼동행렬의 평가 지표에서 실제로 '부정'인 범주 중에서 '부정'으로 올바르게 예측한 비율은?

① 민감도(Sensitivity)

② 특이도(Specificity)

③ 지지도(Support)

④ 유사도(Similarity)

해설

특이도에 대한 설명이다.

75 ④ 76 ① 77 ① 78 ④ 79 ④ 80 ② 정답

2022년 4회 기출문제

01 다음 중 HDFS에 대한 설명으로 옳은 것은?

① Replication의 횟수는 내부에서 결정되며 사용자가 바꾸지 못한다.
② ETL, NTFA가 상위 파일 시스템이다.
③ GFS와 동일한 소스코드를 사용한다.
④ 네임노드는 삭제 데이터가 저장된 데이터 노드를 관리한다.

해설

HDFS는 GFS를 모델로 하여 만든 오픈소스로, 동일한 소스코드와 특징을 가진다. 네임노드는 네임스페이스와 메타데이터를 관리한다.

02 다음 중 분산 파일 시스템에 대한 설명으로 옳은 것은?

① 하나의 컴퓨팅 자원을 다수의 시스템에 연결하여 병목 현상의 문제가 있다.
② 비관계형 DB와 같은 의미를 지니며 대표적으로 NoSQL이 있다.
③ 여러 컴퓨터를 하나의 서버 환경처럼 저장하는 것을 말한다.
④ 대규모의 데이터가 아닌 양질의 소규모 데이터를 관리하기 위해 고안되었다.

해설

분산 파일 시스템은 네트워크를 통해 물리적으로 다른 위치에 있는 여러 컴퓨터에 자료를 분산 저장하여 로컬 시스템에서 사용하는 것처럼 동작하게 하는 시스템이다. 데이터의 가용성을 향상하고, 데이터를 물리적으로 다른 위치에 중복하여 저장함으로써 장애가 발생하더라도 단일 서버 환경보다 상대적으로 쉽게 복구할 수 있다.

03 다음 중 인공지능 학습에 대한 설명으로 옳지 않은 것은?

① 지도학습이란 데이터의 정답지가 주어진 상태로 학습하는 것을 말한다.
② 강화학습이란 특정 조건에서 최적의 행동을 선택하도록 하는 학습 방법이다.
③ 강인공지능이란 다양한 분야의 어떤 문제를 실제로 사고하고 학습하여 해결할 수 있는 컴퓨터 기반의 인공지능이다.
④ 훌륭한 알고리즘을 보유하였다면 학습을 생략해도 된다.

해설

훌륭한 알고리즘을 보유하였다고 해도 인공지능 학습은 필수적이다.

04 다음 중 DIKW 피라미드 요소 중 지혜(Wisdom)에 해당하는 예시로 옳은 것은?

① A 마트의 상품은 B 마트보다 저렴할 것이다.
② A 마트의 과일이 더 저렴하다.
③ A 마트의 과일은 100원, B 마트의 과일은 200원이다.
④ 과일을 구매하려면 A 마트가 더 좋다.

해설

DIKW 피라미드의 지혜는 지식에 유연성을 더하고, 상황과 맥락에 맞는 규칙을 적용하는 것을 의미한다. 즉, 지혜는 근본적인 원리에 대한 깊은 이해를 통해 다른 환경에서의 전이 학습이 가능하며 창의적 사고를 수행하는 단계이다.

정답 01 ③ 02 ③ 03 ④ 04 ①

05 **다음 중 '분석 로드맵 설정' 시 우선순위로 고려해야 할 항목이 아닌 것은?**

① 비즈니스 성과 및 ROI
② 시급성
③ 분석 데이터 적용
④ 전략적 중요도

해설

분석 로드맵 설정 시 전략적 중요도, 시급성, 비즈니스 성과 및 ROI를 우선순위로 고려해야 한다.

06 **다음 중 빅데이터 분석 기획 절차로 옳은 것은?**

> a. 비즈니스 이해 및 범위 설정
> b. 프로젝트 위험 계획 수립
> c. 프로젝트 정의
> d. 프로젝트 수행 계획 수립

① c → a → b → d ② c → a → d → b
③ a → c → d → b ④ a → c → b → d

해설

빅데이터 분석 방법론은 비즈니스 이해 및 범위 설정, 프로젝트 정의 및 수행 계획 수립, 프로젝트 위험 계획 수립 순서로 진행된다.

07 **다음 중 개인정보 비식별화에 대한 설명으로 옳지 않은 것은?**

① 비식별화는 개인을 알아볼 수 없도록 하는 조치를 말한다.
② 비식별 정보는 제3자 제공이 가능하며, 원칙적으로 불특정 다수에 대한 공개가 가능하다.
③ 비식별 정보는 비식별 조치 후에도 모니터링과 기술적 보호조치를 수행해야 한다.
④ 비식별 정보는 사전에 개인정보 해당 여부에 대하여 검토하고, 개인정보가 아닌 것은 활용 가능하도록 한다.

해설

비식별화된 정보라고 하더라도 원칙적으로 불특정 다수에게 공개하는 것은 불가능하다.

08 **다음 중 개인정보 비식별화 기술에 대한 설명 중 옳지 않은 것은?**

① 총계처리 : 데이터의 총합 값으로 처리하여 개별 데이터의 값이 보이지 않도록 하는 기술
② 데이터 마스킹 : 개인 식별에 중요한 데이터 값을 삭제하는 것
③ 가명처리 : 개인 식별에 중요한 데이터를 식별할 수 없는 다른 값으로 변경
④ 범주화 : 데이터의 값을 범주의 값으로 변환하여 값을 변경하는 기술

해설

마스킹은 공백과 대체를 활용하여 값을 가리는 방법이다. 개인을 식별할 수 있는 데이터를 삭제하는 것은 데이터 삭제에 해당된다.

09 **다음 중 가트너가 정의한 빅데이터 처리 플랫폼 특징 중 3V에 정의된 것으로 옳지 않은 것은?**

① 가치(Value) ② 규모(Volume)
③ 속도(Velocity) ④ 다양성(Variety)

해설

3V에 해당하는 것은 규모(Volume), 속도(Velocity), 다양성(Variety)이다. 가치(Value)는 4V에 해당된다.

10 **다음 중 1제타바이트에 1byte의 아스키 코드를 넣으면 가능한 수용 크기로 옳은 것은?**

① 2^{10}byte ② 2^{30}byte
③ 2^{50}byte ④ 2^{70}byte

해설

제타바이트(ZB)의 수용 크기는 2^{70}byte이다.

05 ③ 06 ③ 07 ② 08 ② 09 ① 10 ④ 정답

11 다음 중 아래에서 설명하는 개념으로 옳은 것은?

> 대표적인 빅데이터 분산처리 엔진으로, 하둡의 단점을 보완하기 위해 인메모리(In-Memory) 기반의 데이터 처리 오픈소스 플랫폼

① 맵 리듀스(Map Reduce)
② 스파크(Spark)
③ 하이브(Hive)
④ 피그(Pig)

해설

아파치 스파크(Apache Spark)에 대한 설명이다. 빅데이터 분산처리 시스템이며 인메모리 기반의 캐싱을 통해 빠른 성능을 보유하는 것이 특징이다.

12 다음 중 데이터 모델링 과정에서 수행하는 업무가 아닌 것은?

① 데이터 세트 분할
② 데이터 모형 모델링
③ 프로젝트 성과 분석 및 평가 보고
④ 모델 적용 및 운영 방안 수립

해설

프로젝트 성과 분석과 평가는 평가 및 전개 단계에서 수행한다.

13 다음 중 정형 데이터와 비정형 데이터에 대한 설명으로 옳은 것은?

① 동영상, 오디오 데이터는 정형 데이터에 속한다.
② 정형과 반정형 성질을 둘 다 갖고 있는 것을 비정형 데이터라고 한다.
③ 형태소는 정형 데이터를 분석하기 위한 단위이다.
④ XML은 반정형 데이터이다.

해설

형태소는 텍스트 데이터로 대표적인 비정형 데이터이다.

14 다음 중 고품질 데이터의 특성이 아닌 것은?

① 정확성(Accuracy)
② 적시성(Timeliness)
③ 불편의성(Un-completeness)
④ 일관성(Consistency)

해설

고품질 데이터의 품질지표에는 정확성, 완전성, 적시성, 일관성이 있다.

15 다음 중 아래에서 설명하는 개념으로 옳은 것은?

> 시스템의 전방에 위치하여 클라이언트로부터 다양한 서비스를 처리하고, 벡-엔드 서비스 간의 통신을 전달하는 미들웨어

① API 게이트웨이
② 데이터베이스
③ PaaS
④ ESB

해설

API 게이트웨이에 대한 설명이다. 벡-엔드 시스템 및 서비스에 대한 액세스를 제어하는 방법이며, 외부 클라이언트와 백엔드 서비스 간의 통신을 최적화하여 클라이언트에게 원활한 서비스를 제공하도록 하는 미들웨어이다.

16 다음 중 데이터 3법에 포함되는 법으로 옳지 않은 것은?

① 개인정보보호법
② 정보통신산업진흥법
③ 정보통신망 이용촉진 및 정보보호 등에 관한 법률
④ 신용정보의 이용 및 보호에 관한 법률

해설

데이터 3법은 개인정보보호법, 정보통신망 이용촉진 및 정보보호 등에 관한 법률, 신용정보의 이용 및 보호에 관한 법률로 이루어져 있다.

정답 11 ② 12 ③ 13 ③ 14 ③ 15 ① 16 ②

17 다음 중 공공 데이터 포털에서 제공하는 파일의 형식으로 옳지 않은 것은?

① XML　　② SQL
③ JSON　　④ CSV

해설

SQL(Structured Query Language)은 관계형 데이터베이스 관리 시스템(RDBMS)의 데이터를 관리하기 위해 설계된 특수 목적의 프로그래밍 언어이다. 관계형 데이터베이스 관리 시스템에서 자료의 검색과 관리, 데이터베이스 스키마 생성과 수정, 접근 조정 관리를 위해 사용된다.

18 다음 중 빅데이터 저장소와 관련한 개념으로 옳지 않은 것은?

① Data Lake
② Data Warehouse
③ Data Mining
④ Data Dam

해설

데이터 마이닝(Data Mining)은 대량의 데이터를 탐색하고 분석하여 의미 있는 패턴이나 규칙을 찾아내는 프로세스에 해당된다.

19 다음 중 아래에서 설명하는 개념으로 옳은 것은?

> 데이터에 노이즈를 추가하여 개인정보보호와 데이터 분석을 모두 진행할 수 있는 기법

① k-익명성
② 개인정보 차등보호
③ 가명화
④ l-다양성

해설

차등 정보보호(Differential Privacy) 기술이란 인공지능 학습용 데이터에 포함된 개인정보를 보호하기 위해 해당 데이터에 임의의 노이즈를 삽입함으로써 개인정보가 제3자에게 노출되지 않도록 하는 보호 기법이다.

20 다음 중 빅데이터 저장 기술로 옳은 것은?

① 맵리듀스　　② 직렬화
③ 가시화　　④ NoSQL

해설

NoSQL은 전통적 관계형 데이터베이스보다 유연한 형식으로 데이터를 저장하는 비관계형 데이터베이스이다. 대량의 비정형 데이터를 처리할 수 있다.

21 다음 표를 참고하여 수행한 귀무가설 검정으로 옳은 것은?

2.0	0.9772	0.9778	0.9783	0.9788	0.9793	0.9798	0.9803	0.9808	0.9812	0.9817
2.1	0.9821	0.9826	0.9830	0.9834	0.9838	0.9842	0.9846	0.9850	0.9854	0.9857
2.2	0.9861	0.9864	0.9868	0.9871	0.9875	0.9878	0.9881	0.9884	0.9887	0.9890
2.3	0.9893	0.9896	0.9898	0.9901	0.9904	0.9906	0.9909	0.9911	0.9913	0.9916
2.4	0.9918	0.9920	0.9922	0.9925	0.9927	0.9929	0.9931	0.9932	0.9934	0.9936
2.5	0.9938	0.9940	0.9941	0.9943	0.9945	0.9946	0.9948	0.9949	0.9951	0.9952
2.6	0.9953	0.9955	0.9956	0.9957	0.9959	0.9960	0.9961	0.9962	0.9963	0.9964
2.7	0.9965	0.9966	0.9967	0.9968	0.9969	0.9970	0.9971	0.9972	0.9973	0.9974
2.8	0.9974	0.9975	0.9976	0.9977	0.9977	0.9978	0.9979	0.9979	0.9980	0.9981
2.9	0.9981	0.9982	0.9982	0.9983	0.9984	0.9984	0.9985	0.9985	0.9986	0.9986
3.0	0.9987	0.9987	0.9987	0.9988	0.9988	0.9989	0.9989	0.9989	0.9990	0.9990
3.1	0.9990	0.9991	0.9991	0.9991	0.9992	0.9992	0.9992	0.9992	0.9993	0.9993
3.2	0.9993	0.9993	0.9994	0.9994	0.9994	0.9994	0.9994	0.9995	0.9995	0.9995
3.3	0.9995	0.9995	0.9995	0.9996	0.9996	0.9996	0.9996	0.9996	0.9996	0.9997
3.4	0.9997	0.9997	0.9997	0.9997	0.9997	0.9997	0.9997	0.9997	0.9997	0.9998
3.5	0.9998	0.9998	0.9998	0.9998	0.9998	0.9998	0.9998	0.9998	0.9998	0.9998
3.6	0.9998	0.9998	0.9999	0.9999	0.9999	0.9999	0.9999	0.9999	0.9999	0.9999
3.7	0.9999	0.9999	0.9999	0.9999	0.9999	0.9999	0.9999	0.9999	0.9999	0.9999
3.8	0.9999	0.9999	0.9999	0.9999	0.9999	0.9999	0.9999	0.9999	0.9999	0.9999

> 확률변수 X에 대한 9개 표본 평균의 분포가 정규분포 $\bar{X} \sim N(40, 5^2)$을 따를 때, 99% 신뢰구간 하에 아래의 검정 조건이 주어진다.
>
> • H_0 : $\mu < 35$ (모평균은 35보다 작다.)
> • H_1 : $\mu \geq 35$ (모평균은 35보다 크거나 같다.)

① 표준정규확률변수 z=2, 귀무가설 채택
② 표준정규확률변수 z=2, 귀무가설 기각
③ 표준정규확률변수 z=3, 귀무가설 채택
④ 표준정규확률변수 z=3, 귀무가설 기각

해설

위 예시의 Z값은 $\frac{\bar{X}-\mu}{\sigma/\sqrt{n}}=\frac{40-35}{5/3}$이 되어 3이다. 이 경우 0.99로 유의확률은 0.01이 되어 0.05보다 작으므로 귀무가설을 기각하고 대립가설을 채택한다.

22 다음 중 시공간 데이터로 옳지 않은 것은?

① GIS 데이터　　② 코로플로스 맵
③ 패널 데이터　　④ 격자 데이터

17 ②　18 ③　19 ②　20 ④　21 ④　22 ③ **정답**

해설

패널 데이터(Panel Data)는 여러 개체들을 복수의 시간에 걸쳐서 추적하여 얻는 데이터를 말한다.

23 다음 중 기초 통계량의 대푯값과 관련한 설명으로 옳지 않은 것은?

① 평균은 중앙값보다 이상값에 영향을 더 적게 받는다.

② Q3－Q1을 사분위수 범위라고 한다.

③ 변동률 등은 기하 평균으로 구한다.

④ 변동계수는 자료의 단위와 관련이 있다.

해설

평균은 이상치에 민감하여, 이상치에 덜 민감한 중위수를 함께 사용한다.

24 다음 중 이상값을 찾는 방법에 대한 설명으로 옳지 않은 것은?

① 상자 그래프와 산점도 등에서 멀리 떨어진 값을 찾는다.

② 표준정규분포에서 표준편차가 3 이상인 값을 찾는다.

③ 도메인 지식에서 이론적이나 물리적으로 맞지 않는 값을 찾는다.

④ 가설 검정의 노이즈 값을 찾는다.

해설

이상값은 수집된 데이터의 일반적인 범주를 벗어나는 값으로써 주로 통계량을 통해 계산하거나 시각화를 통해 탐색한다.

25 다음 중 주성분 분석에 대한 설명으로 옳지 않은 것은?

① 기존 변수들을 선형 결합하여 새로운 변수를 만든다.

② 주성분들이 설명하는 분산이 최대한 커지도록 한다.

③ 데이터가 이산형, 연속형인 경우에 사용한다.

④ 주성분 분석의 결과와 해석을 직관적으로 이해할 수 있다.

해설

주성분 분석은 기존의 데이터를 선형 결합하여 새로운 변수를 추출하는 방식으로 결과와 해석을 이해하기 쉽지 않다.

26 다음 중 상관관계에 대한 설명으로 옳지 않은 것은?

① 상관계수 값의 범위는 −1부터 1 사이에 있다.

② 상관계수의 절댓값이 0에 가까울수록 두 변수 간의 상관성이 적다.

③ 상관계수는 결정계수 값의 제곱을 의미한다.

④ 두 변수의 관계를 산점도로 알 수 있다.

해설

상관계수는 두 변수 간의 변화 정도와 방향을 보여주는 지표이고, 결정계수는 최소제곱법을 활용한 선형회귀분석에서 종속변수의 분산 중에 독립변수로 설명되는 비율, 즉 모형의 설명력을 보여주는 지표이다.

27 다음 중 아래에서 설명하는 내용으로 옳은 것은?

> 정규분포를 따르고 평균이 150, 분산이 16인 자료에 대하여 모든 자료에 (−150)/4의 스케일링을 적용하면 자료의 분포는 어떤 분포를 따르는가?

① N(150,16)

② N(0,1)

③ N(0,1/10)

④ N(0,1/100)

해설

표준화에 대한 개념으로, 표준화를 수행하면 평균은 0, 분산은 1인 분포가 생성된다.

정답 23 ① 24 ④ 25 ④ 26 ③ 27 ②

28 다음 중 박스 플롯에서 3Q보다 항상 작은 값을 갖는 것으로 옳은 것은?

① IQR 사분위수 범위
② 중앙값
③ 80퍼센트
④ 최댓값

해설

중앙값은 2사분위수(2Q)로 3사분위수(3Q)보다 작은 값이다.

29 다음 중 아래 좌표에 대하여 A지점으로부터 C지점까지의 맨해튼 거리를 계산한 것으로 옳은 것은?

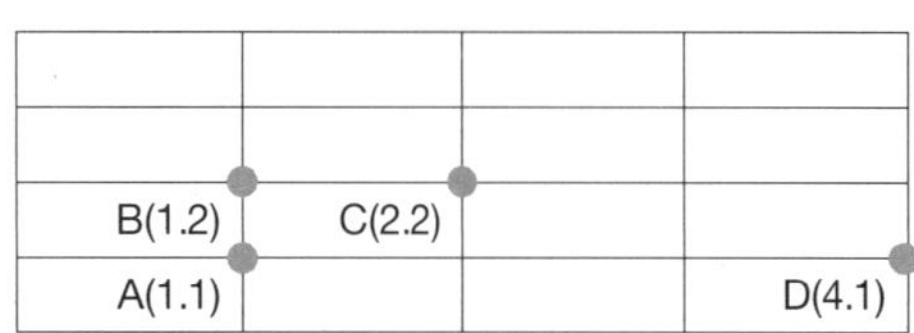

① 1　　② 2
③ 3　　④ 4

해설

맨해튼 거리(Manhattan Distance)는 각 좌표 차의 절대값의 합으로 계산한다. 택시 거리, L1거리, 시가지 거리 등으로도 불리며 최단거리를 계산할 때 많이 사용된다. A지점으로부터 C지점까지의 거리는 |1−2|+|1−2|=2가 된다.

30 다음 중 아래 조건이 주어졌을 때 기초 통계량을 구한 것으로 옳은 것은?

> 평균이 $\overline{X}$ 이고 표준편차가 σ인 확률변수 X_i에 대하여 X_1+X_2의 표준편차는 얼마인가? (단, X_i는 상호 독립이다.)

① $\sqrt{2}\sigma$　　② σ
③ $\sigma/\sqrt{2}$　　④ σ^2

해설

$V(X+Y)$는 $V(X)+V(Y)+2Cov(X,Y)$이고, X와 Y는 독립이므로 $V(X)+V(Y)$가 되어 총 분산은 $2\sigma^2$, 표준편차는 $\sqrt{2}\sigma$이 된다.

31 아래 그림은 특정 사건 다섯 개를 베이지안 네트워크로 표현한 것이다. 각 다섯 사건은 연결된 노드 외에는 서로 독립이며, 화살표 방향으로 사건의 발생에 영향을 준다. 다음 중 아래 그래프로부터 도출된 베이지안 조건식으로 옳지 않은 것은?

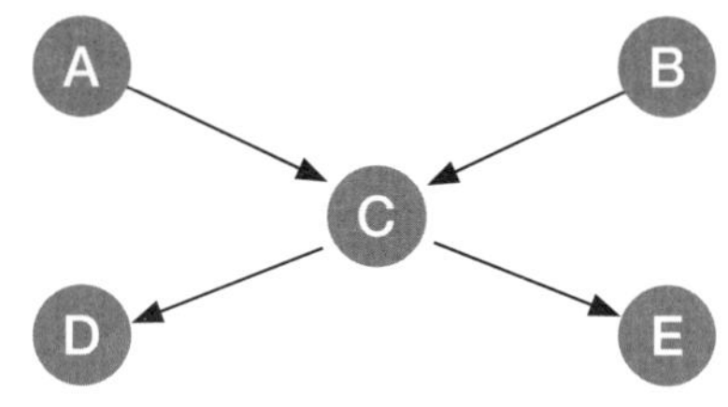

① $P(A,B|C) = P(A) * P(B|C)$
② $P(A,B,C|E) = P(A|C) * P(B|C) * P(C|E)$
③ $P(A,B,C) = P(A) * P(B) * P(C|A,B)$
④ $P(A,E|C) = P(A|C) * P(E|C)$

해설

베이지안 네트워크에서 상호 부모 노드와 자식 노드 간에 독립이 성립된다. $P(A,B|C)$는 $P(A,B,C)/P(C)$이며, 이는 Chain Rule에 의해 $P(A|B,C)*P(B,C)*P(C)$로 바꿀 수 있다. A와 B는 독립이므로 $P(A|B,C)$는 $P(A|C)$로 치환 가능하며, $P(B,C)/P(C)$는 $P(B,C)$로 바꾸면 최종적으로 $P(A|C)*P(B|C)$가 된다.

32 다음 중 비정형 텍스트 데이터 전처리 기법으로 옳지 않은 것은?

① Tokenizing
② Crawling
③ pos tagging
④ stemming

해설

크롤링(Crawling)은 웹 상에 존재하는 데이터를 수집하는 기술이다.

28 ②　29 ②　30 ①　31 ①　32 ② 정답

33 다음 중 자료의 분포가 아래 그림과 같이 오른쪽 긴 꼬리일 경우, 통계량의 관계에 대한 설명으로 옳은 것은?

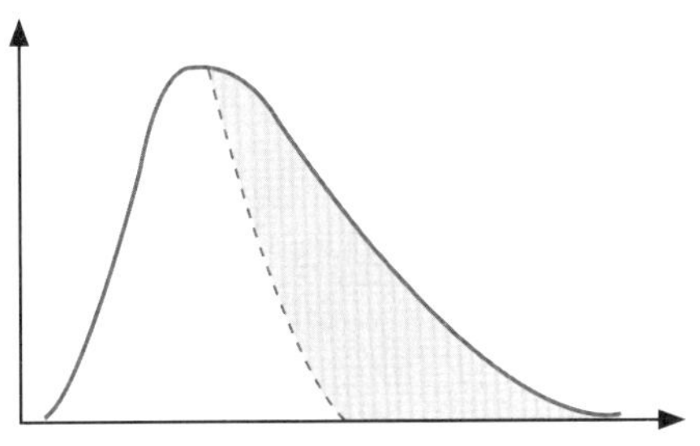

① 왜도>0, 최빈값<중위수<평균
② 왜도>0, 평균<중위수<최빈값
③ 왜도<0, 중위수<최빈값<평균
④ 왜도<0, 최빈값<중위수<평균

해설

위 그림은 왜도가 0보다 클 때의 분포이며, 이때 통계량은 최빈값<중위수<평균 순이다.

34 아래 결과는 병아리에게 각각 다른 종류의 처방을 내린 후 성장 차이를 분석한 결과이다. 다음 중 분석 결과에 대한 해석으로 옳지 않은 것은?

```
Analysis of Variance Table
Response : weight
           Df   Sum Sq   Mean Sq   F value   Pr(>F)
Feed        5   231129   46226     15.365    5.936e-10***
Residuals  65   195556   3009
---
Signif. Codes: 0 '***' 0.001 '**' 0.01 '*' 0.05 '.' 0.1 ' ' 1
```

① 총 병아리의 수는 71마리이다.
② 효과를 비교하는 처방의 개수는 총 6개이다.
③ 각 처방 간의 효과 차이가 있다는 주장은 통계적으로 유의하다.
④ 귀무가설은 "모든 처방 간의 효과는 차이가 있다."가 된다.

해설

귀무가설(Null Hypothesis)은 차이가 없거나 의미 있는 차이가 없는 경우의 가설이며, 이것이 맞거나 맞지 않다는 주장을 통계학적 증거를 통해 증명하려는 가설이다. 따라서 위 예시에서의 귀무가설은 "모든 처방 간의 효과는 차이가 없다."가 된다.

35 다음 중 아래에서 설명하는 개념으로 옳은 것은?

> 항목 집합의 지지도를 산출하여 발생빈도와 최소지지도를 기반으로 거래 연관성을 밝히는 알고리즘

① Apriori ② 인공신경망
③ 의사결정나무 ④ 어간 추출

해설

아프리오리 알고리즘(Apriori Algorithm)에 대한 설명이다. 연관분석의 대표적인 알고리즘으로 빈발 항목을 통해 데이터 간 연관성을 탐색한다.

36 다음 중 빅데이터 탐색에 대한 설명으로 옳지 않은 것은?

① 빅데이터 전체 분포를 대략적으로 검토하는 과정이다.
② 데이터 분석 과정에서 최종 분석 결과를 도출한다.
③ 데이터 탐색 시 잠재적 문제를 발견하는 과정이다.
④ 데이터 탐색 시 데이터를 기반으로 패턴을 찾는 과정이다.

해설

빅데이터 탐색은 주로 데이터의 통계량 및 시각화를 통해 전체적인 데이터의 패턴이나 분포를 파악하는 과정이다. 최종 분석 결과를 도출하는 것은 모델링 후 수행된다.

정답 33 ① 34 ④ 35 ① 36 ②

37 다음 중 표준화와 자료 분포에 관한 설명으로 옳은 것은?

① 표준화는 각 요소에서 평균을 뺀 값에 분산을 나눈다.

② 표준화된 자료의 최댓값은 1이다.

③ 표준화된 자료의 표준편차는 0이다.

④ 정규분포인 자료를 표준화하면 표준정규분포를 따른다.

해설

표준화는 평균을 뺀 값에 표준편차를 나눈다. 자료의 평균은 0, 분산은 1이 된다.

38 다음 중 단위가 다른 두 데이터를 비교할 때, 단위에 영향을 받지 않는 변동성 척도 개념으로 옳은 것은?

① 범위(Range)

② 사분위범위(IQR)

③ 변동계수(CV)

④ 표준편차(Standard Deviation)

해설

변동계수(Coefficient of Variation)에 대한 설명으로 표준편차를 표본 평균이나 모평균으로 나눈 것이다. 측정 단위가 다른 데이터를 비교할 때 사용한다.

39 다음 중 초기하 분포에 대한 설명으로 옳지 않은 것은?

① 만약 복원 추출을 하는 경우 이항분포를 사용해야 한다.

② 비복원 추출로 인해 각 시행의 성공 확률은 일정하지 않다.

③ 각 시행의 성공 확률은 상호 독립적이다.

④ 자료는 이산형 확률분포를 따른다.

해설

초기하 분포는 비복원 추출을 기반으로 진행되어, 각 시행은 각 성공에 영향을 준다.

40 다음과 같이 열이 4개인 박스플롯에 대한 설명으로 옳지 않은 것은?

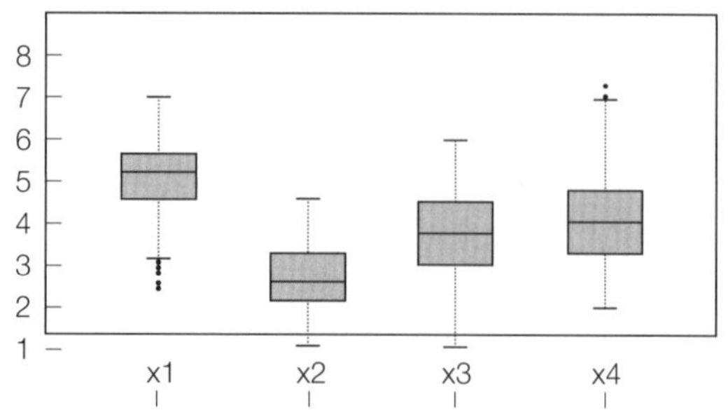

① x2의 분산은 x3보다 작다.

② x3의 평균은 4에 가깝다.

③ x1의 1사분위수는 5에 가깝다.

④ x4의 이상값이 존재한다.

해설

박스플롯으로 평균을 알기 어렵다. 박스플롯을 통해 각 사분위수, 중앙값, 이상치 등을 파악하기 용이하다.

41 다음 중 텍스트 마이닝에서 문장을 2개 이상의 단어로 분리하는 방법으로 옳은 것은?

① 토픽 모델링

② N-gram

③ TF-IDF

④ Dendrogram

해설

N-gram은 통계학 기반의 언어 모델 중 하나로, n개의 연속적인 단어 나열을 의미한다. n개의 단어 뭉치 단위로 끊어 이를 하나의 토큰으로 간주하는 방식이다.

42 다음 중 선형회귀 모형의 가정에 대한 특성으로 옳지 않은 것은?

① 독립성 ② 정규성

③ 등분산성 ④ 수렴성

해설

선형회귀 모형의 가정은 선형성, 정규성, 등분산성, 독립성이다. 수렴성은 이에 해당하지 않는다.

37 ④ 38 ③ 39 ③ 40 ② 41 ② 42 ④ **정답**

43 다음 중 아래에서 설명하는 내용의 빈칸에 들어갈 개념으로 옳은 것은?

> 비지도학습은 라벨링이 (A), 예시로는 (B) 이다.
> 비지도 학습이란 타깃 변수의 라벨링이 (A) 모형을 의미하며, 대표적인 모형 예시로는 (B) 이(가) 있다.

① (A) : 안 된, (B) : 로지스틱 회귀 모형
② (A) : 된, (B) : 로지스틱 회귀 모형
③ (A) : 안 된, (B) : 군집 모형
④ (A) : 된, (B) : 군집 모형

해설

비지도학습은 종속변수의 라벨링이 되어 있지 않은 모형이며, 대표적으로 군집 모형이 있다.

44 다음 중 인공신경망의 특징으로 옳지 않은 것은?

① 다른 분석 모형에 비해 해석이 쉽다.
② 복잡한 비선형 문제에 적용 가능하다.
③ Tanh, ReLU 등의 활성화 함수로 기울기 소실문제를 해결하였다.
④ CNN, RNN 등 딥러닝 모형의 기초 토대가 되었다.

해설

인공신경망 모형의 성능은 다른 모형에 비해 높아졌지만, 복잡한 모형 구조로 해석은 용이하지 않다.

45 다음 중 활성화 함수의 계단 함수가 수행하지 못하는 논리 문제로 옳은 것은?

① AND ② OR
③ NOR ④ XOR

해설

단층 퍼셉트론은 계단함수를 활성화 함수로 사용하는 모형인데, XOR 연산 문제를 해결하지 못하는 문제점이 발생하여 다층 퍼셉트론이 등장하게 되었다.

46 다음 중 오토 인코더(Auto Encoder) 모형에 대한 설명으로 옳지 않은 것은?

① 신경망을 활용한 비지도 학습 기법이다.
② 입력 특성 간 상관관계를 학습하여 출력을 재구성(Reconstruction) 한다.
③ 입력층의 뉴런 수는 은닉층의 뉴런 수보다 항상 작다.
④ 인코드(Encode) 입력 수와 디코드(Decode) 출력 수는 동일하다.

해설

입력층의 뉴런 수보다 은닉층의 뉴런 수가 더 적을 수 있다.

47 아래 표는 날씨에 대한 사건을 나열한 표이다. 다음 중 조건부 확률인 P(비|건조함)의 확률 값으로 옳은 것은?

	비 옴	비 안옴
건조함	2	8
습함	5	5

① 0.1 ② 0.2
③ 0.3 ④ 0.4

해설

$\frac{P(비 \cap 건조함)}{P(건조함)}$이므로, $\frac{2/20}{1/2}$가 되어 0.2가 된다.

48 다음 중 의사결정나무에 대한 설명으로 옳지 않은 것은?

① 자식 노드의 가지 수가 하나만 남을 때까지 계속하여 학습을 진행한다.
② 지니 지수, 엔트로피 지수 등을 통해 분리 규칙을 설정한다.
③ 두 범주 간의 차이가 없다고 판단되면 분리를 멈춘다.
④ 과적합을 방지하기 위해 가지치기(Pruning) 작업을 수행한다.

해설

의사결정나무는 분리 정도를 측정하는 다양한 분리규칙에 의해서 자식 노드를 분할한다.

정답 43 ③ 44 ① 45 ④ 46 ③ 47 ② 48 ①

49 다음 중 범주형 타깃 변수에 대한 분류 모형으로 옳지 않은 것은?

① 인공신경망 ② 선형회귀분석
③ 서포트벡터 ④ 의사결정나무

해설

선형회귀는 이산형, 연속형 자료에 해당한다.

50 다음 중 아래에 설명하는 시계열의 특성 개념으로 옳은 것은?

> 중장기적인 특성을 가지며, 빈번한 발생 빈도 없이 특정 주기로 반복적인 패턴을 보이는 특성

① 추세 ② 순환
③ 계절 ④ 불규칙

해설

시계열 특성 중 '계절성'에 관한 설명이다.

51 다음 중 선형회귀 모형에서 잔차의 특성으로 옳지 않은 것은?

① 잔차의 선형성
② 잔차의 독립성
③ 잔차의 등분산성
④ 잔차의 정규성

해설

잔차가 아닌 독립변수와 종속변수의 선형성이 선형회귀 모형의 특징이다.

52 다음 중 재현율(Recall)에 대한 공식으로 옳은 것은?

① FP/(TP+FP) ② FP/(TP+FN)
③ TP/(TP+FP) ④ TP/(TP+FN)

해설

재현율은 실제 양성값에서 모델이 양성으로 예측한 비율을 의미한다. TP/(TP+FN)로 계산한다.

53 다음 중 불균형 데이터를 평가하기 위한 지표로 옳지 않은 것은?

① 민감도 ② 정확도
③ 오분류율 ④ ROC곡선

해설

불균형 데이터를 제대로 처리하지 않고 분석을 수행하더라도 정확도는 높아지는 경향이 있기 때문에 정확도보다는 재현율과 같은 평가 지표를 통해 평가하는 것이 적절하다.

54 기존 모형을 일반화 모형으로 확장하기 위해 연결함수가 필요하다. 다음 중 자연로그 함수를 연결함수로 사용하는 자료 분포로 옳은 것은?

① 정규분포 ② 이항분포
③ 감마분포 ④ 포아송분포

해설

자연로그 함수를 연결함수로 사용하는 분포는 포아송분포에 해당된다.

55 다음 중 분석 모형 강화 및 융합 기법에 대한 설명으로 옳지 않은 것은?

① 앙상블이란 여러 모형의 결과를 종합하여 좋은 성능을 내는 모형이다.
② 배깅이란 부트스트랩 기반의 자료 집단을 생성하는 샘플링 기법이다.
③ 랜덤 포레스트는 의사결정나무 모형에 부스팅을 적용하는 알고리즘으로 좋은 성능을 보인다.
④ 부스팅은 하나의 약한 학습기를 가중치 개선을 통해 점차 강력한 분류기로 만들어 가는 기법이다.

해설

랜덤 포레스트는 부스팅이 아닌 배깅 형식으로 의사결정나무 모형을 결합한다.

49 ② 50 ③ 51 ① 52 ④ 53 ② 54 ④ 55 ③ 정답

56 다음 중 윌콕슨(Wilcoxon) 검정 모형에 대한 설명으로 옳지 않은 것은?

① 윌콕슨 부호순위 검정은 특정 집단의 사전/사후 대응 비교를 위한 검정이다.
② 윌콕슨 순위합 검정은 서로 독립적인 두 집단의 처리효과 비교를 위한 검정이다.
③ 윌콕슨 검정 모형은 중위수 비교를 통해 이루어진다.
④ 윌콕슨 부호 순위 검정은 모집단의 분포가 대칭일 때 검정 가능하다.

해설

윌콕슨 검정은 비모수 검정으로 모집단의 분포를 요구하지 않는다.

57 다음 중 아래의 수식이 설명하는 규제 선형 회귀 종류로 옳은 것은?

$$J(\theta) = MSE(\theta) + \alpha \frac{1}{2} \sum_{i=1}^{n} \theta_1^2$$

① 라쏘회귀(Lasso Regression)
② 릿지회귀(Ridge Regression)
③ 엘라스틱넷 회귀(Elastic-net Regression)
④ 로지스틱 회귀(Logistic Regression)

해설

릿지회귀에 대한 공식이다. 기존 MSE 비용함수에서 가중치 벡터(w)의 L2 norm이 추가된다.

58 다음 중 배깅기법에 대한 설명으로 옳은 것은?

① 편향이 낮은 과소적합 모델에 대하여 규제 완화를 통해 성능을 높이는 기법
② 편향이 높은 과대적합 모델을 일반화 및 정규화 하는 기법
③ 부트스트랩 기반의 표본 자료를 생성하고 각 부트스트랩 자료를 결합하여 최종 예측 모형을 산출하는 기법
④ 가중치를 연속적으로 업데이트하여 약 분류기를 강 분류기로 만드는 기법

해설

배깅(Bagging)은 Bootstrap Aggregating의 준말로 부트스트랩 샘플링을 이용하여 주어진 하나의 데이터로 학습된 예측 모형보다 더 좋은 모형을 만들 수 있는 앙상블 기법에 해당한다.

59 아래 그림은 최적의 군집수 k를 찾기 위해 군집 수에 따른 오차를 Scree Plot으로 표현한 것이다. 다음 보기 중 가장 최적의 군집 수 k로 옳은 것은?

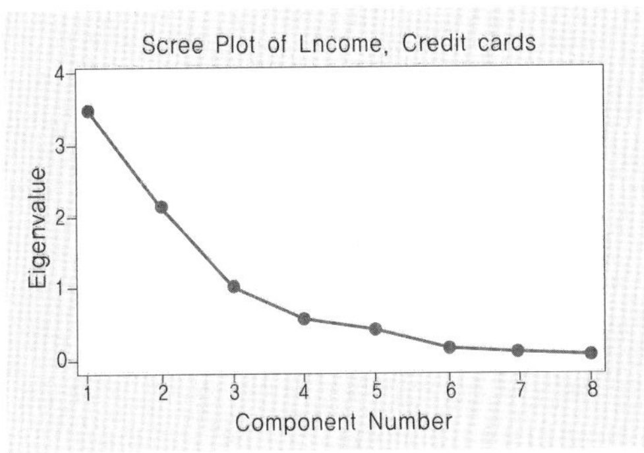

① 1 ② 3
③ 4 ④ 7

해설

위 그림은 Scree Plot으로 꺾은 점의 기울기가 급변하는 지점의 개수를 최적의 k로 판정한다.

60 다음 중 과대적합을 방지하기 위한 기법으로 옳지 않은 것은?

① Regularization
② Gradient Vanishing
③ Drop Out
④ Max Pooling

해설

기울기 소실은 인공신경망의 역전파 과정에서 출력층에 멀어질수록 기울기의 값이 매우 작아지는 현상으로, 과대적합을 방지하기 위한 기법은 아니다.

정답 56 ④ 57 ② 58 ③ 59 ③ 60 ②

61 다음 중 시공간 시각화 기법으로 옳은 것은?

① 히스토그램 ② 체르노프 페이스
③ 카토그램 ④ 평행 좌표계

해설

카토그램(Cartogram)은 대표적인 공간 시각화의 유형으로, 지도의 면적을 의도적으로 왜곡시켜 의석 수나 선거인단 수, 인구 등의 특정한 데이터를 표현할 때 자주 사용되는 시각화 기법이다.

62 다음 중 초매개변수의 최적화 기법으로 옳지 않은 것은?

① 베이지안 최적화
② 그리드 탐색
③ 랜덤 탐색
④ 경사 하강법

해설

경사 하강법은 초매개변수가 아닌 모형 내부의 매개변수를 최적으로 찾아가는 과정이다.

63 다음 그래프의 이름으로 적절한 것은?

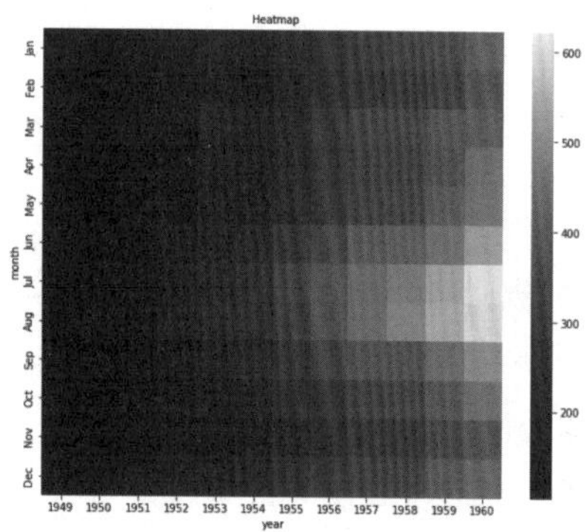

① 히트맵 ② 트리맵
③ 영역차트 ④ 누적영역차트

해설

위 그림은 히트맵(Heatmap)에 해당된다. 데이터 배열을 색을 이용하여 표현한 그래프의 일종으로 대량의 데이터를 시각화하는 데 적합하고 데이터의 분포를 파악하기 용이하다.

64 다음 중 아래 조건 하에 분류 모형 평가지표 산출에 대한 설명으로 옳은 것은?

> y=0 혹은 y=1값을 가지는 이진 분류 분석에서 실제 y=1(True)의 값이 y=0(False)값의 2배일 때 민감도, 이도, 정확도에 대한 설명으로 옳은 것을 고르시오.

① 민감도와 특이도 둘 다 1일 때 정확도는 1이다.
② 특이도가 1일 때 정확도는 1/2이다.
③ 민감도가 1/2일 때 정확도는 1/2이다.
④ 민감도와 특이도가 같을 때 정확도도 특이도와 같다.

해설

민감도와 특이도가 둘 다 1일 때 정확도도 1이 된다.

65 다음 중 ROC 그래프의 설명으로 적절하지 않은 것은?

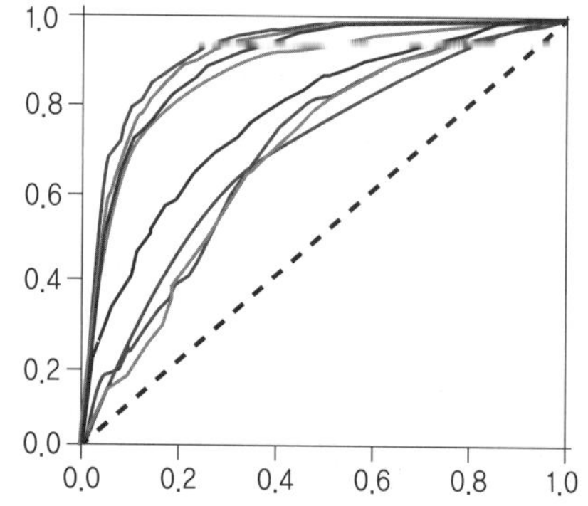

① 민감도가 1, 특이도가 0인 점을 지난다.
② 민감도가 0, 특이도가 1인 점을 지난다.
③ 가장 이상적인 그래프는 민감도가 1, 특이도가 1인 점을 지난다.
④ x축의 값이 증가할수록 특이도가 증가하는 그래프이다.

해설

x축은 1−특이도로, x축의 값이 증가할수록 특이도가 감소한다.

61 ③ 62 ④ 63 ① 64 ① 65 ④ 정답

66 다음 중 홀드아웃기법을 통해 나눠진 데이터 종류로 옳지 않은 것은?

① 테스트 데이터 ② 검증 데이터
③ 학습 데이터 ④ 증강 데이터

해설

홀드아웃기법을 통해 데이터 분할 시 학습 데이터, 검증 데이터, 평가 데이터로 나눠진다.

67 다음 중 시각화 기법 종류에서 비교 시각화 기법이 아닌 것은?

① 막대 그래프 ② 레이더 차트
③ 히트맵 ④ 산점도

해설

산점도(Scatter Plot)는 대표적인 관계 시각화 기법이다.

68 다음 중 아래 표는 A상품 인지도를 알아보기 위함이다. 표와 관련한 설명으로 옳지 않은 것은?

	알고 있음	모름	합계
아이가 있는 남자	460	40	500
아이가 없는 남자	440	60	500
합계	900	100	1000

① 임의로 추출한 남자가 아이가 없을 때, A상품을 알고 있을 확률=0.88
② 임의로 추출한 남자가 아이가 있으면서, A상품을 모를 확률 0.04
③ 임의로 추출한 남자가 아이가 없으면서, A상품을 모를 확률 0.06
④ 임의로 추출한 남자가 아이가 있을 때, A상품을 알고 있을 확률=0.92

해설

조건부 확률에 따라 $P\left(A를\ 알고있음 \middle| 아이\ 없음\right)$이 되며, $P\left(A를\ 알고있음 \middle| 아이\ 없음\right)$이므로, $\left(\frac{0.44}{0.5}\right) = 0.88$이 된다.

69 아래 자료는 정사면체 주사위를 임의로 던졌을 때 나온 값을 빈도표로 구성한 것이다. 다음 중 자료에 대한 설명으로 옳지 않은 것은? (단, $X^2(3)=7.82$일 때 유의확률은 0.05이다.)

H_0 : 기대빈도와 관측빈도 차이가 없다.
H_1 : 기대빈도와 관측빈도 차이가 있다.

숫자	1	2	3	4
관측빈도	54	46	60	40

① 각 숫자의 기대빈도(기대도수)는 50이다.
② 기대빈도의 확률은 P1=P2=P3=P4=1/4이다.
③ 위 빈도표의 카이제곱 통계량을 4.64이다.
④ 카이제곱 통계량 $X^2(3)$ 7.7일 때 귀무가설을 기각한다.

해설

기대빈도는 각 숫자와 관측빈도를 곱한 값이 되며, 카이제곱 통계량이 7.7인 경우 7.82보다 작으므로 유의확률은 0.05보다 큰 값을 가지게 되어 귀무가설을 기각하지 못한다.

70 포아송분포가 맞는지 적합도 검정을 수행할 시, 보기 중 맞는 설명만 고르면?

a. 검정을 위해 하루에 몇 회인지 평균을 구해야 한다.
b. 카이제곱 값이 클수록 귀무가설을 기각한다.
c. 귀무가설은 관측값이 포아송분포를 따른다는 것을 주장한다.

① a, b ② a, c
③ b, c ④ a, b, c

해설

포아송분포는 단위 시간 안에 어떤 사건이 몇 번 발생할 것인지를 표현하는 이산 확률 분포이다. a, b, c 모두 맞는 설명에 해당한다.

정답 66 ④ 67 ④ 68 ① 69 ④ 70 ④

71 분류 모형 평가에서 부트스트랩을 사용하여 훈련용 데이터 선정을 충분히 한다고 가정할 때, 다음 중 전체 관측치 중 훈련용 데이터 세트 비율로 가장 옳은 것은?

① 60.0% ② 82.5%
③ 40.5% ④ 30.0%

해설

훈련용 데이터 세트 크기는 50~60%가 적절하다.

72 다음 중 아래 설명에서 나타내고 있는 경사하강법(Gradient Descent)기법으로 옳은 것은?

> 모멘텀 방식과 AdaGrad를 결합한 방식으로, 가속도와 학습률 조정을 동시에 적용한 알고리즘이다.

① RMSProp ② BGD
③ Adam ④ SGD

해설

Adam 알고리즘에 대한 설명이다.

73 다음 중 효과적인 인포그래픽의 조건으로 옳지 않은 것은?

① 메시지를 구체적, 실용적으로 전달한다.
② 그래픽 안에 최대한 많은 정보를 담는다.
③ 스토리를 적절히 담아내어 설득력 있는 정보를 구성한다.
④ 객관적 정보와 더불어 표현하고자 하는 바를 시각적으로 활용하여 전달한다.

해설

인포그래픽은 대량의 데이터에서 필요한 정보만을 설득력 있게 구성한다.

74 다음 중 1:n−1(검증:훈련) 비율로 수행되는 K-fold에 대한 설명 중 옳지 않은 것은?

① 데이터셋을 검증용:훈련용 비율로 1:K−1의 비율로 나눈다.
② k값은 항상 3 이상이어야 한다.
③ 연산에 시간이 오래 소요되나 좋은 성능을 내는 장점이 있다.
④ 모든 데이터셋을 훈련과 검증에 활용할 수 있다.

해설

k값이 2일 때도 사용 가능하다.

75 다음 중 히스토그램의 특징으로 옳지 않은 것은?

① 이산적, 연속적인 자료에 활용 가능하다.
② 히스토그램은 시계열 자료를 표현하기에 적합하다.
③ 자료의 대략적 분포를 알 수 있다.
④ 누적 히스토그램은 누적 빈도함수의 개형과 유사하다.

해설

히스토그램(Histogram)은 도수 분포표를 시각화한 그래프로써 주로 가로축이 계급, 세로축이 도수를 의미한다. 데이터의 분포를 파악하기에 용이하다.

76 다음 중 아래 그림과 같이 너무 작은 경우 학습 속도가 너무 느려지고, 너무 큰 경우 최적해를 찾기 어려운 특성을 가진 초매개변수 개념으로 옳은 것은?

① Batch Size ② Learning Rate
③ Epoch ④ Hidden Layer

71 ① 72 ③ 73 ② 74 ② 75 ② 76 ② 정답

해설

학습률(Learing Rate)이란 경사 하강법에서 매개변수를 업데이트하는 정도를 조절하기 위한 초매개변수이다.

77 다음 중 아래 설명에 대한 개념으로 옳은 것은?

FN은 정답인 경우(1, True)를 우리가 정답이 아닌 것으로(0, Negative)로 예측한다. 그렇다면 TP가 의미하는 것으로 옳은 것은?

① 실제 1, 예측 1 ② 실제 0, 예측 1
③ 실제 1, 예측 0 ④ 실제 0, 예측 0

해설

TP는 실제 양성(1)인 것을 모델도 양성(1)으로 예측한 결과를 의미한다.

78 다음 중 아래 순서는 빅데이터 모델링을 진행하는 순서이다. 빈칸에 들어갈 개념으로 옳은 것은?

문제 정의 → 표준화 → (　　　) → 일반화

① 최적화 ② 정규화
③ 합리화 ④ 확산화

해설

빅데이터 모델링은 문제 정의→표준화→최적화→일반화의 순서로 진행된다.

79 다음 중 분석 결과 활용 시나리오 적용을 해야 하는 이유로 가장 적절하지 않은 것은?

① 활용 가능 분야를 파악하기 위해
② 활용 서비스 영역을 개발하기 위해
③ 가치사슬 모형을 통해 활용 효과를 탐색하기 위해
④ 작업관리를 효율적으로 하기 위해

해설

분석 결과 시나리오 활용은 분석된 결과의 효과를 극대화하는 과정이다.

80 다음 중 분석모형 리모델링 및 활용 과정별 명칭과 그 내용에 대하여 옳지 않은 것은?

① 최적화 – 조건이나 가중치 변화 시 계수 값 조정 및 제약조건 추가
② 정규화 – 데이터 단위와 분포를 정규화
③ 데이터 마이닝 – 최신 데이터 적용 및 분석 모형 재조정
④ 시뮬레이션 – 최신 데이터 적용 및 변수 추가 방식으로 분석 모형 재조정

해설

분석모형 리모델링 과정 및 방법에 정규화는 포함되지 않는다.

정답 77 ① 78 ① 79 ④ 80 ②

2022년 5회 기출복원문제

01 빅데이터 분석 기획 단계 중 WBS 작성을 수행하는 단계로 가장 옳은 것은?

① 분석 주제 정의
② 프로젝트 계획 수립
③ 도메인 및 프로세스 이해
④ 모델링 방안 수립

해설

WBS는 프로젝트 계획 수립 단계에서 작성하며, 분석 과정에서 실제 수행되어야 하는 작업을 세분화하여 일정 및 산출물 등을 정의한다.

02 CRISP–DM 방법론의 프로세스로 옳은 것은?

① 비즈니스 이해→데이터 이해→데이터 준비→모델링→평가→전개
② 비즈니스 이해→데이터 준비→데이터 처리→모델링→평가→전개
③ 비즈니스 이해→데이터 준비→데이터 이해→모델링→전개→평가
④ 비즈니스 이해→데이터 준비→데이터 처리→모델링→전개→평가

해설

CRISP-DM 방법론은 '비즈니스 이해→데이터 이해→데이터 준비→모델링→평가→전개 단계'로 진행된다.

03 인공지능, 머신러닝, 딥러닝의 상호관계를 바르게 나타낸 것은?

① 머신러닝 ⊃ 딥러닝 ⊃ 인공지능
② 인공지능 ⊃ 머신러닝 ⊃ 딥러닝
③ 딥러닝 ⊃ 머신러닝 ⊃ 인공지능
④ 머신러닝 ⊃ 인공지능 ⊃ 딥러닝

해설

머신러닝은 인공지능의 한 분야에 속하며, 딥러닝은 머신러닝의 한 분야인 인공신경망 기법을 발전시킨 기술이다.

04 관계형 데이터베이스를 하둡 기반으로 전환하고자 할 때, 이를 모니터링하는 직무는?

① 데이터 엔지니어
② 데이터 아키텍트
③ 데이터 애널리스트
④ 데이터 모델러

해설

데이터 엔지니어는 데이터 플랫폼에 대한 설계 및 데이터 흐름 관리와 모델 배포 등 데이터 분석 환경을 설계하고 구축한다.

05 개인정보 비식별화 조치에 대한 설명으로 옳지 않은 것은?

① 데이터 범주화는 개인정보 중 주요 식별 정보를 삭제한다.
② 총계 처리는 개별 데이터의 값 대신 데이터의 총합으로 대체한다.
③ 가명 처리는 개인정보 중 주요 식별 정보를 다른 값으로 대체한다.
④ 데이터 마스킹은 개인정보 중 주요 식별 정보의 전체 또는 부분적으로 대체값으로 변환한다.

해설

데이터 범주화는 데이터를 해당 그룹의 대푯값이나 구간 값으로 변환하여 원래의 값을 숨기는 기법이다.

정답 01 ② 02 ① 03 ② 04 ① 05 ①

06 데이터 품질 진단 절차에서 데이터를 측정하고 분석하여 수치를 산출하는 단계로 옳은 것은?

① 품질 진단 계획 수립
② 데이터 품질 측정
③ 품질 기준 및 진단 대상 정의
④ 데이터 품질 측정 결과 분석

해설

데이터 품질 진단 절차는 '품질 진단 계획 수립→품질 기준 및 진단 대상 정의→데이터 품질 측정→데이터 품질 측정 결과 분석→데이터 품질 개선 단계'로 이루어진다. 이 중 데이터를 측정하고 분석하여 수치를 산출하는 단계는 데이터 품질 측정 단계이다.

07 다음 중 개인정보보호법과 관련된 데이터 3법에 대한 설명으로 옳지 않은 것은?

① 빅데이터 처리 사실 및 목적 등의 공개를 통해 투명성을 확보해야 한다.
② 개인정보가 재식별될 경우 즉시 파기하거나 비식별화 조치를 추가로 취해야 한다.
③ 데이터 3법은 개인정보 보호법, 정보통신망법, 신용정보법의 개정안을 일컫는다.
④ 데이터 3법 개정으로 가명처리 후 활용 시 정보주체의 동의가 필요하다.

해설

가명정보는 주체의 동의 없이도 데이터를 활용할 수 있는 데이터 3법의 주요 개정안이다.

08 관계형 데이터처럼 테이블 형태로 구조화되어 있지 않지만, 메타데이터의 특성을 갖고 있는 데이터는?

① 반정형 데이터 ② 비정형 데이터
③ 파일 데이터 ④ 스트림 데이터

해설

반정형 데이터는 값과 형식이 일정하진 않지만, 스키마나 메타데이터를 가지고 있어 데이터의 구조를 이해하기에 용이한 데이터이며, HTML, JSON, RSS, XML, 센서 데이터에 해당한다.

09 총계 처리 기법에 대한 단점으로 옳지 않은 것은?

① 집계 처리되어 정밀한 분석이 어렵다.
② 집계 수량이 적을 경우 데이터 결합 과정에서 개인정보 예측이 가능하다.
③ 총계 처리는 비식별화가 불가능하다.
④ 재배열 방법의 경우 개개인의 특성을 파악하기 힘들다.

해설

총계처리는 개인정보에 통곗값을 적용하여 특정 개인을 식별할 수 없게 하는 개인정보 비식별화 방법이다.

10 다음 중 자료 수집 방법에 대한 설명으로 옳은 것은?

① 브레인스토밍(Brain Storming) : 두 개 후보의 차이점을 비교한다.
② 인터뷰(Interview) : 다수의 사람들에게 질문지를 배포한다.
③ FGI(Focus Group Interview) : 전문가 설문조사 후 온/오프라인 면담을 수행한다.
④ 스캠퍼(SCAMPER) : 이해관계자와 이야기한다.

해설

FGI는 관찰자 역할의 연구자가 6~12명 정도의 동일한 소수 집단을 대상으로 특정 주제에 대하여 자유로운 토론을 이끌어내 자료를 수집하는 방법이다.

11 다음 중 특정 분야에서 학습된 신경망을 유사하거나 다른 분야의 신경망 학습에 활용하는 방법은?

① CNN ② LSTM
③ GAN ④ Transfer Learning

해설

전이학습(Transfer Learning)은 특정 분야에서 학습된 신경망을 다른 분야의 신경망 학습에 활용하기 위한 방법이다.

06 ② 07 ④ 08 ① 09 ③ 10 ③ 11 ④ 정답

12 데이터 수집 기술에 대한 설명으로 옳지 않은 것은?

① 스쿱(Sqoop) : 커넥터를 사용하여 관계형 데이터베이스 시스템에서 하둡 파일 시스템으로 데이터를 수집한다.
② FTP(File Transfer Protocol) : 다수의 서버로부터 대용량의 실시간 로그 파일을 수집한다.
③ API(Application Programming Interface) : 시스템 간 연동을 통해 실시간으로 데이터를 수신할 수 있는 인터페이스 기술이다.
④ 크롤링(Crawling) : 다양한 웹 사이트에서 SNS, 뉴스 등의 웹 문서 및 콘텐츠를 수집한다.

해설

FTP는 원격지 시스템 간에 파일을 공유하기 위한 서버-클라이언트 모델로, TCP/IP 기반으로 파일을 송수신하는 응용 계층 통신 프로토콜이다.

13 데이터 분석 방법론 프로세스 중 데이터를 이해하고 수집하는 단계는?

① 데이터 준비 ② 분석 기획
③ 데이터 분석 ④ 평가 및 전개

해설

데이터 분석 방법론은 분석 기획, 데이터 준비, 데이터 분석, 시스템 구현, 평가 및 전개의 5단계로 이루어진다. 이 중 데이터 준비 단계에서 분석 데이터 정의, 데이터 저장 설계, 데이터 수집 및 정합성 검증 등의 업무를 수행한다.

14 데이터 및 자원 할당 관리, 빅데이터 애플리케이션 실행을 위한 서비스 제공을 하는 빅데이터 플랫폼 계층 구조는?

① Software Layer
② Hardware Layer
③ Platform Layer
④ Infrastructure Layer

해설

빅데이터 플랫폼 구조는 소프트웨어 계층, 플랫폼 계층, 인프라 스트럭처 계층으로 나누어진다. 소프트웨어 계층은 데이터 수집과 처리 및 분석을 하는 응용소프트웨어가 처리되는 영역이고, 플랫폼 계층은 작업 관리나 데이터 및 자원 할당과 관리 등이 이루어지는 영역이며, 인프라 스트럭처 계층은 네트워크나 스토리지 등 자원 제공 및 관리를 수행하는 영역이다.

15 병렬 DBMS의 특성으로 옳지 않은 것은?

① 다수의 마이크로 프로세서를 동시에 사용한다.
② 데이터 처리가 빠르다는 장점이 있다.
③ 데이터 중복치가 증가한다.
④ 시스템 용량 확장이 쉽다.

해설

병렬 DBMS는 대규모 데이터 처리를 위해 데이터를 일정 단위로 나누어 병렬로 트랜잭션 처리를 하는 시스템으로, 데이터를 중복하여 저장하는 것이 아니다.

16 빅데이터 분석에 대한 설명으로 옳지 않은 것은?

① 신제품의 경쟁력을 예측하고 각종 리스크를 미리 점검할 수 있다.
② 공공부문에서 비용을 절감할 수 있다.
③ 개인 프라이버시 침해 위험이 있다.
④ 항상 경제적으로 이익을 얻을 수 있다.

해설

빅데이터 분석 시 수익 증대를 기대할 수 있으나, 항상 그런 것은 장담할 수 없다. 잘못된 빅데이터 분석은 오히려 경제적 큰 손실을 초래할 수도 있다.

17 다음 중 예측을 위한 분석으로 옳은 것은?

① 군집 분석 ② 인자 분석
③ 시계열 분석 ④ 판별 분석

해설

시계열 분석은 과거나 현재 데이터를 분석하여 미래에 발생 가능한 일을 예측할 수 있는 방법이다.

정답 12 ② 13 ① 14 ③ 15 ③ 16 ④ 17 ③

18 다음에서 설명하는 것은?

> 다양한 데이터 소스 시스템에서 필요한 원천 데이터를 추출하고 변환하여 적재하는 작업 및 기술이다.

① ERP ② ETL

③ CRM ④ RDB

해설

ETL은 원천 데이터를 DW, DM으로 이동하기 위해 여러 시스템으로부터 필요한 데이터를 추출, 변환, 적재하는 기술이다.

19 분석기획에서 비즈니스 계획 수립 절차로 옳지 않은 것은?

① 모델 발전 계획 수립

② 비즈니스 이해 및 범위 설정

③ 프로젝트 정의 및 계획 수립

④ 프로젝트 위험 계획 수립

해설

모델 발전 계획 수립은 평가 및 전개 단계에서 진행된다.

20 다음 중 데이터 저장 기술로 옳지 않은 것은?

① 텍스트 마이닝 ② RDB

③ NoSQL ④ 분산 파일 시스템

해설

텍스트 마이닝은 다량의 텍스트 데이터에서 특정 패턴이나 관계를 발견하여 유의미한 정보를 찾아내는 데이터 분석 방법이다.

21 단위 시간 안에 발생한 특정 사건의 수를 표현하는 이산확률분포로 옳은 것은?

① 베르누이 시행

② T 통계량

③ 카이제곱 통계량

④ 포아송비

해설

포아송분포는 이산형 확률분포 중 주어진 시간 또는 영역에서 어떤 사건의 발생 횟수를 나타내는 확률분포다.

22 아래 〈표준정규분포표〉를 참고했을 때 ㉠에 들어갈 적절한 값은?

> A 공장의 하루 평균 제품 생산량을 추정하려고 한다. 50일 동안 일일 제품 생산량을 기록한 결과 표본평균=110톤, 표본표준편차=8톤이다. 이때 하루 평균 제품 생산량에 대한 95% 신뢰구간은 다음과 같이 계산할 수 있다.
>
> $$[110-㉠\times\frac{8}{\sqrt{50}},\ 110+㉠\times\frac{8}{\sqrt{50}}]$$

〈표준정규분포표〉

z	0.00	0.01	0.02	0.03	0.04	0.05	0.06	0.07	0.08	0.09
0.0	0.5000	0.5040	0.5080	0.5120	0.5160	0.5199	0.5239	0.5279	0.5319	0.5359
0.1	0.5398	05438	0.5478	0.5517	0.5557	0.5596	0.5636	0.5675	0.5714	0.5753
0.2	0.5793	0.5832	0.5871	0.5910	0.5948	0.5987	0.6026	0.6064	0.6103	0.6141
0.3	0.6179	0.6217	0.6255	0.6293	0.6331	0.6368	0.6406	0.6443	0.6480	0.6517
0.4	0.6554	0.6591	0.6628	0.6664	0.6700	0.6736	0.6772	0.6808	0.6844	0.6879
0.5	0.6915	0.6950	0.6985	0.7019	0.7054	0.7088	0.7123	0.7157	0.7190	0.7224
⋮										
1.5	0.9332	0.9345	0.9357	0.9370	0.9382	0.9394	0.9406	0.9418	0.9429	0.9441
1.6	0.9452	0.9463	0.9474	0.9484	0.9495	0.9505	0.9515	0.9525	0.9535	0.9545
1.7	0.9554	0.9564	0.9573	0.9582	0.9591	0.9599	0.9608	0.9616	0.9625	0.9633
1.8	0.9641	0.9649	0.9656	0.9664	0.9671	0.9678	0.9686	0.9693	0.9699	0.9706
1.9	0.9713	0.9719	0.9726	0.9732	0.9738	0.9744	0.9750	0.9750	0.9761	0.9767
2.0	0.9772	0.9778	0.9783	0.9788	0.9793	0.9798	0.9803	0.9808	0.9812	0.9817
⋮										

① 0.5987 ② 0.6915

③ 1.645 ④ 1.96

해설

모평균 μ의 신뢰구간을 추정하는 식은 $\bar{X} - Z_{\frac{\alpha}{z}}\frac{\sigma}{\sqrt{n}} \le \mu \le \bar{X} + Z_{\frac{\alpha}{z}}\frac{\sigma}{\sqrt{n}}$ 이며, 여기에서 $Z(\alpha/2)$는 오른쪽 면적이 $\alpha/2$인 표준정규분포를 따르는 Z값으로 95% 신뢰수준일 때 1.96이다.

18 ② 19 ① 20 ① 21 ④ 22 ④ 정답

23 임의로 추출된 20명의 사람에게 새로 개발한 다이어트 약을 투여한 후 약의 전후 효과를 비교하려 한다. 다이어트 약 투여 후 체중이 줄어들었는지 검정하기 위한 분포로 옳은 것은?

① 대응표본, 단측검정
② 대응표본, 양측검정
③ 독립표본, 단측검정
④ 독립표본, 양측검정

해설

가설 검정에서 실험 전, 후의 집단이 동일할 경우 대응표본을 사용한다. 또한 체중이 변화하였는지가 아닌 줄어들었는지를 검정하는 것이므로 단측검정을 수행한다.

24 다음 중 공분산에 대한 설명으로 옳지 않은 것은?

① 두 확률변수의 공분산 $Cov(X,Y)$가 0이라면, 두 확률 변수 X, Y는 항상 상호 독립이다.
② 두 확률변수의 공분산 $Cov(X,Y)>0$이면, X값이 상승할 때 Y값도 상승하는 경향을 보인다.
③ 두 확률변수 X, Y가 독립이면, 공분산 $Cov(X,Y)$가 0이다.
④ 공분산 값은 측정 단위에 따라 달라진다.

해설

두 확률 변수 X, Y가 독립이면 공분산 $Cov(X,Y)=0$이지만, $Cov(X,Y)=0$인 경우 X, Y가 항상 독립인 것은 아니다. 변수 간의 독립성 여부를 판단하기 위해서는 공분산 이외의 다른 통계적 검정이나 분석을 사용해야 한다.

25 클래스 불균형 데이터를 처리하기 위한 방안으로 옳지 않은 것은?

① 임곗값 조정 ② 언더샘플링
③ 오버샘플링 ④ 정규화

해설

불균형 데이터는 다수 클래스의 영향으로 정확도가 높게 나타나지만, 소수 클래스의 재현율은 급격히 작아지는 문제가 있다. 모델의 성능 평가는 다른 지표들을 함께 고려해야 한다. 클래스 불균형 데이터는 임곗값 조정, 언더샘플링, 오버샘플링 등을 통해 해결할 수 있다.

26 다음 시각화 자료에 대한 피어슨 상관계수로 옳은 것은?

① 0.9 ② 0.3
③ −0.3 ④ −0.9

해설

두 변수 간 강한 음의 관계를 보이므로 −0.9가 상관계수로 가장 적절한 값이다.

27 0~100까지 양수 값을 가지며 최댓값과 최솟값의 차이가 크고, 분포가 한쪽으로 기울어진 변수가 있다. 이 변수를 분석하기 쉽게 변환하고자 할 때 적용하기에 가장 적절한 변수 변환 방법은?

① 자연로그 변환 ② 비닝
③ 더미 변수화 ④ 최소−최대 정규화

해설

한쪽으로 치우친 변수를 로그/지수 변환하여 분석 모형을 적합하게 할 수 있다.

28 모집단의 표준편차를 알지 못하는 경우 평균의 차이에 대한 검정을 수행하는 분포로 옳은 것은? (N: 표본수)

① 자유도 N, Z분포
② 자유도 N−1, Z분포
③ 자유도 N, F분포
④ 자유도 N−1, T분포

정답 23 ① 24 ① 25 ④ 26 ④ 27 ① 28 ④

해설

모표준편차를 모르며 표본의 크기가 30보다 작고 집단 간 평균이 동일한지 알고자 할 때는 T 분포를 사용하며, 이때 자유도는 N-1로 계산한다.

29 아래 표는 4개 변수 간의 피어슨 상관계수를 구한 것이다. 이때 피어슨 상관계수를 기반으로 변수를 제거하는 경우 중복되어 제거해야 하는 변수로 옳은 것은?

변수	A	B	C	D
A	1	0.3	0.86	−0.11
B	0.3	1	0.52	0.17
C	0.86	0.52	1	0.29
D	−0.11	0.17	0.29	1

① A 또는 D 제거
② A 또는 C 제거
③ B 또는 D 제거
④ 제거할 변수 없음

해설

상관계수가 큰 변수들이 존재할 경우 모델의 성능이 떨어질 수 있다. A와 C의 피어슨 상관계수가 0.86으로, 두 변수는 아주 강한 양의 상관관계를 가지고 있으므로 둘 중 한 변수를 제거해야 한다.

30 다음 막대그래프에 대한 전처리 기법으로 적절한 것은?

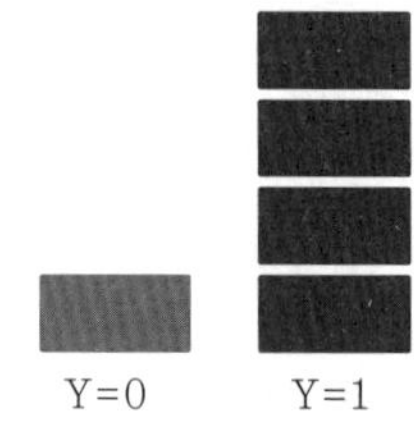

① 클래스 불균형 처리
② 더미 변수화
③ 이상치 제거
④ 차원 축소

해설

막대그래프에서 Y=0, 1 각 클래스에 속한 데이터 수가 크게 차이남을 확인할 수 있다. 이 경우 클래스 불균형을 조정하는 전처리 기법을 수행해야 한다.

31 다음 중 표본 분포에 대한 설명으로 옳지 않은 것은?

① 표본 크기가 커질수록 표본 평균의 분산이 0에 가까워진다.
② 중심극한정리는 모집단의 분포와 상관없이 적용된다.
③ 모분산이 알려져 있지 않은 경우 정규분포 대신 t-분포를 사용할 수 있다.
④ 표본 크기와 관계없이 표본 평균의 기댓값은 항상 모평균과 동일하다.

해설

중심극한정리는 표본의 개수가 커지면 모집단의 분포와 상관없이 정규분포에 근사한다는 것이다.

32 다음 중 인코딩 기법에 대한 설명으로 옳지 않은 것은?

① 원-핫 인코딩을 적용하면 sparse한 데이터가 된다.
② 타깃 인코딩은 종속변수 값들의 표준편차를 활용한다.
③ 레이블 인코딩은 각 범주를 숫자에 대치시킨다.
④ 원-핫 인코딩을 적용할 때보다 바이너리 인코딩을 적용할 때 모델 학습 속도가 더 빠르다.

해설

타깃 인코딩은 종속변수를 활용하여 범주형 특성을 인코딩하는 기법이다. 주로 분류 문제에서 사용되며 각 범주에 대한 종속변수의 평균 값을 인코딩으로 사용한다. 표준편차는 종속변수와는 관련이 없는 데이터 분포의 특성을 나타내는 지표이므로, 타깃 인코딩에는 사용되지 않는다.

29 ② 30 ① 31 ④ 32 ② 정답

33 다음 데이터 변환 기술에 대한 설명으로 옳지 않은 것은?

① 집계 : 데이터를 요약한다.
② 일반화 : 데이터의 스케일을 변화시킨다.
③ 정규화 : 데이터의 여러 통곗값을 사용한다.
④ 평활화 : 특정 속성을 추가한다.

해설

평활화는 데이터의 변동을 줄이고 노이즈를 제거하여 데이터의 추세나 패턴을 부드럽게 만드는 기술로 데이터 시계열 분석, 데이터 시각화 등 다양한 분야에서 사용된다. 이동평균법, 지수평활법 등이 있다.

34 데이터 탐색에 대한 설명으로 옳지 않은 것은?

① 왜도가 0보다 크면 평균이 중위수보다 크다.
② 산점도로 변수 간 상관관계를 확인할 수 있다.
③ 박스플롯 제 1사분위는 75% 데이터를 의미한다.
④ 박스플롯으로 이상치 존재를 파악할 수 있다.

해설

박스플롯 제 1사분위는 25% 데이터를 의미한다.

35 정규분포를 다루는 확률분포에서 모집단으로부터 표본의 크기가 4개인 확률변수를 추출한다. X_1, X_2, X_3, X_4에 대한 설명으로 옳지 않은 것은?

① X_2, X_3은 서로 종속이다.
② 표본은 정규분포를 따른다.
③ 표본표준편차는 모집단의 표준편차를 2로 나눈 값이다.
④ 표본의 크기를 늘리면 표본평균은 모집단의 평균에 가까워진다.

해설

무작위 추출로 얻은 확률변수는 서로 독립이다.

36 데이터 변수 척도에 대한 설명으로 옳지 않은 것은?

① 회귀분석을 위해 명목형 척도를 더미변수화한다.
② 크기 구분(소형, 중형, 대형)은 순서형 척도다.
③ 데이터 값이 정수인 경우 수치형 척도에 해당한다.
④ 연속형 척도와 범주형 척도는 모두 평균, 표준편차와 같은 기술 통계량을 구할 수 있다.

해설

연속형 척도의 경우 평균, 표준편차와 같은 기술 통계량을 구할 수 있으며, 범주형 척도는 빈도수와 같은 기술 통계량을 구할 수 있다.

37 다음 그림이 나타내는 시각화 기법은 무엇인가?

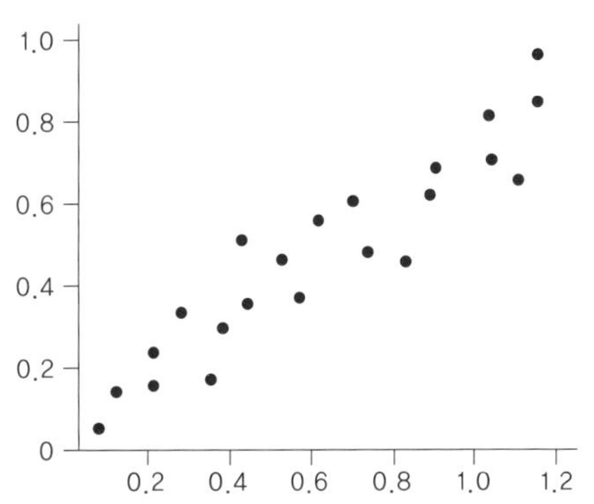

① 히스토그램 ② 플롯맵
③ 산점도 ④ 버블차트

해설

두 연속형 변수 데이터의 관계를 파악할 수 있는 그래프는 산점도이다.

정답 33 ④ 34 ③ 35 ① 36 ④ 37 ③

38 A 지역의 소득 분포를 조사하였더니 다음과 같은 분포를 보였다. 이때 일부 응답값이 누락되어 대치하는 경우 대푯값으로 옳은 것은?

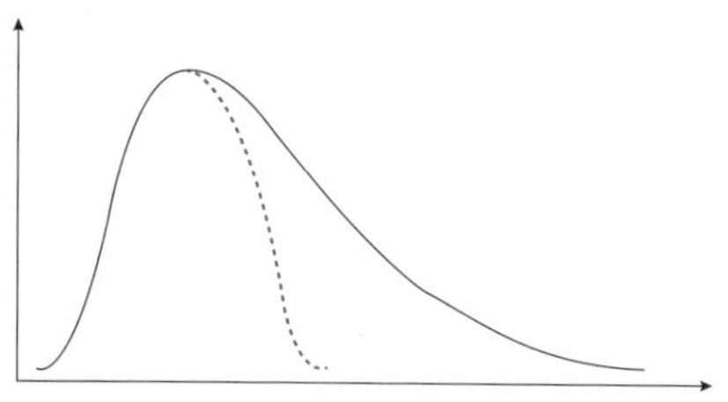

① 최솟값　② 최댓값
③ 평균　④ 중앙값

해설

문제의 분포는 종 모양이므로 평균 또는 중앙값을 대푯값으로 쓸 수 있으나, 평균은 이상치의 영향을 크게 받기 때문에 중앙값으로 결측치를 대치하는 것이 바람직하다.

39 상자수염그림과 이상치에 대한 설명으로 옳지 않은 것은?

① 1.5배 IQR에서 IQR 3배까지 박스 수염이 이어져 있다.
② 상자수염그림에서 중앙값을 확인할 수 있다.
③ 수염보다 바깥쪽에 존재하는 데이터들은 이상치이다.
④ 상자의 범위는 Q1~Q3이다.

해설

상자수염은 제1사분위에서 1.5xIQR을 뺀 위치에 해당하는 최솟값부터 제3사분위에서 1.5xIQR을 더한 위치인 최댓값까지 이어져 있다. 최솟값과 최댓값을 넘어가는 위치에 이상치가 존재한다.

40 시간에 따른 일별 기온 변화를 표현할 수 있는 기법은?

① 시계열 분석　② 장바구니 분석
③ 텍스트 분석　④ 주요 인자 분석

해설

시계열 분석은 시간의 흐름에 따른 데이터의 변화를 파악할 수 있는 시각화 기법이다.

41 다음 중 분석모형 선정에 대한 설명으로 옳지 않은 것은?

① 데이터 특성에 따라 적용 가능한 분석 모형이 다르다.
② 비지도 학습을 통해 데이터 패턴 도출이 가능하다.
③ 비용민감함수는 주요 인자 분석에 사용한다.
④ 소셜 네트워크 분석으로 사회적 관계를 시각화 할 수 있다.

해설

비용민감함수는 소수 클래스에 더 큰 가중치를 주는 방법으로 주로 불균형 데이터에 사용된다.

42 다음 중 확률분포에 대한 설명으로 옳지 않은 것은?

① 연속확률분포에는 초기하분포, 지수분포가 있다.
② 이산확률분포에는 이항분포, 포아송분포가 있다.
③ 확률질량함수는 이산확률변수의 확률분포를 나타내는 함수이다.
④ 확률밀도함수의 면적이 그 구간에 해당하는 확률값이다.

해설

초기하분포는 이산확률분포에 속한다.

43 다음 중 드롭아웃 효과와 동일한 효과를 가져올 수 있는 기법은?

① 풀링(Pooling)
② 패딩(Padding)
③ 커널 트릭(Kernel trick)
④ 데이터 증강(Data Augmentation)

38 ④　39 ①　40 ①　41 ③　42 ①　43 ④　정답

해설

드롭아웃은 신경망에서 과적합을 방지하기 위해 사용되는 정규화 기법으로, 학습 중 일부 뉴런을 무작위 제거하여 일반화 능력을 향상시킨다. 데이터 증강은 기존의 데이터를 변형, 추가하여 데이터의 수를 늘림으로써 모델의 과적합을 방지하는 방법으로 드롭아웃과 동일한 효과를 가져올 수 있다.

44 K-fold 교차 검증에 대한 설명으로 옳지 않은 것은?

① Stratified k-fold 교차 검증은 분류 데이터셋에서 사용된다.
② 평가 데이터를 제외한 나머지 데이터는 검증에 최소 한 번 사용된다.
③ 훈련, 검증, 평가 데이터셋을 2:3:5 비율로 구성한다.
④ 모델의 일반화 성능을 향상시킬 수 있다.

해설

k-fold는 데이터셋을 k개로 나누어 이 중 하나만 검증 데이터로 활용하며, 나머지는 훈련 데이터로 사용한다.

45 다음 덴드로그램 그래프에서 h=4 기준으로 군집을 분리할 때 묶이는 군집의 개수는?

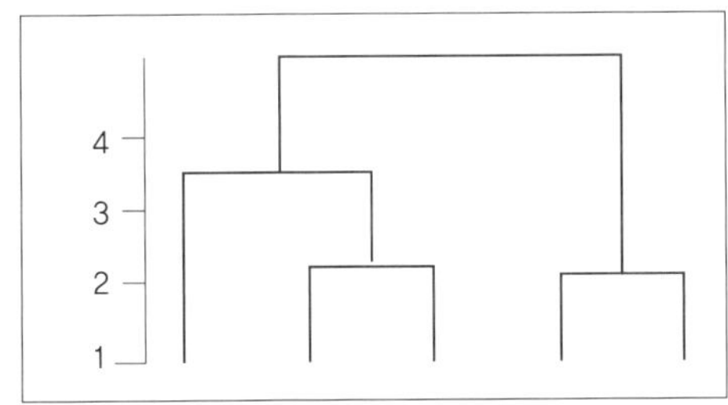

① 1개 ② 2개
③ 3개 ④ 4개

해설

H=4 기준이므로 2개이며, h=1일 경우 5개, h=2일 경우 3개, h=3일 경우 2개이다.

46 다음 중 인공신경망 모형에서 과적합을 방지할 수 있는 방법으로 옳지 않은 것은?

① 학습 데이터 수를 늘린다.
② 가지치기를 수행한다.
③ 가중치 규제를 적용한다.
④ 학습 시 early stopping을 적용한다.

해설

가지치기는 인공신경망 모형이 아닌 의사결정나무 모형에서 노드에 대한 분할 과정에 대한 반복으로 인한 과적합을 방지하기 위한 방법이다.

47 텍스트마이닝 기법 중 단어를 벡터화하는 Text to Vector 변환 기법으로 옳지 않은 것은?

① One – hot encoding
② TF – IDF
③ Word Embedding
④ POS – tagging

해설

POS-tagging은 텍스트에서 단어의 품사를 식별하고 태깅, 붙이는 절차이다. 자연어 처리의 전처리 단계에서 사용된다.

48 다음 중 모형 선정에 대한 설명으로 옳지 않은 것은?

① 나이브베이즈 모델은 범주형 독립변수 및 종속변수를 사용한다.
② 일반적으로 설명력이 좋은 모형은 예측력이 떨어진다.
③ SOM은 비지도 학습에 속한다.
④ 단순한 모형보다 복잡한 모형이 무조건 좋다.

해설

복잡한 모델일수록 과적합의 위험이 있을 수 있다.

정답 44 ③ 45 ② 46 ② 47 ④ 48 ④

49 다음 중 분석 모형에서 변수를 선택하는 방법이 아닌 것은?

① 차수선택법 ② 전진선택법
③ 단계적선택법 ④ 후진제거법

해설

변수 선택 방법으로는 전진선택법, 후진제거법, 단계적선택법이 있다.

50 다음 중 로지스틱 회귀분석에 관한 설명으로 옳은 것은?

① 종속변수의 범주가 세 개 이상일 때는 적용할 수 없다.
② Odds는 −무한대~무한대의 범위를 갖는다.
③ y값이 0~1 사이 값을 가지고 이진 분류한다.
④ 로지스틱 회귀는 정규분포를 따른다.

해설

로지스틱 회귀는 종속변수의 범주가 세 개 이상일 때도 적용할 수 있으며, 이때는 '다항 로지스틱 회귀'라고 지칭한다. 오즈는 어떤 사건이 발생할 확률을 발생하지 않을 확률로 나눈 비율로 0~무한대의 범위를 갖는다. 로지스틱 회귀는 종속변수가 이항분포를 따른다고 가정한다.

51 시계열 모형 기법인 ARIMA 모형에 대한 설명으로 옳지 않은 것은?

① 정상성을 보이는 시계열은 추세나 계절성이 없다.
② AR 모델은 변수의 과거 값을 이용한다.
③ MA 모델은 과거 예측 오차를 이용한다.
④ 백색잡음은 서로 독립적이지 않다.

해설

백색잡음 과정은 대표적인 정상 시계열로 서로 독립적이고 동일한 분포를 따른다. IID(Independently and identically distributed)로 표현할 수 있다.

52 주성분 분석에 대한 설명으로 옳지 않은 것은?

① 고차원 데이터를 저차원으로 변환한다.
② 주성분끼리는 서로 직교한다.
③ 주성분은 기존 변수들의 선형결합으로 이루어져 있다.
④ 주성분 분석을 하기 위해서는 변수의 수가 표본의 수보다 항상 커야 한다.

해설

변수의 수, 표본의 수는 주성분 분석 가능 여부와 상관없다.

53 다음 중 비모수 검정에 대한 설명으로 옳지 않은 것은?

① 만-휘트니 검정은 양측 모수 검정이다.
② 윌콕슨 순위합 검정은 중위수의 차이를 비교한다.
③ 크루스칼-왈리스 검정은 분산 분석에서 정규성 가정이 만족되지 않을 때 사용한다.
④ 일반적으로 모수 검정보다 검정력이 떨어진다.

해설

만-휘트니 검정은 윌콕슨 순위합 검정과 동일한 방법으로 두 집단의 중위수 차이를 검정할 때 사용할 수 있는 비모수 검정 방법이다.

54 연관규칙 척도 중 하나로, A항목이 포함된 거래 중 A항목과 B항목이 동시에 포함된 거래의 비율을 나타내는 지표는?

① 지지도 ② 신뢰도
③ 향상도 ④ 레버리지

해설

신뢰도는 A상품을 샀을 때 B상품을 살 조건부 확률에 대한 척도이다. A와 B를 모두 포함하는 거래 수를 A를 포함한 거래 수로 나누어 계산한다. 신뢰도가 높을 시 A를 구매했을 때 B도 구매할 것이라는 규칙의 신뢰도가 높다고 할 수 있다.

49 ① 50 ③ 51 ④ 52 ④ 53 ① 54 ② 정답

55 다음은 암 환자에 대한 조사 결과이다. 표에 대한 설명으로 옳은 것은?

구분	초기		말기		총합	
	생존	사망	생존	사망	생존	사망
A약	16	4	4	16	20	20
B약	7	3	9	21	16	24

① 초기 암 생존율은 A약보다 B약이 높다.
② 말기 암 생존율은 A약이 B약보다 높다.
③ A약이 B약보다 효과적이다.
④ A약 암환자 생존율은 50%, B약 암환자 생존율은 40%이다.

해설

A약 환자의 생존률은 20/(20+20)=50%, B약 환자의 생존율은 16(16+24)=40%이다.

56 다음 중 요인 분석에 대한 설명으로 옳지 않은 것은?

① 고차원의 데이터를 저차원으로 축소한다.
② 변수들의 상관관계를 기반으로 공통의 요인을 찾는다.
③ 요인 회전 방법으로는 VariMax, ScreeMax 등이 있다.
④ 요인 분석 결과로 만들어진 새로운 변수들은 서로 대등하다.

해설

요인 회전 방법에는 VariMax, QuartMax, EquaMax, Oblimin, ProMax 등이 있다.

57 독립변수와 종속변수 척도에 따른 통계분석 방법에 대한 설명으로 옳지 않은 것은?

① 공분산분석(ANCOVA)은 종속변수가 범주형, 독립변수가 연속형인 분석 방법이다.
② T-검정은 수치형 종속변수와 2개 범주의 독립변수를 사용하여 분석하는 방법이다.
③ 로짓 모형은 범주형 종속변수와 범주형 및 수치형 독립변수를 사용하여 분석하는 방법이다.
④ 카이제곱검정은 범주형 종속변수와 범주형 독립변수를 사용하여 분석하는 방법이다.

해설

공분산 분석은 독립변수 이외의 잡음인자를 통계적으로 제어하고 범주형 독립변수와 연속형 종속변수의 상관관계를 분석하는 방법이다.

58 회귀모형에 대한 설명으로 옳은 것은?

① 다중회귀모형에서 통계적 유의성을 확인하는 방법은 Z-통계량이다.
② 독립변수가 2개 이상이고 회귀계수가 2차 이상이면 다항회귀 모형이다.
③ 설명변수들 사이에 비선형 관계가 존재하면 다중공선성 문제가 발생한다.
④ 회귀모형의 변수 선택법에는 주성분 분석법, 전진선택법, 후진제거법 등이 있다.

해설

① F-통계량이다.
③ 다중공선성 문제는 설명 변수들 사이에 선형 관계가 존재하면 발생한다.
④ 회귀모형의 변수 선택법에는 전진선택법, 후진제거법, 단계선택법 등이 있다.

59 의사결정나무 분석 결과에서 뿌리 노드만 남는 이유로 옳은 것은?

① 변별력 있는 변수가 없어 분리를 정지한다.
② 모델이 과적합되었다.
③ 불필요한 가지를 제거했다.
④ 변수들 간 관계가 비선형이기 때문이다.

해설

의사결정나무에서 마디의 순수도는 증가하고 불순도는 감소하는 방향으로 노드가 분리된다. 변별력 있는 변수가 없으면 노드 분리가 안되어 뿌리 노드만 남게 된다.

정답 55 ④ 56 ③ 57 ① 58 ② 59 ①

60 데이터 분석 결과 산출물로 옳지 않은 것은?

① 분석 모델
② 알고리즘 보안 계획서
③ EDA 보고서
④ 변수 정의서

해설

데이터 분석 결과 산출물은 분석 계획서, 변수 정의서, EDA 보고서, 분석 결과 보고서, 분석 모델 등이 존재한다.

61 다음 중 ROC Curve 축을 구성하는 지표로 바르게 짝지어진 것은?

① 정확도, 정밀도
② 정밀도, 특이도
③ 민감도, 특이도
④ 민감도, F1-Score

해설

ROC 곡선은 임곗값을 0~1까지 변화시켜 가면서 x축에는 거짓긍정률(FPR)을, y축에는 참긍정률(TPR)을 표시해서 그린 곡선이다. 거짓 긍정률은 (1-특이도)와 같은 값을, 참 긍정률은 민감도와 동일한 값을 갖는다.

62 다음 그림이 나타내는 시각화 기법은 무엇인가?

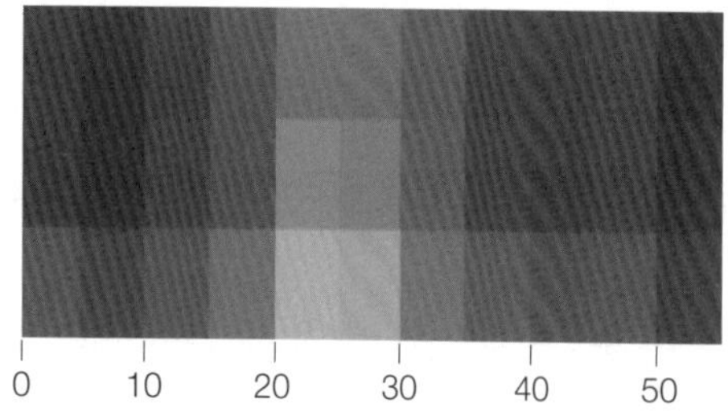

① 히트맵　② 트리맵
③ 영역차트　④ 산점도

해설

히트맵의 각 행은 관측치를, 열은 변수를 나타내고, 각 칸의 색상을 이용해 값의 크기를 나타낸다.

63 분석 결과 스토리텔링을 준비하는 과정에서 수행해야 하는 일로 적절하지 않은 것은?

① 사용자별 사용 데이터셋 및 정보 기술
② 사용자 시나리오 작성
③ 스토리보드 기획
④ 스토리보드 도구 검증

해설

스토리보드 도구 검증은 분석 결과 스토리텔링 과정에 해당하지 않는다.

64 최종 모델을 평가하는 기준으로 옳지 않은 것은?

① 평가지표
② 표본의 충분성
③ 시스템 구현 가능성
④ 업무담당자의 의견

해설

표본의 충분성은 모델을 개발할 때 중요하지만, 최종 모델을 평가하는 기준은 아니다.

65 분류모형 평가에 대한 설명으로 옳지 않은 것은?

① ROC Curve로 혼동행렬을 구할 수 있다.
② 혼동행렬에서 모델이 참으로 예측한 수는 TP+FP로 구할 수 있다.
③ F1-Score는 정밀도와 재현율의 조화평균 값이다.
④ AUC 값이 1에 가까울수록 분류 모델의 성능이 좋다.

해설

혼동행렬은 모델 예측 값과 실제 값의 조합을 교차 표 형태로 나타낸 것이다.

60 ② 61 ③ 62 ① 63 ④ 64 ② 65 ① 정답

66 분석모형 평가지표에 대한 공식으로 옳지 않은 것은?

① $MAE = \frac{1}{n}\sum_{i=1}^{n}|y_i - \hat{y}_i|$

② $MAPE = 100 \times \frac{1}{n}\sum_{i=1}^{n}\left|\frac{y_i - \hat{y}_i}{y_i}\right|(\%)$

③ $MSE = \frac{1}{n}\sum_{i=1}^{n}(y_i - \hat{y}_i)^2$

④ $RMSE = \sqrt{\frac{1}{n}\sum_{i=1}^{n}(y_i - \hat{y}_i)^2}$

해설

$MSE = \frac{1}{n}\sum_{i=1}^{n}(y_i - \hat{y}_i)^2$로 구한다.

67 다음 중 정규성 검정 기법으로 옳지 않은 것은?

① Q–Q Plot
② 카이제곱 검정
③ 샤피로–윌크 검정
④ 콜모고로프 – 스미르노프 검정

해설

카이제곱 검정은 관찰 빈도와 기대 빈도 사이에 유의미한 차이가 있는지 검정하는 기법이다.

68 다음 중 비교 시각화 기법으로 옳지 않은 것은?

① 버블차트
② 히트맵
③ 체르노프 페이스
④ 스타차트

해설

버블차트는 3개의 변수를 동시에 시각화하는 방법으로, 데이터 간의 관계를 시각적으로 표현하는 관계시각화 기법이다.

69 다음 보기 중 일반화 선형 모형(GLM)에 대한 설명으로 옳은 것을 모두 고르면?

> 가. 반응변수가 이항분포이면 연결함수로 logit 함수를 사용한다.
> 나. 종속변수의 정규성이 성립하지 않아도 사용할 수 있다.
> 다. 로지스틱 회귀가 대표적인 일반화 선형 모형이다.

① 가, 나　　② 가, 다
③ 나, 다　　④ 가, 나, 다

해설

일반화 선형 모형은 종속변수의 분포를 정규분포를 포함한 다양한 분포로 확장한다. 이때 연결 함수를 사용하여 선형 예측자와 종속변수의 평균을 연결해 주며 종속변수가 이항분포인 경우 logit 함수, 포아송분포인 경우 log 함수가 연결 함수가 된다.

70 다음 중 관계 시각화 기법으로 옳지 않은 것은?

① 누적막대그래프　　② 산점도
③ 버블차트　　④ 산점도행렬

해설

누적막대그래프는 여러 항목의 값들이 서로 누적된 형태로 시각화되는 그래프로, 각 항목 값들의 상대적인 크기를 보여주며, 전체 값의 변화 및 구성 비율을 파악할 수 있다. 주로 범주형 데이터의 분포, 변화, 비율 등을 시각화하는 데 사용한다.

71 민감도가 0.6, 정밀도가 0.4인 경우 F1–Score를 산출하면 얼마인가?

① 0.24　　② 0.48
③ 0.5　　④ 1

해설

F1–Score=2×0.6×0.4/(0.6+0.4)=0.48

정답 66 ③ 67 ② 68 ① 69 ④ 70 ① 71 ②

72 다음 보기 중 앙상블 모형에 대한 설명으로 옳은 것을 모두 고르면?

> 가. 랜덤포레스트가 대표적인 앙상블 모형이다.
> 나. 배깅은 부트스트랩 샘플을 사용한다.
> 다. 부스팅은 정답에 더 높은 가중치를 부여하여 모델 성능을 올리는 방법이다.

① 가 ② 가, 나
③ 나, 다 ④ 가, 나, 다

해설

부스팅은 오답에 더 높은 가중치를 부여한다.

73 신경망 모형에서 발생하는 Gradient Vanishing 문제에 대한 설명으로 옳은 것은?

① 신경망 학습 과정에서 기울기가 점차 커지다가 발산하는 현상이다.
② 오차 역전파 과정에서 기울기가 감소하여 가중치가 업데이트 되지 않는 현상이다.
③ 은닉층의 활성화 함수로 시그모이드 함수를 사용하면 문제가 완화된다.
④ 그래디언트 클리핑을 하면 문제가 완화된다.

해설

Gradient Vanishing은 심층 신경망에서 발생하는 문제로, 오차역전파 알고리즘을 통해 업데이트되는 가중치의 기울기가 사라지거나 소실되어 가중치가 업데이트 되지 않는 현상을 말한다.

74 앙상블 모형을 독립적으로 최적화시키는 방법으로 옳지 않은 것은?

① 평가 데이터셋을 다양화한다.
② 학습 데이터셋을 다양화한다.
③ 하이퍼파라미터 튜닝을 한다.
④ 학습시간을 늘려본다.

해설

평가 데이터셋을 다양화함으로써 일반화 성능을 더 잘 확인할 수 있다.

75 다음 중 재현율에 대한 공식으로 옳은 것은?

① TN/(TN+FP)
② TN/(TN+TP)
③ TP/(TP+FN)
④ TP/(TP+TN)

해설

재현율(민감도)은 실제 참인 것들 중에서 예측도 참인 경우의 비율로 TP/(TP+FN)으로 계산한다.

76 분석 모형 해석에 대한 설명으로 옳은 것은?

① 의사결정나무는 해석이 어렵다는 단점이 있다.
② 군집 분석의 성능은 지지도, 향상도 등으로 평가할 수 있다.
③ 연관성 분석을 통해 두 변수 간의 선형관계를 알 수 있다.
④ 예측 분석은 현재 분석 결과를 통해 미래를 예측한다.

해설

① 의사결정나무는 해석이 용이하다는 장점을 가지고 있다.
② 연관분석에 해당한다.
③ 두 변수 간의 선형관계는 상관분석을 통해 알 수 있다.

77 과대적합을 해결하기 위한 방법으로 옳은 것은?

① 벌점화 회귀를 사용하여 모형에 제약조건을 추가한다.
② 학습시간을 늘린다.
③ 모델의 복잡성을 증가시킨다.
④ 데이터의 다양성을 줄여 패턴을 더 잘 인식하도록 한다.

해설

벌점화 회귀는 회귀계수에 벌점을 적용하여 모형의 복잡도를 낮추는 회귀분석 방법이다. 릿지, 라쏘 회귀 등이 있다.

72 ② 73 ② 74 ① 75 ③ 76 ④ 77 ① **정답**

78 과적합에 대한 설명으로 옳지 않은 것은?

① 일반화 성능이 낮은 상태이다.
② 모형의 분산이 크다.
③ 과대적합은 비선형 모형보다 선형 모형에서 더 쉽게 발생한다.
④ 모형이 과도하게 복잡한 상태이다.

해설

비선형 모형에서 더 복잡하고 높은 분산을 갖는 모델이 만들어지기 쉽다.

79 인포그래픽에 대한 설명으로 옳지 않은 것은?

① 중요한 정보를 효과적으로 나타낼 수 있다.
② 적절한 텍스트를 넣어 이해하기 쉽게 만든다.
③ 데이터의 패턴을 탐색할 수 있다.
④ 디자인적 요소를 고려하여 만든다.

해설

인포그래픽은 중요하거나 복잡한 정보를 쉽게 이해할 수 있도록 그래픽으로 표현한 것이다. 데이터의 패턴을 탐색할 수는 없으며, 데이터의 패턴은 산점도 등을 통해 파악할 수 있다.

80 빅데이터 시각화 절차에 해당하는 요소로 옳지 않은 것은?

① 정제
② 구조화
③ 시각화
④ 시각 표현

해설

데이터 시각화 절차는 '구조화→시각화→시각 표현'으로 구성된다.

정답 78 ③ 79 ③ 80 ①

2023년 6회 기출복원문제

01 정형, 반정형, 비정형으로 구분한 빅데이터의 특성은?

① 속도 ② 규모
③ 다양성 ④ 가치

해설

정형, 반정형, 비정형은 데이터의 유형에 따라 구분한 속성이며, 다양한 유형의 데이터를 사용하여 분석하는 빅데이터의 다양성으로 볼 수 있다.

02 빅데이터의 위기 요인이 아닌 것은?

① 사생활 침해
② 데이터 오용
③ 책임 원칙 훼손
④ 인간과 인간 연결 가능

해설

빅데이터의 위기 요인에는 사생활 침해, 책임 원칙 훼손, 데이터 오용 등이 있다.

03 다음 중 기업의 분석 수준 진단에 대한 서술로 옳지 않은 것은?

① 준비형 : 데이터 분석을 위한 낮은 준비도와 낮은 성숙도
② 정착형 : 조직 및 인력, 분석 업무, 분석 기법을 내부에 오픈
③ 확산형 : 6가지 분석 구성요소를 모두 갖춰 지속적 확산이 가능
④ 도입형 : 업무 기법은 충분하나, 조직 인력이 부실

해설

도입형은 도입되어 있는 분석 업무 및 분석 기법은 부족하지만, 조직 및 인력에 대한 준비도가 높은 수준을 의미한다.

04 데이터 분석 조직에 관한 설명으로 옳지 않은 것은?

① 기능형은 전사의 핵심 업무를 분석하지 못한다.
② 집중구조는 별도의 분석 조직이 존재하므로 협업 조직과의 업무 중복 가능성이 없다.
③ 분산구조는 전담 조직 인력을 협업부서에 배치하므로 신속한 업무에 적합하다.
④ 기능형은 별도로 분석조직이 없다.

해설

집중구조는 각 부서별로 분석을 진행하며 전사 분석 업무를 별도의 분석 전담 조직에서 담당하기 때문에 분석 업무가 이중화, 이원화될 수 있다.

05 분석준비도의 진단 영역으로 옳지 않은 것은?

① 분석 성과 평가
② 분석 업무
③ 분석 인력
④ 분석 기법

해설

분석준비도는 빅데이터 분석 업무를 도입하기 위한 조직의 분석 업무의 수준을 파악하는 지표로 분석 업무 및 파악, 인력 및 조직, 분석 기법, 분석 데이터, 분석 문화, IT 인프라가 있다.

06 다음 중 데이터 거버넌스의 구성요소에 해당하지 않는 것은?

① 원칙 ② IT 인프라
③ 프로세스 ④ 조직

정답 01 ③ 02 ④ 03 ④ 04 ② 05 ① 06 ②

해설

데이터 거버넌스는 전사 차원의 데이터에 대한 정책과 지침, 운영조직 및 책임 등 표준화된 관리 체계를 수립하고 운영하는 기반을 마련하는 것으로 원칙, 조직, 프로세스로 구성되어 있다.

07 데이터 사이언스에 대한 설명으로 옳은 것은?

① 가능한 많은 데이터를 모으기만 하면 의미가 도출된다.

② 특정한 상관관계가 중요시되던 과거와 달리, 인과관계를 통한 인사이트 도출이 점점 확산되고 있다.

③ 데이터의 품질과 상관없이 데이터의 양이 많아지면 인사이트를 도출하기 용이해진다.

④ 의학, 공학 등 다양한 연구 분야에서 적용된다.

해설

데이터 사이언스는 다양한 유형의 데이터로부터 의미 있는 정보를 추출하는 분야로 의학 영역과 공학 영역 등 다양한 분야에서 활용될 수 있다.

08 분산 파일 시스템에 대한 설명으로 적절하지 않은 것은?

① 네트워크를 통해 물리적으로 다른 위치에 있는 여러 컴퓨터에 자료를 분산 저장하는 시스템이다.

② 마치 로컬 시스템에서 사용하는 것처럼 동작한다.

③ 데이터 가용성을 향상시키지만, 네트워크를 사용하기 때문에 노드들 간에 데이터를 전송할 때 데이터가 손실되거나 누락될 가능성이 있다.

④ 대표적인 분산 파일 시스템은 하둡으로, 대용량 파일을 파일 단위로 데이터 노드에 저장한다.

해설

하둡은 대용량 파일을 블록 단위로 분할하여 데이터 노드에 저장한다. 블록이 어느 노드에 저장되었는지에 대한 메타데이터를 네임노드에 저장한다.

09 다음 중 데이터 웨어하우스와 데이터 마트에서 사용하기 적합한 데이터 수집 기술은?

① FTP ② HTTP

③ Open API ④ DB to DB

해설

데이터베이스 간에 직접적인 연결을 통해 데이터를 전송하는 방법으로, 데이터의 일관성과 실시간성을 확보할 수 있다. 특히 데이터 웨어하우스나 데이터 마트에 사용하기에 적합하다.

10 맵리듀스 패턴 중에 다른 데이터와 연결하여 분석하는 패턴은 무엇인가?

① 디자인 패턴 ② 요약 패턴

③ 조인 패턴 ④ 필터링 패턴

해설

조인 패턴은 맵리듀스에서 다른 데이터 집합들을 연결하여 분석하는 패턴을 의미한다. 데이터의 특정 키에 따라 여러 데이터 집합을 조인하여 분석한다.

11 다음 중 머신러닝과 딥러닝에 대한 설명으로 옳지 않은 것은?

① 머신러닝은 딥러닝의 일부이다.

② 머신러닝은 주어진 데이터 패턴을 학습하고 유추하는 것이다.

③ 머신러닝 학습방법으로는 지도, 비지도, 강화학습이 대표적이다.

④ 머신러닝을 개선하여 딥러닝으로 발전하였다.

해설

딥러닝은 머신러닝의 한 분야로 인공신경망 기법을 사용하여 학습하는 기술을 의미한다.

07 ④ 08 ④ 09 ④ 10 ③ 11 ① 정답

12 공공데이터와 같이 조직 외부의 데이터를 사용할 때의 장점으로 가장 적절한 것은?

① 비용이 저렴하다.
② 내부 데이터보다 보안이 좋다.
③ 데이터 선택의 폭이 넓다.
④ 데이터 소유권을 가질 수 있다.

해설

저렴한 비용, 보안성, 소유권은 내부 데이터의 장점이다. 반면 외부 데이터의 장점으로 내부에서 발생되지 않은 데이터를 활용할 수 있다는 측면에서 데이터 선택의 폭이 넓어지는 것이 있다.

13 데이터 분석으로 얻고자 하는 개선사항은 언제 도출하는 것이 적절한가?

① 도메인 이슈 도출
② 프로젝트 계획 수립
③ 모델 개발
④ 분석 목표 수립

해설

데이터 분석을 통한 개선사항은 현황 분석을 통해 도메인 이슈를 파악하고 이를 기반으로 개선 과제를 도출하여 분석 목표를 수립하는 단계에서 도출된다.

14 분석마스터 플랜에 대한 설명으로 옳은 것은?

① 좁은 범위의 특정 주제에 대해 텍스트를 실행함으로써 빠르게 문제를 해결해나가는 방법이다.
② 모든 과정을 반복 수행한다.
③ 분석 로드맵은 중장기적 관점의 수행 계획을 수립하는 과정을 의미한다.
④ 프레임워크보다는 단기 과제성 계획을 수립한다.

해설

분석 로드맵은 빅데이터 분석 프로젝트의 계획, 이행, 적용을 위해 중장기적으로 단계별 계획과 수행 내용을 수립하는 과정을 의미한다.

15 데이터 전처리는 어느 단계에서 수행하는 것인가?

① 분석 기획　　② 데이터 분석
③ 시스템 구현　　④ 데이터 준비

해설

데이터 전처리는 데이터를 사용하여 분석하기 전 단계인 데이터 준비 단계에서 수행하게 된다.

16 탐색적 데이터 분석에 관한 설명으로 옳지 않은 것은?

① 주성분 분석은 EDA가 아니다.
② 시각화 툴을 사용할 수 있다.
③ 데이터 구조를 가정한다.
④ 분석 모델을 만들기 위한 과정으로 필요하다.

해설

주성분 분석은 차원 축소의 대표적인 알고리즘으로 고차원 데이터의 차원을 줄여 데이터를 더 잘 이해할 수 있는 형태로 변화하여 데이터의 특성을 파악할 수 있다.

17 데이터 추출과 저장을 위한 기술로 옳은 것은?

① ETL　　② ODS
③ DW　　④ Data Mart

해설

ETL은 데이터의 추출, 변환, 적재의 과정을 거쳐 데이터를 처리하는 기술이다.

18 다음 중 노이즈를 제거하는 방법으로 옳은 것은?

① 정규화　　② 표준화
③ 일반화　　④ 평활화

해설

데이터로부터 노이즈를 제거하여 데이터 추세에서 벗어나는 값들을 변환하는 기법은 평활화이다.

정답 12 ③　13 ④　14 ③　15 ④　16 ①　17 ①　18 ④

19 네트워크를 통해서 호스트와 호스트 간에 데이터를 전송하는 방식은 무엇인가?

① 파일 전송 프로토콜
② 분산 파일 시스템
③ 공유 데이터베이스
④ 네트워크 데이터베이스

해설

파일 전송 프로토콜은 네트워크의 호스트 간에 파일을 전송하기 위한 방식으로 한 호스트에서 다른 호스트의 데이터에 접근할 수 있다.

20 다음 중 비정형 데이터에 관한 설명으로 옳은 것은?

① 데이터 스키마를 지원한다.
② 주로 DB to DB를 사용해 수집한다.
③ NoSQL을 사용한다.
④ 데이터 레이크보다 데이터 웨어하우스를 사용한다.

해설

NoSQL 데이터베이스는 스키마의 자유로움과 다양한 형태의 데이터를 다룰 수 있는 특성 때문에 비정형 데이터에 적합하다.

21 데이터 전처리 기법에 대한 설명 중 옳지 않은 것은?

① 데이터 정제 : 결측값, 노이즈, 이상값 등 데이터 오류 요인을 제거한다.
② 데이터 통합 : 정제된 다수의 데이터를 통합한다.
③ 데이터 축소 : 노이즈 제거를 위해 정규화한다.
④ 데이터 변환 : 정규화 등으로 분석이 편하도록 한다.

해설

데이터 축소는 데이터의 크기를 줄이는 것을 의미하며, 정규화는 데이터의 스케일을 조정하여 비교 가능하도록 만드는 과정이다.

22 데이터 정제에 대한 설명으로 옳지 않은 것은?

① 데이터를 사용하기 쉽게 변환
② 결측값 대체
③ 이상값 제거
④ 노이즈 교정

해설

데이터 정제는 결측값, 이상값, 노이즈를 제거하거나 교정하는 작업을 통칭한다.

23 결측값 처리 방법에 대한 설명으로 적절하지 않은 것은?

① 완전삭제법 : 결측치 부분만 없애지 않고, 결측값이 있는 데이터 행 전체를 삭제한다.
② 평균대치법 : 관측된 값의 평균값으로 대치한다.
③ 회귀대치법 : 회귀식의 예측값으로 결측치를 대체한다.
④ 다중대치법 : 통계량에 확률값을 부여하는 방법을 이용한다.

해설

다중대치법은 여러 번의 단순대치법을 통해 여러 개의 데이터를 생성한 뒤, 해당 다수의 데이터를 만들어서 분석하는 방법이다.

24 이상값 처리에 대한 설명으로 옳은 것은?

① 이상값은 빈도에 비해 영향력이 작으므로 분석에서는 무시한다.
② 삭제 시 데이터가 작아져 분산은 커지고, 편향이 발생할 확률은 낮아진다.
③ 결측값 처리에서 사용하는 단순대치법과 다중대치법은 사용할 수 없다.
④ 평균값 대체도 결측값 대체와 같이 신뢰성이 저하되지 않는다.

19 ① 20 ③ 21 ③ 22 ① 23 ④ 24 ④ 정답

해설

이상값 처리에서 결측값 처리와 같이 평균값으로 대치하는 방법을 사용할 수 있으며, 신뢰성이 저하되지 않는 방법 중 하나이다.

25 데이터 이상값 발생 원인으로 옳지 않은 것은?

① 측정 오류 ② 처리 오류
③ 표본 오류 ④ 보고 오류

해설

데이터 이상값 발생 원인은 고의적인 이상값, 측정 오류, 처리 오류, 표본추출 오류가 있다.

26 회귀진단 시 이상값 및 영향값 탐색 방법으로 옳은 것은?

① 라쏘회귀
② AIC(Akaike Information Criterion)
③ 사분위수 범위
④ 레버리지

해설

개별적인 데이터 표본 하나하나가 회귀분석 결과에 미치는 영향력은 레버리지 분석을 통해 알 수 있다.

27 다음은 어떤 그래프를 의미하는가?

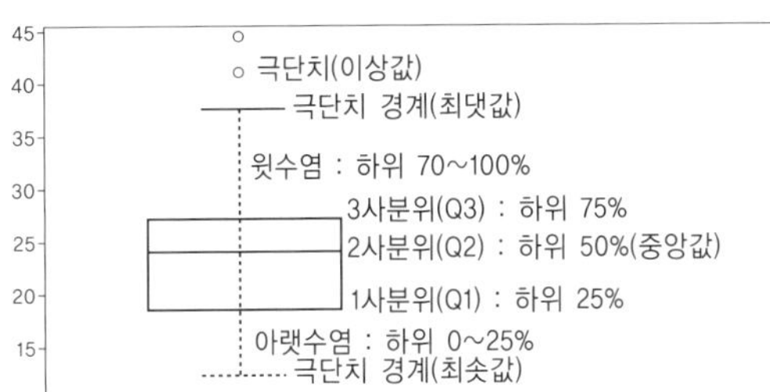

① 박스플롯
② 히스토그램
③ 산점도
④ 막대그래프

해설

박스플롯은 데이터셋의 중앙값, 상한/하한 사분위수, 최소/최댓값, 이상치를 표시하여 데이터셋의 변동성 요약을 시각적으로 확인할 수 있다.

28 다음 중 연속형 변수가 아닌 것은?

① 키 ② 실내 온도
③ MBTI ④ 책 두께

해설

MBTI는 명목형 변수에 해당한다.

29 파생변수에 대한 설명으로 옳지 않은 것은?

① 기존 변수에 특정 조건이나 함수를 활용하기도 한다.
② 유의미한 특성이 객관적으로 반영되어야 한다.
③ 결측값을 주변 값으로 채우기도 한다.
④ 다수 필드 내에 시간 종속적인 데이터를 피봇해서 사용하는 방법도 있다.

해설

결측값을 주변 값으로 채우는 것은 보통 결측값 대체 또는 보간 기법에 해당하며, 파생변수 생성과는 직접적인 관련이 없다.

30 최소-최대 정규화 시 세 학생의 성적(60,70,80) 합은?

① 0.5 ② 1.0
③ 1.5 ④ 2.0

해설

최소-최대 정규화는 데이터를 특정 범위로 변환하는 방법 중 하나로, 주어진 데이터를 최솟값과 최댓값을 사용하여 새로운 범위로 변환한다. (값-MIN)/(MAX-MIN)으로 계산한다. 따라서 최소-최대 정규화를 적용한 세 학생의 성적은 (0, 0.5, 1)이며, 합은 1.5이다.

정답 25 ④ 26 ④ 27 ① 28 ③ 29 ③ 30 ③

31 다음 중 독립변수 12개와 절편1을 포함하는 모델이 있다. 변수 1개당 3가지의 범주를 값으로 갖는다면 회귀모수의 개수는?

① 24 ② 25
③ 35 ④ 37

해설

상수 항을 포함한 선형 모형의 경우, 회귀모수의 개수는 입력 데이터의 차원의 수에 1을 더한 값이다. 따라서 (12x3)+1로 계산되므로 회귀모수의 개수는 37이다.

32 클래스 불균형에 대한 설명으로 옳지 않은 것은?

① 이상값 대체는 결측값을 처리할 경우와 같은 신뢰도 문제를 발생시키지 않는다.
② 언더샘플링 혹은 오버샘플링으로 해결할 수 있다.
③ 클래스 개수와는 무관하다.
④ 무게균형으로는 해결 불가하다.

해설

무게균형은 딥러닝에서 클래스 균형을 맞추기 위한 방법으로, 훈련 데이터셋의 각 데이터에서 loss를 계산할 때 특정 클래스의 데이터에 더 큰 loss 값을 갖도록 처리한다.

33 다음 중 인과관계 분석에 대한 설명으로 옳은 것은?

① 변수 간의 상관성을 확인한다.
② 해석을 포함하고 있지 않다.
③ 이상값 파악이 용이하다.
④ 독립변수와 종속변수 간의 인과관계를 분석한 것이다.

해설

인과관계 분석은 독립변수와 종속변수 간에 원인과 결과에 해당하는 논리적 관계를 분석하는 것이다.

34 다음 시계열 분포도에 대한 설명으로 옳은 것은?

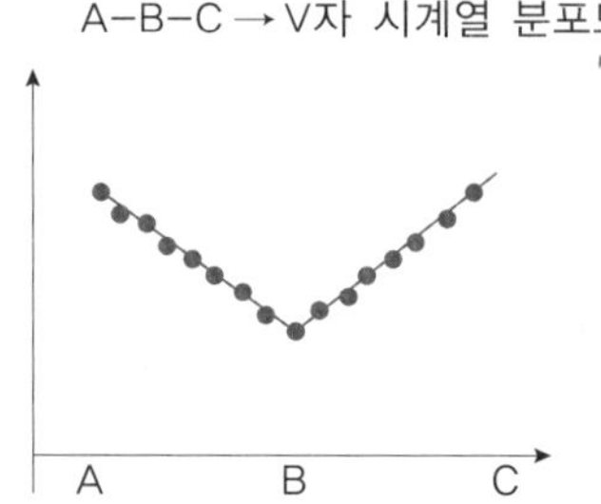

① A–B, B–C로 나누면 의미를 도출할 수 있다.
② B–C 구간에서 음의 관계이다.
③ A–B 구간에서 기울기가 커지고 B–C구간에서 기울기가 작아진다.
④ A–B–C 구간은 산포도가 크다.

해설

A–B의 구간은 음의 관계를 갖고 있고, B–C 구간은 양의 관계를 갖고 있다. 따라서 각각의 구간으로 나누어 분석하면 의미를 도출할 수 있다.

35 산포도에 대한 설명으로 옳지 않은 것은?

① 사분위수 범위는 제3분위수에서 제1분위수를 뺀 부분까지이다.
② 왜도는 분포의 기울어진 정도를 설명한 통계량이다.
③ 첨도는 그래프 양쪽의 뾰족한 정도를 뜻한다.
④ 변동계수의 값이 작으면 상대적인 차이가 작고, 클수록 상대적인 차이가 크다는 것을 의미한다.

해설

첨도는 확률분포의 양쪽의 꼬리가 두꺼운 정도를 나타내는 척도이다. 첨도값이 3보다 크면 정규분포보다 꼬리가 두꺼운 분포로 판단할 수 있다.

31 ④ 32 ④ 33 ④ 34 ① 35 ③ 정답

36 다음 중 기술통계에서 사용하는 개념으로 옳지 않은 것은?

① 범위는 Min, Max 값만 고려한다.
② 편차의 절댓값이 크면 평균에서 멀리 떨어져 있는 값이고, 작으면 평균에서 가까운 값이다.
③ 일반적으로 표본의 수가 많을수록 표준오차는 작아진다.
④ 사분위수는 Q3−Q1이다.

해설

사분위수 범위는 IQR로 Q3−Q1에 해당한다.

37 다음 중 단위 시간 안의 사건 발생 횟수를 나타낸 분포는?

① 포아송분포　② 기하분포
③ 베르누이분포　④ 정규분포

해설

포아송분포는 단위 시간 안에 어떤 사건이 몇 번 발생할 것인지를 표현하는 이산확률분포이다.

38 다음 설명 중 옳지 않은 것은?

① 표본분산은 표본의 분산을 의미하며, 관측값에서 표본평균을 빼고 제곱한 값을 모두 더한 뒤에 그 값을 n−1로 나눈 값이다.
② 추출한 표본의 n이 충분히 크면(일반적으로 30 이상) 모집단 분포의 모양에 상관없이 추출된 표본들의 평균의 분포는 표준정규분포를 따른다.
③ 표본평균의 분포는 특정한 모집단에서 동일한 크기로 표본을 뽑아서 각각의 표본들의 평균을 계산했을 때, 그 평균들의 확률분포를 의미한다.
④ 모집단을 통해 표본집단을 추론한다.

해설

추론통계는 표본을 추출한 후 표본 집단에서 관측 또는 측정된 값을 통해 모집단의 특성을 추정하는 것을 의미한다.

39 정규분포의 설명이 아닌 것은?

① 왜도가 3, 첨도가 0이다.
② 직선 $x=\mu$에 대하여 대칭인 종 모양의 곡선이다.
③ 곡선과 x축으로 둘러싸인 영역의 넓이는 1이다. (확률의 총합은 100%이다).
④ 곡선의 모양은 표준편차가 일정할 때, 평균이 변하면 대칭축의 위치와 곡선의 모양이 바뀐다.

해설

정규분포는 왜도가 0, 첨도가 3인 연속확률분포이다.

40 다음 값의 평균과 표본분산을 구하면?

2, 4, 6, 8, 10

① 표본분산 : 6, 평균 : 10
② 표본분산 : 6, 평균 : 8
③ 표본분산 : 10, 평균 : 6
④ 표본분산 : 10, 평균 : 8

해설

평균 : (2+4+6+8+10)/5=6

분산 : $\frac{\{(2-6)^2+(4-6)^2+(6-6)^2+(8-6)^2+(10-6)^2\}}{5-1}=10$

41 머신러닝(기계학습)에 대한 설명으로 옳지 않은 것은?

① 머신러닝은 대표적으로 지도학습과 통계분석으로 나눌 수 있다.
② 지도학습은 목적에 따라 분류와 예측으로 나눈다.
③ 비지도학습 유형으로는 군집화, 차원 축소, 연관규칙이 있다.
④ 머신러닝과 통계분석은 결과물에 대한 공식을 도출할 수 있다.

해설

머신러닝은 지도학습, 준비도학습, 비지도학습, 강화학습으로 나눌 수 있다.

정답 36 ④　37 ①　38 ④　39 ①　40 ③　41 ①

42 선형회귀분석의 가정에 대한 설명으로 옳지 않은 것은?

① 오차항은 서로 독립이다.
② 오차항의 정규성 검정 기법으로는 정규성 T-검정 등이 있다.
③ 오차항이 있는 선형관계로 정의한다.
④ 독립변수와 종속변수의 선형성을 만족한다.

해설

일반적으로 정규성 검정에는 샤피로-윌크 검정, 콜모고로프-스미노프 검정 등이 사용된다.

43 회귀분석에 대한 설명으로 옳지 않은 것은?

① 교호작용이 일어나면 회귀식의 형태나 회귀계수에 변화가 있을 수 있다.
② 회귀계수를 추정하기 위해 최소제곱법을 사용한다.
③ 분산팽창계수가 10 이상일 때, 다중공선성이 존재하지 않는다.
④ 회귀계수의 유의성을 판단하기 위해서 t-검정을 수행할 수 있다.

해설

일반적으로 다중공선성을 판단하기 위해 분산팽창계수(VIF)를 사용하는데, VIF가 10 이상이면 다중공선성이 존재한다고 판단할 수 있다.

44 다음 설명 중 옳지 않은 것은?

① 결정계수는 종속변수의 분산 중에서 독립변수로 설명되는 비율을 의미한다.
② 독립변수가 적어지면 결정계수가 작아진다.
③ 회귀계수는 0~1의 범위를 가진다.
④ 결정계수 값이 클수록 회귀 모델의 유용성이 높다고 할 수 있다.

해설

회귀계수는 일반적으로 -∞에서 ∞의 범위를 가진다. 이는 독립변수와 종속변수 간의 관계를 설명하는 기울기를 나타내고 결정계수가 0~1의 범위를 가진다. 결정계수가 1에 가까울수록 회귀모델의 예측력이 높다고 판단할 수 있다.

45 다음 다중회귀분석 결과에 대해 올바르게 해석한 것을 보기에서 모두 고르면?

$$\hat{y} = \widehat{\beta_0} + \widehat{\beta_1}X_1 + \widehat{\beta_2}X_2 + \widehat{\beta_3}X_3 + \widehat{\beta_4}X_4 + \widehat{\beta_5}X_5 + \widehat{\beta_6}X_6$$

다중회귀분석 결과		종속변수	식당평가지수
결정계수	0.84	조정된 결정계수	0.83
F-statistic	46.27	Prob (F-statistic)	3.83E-12
No. Observations	437	AIC	250
Df Residuals	430	Df Model	6

항목	구성요소	회귀계수	t값	P>|t|
오차항	절편	15.1335	9.061	0
접근성	역과의 거리	7.3904	4.958	0
	주차 가능 여부(Y/N)	-2.8191	-2.12	0.534
응대	준비 속도	12.0122	2.9	0.004
	친절함 (상/중/하)	32.8398	7.813	0
품질	맛(상/중/하)	11.1842	3.1	0.002
	건강 관련 (높음/낮음)	-2.7458	-1.406	0.016

가. 역과의 거리, 주차장 등의 키워드가 포함된 리뷰는 '접근성' 항목과의 연관성이 높다.
나. '응대' 항목의 지수는 식당 평가에 긍정적인 영향을 준다.
다. 모든 항목이 평가지수에 유의미하지는 않다.

① 가, 나　② 나, 다
③ 가, 다　④ 가, 나, 다

정답 42 ② 43 ③ 44 ③ 45 ④

해설

가. 거리, 주차 가능 여부는 접근성 항목의 구성요소이다.

나. 응대 항목의 구성요소는 모두 유의하고 회귀계수 값이 양수값을 가진다. 이는 해당 구성요소의 지수 값이 높아질수록 식당 평가 지수도 높아진다는 의미이므로 식당 평가에 긍정적인 영향을 준다고 할 수 있다.

다. 접근성의 주차 가능 여부의 P-value가 0.05보다 커서 유의미하지 않다.

46 괄호 안에 공통적으로 들어갈 알맞은 단어를 고르면?

> 다중공선성은 회귀분석에서 독립변수들 간에 높은 상관관계가 있는 경우 발생하는 현상으로, 독립변수들 간의 강한 선형 관계로 인해 회귀계수의 추정이 불안정해지는 문제이다. 다중공선성을 평가하기 위해 주로 사용되는 지표 중 하나가 (　　)이다. (　　)은/는 각 독립변수의 설명력을 평가하는 지표로, 해당 독립변수를 다른 독립변수들로 선형회귀하여 얻은 결정계수의 증가 정도를 나타낸다.

① Student　② Mallow's Cp

③ VIF　④ Cook's Distance

해설

VIF(Variance Inflation Factor)는 다중공선성을 평가하는 통계적 지표로 다중공선성은 회귀분석에서 독립 변수들 간에 강한 선형 관계가 있는 경우 발생하는 문제로, 이로 인해 회귀계수의 추정이 불안정해지거나 해석이 어려워질 수 있다. 일반적으로 VIF가 10 이상이면 다중공선성의 문제가 발생한다고 판단할 수 있다.

47 다음 조건에 대한 값을 구하면?

> 흡연자 100명 중 폐암 10명, 비흡연자 100명 중 폐암 2명 발생할 때, 흡연 여부에 대한 오즈비

① 약 3.21　② 약 4.32

③ 약 5.45　④ 약 6.78

해설

- 오즈비(Odds Ratio)는 범주형 변수 간의 관계를 나타내는 지표로, 특히 2x2 분할표에서 자주 사용된다.
- 흡연자의 폐암 발생 비율 : 10/90=0.1111
- 비흡연자의 폐암 발생 비율 : 2/98=0.0204
- 오즈비(OR) : 0.1111/0.0204=5.446

48 다음 회귀분석 모델 평가에 대한 절차로 옳은 것은?

① 독립변수 검정→회귀모델 유의성 검정→회귀계수 추정→예측력 평가

② 회귀계수 추정→예측력 평가→회귀모델 유의성 검정→독립변수 검정

③ 회귀계수 추정→독립변수 검정→예측력 평가→회귀모델 유의성 검정

④ 독립변수 검정→회귀계수 추정→회귀모델 유의성 검정→예측력 평가

해설

회귀분석은 변수 선정 후 변수 검정, 최소제곱법을 이용한 회귀계수 추정, 모델 유의성 검정, 예측력 평가의 순으로 수행한다.

49 다음 수식에 대한 설명으로 옳은 것은?

$$\log(P(Y=1|X)/(1-P(Y=1|X))) = b_0+b_1X$$

① Logit 변환에 대한 수식이다.

② 지수 변환에 대한 수식이다.

③ 회귀분석과는 무관하다.

④ X가 1단위 증가하면 e^y만큼 증가한다.

해설

로짓변환에 관한 설명이다. 로지스틱 회귀에서 사용되는 변환 방법 중 하나로, 로지스틱 함수의 결과를 선형 관계로 표현하기 위해 사용된다.

정답 46 ③　47 ③　48 ④　49 ①

50 **의사결정나무에 대한 설명으로 옳지 않은 것은?**

① 주요 알고리즘으로 CART와 C4.5가 있다.
② 분리기준으로 정보이득, 지니계수, 엔트로피를 사용한다.
③ 알파컷을 사용하여 과대적합을 방지할 수도 있다.
④ 알파컷이 작을수록 나무의 깊이도 얕아진다.

해설

알파컷은 의사결정나무에서 가지를 성장시킬지 말지를 결정하는 임곗값으로 사용한다. 알파컷을 작게 설정하면 가지가 자라기 쉽다. 따라서 나무의 깊이가 깊어진다. 반대로 알파컷을 크게 설정하면 가지가 성장하지 않아 나무의 깊이가 얕아진다.

51 **의사결정나무에서 D에 들어가는 노드는 무엇인가?**

데이터 집합 : {(x=17, Student), (x=21, worker), (x=40, student), (x=32, worker)}

의사결정나무

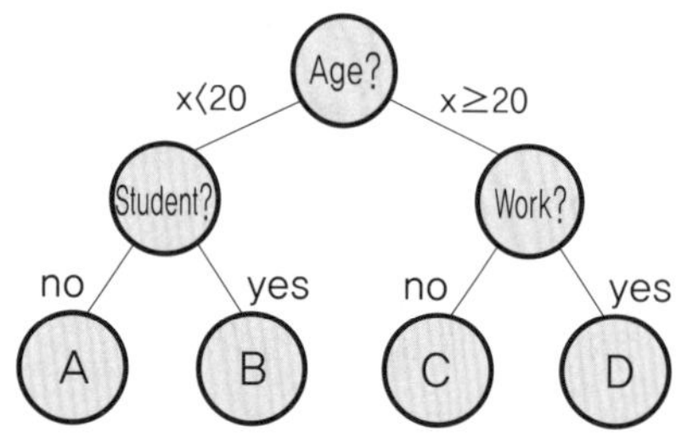

① X=17, student ② X=19, worker
③ X=40, student ④ X=32, worker

해설

각 가지를 따라 내려가면 D에 들어갈 데이터는, x는 20 이상에 work가 yes인 데이터이다.

52 **다음 중 학습률에 대한 설명으로 옳은 것은?**

① 손실 함수가 크면 가중치를 조금만 수정하면 된다.
② 반복작업을 통해 조금씩 최적화하며 학습률을 수정하면서 진행한다.
③ 학습률이 매우 클 경우 학습시간은 오래 걸리나, 증감이 작아서 최소 손실 점수를 찾기 쉽다.
④ 학습률에 배치 크기와 반복횟수는 무관하며 고려하지 않는다.

해설

- 학습률은 머신러닝 및 딥러닝에서 모델의 가중치를 업데이트할 때, 손실 함수를 기반으로 얼마나 큰 스텝(조정량)으로 이동할지를 결정하는 하이퍼파라미터다.
- 학습률을 수정하며 조금씩 최적화를 진행하는 것은 경사하강법(Gradient Descent)과 같은 최적화 알고리즘에서 일반적인 접근이며, 학습률이 크면 수렴이 빠르지만, overshooting으로 인해 최적점을 지나치기 쉽고, 작으면 수렴이 느려질 수 있다.
- 학습률에 대한 조정은 반복적으로 모델이 학습하면서 진행되며, 일정 주기(에포크)마다 학습률을 갱신하는 방법도 있다.

53 **인공신경망 학습 시 과적합 방지 방법으로 적절하지 않은 것은?**

① 입력 노드 수를 줄인다.
② 드롭아웃을 실행한다.
③ 규제를 진행한다.
④ 학습 데이터에 대해서만 평가를 진행한다.

해설

모델의 일반화 능력을 평가하기 위해서는 학습 데이터 이외의 새로운 데이터에 대해서도 모델을 평가해야 한다. 학습 데이터에 대해서만 평가하면 모델이 학습 데이터에만 과적합될 수 있다.

50 ④ 51 ④ 52 ② 53 ④ 정답

54 원 핫 인코딩에 대항 설명으로 옳지 않은 것은?

① 서로 다른 단어의 내적은 0이다.
② 각 값이 독립적인 벡터로 표현된다.
③ 범주형 데이터를 수치형으로 변환하는 기법이다.
④ 벡터의 차원을 줄일 수 있어 차원 축소에 활용한다.

해설

벡터의 차원이 늘어나는 특성을 가질 수 있으며, 범주형 변수의 고유한 값의 개수에 비례하여 증가한다.

55 다음 중 군집 수 k를 직접 설명하지 않아도 되는 모델은?

① K-MEDIAN
② MIXTURE MODEL
③ K-MEANS
④ ENSEMBLE MODEL

해설

앙상블은 모델을 여러 개 결합하여 더 강력한 예측 모델을 형성하는 방법이며, 군집과는 무관한 모델이다.

56 주성분 분석에 대한 설명으로 옳지 않은 것은?

① 주어진 데이터의 분산을 최대화하는 방향으로 새로운 좌표축을 찾아내고, 이를 통해 데이터를 저차원 공간으로 투영한다.
② 공분산 행렬의 고유벡터는 데이터가 어떤 방향으로 분산되었는지를 나타낸다.
③ 고윳값을 계산하기 위해 공분산 행렬을 계산한다.
④ 다수의 n차원 데이터에 대해 데이터 중심으로부터 데이터의 응집력이 적은 n개의 직교 방향을 분석하는 방법이다.

해설

응집력이 적은 n개의 직교 방향이 아닌 응집력이 높은 n개의 직교 방향을 분석한다.

57 범주형 종속변수 예측 모델이 아닌 것은?

① 의사결정나무
② 다중 로지스틱 회귀분석
③ 선형 회귀
④ 다층 퍼셉트론

해설

선형 회귀는 연속형 종속변수를 예측하는 데 사용된다.

58 괄호 안에 공통적으로 들어갈 단어로 적절한 것은?

> (　　　)은/는 시계열 데이터에서 특정 시차(lag)에 대한 데이터 값들의 상관관계를 분석하기 위해 사용되는 함수이다. 시계열 데이터는 시간에 따라 관측된 데이터 포인트들로 이루어져 있다. (　　　)은/는 이러한 데이터의 시차에 따른 상관관계를 나타내는 지표를 계산한다.

① 자기상관성 함수　② 시계열 분해
③ 실루엣 계수　④ 회귀계수

해설

자기상관성 함수(ACF; Autocorrelation Function)는 시계열 데이터에서 동일한 시계열의 서로 다른 시간 지점 간의 관계를 나타내는 함수이다. 자기상관성 함수는 특정 시간 지점 간의 상관관계를 측정하여 시계열 데이터의 패턴과 주기를 파악하는 데 사용된다.

59 다음 중 성격이 다른 모델을 하나 고르면?

① RNN　② LSTM
③ GRU　④ CNN

해설

- RNN(Recurrent Neural Network) : 순환 신경망으로, 시퀀스 데이터에 적합한 모델이다. 과거의 정보를 기억하여 현재의 입력에 대한 출력을 생성하는 데 사용되지만, 긴 시퀀스에서 장기 의존성을 잘 처리하지 못하는 단점이 있다.

정답 54 ④　55 ④　56 ④　57 ③　58 ①　59 ④

- LSTM(Long Short-Term Memory) : RNN의 한 종류로, 장기 의존성 문제를 해결하기 위해 고안되었으며 기본 RNN보다 긴 시퀀스에서 뛰어난 성능을 보이며, 메모리 셀을 통해 정보를 오랫동안 기억할 수 있다.
- GRU(Gated Recurrent Unit) : 또 다른 RNN의 변형으로, LSTM과 유사한 목적을 가지고 있으며 LSTM보다 간단하고 계산 비용이 적게 든다. 장기 의존성을 갖는 데이터에서 LSTM과 유사한 효과를 보인다.
- CNN(Convolutional Neural Network) : 주로 이미지 데이터와 같은 격자 형태의 데이터에서 효과적인 딥러닝 모델이다. 합성곱층과 풀링층을 사용하여 지역적인 특징을 추출하고, 이를 통해 전역적인 패턴을 파악한다. 일반적으로 이미지 분류에 많이 사용되지만, 텍스트 및 시계열 데이터에서도 사용 가능하다.

60 다음 보기 중 옳지 않은 것을 모두 고르면?

A. 시계열은 종단면 데이터로 여러 대상에 대해 시간에 따라 측정한 데이터를 표시한다.
B. 시계열 분해를 통해 데이터에서 추세를 분해하지 못한다.
C. 백색잡음은 규칙을 가진 잡음을 나타낸다.
D. 정상성의 조건으로 모든 시점에 대해 일정한 평균을 가진다.
E. AR은 과거로부터 현재까지의 시계열 자료를 대상으로 일정 기간별 이동평균을 계산하고, 이들의 추세를 파악하여 다음 기간을 예측하는 방법이다.

① A, B ② B, C
③ B, C, E ④ B, C, D, E

해설

B. 시계열 분해를 통해 추세와 주기성, 잔차의 구성요소로 분해가 가능하다.
C. 백색잡음은 완전 무작위한 잡음을 나타낸다.
E. 자기상관법이 아닌 이동평균법에 대한 설명이다.

61 로지스틱 회귀분석에서 관심범주(Positive)의 확률 추정값 P는 다음과 같이 나타낼 수 있다. 이에 대한 설명으로 옳은 것은?

관심범주 : P(성공 k개의 독립변수)$\geq c, 0 \leq c \leq 1$

① c=0이면, 민감도와 특이도의 차이는 1이다.
② c=0.5이면, 민감도와 특이도의 차이는 1이다.
③ c=0이면, 민감도와 정밀도 차이는 1이다.
④ c=0.5이면, 민감도와 정밀도 차이는 0이다.

해설

로지스틱 회귀분석에서 관심범주의 확률 추정값 P는 일반적으로 이진 분류에서 사용된다. P(성공 k개의 독립변수)≥c라는 표현은 분류 임곗값을 나타내며, 이 임곗값을 조절하면 민감도, 특이도, 정밀도 등의 평가 지표가 변할 수 있다. 임곗값이 0이 되면 모든 예측이 관심범주로 분류되므로 민감도는 1이 되고, 특이도는 0이 되어 차이는 1이 된다.

62 혼동행렬에 대한 설명으로 옳지 않은 것은?

① 정확도의 산식은 $\frac{TP+TN}{TP+TN+FP+FN}$이다.
② 정밀도의 산식은 $\frac{TP}{TP+FP}$이다.
③ F1 스코어는 정밀도와 재현율의 기하평균이다.
④ 재현율의 산식은 $\frac{TP}{TP+FP}$이다.

해설

F1-Score는 정밀도와 재현율의 조화평균이다.

60 ③ 61 ① 62 ③ 정답

63 변수 10,000개 중 1,000개를 선별한 후 상관관계 분석으로 검증하고자 한다. 모델 테스트 방법으로 옳은 것은?

① 무작위로 변수 선택을 진행한 후 상관관계 분석으로 종속변수와의 관계를 검정한다.
② 변수를 선택하고 상관관계 분석하고 검정한 후 데이터를 분할한다.
③ 데이터를 분할하고 상관관계 분석한 후 변수를 선택한다.
④ 모델의 예측 능력을 상관관계 분석으로 확인 후 데이터를 분할한다.

해설

상관관계 분석으로 독립변수와 종속변수 간 선형관계가 존재하는지 알 수 있다.

64 케이폴드 교차검증에 대한 설명으로 옳지 않은 것은?

① 데이터셋을 k개로 분할한다.
② k−1개의 검증 데이터를 확보할 수 있다.
③ 학습 데이터와 검증 데이터를 서로 다르게 지정하여 k번 반복한다.
④ 최종 성능은 k번 각각의 성능에 대한 평균을 사용한다.

해설

k-fold 교차검증 시 k개의 분할 데이터는 각각 한 번씩 검증 데이터로 사용된다.

65 보기에서 설명하는 것은 무엇인가?

두 명의 데이터 분석가 A와 B가 있다. A와 B는 각자의 방식으로 데이터를 분석하기로 했으며, 분석 시 10개의 파라미터를 동일하게 설정하기로 결정했다.

① LOOCV
② 5fold−CV
③ Bootstrap
④ Stratified K−fold CV

해설

보기의 설명은 부트스트랩에 관한 설명이다. 부트스트랩은 한 데이터셋에서 여러 개의 샘플을 샘플링한 후 각각 모델을 만드는 방식이다.

66 보기 중 콜모고로프−스미르노프(K−S) 통계량에 대한 설명으로 옳은 것을 모두 고르면?

가. 서로 다른 두 개의 집단이 동일한 분포를 이루고 있는지를 검증하는 지표 나. 비교하는 두 개 집단의 누적분포 간 최대 거리 다. 누적분포 함수와 경험적 누적분포 함수를 사용

① 가 ② 가, 나
③ 나, 다 ④ 가, 나, 다

해설

모두 옳은 설명이다. 콜모고로프−스미르노프 통계량은 두 표본 분포 간의 차이를 측정하는 비모수적인 통계적 검정 방법 중 하나로, 주어진 두 표본이 동일한 분포를 따르는지 여부를 검증하는 데 사용된다.

67 다음 중 적합도 검정에 대한 설명으로 옳지 않은 것은?

① 연속형 데이터의 경우 정규분포를 가정해야만 적합도 검정을 할 수 있다.
② 데이터가 특정 이론적 분포와 일치하는지를 검정하는 방법이다.
③ 정규분포를 가정 시 정규성 검정을 가장 많이 활용하고 있다.
④ 범주형 데이터의 경우 카이제곱 검정을 이용해 적합도를 판단할 수 있다.

해설

정규분포를 가정하지 않더라도 콜모고로프−스미르노프 검정을 통해 주어진 데이터와 가정하는 분포가 일치하는지 검정할 수 있다.

정답 63 ① 64 ② 65 ③ 66 ④ 67 ①

68 데이터 분할에 대한 설명으로 옳지 않은 것은?

① 평가 데이터로 모델 간 성능을 비교한다.
② 학습 데이터로 학습한다.
③ 데이터셋을 학습, 검증, 평가 데이터로 나누는 것이 적합하다.
④ 학습 데이터보다 검증 데이터에서 성능이 좋은 하이퍼파라미터를 선정한다.

해설

데이터 분할 과정에서 학습 데이터를 사용하여 모델을 학습하고, 검증 데이터를 사용하여 모델의 성능을 평가하며, 최종적으로 평가 데이터를 사용하여 모델의 일반화 성능을 평가한다. 이 과정에서는 검증 데이터를 사용하여 모델의 성능을 평가하고, 성능이 좋은 하이퍼파라미터를 찾는데 사용한다. 검증 데이터를 사용하여 하이퍼파라미터를 조정하고, 최종적으로 평가 데이터를 사용하여 모델의 성능을 최종 평가한다.

69 다음 중 하이퍼파라미터에 대한 설명으로 옳지 않은 것은?

① 파라미터와 하이퍼파라미터는 학습 전에 정한다.
② 하이퍼파라미터는 학습 과정 자체를 제어한다.
③ 하이퍼파라미터는 사람이 직접 입력값을 설정해줘야 한다.
④ 서로 다른 하이퍼파라미터 값은 모델 정확도 혹은 수렴률에 영향을 미칠 수 있다.

해설

하이퍼파라미터는 학습 전 분석가가 지정하는 값이지만, 파라미터는 학습의 결과로 결정되는 값이다.

70 다음 중 파라미터 최적화 기법이 아닌 것은?

① RMSProp
② Adadelta
③ Nadam
④ Bayesian Optimization

해설

Bayesian Optimization은 Grid Search, Random Search와 같은 하이퍼파라미터 탐색 방법이다.

71 하이퍼파라미터 최적화 기법에 대한 설명으로 옳지 않은 것은?

① 수동 탐색은 사용자가 사전 지식을 가지고 있다.
② 무작위 탐색은 다양한 조합들을 시험해 예상치 못한 결과를 얻을 수 있다.
③ 베이지안 최적화는 새로운 하이퍼파라미터 값에 대한 조사를 수행할 때에 사전지식을 충분히 반영한다.
④ 원래 분석가의 경험에 따라 값을 조절하는 게 최적이지만, 자동화를 위해 격자 탐색을 수행한다.

해설

분석가의 경험보다는 격자 탐색을 통해 넓은 범위의 다양한 하이퍼파라미터 조합을 테스트해 보며 최적값을 찾아갈 수 있다.

72 랜덤포레스트 기법에 대한 설명으로 옳지 않은 것은?

① 각각의 트리는 과적합 가능성이 있다.
② 최종 결과는 다수의 결정 트리의 결과로부터 도출된다.
③ 여러 개의 결정나무에 배깅을 사용한다.
④ 전체 데이터셋으로 학습한다.

해설

랜덤포레스트 모델은 부트스트랩 샘플로 학습한다. 전체 데이터 셋 중 한번도 학습에 사용되지 않은 데이터도 존재하며, 이를 이용해 구한 검증 오차를 OOB(Out of Bag) Error라고 한다.

68 ④ 69 ① 70 ④ 71 ④ 72 ④ 

73 부스팅에 대한 설명으로 옳지 않은 것은?

① 약학습기로 만든다.
② 병렬로 학습한다.
③ 오답에 대한 가중값을 부여한다.
④ 보팅과 함께 앙상블 학습 유형으로 사용된다.

해설

부스팅은 여러 개의 약학습기를 순차, 직렬로 학습하는 방법이다.

74 데이터에 대한 비즈니스 효과에 대한 설명으로 옳지 않은 것은?

① 비즈니스 기여도는 데이터 분석 결과를 활용하여 사업 수행 혹은 과제 수행 등을 통해 얻게 되는 긍정적인 영향도를 의미한다.
② 비즈니스 기여도는 ROI, NPV 등의 평가 지표로 평가할 수 있다.
③ 경영 변화에 따라 비즈니스 효과 지표는 유연하게 변화한다.
④ 데이터의 가치는 투자 요소, 속도와 규모는 비즈니스 효과를 나타낸다.

해설

데이터의 규모, 다양성, 속도는 투자 요소를 나타내고, 가치는 비즈니스 효과를 나타낸다.

75 시간 시각화에 대한 설명으로 옳지 않은 것은?

① 산점도는 시계열 데이터를 표현하는 데 적합하지 않다.
② 영역차트는 선 그래프와 그래프 축 사이에 면적으로 데이터를 표시한 그래프이다.
③ 막대 그래프는 범주의 수가 7개 이하일 때 주로 사용된다.
④ 꺾은선 그래프는 점 그래프를 선으로 이은 것이다.

해설

산점도는 x축에 연, 월, 일, 시간 등의 변수를 두고 y축에 관심 대상인 변수를 두어 그 값의 분포, 변화를 확인할 수 있다.

76 다음 중 x축(가로축)과 y축(세로축) 각각에 두 변수 값의 순서쌍을 점으로 표현해 두 변수의 관계를 나타낸 그래프는?

① 산점도 ② 버블차트
③ 히스토그램 ④ 플로팅바차트

해설

산점도에 대한 설명이다.

77 비교 시각화 유형에 대한 설명으로 옳지 않은 것은?

① 평행좌표그래프는 각 행을 변수별로 선을 매핑시켜 나타낸다.
② 히트맵은 색상을 부여하는 방법이다.
③ 체르노프 페이스는 데이터 값을 얼굴 형태로 표현한 방법이다.
④ 스타차트는 수치를 별의 개수로 표현하는 시각화 유형이다.

해설

스타차트는 방사형 차트라고도 불리며, 중앙에서 바깥으로 여러 개의 축을 그리고 각 축마다 변수 값들을 나타내는 그래프이다.

78 다음 인포그래픽 유형 중 경쟁 관계의 두 브랜드를 비교하기에 적합한 유형으로 가장 알맞은 것은?

① 도표형 ② 스토리텔링형
③ 비교분석형 ④ 타임라인형

해설

비교분석형은 두 개 이상의 대상을 비교 분석하기에 좋은 유형이다.

정답 73 ② 74 ④ 75 ① 76 ① 77 ④ 78 ③

79 다음 중 인포그래픽에 대한 설명으로 옳지 않은 것은?

① 일부 인포그래픽은 확인할 때 전문 소프트웨어가 필요할 수 있다.

② 정보와 그래픽의 합성어이다.

③ 그림 전체적으로 의미하는 바가 있어, 부분 전달이나 일부를 잘라서 적용할 경우 오해가 있을 수 있다.

④ 인포그래픽은 소프트웨어를 설치해야만 제작할 수 있다.

해설

인포그래픽은 전문 소프트웨어가 없어도 제작할 수 있다.

80 다음 인포그래픽 유형 중 연도나 시간의 흐름에 따라 정보를 나열하기에 적합한 유형으로 가장 알맞은 것은?

① 도표형 ② 스토리텔링형

③ 비교분석형 ④ 타임라인형

해설

어떤 주제에 대해 관련 역사나 전개 양상 등을 시간 순서로 나타낸 것으로 좋은 것은 타임라인형에 해당한다.

79 ④ 80 ④ 정답

2023년 7회 기출복원문제

01 다음 중 하둡 분산 파일 시스템의 설명으로 옳은 것은?

① 마스터, 픽터, 슬레이브 구조로 되어 있다.
② 데이터 노드가 마스터 역할을 한다.
③ 네임 노드 오류 발생 시 데이터 읽기 쓰기가 불가능하다.
④ 데이터를 블록으로 나누어 중복 저장하기 때문에 비용이 비싸다.

해설

네임 노드가 오류를 발생하면 HDFS에서는 데이터를 읽거나 쓸 수 없게 된다. 네임 노드는 메타데이터를 관리하므로 네임 노드의 장애는 전체 시스템의 장애로 이어질 수 있다.

02 다음 중 CRISP-DM 방법론의 순서로 옳은 것은?

① 업무 이해→데이터 이해→데이터 준비→평가→모델링→전개
② 업무 이해→데이터 준비→데이터 이해→모델링→평가→전개
③ 업무 이해→데이터 준비→데이터 이해→평가→모델링→전개
④ 업무 이해→데이터 이해→데이터 준비→모델링→평가→전개

해설

CRISP-DM은 Cross-Industry Standard Process for Data Mining의 약어로, 데이터 마이닝 프로젝트를 위한 표준적인 프로세스 모델을 제공하는 방법론이다. '업무 이해→데이터 이해→데이터 준비→모델링→평가→전개'의 순으로 진행된다.

03 다음 중 수집된 정형 데이터의 품질 검증과 관련된 내용으로 옳지 않은 것은?

① 완전성, 유일성, 유효성 등의 품질 기준을 정의하여 검증한다.
② 업무규칙을 이용한 품질 검증은 비즈니스 특성만 알 수 있고, 데이터 오류는 검증하지 못한다.
③ 데이터 프로파일링은 데이터의 값뿐만 아니라 데이터의 구조 진단도 수행한다.
④ 저장된 데이터의 메타데이터 분석으로 품질 검증이 가능하다.

해설

데이터 프로파일링은 주로 데이터 값에 대한 분석을 수행하며, 데이터의 통계적 특성, 패턴, 분포 등을 이해하기 위한 작업이다. 구조적인 측면에서는 데이터의 논리적인 구조, 스키마, 키 등을 다루지만, 구조적인 오류 자체를 진단하는 것은 아니다.

04 빅데이터 분석 기획에서 하지 않는 것은?

① 비즈니스 이해 및 범위 설정
② 프로젝트 정의 및 계획 수립
③ 프로젝트 위험 계획 수립
④ 분석 데이터 준비 및 알고리즘 후보군 탐색

해설

빅데이터 분석 방법론의 분석 기획 단계에서는 비즈니스 이해 및 범위 설정, 프로젝트 정의 및 계획 수립, 프로젝트 위험 계획 수립을 진행한다.

정답 01 ① 02 ④ 03 ③ 04 ④

05 다음 중 비정형 데이터가 아닌 것은?

① 스마트폰 판매 가격 데이터
② 스트리밍 음악 데이터
③ SNS 업로드 사진
④ 숏폼 영상

해설

판매 데이터는 일반적으로 정형 데이터에 해당한다.

06 다음 중 계량적 수치로 표현 가능한 데이터가 아닌 것은?

① 한 달간의 기온 예보
② 국민의 정책 만족도
③ 통학시간
④ 개인의 견해

해설

개인의 견해 자체를 정량적으로 가공할 수 없다.

07 분석 기획 단계에서 분석 과제의 우선순위를 정할 때 고려할 요소가 아닌 것은?

① 전략적 중요도
② 비즈니스 성과
③ 분석 데이터 적용 수준
④ 실행 용이성

해설

분석 마스터 플랜을 수립할 때는 전략적 중요도, 비즈니스 성과, 실행 용이성을 고려하여 우선순위를 정한다. 우선순위가 설정되면 업무 내재화 적용 수준, 분석 데이터 적용 수준, 기술 적용 수준을 고려하여 적용 범위 및 방식을 정한 뒤 분석 로드맵을 수립한다.

08 데이터 품질 요소 중 누락 여부를 검증하는 요소는 무엇인가?

① 정확성 ② 완전성
③ 정합성 ④ 적시성

해설

데이터의 필수 항목에 누락이 없는 특성을 완전성이라고 한다.

09 다음 중 데이터 3법과 관련이 없는 것은?

① 개인정보보호법
② 정보통신망 이용 촉진 및 정보보호 등에 관한 법률
③ 신용정보의 이용 및 보호에 관한 법률
④ 공공 데이터 제공 및 이용 활성화에 관한 법률

해설

데이터 3법은 개인정보보호법, 정보통신망법, 신용정보법이다.

10 기업의 분석 수준을 진단하기 위한 항목으로 적절하지 않은 것은?

① 분석에 활용하는 데이터 종류
② 분석 플랫폼 IT 인프라
③ 기업 내 분석 조직의 규모
④ 분석 과제의 수, 분석 결과 업무 적용 건수

해설

기업의 분석 수준을 진단할 때는 분석 업무, 분석 데이터, 분석 기법 등의 분석 능력과 분석 조직, 분석 인프라, 분석 문화 등으로 이루어진 분석 준비도를 검증한다.

11 데이터 사이언티스트에게 요구되는 소프트 스킬에 해당하는 것은?

① 통찰력 ② 빅데이터 지식
③ 분석 알고리즘 ④ 통계 이론

해설

소프트 스킬은 통찰력, 커뮤니케이션 능력, 비즈니스 이해도, 스토리텔링 등이 있다.

12 다음 중 데이터의 특성 3V에 해당하는 것은 무엇인가?

① 규모, 다양성, 속도
② 규모, 다양성, 가치
③ 다양성, 속도, 신뢰성
④ 규모, 속도, 가치

05 ① 06 ④ 07 ③ 08 ② 09 ④ 10 ③ 11 ① 12 ① 정답

해설

빅데이터 특성 3V는 Volume(규모), Velocity(속도), Variety(다양성)이다.

13 데이터 사이언티스트의 역할로 적절하지 않은 것은?

① 분석 모델에 대한 한계점은 배제하고 분석 과제를 진행한다.
② IT 기술 방법론과 알고리즘 등을 통해 데이터로부터 지식과 인사이트를 추출한다.
③ 데이터 처리 기술 이외에 커뮤니케이션과 프레젠테이션 등의 스킬이 요구된다.
④ 고객 내면에 있는 비즈니스 핵심 가치를 끌어내어 분석 결과를 업무에 적용시키는 컨설팅 능력이 필요하다.

해설

데이터 사이언티스트는 분석 모델의 한계점을 잘 파악하여 최적의 성능(모델 정확성, 투자 비용, 모델 성능 등)을 구현할 수 있도록 해야 한다.

14 데이터가 처리되는 과정에서 변경되거나 손상되지 않고, 유지함을 보장하는 특성은?

① 완전성　② 정확성
③ 일관성　④ 무결성

해설

데이터 무결성은 데이터의 생성에서 폐기까지 전 생애주기 동안 데이터가 완전하고, 일관되고, 정확한지를 나타내는 품질지표이다.

15 데이터의 일부를 공백 처리하거나 노이즈를 추가하는 비식별화 기술로 알맞은 것은?

① 가명처리　② 데이터 삭제
③ 데이터 범주화　④ 데이터 마스킹

해설

데이터 마스킹은 전체 또는 부분을 대체 값으로 변환하는 기법으로 임의 잡음 추가, 공백, 대체 방법이 있다.

16 아래 설명과 다른 유형의 데이터는 무엇인가?

- 어느 정도 정해진 구조가 있으나 변경될 수 있다.
- 데이터 구조를 메타와 스키마로 제공한다.
- 데이터로부터 구조를 유추할 수도 있다.

① HTML　② JSON
③ RDB　④ 로그 데이터

해설

RDB는 대표적인 정형 데이터로 나머지는 반정형 데이터에 해당된다.

17 개인정보 비식별화 기술로 수치적 개인정보를 임의적으로 올림/내림 하는 것은?

① 랜덤 라운딩　② 제어 라운딩
③ 범위화　④ 부분합

해설

랜덤 라운딩은 수치 데이터의 값을 임의적으로 올림/내림 처리하는 기술이다.

18 빅데이터 플랫폼에 대한 설명으로 옳지 않은 것은?

① 소프트웨어 계층에는 머신러닝을 수행할 수 있는 도구와 라이브러리가 포함된다.
② 인프라 스트럭처 계층에서는 데이터 처리, 분석, 수집 및 정제를 수행한다.
③ 플랫폼 계층의 소프트웨어로 Hadoop, Spark, NoSQL 등이 있다.
④ 빅데이터 플랫폼은 클라우드 기반 서비스뿐만 아니라 온 프레미스 환경도 포함된다.

해설

데이터의 수집, 저장, 처리, 분석이 수행되는 계층은 플랫폼 계층이다.

정답 13 ①　14 ④　15 ④　16 ③　17 ①　18 ②

19 다음 특징에 해당하는 데이터베이스는 무엇인가?

> – 오토 샤딩(Auto shading)을 사용한다.
> – 처리속도가 빠르며 문서 지향 NoSQL이다.

① Cassandra ② CouchDB
③ DynamoDB ④ MongoDB

해설

지문에서 설명하는 데이터베이스는 MongoDB이다. 샤딩은 같은 테이블 스키마를 가진 데이터를 다수의 데이터베이스에 분산하여 저장하는 방법을 의미한다.

20 다음 데이터 분석가의 특징 중 옳지 않은 것은?

① 데이터 분석의 객관성을 위해 배경 지식을 배제해야 한다.
② 주어진 질문에 대한 답만 잘하는 것이 아니라 그 답을 통해 무엇을 해야 하는지 해석하고 도출해야 한다.
③ 알고리즘 적용을 위한 기술보다 데이터가 가진 특성을 탐구하고 데이터의 관계성을 고민하는 데 많은 노력을 기울여야 한다.
④ 단순히 주어진 데이터뿐만 아니라 데이터를 이해하고 이를 기반으로 새로운 데이터를 가공하여 분석에 활용할 수 있어야 한다.

해설

데이터 분석가는 다양한 도메인 지식과 배경 지식을 통해 분석 결과를 비즈니스와 접목하여 활용할 수 있어야 한다.

21 다음 중 중심 경향값을 나타내는 통계량이 아닌 것은 무엇인가?

① 최빈값 ② 평균
③ 중앙값 ④ 표준편차

해설

표준편차는 산포도를 나타내는 통계량이다.

22 데이터의 분포가 정규분포로부터 오른쪽 또는 왼쪽으로 치우친 정도를 보여주는 통계량은 무엇인가?

① 왜도 ② 평균
③ 표준편차 ④ 첨도

해설

왜도는 데이터의 분포가 정규분포로부터 오른쪽 또는 왼쪽으로 치우친 정도를 보여주는 값이다. 첨도는 데이터 분포가 정규분포 곡선으로부터 위 또는 아래쪽으로 뾰족한 정도를 보여주는 값이다.

23 데이터 전처리에 대한 설명으로 올바르지 않은 것은?

① 데이터 전처리 작업은 반드시 레거시 시스템에서 전처리를 진행해야 한다.
② 데이터 전처리는 분석 결과에 따라 반복적으로 수행될 수 있다.
③ 데이터 전처리 과정에서 발생한 오류는 데이터 분석의 신뢰성에 부정적인 영향을 미친다.
④ 데이터 분석가의 대부분이 가장 시간을 많이 소모하는 과정이다.

해설

데이터 전처리 작업을 무조건 레거시 시스템에서 진행할 필요는 없으며 분석 환경에 따라 유연하게 대응할 필요가 있다. 업무 처리용으로 운영하고 있는 레거시 시스템의 성능 저하 및 부하 발생 등의 문제를 야기할 수도 있다.

24 다음 중 파생변수를 생성하는 방법으로 옳지 않은 것은?

① 주민등록번호에서 나이와 성별을 추출
② 성적이 60점 미만이면 D, 60~70점이면 C로 성적을 계산
③ 소득 분포를 로그 변환을 통해 계산
④ 데이터 컬럼의 이름을 한글에서 영어로 변경

19 ④ 20 ① 21 ④ 22 ① 23 ① 24 ④ 정답

해설

파생변수는 기존 변수에 특정 함수 또는 조건을 활용하여 새롭게 재정의한 변수를 의미한다. 데이터 컬럼의 이름을 영어로 변경하는 것은 해당하지 않는다.

25 다음 중 명목형 데이터를 요약할 때 사용하는 그래프가 아닌 것은?

① 파레토 차트 ② 막대 그래프
③ 히스토그램 ④ 파이 차트

해설

히스토그램은 연속형 데이터를 요약할 때 사용한다.

26 다음 중 이산형 확률변수의 확률분포에 해당하는 것은 무엇인가?

① 정규분포 ② t–분포
③ 이항분포 ④ F–분포

해설

이산확률분포는 이산확률변수 X가 가지는 확률분포로 확률변수 X가 0, 1, 2, 3, …과 같이 하나씩 셀 수 있는 값을 취한다. 이산확률분포의 종류에는 포아송분포, 베르누이분포, 이항분포 등이 있다.

27 최빈값에 대한 설명으로 올바르지 않은 것은?

① 점 추정에 사용되는 통계량에 해당한다.
② 중심 경향성 통계량에 해당한다.
③ 연속형 자료의 데이터 분포 특성을 정규성 측면에서 파악하기에 적절하다.
④ 데이터 분포의 모양이 왼쪽 꼬리가 긴 분포일 경우에 '평균<중앙값<최반값'의 특징을 갖는다.

해설

연속형 자료는 평균, 분산, 표준편차, 첨도, 왜도 등을 이용하여 데이터 분포 특성을 정규성 측면에서 파악할 수 있다. 최빈값은 범주형 자료에 해당한다.

28 혈액형에 대한 설문조사를 할 때 결측값을 대체하는 방안으로 가장 적절한 것은?

① 결측값을 최빈값으로 대체하여 분석한다.
② 결측값이 있는 경우 해당 변수를 제거하고 분석한다.
③ 결측값을 NA로 표기하고 분석한다.
④ SMOTE 기법을 활용하여 처리한다.

해설

SMOTE 기법은 불균형 데이터 처리 방법 중 하나로 결측값 대신 중심 경향성 통계량을 사용할 수 있고, 데이터를 제거하는 대신 대푯값으로 대체함으로써 결측값 없이 완전한 형태를 지닐 수 있다.

29 다음 중 관측값이 쌍을 이루는 경우의 두 집단에 대한 비모수 검정 방법에 해당하는 것은?

① 독립표본 t–검정
② 대응표본 t–검정
③ 윌콕슨 부호 검정
④ 만–휘트니 U 검정

해설

윌콕슨 부호 검정은 비모수 검정 방법에 해당한다. 관측값이 쌍을 이루는 경우의 두 집단 간의 차이를 확인할 때 활용한다.

30 일변량 분석에서 이상치를 판단하는 방법 중 옳지 않은 것은?

① 평균으로부터 표준편차×3만큼 떨어진 값을 이상값으로 판단한다.
② 히스토그램을 통해 평균값이나 중앙값으로부터 멀리 떨어진 범위를 이상값으로 판단한다.
③ 산포도를 활용해서 패턴에 포함되지 않는 데이터를 이상치로 판단한다.
④ 상자 그림에서는 이상치를 표현할 수 없다.

해설

상자 그림에서 사분위수와 IQR을 활용하여 이상값으로 표시하고 판단할 수 있다.

정답 25 ③ 26 ③ 27 ③ 28 ① 29 ③ 30 ④

31 다음 중 데이터 정제에 대한 설명으로 옳지 않은 것은?

① 중복 데이터를 제거하는 과정을 통해 데이터의 신뢰도를 높일 수 있다.
② 비정형과 반정형 데이터보다는 정형 데이터가 품질 저하 위협에 많이 노출되어 있다.
③ 데이터 오류 원인 분석 후에 데이터를 정제한다.
④ 데이터 품질 저하의 위험이 있는 데이터는 더 많은 정제 활동을 수행한다.

해설

정형 데이터보다는 비정형과 반정형 데이터가 품질 저하 위협에 더 노출되어 있다. 일반적으로 데이터를 처리, 분석하기에 어렵다.

32 다음 그림에 맞는 인코딩 방식은?

Food Name	Categorical #	Calories
Apple	1	95
Chicken	2	231
Broccoli	3	50

Apple	Chicken	Broccoli	Calories
1	0	0	95
0	1	0	231
0	0	1	50

① 원-핫 인코딩
② 레이블 인코딩
③ 정수 인코딩
④ 문자 인코딩

해설

원-핫 인코딩은 단어 집합의 크기를 벡터의 차원으로 하고, 표현하고 싶은 단어의 인덱스에 1의 값을 부여하고, 다른 인덱스에는 0을 부여하는 단어의 벡터 표현 방식이다.

33 다음 중 시공간 데이터에 대한 설명으로 옳지 않은 것은?

① 시공간 데이터는 공간 데이터에 시간의 흐름을 결합한 데이터이다.
② 시공간 데이터는 공간 데이터와 시간 데이터를 따로 추출할 수 있다.
③ 공간 데이터는 다차원 구조이다.
④ 공간 데이터는 시간 데이터를 계산하여 추출할 수 있다.

해설

공간 데이터는 시간 데이터를 계산하여 추출할 수 있다.

34 다음 중 중심극한정리에 대한 설명으로 옳지 않은 것은?

① 표본의 개수가 커지면 모집단의 분포와 상관없이 표본분포는 정규분포에 근사하게 된다.
② 중심극한정리는 모집단의 분포가 연속형 형태일 때만 성립한다.
③ 표본평균이 이루는 표본분포와 모집단 간의 관계를 증명함으로써 수집한 표본의 통계량을 통한 모수 추정이 가능하게 하는 확률적 근거를 마련해준다.
④ 모집단의 분포가 균등분포, 비균등분포, 정규분포 등을 이룰 때 중심극한정리를 적용할 수 있다.

해설

중심극한정리는 표본의 크기가 클수록 정규분포에 근사하게 된다는 이론이다.

35 다음 중 가설 검정에 대한 설명으로 옳지 않은 것은?

① 귀무가설은 현재까지 주장되어 온 것이나 기존과 비교하여 변화 혹은 차이가 없음을 나타내는 가설이다.
② 가설 검정에는 귀무가설 1개, 대립가설 1개만 존재한다.

31 ② 32 ① 33 ④ 34 ② 35 ② 정답

③ 귀무가설은 H0으로 표기하고, 대립가설은 H1으로 표기한다.

④ 대립가설은 표본을 통해 확실한 근거를 가지고 입증하는 가설이며, 귀무가설과 대립되고 뚜렷한 증거가 있을 때 주장한다.

해설

귀무가설은 보통 1개로 표현할 수 있지만, 대립가설은 여러 개일 수 있다.

36 다음 중 변수 선택 방법에 대한 설명으로 옳지 않은 것은?

① 예측하고자 하는 변수와 상관계수가 높은 변수일수록 해당 변수는 영향력이 크다.

② 각각의 독립변수를 하나만 사용한 예측 모형의 성능을 이용하여 가장 분류 성능이 높은 변수를 선택한다.

③ 특성 중요도를 계산할 수 있는 랜덤포레스트 등의 다른 모형을 사용하여 일단 특성을 선택하고, 최종 분류는 다른 모형을 사용한다.

④ 분산이 큰 데이터는 종속변수에 영향을 덜 줄 것이므로 사용하지 않는다.

해설

분산이 큰 변수는 종속변수에 큰 영향을 미친다. 반대로 분산이 기준치보다 낮은 특성을 갖는 변수는 제거하는 것이 바람직하다.

37 다음 중 차원 축소 방법에 대한 설명으로 옳지 않은 것은?

① 선형판별분석은 데이터를 최적으로 분류하여 차원을 축소하는 방법이며, 주성분 분석은 데이터를 최적으로 표현하는 관점에서 차원을 축소하는 방법이다.

② 요인분석은 데이터 안에 관찰할 수 없는 잠재적인 변수가 존재할 때, 변수들의 상관관계를 고려하여 서로 유사한 변수들끼리 묶어주는 방법이다.

③ 독립성분 분석은 다변량의 신호를 통계적으로 독립적인 하부 성분으로 분류하여 차원을 축소하는 기법이다.

④ 특이값 분해는 행과 열의 크기가 같은 M×M 차원의 정방행렬 데이터를 적용하여 특이값을 추출하고 데이터를 축약할 수 있다.

해설

특이값 분해는 주성분 분석과 달리 행과 열의 크기가 다른 MxN 차원의 정방행렬 데이터를 적용하여 특이값을 추출하고 데이터를 축약할 수 있다.

38 표준편차가 10, 평균이 60인 정규분포를 따르는 모집단이 있다. 변숫값이 70일 때 Z-score 스케일링을 수행한 값은?

① 10　　② 1

③ 0.1　　④ −1

해설

$Z-Score=\frac{x-\bar{X}}{s}$로 (70−60)/10=1로 계산할 수 있다.

39 다음 중 공분산에 대한 설명으로 옳지 않은 것은?

① 공분산은 상관관계의 상승 혹은 하강하는 경향을 이해할 수 있으나, 2개의 변수 측정 단위의 크기에 따라 값이 달라지므로 상관 분석을 통해 정도를 파악하기에 적절하다.

② 2개의 확률변수의 상관 정도를 나타내는 값이다.

③ 공분산의 수식은 $Cov(x_1,x_2)=\sum_{i=1}^{n}(x_{1i}-\overline{x_1})(x_{2i}-\overline{x_2})$이다.

④ 2개의 변수 중 하나의 값이 상승하는 경향을 보일 때, 다른 값이 하강하는 경향을 보인다면 공분산의 값은 음수가 된다.

해설

공분산은 상관관계의 상승 혹은 하강하는 경향을 이해할 수 있으나, 2개 변수의 측정 단위의 크기에 따라 값이 달라지므로 상관분석을 통해 정도를 파악하기에는 적절하지 않다.

정답 36 ④　37 ④　38 ②　39 ①

40 다음은 R의 summary 명령을 이용하여 확인한 데이터의 기술통계 결과이다. 이에 대한 설명으로 옳지 않은 것은?

mt1		mt2		mt3		mt4	
Min.	:1.000	Min.	:1.000	Min.	:1.000	Min.	:1.000
1st Qu.	:1.000	1st Qu.	:2.000	1st Qu.	:2.000	1st Qu.	:2.000
Median	:2.000	Median	:3.000	Median	:4.000	Median	:3.000
Mean	:2.419	Mean	:3.014	Mean	:3.375	Mean	:3.139
3rd Qu.	:3.750	3rd Qu.	:4.000	3rd Qu.	:4.000	3rd Qu.	:4.000
Max.	:5.000	Max.	:5.000	Max.	:5.000	Max.	:5.000
		NA's	:2	NA's	:2	NA's	:2

① 4개 변수 모두 numerical 변수에 해당한다.

② 1번 변수를 제외하고 나머지 모두 결측치가 존재한다.

③ 1번, 2번, 4번 변수의 분포보다 3번 변수의 분포는 왼쪽으로 꼬리가 긴 분포에 해당한다.

④ 4개 변수 모두 5보다 큰 이상치가 존재할 수 있다.

해설

최댓값은 데이터 중 가장 큰 값을 의미한다. 4개 변수 모두 최댓값이 5이므로, 5를 넘는 이상치는 존재할 수 없다.

41 분석 모형 설계 절차로 옳은 것은?

① 모델링→검증 및 테스트→운영화 및 적용→분석 요건 정의

② 분석 요건 정의→모델링→검증 및 테스트→운영화 및 적용

③ 검증 및 테스트→운영화 및 적용→분석 요건 정의→모델링

④ 운영화 및 적용→분석 요건 정의→모델링→검증 및 테스트

해설

분석 모형 설계는 '분석 요건 정의→모델링→검증 및 테스트→운영화 및 적용'의 절차를 따른다.

42 자연어 처리를 위한 Transformer 기법과 관련된 용어는?

① Attention

② Generator

③ Forget gate

④ Feature map

해설

Attention은 문맥에 따라 집중할 단어를 결정하는 방식을 의미하는 용어로 Transformer와 관련된 용어이다.

43 다음 설명에서 괄호 안에 들어갈 이름으로 옳은 것은?

- ( )는 물체 감지와 객체 인식에 대한 딥러닝 기반 접근 방식이다.
- ( )는 입력된 이미지를 일정 분할로 그리드한 다음, 신경망을 통과하여 바운딩 박스와 클래스 예측을 생성하여 최종 감지 출력을 결정한다. 실제 이미지 및 비디오에서 테스트하기 전에 먼저 전체 데이터 세트에 대하여 여러 인스턴스를 학습한다.
- ( )는 Joseph Redmon 등에 의해 처음 소개되었으며, 2015년 논문에 처음 등장한 후 다수의 개발자에 의해 v8까지 출시되었다.
- ( )는 복잡한 파이프라인을 다루지 않기 때문에 매우 빠른 모델이며, 실시간 의사결정이 필요한 분야에서 특히 두각을 드러내고 있다.

① GAN　　② LSTM

③ YOLO　　④ Diffusion

해설

YOLO는 이미지를 그리드로 나누어 신경망을 통해 한 번에 객체를 감지하는 딥러닝 기반 접근 방식으로, 각 그리드 셀에서 바운딩 박스와 클래스 예측을 생성하여 실시간으로 객체를 감지하는 데 사용된다.

40 ④　41 ②　42 ①　43 ③ 정답

44 **다음 중 가설 검정에 대한 설명으로 옳지 않은 것은?**

① 가설 수립 단계에서 귀무가설과 대립가설을 수립한다.
② 단측검정은 음의 방향과 양의 방향 중 한 방향만을 살펴보는 검정이다.
③ 귀무가설은 모집단의 특성에 대해 옳다고 제안하는 주장이다.
④ 양측검정에서는 채택역을 양쪽으로 설정하여 가설을 검정한다.

해설

양측검정에서는 기각역을 양쪽으로 설정하여 가설을 검정한다.

45 **다음은 회귀분석 식 중 하나이다. 설명으로 옳지 않은 것은?**

$$J(\theta) = MSE(\theta) + \alpha \sum_{i=1}^{n} |\theta_i|$$

① L1 규제에 해당한다.
② 라쏘 회귀라고 한다.
③ 훈련 데이터셋에 과적합 되는 효과가 있다.
④ 변수 선택이 되는 효과가 있다.

해설

라쏘 회귀(Lasso Regression)는 L1 규제를 사용하는 회귀분석 방법으로, 주어진 회귀식에서 목적 함수 $J(\theta)$에 L1 노름의 합을 추가하여 정의된다. L1 규제는 회귀계수(θ)의 절댓값을 패널티로 부과하는데, 이로 인해 일부 계수가 정확히 0이 되는 특성 선택 효과가 있음으로써 변수 선택이 이루어지고 모델이 덜 중요한 변수를 고려하지 않도록 만든다.

46 **다음 중 연관있는 것끼리 짝을 이룬 것은?**

① Bagging – Gradient Boost
② Bagging – Extra Trees
③ Boosting – Random Forest
④ Boosting – Extra Trees

해설

Bagging과 Extra Trees는 둘 다 앙상블 학습(Ensemble Learning)에 사용되는 기법으로, 데이터셋을 여러 부분집합으로 나누고 각 부분집합에 모델을 학습시킨 후 결과를 조합하여 모델의 성능을 향상시키는 목적으로 사용된다.

47 **실생활에 활용한 '분류' 모형에 대한 설명으로 알맞은 것은?**

① 부동산과 경제 지표들을 활용하여 집값을 예측했다.
② AI 생성 모델을 활용하여 피카소 화풍의 그림을 생성했다.
③ 마케팅 부서에서 온라인 쇼핑몰 구매 기록을 토대로 비슷한 취향의 고객들을 그룹으로 묶었다.
④ 우주연구센터에서 관측한 별들의 정보를 기반으로 별의 종류를 예측했다.

해설

분류(Classification) 모델은 입력 데이터를 미리 정의된 클래스 또는 범주에 할당하는 작업에 사용된다. 주어진 설명에서 별의 종류를 예측하는 것은 분류 작업에 해당한다.

48 **도시 내 비만인의 비중이 30%이다. 비만인 사람 중 키가 180cm 이상인 사람은 10%, 비만이 아닌 사람 중 키가 180cm 이상인 사람은 20%일 때, 키가 180cm 이상인 사람이 비만인 확률은?**

① 약 0.36　　② 약 0.27
③ 약 0.18　　④ 약 0.09

해설

도시 내 인구가 100명일 때, 비만인 사람은 30명, 비만이 아닌 사람은 70명이다. 그중 비만이면서 키가 180cm 이상인 사람은 3명이며, 비만이 아니면서 키가 180cm 이상인 사람은 14명이다. 이때 키가 180cm 이상인 사람이 비만일 확률은 17명 중 3명인 0.1764, 약 0.18에 해당한다.

정답 44 ④ 45 ③ 46 ② 47 ④ 48 ③

49 다음 중 그 성격이 다른 군집 분석은?

① DBSCAN ② K-means
③ 계층적 군집분석 ④ SOM

해설

계층적 군집분석은 데이터 포인트들을 계층적인 트리 구조로 나타내고, 이를 순차적으로 병합하거나 분리함으로써 군집을 형성하는 방법으로 계층적인 구조를 통해 서로 다른 군집 수준을 살펴볼 수 있다. 나머지는 분할적 군집분석에 해당한다.

50 다음 Boosting 모형에 대한 설명 중 옳지 않은 것은?

① 잘 분류하지 못한 데이터에 가중치를 주어 다음 모델에 넘겨준다.
② 과적합의 문제를 가지고 있다.
③ 대표적인 모델에는 Extreme Gradient Boosting이 있다.
④ Bootstrap 기법을 활용하는 것으로 알려져 있다.

해설

Bootstrap을 사용하는 기법은 배깅(Bagging)이다.

51 인공신경망의 마지막 은닉층과 출력층이 보기와 같을 때 출력값을 구하시오.

- 마지막 은닉층의 첫 번째 노드 입력값 : 0.1
- 마지막 은닉층의 두 번째 노드 입력값 : −0.1
- 첫 번째 노드의 가중치 : 2
- 두 번째 노드의 가중치 : 3
- 출력층 Bias : −0.1
- 출력층 활성화 함수 : $f(x)=x(x\geq0), otherwise$ $f(x)=-1$

① 1 ② 0
③ 0.09 ④ −1

해설

0.1x2+(−0.1)x3+(−0.1)=−0.2
f(−0.2)=−1

52 다음 역전파 알고리즘에 대한 설명에서 (ㄱ), (ㄴ)에 들어갈 말로 가장 적절한 것은?

역전파 알고리즘은 역방향 전파를 통해 출력층에서 입력층으로 순차적으로 (ㄱ)을 하면서 (ㄴ)을 증가시키는 방법이다.

① (ㄱ) : 편미분, (ㄴ) : 학습률
② (ㄱ) : 정적분, (ㄴ) : 거리
③ (ㄱ) : 내적, (ㄴ) : 거리
④ (ㄱ) : 내적, (ㄴ) : 기울기

해설

- 편미분(Partial Derivative) : 역전파 알고리즘에서는 오차를 최소화하기 위해 각 가중치와 편향에 대한 편미분을 계산한다. 이는 손실 함수를 각 가중치와 편향으로 편미분한 값으로, 해당 가중치와 편향을 얼마나 조절해야 할지를 나타낸다.
- 학습률(Learning Rate) : 학습률은 업데이트된 가중치와 편향을 적용할 때의 보폭을 결정하는 하이퍼파라미터로, 각 반복에서 조정되는 가중치와 편향의 값에 학습률을 곱하여 업데이트한다.

53 seq2seq 모델에 대한 설명으로 (ㄱ), (ㄴ)에 들어갈 말로 가장 적절한 것은?

(ㄱ)은 입력 시퀀스를 단일 벡터로 바꾸고, (ㄴ)은 단일 벡터를 출력 시퀀스로 바꾼다.

① (ㄱ) : 인코더, (ㄴ) : 디코더
② (ㄱ) : 디코더, (ㄴ) : 인코더
③ (ㄱ) : 제너레이터, (ㄴ) : 비제너레이터
④ (ㄱ) : 편미분, (ㄴ) : 학습률

해설

- 인코더(Encoder) : 입력 시퀀스를 고정된 크기의 벡터로 인코딩하는 역할을 수행한다. 입력 시퀀스의 정보를 단일 벡터로 압축하여 추상적인 표현을 만들 수 있다.
- 디코더(Decoder) : 인코더에서 생성된 벡터를 기반으로 출력 시퀀스를 생성하는 역할을 수행한다. 디코더는 단일 벡터를 받아 출력 시퀀스로 변환한다.

49 ③ 50 ④ 51 ④ 52 ① 53 ① 정답

- seq2seq 모델에서는 입력 시퀀스를 인코더를 통해 단일 벡터로 변환하고, 이 단일 벡터를 디코더를 통해 출력 시퀀스로 변환하는 구조를 가지고 있다.

54 **다음 중 교차검증에 대한 설명으로 가장 적절하지 않은 것은?**

① 모델의 과적합을 방지하기 위한 검증 방법이다.

② 리브-원-아웃 교차 검증은 데이터 분할 시 randomness를 포함하지 않는다.

③ k-fold 교차 검증은 홀드아웃 교차 검증보다 학습 속도가 빠르다.

④ 분류 문제에서는 분포를 고려하는 층화 k-fold 교차 검증을 사용하기도 한다.

해설

k-fold 교차 검증은 데이터를 k개의 폴드로 나누고 각 폴드를 테스트 세트로 사용하며 나머지를 훈련 세트로 사용하는 방법이며, 홀드아웃 교차 검증은 전체 데이터를 훈련과 테스트로 한 번씩 나누는 것이므로 데이터 양이 적을 때는 학습 속도 면에서 더 빠르다.

55 **다음 품목별 판매 건수를 보고 (사과)→(배, 포도)의 향상도를 계산하시오.**

품목	건수
사과	5
배, 바나나	10
바나나	5
사과, 배, 바나나, 포도	2
배, 포도	1
사과, 배, 포도	3
사과, 포도	4

① 0.17 ② 0.36

③ 1.05 ④ 1.79

해설

향상도는 품목 B를 구매한 고객 대비 품목 A를 구매한 후 품목 B를 구매한 고객에 대한 확률을 의미한다. (배, 포도)를 구매한 고객 대비 (사과)를 구매한 후 (배, 포도)를 구매한 고객에 대한 확률을 구한다.

{(2+3)/30}/[{(5+2+3+4)/30}x{(2+1+3)/30}]=1.7857 이다.

56 **선형 회귀분석의 과적합에 대한 설명으로 가장 적절하지 않은 것은?**

① variance가 높은 모델은 과적합 가능성이 높다.

② Bias가 높은 모델은 과적합 가능성이 낮다.

③ SSE 값이 작은 모델은 항상 과적합 모델이다.

④ 정규화 모델을 사용하여 과적합을 줄일 수 있다.

해설

SSE(Sum of Squared Errors) 값이 작다는 것은 모델이 훈련 데이터에 잘 적합되었다는 것이지만, 이것이 항상 과적합을 의미하지는 않는다. 테스트 데이터에 대한 성능이 좋다면 과적합은 아닐 수 있다.

57 **종속변수가 없을 때 사용하는 모델 유형으로 가장 적절한 것은?**

① K-평균 클러스터링

② 로지스틱 회귀분석

③ 의사결정나무

④ K-최근접 이웃 알고리즘

해설

종속변수가 포함되지 않은 데이터를 학습하는 머신러닝 모델은 비지도 학습에 해당한다. 로지스틱 회귀분석, 의사결정나무, K-최근접 이웃 알고리즘은 모두 지도학습에 해당한다.

정답 54 ③ 55 ④ 56 ③ 57 ①

58 학습 데이터와 평가 데이터에 대한 설명으로 가장 적절하지 않은 것은?

① 평가 데이터는 최종 모델의 성능을 평가하기 위한 데이터이다.

② 모델 과적합을 방지하고 일반화 성능을 향상시키기 위해 데이터를 나눈다.

③ 데이터가 부족하지 않으면 일반적으로 별도의 검증 데이터를 구분한다.

④ 학습 데이터와 평가 데이터는 동일한 비율(5:5)로 나뉜다.

해설

학습 데이터와 평가 데이터를 동일한 비율로 나누는 것은 일반적으로 권장되지 않는다. 보통은 학습 데이터가 더 큰 비중을 차지하고 평가 데이터는 상대적으로 작은 비율로 나누어지는데, 일반적으로 7:3, 8:2와 같은 비율로 분할한다.

59 회귀분석 수행 시 잔차에 대한 가정으로 적절하지 않은 것은?

① 잔차는 독립성을 만족한다.

② 잔차는 Q-Q plot에서 우상향하는 정규성을 가진다.

③ 잔차의 자유도는 표본의 크기에서 -1한 값이다.

④ 잔차 간에 비상관성을 만족한다.

해설

잔차의 자유도는 표본의 크기(n)에서 -2한 값이다.

60 소셜 미디어 데이터 분석 방법으로 가장 적절하지 않은 것은?

① 연결망 분석 ② 텍스트 분석

③ 감성 분석 ④ 맵리듀스

해설

맵리듀스는 대용량 데이터를 처리하기 위한 분산 방법에 해당한다.

61 시간 시각화에 대한 설명으로 옳지 않은 것은?

① 시간에 따른 데이터의 변화를 나타낸다.

② 막대 그래프를 사용한다.

③ 점그래프에서 점의 분포와 배치로는 데이터의 흐름을 파악하기 힘들다.

④ x축에는 주로 시각, 날짜 등의 값이 들어간다.

해설

점그래프에서는 점의 분포와 배치를 통해 데이터의 흐름을 파악할 수 있으며, 특히 점의 위치는 시간에 따른 데이터의 변화를 잘 표현할 수 있다.

62 초매개변수에 대한 설명 중 옳지 않은 것은?

① 초매개변수 선택은 모델 선택 전 데이터 집합 수준에서 결정할 수 있다.

② 분석가가 임의로 지정하는 값이다.

③ Grid search, 베이지안 최적화 등의 방법을 사용해 최적 조합을 찾을 수 있다.

④ 초매개변수의 예시로 SVM의 코스트 값이 있다.

해설

초매개변수(하이퍼파라미터)는 모델의 학습 과정에서 사용자가 직접 지정해야 하는 매개변수로, 모델 선택 전에는 결정할 수 없다. 모델 선택은 주로 초매개변수를 튜닝한 후에 이루어진다.

63 K-평균 군집 분석에서 최적 K-평균을 구하는 방법은?

① 실루엣 계수 ② 덴드로그램

③ 표준화 거리 ④ 엘보우 기법

해설

엘보우 기법은 K-평균 군집 분석에서 사용되는 방법 중 하나로, 군집의 수(K)에 따른 총 제곱 오차(SSE)의 변화를 나타내어 최적의 K 값을 찾는 방법이다. 그래프를 그린 후 군집 수가 증가함에 따라 SSE가 감소하다가 변곡점이 나타나는 지점을 최적의 K로 선택한다.

58 ④ 59 ③ 60 ④ 61 ③ 62 ① 63 ④ 정답

64 적합도 검정에 대한 설명으로 옳지 않은 것은?

① 검정 통계량은 기대도수와 관측도수 값으로 계산된다.
② 관측치가 특정 이론 분포를 따르는지 검정하는 방법이다.
③ 카이제곱 검정을 활용한다.
④ 귀무가설이 기각되더라도 기대도수 합과 관측도수의 합은 동일하다.

해설
귀무가설이 기각되었다는 것은 관측도수와 기대도수가 통계적으로 유의하게 다르다는 것을 의미한다.

65 다음 중 두 개의 집단에서 사용되는 비모수 검정 방법은?

① Z검정
② T검정
③ 윌콕슨 부호 순위 검정
④ 카이제곱 검정

해설
윌콕슨 부호 순위 검정은 비모수 검정 중 하나로, 두 집단 간 중위수의 차이를 검정한다. 데이터의 분포에 대한 가정이 필요하지 않아 자료의 특성에 따라 유연하게 사용할 수 있다는 장점이 있다.

66 비교 시각화에 대한 내용으로 적절한 것은?

① 다양한 변수를 한 번에 비교할 수 있다.
② 상관관계 분석을 할 수 있다.
③ 산포도와 버블 차트로 표현할 수 있다.
④ 두 개 이상의 변수 간 관계를 나타낸다.

해설
비교 시각화는 히트맵, 체르노프페이스, 스타차트 등이 있다. 나머지는 관계 시각화에 대한 설명이다.

67 의사결정나무 정지 규칙으로 옳지 않은 것은?

① depth가 최대이면 멈춘다.
② 마지막 가지 끝에 남은 개수가 일정 개수 이하이면 멈춘다.
③ 가지에 남은 개수가 같으면 멈춘다.
④ 더 이상 불순도가 개선되지 않으면 멈춘다.

해설
의사결정나무는 깊이가 최대가 되거나 마지막 가지 끝에 남은 개수가 일정 개수 이하인 경우 성장을 멈춘다. 또한 분기를 더 하더라도 불순도 지표가 개선되지 않으면 성장을 멈춘다.

68 다음 중 앙상블 기법에 대한 설명으로 올바르지 않은 것은?

가. 앙상블의 예시로 k=1, 5, 7인 knn(k 근접 이웃) 모델을 결합시키는 것을 들 수 있다. 나. 서로 다른 알고리즘으로 생성한 분류기는 앙상블할 수 없다. 다. 페이스팅은 배깅과 달리 데이터 샘플링 시 중복을 허용한다.

① 가, 나　　② 가, 다
③ 나, 다　　④ 가, 나, 다

해설
나. 앙상블 기법 중 투표를 통해 서로 다른 알고리즘으로 생성한 분류기의 결과를 합칠 수 있다.
다. 데이터 샘플링 시 중복을 허용하는 방법이 배깅, 중복을 허용하지 않는 방법이 페이스팅이다.

69 다음 중 부스팅 알고리즘으로 적절하지 않은 것은?

① AdaBoost　　② Naïve Bayes
③ GBM　　④ Catboost

해설
Naïve Bayes는 베이즈 정리를 적용한 분류기의 일종으로 부스팅 알고리즘에 해당하지 않는다.

정답 64 ④ 65 ③ 66 ① 67 ③ 68 ③ 69 ②

70 ROC 곡선에 대한 설명으로 옳지 않은 것은?

① ROC 곡선의 x축은 특이도, y축은 민감도를 나타낸다.

② ROC 곡선은 머신러닝 모델을 평가할 수 있다.

③ ROC 곡선은 특이도와 민감도를 이용하여 구할 수 있다.

④ ROC 곡선의 아래 면적이 넓을수록 좋은 모델이다.

해설

ROC 곡선의 x축은 (1-특이도)(=FPR), y축은 민감도(=TPR)를 나타낸다.

71 혼동행렬을 계산한 값으로 옳지 않은 것을 고르시오.

		예측	
		참	거짓
실제	참	150	100
	거짓	50	200

① 정분류율=7/10 ② 민감도=3/5

③ 특이도=3/4 ④ 재현율=3/5

해설

특이도=TN/(TN+FP)=200/250=4/5

72 다음 중 정준상관 분석에 대한 설명으로 옳은 것은?

① 데이터들의 주성분을 찾는다.

② 두 변수 집단 간의 선형 상관관계를 파악한다.

③ 변수들 간 상관관계를 이용하여 유사한 변수끼리 묶어준다.

④ 데이터 내에서 연관 규칙을 발견한다.

해설

정준상관 분석은 서로 다른 두 변수 집단 간의 선형 상관관계를 파악하는 통계 기법이다.

73 다음 중 Q-Q 플롯에 대한 설명으로 옳은 것은?

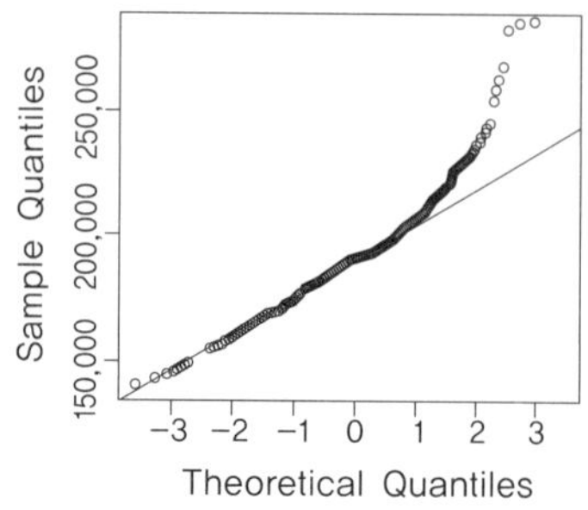

가. 왜도가 0 이상이다. 나. 데이터 분포가 왼쪽에 치우쳐져 있다. 다. 데이터의 평균보다 중앙값이 크다.

① 가, 다 ② 가, 나

③ 나, 다 ④ 가, 나, 다

해설

Q-Q 플롯은 데이터가 정규분포를 따르는지 확인하는 시각화 방법이다. 주어진 그림은 데이터 분포가 왼쪽에 치우쳐져 있고 오른쪽으로 긴 꼬리기 늘어진 형태에 해당한다. 이때 왜도는 0보다 크며, 데이터의 중앙값이 평균보다 더 크다.

74 회귀 및 분류 문제에 대한 설명 중 옳지 않은 것은?

① 회귀와 분류는 종속변수가 다르지만, 해석을 위해 동일한 지표를 사용한다.

② 회귀 문제의 종속변수는 기온, 키, 제품 가격 등이 될 수 있다.

③ 분류 문제의 독립변수는 수치형, 범주형 모두 가능하다.

④ 지도 학습에 해당한다.

해설

회귀와 분류는 종속변수의 성격이 다르기 때문에 각각의 성격에 맞는 지표를 사용한다. 회귀에서는 평균 제곱 오차(Mean Squared Error, MSE) 등이 사용되고, 분류에서는 정확도(Accuracy), 정밀도(Precision), 재현율(Recall) 등이 사용된다.

70 ① 71 ③ 72 ② 73 ③ 74 ① 정답

75 다음 중 과적합에 대한 설명으로 옳지 않은 것은?

① 분산이 크다.
② 학습 성능이 우수하다.
③ 편향이 크다.
④ 필요 이상으로 복잡한 모델이다.

해설

모델이 과적합인 경우 분산은 작지만, 편향이 큰 상태가 된다.

76 전기 사용량을 예측하는 모델의 성능을 계산하기 위한 지표로 적절하지 않은 것은?

① MAPE ② F1-score
③ RMSE ④ MSE

해설

F1-score는 주로 이진 분류 모델의 성능을 측정하는 지표로 사용되며, 회귀 모델의 성능을 측정하는 데는 적합하지 않다.

77 다음 데이터를 표현하기에 가장 적절한 시각화 기법은?

차량 모델	평가요소(10점 만점)				
	디자인	성능	안전, 편의	크기, 공간	유지, 관리
A	8	9	8	7	5
B	6	8	8	10	8
C	10	7	7	5	6

① 레이더 차트 ② 산점도 행렬
③ 버블 차트 ④ 모자이크 플롯

해설

여러 데이터를 한 눈에 비교할 때는 레이더 차트를 이용하면 편리하다.

78 다음 중 F1-score를 올바르게 표현한 것은?

① (specificity+sensitivity)/2
② 2x(specificity+sensitivity)/(specificity+sensitivity)
③ (precision+recall)/2
④ 2x(precisionxrecall)/ (precision+recall)

해설

F1-Score는 2x(precisionxrecall)/(precision+recall)로 계산한다.

79 다음 중 과적합으로 보기 가장 적절한 것은?

① 학습 데이터 정확도 90%, 평가 데이터 정확도 90%
② 학습 데이터 정확도 70%, 평가 데이터 정확도 90%
③ 학습 데이터 정확도 90%, 평가 데이터 정확도 70%
④ 학습 데이터 정확도 70%, 평가 데이터 정확도 70%

해설

과적합은 모델이 학습 데이터에 지나치게 최적화하며, 학습 성능은 우수하나 검증 성능은 떨어지는 경우에 해당한다.

80 k-fold 검증에서 k=10일 때 옳지 않은 것은?

① 각 fold는 검증 데이터로 한 번 사용된다.
② 검증 데이터는 전체 데이터의 10%를 차지한다.
③ k-fold 검증을 통해 과적합을 방지할 수 있다.
④ 각 fold는 학습 데이터로 한 번 사용된다.

해설

각 fold는 학습 데이터로 (k-1)번, 검증 데이터로 1번 사용된다.

정답 75 ① 76 ② 77 ① 78 ④ 79 ③ 80 ④

2024년 8회 기출복원문제

01 다음 중 빅데이터의 특징 5V에 대한 설명으로 옳은 것은?

① Variety : 데이터의 양이 많다.
② Volume : 데이터가 다양하다.
③ Velocity : 데이터가 실시간으로 변한다.
④ Veracity : 데이터의 가치가 무궁무진하다.

해설

빅데이터의 5V 중 Velocity는 데이터가 실시간으로 빠르게 생성, 변화하는 특성을 의미한다. Variety는 데이터의 유형과 형식의 다양성을, Volume은 데이터의 양을, Veracity는 데이터의 신뢰성과 정확성을 나타낸다.

02 다음 보기에서 설명하고 있는 내용으로 가장 적절한 것은?

> 수집한 데이터를 저장, 처리하고 분석할 수 있도록 포괄적으로 지원한다.

① 빅데이터 마이닝
② 빅데이터 플랫폼
③ 빅데이터 처리기술
④ 빅데이터 탐색기술

해설

설명에서 수집한 데이터를 저장, 처리, 분석할 수 있도록 포괄적으로 지원하는 것을 나타내는 용어는 '빅데이터 플랫폼'이다. 빅데이터 플랫폼은 데이터 수집에서부터 분석까지 전반적인 과정을 지원하는 인프라로, 대규모 데이터를 처리하는 데 필수적이다.

03 다음 중 빅데이터 분석 방법론의 데이터 분석 단계에서 수행하는 작업으로 옳지 않은 것은?

① 평가용 데이터 준비
② 데이터 모델링
③ 데이터 확인 및 추출
④ 모델링 적용 및 운영 방안

해설

데이터 분석 단계에서는 분석에 필요한 데이터를 준비하고 모델링을 수행하며, 데이터를 확인 및 추출하는 작업이 포함된다. 반면, 모델링 적용 및 운영 방안은 분석 결과를 실제 비즈니스에 적용하는 마지막 단계에 해당한다.

04 다음 중 가역 데이터와 불가역 데이터에 대한 설명으로 옳지 않은 것은?

① 가역 데이터는 원본 데이터가 변경되는 경우 변경사항을 반영할 수 있다.
② 불가역 데이터는 생산된 데이터의 원본으로 환원이 불가능한 데이터이다.
③ 가역 데이터는 생산된 데이터의 원본으로 일정 수준 환원이 가능한 데이터이다.
④ 불가역 데이터는 원본 데이터의 내용이 변경되는 경우 변경사항을 반영할 수 있다.

해설

가역 데이터는 원본 데이터의 변경사항을 반영할 수 있는 데이터로, 수정과 복원이 가능하다. 불가역 데이터는 원본으로 되돌리거나 수정할 수 없기 때문에, 원본 데이터의 변경사항을 반영하지 못한다.

정답 01 ③ 02 ② 03 ④ 04 ④

05 **다음 중 정량적 데이터와 정성적 데이터에 대한 설명으로 옳지 않은 것은?**

① 정량적 데이터는 양적 데이터이다.

② 정성적 데이터는 질적 데이터이다.

③ 정량적 데이터 중 계수 데이터는 범주형 데이터로 변환 가능하다.

④ 정성적 데이터 중 변수 데이터는 연속형 데이터로 변환 가능하다.

해설

정량적 데이터는 수치로 나타낼 수 있는 양적 데이터이며, 정성적 데이터는 질적 정보를 담고 있다. 정량적 데이터 중 계수 데이터는 범주형 데이터로 변환할 수 있지만, 정성적 데이터는 연속형 데이터로 변환되지 않는다.

06 **다음 중 데이터 변환에 대한 예시로 옳지 않은 것은?**

① YYYY년 MM월 DD일→YYYY/MM/DD

② 10~30세는 청년, 40~60세는 중년 등으로 범주화

③ 1, 2, 3학년 값을 batch로 변환하여 데이터 분할

④ 키 수치를 평균 0, 표준편차 1로 표준화

해설

데이터 변환에는 날짜 형식을 변경하거나 나이대와 같은 범주화를 통해 데이터를 적절히 그룹화할 수 있다. 또한 키 수치를 표준화하는 작업도 데이터 변환의 예이다. 그러나 '학년 값을 batch로 변환'은 일반적인 데이터 변환의 예시에 해당하지 않는다.

07 **다음 중 개인정보보호 관련 법률에 대한 설명으로 옳지 않은 것은?**

① 개인정보 파기 시에 사유는 고지할 의무가 없다.

② 익명정보를 생성할 때 당사자의 동의를 구해야 한다.

③ 개인정보보호위원회는 개인정보보호 업무를 독립적으로 처리하기 위한 기관이다.

④ 데이터3법으로 개인정보보호법, 정보통신망 이용촉진 및 정보보호 등에 관한 법률, 신용정보의 이용 및 보호에 관한 법률이 있다.

해설

개인정보 보호 관련 법률에 따르면, 익명정보를 생성할 때 당사자의 동의를 구할 필요가 없다. 익명화된 데이터는 개인을 식별할 수 없도록 처리된 데이터이기 때문에 동의 없이 활용 가능하다.

08 **다음 중 보기에서 설명하고 있는 비식별화 기법과 세부 기술로 옳은 것은?**

> 사용자에 대한 정보를 뒤섞어 정보의 손실 없이 특정 개인에 대한 추측을 할 수 없도록 한다.

① 총계처리 – 재배열

② 데이터 마스킹 – 잡음 추가

③ 가명처리 – 휴리스틱 익명화

④ 데이터 범주화 – 랜덤 라운딩

해설

설명에서 '사용자에 대한 정보를 뒤섞어 정보의 손실 없이 특정 개인에 대한 추측을 할 수 없도록 한다'는 총계처리 방식의 재배열을 나타낸다. 재배열은 데이터를 집계하여 개인 식별이 불가능하게 만드는 방법 중 하나이다.

09 **다음 중 비식별화 기법에 대한 설명으로 옳지 않은 것은?**

① 데이터 마스킹 수준이 높으면 데이터를 식별, 예측하기 쉬워진다.

② 비식별 조치 방법은 여러 가지 기법을 단독 또는 복합적으로 활용한다.

③ 가명처리를 할 때 값을 대체 시 규칙이 노출되어 역으로 쉽게 식별할 수 없도록 주의해야 한다.

④ 총계처리 시 특정 속성을 지닌 개인으로 구성된 단체의 속성 정보를 공개하는 것은 그 집단에 속한 개인의 정보를 공개하는 것과 같다.

05 ④ 06 ③ 07 ② 08 ① 09 ① 정답

해설

데이터 마스킹 수준이 높을수록 데이터의 식별이 어렵고 예측하기 어려워진다.

10 다음 중 내부 데이터와 외부 데이터에 대한 설명으로 옳지 않은 것은?

① 외부 데이터는 수집 시 법률상이나 제도상 제약이 없는지 검토한다.
② 내부 데이터는 개인정보일 경우 비식별 조치방안을 함께 고려한다.
③ 외부 데이터는 보안을 크게 신경쓰지 않고 사용해도 된다.
④ 내부 데이터는 필요 데이터의 관리 권한이 다른 부서에 있는 경우 협의를 통해 공유 가능 여부를 확인한다.

해설

외부 데이터도 보안을 고려해야 하며, 법적 제약을 검토하여 수집 및 사용해야 한다. 외부 데이터에 보안을 신경 쓰지 않아도 된다는 설명은 잘못된 것이다.

11 다음 중 데이터 웨어하우스의 특징으로 옳지 않은 것은?

① 통합성　② 휘발성
③ 시계열성　④ 주제지향성

해설

데이터 웨어하우스는 데이터를 장기 보관하는 저장소로 비휘발성의 특성을 가지며, 데이터의 일관성과 통합성을 유지하는 것이 특징이다.

12 다음 중 분산 저장 방식으로 적절하지 않은 것은?

① GFS　② Ceph
③ HDFS　④ HBase

해설

GFS, Ceph, HDFS는 분산 파일 시스템으로 대규모 데이터를 저장할 수 있는 방식이다. HBase는 분산 저장 방식이 아니라 NoSQL 데이터베이스 시스템에 가깝다.

13 다음 중 Key-Value 데이터베이스에 대한 설명으로 옳지 않은 것은?

① 단순한 데이터 모델에 기반을 두기 때문에 복잡한 쿼리의 수행이 가능하다.
② 단순한 데이터 모델에 기반을 두기 때문에 쿼리의 질의 응답시간이 빠르다.
③ 단순한 데이터 모델에 기반을 두기 때문에 관계형 데이터베이스보다 확장성이 뛰어나다.
④ 데이터를 키와 그에 해당하는 값의 쌍으로 저장하는 데이터 모델에 기반을 둔다.

해설

Key-Value 데이터베이스는 단순한 데이터 모델로, 복잡한 쿼리보다는 간단한 조회 작업에 적합하다. 복잡한 쿼리는 관계형 데이터베이스가 더 적합하다.

14 다음 중 Cassandra, MongoDB를 포함하는 반정형, 비정형 데이터 저장소로 옳은 것은?

① DFS
② NoSQL
③ RDBMS
④ In-memory DB

해설

NoSQL 데이터베이스는 Cassandra와 MongoDB와 같은 반정형 및 비정형 데이터 저장에 적합한 방식이다. RDBMS는 주로 정형 데이터를 저장하는 데 사용된다.

15 다음 중 비정형 데이터로 보기 어려운 것은?

① 음성 데이터
② 메시지 데이터
③ 이미지 데이터
④ 거래 데이터

해설

거래 데이터는 정형 데이터로 분류되며, 일반적으로 테이블 형태로 관리된다. 비정형 데이터는 음성, 메시지, 이미지 등 구조화되지 않은 데이터를 포함한다.

정답 10 ③　11 ②　12 ④　13 ①　14 ②　15 ④

16 다음 중 유의미한 변수를 선정하는 작업을 수행하는 단계로 옳은 것은?

① 분석 기획 ② 데이터 준비
③ 데이터 분석 ④ 시스템 구현

해설

유의미한 변수를 선정하는 작업은 데이터 분석 단계에서 이루어지며, 분석 과정에서 중요한 변수를 선택하여 모델의 성능을 향상시킨다.

17 다음 중 하향식. 문제 탐색 과정에 대한 설명으로 옳지 않은 것은?

① 문제 탐색은 개인이 생각하는 문제를 간단하게 나열한다.
② 타당성 검토는 경제적, 기술적 타당성을 분석하는 단계이다.
③ 문제 정의는 식별된 비즈니스 문제를 데이터 문제로 변환한다.
④ 해결방안 탐색은 과제 정의 후 어떻게 해결할 것인지 방안을 탐색한다

해설

문제 탐색은 단순히 개인이 생각하는 문제를 나열하는 것이 아니라, 체계적인 방법으로 문제를 분석하고 해결방안을 모색하는 과정이다.

18 다음 중 표준화에 대한 설명으로 옳은 것은?

① 두 개의 샘플을 하나로 통합하는 작업이다.
② 표준화가 진행된 값은 단위가 존재하지 않는다.
③ 노이즈를 제거하여 추세를 부드럽게 하는 작업이다.
④ 데이터의 일반적인 특성이나 패턴을 추출하는 작업이다.

해설

표준화는 데이터를 비교 가능하게 만들기 위해 단위를 제거하고, 평균을 0, 표준편차를 1로 변환하는 작업이다. 표준화된 값은 단위를 가지지 않는다.

19 다음 중 텍스트 마이닝에 대한 설명으로 옳지 않은 것은?

① 사용하지 않거나 분석에 필요 없는 불용어를 제거해야 한다.
② Tokening은 예측해야 할 정보를 하나의 특정 기본 단위로 자르는 작업이다.
③ Stemming은 동일한 뜻을 가진 형태가 다른 단어들을 같은 형태로 바꾸는 작업이다.
④ POS tagging은 분류나 군집화 등 빅데이터에 숨겨진 의미 있는 정보를 발견하는 데 사용하기도 한다.

해설

POS tagging은 텍스트 마이닝의 전처리 과정으로 단어의 품사를 태깅하는 데 사용되며, 분류나 군집화와는 직접적으로 관련이 없다.

20 다음 중 지도학습 모델 선정 시 고려요소로 옳지 않은 것은?

① 데이터
② 분석 목적
③ 자기상관성
④ 변수의 중요도

해설

지도학습 모델에서는 데이터, 분석 목적, 변수의 중요도 등이 고려되지만, 자기상관성은 지도학습 모델 선정 시 필수 요소가 아니다. 자기상관성은 주로 시계열 분석에서 고려된다.

21 다음 중 서열척도 변수들 간의 상관관계를 측정할 때 사용하는 값은?

① 피어슨 상관계수
② 스피어만 상관계수
③ Phi 계수
④ 자기 상관계수

16 ③ 17 ① 18 ② 19 ④ 20 ③ 21 ② 정답

해설

서열척도 변수들 간의 상관관계를 측정할 때는 스피어만 상관계수를 사용한다. 스피어만 상관계수는 서열 데이터 간의 순위 상관을 측정하며, 데이터가 서열 수준에 있거나 비정규 분포일 때 사용하기 적합하다. 피어슨 상관계수는 연속형 변수의 상관관계 측정에 주로 사용된다.

22 다음과 같이 주성분 분석표가 주어졌을 때 제3주성분은 전체 분산을 몇 %까지 설명하는가?

Importance of Components:

Component	PC1	PC2	PC3	PC4
Standard Deviation	1.8159	1.2207	0.67716	0.61622
Proportion of Variance	0.5496	0.2483	0.07642	0.06329

① 87.432%
② 67.716%
③ 7.642%
④ 75.353%

해설

주성분 분석에서 제3주성분(PC3)은 전체 분산의 0.07642, 즉 7.642%를 설명한다. 이 비율은 전체 데이터의 분산 중 PC3가 설명하는 비중을 나타내며, 이 수치가 낮을수록 해당 주성분이 데이터 변동에 미치는 영향이 작다는 뜻이다.

23 점추정에 대한 설명으로 옳은 것을 고르시오.

$$S_1 = \frac{1}{n}\sum(x - \bar{x})^2$$
$$S_2 = \frac{1}{n-1}\sum(x - \bar{x})^2$$

① S_1은 모분산의 불편추정량이다.
② S_2는 일치추정량이 아니다.
③ S_2 bias는 0이다.
④ MSE는 추정량의 분산과 편향 제곱의 합으로 이루어져 있다.

해설

$S_2=1/(n-1)\Sigma(x-\bar{x})^2$는 표본 분산으로 편향이 없는 추정량이며, S_2의 편향(bias)은 0이다. 이는 표본 분산이 모분산을 추정할 때 불편성을 가지고 있다는 뜻이다. 평균제곱오차(MSE)는 추정량의 분산과 편향 제곱의 합으로 구성된다.

24 다음 중 파생변수에 대한 설명으로 옳지 않은 것은?

① 시간 수집 시점에 따른 파생변수를 만들 수 있다.
② 연속형 변수는 구간을 추려서 특정 조건의 파생변수를 만들 수 있다.
③ 독립변수와 종속변수의 교호작용을 이용하여 생성할 수 있다.
④ 좋은 파생변수는 모델의 예측력을 크게 향상시킬 수 있다.

해설

파생변수는 분석 목적에 맞춰 데이터를 재구성하는 것으로, 시간, 구간별, 독립변수의 조건 등을 기준으로 만들 수 있다. 단, 파생변수는 독립변수 간의 상호작용을 이용하여 생성할 수 있지만, 종속변수와의 상호작용을 사용해서는 안 된다.

25 오른쪽으로 꼬리가 긴 분포일 경우에 평균, 중앙값, 최빈값의 크기를 바르게 나타낸 것은?

① 중앙값=평균값=최빈값
② 중앙값〈평균값〈최빈값
③ 최빈값〈중앙값〈평균값
④ 최빈값〈평균값〈중앙값

해설

오른쪽으로 꼬리가 긴 분포(positive skewed distribution)에서는 평균이 중앙값보다 크고, 중앙값은 최빈값보다 크다. 이는 극단값이 오른쪽에 있어 평균이 더 큰 방향으로 치우치기 때문이다.

정답 22 ③ 23 ③ 24 ③ 25 ③

26 표본의 수가 많을수록 정규분포에 가까워지는 것을 무엇이라고 하는가?

① 중심극한정리
② 주성분 분석
③ 통계적 가설검정
④ 시계열 분석

해설

중심극한정리는 표본 크기가 증가할수록 표본평균의 분포가 정규분포에 가까워진다는 원리이다. 이 정리는 표본 크기가 커질수록 모집단의 분포와 관계없이 정규분포에 수렴한다는 것을 설명한다.

27 보기에서 주성분 분석에 대한 설명으로 옳은 것을 모두 고르시오.

> (가) 변수들은 정규분포 관계가 있다.
> (나) 차원 축소는 변수들 간에 관계가 없어도 가능하다.
> (다) 분산이 큰 변수의 방향을 확인한다.

① 가　　② 다
③ 가, 다　　④ 가, 나, 다

해설

PCA는 정규분포를 가정하지 않으며, 변수들 간의 상관관계를 기반으로 작동한다. 변수들 간 관계가 없으면 PCA를 통한 유의미한 차원 축소가 어려워진다. 주성분은 주어진 데이터를 잘 설명할 수 있는 축, 즉 데이터의 분산을 최대화하는 방향으로 찾는다.

28 A 나라와 B 나라가 투표 후 투표율에 대한 표본조사를 실시하였다. A 나라에서는 100명을 조사하였는데 71명이 투표했다고 응답하였고, B 나라는 200명을 조사하였는데 134명이 투표하였다고 응답하였다. A, B 나라의 투표할 확률을 각각 P_1, P_2라고 할 때, $P_1 - P_2$의 추정값은?

① 0.71　　② 0.67
③ 0.04　　④ 0.46

해설

A 나라와 B 나라의 투표율 차이는 P_2-P_1으로 계산된다. A 나라의 투표율은 71/100=0.71, B 나라는 134/200=0.67이다. 두 나라의 투표율 차이는 0.71−0.67=0.04이다.

29 어느 시험에서 학생의 점수가 60, 70, 80점일 때 표본분산을 구하시오.

① 66.7　　② 70
③ 100　　④ 200

해설

표본분산은 각 데이터와 평균의 차이 제곱을 평균화한 값으로, (60, 70, 80)의 표본분산은 $[(60-70)^2+(70-70)^2+(80-70)^2]/(3-1)=100$이 된다. 이는 데이터의 변동성을 나타낸다.

30 다음 중 기술통계량이 아닌 것은?

① 평균　　② 최빈값
③ 분산　　④ 이상값

해설

기술통계량은 데이터의 기본적인 특성을 요약하는 통계량으로 평균, 최빈값, 분산 등이 포함된다. 평균은 데이터의 중심 경향성을, 최빈값은 빈도가 가장 높은 값을, 분산은 데이터의 분포와 변동성을 나타낸다. 반면, 이상값은 데이터 분석에서 특이값으로 취급되어 기술통계량에 포함되지 않는다.

31 다음 중 데이터가 얼마나 편중되어 있는지 확인할 수 있는 척도를 고르시오.

① 분산　　② 표준편차
③ 왜도　　④ 첨도

해설

왜도(Skewness)는 데이터가 한쪽으로 얼마나 치우쳐 있는지를 나타내는 척도이다. 분산과 표준편차는 데이터의 분포 폭을 나타내지만, 왜도는 분포의 비대칭성을 파악하는 데 사용된다. 첨도는 데이터 분포의 뾰족한 정도를 의미하며, 편중 여부와는 직접적인 관련이 없다.

26 ① 27 ② 28 ③ 29 ③ 30 ④ 31 ③ 정답

32 다음 ㄱ, ㄴ, ㄷ에 들어갈 단어로 맞는 것을 고르시오.

	귀무가설 참	귀무가설 거짓
귀무가설 채택	ㄱ	ㄴ
귀무가설 기각	ㄷ	옳은 결정

① ㄱ. 옳은 결정 ㄴ. 제1종 오류
ㄷ. 제2종 오류
② ㄱ. 옳은 결정 ㄴ. 제2종 오류
ㄷ. 제1종 오류
③ ㄱ. 틀린 결정 ㄴ. 제1종 오류
ㄷ. 제2종 오류
④ ㄱ. 틀린 결정 ㄴ. 제2종 오류
ㄷ. 제1종 오류

해설

통계적 검정에서 귀무가설이 참일 때 이를 채택하면 옳은 결정이 되며, 거짓일 때 채택하면 제2종 오류가 발생한다. 반대로, 귀무가설이 참인데 이를 기각하면 제1종 오류가 발생한다.

33 베르누이 시행 10번 중 7번 이상 성공할 확률에 대해 가설이 다음과 같을 때, 제2종 오류를 범할 확률을 구하시오.

$$H_0 = \frac{1}{2} \quad H_1 = \frac{2}{3}$$

① $\sum_{i=7}^{10}\left(\frac{2}{3}\right)^i\left(\frac{1}{3}\right)^{10-i}$

② $\sum_{i=0}^{6}\left(\frac{2}{3}\right)^i\left(\frac{1}{3}\right)^{10-i}$

③ $\sum_{i=7}^{10}\left(\frac{1}{2}\right)^i$

④ $\sum_{i=0}^{6}\left(\frac{1}{2}\right)^i$

해설

제2종 오류는 귀무가설이 거짓인데 이를 채택하는 오류로, 문제에서 제2종 오류를 계산하려면 H_0가 참일 때 7번 이상의 성공이 일어날 확률을 고려해야 한다. 성공확률은 2/3, 실패확률은 1/3로 성공횟수 i가 0부터 6까지인 경우의 확률은 $\sum_{i=0}^{6}\left(\frac{2}{3}\right)^i\left(\frac{1}{3}\right)^{10-i}$이다.

34 모델의 편향과 분산 관계에 대한 설명으로 옳은 것은?

① 모델이 복잡하면 편향이 커지고, 분산이 작아진다.
② 모델이 단순하면 편향이 작아지고, 분산이 커진다.
③ 편향이 낮고 분산도 낮으면 좋은 모델이다.
④ 편향과 분산은 상충관계에 있지 않다.

해설

모델의 편향(bias)은 단순한 모델일수록 작아지고, 분산(variance)은 모델이 복잡할수록 커지며, 두 요소는 상충 관계에 있다. 편향과 분산이 모두 낮을수록 좋은 모델이라고 할 수 있다.

35 다음 설명 중 옳지 않은 것은?

① n의 개수(표본 크기)와 상관없이 표본의 평균은 모집단의 평균과 같다.
② 표본 통계량의 기대값이 모집단 모수와 같다면 이를 불편추정량이라고 한다.
③ 표본의 수가 커지면 표본 오차가 줄어들고 결과의 신뢰성이 높아진다.
④ 표본의 수가 늘어나면 표본의 평균을 이용한 신뢰구간의 추정 정확도가 높아진다.

해설

표본의 평균이 항상 모집단의 평균과 같을 수는 없으며, 표본 수가 증가할수록 모집단 평균에 더 근사해질 뿐이다. 또한, 표본 수가 많아지면 표본 오차가 줄어들고 신뢰성이 높아진다.

36 데이터를 정규분포에 가깝게 변환하기 위한 통계적 기법으로 음수데이터는 불가능하여 양수데이터만 가능한 방법은?

① Min-Max ② Z Score
③ Binning ④ Box-Cox

정답 32 ② 33 ② 34 ③ 35 ① 36 ④

해설

Box-Cox 변환은 데이터의 정규성을 높이기 위해 사용하는 기법으로, 음수 데이터에는 사용할 수 없다. 양수 데이터에만 적용 가능하며, 데이터가 정규분포에 가깝게 변환된다. Min-Max, Z-score, Binning은 데이터 스케일링 및 구간화 방법으로, 정규성 변환을 목적으로 하지는 않는다.

37 다음 중 차원 축소를 통해 할 수 없는 것을 고르시오.

① 특징 추출 ② 설명력 증가
③ 노이즈 제거 ④ 데이터 정제

해설

차원 축소는 특징 추출, 설명력 증가, 노이즈 제거 등을 통해 모델 성능을 향상시킬 수 있는 기법이다. 하지만 데이터 정제와는 관련이 없으며, 정제는 주로 결측값이나 이상값 처리와 같은 데이터 전처리 작업을 의미한다.

38 암 발생률과 소득의 상관관계를 다른 변수들을 제외하고 분석하고 싶을 때 사용하는 기법은?

① 군집분석 ② 편상관계수
③ F분포 ④ 카이제곱

해설

편상관계수는 특정 변수를 고정하고 다른 변수들 간의 순수한 상관관계를 파악할 때 사용된다. 예를 들어, 암 발생률과 소득 간의 관계를 분석할 때 다른 변수의 영향을 제외하고 상관관계를 분석할 수 있다. 군집분석, F분포, 카이제곱 검정은 상관관계 분석과는 다른 목적을 가진 기법이다.

39 다음 중 다변량분산분석(MANOVA)에 대한 설명으로 옳은 것은?

① 독립변수 1개 이상, 종속변수 1개이다.
② 독립변수 여러 개, 종속변수 1개이다.
③ 독립변수 1개 이상, 종속변수 여러 개이다.
④ 독립변수 1개, 종속변수 여러 개이다.

해설

다변량분산분석(MANOVA)은 하나 이상의 독립변수와 여러 개의 종속변수를 포함하는 경우에 사용된다. 이를 통해 여러 종속변수에 대해 독립변수의 영향을 동시에 검정할 수 있다.

40 다음 중 결측값 대치에 대한 설명으로 옳지 않은 것은?

① 평균으로 대치하는 경우 통계량의 표준오차가 과소추정될 수 있다.
② 단순확률대치법은 확률추출에 의해 전체 데이터 중 무작위 대치하는 방법이다.
③ 최근접대치법은 결측치를 해당 데이터와 가장 유사한 값으로 대치하는 방법이다.
④ 자기회귀로 결측치를 대치하면 상관성이 낮아지고 분산이 커진다.

해설

결측값 대체 방법 중 자기회귀로 결측값을 대체할 경우, 상관성이 낮아지거나 분산이 커지는 것이 아니라, 상관성이 유지되고 안정적인 대체값이 제공된다. 평균 대치는 표준오차를 과소추정할 수 있으며, 단순확률대치법과 최근접대치법은 각각 무작위와 유사성을 기반으로 결측값을 대체하는 방식이다.

41 다음 중 다중공선성과 VIF(Variance Inflation Factor)에 대한 설명으로 옳은 것은?

① 다중공선성은 회귀계수의 분산을 증가시킨다.
② 다중회귀에서 독립변수 간에 선형회귀가 있으면 다중공선성이 있다고 한다.
③ VIF 분산팽창지수가 5 미만이면 독립변수 간에 상관성이 존재한다.
④ 회귀분석을 적용하기 위해서는 다중공선성을 만족해야 한다.

해설

다중공선성은 독립변수 간의 높은 상관성으로 인해 회귀계수의 분산이 증가하여 추정이 불안정해지는 현상이다. 다중회귀에서 독립변수 간의 선형 상관성이 높을 경우 다중공선성이 발생할 수 있으며, 이는 분석 결과의 신뢰성을 떨어뜨린다. VIF는 보통 5 이상일 때 다중공선성이 있다고 판단한다.

37 ④ 38 ② 39 ③ 40 ④ 41 ② **정답**

42 다음 중 샘플링에 사용되지 않는 기법은?

① Metropolis-Hastings Algorithm
② Perfect Sampling
③ EM Algorithm
④ Rejection Sampling

해설

샘플링 기법에는 Metropolis-Hastings Algorithm, Perfect Sampling, Rejection Sampling 등이 포함되며, 이는 샘플을 무작위로 생성하는 방법들이다. EM Algorithm은 샘플링에 사용되는 기법이 아니라, 데이터의 잠재변수를 최적화하여 모델 매개변수를 추정하는 데 사용되는 알고리즘이다.

43 다음 중 경사하강법에 대한 설명으로 옳은 것은?

① 확률적 경사하강법은 전체 데이터 중 일부를 랜덤추출하여 사용하는 방법이다.
② 모멘텀은 관성을 이용해 지역 최소를 극복하고 전역최소를 찾아가는 방법이다.
③ Adaptive Gradient(AdaGrad)는 이전 기울기에 따라 속도가 달라진다.
④ Adam은 확률적 경사하강법과 모멘텀 방식의 장점을 합친 경사하강법이다.

해설

경사하강법의 여러 변형 중 모멘텀(momentum)은 관성을 활용하여 학습이 지역 최솟값에 빠지는 것을 방지하고, 전역 최솟값을 찾아가는 방법이다. 모멘텀을 통해 이전 기울기를 고려하여 학습 방향을 보정함으로써 최적화 속도를 높인다.

44 다음 빈칸에 공통으로 들어갈 용어로 적절한 것은?

> 시퀀스투시퀀스(seq2seq)에서 인코더를 통해 (　　)가 만들어지고 디코더가 (　　)를 받아 출력시퀀스가 된다.

① 고유벡터　　② 컨텍스트 벡터
③ 공벡터　　④ 기저벡터

해설

시퀀스투시퀀스(seq2seq) 모델에서 인코더는 입력 시퀀스를 처리하여 컨텍스트 벡터(context vector)를 생성한다. 이 컨텍스트 벡터는 입력 시퀀스의 정보를 압축한 형태로, 디코더가 이를 받아 출력 시퀀스를 생성하는 데 사용한다. 컨텍스트 벡터는 인코더와 디코더 사이의 정보 전달을 담당하여 입력과 출력 사이의 매개 역할을 한다.

45 매개변수와 초매개변수에 대한 설명으로 옳지 않은 것은?

① 매개변수는 학습하며 갱신된다.
② 매개변수는 경사하강법으로 추정될 수 있다.
③ 초매개변수는 학습이 진행되어도 바뀌지 않는다.
④ 은닉층의 수와 학습률은 초매개변수이다.

해설

초매개변수는 사용자 경험에 의해 설정되는 데이터와 모델을 위한 입력값으로 학습을 진행하면서 조정하고 변경할 수 있다.

46 다음 중 서포트벡터머신(SVM)에 대한 설명으로 옳지 않은 것은?

① 과적합되는 경우가 적다.
② 학습속도가 느리다.
③ 초매개변수의 최적화는 필요 없다.
④ 커널함수가 여러 개 존재할 수 있다.

해설

SVM은 과적합에 비교적 강하고, 학습속도가 느린 단점이 있지만 높은 성능을 보이는 모델이다. 또한 SVM에서는 초매개변수 최적화를 위해 다양한 값을 실험해야 하며, 커널 함수도 여러 가지 중에서 최적의 것을 선택해야 한다.

정답 42 ③ 43 ② 44 ② 45 ③ 46 ③

47 다음은 어떤 거리에 관한 공식인지 고르시오.

$$D(X,Y) = \left(\sum_{i=1}^{n} |x_i - y_i|^p\right)^{\frac{1}{p}}$$

① 마할라노비스 거리
② 유클리드 거리
③ 맨해튼 거리
④ 민코프스키 거리

해설

주어진 공식은 민코프스키 거리(Minkowski distance)의 정의이다. p값에 따라 다양한 거리 척도로 활용되며, p=1일 때는 맨해튼 거리, p=2일 때는 유클리드 거리가 된다.

48 다음 보기에서 의사결정나무에 대한 설명으로 옳은 것을 모두 고르시오.

(가) 의사결정나무는 설명력이 명확하다.
(나) 의사결정나무는 동질성이 커지는 방향으로 분기한다.
(다) 정규성 가정이 필요하다.
(라) 교호작용 효과 해석이 어렵다.

① (가), (라) ② (가), (나)
③ (나), (다) ④ (나), (라)

해설

의사결정나무는 설명력이 명확하고, 데이터의 동질성이 커지는 방향으로 분기하여 각 노드에서 예측의 일관성을 높인다. 의사결정나무는 정규성 가정을 필요로 하지 않으며, 교호작용 효과를 해석하기에 용이하다.

49 인공신경망에서 마지막 은닉노드가 2개, 출력노드가 1개, 편향이 0.2일 때 출력값을 계산하시오. (은닉노드의 값은 각각 0.2, 0.1이고 가중치는 0.4, 0.5이다)

① 0.33 ② 0.44
③ 0.55 ④ 0.64

해설

은닉 노드의 값과 가중치를 곱하여 합산한 다음 편향을 더한다.

0.2×0.4+0.1×0.5+0.2=0.33

50 부스팅(Boosting)에 대한 설명으로 옳지 않은 것은?

① 여러 개의 약한 학습기를 순차적으로 학습시키고 예측한다.
② GBM은 가중치 업데이트에 경사하강법을 이용한다.
③ XGBoost는 GBM을 개선한 방식이지만, GBM보다 속도가 늦다.
④ LightGBM은 기존 트리 방식과 다르게 leaf 중심으로 분기한다.

해설

부스팅은 여러 약한 학습기를 순차적으로 학습시키며, 이전 학습기의 오차를 줄이기 위해 다음 학습기에 반영하는 방식이다. GBM은 경사하강법을 통해 가중치를 업데이트하며, XGBoost는 GBM의 성능을 개선하여 학습 속도가 빠른 모델이다. LightGBM은 leaf 중심으로 분기하여 학습 속도를 더욱 높였다.

51 앙상블 모델에 대한 설명으로 옳지 않은 것은?

① 앙상블 모델은 여러 개의 모델을 조합하여 하나의 최종 결과를 도출한다.
② 대표적인 앙상블 기법들로 배깅, 부스팅, 스태킹이 있다.
③ 앙상블 모델로 분석하는 것은 단일 모델로 분석하는 것보다 항상 좋다.
④ 여러 모델들을 결합하여 과적합을 방지할 수 있다.

해설

앙상블 모델은 여러 개의 모델을 결합하여 단일 모델보다 성능이 향상된 예측 결과를 도출할 수 있는 방법이다. 대표적인 앙상블 기법으로는 배깅, 부스팅, 스태킹이 있으며, 여러 모

47 ④ 48 ② 49 ① 50 ③ 51 ③ 정답

델을 결합함으로써 모델의 편향을 줄이고, 과적합을 방지하는 효과를 얻을 수 있다. 하지만 앙상블 모델이 항상 단일 모델보다 좋은 성능을 보이는 것은 아니다. 경우에 따라 단일 모델이 더 효율적이거나 효과적일 수 있으며, 데이터의 특성이나 모델 선택에 따라 앙상블의 성능이 달라질 수 있다.

52 동일한 두 개의 공장 중 하나의 공장에 신기술을 적용하여, 신기술이 불량 감소에 효과가 있는지 확인하려 한다. 다음 중 신기술 적용 공정과 기존 공정 간의 상대 위험도(RR)와 승산비(OR)로 가장 적절한 것은?

구분	불량여부		합계
	불량	정상	
신기술 적용 공정	10	490	500
기존 공정	40	460	500
합계	50	950	1,000

① 상대 위험도 : 4, 승산비 : (0.02×0.98)/(0.08×0.92)

② 상대 위험도 : 4, 승산비 : (0.02×0.92)/(0.08×0.98)

③ 상대 위험도 : 0.25, 승산비 : (0.02×0.98)/(0.08×0.92)

④ 상대 위험도 : 0.25, 승산비 : (0.02×0.92)/(0.08×0.98)

해설

상대 위험도는 일정 시점에서 발생하는 사건의 비율로서 신기술 적용 공정 시 불량이 발생할 확률에서 기존 공정 시 불량이 발생할 확률을 나눈 값이다. (10/500)/(40/500)=0.25

승산비는 두 사건 A, B 사이의 연관 강도를 정량화하는 통계식으로서 A가 있을 때 B의 승산과 A가 없을 때 B의 승산의 비율로 정의된 것이다. (10/490)/(40/460)=(0.02×0.92)/(0.08×0.98)

53 다음 중 나이브 베이즈에 대한 설명으로 옳지 않은 것은?

① 각각이 독립인 것을 가정한다.

② 베이즈 룰을 사용해서 종속변수의 확률을 계산한다.

③ 나이브 베이즈는 사전확률과 사후확률을 토대로 우도를 계산한다.

④ 별도의 학습 과정을 거치지 않는다.

해설

나이브 베이즈 분류기는 조건부 독립을 가정하며, 각 특성이 서로 독립적이라고 가정하고 베이즈 정리를 통해 종속변수의 확률을 계산한다. 사전확률과 우도(likelihood)를 통해 사후확률을 계산하는 방식이다.

54 비모수검정에 대한 설명으로 옳지 않은 것은?

① 정규성 가정이 필요하지 않다.

② 이상치에 대한 민감도가 모수검정보다 덜하다.

③ 모수검정보다 검정력이 높다.

④ 직관적으로 이해하기 쉽다.

해설

비모수 검정은 데이터가 특정한 분포를 따른다고 가정하지 않기 때문에 정규성 가정이 필요 없다. 또한, 이상치에 대한 민감도가 적어 데이터의 왜곡이 덜하며, 직관적으로 이해하기 쉬운 장점이 있다. 하지만 비교적 모수검정에 비해 검정력이 낮은 경우가 많다.

55 결정계수에 대한 설명으로 옳은 것은?

① 1은 종속변수의 변동이 독립변수에 의해 설명되지 않음을 의미한다.

② 0은 종속변수의 변동이 모두 독립변수에 의해 설명됨을 의미한다.

③ 결정계수 값의 범위는 0~1이다.

④ 회귀모형에 독립변수를 더 많이 추가하면 항상 결정계수 값이 높아진다.

정답 52 ④ 53 ③ 54 ③ 55 ③

해설

결정계수(R^2)의 값은 0에서 1 사이로 나타내며, 종속변수의 변동 중 독립변수로 설명할 수 있는 비율을 나타낸다. 1에 가까울수록 독립변수가 종속변수의 변동을 잘 설명하는 것을 의미한다.

56 다음의 앙상블 기법과 관련된 설명들 중 옳지 않은 것은?

① Voting - 투표를 통해 값을 결정한다.
② Batch - 샘플 집합으로서 주로 배깅에 활용된다.
③ Bagging - 샘플을 여러 번 뽑아 각 모델을 학습시켜 결과물을 집계한다.
④ Stacking - 동일한 샘플로 다양한 유형의 모델을 학습한다.

해설

Batch는 샘플의 집합이며 미니 배치, 확률적 배치 등으로 나뉜다. 배깅에는 활용하지 않는다.

57 과적합 방지 규제항 적용 시 가중치 제곱합을 최소화하는 제약을 주는 기법은?

① Lasso
② Ridge
③ Elastic Net
④ Logistic Regression

해설

Ridge 회귀는 과적합 방지를 위해 규제항을 적용하여 가중치 제곱합을 최소화하는 제약을 추가한다. 이는 모델의 가중치가 너무 커지는 것을 방지하여 일반화 성능을 높인다.

58 다음 중 과적합 방지 방안으로 옳지 않은 것은?

① 가중치 규제 ② 드롭아웃
③ 배치 정규화 ④ 매개변수 증가

해설

과적합을 방지하기 위한 방법으로는 가중치 규제(L2 정규화), 드롭아웃, 배치 정규화 등이 있다. 매개변수를 증가시키는 것은 오히려 과적합을 초래할 수 있다.

59 선형 회귀와 로지스틱 회귀에 대한 설명으로 옳지 않은 것은?

① 종속변수가 범주형인 경우 로지스틱 회귀를 사용한다.
② 선형, 로지스틱 회귀 모두 잔차 정규성을 가정한다.
③ 선형회귀 계수를 최소제곱량(LSE)으로 추정하면 불편추정량의 특성을 가진다.
④ 선형, 로지스틱 회귀 모두 MLE로 계수 추정이 가능하다.

해설

선형 회귀는 연속형 종속변수에 사용되며, 로지스틱 회귀는 종속변수가 범주형인 경우에 사용된다. 선형 회귀는 잔차 정규성을 가정하지만, 로지스틱 회귀는 확률 예측을 위해 로지스틱 함수를 사용하므로 잔차 정규성을 가정하지 않는다.

60 모델의 배치에 관한 설명으로 옳지 않은 것은?

① 배치 크기가 작으면 훈련속도가 빨라진다.
② 배치 크기는 훈련속도에 영향을 주지만, 성능에 영향이 없다.
③ 배치 크기가 너무 크면 메모리 문제가 발생한다.
④ 배치 크기가 너무 작으면 노이즈가 생기며 모델의 학습에 영향을 준다.

해설

배치 크기(batch size)는 모델 학습의 효율성과 성능에 영향을 미치는 중요한 요소이다. 배치 크기가 작아질수록 훈련 속도는 빨라지고, 모델의 업데이트가 자주 이루어져 더 정교한 학습이 가능하다. 또한, 배치 크기가 지나치게 작으면 학습 데이터의 노이즈가 반영되기 쉬워 모델이 불안정해질 수 있다. 반대로, 배치 크기가 너무 크면 메모리 문제를 야기할 수 있다.

56 ② 57 ② 58 ④ 59 ② 60 ② 

61 불균형 데이터에 대한 설명으로 옳지 않은 것은?

① 데이터의 불균형이 있는 경우 최적화된 모델의 학습이 어려울 수 있다.

② 불균형 데이터 집합에서는 정확도보다는 정밀도를 평가지표로 설정해야 한다.

③ 학습 시 클래스의 개수보다는 클래스 간의 샘플 수 차이에 영향을 받는다.

④ 소수의 클래스는 언더 샘플링을 적용해 해결한다.

해설

불균형 데이터는 한 클래스에 비해 다른 클래스의 데이터 수가 현저히 적은 경우를 말한다. 이런 경우, 주로 모델이 많은 클래스에 치우쳐 학습될 수 있어 최적화된 모델 학습이 어려울 수 있다. 평가지표로는 정확도보다 소수 클래스의 예측 성능을 측정하는 정밀도나 재현율이 더 적합하다. 소수 클래스의 문제를 해결하기 위해 언더 샘플링이 아니라 오버 샘플링이 일반적이며, 언더 샘플링은 다수 클래스에 적용하는 방법이다.

62 결측값을 대치하는 방법 중 회귀대치법에 대한 설명으로 맞지 않는 것은?

① 대체할 결측값을 예측하기 위해 회귀분석을 사용한다.

② 데이터의 구조와 패턴을 반영하여 결측값을 대체할 수 있다.

③ 독립변수와 종속변수 간의 관계가 약할 경우에도 적용이 가능하다.

④ 결측값이 없는 다른 변수를 이용하여 결측값이 있는 변수를 예측한다.

해설

회귀대치법은 결측값을 대체하기 위해 회귀분석을 사용하는 방법으로, 결측값이 있는 변수와 다른 변수 간의 관계를 통해 결측값을 예측한다. 데이터의 구조와 패턴을 반영하기 때문에 정확한 결측값 대체가 가능하지만, 독립변수와 종속변수 간의 관계가 약할 경우 회귀대치법의 효과가 떨어진다. 따라서 관계가 약한 경우에 적용하기 어렵다.

63 시계열 자료에서 예측 정확도를 측정하는 지표에 대한 설명으로 적절하지 않은 것은?

① MAPE(Mean Absolute Percentage Error)는 예측 값과 실제 값 사이의 절대적인 비율 오차를 평균하여 예측 정확도를 측정하는 지표로, 값이 작을수록 예측 정확도가 높음을 의미한다.

② RMSE(Root Mean Squared Error)는 예측 값과 실제 값 간의 오차를 제곱하여 평균한 후 루트를 취한 값으로, 큰 오차에 민감하게 반응하여 예측 정확도를 평가한다.

③ MAE(Mean Absolute Error)는 예측 값과 실제 값의 차이를 절대값으로 변환하여 평균한 값으로, 오차가 작을수록 예측 정확도가 높음을 의미한다.

④ R-squared(R^2)는 예측 값과 실제 값 간의 상관관계를 측정하며, 예측 모델이 얼마나 정확하게 값을 예측하는지를 나타낸다.

해설

R-squared(R^2)는 회귀 분석에서 모델의 설명력을 나타내는 지표로, 주로 종속변수와 독립변수 간의 선형 관계를 평가할 때 사용된다. 시계열 예측의 정확도를 평가하는데 R-squared는 적절하지 않으며, 대신 MAPE, RMSE, MAE 등이 주로 사용된다.

64 ROC 곡선에 대한 설명으로 옳지 않은 것은?

① FPR 값에 따른 TPR 값의 그래프이다.

② FPR이 작아도 TPR이 클 수 있다.

③ 무작위의 경우 TPR과 FPR은 같은 곳으로 수렴한다.

④ AUC 값이 작을수록 좋은 모델이다.

해설

ROC(Receiver Operating Characteristic) 곡선은 모델의 분류 성능을 평가하기 위해 TPR(True Positive Rate)과 FPR(False Positive Rate)을 비교하여 그린 그래프이다. TPR은 민감도, FPR은 1-특이도로, 이상적인 모델일수

정답 61 ④ 62 ③ 63 ④ 64 ④

록 TPR이 높고 FPR이 낮아진다. 무작위 모델에서는 TPR과 FPR이 같은 값으로 수렴하여 대각선 형태를 띠게 된다. ROC 곡선 아래 면적(AUC)이 클수록 모델의 분류 성능이 우수하며, AUC 값이 클수록 좋은 모델을 의미한다.

65 척도와 예시가 맞지 않게 연결된 것은?

① 비율 척도 – 나이
② 명목 척도 – 성별
③ 서열 척도 – 매출액
④ 등간 척도 – 온도

해설

비율 척도는 절대적 0이 존재하고 비율 계산이 가능한 척도로 나이와 같은 데이터가 이에 해당한다. 명목 척도는 분류나 이름을 나타내는 척도로 성별이 이에 해당하며, 서열 척도는 순위를 표현하지만, 값 간의 차이는 비교할 수 없기에 매출액과 연결하기에는 부적절하다. 매출액은 서열이 아닌 비율 척도로 볼 수 있다. 온도는 값 간의 차이가 일정한 등간 척도 예시에 적합하다.

66 주어진 혼동행렬을 활용하여 평가지표를 계산한 결과로 적절하지 않은 것은?

		예측결과	
		Positive	Negative
실제값	Positive	48	12
	Negative	2	38

① 정확도 0.86　② 민감도 0.75
③ 특이도 0.95　④ 정밀도 0.96

해설

민감도는 TP/(TP+FN)이므로 48/(48+12)=0.8이다.

67 실제 Positive인 대상 중에서 Positive로 정확히 예측한 확률을 뜻하는 것은?

① 재현율　② 정확도
③ 정밀도　④ 특이도

해설

실제 Positive인 대상 중에서 Positive로 정확히 예측한 비율을 재현율(recall) 또는 민감도(sensitivity)라고 한다. 이는 모델이 실제로 Positive인 경우를 얼마나 잘 찾아내는지를 나타내며, 참 양성(TP) 비율을 기반으로 계산된다. 정확도는 전체 예측 중 맞춘 비율, 정밀도는 예측된 Positive 중 실제 Positive 비율, 특이도는 실제 Negative를 Negative로 정확히 예측한 비율을 의미한다.

68 아래 빈칸에 들어갈 내용으로 잘못된 것은?

요인	제곱합	자유도	평균제곱	F값
회귀	18.667	2	(3)	(4)
잔차	2.78	(2)	0.31	
합계	(1)	11		

① (1) – 21.447
② (2) – 9
③ (3) – 9.334
④ (4) – 30.11

해설

회귀평균제곱은 회귀제곱합을 자유도로 나눈 값이다. 18.667을 2로 나누면 9.334이다.

69 이진 변수에 대한 설명으로 맞지 않는 것은?

① 두 가지 값만 가질 수 있는 변수이다.
② 성별(남, 여), 출석상태(출석, 미출석) 등이 바이너리 변수이다.
③ 로지스틱 회귀와 같은 분류 모델에서 사용된다.
④ 원–핫 인코딩은 연속형 데이터를 이진 형식으로 변환한다.

해설

이진 변수는 두 가지 값만 가질 수 있는 변수로, 예를 들어 성별(남, 여)이나 출석 상태(출석, 미출석)가 이에 해당한다. 로지스틱 회귀와 같은 분류 모델에서도 이진 변수를 사용하여 결과를 예측할 수 있다. 그러나 원–핫 인코딩은 범주형 데이

정답 65 ③ 66 ② 67 ① 68 ③ 69 ④

터를 이진 형식으로 변환하는 방법으로, 연속형 데이터를 변환하는 방법이 아니다.

70 K-fold 교차검증에 대한 설명으로 옳지 않은 것은?

① k−1개 데이터셋은 학습용으로 사용하고, 1개 데이터셋은 검증용으로 사용한다.

② 폴드(fold)의 크기가 작을수록 모델의 성능이 떨어진다.

③ 학습과 검증을 k번 반복해서 수행한다.

④ k개로 나누어진 데이터셋은 각각 한 번씩만 검증용으로 사용된다.

해설

k-fold 교차검증에서는 전체 데이터를 k개의 폴드로 나누어 k−1개의 폴드를 학습용으로, 1개의 폴드를 검증용으로 사용하며, 이를 k번 반복하여 검증한다. k가 클수록 폴드의 크기는 작아지며, 여러 번 학습과 검증을 수행하기 때문에 모델의 일반화 성능이 향상된다.

71 (가)와 (나)를 표현하기에 적합한 인포그래픽으로 가장 잘 연결된 것은?

> (가) 지역별 코로나 발생률
> (나) 코로나 발병 이후부터 월별 코로나 발생률

① (가) 지도 인포그래픽 (나) 타임라인 인포그래픽

② (가) 목록 인포그래픽 (나) 타임라인 인포그래픽

③ (가) 지도 인포그래픽 (나) 프로세스 인포그래픽

④ (가) 비교 인포그래픽 (나) 통계 인포그래픽

해설

(가) 지역별 코로나 발생률은 각 지역의 발생률을 지도에 표시하는 것이 효과적이다. 따라서 지도 인포그래픽이 적합하다. (나) 코로나 발병 이후 월별 발생률은 시간의 흐름에 따라 발생률을 보여줘야 하므로 타임라인 인포그래픽이 적합하다. 타임라인은 시간에 따른 변화나 추이를 시각적으로 표현하는 데 효과적이다.

72 다음 그래프는 2005년부터 2025년까지의 국내 출생자 수와 아파트 평균 매매가의 변동을 보여준다. 그래프에 대한 설명으로 옳은 것을 고르시오.

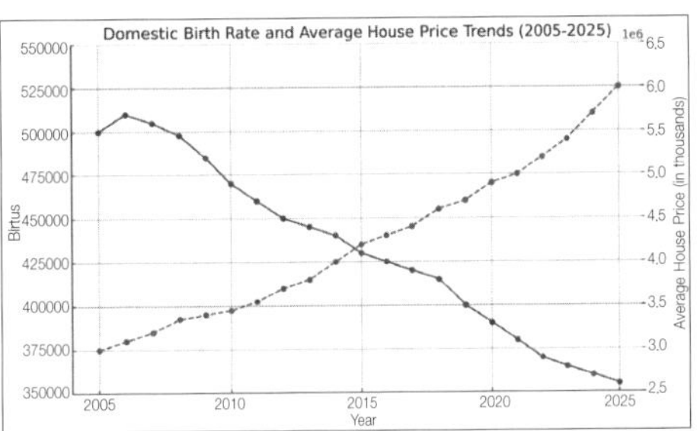

① 2010년에 국내 출생자 수가 500,000명을 초과했다.

② 2012년부터 2020년까지 아파트 평균 매매가는 지속적으로 상승했다.

③ 2023년의 국내 출생자 수는 200,000명 이하로 감소했다.

④ 2015년 이후 아파트 평균 매매가는 7,000,000천 원을 넘었다.

해설

그래프에 따르면 2012년 이후로 아파트 평균 매매가는 꾸준히 상승하는 모습을 보인다.

73 다음 중 교차검증에 대한 설명으로 옳지 않은 것은?

① 시계열 데이터에서 학습데이터와 검증데이터는 같은 시간대에 있어야 한다.

② 학습데이터에서의 평균제곱오차 값은 대개 검증데이터에서의 평균제곱오차 값보다 작다.

③ k-폴드 교차검증은 k번의 학습과 검증을 진행한다.

④ 교차검증은 모델의 훈련시간이 증가한다.

해설

시계열 데이터에서는 시간 순서가 중요한데, 학습데이터와 검증데이터가 같은 시간대에 있을 필요는 없다. 일반적으로 시계열 데이터의 교차검증에서는 시간 순서를 유지하며 데

정답 70 ② 71 ① 72 ② 73 ①

이터를 나누고, 과거 데이터를 학습데이터로, 미래 데이터를 검증데이터로 사용해 예측 성능을 평가한다.

74 **다음은 2010년부터 2025년까지 특정 지역의 평균 월간 지출 분포를 보여준다. 다음 중 옳은 설명을 고르시오.**

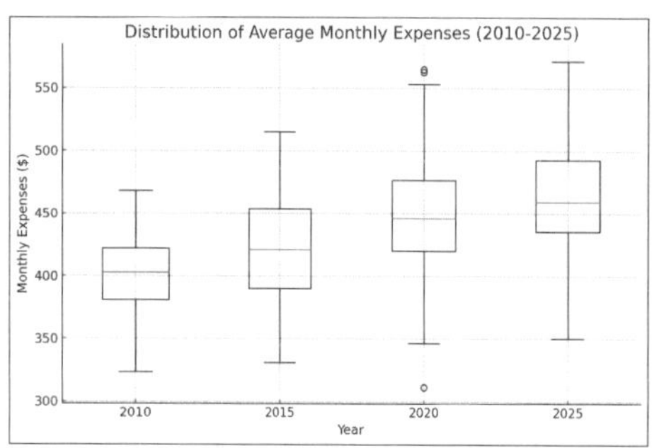

① 2015년과 2020년의 월간 지출 분포에서 중앙값이 같은 수준에 있다.

② 2020년 데이터에서 이상치가 발견된다.

③ 2025년의 월간 지출 분포는 다른 연도에 비해 가장 좁은 범위를 가진다.

④ 2010년과 비교하여 2025년 월간 지출 중앙값은 감소했다.

해설

2020년 박스플롯 위에 작은 원 모양으로 표시된 데이터 포인트가 이상치를 나타낸다.

75 **국회의원 선거에서 지역 면적이 아니라 지역구에 당선된 국회의원 수에 따라 시각화 할 때 적합한 시각화 도구는?**

① 카토그램

② 단계구분도

③ 픽토그램

④ 하이퍼볼릭 트리

해설

국회의원 선거 결과를 지역구별 당선자 수로 시각화할 때는 카토그램이 적합하다. 카토그램은 지도의 각 지역 크기를 해당 값(여기서는 당선된 국회의원 수)에 비례하여 변형해 보여주는 방법이다. 이는 지역의 실제 면적이 아닌, 특정 변수(예: 인구, 선거 결과 등)에 따라 지역 크기를 조정하여 데이터의 의미를 시각적으로 강조한다. 예를 들어, 인구가 많은 지역은 크게, 인구가 적은 지역은 작게 표시되는 식이다.

76 **모자이크 플롯에 대한 설명으로 맞지 않은 것은?**

① 변수에 속한 값의 분포를 시각적으로 표현한다.

② 두 개 이상의 범주형 데이터의 상관관계를 나타낸다.

③ 열의 너비는 가로 축에 표시된 관측된 수에 비례한다.

④ 히스토그램 안에 히스토그램이 있는 형식이다.

해설

모자이크 플롯은 두 개 이상의 범주형 데이터의 분포와 상관관계를 시각적으로 보여주는 데 유용한 도구이다. 이 플롯에서는 변수에 속한 값의 분포를 사각형의 면적으로 표현하며, 열의 너비는 해당 범주형 데이터의 관측 수에 비례한다. 따라서 각 열과 행의 크기는 데이터의 빈도에 따라 조정되어 시각적으로 이해하기 쉽다. 히스토그램은 연속형 데이터를 시각화하기 위한 기법이다.

77 **다음 중 기초통계량과 그래프로 확인할 수 없는 것을 고르시오.**

① 결측치 ② 이상치

③ 통계적 유의성 ④ 데이터 분포

해설

기초통계량과 그래프를 통해 확인할 수 있는 데이터의 요소로는 결측치, 이상치, 데이터 분포가 있다. 예를 들어 결측치는 누락된 데이터를 파악하고 이상치는 데이터에서 벗어난 특이값을 찾아낼 수 있게 한다. 데이터 분포는 히스토그램이나 박스플롯 등을 통해 시각적으로 확인할 수 있다. 그러나 통계적 유의성은 그래프나 기초통계량만으로는 확인할 수 없으며, 이를 확인하려면 t-검정이나 p-value와 같은 통계적 분석이 필요하다.

74 ② 75 ① 76 ④ 77 ③ 정답

78 데이터 시각화의 순서로 옳은 것은?.

① 데이터 획득→데이터 구조화→데이터 마이닝→시각화 모델 선택→시각화 표현
② 데이터 획득→데이터 구조화→시각화 모델 선택→시각화 표현→데이터 마이닝
③ 데이터 구조화→데이터 획득→시각화 모델 선택→데이터 마이닝→시각화 표현
④ 데이터 구조화→데이터 획득→데이터 마이닝→시각화 모델 선택→시각화 표현

해설

데이터 시각화의 기본 순서는 데이터를 확보하고, 이를 구조화한 후 분석에 적합한 시각화 모델을 선택하고, 최종적으로 시각화 표현을 하는 방식이다. 먼저 데이터를 획득하고 구조화한 후, 데이터 마이닝을 통해 의미 있는 패턴이나 관계를 찾아내고, 이를 효과적으로 전달하기 위해 시각화 모델을 선택하여 표현하는 순서가 일반적이다.

79 지역별 매출과 수익을 시각화 하기에 가장 적절한 방법으로 짝지어진 것은?

① 매출 : 버블차트, 수익 : 코로플레스맵
② 매출 : 코로플레스맵, 수익 : 버블차트
③ 매출 : 카토그램, 수익 : 버블차트
④ 매출 : 등치선도, 수익 : 카토그램

해설

지역별 매출과 수익을 시각화할 때는 각 데이터의 특성에 맞는 시각화 방법을 선택하는 것이 중요하다. 매출은 지역 단위로 비교할 수 있는 코로플레스맵이 적합하다. 코로플레스맵은 지도에 색상 농도로 매출 크기를 표현하여 지역별 매출 차이를 한눈에 파악할 수 있게 한다. 반면, 수익은 특정 지역에서의 차이를 더 세밀하게 볼 수 있는 버블차트가 적합하다. 버블차트는 각 지점의 수익을 버블 크기로 표시하여 시각적으로 수익 규모를 쉽게 비교할 수 있게 한다.

80 분석 결과 활용 계획에 대한 설명으로 옳지 않은 것은?

① 내/외부 교육 훈련 방안도 포함한다.
② 분석 결과 활용 계획은 분석 모형 리모델링 후 수립한다.
③ 분석 결과 활용 효과 측정을 위한 성과지표도 마련되어야 한다.
④ 분석 결과에 대한 지속적인 모니터링이 필요하다.

해설

분석 결과 활용 계획은 분석 모형 리모델링 후가 아니라, 분석 완료 후 바로 수립하는 것이 일반적이다. 분석이 끝난 후 계획을 수립함으로써, 결과를 조직 내외에서 교육 훈련에 어떻게 활용할지, 성과를 측정할 지표가 무엇인지 결정할 수 있다. 또한, 분석 결과가 계속해서 유의미한 정보를 제공할 수 있도록 지속적인 모니터링을 포함하는 것이 중요하다. 이러한 계획이 효과적으로 실행되어야 분석 결과가 실제 비즈니스에 반영되어 가치를 창출할 수 있다.

정답 78 ① 79 ② 80 ②

빅데이터 분석기사 필기

2023. 1. 11. 초 판 1쇄 발행
2024. 2. 28. 개정증보 1판 1쇄 발행
2025. 1. 8. 개정증보 2판 1쇄 발행

저자와의 협의하에 검인생략

지은이 | 김민지
펴낸이 | 이종춘
펴낸곳 | BM ㈜도서출판 성안당
주소 | 04032 서울시 마포구 양화로 127 첨단빌딩 3층(출판기획 R&D 센터)
10881 경기도 파주시 문발로 112 파주 출판 문화도시(제작 및 물류)
전화 | 02) 3142-0036
031) 950-6300
팩스 | 031) 955-0510
등록 | 1973. 2. 1. 제406-2005-000046호
출판사 홈페이지 | **www.cyber.co.kr**
ISBN | 978-89-315-8673-2 (13000)
정가 | **28,000원**

이 책을 만든 사람들
책임 | 최옥현
진행 | 최창동
본문 디자인 | 인투
표지 디자인 | 박원석
홍보 | 김계향, 임진성, 김주승, 최정민
국제부 | 이선민, 조혜란
마케팅 | 구본철, 차정욱, 오영일, 나진호, 강호묵
마케팅 지원 | 장상범
제작 | 김유석